KB062696

공화주의적 자유주의와 법치주의 Ⅲ

존중사회의 도래와 정립

공화주의적 자유주의와 법치주의 Ⅲ

존중사회의 도래와 정립

초판 1쇄 발행　2014년 4월 10일

지은이 | 김익성
펴낸이 | 윤관백
펴낸곳 | 도서출판 선인

등록 | 제5-77호(1998. 11. 4)
주소 | 서울시 마포구 마포대로 4다길 4 곶마루 B/D 1층
전화 | 02)718-6252 / 6257　팩스 | 02)718-6253
E-mail | sunin72@chol.com

정가　40,000원
ISBN　978-89-5933-718-7　94300
　　　978-89-5933-431-5　(세트)

공화주의적 자유주의와 법치주의 Ⅲ

존중사회의 도래와 정립

김 익 성

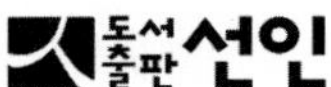

序 文

본고의 제목은 『공화주의적 자유주의와 법치주의(Ⅲ)』이지만, 다른 제목을 붙여본다면 『존중사회』라고 할 수 있다. 그만큼 인권 내지는 권리가 안정적으로 존속하기 위해선 법과 제도와 같은 외부환경의 도움이 필요하지만, 그에 앞서 사람과 사람 사이에 응당 존재해야 할 당위적 규범이 전제되어야 한다. 필자는 그 규범을 존중(尊重)이라고 생각한다. 존중은 자신의 이익을 추구하는 가운데 다른 사람의 의사를 살펴야 한다는 관념으로서 스스로의 삶을 가치 있게 만드는 역할을 수행한다. 본고는 바로 이러한 점에 역점을 두어 저술되었다. 일반적으로 서문은 글의 입구를 뜻하는 것으로 저자의 핵심적인 생각을 압축적으로 표현한 부분이 담겨있다. 따라서 대부분의 서적에선 서문의 분량이 본문에 비하여 상대적으로 적은 편이다. 그러나 본고에선 특별히 많은 지면을 차지하고 있는데, 이는 『공화주의적 자유주의와 법치주의(Ⅲ)』의 기본정신에 해당하는 존중사회의 원리를 첨언하여 여러분들이 필자의 의도를 보다 효과적으로 이해할 수 있도록 유도하기 위함이다. 아래에서는 존중사회라는 데에 초점을 맞추어 필자의 생각을 아래와 같이 가지런히 정리하여 보았다.

인간은 '자신을 우선시하는 본능'에 입각하여 이루고자 하는 목적을 달성하기 위해 최선의 노력을 다하는 사회적 동물에 해당한다. 여기서 말하는 '자신을 우선시하는 본능'이란 (ⅰ) 행위자에게 정신적 내지는 물질적인 차원에서 쾌락을 줄 수 있을만한 일들에 대해 관심을 가지게 만들고, (ⅱ)

그러한 관심에 기초하여 더 높은 수준의 만족감을 느낄 수 있도록 하기 위하여 특정한 행위를 하게 유도하는 심리적 기제를 의미한다. 이와 같은 기제는 행위자에게 쾌락을 선사하고 더 나아가 살아있음을 느끼게 한다는 점에서 자기존재의 가치를 인식시키는 기능을 수행한다. 그러나 공동체의 질서는 이러한 심리적 메커니즘이 방약무인(傍若無人)격으로 원용됨에 따라 점진적으로 훼손되기 시작하다 못해 이윽고 파괴일로(破壞一路)를 걷는 운명에 마주하기도 한다. 본능이라는 것은 외부세계의 영향을 받지 않고도 본질적으로 생성 · 발현되는 내면상태로서 본인의 존재가치를 내포하고 있다. 그렇기 때문에 갑(甲)이라는 사람의 본능과 을(乙)이라는 사람의 본능이 외부적으로 발현되어 충돌을 하게 될 경우엔 타협보다는 갈등이 발생할 수밖에 없는 것이다. 이와 같은 본능의 경쟁상태가 널리 확산될 때, 그것은 법적 · 사회적 · 정치적 · 언론적 정의의 중심축을 뒤흔드는 결과를 발생시키는 촉발제가 되어버린다. 따라서 본능이 자유라는 옷을 입고 활개를 치기 이전에 그 활동한계의 범주를 명확하게 규정해두는 것이 필수적으로 요청된다. 그렇다고 하여 공동체주의 혹은 공화주의를 인간활동의 핵심으로 상정해두고자 함이 아니다. 본능에 입각하여 자신이 원하는 바를 추구하지 못하게 된다는 것은 곧 타인의 관점에 의하여 형성된 비(非)자율적 인생을 살게 되는 것과 다르지 않기 때문이다. 자신의 삶을 영위할 수 없다는 사실은 스스로의 존재가치를 몰각시키는 바와 동일한 것으로서 궁극적으로는 자기파멸을 불러오기 마련이다. 따라서 생(生)은 자신을 중심으로 하여 운영되어야만 한다. 그렇다면 본능에 입각한 자기중심적인 삶과 사회질서의 안정을 위한 공동체주의적 삶은 평행선 위에 놓여있는 대립적인 구도를 형성해야만 하는 것인가?

필자는 바로 이 물음에 대해 답을 하기 위하여 본고를 저술하기 시작하였다. 우리는 출생과 더불어 가정이라는 환경에서 '살아가기 위한 기술들'을 배운다. 사회생활을 하면서 견지해야 할 기본 에티켓부터 시작하여 자기능력계발에 이르기까지 전반적인 교육을 받음으로써 자신만의 특유한 가치관을 확립한다. 여기서 말하는 가치관이라 함은 생활의 중심축을 의미하는데, 사람들은 이에 바탕을 두어 '삶의 이정표를 잃지 않는 범위 내에서 누군가에게 불측의 피해를 주지 않도록 스스로를 관리하는 방법'을 터득해 나간다. 다시 말해서 사익(私益)이 공익(公益)을 해하지 않고, 공익이 사익을 해하지 않게끔 생활하는 방법을 숙지하게 된다는 뜻이다. 이 두 가지 유형의 이익들이 대립하지 않고 공존하기 위해선 행위자가 자신이 원하는 바대로 자유로운 행위를 할 수 있도록 허용하되, 누군가의 자유가 시작되는 시점에서부터 그러한 자유가 무제한적으로 확장되지 않게 조정하는 것이 필요하다. 이와 같은 관점에서 볼 때, 사익과 공익은 별개의 것이라기보다는 하나의 연장선상에 놓여있다고 볼 수 있다. 즉, 사익의 끝점에 공익의 시작점이, 공익의 시작점에 사익의 끝점에 존재한다는 것이다. 문제는 하나의 선상에 놓여있는 두 이익이 가지런하게 사회의 안정성이라는 선(線)을 그리며 공존한다기보다는 복잡하게 엉키면서 서로의 영역을 과도하게 침범하는 상황이 발생한다는 점이다. 사람들이 사회생활을 하는 과정은 특히 그렇다. 사람들은 사회생활을 하는 과정 중에 여러 가지 유형의 지위를 점하게 된다. 그리고 그 지위가 요청하는 업무를 수행할 때, 자신의 행위가 누군가가 응당 향유하여야 할 보호영역을 부당하게 침해하는지에 대해 객관적으로 판단할 수 있는 능력을 상실하게 된다. 더 나아가 그러한 행위를 정당한 것으로 오해하기도 한다. 결과적으론 갈등과 분쟁이 자신의 손에서 형성되는 셈이라고 할 수 있겠지만, 그와 동시에 공동체가 요구하는 다양한 유형의 사회적 요청들로 말미암아 발생한 것이라고 할 수도 있다. 그러므로 이러한 문제가 순수하게 '개인의 탓이다' 내지는 '공동체의 탓이다'라는 식으로 단언할 순 없는 것이라 하겠다. 양자 중 어느 쪽이 원인제공자인지의 여부를 분명하게 할 수 없다면, 어떤 식으로든 둘 중 하나라도 바로잡는 것이 중요하다. 그리고 되도록이면 노력과 비용이 상대적으로 적게 들어가는 방법을 찾는 것이 더욱 유리하다는 사실은 두 말할 것도 없을 것이다. 그렇다면 사회구조적 차원의 접근보다도 개인적인 차원의 접근이 보다 유리할 것이라 사료된다.

그렇다면 우리가 이 시점에서 생각해야 할 사항은 스스로의 손이 갈등과 분쟁을 형성하지 않도록 통제하는 방법을 모색하는 것이다. 자신을 통제하기 위해선 자신을 바라보는 사람들이 어떠한 심리와 마음가짐을 가지고 있는지를 간파하는 것이 중요하다고 사료된다. 간파한다는 말의 의미는 상대방이 중요하다고 생각하는 무언가에 대해 존중함으로써 자신이 추구하는 바를 적법하게 획득하는 것을 뜻한다. 요컨대, 불가에서 말하는 상생법(相生法)이라고 명명해둘 수도 있겠다. 이러한 법은 자신의 외부에서부터 유입되어 들어오는 것이 아니라 스스로가 만들어내는 지혜에 해당함을 강변해두고자 한다. 이와 같은 상생의 법을 익힌 개인들이 모여 만들어낸 사회가 곧 '존중사회(尊重社會, Society of Mutual Respect)'에 해당한다. 타인을 자신처럼 아끼고 사랑하는 것을 바랄 수는 없겠지만, 적어도 안하무인(眼下無人)격으로 누군가를 자신의 눈 밑으로 두는 일을 근절해낼 수 있다면 사회가 파멸의 길로 접어드는 결과를 막을 수는 있을 것이라 사료된다. 생각하기에 따라선 인류에게 주어진 과제치고는 이행하기 쉬워 보이지만, 실상은 그렇지 않다.

주지하다시피 사회가 평화로운 상태가 아닌 파괴의 상태로 돌입하고 있음을 알려주는 몇 가지의 징후가 있다. 하나는 범죄사회의 도래이고 또 다른 하나는 갈등사회의 도래라고 할 수 있겠다. 보기에 따라선 범죄사회와 갈등사회는 공격성이라는 하나의 연장선상에 놓여있는 것으로 그 강도만을 달리하는 것이라 생각할 수도 있을 것이다. 이는 지극히 타당한 견해라고 여겨진다. 그러나 범죄와 갈등은 동일평면상에 위치하면서도 그 파괴력의 차이가 심대하기 때문에 동일하게 취급하기 어려운 것 또한 사실이다. 사람이 사람을 공격한다는 것은 종족보존의 원칙이라는 대자연의 규칙에 위반하는 행위로서 궁극적으로는 토마스 홉스가 상정한 자연상태(自然狀態)에 자발적으로 발을 내딛는 행위로 이어진다. 그 어떠한 준칙이 없는 곳에선 힘의 논리가 곧 집단을 유지하는 준칙이 되기 마련이고, 강력한 세력을 가진 사람을 중심으로 하여 모든 류의 질서가 재편되기에 이른다. 이러한 문제가 가져다주는 폐단을 근절하기 위하여 사회라는 거대한 집단체를 형성하여 지금까지 그 명맥을 유지하여 왔음에도 불구하고, 우리는 자신을 우선시하는 본능에 기초한 행위양식으로 말미암아 우리 자신들을 보호해 줄 수 있는 공동체를 훼손시키고 있다. 이는 결과적으로 사회의 퇴보를 통해 과거로 회귀하는 우를 범하는 것과 다르지 않다. 최근 들어 발생하는 무차별적 범죄와 둘 이상의 집단들이 극단적으로 대립하고 있는 상황들이 이를 뒷받침해준다. 이는 사람들의 심리가 안정성을 잃고 표류하다 못해 과격한 공격성이라는 성향을 갖게 되었음을 의미하는 것으로, 점진적으로 사회가 파괴되고 있음을 보여주는 하나의 전조(前兆)라고 할 수 있겠다.

이와 같은 연유로 필자는 스스로가 자신의 행동을 통제할 수 있는 능력을 길러야 한다고 강변하게 된 것이다. 이 능력은 존중사회를 형성하고 유지하는 원동력이기도 하지만 존중사회의 직전단계라고 할 수 있는 합의사회를 이끌어내는 동인(動因)이 되기도 한다. 합의사회란 사람들이 상대방의 입장과 처지를 이해하는 과정 중에서 만들어지는 의사의 합치를 통해 갈등과 분쟁이 효과적 · 효율적으로 관리가능해지는 사회를 의미한다. 이러한 사회 속에선 누구나 자신이 외부적으로 표명하고자 하는 의사를 자유롭게 표현하되, 그만큼 상대방의 견해도 경청해야 하는 의무를 지게 된다. 다시 말해서 자신이 누린 만큼 부담하는 것이 생긴다는 '자연법칙'이 '사회법칙'의 모습으로 전환된 것이라고 할 수도 있겠다. 그리고 이러한 사회법칙이 사람들의 뇌리 속에 자리를 잡아 내면화되는 순간부터는 사람들은 자신들의 행동이 가져올 파급효(波及效)를 미리 인지하게 된다. 그리고 이에 기초하여 자신의 자유가 타인의 자유와 충돌하지 않도록 행위를 통제함과 더불어 존중감을 가지고 상대를 대하는 미덕을 보이게 된다. 이것이 바로 존중사회가 지향하는 최종 목적지요, 이상향이라고 할 수 있겠다.

필자가 궁극적으로 강변하려는 바는 상호존중의식의 고취를 통한 믿을 만한 인간사회의 구현이 필요하다는 것이다. 본능과 욕구는 인간이 인간다워지기 위한 제1차 조건으로서 자아의 가치를 인식하고 이러한 인식에 힘입어 이를 구체적으로 실현하겠다는 의지를 가지게 만드는 심리적 기제에 해당한다. 굶주림으로부터 벗어나기 위하여 음식을 섭취하고, 아사(餓死)의 위험으로부터 생명을 건지기 위한 방편으로 음식을 찾는 것과는 질적으로 다른 의미이다. 이와 같은 행위는 일반적인 동물들이 생존을 위한 수단으로 이용하는 것으로 생명을 연장시킨다는 의미를 초월한 그 어떠한 것도 존재하지 않기 때문이다. 그러나 인간이 추구하는 본능과 욕구는 현재의 자신에게 부족한 것이 무엇인지를 발견하게 만들고, 이에 기초하여 더 나은 삶을 꾸려나갈 수 있도록 길을 알려주는 길잡이의 역할을 한다는 점에서 매우 특수한 성질을 갖는다고 할 것이다. 이러한 성질로 말미암아 인간은 이와 같은 자기과제를 이행하기 위하여 자유를 갈망하며, 자유로운 삶을 영위할 수 있는 환경이 조성되기를 희구한다. 따라서 자유는 인간이 인간으로서의 면모를 갖추기 위한 제1의 가치를 가지는 것으로 수단이자 목적으로서의 지위를 갖는다고 할 것이다. 그럼에도 불구하고 제1차 조건만을 만족시켰다고 해서 그들의 삶 자체가 윤택해지진 않는다. 그 이유는 제1차 조건을 가지고 있는 사람들 사이에서 발생하는 충돌 때문이다. 여기서 말하는 충돌은 타인이 보유하고 있는 고유한 영역에 동의를 구하지 않고 침범함으로써 생기는 마찰이라고 할 수 있는데, 이는 자아를 실현하는 과정에서 빈번하게 나타날 수 있는 상황이다. 이와 같은 충돌은 집단성원들의 통념상 받아들일 수 있는 수준의 미미한 것부터 시작하여 대규모의 수준에 이르기까지 다양한 존재형태를 보인다. 이들 중 전자의 경우엔 다툼으로 인하여 얻게 되는 이익보다 잃게 되는 손해가 더 크기 때문에 다행스럽게도 더 이상 큰 싸움으로 번지지 않지만, 그보다 심각해진 후자의 상황에선 심각한 주관적 격정상태로 인하여 손해와 이익의 경계선을 긋지 못하는 우를 범하여 결론적으로 상당한 수준의 피해만을 감수해야만 하는 경우가 다반사이다. 따라서 이익의 상실로 인해 추구하는 삶을 영위할 수 없게 되었다고 생각한 사람으로서는 목전에 발생한 문제로 인하여 발생할 피해를 막아내야만 한다는 강력한 이익수호의지를 가지게 되는 것이다. 이러한 이익수호의지가 '수호'라는 범위를 넘어 '공격'으로 확산된다는 점이 문제이다. 이때부터 타인의 이익을 침해함으로써 자아를 실현하려는 사람과 그와 같은 침해로부터 벗어나 안정적인 삶을 유지하려는 사람 사이의 유·무형적 갈등이 형성되는 것이라고 하겠다. 양보할 수 없는 이익다툼이라는 갈등 속에서 인간은 여타의 감각에 비해 동물적 감각에 상대적으로 매몰되는 듯한 모습을 보이게 된다. 결과적으로 인간이 인간다워질 수 있는 제1차 조건을 상실하게 되는 셈이다. 그렇기 때문에 인간은 제2차 조건을 통하여 제1차 조건의 파괴를 제어하는 시도를 하기에 이르는 것이다.

제2차 조건은 제1차 조건을 제어하는 능력으로서 '자기보호본능'에 기초한 것이라고 할 수 있다. 위에서 언급한 바와 같이 제1차 조건은 '자아실현본능'에 해당하는 것으로 자유라는 가치를 무분별하게 사용하도록 만드는 요인이 되지만, 제2차 조건은 자유의 남용으로 인하여 생길 수 있는 피해를 줄임으로써 자아실현본능이 적절히 유지될 수 있도록 하는 기능을 수행한다. 자기를 보호한다는 말은 곧 스스로가 타인으로부터 공격받게 될 가능성을 최소한으로 줄임을 뜻하고, 공격받을 가능성을 저하시키는 행위는 자신이 누군가가 가지고 있는 권리를 침해하지 않음과 동시에 분쟁의 소지 자체를 제거하여 안온상태(安穩狀態)를 유지하는 것을 의미한다. 그러나 문제는 이와 같은 자기보호본능을 어떤 식으로 구현시키는가에 있다. 타인으로부터의 비판을 피하기 위하여 무위(無爲)에 가까울 정도로 소극적인 태도를 보이는 것도 방법이라고 할 수 있지만, 이는 제1차 조건에 해당하는 자아실현본능을 지나치게 축소시키는 결과를 가져온다는 점에서 인간이 인간답게 생활하기 위한 가능성을 과도하게 훼손시키는 것이다. 따라서 자신이 향유하고 있는 권리를 적극적으로 행사하되, 그것이 누군가에게 불측의 피해를 줄 가능성이 있는지의 여부에 대하여 세심한 주의를 기울이는 편이 보다 합리적이다. 여기서 말하는 주의라 함은 상대방의 입장을 자신에게 이입(移入)시킴으로써 스스로의 행위를 객관적으로 해석할 능력을 뜻한다고 하겠다. 사람들은 이러한 능력을 사용함으로써 무분별하게 권리를 향유하려는 자아실현본능을 일정부분 통제하는 한편 타인과 원활한 관계를 형성하며 살아가는 것이다. 그리고 이와 같은 노력이 곧 질서사회를 가져온 것이라고 하겠다. 이와 같은 '질서사회(秩序社會, well-ordered Society)'는 기본적으로 존중감이 전제된 것으로서 '존중사회'라는 이름으로 환언가능하다.

주지하다시피 누군가의 비판으로부터 완벽하게 차단된 생활은 인간이 인간다운 삶을 영위하지 않는다는 전제하에 가능한 것으로서 사실상 자기 존재의 가치를 몰각시키는 결과를 초래한다. 그렇기 때문에 존재가치를 적극적으로 인정하는 가운데 타인이 중요하다고 생각하는 그 무언가를 지켜주어야 한다는, 이른바 '중첩적 과제'를 수행할 수 있는 역량을 기를 필요가 있다. 필자는 이를 규명하기 위하여 인간이 보유하고 있는 의사결정 메커니즘에 역점을 두었다. 사람이 자신의 의사를 결정하기 위해선, 다시 말해 어떠한 행위를 하기 위해선 우선적으로 '그렇게 하고자 하는 욕구'가 전제되어야 하는데 이는 감정에서부터 비롯된다. 바로 이 감정 속에서 자신의 이익을 획득하기 위하여 노력한다는 자아실현적 본능과 누군가로부터 공격당하고 싶지 않다는 자기보호본능이 구체화되기 시작한다. 이때 전자는 자신을 우선시하는 차원에서 발현되는 '감정전달력(感情傳達力)'의 근간이 되는 한편, 후자는 외부적 비판으로부터 자유로워지기 위하여 상대방의 의중을 파악하기 위한 '감정흡입력(感情吸入力)'의 기초가 된다. 그리고 감정전달력과 감정흡입력을 통하여 사람은 자신과 타인이 어떠한 심리상태에 놓여있는지를 해석하기에 이르는데, 이를 '감정해석력(感情解釋力)'이라고 부른다. 이러한 능력은 흡입력과 전달력 사이의 제1차 변증법적 절차를 거쳐 비로소 안정적인 형태로 형성된다. 감정해석력을 통해 사람들은 무엇이 옳고 그른지에 대한 가치관을 심중에 두고 이를 내면화시킨다. 이러한 내면화 과정이 곧 '신념'에 해당한다. 신념은 감정해석력이 객관적으로 고착화됨에 따라 자신이 마땅히 해야 할 것과 하지 말아야 할 것을 구분하게 만들어주는 역할을 수행할 뿐만 아니라 정신세계의 중심축을 형성하는 기능을 담당한다. 행위의 일관성이 생기는 것도 바로 이 때문이다. 그리고 이러한 일관성은 이성이라는 절차를 거쳐 보다 완숙한 형태로 진화한다. 이성은 자신이 보유하고 있는 감정과 신념을 객관적인 시각으로 바라볼 수 있게 해주는 렌즈이기도 하지만, 이들을 통제할 수 있는 능력을 갖춘 관리자이기도 하다. 그리고 이와 같은 능력이 확장되면, 자신이 행하는 일련의 행위들이 사회통념이라는 일반이성과 문화에 적합한지에 대해 판단할 수 있는 힘을 갖게 된다. 여기서 한 가지 주의하여야 할 점이 있다면 감정과 신념 그리고 이성이 단선적인 구조선상에 놓여있진 않다는 점이다. 감정, 신념, 이성이라는 세 가지가 서로 조화를 이루지 못하는 상황에 놓이게 될 경우, 보다 바람직한 상태에서 공존할 수 있도록 제2차 변증법적 절차를 거치게 된다. 그리하여 종국적으로는 가장 안정적인 심리상태를 형성하게 되는 것이라고 하겠다.

그러나 안정적인 심리상태를 가진다고 할지라도 상대방과 원활한 대화를 하지 못한다면 아무런 의미가 없다. 스스로를 통제할 수 있는 능력을 갖추었다고는 하나, 이는 어디까지나 개인의 내면에 국한된 것이므로 상대방과의 관계를 직접적으로 조정하기 위해선 그에 부합하는 대화의 기술이 필요하다. 말(言)은 화자(話者)와 청자(聽者)의 상호의존관계에 의하여 형성되는 것이기 때문에 화자는 자신의 이야기를 전달함에 있어 청자가 오해하지 않도록 주의하여야 하고, 청자는 화자가 하는 이야기를 경청함으로써 그가 전하고자 하는 진의를 파악할 수 있도록 노력해야만 한다. 이와 같은 의무가 적절히 이행될 때에 한하여 개인과 상대방 모두 안온상태에 놓이게 되는 것이라고 하겠다. 그러나 이와 같은 개인적 안온상태를 유지하고 더 나아가 상대방과의 원활한 관계형성을 가능하게 만들어주는 존중사회가 최근 점증되어 가는 범죄로 말미암아 그 의미가 퇴색되어 가고 있다. 범죄를 바라보는 관점은 사회학적으로 '구조기능주의에 입각한 시각'과 '갈등주의에 역점을 둔 시각'으로 나누어 논할 수 있다. 물론 그 외에 여러 가지 관점이 있을 수 있지만, 이 두 가지 유형의 방법론이 가장 대표적인 접근법에 해당하기 때문에 본고에서는 이를 중심으로 하여 논지를 전개하였다.

구조기능주의는 기본적으로 '사회전체의 유기적 안정성 도모'를 핵심으로 삼고 있는 이론으로서 그 내부에 존재하는 모든 하위구조들이 유기적 관계를 맺고 상호협조적인 구도를 형성하여야만 한다고 바라보는 시각이다. 따라서 범죄 그 자체를 구성원들이 형성하는 기능적 연결고리를 훼손함으로써 집단 전체의 분열을 가져다주는 사회병폐적 현상의 일환으로 여기고 있다. 반면 갈등주의에서는 범죄 그 자체에 대해 옹호적인 어투로 설명하진 않지만, 극단적 갈등이 발생하게 된 원인이 무엇인지 탐색할 수 있는 기회로 받아들여야 하고, 이를 기초로 하여 더 나은 사회가 형성될 수 있도록 모색하도록 노력해야 함을 촉구하고 있다. 두 이론 모두 각자 타당한 논거들을 가지고 있다는 점은 인정하지만, 양자 중 어느 한 가지만을 중심으로 하여 사회를 바라본다면 사회의 안정성만을 추구한 나머지 사회정체현상을 불러오거나 갈등조장적인 사회분열현상을 초래할 개연성이 있다고 판단된다. 그러므로 절충적 견해가 가장 범죄사회를 바라보는 적절한 시각이라고 생각한다. 다시 말해서 국가안전보장과 사회질서 및 공공복리와 같이 커다란 공익적 영역에서는 구조기능주의에 따른 사회 내부의 유기적 관계를 강화를 꾀하여야 하고, 이를 제외한 사적인 영역에서는 갈등주의적 시각을 기초로 하여 현재 주어진 사회문제가 공익의 한계선을 훼손시키지 않는 범위 내에서 갈등문제를 적극적으로 검토하는 방법을 모색하여야 할 것이다.

그러나 상기의 절충적 견해를 가지고 범죄사회를 바라본다고 할지라도, 범죄가 발생하는 근원적 원인을 검토하지 않는다면 이는 단순한 응급처치에 불과할 따름이다. 발생이유를 알지 못한 채 해결방법만을 찾는 태도는 곪아가는 사회의 병인(病因)을 제거하기보다는 가시적으로 보이는 상처만을 치유함으로써 일견 긍정적인 것으로 판별될 수 있는 미관(美觀)만을 유지시키는 것에 지나지 않는다. 이러한 관점에서 범죄사회가 발생하게 된 원인을 찾는다면 크게 두 가지로 나누어볼 수 있다. 하나는 개인적인 사유이고 다른 하나는 사회적 사유라고 할 수 있는데, 전자의 경우 선천적이거나 후천적으로 발병한 정신질환으로 사이코패시(psychopathy) 혹은 소시오패시(sociopathy)라고 불린다. 전자는 자아실현본능만이 과도하게 부각 내지는 증폭됨으로써 자신이 스스로 행하는 행동의 정당성을 판별할 수 있는 능력을 상실한 케이스에 해당한다. 반면 후자는 주변으로부터 아무런 관심을 받지 못하여 소외된 삶을 살아가는 사람, 반사회적인 태도를 버리고 바람직한 행동반경을 구축할 것을 촉구하는 타인의 조언을 받아들이지 않는 사람, 대화와 타협을 통해 인간관계가 지나치게 훼손되지 않도록 주의를 기울이기보다는 자신의 이익을 공식적으로 확인하기 위하여 사법제도에 맹신하는 사람들에 초점을 맞추고 있다. 이러한 사람들은 사회구성원들의 냉대로 말미암아 반사회적 성향을 가지도록 유인된 이들이라고 할 것이다. 국가는 이들의 행위를 어떻게 제한할 것인지, 그리고 이들을 어떻게 구제해야 할 것인지에 대해 오랫동안 고민을 해왔다.

과거에는 범죄를 자행한 이들에게 강력한 처벌을 부과함으로써 사회전체의 규율을 안정화시키는 데에 상대적으로 더 강한 초점을 맞추는 경향이 있었지만, 최근에는 회복적 정의(回復的 正義, restorative justice)를 통해 피해자와 가해자 사이의 관계회복을 통하여 범죄라는 문제를 근원적으로 해소시키기 위한 방법을 채택하려는 움직임이 포착되고 있다. 이와 같은 정의는 하워드 제어(Howard Zehr)라는 학자에 의하여 주창된 것으로서 처벌중심주의적 행형(行刑)제도를 개선함과 더불어 피해자에 대한 실질적 권익보호에 더욱 많은 관심을 가져야 한다는 내용을 핵심으로 삼고 있다. 필자는 제어의 논리를 활용하여 이를 '물질중심형', '정서중심형', '명예중심형'로 나누어 설명함으로써 개별적인 문제 상황을 해결하는 데에 적합한 유형들을 설정하고자 하였다. 물론 이들이 언제나 독립적인 형태로만 존재하진 않는데, 그 이유는 범죄라는 문제가 물질과 정서 혹은 명예라는 보호법익을 중첩적으로 침해하는 경우 역시 생길 수 있기 때문이다. 그럼에도 불구하고, 회복적 정의의 유형을 설정하는 행위는 문제의 근본원인이 어디에 있는지를 파악하여 최적의 해결책을 제시할 수 있도록 만들어주는 역할을 한다는 점에서 그 의의가 있다고 생각한다. 물론 여러 가지 피해유형이 겹칠 수 있겠지만, 그와 같은 경우에는 상기의 정의 유형을 혼용하여 문제를 해결할 수도 있을 것이다. 이를 통해 궁극적으로 가해자는 피해자의, 피해자는 가해자의 입장을 이해할 수 있는 기회를 마련하여 자아실현본능과 자기보호본능의 경계선과 혼합선을 명확하게 파악할 수 있게 되고, 이를 계기로 하여 범죄의 재발을 방지하는 데에 소기의 효과를 거둘 수 있을 것이라 사료된다.

범죄와 같이 극단적 형태를 띤 자아실현본능의 폭주를 잠재우기 위한 논의를 한 이후에 생각해 보아야 할 또 다른 문제가 있다면 이는 사람과 사람사이에 발생하는 갈등이 생겨나는 원인을 파악하는 것이다. '범죄가 발생하는 원인'과 '갈등이 발생하는 원인'은 기본적으로 자아실현본능을 적절하게 제어하지 못하였기 때문이겠지만, 양자가 구체적으로 발현되는 과정은 다소 상이한 감이 있으므로 이에 대해 구체적으로 논의할 필요가 있다고 사료된다. 범죄는 자아실현을 위한 본능, 즉 인간의 제1조건이 지나치게 부각됨으로써 제2조건에 해당하는 자기보호본능과 이에 기초한 공익수호의지가 사실상 파괴됨에 따라 사회내부질서를 교란시키는 현상이라고 할 수 있는 반면 갈등은 제1조건이 제2조건에 비하여 상대적으로 강력하게 나타남에 따라 발생하는 현상이다. 물론 양자가 가지고 있는 파괴력에는 큰 차이가 있지만, 갈등의 지속은 분쟁당사자의 인간성의 말살일로를 가져오는 요인이 되어 궁극적으로는 사회구성원들의 분열과 반목을 초래할 가능성이 높다. 그렇기 때문에 이러한 결과를 초래하는 과정이 무엇인지를 생각해볼 필요가 있다.

범죄사회와 달리 갈등사회 속에서 사람들이 자아실현본능을 제어하지 못하는 원인은 '성과지향적 태도'에 대한 강박증이다. 물론 여러 가지 이유가 있음에도 불구하고 이를 중요하게 다루는 이유는 갈등이라는 말 자체가 가지고 있는 함의(含意) 때문이다. 본 개념은 둘 이상의 사람들이 추구하고자 하는 목적을 달성하는 데에 있어 양립할 수 없을 것이라고 여겨지는 상반된 주장들이 제시됨에 따라 발생하는 분쟁을 뜻한다. 여기서 말하는 목적은 통상적으로 어떤 일을 이행함으로써 궁극적으로 달성하려는 상태를 뜻하는데, 현대사회에서 이는 성과(成果)와 같은 용어로 사용되는 경향이 있다. 전통사회에서는 거경궁리(居敬窮理)를 통한 수기치인(修己治人)의 자세를 형성하는 것을 인간의 목적으로 상정하는 반면, 지금은 입신양명(立身揚名) 그 자체가 삶의 목적이자 수단으로 여겨진다. 이처럼 성과지향적 태도가 인간이 영위하는 사회적 삶의 요체가 되어버린 까닭은 '인격을 수양하기 위한 교육'보다는 '주어진 환경을 활용함으로써 그 무언가보다 우위에 서는 것이 중요하다는 내용을 담은 교육'이 지속적으로 이루어졌기 때문이라고 생각한다. 그러한 환경에 오랫동안 노출되어 온 사람들의 경우 누군가와 능력경쟁을 하는 것이 인간의 자연스러운 습성이라는 식으로 착각을 일으키게 된 나머지 주변의 모든 이들을 경쟁자로 의식하게 된다. 뿐만 아니라, 청소년의 경우는 비행과 일탈을 성과중심적 환경으로부터 벗어나기 위한 탈출구로 사용하기도 하는 실정이다.

물론 성과를 중요시하는 사회구조적 환경이 만들어 낸 갈등 자체를 두고 '바람직하다 혹은 그렇지 않다'라는 식으로 단언을 내리기란 어려운데, 어떠한 삶이든 그 나름대로의 목적과 가치를 내포하고 있기 때문이다. 다만, 이를 영위해나가는 사람들이 어떠한 마음가짐을 가지고서 이에 임하느냐가 중요할 따름이라고 하겠다. 그러나 대체로 자아실현본능을 제대로 통제하지 못함으로써 자신이 추구하고자 하는 목적이 반드시 달성되어야만 하는 비(非)타협적 소산이라는 식으로 사고를 하는 경향이 매우 강하다. 그렇기 때문에 감정흡입력을 기초로 하여 타인의 입장과 생각을 이해하려는 능력이 저하되고, 감정해석력 또한 상대적으로 강해진 감정전달력으로 구성됨에 따라 '감정과 신념 및 이성의 피드백'이라는 존중의식에 기초한 의사결정과정의 내면화가 이루어지지 않는 것이다. 내면화 과정의 부재는 자연스럽게 인간을 인격을 가진 주체가 아니라 성과를 만들어내기 위한 기계, 즉 비인격적 인간을 양산시키는 원인으로 작용하게 된다. 그 결과 부

(富)를 기준으로 사회의 구성원들을 등급에 따라 분류하게 되는 상황이 초래되었다. 인격의 가치를 상대적으로 중요시하는 국가에서는 중산층에 대해 '공적의식을 가지고 있는 문화시민'이라는 식으로 개념정의를 내리지만, 우리나라에서는 일정수준의 재산을 보유한 사람들이 중산층을 일컫는 용어로 정립되다시피 한 실정이다.

결과적으로 자아실현본능이 지나치게 부각된 나머지 감정해석력이 결여됨으로써 상호존중의식의 형성에 어려움이 나타나게 되고, 궁극적으로는 사람을 경쟁의 상대로만 인식하게 된 것이라고 하겠다. 물론 성과를 도출하기 위한 경쟁체제를 없앨 수는 없다. 이는 사람들이 타성에 젖는 삶을 살지 않게 만들고, 더 나아가 진취적인 자세를 취하게 함으로써 건설적인 삶을 형성시키는 데에 있어 중요한 요인에 해당하는 것이기 때문이다. 다만 과유불급(過猶不及)의 우를 범하지 않기 위해선 성과획득속도에 맞추어 감정해석력을 향상시킬 수 있도록 하는 지혜가 필요한데, 이를 위해선 선진화된 지적 감각이 필요하다. 다시 말해서 갈등의 개념과 발생원인 및 해결방법을 적절히 모색하기 위한 사고력이 요청된다는 것이다. 이와 같은 사고력은 곧 합의사회를 형성시키는 동인에 해당한다. 합의는 갈등을 해결하기 위한 의사교환으로서 단순히 상반된 주장을 조정하는 데에 그치는 것이 아니라 감정해석력과 신념 및 이성의 피드백을 통해 수긍할 수 있는 방안을 도출함으로써 분쟁의 근원을 제거하는 행위라고 할 것이다. 이는 인간의 제2조건에 해당하는 자기보호본능을 개인의 안온한 생활환경 조성이라는 미시적인 차원을 포함하여 공동체의 안정적인 존속이라는 영역까지 확장시킨 결과이다. 보다 효과적인 이해를 돕기 위해 필자는 본장에서 '정책'과 '협상'의 개념과 그 가치에 대해 설명한 바 있는데, 양자 역시 이익형량을 함에 있어 단순히 분쟁을 봉합하는 차원에서 그치는 것이 아니라 당사자들이 궁극적으로 추구하는 바가 무엇인지를 파악함으로써 갈등의 재발을 근절하는 것을 주목표로 상정하고 있다. 그러나 합의는 정책이나 협상에서 의미하는 바를 뛰어넘는 그 무언가를 가지고 있다. 다시 말해서 정책은 주로 공적의사결정을 확립하기 위한 공공의사결정과정의 산물인 반면 협상은 주로 바람직한 영리목적의 달성을 위한 방면으로 사용되는 경우가 많다는 점에서 볼 때, 양자를 포괄적으로 아우를 수 있는 합의라는 개념이 보다 광의(廣義)의 의미를 지닌다는 것이다. 이와 같은 광의의 의미를 지닌 합의가 제대로 이루어지기 위한 전제조건은 '공정성이 제대로 담보될 수 있어야 한다는 점'이다. 공정성이라는 개념이 지나치게 추상적이고 모호하여 현실적으로 어떻게 적용될 것인지에 대해 의문스럽지 않을 수 없다. 그럼에도 불구하고 필자가 이에 대해 언급하는 이유는 합의를 형성하기 위한 기본적인 지침으로 공정성을 활용함으로써 갈등당사자들 중 일방에게만 혜택 혹은 피해가 돌아가지 않도록 해야 할 필요가 있다고 생각하였기 때문이다. 이를 실행함에 있어 가장 필요한 것은 타인의 입장을 고려하는 감정흡입력과 자신의 입장을 고려하는 감정전달력 사이의 균형이다. 이를 위해 필자는 합의를 구체적으로 도출해내기 위한 방법으로 다음과 같이 여덟 가지를 제시한 바 있다.

합의사회는 곧 존중사회의 기본원리를 충족시키기 위한 첨병으로서 궁극적으로 갈등을 관리할 수 있는 역량을 보존 및 향상시키는 원동력으로 작용하게 될 것이라고 사료된다. 존중사회는 주어진 것이 아니라 만들어가야 하는 산물이기 때문에 누군가의 일방적인 의사가 아니라 다수의 공감대에 기초하는데, 이러한 공감대는 자신이 누군가에게 신뢰받는 인물이 될 때에 한하여 형성될 수 있는 것으로 이를 위해선 자아실현본능에 기초한 감정전달력에만 역점을 두는 것이 아니라 타인의 입장을 헤아리는 감정흡입력의 증진을 통해 공유적 체험의 단계에 이를 수 있도록 함이 중요하다고 사료된다. 타인을 이해하고자 하는 노력은 자아실현을 위한 본능이 무분별하게 발현됨에 따라 사회전체의 안정성을 훼손시킬 가능성을 최소한으로 줄임으로써 자신을 포함한 모든 이들이 스스로가 보유한 자유와 권리를 향유하도록 만드는 초석(礎石)이다. 그러나 이러한 초석 자체가 흔들리면서 사람들은 각박해진 사회 속에서 삶의 중심축을 잃은 채 '표류형 인간'

으로 전락하거나 이에 대한 강력한 저항을 기반으로 한 '자기중심적 인간'의 모습으로 변모해가고 있다. 이와 같은 인간상은 타인에게 불측의 피해를 줌으로써 자칫 '만인에 의한 만인의 투쟁상태'를 촉진시키는 요인이 되어 사회적 안온상태를 교란에 빠뜨릴 뿐만 아니라, 인간성의 점진적 말살을 가져옴으로써 정신보다는 물질이 더욱 커다란 가치를 지니는 사회적 분위기를 형성하게 된다. 실제로 이와 같은 현상이 부지불식간에 사회 속에서 암적인 존재로 자리매김하기 시작하고 있다는 징후는 여러 곳에서 발견되고 있는 실정이다.

그러나 사람들은 이러한 문제를 해결하는 데에 있어 고차원적인 기술에 의존하는 경향이 있는데, 파훼법(破毁法)은 오히려 가까운 곳에 있다. 우리는 어린 시절부터 '바람직한 인간상이란 어떤 모습인가'라는 문제에 대해 교육을 받아왔으며, 그 핵심은 자신의 욕구에 충족시키는 삶을 살되 그로 인하여 누군가에게 부당하게 피해를 주지 않도록 자기관리를 해야만 한다는 것이다. 이는 곧 자아실현본능을 통해 원하는 바를 추구한다고 할지라도 자기보호본능과 이에 기초한 공익수호의지에 기초하여 사회통념상 수용될 수 있는 범위 안에서 구현될 수 있도록 각별한 주의를 기울여야 함을 의미한다. 생각하기에 따라서 이는 공화주의나 공동체주의 중심적인 사고관념에 기초한 것으로 여겨질 수 있지만, 필자가 궁극적으로 주장하려는 바는 자유를 필두로 한 인식이 선행되어야 한다는 사실이다. 자유와 권리가 배제된 상태에서 공동체의식을 우선적으로 함양하여야 한다는 것은 자아실현본능에 기초한 제1조건에 위배되는 것으로 자칫 타인의 삶에 의지한 비(非)자율적 생활태도를 강요하는 결과를 초래할 수 있기 때문이다. 다만 제1조건이 지나칠 정도로 확장되어 다른 사람이 보유하는 제1조건을 훼손시키거나 더 나아가 다수의 이익을 침해하는 일이 발생되지 않도록 세심한 주의를 기울여야 한다는 사실이다. 이와 같은 상호존중의식이 발현으로 말미암아 사람들은 역설적으로 더욱 큰 범위의 자유를 향유하게 된다.

상호존중은 상대방이 자신의 처지를 사려 깊게 생각함으로써 부당하게 권리를 침해하려고 행동하지 않을 것이라는 믿음에 기초한 것으로 '신뢰'의 미덕이 적절히 발현된 결과로 나타나는 정서에 해당한다. 신뢰가 존재하지 않는 집합체는 전략적이고 일시적인 목적으로 형성된 결사에 해당할 뿐 결코 '사회'라는 이름을 보유할 수 없다. 그러나 현재 우리 사회는 너무나도 다양한 이익투쟁으로 인하여 점차적으로 분열일로를 걷고 있기에 각계각층에서 사회존립의 위험성론에 대하여 그 어느 때보다도 민감하게 대두되고 있다. 물론 사회라는 외형은 갖추어져 있겠지만, 그 내부를 들여다보면 존중이라는 가치에 기초한 인격보다는 물질적 가치에 터 잡은 비정상적 인격이 발현되어 갈등으로 점철된 분위기의 만연을 파악할 수 있게 된다. 따라서 신뢰와 믿음은 존중사회를 구현함으로써 사회구성원들의 안온상태를 형성하는 데에 있어 필수적인 것으로 반드시 달성해야 할 덕목에 해당한다.

"사회를 만드는 것도 인간이지만, 이를 파괴하는 것 또한 인간이다"

▌목 차▌

서문 __5

第1部 자연과 사회 그리고 법의 나침반

第1章 서론 : 삶에 대한 불만과 편향적 권리관 __31

第2章 자연과 사회 공존의 나침반 __37

第1節 자연성과 인간성 __37

Ⅰ. 경험하지 못한 영역에 대한 사고 __37

Ⅱ. 일관적 복합성에 기초한 자연법칙과 도출방법 __39

Ⅲ. 자연법칙과 인간사회 __48

Ⅳ. 인간사회에 존재하는 삶의 두 가지 유형과 갈등해결의 관념 __53

Ⅴ. 인간사회와 일관적 복합성 __64

Ⅵ. 충돌하는 두 가지 삶의 태도와 이익추구행위 __69

Ⅶ. 규칙의 속성과 공감대 그리고 이익에 대한 관념 __72

第2節 인간성과 사회성 __79

Ⅰ. 인간사에 존재하는 최고의 난제 __79

Ⅱ. 불법행위와 부당이득에 대한 욕구가 빚어낸 불신사회 __82

Ⅲ. 믿을 만한 존재가 되기 위한 인간의 조건 _87
Ⅳ. 믿음체계의 확립을 위한 도구로서의 사회경영체제 _99
Ⅴ. 공감대적 가치에 대한 합의와 그 심리적 요소 _109
Ⅵ. 감정과 신념 및 이성의 피드백을 통한 합리적 의사결정 _121
Ⅶ. 인간사의 기본형(基本形)을 만들기 위한 노력 _135

第3章 법정의(Legal Justice) 형성의 나침반 _138

第1節 인간성과 권리론 _138
Ⅰ. 권리를 바라보는 시각 _138
Ⅱ. 권리를 구성하는 두 가지 속성 _143
Ⅲ. 권리와 인간성의 관계 _149
Ⅳ-(1). 복잡한 권리체계론에서 나타나는 권리행사의 지향점 _154
Ⅳ-(2). 복잡한 권리체계론에서 나타나는 권리행사의 지향점 _160
Ⅴ. 절대적 권리와 상대적 권리 _170
Ⅵ. 권리와 법의 관계 _175
Ⅶ. 공정성과 권리운용의 문제 _177

第2節 일관적 복합성에 기초한 공화주의적 자유주의와 법정의(Legal Justice)론 _189
Ⅰ. 일관적 복합성과 정의론 _189
Ⅱ. 복합적 디자인을 통해 도출한 권리론과 정의론 _191
Ⅲ. 자아실현본능의 조건적 발현과 현대 정의론 _201
Ⅳ. 보이지 않는 규칙과 정의론 _206
Ⅴ. 자연법과 정의론 _212
Ⅵ. 실정법과 정의론 _217
Ⅶ. 공화주의적 자유주의와 정의론 _229

第4章 사회붕괴의 나침반
: 무엇이 기존의 사회를 무너뜨리는가? __234

第1節 범죄사회의 본질과 회복적 정의구현을 통한 사회파괴현상 억제 __234

Ⅰ. 범죄사회로 인한 안온상태의 파괴 __234
Ⅱ. 범죄사회를 바라보는 관점과 발생원인 __236
Ⅲ. 범죄사회 도래의 원인 __239
Ⅳ. 범죄발생원인에 대한 사회학적 논리 __248
Ⅴ. 범죄와 인간의 공격성 __253
Ⅵ. 준법정신과 법의 해석 · 적용 __256
Ⅶ. 준법정신의 부분적 파손행위로서의 경범죄 __263
Ⅷ. 감시 · 감독에 대한 일반적 오해 __266
Ⅸ. 피해자학과 회복적 정의 __269

第2節 지나친 경쟁의식이 불러일으킨 갈등사회 __279

Ⅰ. 공동체의식의 파괴와 사회의 분열 __279
Ⅱ. 경쟁사회가 초래한 개인적 자부심의 추락 __281
Ⅲ. 상대적 박탈감의 해소를 위한 사회 분위기의 전환 __290
Ⅳ. 문화교육을 통한 사회정의의 발현 __300
Ⅴ. 다양한 정의관의 중첩적 활용을 통한 갈등문제의 해결 __314
Ⅵ. 공감의식의 형성을 위한 당사자들의 의사교환법 __330

第2部 「사회재건」과 「권리의식의 재형성」을 위한 나침반

第5章 사회재건의 나침반
: 어떠한 지침들이 무너진 사회를 바로잡는가? __343

第1節 법이론적 지침 __343
Ⅰ. 법해석관(法解釋觀)의 필요성 __343
Ⅱ. 법적 사고에 기초한 권리관 __346
Ⅲ. 법에 나타난 상호보완성의 덕 __353
Ⅳ. 천칭 위의 주관적 공권과 객관적 가치 __361
Ⅴ. 실질적 합의에 기초한 법정의의 형성 __366

第2節 사회이론적 지침 __374
Ⅰ. 공감대의 안정적 형성과 합의사회 __374
Ⅱ. 갈등의 본질에 대한 합의에 대한 이해 __376
Ⅲ. 원만한 합의과정도출과 관련한 이론들 __383
Ⅳ. 갈등의 종결을 위한 국가개입을 둘러싼 문제 __388
Ⅴ. 합의의 장에서 벌어지는 적대적 태도의 표출 __393
Ⅵ. 합의의 장 속의 영합게임으로부터의 탈피 __403
Ⅶ. 공동체의 안정적 존속을 위한 합의의 규칙 __412

第3節 제도론적 지침 __421
Ⅰ. 자유와 평등 지향성 __421
Ⅱ. 민주공화국과 주권재민의 원칙 __428
Ⅲ. 보호받는 사람과 보호받아야 할 사람 __432
Ⅳ. 권리 행사가능영역과 국가에 의한 보호권역 설정 __438
Ⅴ. 자유민주적 기본질서에 기초한 평화적 통일 __443
Ⅵ. 국제법규의 적용문제를 둘러싼 법적·사회적 환경 __447

Ⅶ. 안정적인 법제도의 운용을 위한 공무원의 헌법적 위상 __451
Ⅷ. 국민의 효과적인 상향식의사전달을 위한 조직구조 __460
Ⅸ. 원활한 의사교환을 통한 사회문화의 형성 __467

第6章 권리의 나침반
: 권리를 어떻게 향유하여야 하는가? __474

第1節 자아의 형성과 보호 및 실현을 위한 전제 __474

第2節 자아의 형성과 내부의 세계의 움직임 __486
Ⅰ. 삶의 터전을 형성하여 살 자유 __486
Ⅱ. 사적생활공간형성의 자유(Ⅰ) __491
Ⅲ. 사적생활공간형성의 자유(Ⅱ) __495
Ⅳ. 전파공간에서 이루어지는 사적생활영위 권리 __503
Ⅴ. 사회로부터의 이탈과 양심의 자유 __510
Ⅵ. 심리적 안온감의 증대와 종교활동 __515

第3節 자아를 보호하기 위한 기본적 권리 __522
Ⅰ. 자유의 기본전제로서의 신체의 자유 __522
Ⅱ. 법집행을 위한 기본적인 고려대상으로서의 시간적·인적 범위 __527
Ⅲ. 국가에 의한 불법행위와 개인의 권리구제 및 법치행정의 원리 __532
Ⅳ. 권리분쟁의 해결을 위한 소송제도 __540
Ⅴ. 국가의사결정과 합의 그리고 정치 __549
Ⅵ. 자아실현 본능의 인위적 절제와 청원권의 관계 __555
Ⅶ. 법률서비스의 제공자와 수용자의 관계 __560
Ⅷ. 범죄피해구조청구권을 통한 정상생활로의 복귀 __567

第4-1節 자아의 실현을 둘러싼 환경(Ⅰ) __576
Ⅰ. 교육의 자유가 갖는 의미의 재인식과
특권계층 형성가능성의 축소 __576
Ⅱ. 학술과 예술분야에 대한 지원과 사회발전가능성 __583
Ⅲ. 외부세계를 향한 의사표현과 그를 통한 사회변화 __588

第4-2節 자아의 실현을 둘러싼 환경(Ⅱ) __597
Ⅰ. 기본적 생활유지와 자아실현을 위한 사회활동 __597
Ⅱ. 직업윤리와 동압자의식 고양 __605
Ⅲ. 권력의 징표가 아닌 생활권의 안정적 보호를 위한 재산권 __613

第5節 권리관의 안정적 정착을 위한 제한기제 __619

第7章 결론
: 가디언(Guardian)으로서의 법과 기디언(Gideon)으로서의 법 __627

참고문헌 __635

第1部

자연과 사회 그리고 법의 나침반

第1章 서론

삶에 대한 불만과 편향적 권리관

사람은 평생에 걸쳐 인생을 '살아가는 것(Living)'인지 혹은 '살아내는 것(Surviving)'인지에 대해서 한번쯤 진지하게 생각하곤 한다. 만약 이와 같은 고민을 하는 빈도가 높아지고 있다면, 그것은 외부환경에 대해 불만감을 느낀 까닭일 것이다. 불만스러움이라는 부정적 형태의 감정은 내적인 자생물일 수도 있지만 대체적으로는 타인과의 불편한 관계 혹은 가정 밖에서 본인이 감내해야만 하는 복잡한 일들로 인하여 형성된 산물, 즉 후천적 파생물일 가능성이 높다. 안타깝게도 인간이 가지는 인내력에는 일정한 한계가 있기 마련이고, 감내의 수준이 정상치로부터 현저하게 멀어지게 되는 순간부터는 증폭된 불만스러움이 외부적으로 표출되기 시작한다. 물론 인내력 내지 감내 수준의 한계치는 개인에 따라 그 차이가 나타나는 것이기 때문에 구체적으로 '얼마만큼 참을 수 있는지'를 말할 수는 없다고 할지라도 통상적으로 자신의 이익이 부당하게 침해되었음에도 불구하고 그것을 묵인하고 있을만한 이들은 실상 많지 않을 것이라고 사료된다. 문제는 이익의 침해수준을 바라보는 시차(視差)인데, 인생을 '살아가는 것'이 아니라 '살아내는 것', 일종의 생존경쟁이라고 생각하는 이들이 체감하는 수인한도치(受忍限度値)는 시간이 갈수록 낮아진다. 낮아지는 한도는 사람들을 호전적인 자세, 다시 말해서 외부환경으로부터 들어오는 부정적인 형태의 자극에 대하여 수비적(守備的)이라기보단 공격적(攻擊的)으로 반응을 하도록 만든다. 결국 개인의 심리문제가 사회에 악영향을 미치게 되고, 그와 같은 악영향은 선량한 다른 개인에게 부정적인 감정을 갖도록 유인하는 까닭에 악순환이 반복되기에 이르는 것이다. 물질문화에 기반을 둔 경제적 환경의 변화는 '호황 · 침체 · 불황 · 공황 · 회복 · 호황'이라는 순으로 순환적인 성격을 갖는 반면, 사람의 심리변화는 이와 같은 절차보다는 상대적으로 더욱 복잡한 양상을 띤다. 중앙은행이 금리를 변동시키거나 정부가 통화정책을 시행하는 것과 같이 강력한 권한을 발휘하여 경기를 회복시키는 것처럼 사람의 심리문제는 외부적인 환경의 변화를 준다고 해서 가라앉는다고 하기엔 어려움이 따른다. 여기서 오해의 소지를 없애기 위해 첨언하자면, 경제문제를 해결하는 것 또한 매우 힘겹고 어려운 일임에는 분명하다. 단지 경제와 같은 환경적 문제를 해소하는 데에 있어선 주어진 과제를 해결하기 위한 단서(端緖)가 존재하지만, 사람의 심리문제의 경우엔 그와 같은 힌트를 찾기 힘들다는 점에서 상대적으로 복잡한 양상을 띤다는 데에서 차이가 있음을 말하고 싶었을 따름이다.

짙어가는 공격성은 사회 전체의 유기적 안정성을 훼손하기도 하지만 공격을 하는 주체의 심리상태의 악화를 가속화시키기 때문에 개인과 공동체 모두를 파괴일로에 놓이게 만든다. 과거에는 타인들과 더불어 살아가는 방법 등을 논의한 교양서적들이 사람들에게 미치는 영향력이 큰 편이었으나, 이제는 손해를 입지 않고 살아가는 방법을 논의한 처세술 내지는 자기계발서의 영향력이 압도적인 편이다. 물론 처세와 자기계발을 위한 매뉴얼은 독자들로 하여금 자아를 실현할 수 있도록 인도해주기 때문에 사회에 기여하는 바가 큰 것만큼은 사실이지만, 성공이라는 인생의 목적 이면에 존재하는 중요한 생활덕목을 꼬집어 말해주는 서적들이 조금씩 설 자리를 잃어

가고 있는 실정이다. '싸워서 이기는 법'이나 '협상을 잘 하는 법' 혹은 '기존의 재산을 관리하여 노후에 안정적인 삶을 사는 방법' 등 실용적이고 현실적인 내용을 담은 콘텐츠들이 압도적인 우위를 점한 가운데, '타인과 공존하는 법'에 대한 내용을 담은 콘텐츠들은 마치 고리타분하고 비실용적이며 현실적이지 못한 것들이라고 여겨지고 있다. 이와 같은 현상들은 비단 독서문화에서만 나타난다고 할 수 없다. 방송이나 온라인 콘텐츠들도 대부분 비슷한 양상을 보이고 있다. 그만큼 사람들의 관심사가 경제적으로 잘 살기 위한 것에 초점이 맞추어져있고, 웰빙(Well-Being)이라는 것도 정신적 안온감이 아니라 외적인 표현욕구의 충족에 가까워지고 있음을 보여준다.

이처럼 사람들의 생활양식이 사회적이라기보다는 개인의 안위 혹은 경제적 생활수준의 향상과 같은 주관적인 측면에 초점을 맞추어 이루어지고 있고, 그러한 라이프스타일이 지속적으로 유지될 경우엔 타인을 바라보는 시각이 삼분(三分)되기 마련이다. 다시 말해서 '자신에게 이익을 주거나 앞으로 줄 가능성이 높은 사람'과 '이익과 피해를 주지 않는 사람' 및 '피해를 주거나 줄 가능성이 있는 사람'으로 나뉜다는 것이다. 주관적 이해관계가 사람군(君)을 구분하는 척도가 되는 셈이다. 특히 인성과 성품 등은 측정하기 힘든 것이기 때문에 굳이 힘들여가며 논할만한 성질의 것이 아니라고 생각하는 경향이 강하고, 오로지 자신에게 피해를 주지 않으면 그 뿐이라고 여기는 태도가 강해지고 있다. 상기와 같은 삶의 지침을 추구하는 이들의 관점을 (ⅰ) 철학적 시점에서 표현해 본다면, 원자화된 개인의 가치관이 공동체의 존속력을 훼손하지 않는 범주에서 자유를 향유하는 개인의 그것보다 일반적이고, (ⅱ) 유물론적 시점에선 개인의 삶에 직접적인 영향을 줄 수 있는 경제적 이익을 추구하는 것이 만족스러운 삶을 영위하기 위한 핵심적인 요소이고 인간이 인간다울 수 있는 최소한의 요건이며, (ⅲ) 법사회학적인 시점에선 개인의 권리가 타인을 비롯한 공동체의 권리보다 하위에 서는 경우는 없으며 오로지 주관적인 행복이 전체의 행복을 유도하는 요인이 된다고 바라보는 것이다. 과거와는 달리 현대사회에선 성인군자와 같이

고매한 인성과 덕성을 가진 이들이 주관적인 의미의 풍족함을 느끼긴 어렵다. 오히려 수전노(守錢奴)나 구두쇠 내지는 도박사로서의 자질을 갖춘 이들에게만 그러한 혜택이 주어질 따름이다. 개인적으로 추구하고자 하는 대상의 불균등한 분배로 인한 폐해가 오랜 시간동안 지속되면서, 따스함보다는 흉흉함으로 점철된 민심만이 보일 뿐이다. 살벌해질 대로 살벌해진 민심이 상호공격성(相互攻擊性)이란 형태로 전환되는 것은 당연지사이다. 이때부터 이전투구에 기초한 사회질서가 중세의 흑사병(黑死病)과 같이 공공연하게 확산되기 시작한다.

본고는 바로 이와 같은 현대의 상황을 비판함과 더불어 왜곡된 사회질서를 바람직한 것이라 여겨졌던 기존의 형태로 회귀시키기 위하여 필요한 것이 무엇인지에 대해 논하기 위하여 작성되었다. 이를 위한 첫 논의로 '인간이 존재하기 이전부터 당위적으로 자리를 잡아왔던 자연의 기본법칙'에 대해서 거론할 예정이다. 자연의 기본법칙은 홉스(Thomas Hobbes)가 주장했던 자연 상태의 규칙과는 다르다. 홉스는 인간이 존재하는 자연에서 이루어지는 상황을 가정하였지만, 필자가 거론하는 자연의 기본법칙에서는 인간이 부재한 상태에서 형성되었을 법한 규칙을 핵심으로 삼기 때문이다. 물론 인간이 없는 사회를 논의하는 것 자체가 추상적일 뿐만 아니라 지나치게 형이상학적인 성격을 가짐에 따라 결코 현실적이지 못하다는 비판이 제기될 수 있을 것이다. 그러나 사회과학을 포함한 과학계의 위대한 발견은 자연현상 그 자체를 관찰하는 과정에서 나타났음을 아울러 고려할 필요가 있다. 인간이라는 존재가 가지는 중요성이 미미하다고는 할 수 없다. 그러나 인간이라는 외적인 존재를 반드시 상정해야만 한다는 태도가 철학적·과학적 사유를 통해 찾고자 하는 원초적 차원의 이론, 즉 원론(原論)을 발견하는 데에 있어 필수불가결한 것이라고 단언할 수는 없다. 때로는 사회 속에서 함께 삶을 영위하는 타인들과의 상호작용에 대해 지나치게 신경을 쓴 나머지 인간질서를 초월하여 존재할 수 있는 기본법칙이 가지는 의미와 중요성에 대해 간과하게 된다는 사실에 주의할 필요가 있다. 보기에 따라선 중국의 도교철학 내지는 도가에서 언급하는 듯한 느낌이 들 수 있겠으나, 그들의 철학과 필자의 철학의 시작점과 성향은 엄연히 다르다. 도가에서는 인간이 갖추어야 할 본연의 자세에 대한 자연적 가치관을 중요시하는 반면, 필자는 자연세계에서 발생하는 현상을 통해 인간사회에 적용되어야 하는 규칙을 발견하고 이것을 법사회학이라는 옷을 입혀 하나의 이론으로 전환시키는 데에 역점을 두고 있기 때문이다.

그리고 법사회학적인 이론이 허무맹랑한 것이 아님을 증명함과 동시에 그 우수성을 보여주기 위하여, 사회에 존재하는 법령(法令)들을 어떠한 관점에서 어떻게 해석해야하는지 그리고 이를 통해 무엇을 얻을 수 있는지에 대하여 기술하였다. 특히 성문화된 헌법에 규정되어 있는 것들은 국민이라면 누구나 일상적으로 접할 수 있는 내용들이 많은 편이다. 자유롭게 거리를 활보할 권리, 내가 하기 싫은 것을 하지 않을 권리, 안전한 생활을 영위할 권리, 교육을 받을 권리, 근로를 할 권리 등 일일이 열거하자면 한도 끝도 없을 정도의 헌법사항들이 우리의 삶에 접목되어 있다. 다시 말해서 누구나 접할 수 있는 보편적인 생활경험들의 총체가 헌법규정이라고 하여도 과언이 아니라는 것이다. 본고에서는 누구나 쉽게 접할 수 있는 보편적인 생활경험을 활용함과 더불어 우리가 쉽게 간과할 수 있을만한 사항들을 지목하기 위하여 다양한 사회과학적 논리들을 이용하였다. 이와 같은 논리들은 크게 법이론, 정치이론, 사회이론적인 성격을 띤 것으로서 사회현실을 짧고 분명하게 설명하는 데에 있어 매우 유용한 편이다. 제 아무리 생활파생적(生活派生的) 데이터들이 즐비하게 늘어져있다고 할지라도 이것을 질적으로 해석하는 작업이 수반되지 않는다면, 무의미한 자료에 불과한 것이기 때문에 여타의 사회과학이론을 사용하는 것은 필수불가결하다고 말할 수 있다.

사람들은 삶이 각박해질 때마다 자신에게 필요한 것은 주관적 욕구를 충족시켜줄 수 있는 실용적인 무언가라고 외치고 있지만, 안타깝게도 그로 인하여 잃을 수밖에 없는 것에 대해선 아까움을 느끼지 못한다. 잃을 것이 없기 때문에 아까움을 느끼지 못하는 것이기도 하지만, 무엇을 잃었는지에 대해 인식하지 못하기 때문이기도 하다. 우리가 상실한 것은 바로 평화로운 삶의 엔진이라고 할 수 있는 자유의지와 덕성이다. 현재 한국사회는 자유주의와 공화주의를 통해서 얻을 수 있는 원동력을 서서히 상실해가고 있다. 오래된 자동차에 이기주의라는 유사휘발유를 넣으면서 앞으로도 잘 달려줄 것을 바라는 행태가 만연해지고 있을 따름이다. 제대로 된 연료를 넣지도 않았으면서 자동차가 자신의 성능을 발휘해주길 기대하는 것은 소유자의 욕심일 뿐이고, 더 나아가 도로 위의 다른 운전자들에게 피해를 주는 결과만을 초래할 뿐이다. 자유주의와 공화주의에 기초한 생활형식에 대해서 고려하지 않고 살아가는 것은 왜곡된 자기가치관을 만들어내는 원인이 되고, 이러한 원인으로 말미암아 갈등과 분쟁이라는 사회병리 현상이 발생한다. 물론 문제해결 이후에 합의질서를 형성하여 더욱 안정적이고 평화로운 분위기를 이끌어낼 수도 있다는 점을 감안한다면, 갈등이나 분쟁을 반드시 사회악으로만 여기는 것이 바람직하지 않을 수도 있다. 그러나 문제를 마주하는 횟수가 많아지거나, 설령 이를 해결하였다고 할지라도 시간이 지난 후 재발하는 경우가 늘어난다면 평화로운 생활환경에 커다란 균열이 갈 수 있고 그로 말미암아 또 다시 붕괴된 사회 속에서 생존투쟁을 해야만 한다는 불안감에 사로잡힐 수밖에 없다. 안타깝게도 그러한 불안은 현실이 되는 경우가 많았다. 실제로 투쟁에 기초한 집회 및 시위의 횟수가 많았고, 그로 인하여 개혁의 바람이 불어야만 한다는 논의가 지속적으로 제시되어 왔다는 사실이 이를 증빙한다. 무엇이 이들을 이렇게까지 전락시켰는지, 그리고 전락의 늪에서 벗어나기 위해선 어떠한 태도를 견지해야 하는지를 살펴보는 것이 이 글이 가진 진의이자 목적이라고 할 것이다.

第2章 자연과 사회 공존의 나침반

第1節 자연성과 인간성

Ⅰ. 경험하지 못한 영역에 대한 사고

도교(道教)에서 거론할 만한 사항이긴 하지만, 본고에서 전달하고자 하는 진의를 분명하게 피력한다는 차원에서 '인간이 존재하지 않았던 세상에서 공공연히 받아들여졌던 공존규칙'에 대해 생각해볼 필요가 있다고 생각한다. 이 문장을 읽은 독자들의 입장에선 인간이 없는 자연에서 형성된 규칙이라는 것이 과연 존재할 수 있는지, 더 나아가 그에 대해 논의를 한다는 것이 현재의 사회문제를 논하는 데에 있어 회의적인 반응을 보일 가능성이 매우 높을 것이다. 다시 말해서 실용성에 대한 회의감이 있을 수 있다는 의미이다. 현대사회를 살아가는 이들이라면 누구든지 이와 같은 의문들을 제기할 수 있다. 그럼에도 불구하고 필자가 이에 대해서 고려해야 한다고 강변하는 이유는 특정한 문제의 원인과 해결책을 논할 때에 있어서 가장 기본이 되는 방법이 고통을 받고 있는 대상(여기서 말하는 대상은 개인과 사회를 의미한다)이 그 병을 앓기 전에 보여주었던 가장 건강한 시절의 모습, 즉 원형(原形)이 어떠한 상태로 존재했는지를 파악하는 것이라고 여겼기 때문이다. 이러한 작업이 수반되지 않는다면 어떠한 변수(變數)가 건전성을 훼손했는지에 대해 판단하기 어려워진다. 공동체라는 거대한 집단체 속에서 생을 영위하는 이들이 힘겨움을 느끼는 이유가 금전적인 분쟁에 기인한 것이라면 '돈이 없는 사회'에 대해서, 질병에 기인한 것이라면 '질병이 없는 사회'에 대해서 생각하듯이, 만약 누군가가 타인들이 행하는 개별행동 내지는 개별행동들의 총체로 말미암아 힘겨움을 느낀다면 '자신을 비롯한 인간이 없는 사회'에 대해서 고려해야 한다는 것이다. 다만, 이러한 논의를 진행하는 데에 있어서 제기될 수 있는 한 가지의 비판이 있을 수 있는데, '인간이 없는 사회'가 어떠한 식으로 존재했을 것인지에 대해서 아는 사람은 단 한 명도 없다는 사실이다. 생각하기에 따라선 빅뱅(Big Bang) 이전의 우주를 그리는 것과 다르지 않을 수도 있다. 그런데 인류가 경험하지 못했던 세계를 목격할 수 없다는 이유로 논할 가치가 없다는 식으로 받아들이는 태도가 언제나 바람직한 것이라고 말할 순 없다. 목격할 수 없었다고 할지라도 그와 객관적인 유사성을 띤 다른 대상을 관찰하는 방법을 채택한다면, 적어도 근사치에 가까운 결론을 도출하는 것이 가능하기 때문이다. 특히 자연과학적인 견지에서 바라보는 정밀한 수치를 계산해내고자 함이 아니라, 형이상학적 차원의 공존질서를 찾는 것이 본고의 목적임을 잊지 않길 바란다.

형이상학이라는 것은 인간이 오감(五感)을 통하여 감지할 수 없는 측면의 것들을 이론화하여 이성적 · 심리적으로 공감할 수 있도록 인위적으로 조정하는 일련의 사고조류를 일컫는다. 자연과학에 비하여 사회과학이 가지는 특색이 바로 이것이다. 신학을 포함한 일반적인 종교학들은 과학적 의미의 증거 및 현상들을 직접적으로 목격했기 때문에 학문이라는 지위에 서게 된 것이라기보다는 인간이 어떠한 마음가짐을 가지고 삶을 영위하여야 하는지에 대해 끊임없는 고찰이 이루어진 결과, 많은 이들로부터 공감을 살 수 있었기 때문이다. 본고에서 굳이 인간이 없었던 세상을 상정하여 사회질서의 원형을 찾고자 하는 것은 일련의 발전경로를 거쳐 온 종교학자들과 마찬가지로 필자가 그동안 진지하게 생각해왔던 '현대인들 사이에 형성되어야 할 공존규칙'이 무엇인지를 독자들에게 알림과 더불어 이러한 사고방식을 공유하고 싶었다는 마음에서 연유한 것이다. 이러한 사고에 기초하여, 글의 초반부에서는 자연과 자연법에 대한 내용을 간단히 설명할 예정이다. 우리가 궁극적으로 찾아야 하는 것은 인간사회에서 공유되어야 할 기본가치가 무엇인지에 대해서 살펴보는 것이지, 그 근원과 원형에만 몰두하는 작업에 국한되지 않기 때문이다. 비교적 내용이 길다고 할 수는 없겠지만, 적어도 자연계에서 형성된 그리고 유지되고 있는 기본규칙을 납득하는 데에는 어려움이 없을 것이라고 사료된다. 공유되어야 할 기본가치에 대해서 논의를 한 이후부터는 그 규칙을 이해했다는 전제하에 사람들이 살아가는 삶의 양식과 그 속에 담겨있는 의미를 철학적 의미에서 재해석한 후, 법사회학적 견지에서 통용되는 권리이론을 반영하여 공화주의적 자유주의에 기초한 존중사회가 어떠한 속성을 띠고 있는지 그리고 앞으로 어떠한 식으로 전개되고 유지되어야 할 것인지에 대해 논하도록 할 예정이다.

Ⅱ. 일관적 복합성에 기초한 자연법칙과 도출방법

자연인(自然人)이라는 말이 가지는 함의는 한 마디의 언어로 표현할 수 없을 정도로 방대하다. 법학에서는 자연인을 두고 권리능력(權利能力)의 주체라고 명명함으로써 일정한 의사를 외부를 향하여 발(發)하고 그에 상응하는 책임을 질 수 있는 법이성적 존재라고 여기고 있는 반면, 법학을 제외한 분야에서는 사익추구(私益追求)와 같은 세속적 차원의 목적의식으로부터 물리적·심리적으로 이탈하여 독자적으로 생활영역을 구축하는 사람으로 바라보기도 한다. 이와 같은 시각이 자연인을 지칭하는 말로서 통상적으로 받아들여질 수 있는 것이긴 하지만, 그러한 개념을 온전히 담아내는 설명으로는 부족한 감이 있다고 사료된다. 그 이유는 자연(自然)이라는 용어가 담고 있는 의미가 매우 포괄적이며 광활하기 때문이다. 물론 인(人)을 정의하는 것 또한 매우 중요하다는 점에선 재론의 여지가 없지만, 이보다는 전자에 대한 논의가 우선적으로 선행될 필요가 있는데, 그 이유는 자연이라는 수식어가 인이라는 정체성을 규명하는 데에 있어 핵심적인 역할을 수행하고 있기 때문이다.

자연은 영어로 'Nature'라고 하는데, 일반적으로 '태초부터 주어진 비(非)인위적 환경'을 뜻하지만 다른 한편으론 '본성(本性)'을 의미하기도 한다. 이때 전자를 중심으로 하여 이루어지는 연구는 물리학 · 화학 · 생물학과 같은 과학으로 분류되지만, 후자에 역점을 둔 연구는 철학 · 사상학과 같은 인문사회학으로 편재된다. 물론 이와 같은 인문사회학에는 법학 · 사회학 · 정치학 등 인간이 만들어낸 결집체의 운용방식을 논한 개별학문들이 포함되어 있다. 필자는 바로 과학에 대한 측면을 부분적으로나마 언급할 예정이지만, 기본적으로는 인문사회학이라는 부분에 초점을 맞추어 논지를 전개할 예정이다. 그렇기 때문에 『이기적 유전자(the Selfish Gene)』, 『눈 먼 시계공(The Blind Watchmaker)』, 『만들어진 신(The God Delusion)』 등을 저술한 리처드 도킨스(Richard Dawkins)와 같이 객관적 속성을 강하게 가진 과학에 역점을 두진 않았다. 혹자는 자연에 대해 객관적으로 인식함으로써 인류가 '나아갔던', '나아가고 있는', '나아가야 할' 방향을 구체적으로 설명할 수 있다고 생각할 수 있겠으나, 자연을 바라보는 시각이 반드시 과학에 토대를 두어야 한다는 사고는 인간의 사유능력이 가지는 가치를 상대적으로 등한시하는 것과 다르지 않다. 객관성을 지나치게 숭상하고 옹호할 경우, 다양한 사고관념을 겸비한 이들이 보유하고 있는 주관적 가치관의 중요성을 간과하거나 저평가하는 결과를 초래하게 될 터인데, 그럼에도 불구하고 탈(脫)과학주의에 기초한 시선을 굳이 배제하고자 한다면 인간은 과학이라는 섬 속에 갇힌 수동적 존재가치만을 내포한 동물에 지나지 않게 된다. 물론 도킨스 교수를 비롯하여 수많은 과학자들이 무수히 시행한 실험과 관찰이 가지는 가치는 형용할 수 없을 정도로 위대한 것이고, 그들이 우리에게 전해주는 과학적 사유에 대해서도 진지하게 받아들일 필요가 있음은 당연하다. 그러나 인간이 가지는 사유능력은 비단 철저한 과학론에 바탕을 둔 '경험론적 속성'을 가지는 데에 그치는 것이 아니라, 탈(脫)경험론을 진정한 경험론으로 전환시키는 '창조적 성격' 역시 내포하고 있다는 점에 대해서도 고려해야 한다. 이상의 두 가지 유형의 관점들이 공존할 수 있을 때에 한하여 자연인이라는 말이 가지는 참된 의미를 파악할 수 있을 것이며, 이들이 만들어낸 자연법(自然法, Natural Law)이라 불리는 거대한 체계에 대해서도 충분한 이해를 할 수 있게 된다.

지금 자연법이라는 용어를 사용하였는데, 본론으로 넘어가기 전에 오해를 없애기 위하여 한 가지 첨언해둘 것이 있다. 법학을 전공하거나 법학에 관심을 가지고 있는 사람들은 자연법을 설명할 때에 있어서 천부인권적인 권리 내지는 인간이기 때문에 당연히 소지하는 권리를 보호하기 위한 최상위의 법이라고 받아들인다. 이와 같은 사조는 기본적으로 권력투쟁으로 점철된 인간의 역사 속에서 사람들이 어떻게 하면 자아를 실현할 수 있는지를 강구한 끝에 형성된 것이고, 이러한 이데올로기가 형성되면서부터 자연법이 추상적이지만 일정한 외형을 갖게 되었다. 따라서 굳이 그보다 한층 더 형이상학적 성격이 강한 자연 그 자체에 대해 논의하는 것은 실익이 없으며, 오히려 권력투쟁이라는 상황 속에서 이루어진 인간행동의 패턴에 대해 궁구하는 편이 자연법의 형성배경과 그 가치를 평가하는 데에 있어 더욱 효과적일 수 있다는 견해가 제시될 수도 있을 것이다. 충분히 타당한 반론이라고 생각한다. 필자도 한 때는 그와 같이 생각을 했었다. 그렇지만 거기서 한 발자국 더 나아간다면, 자연법이라는 이론을 구성하게 된 계기는 인간의 권력투쟁이란 역사적 사건이지만, 그와 같은 구성의 계기에 선재(先在)하는 논의는 '자연법의 원천'에 대한 것이라고 말할 수 있다. 쉬운 표현으로 환언하자면, 다이아몬드라는 원석을 가공하여 그것이 가지는 가치를 향유하거나 증대시키는 행위와 원석 그 자체를 만든 자연력에 대해 궁구하는 것이 차원을 달리하는 논의이듯, 자연법이라는 원리를 구성하여 개인적 자유를 보호하고 사회공동체의 존속을 유지시키는 것과 자연법이라는 원석 자체가 인간에 의하여 가공되기 전에 어떠한 이유로 존재하게 된 것인지를 생각하는 것은 엄연히 다르다는 뜻이다. 필자는 과거엔 전자의 측면에 주안점을 두었다. 그러나 이번 기회엔 후자의 논의부터 시작하여 전자에 이르기까지의 담론을 하려고 한다. 그 이유는 인간의 손이 닿기 전에 존재했던 공존의 질서가 무엇이었는지에 대한 추론이 공화주의적 자유주의에 기초한 존중사회를 형성시키는 원동력에 대한 탐색으로 이어질 수 있기 때문이다.

다시 본론으로 돌아가자. 자연은 앞서 언급했던 바와 같이 태초부터 사람들에게 주어진 비(非)인위적인 환경을 의미하는 것으로 누군가에 의해서 의도적으로 만들어졌다고 할 순 없다. 관련하여 신(神)이 창조하였다는 식으로 설명하는 종교론적인 관점과 다섯 개의 원소로 구성된 화합물이라고 바라보는 혹은 적자생존의 법칙에 기초한 진화론이란 과학론적인 관점이 제시되는데, 어떠한 견해를 채택한다고 할지라도 그것이 인간의 탄생 이전에 존재했었다는 것만큼은 부인할 수 없는 사실임엔 틀림없다. 그렇다면 인류사회가 형성되기 이전부터 상존(常存)해왔던 것으로 간주되는 자연은 어떠한 성격을 가지고 있는가? 필자는 자연을 '단일성(單一性)'과 '복합성(複合性)'을 동시에 겸비한 산물로 바라보고 있다. 물론 다채로운 성격을 가지고 있다(복합성)는 말을 논의의 대상이 한 가지의 면모만을 외부적으로 보여주는 것이라기보다는 복잡한 성격을 내포하고 있다는 의미로 받아들일 수도 있겠으나, 그와 동시에 다양한 속성들이 일정한 규칙하에 배열되어 있음을 감안한다면 거시적 일관성을 보유하고 있다고 판단할 여지 또한 충분히 인정될 수 있다고 사료된다. 이를 두고 자연의 '일관적 복합성(一貫的 複合性)'이라고 할 수 있는데, 필자가 강조하려는 '본성'이 바로 그것이다. 이와 같은 본성은 아래와 같이 네 가지의 단계를 거쳐 형성된다.1)

주지하다시피 자연은 외부로부터 들어오는 침해에 대항하여 스스로를 보호할 수 있는 기능을 가지고 있다. 쉬운 이해를 위하여 어디서나 쉽게 볼 수 있는 예를 생각해보자. 나무는 극한의 추위라는 부정적 환경으로부터 자신을 보호하기 위해 말단(末端)까지 전달되어야 할 영양소를 핵심기관에 해당하는 뿌리와 줄기에 집중시킴으로써 생명유지에 필요한 기본적 조치를 취한다. 이러한 강행조치 내지는 고육지책으로 말미암아 제 모습과 기능을 상실한 말단부분은 외견상 존재의 가치를 상실한 것으로 판단될 여지가 존재하지만, 추위와 같은 외부적 침해가 잦아들 무렵엔 원상회복(原狀回復)이라는 과정을 거쳐 과거의 모습으로 돌아간다. 이와 같은 현상은 비단 나무에만 국한되지 않는다. 모든 생명은 사계절이 순환되는 어느 시점에서 일시적으로 소멸되거나 멸종한 것처럼 보이지만, 또 다른 시점에선 회복의 과정을 통해 기존의 모습을 재형성시키기에 이른다. 그러한 점에서 볼 때 선인(先人)들이 자연의 순환적 속성을 하나의 법칙과 같다고 여기게 된 것도 바로 이러한 사실에 기인했기 때문이라고 하겠다. 필자는 이를 '보존의 법칙' 내지는 '자기회복의 법칙'이라고 명명하고자 한다. 위에서 말한 보존의 법칙과 대비되는 속성으로 '파괴의 법칙'이 제시될 수 있다. 파괴(破壞)라 함은 기존에 존재하고 있는 무언가의 존속력(存續力)을 반감 내지 소멸시킴으로써 자신의 입지를 강화시키는 위력적(威力的) 조치를 의미한다. 그렇다면 상기와 같이 자기보존을 위한 목적으로 방어적 입장을 견지한 자연이 다른 존재를 공격하는 이유에 대하여 어떻게 생각해야 할 것인가? 불문

---

1) 이러한 접근법을 택한 것은 비단 필자만이 아니다. 여기서 잠시 몽테스키외가 자신이 저술한 유명한 저서 『법의 정신』을 통해 제시한 견해를 살펴보도록 하자. 물론 세부적인 측면에선 그의 의도와 필자의 의도가 다를 순 있겠지만, 접근법은 유사하다. 그는 제1편 제1장에서 "가장 넓은 뜻에서 법이란 사물의 본성에서 유래하는 필연적인 관계를 말한다. 이 뜻에서는 모든 존재가 그 법을 가진다. 신은 신의 법을 가지고, 물질계는 물질계의 법을 가지며, 인간보다 뛰어난 지적 존재도 그 법을 가지고, 짐승은 짐승의 법을 가지며, 인간은 인간의 법을 가진다"라고 언급하였다. 그는 세상에 존재하는 법이나 법칙 등의 존재가치를 밝히기 위하여 위와 같이 신, 물질계, 인간보다 뛰어난 존재, 짐승, 인간의 법을 나누어 설명하였다. Montesquieu, 『법의 정신』(하재홍 옮김), 동서문화사, 2009, 25면.

곡직(不問曲直)하는 식의 무력행사는 일어나지 않는다. 특정한 현상이 발생하는 데에는 그에 상응하는 까닭이 인정되기 마련이며, 이에 조응하지 않는 행위는 궁극적으로 조직전체의 소멸을 가져올 가능성을 높이는 결과를 초래할 개연성이 있다. 모든 생물은 존재의 가능성을 최대한으로 높임과 동시에 최적화된 삶을 영위하려는 본능을 가지고 있다. 따라서 초기에는 주어진 환경에 순응하려는 태도를 보이지만, 수인(受忍)의 한도를 초월하는 한계상황에 직면할 경우엔 그 장애물을 제거하려는 모습으로 돌변하기에 이른다. 대표적인 예를 들자면 폭풍 내지는 화산폭발과 같은 천재지변(天災地變)을 생각해볼 수 있는데, 이는 특정한 환경적 요소가 일정한 지역과 장소에 비정상적으로 집중됨에 따라 기존의 환경체계로서는 이를 적절히 관리하는 것이 어려워지는 상황이 초래될 때에 한하여 나타나는 파괴적 현상이다. 거대한 자연 속에는 위와 같은 국지적인 수준의 파괴로 말미암아 없어진 무언가가 남겨놓은 공백(空白)이 생겨난다. 이와 같은 공백의 존재는 전체 시스템의 미비함 내지는 불완전함으로 연결되어 자칫 개별 자연영역들 사이의 균형성을 훼손시킬 우려가 있기 때문에 이를 메우기 위한 조치가 수반되어야만 한다. 메운다는 말은 무언가를 창조하는 행위를 일컫는데, 이때 창조물은 기존의 빈 공간에서 생존함에 있어 하등의 문제가 없어야 할 뿐만 아니라 주위의 환경과 친화적인 성격을 가지고 공존할 수 있어야만 할 것이다. 이상의 조건들을 만족하지 못하였을 경우엔 그곳에서 자생할 가능성과 기회가 주어지지 않을뿐더러 설령 뿌리를 내린다고 할지라도 그 생존기간이 결코 길 것이라 기대할 순 없다. 결국 친화(親和)와 적응(適應)이라는 두 가지의 조건이 동시에 충족될 때에 한하여 가능한 것이라 하겠다.

보존과 파괴 및 창조의 법칙이 현실적으로 운용되는 과정 속에서 나타나는 마지막 법칙의 핵심은 '상생(相生)'이다. 상생이라는 말이 가지는 의미는 다수의 자연환경요소들 중 어느 하나가 우월적인 지위에 서서 다른 나머지를 지배하는 것처럼 일방적인 형태의 관계가 아니라 상호작용을 통한 상보적(相補的)인 형태의 관계를 맺는다는 것이다. 사람들은 흔히들 동식물들이 구성한 자연계를 약육강식(弱肉强食) 내지는 먹이사슬의 모습으로 생각하는 경향이 강한데, 이는 그 세계에서 나타나는 일면적인 속성을 마치 전체의 속성인 것처럼 해석한 결과라고 할 수 있다. 물론 소위 말하는 '먹고 먹히는 관계' 그 자체로만 보자면 물리적으로 힘이 강한 존재가 약한 존재의 생사를 결정짓는 현상이 지배적으로 나타나는 것이 사실이겠지만, 상보적 관계를 형성하기 위하여 이루어지는 절차 내지는 과정 자체가 생태계라는 대자연을 유지시키기 위한 작은 포석들의 집합이라고 할 수 있다. 지배자가 피지배자 위에 군림하는 반면, 피지배자는 지배자를 견제할 수 있을 만한 다른 힘을 가질 뿐만 아니라 일정한 군집을 형성하여 이에 대응하면서 묘한 공존관계를 만들어낸다. 이와 같은 과정이 대규모로 확산되어 평형을 이룰 때에 한하여 생태계라는 자연시스템이 그 명맥을 유지하게 되는 것이라고 하겠다.

상기의 법칙들의 관계를 입체적으로 조망해보면 다음과 같은 형태의 구조가 만들어진다. 우선 보존의 법칙에서 나타나는 자기보호 혹은 자기회복은 스스로의 '존속력'을 유지하기 위한 기본적인 사항으로서 자연계에서 생존하기 위한 '본능의 발로'라고 할 수 있겠다. 모든 생물들은 언젠가는 지상에서 사라질 것이 예정되어 있음에도 불구하고 결코 소멸되기 위한 목적이 아니라 존재하기 위한 목적으로 보호본능 혹은 회복본능을 겸비한다. 그러나 이상의 존속력이 다른 자연물에게 커다란 위해를 가져다줌에 따라 대자연계로부터 보호가치를 인정받지 못할 경우에 한하여 예외적으로 불승인의 절차를 거쳐 파괴일로를 걷게 된다. 물론 여기서 말하는 파괴는 무조건적인 의미의 파괴가 아니라 타(他)요소들과의 원만한 관계를 형성하는 '적응력'과 '친화력'이 담보되지 않을 때에 한하여 이루어지는 조건부적인 의미의 파괴라고 할 것이다. 이상의 조건이 충족되지 않음으로 말미암아 생기는 파괴, 그리고 그것이 만들어낸 공백은 이러한 빈자리에 착석할 수 있는 다른 생물들에 의하여 메워지기 마련이다. 그러므로 보존의 법칙이

정(正)에 해당하는 것이라면 파괴의 법칙은 반(反)에 해당하며 창조의 법칙은 합(合)에 머문다고 할 수 있겠다. 마지막으로 위의 과정들이 유기적으로 연결될 때에 한하여 모든 생물들이 조화로운 관계를 형성시킨다는 상생의 법칙으로 이어진다. 여기서 말하는 상생의 법칙이 가장 최종적인 의미의 합, 다시 말해 창조의 법칙이라는 합보다 높은 곳에 위치한 합에 해당한다. 따라서 상기에서 언급한 보존과 파괴 및 창조의 법칙이라는 이질적 속성의 본성문제들은 상생을 중심으로 하는 법칙을 필두로 하여 자연계 자체를 떠받드는 공통의 기능과 매우 깊은 관련을 맺고 있다고 할 수 있다. 이것이 바로 자연의 본성이 가지는 '일관적 복합성'이다.

이상의 논리에 대하여 인문사회학적인 소양을 갖춘 독자들은 필자가 사용한 이론전개방식이 연역적(演繹的)인 것인지 혹은 귀납적(歸納的)인 것인지에 대해 의문을 가져볼 수도 있을 것이다. 전자는 일정한 대전제를 형성한 후에 그 속에 존재하는 내재적인 규칙에서 어긋나지 않는 범주하에 세부적인 명제들을 만들어 하나의 거대한 이론을 만들어내는 탐구기법을 의미하는 반면, 후자는 경험적으로 관찰할 수 있는 세부적인 정보들을 가능한 한 많이 모은 후에 높은 신뢰도와 타당도를 갖춘 이론으로 형성하는 기법을 일컫는다. 필자가 이용한 방법을 굳이 설명한다면, 연역적인 측면에 중점을 두었지만 허무맹랑한 생각전개라는 함정으로부터 벗어나기 위해 통상적으로 거론되는 자연의 변화를 염두에 두었다는 점(육안으로 관찰할 수 있는 현상들을 통하여 몇 가지의 자연법칙을 거론했다는 사실)을 감안한다면 귀납적인 측면에도 신경을 썼다고 할 수 있겠다. 만약 연역적인 차원에 대해서만 고려를 했다면 자연의 속성을 '복합성이 없는 일관성'이라고 설명했을 것이고, 귀납적인 차원만을 염두에 두었다면 '일관성 없는 복합성'이라고 설명했을 것이기 때문이다. '일관적 복합성'이라는 속성은 연역법과 귀납법을 유기적으로 사용할 때에 한하여 도출할 수 있는 것임을 말해두고자 한다.

일관적 복합성은 자연의 사회과학화라는 과정을 거쳐 형성된 것이다. 자연과학은 되도록이면 확증(確證)에 가까운 결론을 도출하는 데에 상대적으로 강한 주안점을 두는 반면, 사회과학은 시대에 따라 변화하는 가치를 심증적(心證的) 내지는 심정적(心情的)으로 받아들일 수 있을만한 이론으로 형성하는 데에 초점을 맞추려는 경향이 강하다. 따라서 후자는 확증보다는 (ⅰ) 긴 시간 동안 당연하다고 여겨왔던 명제에 역행하거나 설령 역행하진 않더라도 일견 불합리하다고 판단될 수 있는 부분을 지적하기 위한 반증(反證)과 (ⅱ) 그러한 반증이 사회 속에서 삶을 영위하려는 사람들에게 줄 수 있는 영향에 대해 객관적으로 고찰하는 데에 역점을 둔다. 그러나 많은 이들은 '자연'과 '사회'가 불가분리의 관계에 놓여있음을 인식하고 있음에도 불구하고, '자연현상'과 '사회현상' 사이의 관계에 대해선 심각하게 고려하지 않는 것으로 보인다. 다시 말해서 사람들은 사회가 대자연 속에 존재하고 있음을 인식함과 더불어 대자연에 존재하는 천연자원들을 활용하여 생활상의 편리함을 느끼게 된다는 차원에선 '자연과 사회의 불가분리의 관계'를 인정하지만, 자연에서 발생한 구체적인 사건들(자연현상)을 통해서 도출할 수 있는 철학적 관념이 사회에서 나타나고 있는 고질적인 병폐들(사회현상)을 해소시키는 데에 일조하는 측면이 있다는 사실에 대해선 간과하는 경우가 많다는 것이다. 자연현상은 절대적으로 물리학 · 화학 · 생물학 등에 대해 정통한 과학자들에 의하여 설명되어야 할 영역인 반면, 사회현상은 법학 · 사회학 · 정치학 등의 분야에서 긴 시간 동안 연구해온 이들에 의하여 설명될 수 있는 영역이라는 식으로 바라보게 된다면, 이는 '자연과 사회는 불가분리의 관계에 있다'는 기본명제에 위배되는 결과가 나올 수밖에 없다. 그에 따라 자연은 사람들의 생활증진을 위한 도구에 불과한 존재로 전락하게 되고, 생활증진에 대해서만 신경을 쓴 사람들은 자신도 모르는 사이에 욕구충족을 위한 삶에 천착하게 되며, 욕구충족에만 몰두한 생활양식은 자연스럽게 갈등과 분쟁을 야기하는 원인이 된다. 그러므로 공동체 속에서 발생한 모든 유형의 부정적인 현상들을 현실적으로 해소시키기 위해선 단일 사회과학적 대안들을 이용하면 되지만, 근원적인 해결을 위해선 자연과학에서 연구대상으로 삼고 있는 산물을 공감대적인 가치관에 입각하여 아울러 고려하는 자세가 필요하다. 자연에 대한 이상의 논의를 끝으로 상생의 법칙과 일관적 복합성에 기초한 자연론이 사회 속에서 살아가는 사람들에게 미치는 영향에 대해 살펴보도록 하자.

Ⅲ. 자연법칙과 인간사회

자연탐구기법을 사회과학연구에 접목을 시킨 학자의 대표로는 프랑스의 사회학자 오귀스트 콩트(Auguste Comte)를 들 수 있다. 그는 관찰과 실험에 바탕으로 사회정학(社會靜學)과 사회동학(社會動學)을 설명한 바 있는데[2], 콩트의 관점에선 절대불변의 공동체 질서를 만들어내고자 했던 신학적 사조와 개인의 욕구를 충족시키기 위하여 지성을 남용했던 이성적 사조를 지양하고 객관성을 겸비한 과학적인 관점에서 형성되는 사회질서를 형성하는 태도가 중요한 것이라고 받아들였다. 주지하다시피 자연과학의 세계에선 모든 존재들은 각자 생태계 전체의 유지·존속을 위하여 일정한 기능들을 수행하고 있다. 그리고 이러한 기능들은 독립적이고 파편적인 형태로 이행되는 것이 아니라 유기적인 관계를 맺고 있다. 그렇기 때문에 한 종(種)의 멸종이 다른 종의 운명에 커다란 영향을 줄 수 있고, 이러한 영향이 연쇄적으로 이루어지는 과정을 거쳐 자연재해 등이 발생하는 것이다.

---

2) 여기서 잠시 콩트의 사회학에 대한 조지 리처(Gerge Ritzer)의 설명을 들어보도록 하자. 그는 자신이 저술한 『사회학이론』(김왕배 외 14인 옮김)이라는 서적 19면에서 "사회물리학이라는 용어의 사용은 꽁트가 '경성과학'(硬性科學, hard sciences)을 본받아 사회학의 모델을 추구하고 있었음을 분명히 해준다. 그의 입장에서 볼 때 결국은 지배적 과학이 될 새로운 과학은 사회정학(社會靜學, social statics, 기존 사회구조) 및 사회동학(社會動學, social dynamics, 사회변동) 모두에 관심을 가진 것이었다. 양자 모두는 사회생활의 법칙에 대한 탐구를 수반하지만 꽁트는 사회동학이 사회정학보다 더 중요하다고 생각했다. 변화에 초점을 맞추는 이러한 자세는 사회개혁, 특히 프랑스혁명과 계몽주의에 의해 생겨난 병폐의 개혁에 대한 꽁트의 관심을 반영한다. 꽁트는 혁명적 변화를 주장하지는 않았다. 왜냐하면 사회의 자연스러운 진화과정이 더 나은 결과를 낳는다고 생각했기 때문이다"라고 언급함으로써 콩트가 가진 거시적인 시각이 어떠하였는지를 설명하고 해석하였다. 보다 자세한 설명은 조지 리처 교수의 저서 19면 이하를 살펴보길 권한다.

따라서 자연계 전체에 부정적인 영향을 줄 수 있는 것들은 이른바 병리적인 것으로 치부될 수밖에 없다. 콩트는 그 논리를 사회에도 적용시키는 것이 가능하다고 믿었다. 공동체가 병이 들지 않기 위해선 권력의 폐해가 발생하지 않는다는 조건하에서 사회질서의 안정화가 필요하고, 안정화라는 목적을 달성하기 위해선 자신에게 주어진 역할을 묵묵히 수행할 수 있어야만 한다. 이것이 사회학에서 언급하는 기능주의(機能主義) 내지는 구조기능주의(構造機能主義)이다. 본 사조는 훗날 에밀 뒤르켐(Emile Durkheim)과 탈코트 파슨스(Talcot Parsons)라는 학자들에게 지대한 영향을 끼치게 된다. 여기서 잠시 조나단 터너(Jonathan H. Turner)외 2인이 저술한 『사회학이론의 형성』(김문조 외 8인 옮김, 일신사, 2004)의 58면에 나온 부분을 살펴보자. 이들은 콩트의 자연을 고찰하는 방식과 사회학이론의 연결점을 다음과 같이 설명한 바 있다.

> 이러한 강조는 후에 기능주의(functionalism)로 알려진 분석양식을 함축하고 있다 19세기에 생물학의 위세가 점점 상승함에 따라 주목받는 생물과학과 사회학적 분석을 접목시키려는 시도가 늘어났다. 결국 학자들은 이렇게 묻기 시작했다. 사회조직체에서 구조의 기능이란 무엇인가? 즉 구조는 사회적 전체를 위해 어떤 역할을 하는가? 콩트는 그러한 질문을 함축적으로 던졌고 명시적으로 유추를 제시하기까지 했다. 그의 유추는 유기체적 유추를 부추기게 되었다. 예를 들면 사회의 정상적 작동을 나타내주는 사회병리학에 대한 그의 관심은 생물학적 추론양식의 예이다.

물론 이들의 견해가 인문사회학적 관점에서 타당한지의 여부에 대해 논란이 일고 있는 것은 사실이지만, 적어도 자연과학과 사회과학의 가교를 형성하였다는 점에선 그 의의가 크다고 볼 수 있다. 필자 역시 그러한 가교에 대해 많은 관심을 가지고 있었고, 이를 중심으로 한 궁리를 하는 과정에서 상생의 법칙과 일관적 복합성에 기초한 자연론이 사회에 미치는 영향에 대해 언급할 수 있게 되었다. 자연의 본성이 가지는 일관적 복합성은 그 속에서 생(生)을 영위하는 인간이 일정한 행동양식을 보유하도록 만든다. 그 이유는 자연이라는 임대인(賃貸人)이 형성한 물리적 공간 안에서 임차인(賃借人)의 지위를 갖는 사람군(君)은 마땅히 해당공간의 목적과 용도에 부합하는 범위 안에서 삶의 방향을 설정하고 그에 상응하는 환경을 형성시켜야만 한다는 의무를 부담해야 하기 때문이다. 여기서 말하는 의무는 상기에서 언급한 자연운용의 법칙과 합치되는 의미의 삶을 살아야만 한다는 내용으로 구성된다. 따라서 인간은 보존과 파괴 및 창조의 법칙들의 균형을 통해 형성된 상생의 법칙이라는 지침에 맞추어 삶을 영위하고자 할 때에 자연이란 임대인이 제시한 거주조건을 충족시키게 된다. 그렇다면 이러한 지침이 인간의 삶 속에서 어떠한 식으로 구현될 수 있는지에 대하여 생각해보자.

사람도 자연이라는 거대한 공간에서 살아 숨쉬는 생물들 중의 한 부류로 상생의 법칙에 의거하여 인정되는 룰에 기초한 삶을 영위하고 있다. 그리고 이러한 과정에서 자신만의 존속력을 발휘하며 여타의 포식자로부터 스스로를 보호하는 한편, 개인적인 욕구를 충족시키기 위하여 최선의 노력을 다하게 된다. 여기서 말하는 존속력이라 함은 필자가 사람이 자아를 보호하는 동시에 실현하기 위한 욕구를 충족시키기 위한 목적으로 발휘하는 에너지를 지칭하기 위하여 만든 말이다. 이러한 힘의 발현가능성은 본인이 가지고 있는 욕구를 어떠한 식으로 조절할 수 있는가와 직결된 문제라고 할 수 있는데, 제 아무리 의식주라는 생존의 기본요소가 구축되어 있다고 할지라도 현재에 대한 불만족스러움과 그것이 빚어낸 삶의 무기력함이라는 부정적 감정으로부터 빠져나올 수 없다면 이는 존속력이 사실상 영(zero)에 가까운 상태라고 하여도 과언이 아닐 것이다. 환언하자면 객관적인 견지에서 볼 때 타인들에 의하여 본인의 존재가치가 한껏 고양된 상태라고 할지라도, 자신이 궁극적으로 원하는 바에 미치지 못하는 것이라면 커다란 의미를 가진다고 하기엔 어려움이 따른다. 결국 스스로가 추구하는 것, 즉 '자아실현본능(自我實現本能)'에 부합하는 삶을 살아가는 것이 주관적 의미의 존속력의 상존을 담보하는 기본요소라고 할 것이다.

그러나 주관적인 의미의 존속력이 담보된다고 할지라도 그로 인하여 발현된 자아실현본능이 타인의 그것과 양립할 수 없는 것으로 여겨질 경우엔 문제가 심각해진다. 물론 사소한 수준의 분쟁상황이라면 서로가 양보하는 차원에서 종결될 수 있겠지만, 주관적 삶의 지향점에 대한 사안을 골자로 하는 문제와 결부되어 어느 누구도 한 발자국 뒤로 물러설 수 없는 상황이 발생하게 된다면, 이는 유혈사태를 초래할 수 있을 정도로 갈등의 농도가 짙어진다. 만약 갑(甲)이라는 사람이 공동체와 다툼을 벌인다고 가정해보자. 대체적으로는 사회전체가 개인이 보유하고 있는 인식의 범주보다 상대적으로 더 넓고 깊은 수준의 인식체계를 가지고 있을 것이고, 특히 수많은 자아실현본능을 발현하고자 하는 사람들에 의하여 형성된 집결체라는 점을 감안한다면 개별인보다 훨씬 더 강한 유·무형적인 힘을 보유하고 있을 가능성이 농후하다. 이러한 상황에서 갑이 공동체가 결정한 규율을 위반하거나 더 나아가 이를 훼손시키려는 행위를 자제하지 못한다면 일정한 제재를 받게 되고, 그러한 제재가 부과되었음에도 불구하고 시정되는 바가 없다면 공동체 사회로부터 추방당할 운명에 놓이게 된다. 고대 그리스 사회에서 성행했던 '도편추방법'과 같다. 소속한 집단으로부터 축출되어 소외된 삶을 영위하게 되는 사람은 많은 사람들이 자신의 존재가치를 부정하였다는 사실에 괴로움을 느끼고, 그로 말미암아 존속력 그 자체를 상실하게 될 상황을 마주하기에 이른다. 그러므로 사회 속에서 삶을 영위하는 사람들은 소속집단이 합리적인 의사결정을 통해 도출한 규율과 규칙을 준수하고, 더 나아가 이를 존중할 수 있어야만 한다. 설령 그러한 법규에 대하여 불만족스러움을 느낀다고 할지라도 (ⅰ) 그것이 다른 사람들의 삶에 공(供)하는 바 있고, (ⅱ) 스스로가 가지고 있는 자아실현본능의 본질적 내용을 훼손하지 않는다면, 되도록이면 주어진 환경에 순응하고 적응하려는 태도를 견지하고자 노력할 필요가 있다. 이처럼 주관적인 목적만을 중요시한 나머지 다른 사람들의 생각과 관념을 도외시한 채 사회전체의 안녕과 질서를 훼손시키려는 자는 파괴의 법칙에 의하여 어떠한 식으로든 제재를 받을 수밖에 없다. 제재를 통하여 공동체의 일원으로서의 지위를 한시적으로 혹은 영구적으로 박탈당한 사람의 공백을 메우기 위하여 그에 적합한 또 다른 인물을 영입하게 된다. 이때의 인물은 자아실현본능을 무분별하게 실현시키려는 이기적인 사람이라기보다는 자신의 견해를 외부를 향하여 소신껏 밝히되, 그것이 타인의 삶에 부정적인 영향을 주지 않도록 자기관리를 하는 성향을 가진 이에 해당한다. 물론 보기에 따라선 공동체주의(共同體主義) 내지는 공화주의(共和主義)의 속성을 강하게 가진 사람인 것으로 여겨질 수 있지만, 이는 본인이 보유한 권리의 한계선상에서 이루어지는 논의일 따름이다. 한계선 안에서는 자신이 원하는 바대로의 생활양식을 구축할 수 있지만 밖에서는 자유에 대한 자제가 필수적으로 요청된다. 요컨대 창조의 법칙은 파괴의 법칙을 통해 보존의 법칙이 진정한 의미를 가질 수 있도록 하는 결과에 기반을 두어 형성되는 것으로 궁극적으로는 상생의 길로 가도록 유도하는 길목을 만들어주는 기능을 수행한다고 할 것이다. 상생의 법칙은 인간사회의 전반에 걸쳐 두루 통용되는 준칙으로 통용될 수 있다.

상생이라는 말은 한정된 유형·무형의 자원을 두고 벌이는 혈전(血戰)보다는 자원을 보다 효과적·효율적으로 재생산함과 동시에 분쟁의 당사자들이 최적화된 결론에 이를 수 있도록 노력해야 한다는 내용을 내포하고 있기 때문이다. 최적화된 결론에 다다르기 위해선 욕구에 대한 자기관리능력이 필수적으로 요청된다. 그 욕구의 한 축을 구성하는 핵심요소가 바로 자아실현본능이다. 자아실현본능은 그 자체만으로 존재할 때에는 타협할 수 없는 불가분(不可分)·불가양(不可讓)의 속성을 가지고 있다. 따라서 이를 제어할 수 있는 그 무언가의 존재가 필수적으로 요청되는데, 이것이 그러한 본능에 대한 대항마라고 할 수 있는 자기보호본능이다. 자기보호본능은 자유의 내재적 제한의식을 가동시킨다. 자아실현본능과 자기보호본능은 외견상 양립할 수 없는 모순적 가치를 내재한 것들이라고 여겨질 수 있지만, 사실 양자가 기능하는 영역들은 차원을 달리하고 있다는 점을 고려해야만 한다. 전자는 권리의 한계선 내부(內部)에서, 후자는 권리의 한계선 외부(外部)에서 작용하는 원리로서 공동체로부터 이탈하거나 축출되지 않도록 자신을 보호해주는 역할을 하기 때문이다. 그러므로 자신이 추구하는 행복에 기초하여 삶을 영위하되, 공동체가 존속하기 위한 기본적 덕목에 대한 가치를 존중함으로써 자유의 안팎에 존재하는 두 원리가 공존할 수 있도록 하는 것이 평화적 삶의 첩경(捷徑)이 될 것이다. 이러한 내용을 핵심으로 삼고 있는 것이 바로 상생의 법칙이라고 하겠다.

그러나 상생의 법칙도 사람들이 어떠한 유형의 삶을 선호하는가에 따라 그 내용이 달라질 수 있다. 스스로의 자유의지에 기초하여 개인적인 행복을 추구하는 것을 지상최고의 목표로 상정하는 이들이 있는가 하면, 자신이 소속해 있는 공동체의 번영을 통하여 스스로가 희구하던 바를 이루기 위한 삶이 최상의 것이라고 여기는 이들도 존재한다. 사람들은 흔히 전자를 자유주의(自由主義)라고 부르고, 후자를 공화주의(共和主義) 내지는 공동체주의(共同體主義)라고 지칭한다. 사람들마다 개별적인 가치관을 가지고 있기 때문에 양자 중 어떠한 것이 가장 최선에 해당한다고 단언하기란 쉬운 일이 아니다. 필자는 개인적으로 공화주의적 자유주의(共和主義的 自由主義, Republican Liberalism)가 인간이 가지고 있는 감성과 이성에 비추어 현 시대에 가장 적합한 유형의 사조라고 생각하지만, 지금은 이에 대한 설명을 잠시 뒤로 미루고자 한다. 여기서는 상생의 법칙이 인간의 삶의 유형에 맞추어 어떠한 식으로 변화가능한지에 대해 객관적으로 설명하는 데에 주안점을 두고 있기 때문이다.

Ⅳ. 인간사회에 존재하는 삶의 두 가지 유형과 갈등해결의 관념

사람들은 저마다 자신만의 가치관을 보유하고 있다. 여기서 '가치관을 보유하고 있다'는 말을 달리 표현하자면, 외부세계에서 일어나는 일에 대해 자신의 내적 사고방식에 기초하여 정당성 여부를 판별하는 능력을 가지고 있음을 의미한다. 이와 같은 능력은 곧 스스로의 인생설계를 함에 있어 그 기준점으로서 본인이 가지고 있는 감정·신념·이성을 적극적으로 활용한 결과 구체적으로 발현되는 것이다. 특히 위의 능력을 발현시키는 주체가 스스로에 대한 강한 믿음을 가지고 있다면, 뚜렷한 주관을 가지고 세상을 바라보려는 노력을 기울이는 경향을 보인다. 그러한 성향을 지닌 사람은 자연스레 누군가로부터 간섭받는 것을 꺼리며, 설령 그것이 본인에게 이로운 것이라고 할지라도 자신의 가치관에 부합하지 않는다면 수용하는 데에 거부감을 표시하곤 한다. '불간섭(不干涉)'은 '독립성(獨立性)'으로 이어지고, 독립성은 '주체성(主體性)'으로 이어지며, 주체성은 '탈(脫)공동체주의'로 이어지기 마련이다. 그렇기 때문에 상기의 성향을 가진 사람들은 집합적인 삶보다는 독자적인 삶을 희구할 수밖에 없다. 그러나 독자적인 삶 그 자체가 상생의 법칙과 결부되어 그 빛을 발하기 위해선, 본인이 누리는 자유 내지는 권리에 따른 책임을 성실하게 완수해야만 한다는 조건이 부가된다. 물론 불가항력에 기초한 사유로 인해 책임을 완전무결한 수준에 이를 정도로 이행하지 못하는 경우가 있을 수도 있다. 그러나 적어도 스스로가 '자기책임의 원칙'에 의거하여 자유와 권리의 대가를 치를 의지만큼이라도 보유하고 있어야만 할 것이다. 여기서 말하는 자기책임의 원칙이란, 스스로가 향유하는 권리를 행사함으로써 주관적인 차원의 이익을 획득하였으나 그로 인해 타인이 부당하게 정신적·신체적·물질적인 손해를 입었다면, 그에 상응하는 책임을 부담하여야 한다는 준칙을 의미한다. 사회통념상 적법하지 못한 행위(예 : 민법상의 불법행위나 채무불이행 등, 형법상의 범죄행위)를 통해 타인의 권리를 침해하거나 제한시키는 행위는 곧 '다른 사람도 독자적인 삶을 누릴 자격이 있다'는 사실을 자의적(恣意的)으로 훼손시키는 결과를 초래함으로써 자칫 자유주의라는 이념 그 자체를 붕괴시킬 소지가 다분한 것이라고 하겠다.

반면 독자적인 삶보다는 집합적인 삶을 추구하는 사람들도 존재한다. 전자의 형태를 옹호하는 사람들 중 주관이 뚜렷한 사람이 많은 것은 사실이나, 그렇다고 하여 후자에 대해 긍정적인 시선을 갖춘 사람들이 명료한 가치관을 보유하고 있지 않음을 의미하진 않는다. 다만, 스스로가 견지하고 있는 자유의지와 이성에 대해 어느 수준만큼의 신뢰를 가지고 있는지가 다를 뿐이라고 하겠다. 상대적으로 '자기신뢰(自己信賴)'가 높은 사람은 독자적인 유형의 삶을 영위하길 바라지만, 개인의 의지와 이성이 언제나 바른 결과만을 추구하는 것은 아니므로 일정부분 '자기의심(自己疑心)'을 할 필요성이 있다고 생각하는 이들은 집합적인 삶을 희구하는 경향을 보인다. 이러한 성향을 띤 사람들은 본인이 견지하고 있는 가치관이 발현되는 과정에서 오류가 발생할 수 있음을 염두에 둔 까닭에 되도록이면 신중하게 행동을 하려고 주의하곤 한다. 환언하자면, 공동체가 설시한 규범을 통하여 자신의 행동이 정당한지의 여부를 예측할 수 있고, 그러한 예측에 따라 타인이 보유하고 있는 고유영역을 부당하게 침범하지 않도록 자기관리를 한다는 의미이다. 그렇다면 이들이 자기관리를 하고자 하는 궁극적인 이유는 무엇인가? 그것은 곧 (ⅰ) 공동체가 개별인간보다 객관적으로 우월한 존재라는 점, (ⅱ) 사람은 결코 홀로 살아갈 수 없는 운명에 놓여있다는 점 때문이다. 그러나 이와 같은 사실에 지나칠 정도로 천착한다면, 사람들은 스스로 운명을 개척할 개인적 원동력을 상실하게 되고, 개인적 원동력의 상실은 자연스럽게 사회의 정체(停滯)를 가져온다. 주지하다시피 상생의 법칙은 상호 간의 존속력을 고양시킴과 더불어 그 가치를 발하게 해주는 것이다. 만약 사회가 정체함으로써 바람직하지 않다고 여겨지는 문화가 깊게 자리매김하고 있다면, 이는 사회구성원들의 삶의 질에 악영향을 줄 수밖에 없을 것이다. 따라서 집합적인 삶을 희구하는 사람들은 매사 공동체 속에 존재하는 패러다임이 구성원들에게 어떠한 영향을 줄 것인지에 대해 면밀한 시선을 살펴보는 일을 게을리 해서는 안 된다.

독자적인 삶과 집합적인 삶을 영위하는 것은 그 나름대로의 장단점을 내포하기 마련이다. 전자에 대하여 옹호적인 입장을 취하는 사람들은 개인의 행복이 공동체의 평화에 기여한다고 생각하는 반면, 후자에 주안점을 두는 이들은 공동체가 번영을 통해 얻은 유·무형의 이익이 개인들에게 환원되어 그들의 삶의 질을 향상시킬 것이므로 공익을 사익보다 우선시하는 조류가 형성되어야 한다고 강변한다.[3] 사익이 먼저인지 혹은 공익이 먼저인지에 대한 사항은 먼 과거에서부터 현재를 거쳐 미래에 이르러서도 지속적으로 논쟁의 도마 위에 오를 수밖에 없는데, 그 이유는 자신의 개성을 발현할 수 있는 능력을 겸비한 사람들과 그렇지 못한 사람들은 어느 시대든 존재할 것이기 때문이다. 개성발현 행위는 자아실현 본능에 기초한 것으로 이를 제어할 수 있는 메커니즘을 내면화시키지 못할 경우 타인의 영역을 자신의 소유로 부당전환(不當轉換)하는 등 공존의 가치를 핵심으로 하는 불문율을 훼손시키는 요인으로 작용할 개연성이 있다. 그리고 공존의 가치를 파괴하는 자기중심적인 행동양식 내지 자기통제가 불가능한 행동양식이 사회를 파괴하는 원인으로 작용하여 많은 문제를 양산해낸 바 있음은 주지의 사실에 해당한다.[4] 더욱 안타까운 사실은 이를 시정하기 위하여

---

3) 사실 공익이 무엇인지를 규명하는 것은 쉽지 않다. 최송화 교수는 이러한 문제에 대해 심도있는 고민을 해왔고, 그러한 고민 끝에 『公益論』(서울대학교출판부, 2004)에서 "공익이 언제나 國家 領域에서만 문제 되는 것인지, 아니면 특정한 사회영역을 전제로 하는 공익도 상정할 수 있는지가 문제 된다. 요컨대 公益을 國益과의 연관에서만 논의할 것인가, 아니면 公益과 國益, 그리고 공익 상호 간에서의 分化를 인정할 것인가가 문제이다. 오늘날과 같은 다원주의 사회에서 공익이 언제나 국가라는 실체를 전제로 하는 것이라는 점은 수긍하기 어렵다. 궁극적으로 공익에 대한 법적 판단이 법원이나 헌법재판소 등 국가기관에 의해 내려진다는 부인할 수 없지만 공익판단의 실체가 國家的 觀點에서만 이루어진다고 할 수는 없다. 개별사회영역에서의 공익판단은 문제 되는 영역 그 자체의 共同體利益과 관련하여 판단이 내려져야 할 것이며, 국가가 모든 영역에서 判斷의 基準이 된다는 것은 국가가 사회 전 영역을 지배하는 전체주의적 상황이 아니라면 이해할 수 없는 것이다. 이러한 관점에서 보면 公益과 私益은 다분히 상대적인 관념이라고 할 수 있다"라고 언급한 바 있다. 최송화, 『公益論』, 서울대학교 출판부, 2004, 10면.

4) 자기중심적인 행동양식과 자기통제가 불가능한 행동양식이 무엇인지를 이해하기 위해선 심리학적 관점에서 조망할 필요가 있다. 심리학에선 이를 이상행동으로 표현하는 것으로 판단된다. 오세진 외 11인이 저술한 『인간행동과 심리학』(학지사, 2001) 364~366면을 보면 이상행동의 기준은 다음과 같이 여섯 가지로 제시되어 있음을 알 수 있다. (ⅰ) 사회문화적 기준 : 만약 사회적 규범에서 크게 이탈된 행동을 한다면 이상한 사람으로 간주된다. 예컨대 타인의 물건을 빼앗고 속이고 타인에게 공격을 가하거나 아무 곳에서나 자신의 성기를 꺼내 보인다면 이상행동으로 정의될 것이

공익수호라는 기치를 건 공화주의 내지 공동체주의도 빛을 제대로 발하지 못하였다는 점이다. 본인의 삶이 타인과 공동체에 종속된다고 생각하는 순간부터 자신만의 존재가치는 독립성을 갖지 못한다고 인식하게 된다. 독립성이 없다는 것은 주체성이 없다는 말로 연결되며, 주체성이 없는 삶의 주인은 결코 자신일 수 없다. 마치 여왕개미를 수호하기 위한 일개미 혹은 여왕벌을 지키기 위한 일벌에 지나지 않는 것과 같을 수 있다. 물론 공화주의나 공동체주의를 주장하는 사람들이 본연의 가치를 상실하진 않는다. 다만 이러한 조류에 깊이 천착하는 경우에 생길 수 있는 부작용이 생길 수 있다는 것이다.

자유주의와 공화주의가 어설프게 발현될 경우엔 위와 같은 문제가 발생할 가능성이 높다. 이와 같은 사조가 사회발전을 위하여 건설적으로 조성되지 않는 상태에서 정치이데올로기와 결부될 경우엔 더욱 심각한 폐해를 초래한다. 현재 어느 사회에서나 나타나고 있는 문제를 꼽자면, 보수주의

다. (ii) 통계적 기준 : 통계적 기준이란 대부분의 사람들이 특정 상황에서 하는 행동을 중심으로 여기에서 얼마나 이탈되어 있는가에 따라 이상행동을 정의하는 것이다. 객관성 없는 의견을 지나칠 정도로 강하게 고집하고 전혀 수정하지 않는다면 이를 이상행동으로 생각할 수 있고, 매사에 자신의 의견을 피력하지 못하고 모든 결정을 내릴 때 다른 사람에게 의존하려고만 한다면 이러한 행동도 이상행동이라고 말할 수 있을 것이다. 공격성이 너무 강한 것과 이와 반대로 너무 공격심이 부족하여 위험이 다가와도 적극적으로 대처하지 못하는 것도 이상행동으로 생각할 수 있다. (iii) 무능력 또는 부적응 : 무능력이란 개인이 심리장애로 인해 목표 지향적 행동을 할 수 없게 된 상태를 말한다. 이들은 그가 속한 사회나 문화권에서 요구하는 행동을 할 수 없게 되어 사회적 기능을 적절히 수행할 수 없다. (iv) 개인의 주관적 고통 : 이 기준은 개인이 심리적인 고통을 심하게 느끼고 이를 호소한다면 이상으로 보아야 한다는 것이다. 너무 불안해서 밤에 잠을 이루지 못한다면 이상으로 보아야 할 것이다. 이러한 기준은 개인의 주관적 호소와 주장을 중요하게 생각한다는 점에서 가장 인본주의적이라고 할 수 있다. (v) 예측 불가능성 : 우리는 다른 사람이 어떤 행동을 할 것이라고 미리 예측하고 자신의 행동을 계획한다. 그러나 어떤 사람이 전혀 예측하지 못한 행동을 한다면 우리는 매우 당황하고 그를 믿을 수 없는 사람으로 생각할 것이며, 이상행동자의 범주에 포함시킬 것이다. (vi) 전문적 기준 : 전문적 기준이란 전문가의 판단에 근거하여 이상행동을 정의하는 것을 말한다. 이 기준에 따르면 심리학자의 심리평가 결과와 정신과 의사의 면접 및 관찰에 근거하여 이상행동을 규정하기 때문에 위에 언급한 대부분의 기준을 포함해 판단을 할 수 있다.

와 진보주의의 싸움이다. 물론 다른 나라에서도 '보수'와 '진보'라는 간판을 내걸고 갈등을 빚고 있는 것은 아니겠지만, 큰 맥락에서는 보면 동일한 내용의 논란이 일어나고 있다고 볼 수 있다. 사람들마다 보수주의와 진보주의를 정의하는 방식은 천차만별이겠지만, 통상적으로 전자는 주어진 것을 급격하게 변화시키는 것보다는 온전하게 보존하는 것이 더욱 중요하고 만약 변화를 주어야만 하는 상황이 찾아온다면 전면적인 수정보다는 점진적인 수정을 거치는 것이 사회의 혼란을 가져오지 않는다는 점에서 합리적이라고 생각하는 사조를 말한다. 반면 후자는 전자와는 정반대의 성향을 가지고 있다. 보존보다는 변화를, 점진적인 개량보다는 급진적인 개혁에 대해 우호적인 편이다.[5] 일반적인 관점에선 자유주의와 진보주의, 공화주의와 보수주의로 연결된다. 그러나 이것은 통상적으로 그렇다는 것이고, 실제로는 상황에 따라서 유동적인 파트너십을 체결하게 된다. 자유주의는 개인의 개성을 본인의 욕구를 충족시킬 수 있도록 발현시키는 데에 상대적으로 역점을 둔 것이기 때문에 주어진 환경이 불만족스러울 경우엔 진보주의의 진영에 서게 되고, 만족스러울 경우엔 보수주의의 진영에 서게 된다. 반면 공화주의는 개인의 개성보다는 공동체의 안위에 역점을 두고 있기 때문에 사회가 불안한 상태에 놓일 경우엔 보수주의에 가까워지고, 공익 자체

5) 다케우치 요우(竹內洋) 교수는 자신의 저서를 통해 카를 만하임(Karl Mannheim)의 보수주의적 사고와 진보주의적 사고를 "진보주의적 사고는 사물, 인간, 제도를 기계처럼 이용하고 합리적 사고의 대상으로 본다. 반면 보수주의적 사고는 이런 것들(사물, 인간, 제도)을 '생명체'로 보고 직감적, 해석적으로 접근한다. 진보주의는 사물, 인간, 제도를 당위의 입장에서 바라보지만 보수주의는 자연스럽게 그렇게 된 존재로 바라본다. 진보주의자는 당대 환경 속에서 직접적으로 여기에 있는 현실을 사랑하지 않지만 보수주의자는 감수하고 받아들이는 애린 정신을 갖는다. 진보주의자의 체험과 평가는 제도 전체를 향하고 있는 것에 비해 보수주의자의 체험과 평가는 각각의 사물에 집착한다. (중략) 진보주의는 현재를 미래의 발단으로 체험하고, 보수주의는 현재를 과거의 마지막 단계로 체험한다. 이에 따라 존재, 즉 '지금 바로 여기'에 있는 현실은 말할 것도 없이 더 이상 '나쁜 현실'이 아니라 의미가 가득 채워진 것이 되어 체험한다(카를 만하임, 『이데올로기와 유토피아』)"라고 기술하였다. 竹內洋, "14. 보수주의적 사고(Das Konservative Denken(1927) －카를 만하임(Karl Mannheim)", 『세계명저 사회학 30選』(최선임 옮김), 지식여행, 2010, 152~153면.

를 잠식할 정도로 흉흉한 분위기가 만연해있을 때에는 급진적인 변혁의 길을 걷게 된다. 이상의 내용을 간단하게 정리해본다면, 자아실현본능에 기초한 사익(자유주의 진영)과 자기보호본능에 기초한 공익(공화주의 진영) 중 어떤 것을 우선시하는 것이 상생의 법칙에 기초한 사회질서를 형성할 수 있는 핵심적 역할을 수행할 것인가에 대한 질문에 답을 그럴 듯한 답안을 제시하지 못한다면 우리가 살고 있는 세계는 언제나 불안정한 상태에 놓일 수밖에 없다는 것이다.

이에 대하여 필자는 자유주의와 공화주의의 혼합형에 해당하는 공화주의적 자유주의에 기초한 사조를 불러일으킬 수 있다면 자연에서 존재해왔던 상생의 법칙이 사회에 적용될 수 있는 환경적 여건을 마련할 수 있다고 생각한다. 공화주의적 자유주의는 원칙적으로는 개인이 자신의 주관성을 가지고 삶을 영위하되 그로 인해 생길 수 있는 공적인 차원의 문제가 발생하지 않도록 최선의 노력을 기울일 필요가 있음을 핵심적인 내용으로 삼고 있다. 주관성을 지킨다는 것은 보존의 법칙에서 나온 것이고, 그 연장선상에서 자아를 실현하기 위한 본능을 외부적으로 발현하는 행위를 방해하는 타인과 발현영역에 대한 외부한계선에 대항하는 태도는 파괴의 법칙으로 설명된다. 이와 같은 보존·파괴의 법칙을 통해 자신이 원하는 삶을 디자인하면서 창조의 법칙에 기초하여 본인이 필요로 하는 건설적인 무언가를 만들어내고, 이상의 과정을 거쳐 공동체와 관계를 맺으며 상생의 법칙에 따라 안정적인 생활을 영위하기에 이른다. 이에 따라 사익과 공익의 공존이라는 목적을 달성하게 되면 갈등과 분쟁의 소용돌이는 잦아들 것이라고 사료되는데, 문제는 이 소용돌이를 잠잠하게 만들 수 있는 역량을 어떻게 키울 것인지에 대한 점이다. 필자는 시민들이 적극적으로 공적인 성격의 문제를 해결하고자 하는 의지를 표명함과 동시에 다양한 견해를 수렴할 수 있는 능력을 갖추는 것이 필수적으로 요청된다고 생각한다. 여기서 한국보건사회연구원이 2006년에 제시한 『사회갈등 해소를 위한 민간 인프라 구축 현황 및 방안』이라는 문헌에 주목해보자. 본고의 175면 이하에서는 주요국가의 갈등해결을 위한 공익수호기관에 대해서 설명하고 있는데, 주로 주민 내지는 시민들이 주축이 되어 공공질서를 유지한다는 점이 특징적이다. 아래의 도표는 175~215면에 기재되어 있는 미국의 기구들을 정리한 것이다.

〈표 1〉 미국의 갈등해결 관련 기관

국가	유형	관련 기관
미국	갈등해결 관련 지원기구	• 갈등해결협회(Association for Conflict Resolution, ACR) • 갈등해결 정보센터(Conflict Resolution Information source, CRInfo) • 휴렛 재단(William and Flora Hewlett Foundation) • 미국심리학회 평화심리학 분과(APA Division 48-Society for the Study of Peace, Conflict, and Violence : Peace Psychology Division) • 학생범무협회(Association for Student Judicial Affairs, ASJA) • 평화 및 정의 연구협회(the Peace and Justice Studies Association, PJSA)
	갈등해결 서비스 제공기관	• 미국중재협회(American Arbitration Association, AAA) • 지역사회분쟁해결센터(Community Dispute Resolution Center, CDRC) • North Carolina 조정네트워크(Mediation Network of North Carolina) • 아메리카스피크스(AmericaSpeaks) • 리졸브(RESOLVE) • 학교조정연합회(School Mediation Associates, SMA) • 사법중재조정서비스회사(Judicial Arbitration Mediation Service, Inc., JAMS) • 다나 중재연구소(Dana Mediation Institute, Inc., DMI)
	갈등해결 관련 대학 및 연구소	• 컬럼비아 대학교의 국제 협력 및 갈등해결센터(Columbia University, Teachers College - international Center For Cooperation and Conflict Resolution, ICCCR) • 메사추세츠지역 5개 대학 콘솔티움(the Five College Program in Peace and World Security Studies) • 하버드 대학교의 협상 프로그램(Harvard University - Program On Negotiation, PON) • 조지메이슨 대학교의 갈등분석 및 해결 연구소(Geroge Maison University - Institute of Conflict Analysis and Resolution, ICAR) • 미주리 대학교의 법학대학의 분쟁해결 연구센터(Center for the Study of Dispute Resolution, CSDR)

주지하다시피 미국은 한국에 비하여 총기로 말미암아 발생하는 비극적인 사건 이외에도 여러 가지 유형의 갈등으로 인하여 몸살을 앓고 있는 실정이다. 그럼에도 불구하고 미국이 선진적인 법치국가라고 평가를 받는 이유는 사법제도 이외에 위와 같이 다양한 형태의 민간인의 참여를 독려하는 형태의 기관들이 설치됨과 동시에 활발하게 운영되고 있기 때문이라고 할 수 있겠다. 물론 양적으로 분쟁해결 기관이 많다는 근거만을 가지고 그와 같이 언급하는 데 무리가 따를 수 있다고 할지라도 공공문제에 열의를 갖고 참여하는 이들이 많다는 사실은 전통적으로 전문지식을 보유한 법관이라는 제3자에 종속되는 한계를 벗어나 근원적인 문제접근법을 채택함으로써 자체적인 문제종식능력(問題終熄能力, the capacity of solving social problems)을 배양한다는 점에서 볼 때 매우 긍정적으로 평가할 만한 부분이라고 사료된다. 더불어 한국보건사회연구원이 작성한 문헌 216면에서 230면에는 영국, 일본, 뉴질랜드, 독일의 갈등해결 관련 기구에 대한 소개를 담고 있는데, 이를 정리하면 아래의 도표와 같다.

〈표 2〉 영국, 일본, 뉴질랜드, 독일의 갈등해결 관련 기관

국가	갈등해결 관련 기구
영국	• 영국 중재기관(Mediation UK) • 북부 조정인 협회(Association of Nothern Mediators) • 분쟁해결센터(Centre for Effective Dispute Resolution) • 중재센터(Chartered Institute of Arbitrators)
일본	• 민간중재기관 일본해운집회소, 국제상사중재협회, 교통사고 분쟁처리센터 • 민간조정과 알선기관 동경도 대금업회(사단법인), 동경은행협회, 동경어음교환소부도어음전문위원회(사단법인), 일본증권업협회(사단법인), 동경치과의사처리부위원회, 일본광고심사기구(사단법인), 동경도택지건물거래업협회부동산상담소(사단법인), 일본크레디트카운셀링협회(재단법인), 의약품PL센터, 가스석유기기PL센터, 가전제품PL센터, 자동차제조물책임상담센터, 주택부품상당센터, 소비생활용품PL센터, 생활용품PL센터, 청량음료상당센터, 일본화장품공업연합회PL상담실, 방재제품PL센터 등

	• 변호사회의 ADR 동경 제2변호사회
뉴질랜드	• 뉴질랜드 평화재단(The Peace Foundation) • 뉴질랜드 경찰의 청소년 교육서비스(The New Zeland Police Youth Education Service, Y.E.S. 프로그램)
독일	• 민간 ADR 독일은행협회(Bundesverband deutcher Banken), 독일 수금기업협회(Bundesverband der Deutchen Inkassounternehmen)의 수금옴브즈맨, 보험업에 관한 보험옴부즈맨(Versicherungs-ombudsmann) • 의무적 조정제도 1999년 12월 15일 민사소송법시행법이 개정되어 각주는 주법에 따라 1500마르크(약 825000원) 이하의 소액사건, 이웃분쟁 그리고 매스 미디어로 인하지 않은 명예훼손에 관하여는 소송의 제기에 앞서 조정을 거치도록 규정할 수 있도록 하였다.

위의 도표에서도 알 수 있듯이 일본은 미국을 제외한 여타의 국가에 비하여 민간자율기구가 상대적으로 활성화되어 있는 편이다. 통상적으로 국민들의 질서정연한 태도로 잘 알려진 일본사회는 심각한 분쟁으로 말미암아 공동체가 위기상황에 놓이는 경우가 드물다. 최근에 발생한 방사능 유출사고와 역사문제로 인하여 어수선한 분위기가 조성되긴 하였으나, 사회 전반적인 차원에서 볼 때 이를 제외하곤 커다란 문제가 발생하진 않은 것으로 보인다. 일반적으로 일본은 국가주도형 정책이 주류를 이루고 시민사회가 자발적으로 공공문제를 관리하진 않는다는 인식이 비교적 만연한 편인데, 이상의 도표에서 나온 바에 의하면 그것이 잘못 알려진 것임을 알 수 있다. 여기서 우리가 생각해 보아야 할 사항은 한국에도 위와 같이 다양한 형태의 기관들이 있음에도 불구하고 갈등공화국이라는 오명에서 벗어나지 못하는 까닭이 무엇인가 하는 점이다. 법이론적 관점에서는 주관적 공권과 객관적 가치질서의 부조화를 사회학적 관점에서는 구조기능주의와 갈등주의의 다툼을 들어 그 이유를 설명하는 것이 가능하다.

구조기능주의는 사회를 구성하는 각 주체들이 공동체의 발전을 위하여

맡아야 할 고유의 기능이 있고, 이러한 기능들이 상호 간의 조화를 이룰 때에 보다 건전한 형태의 모습을 견지할 수 있다는 사고에 바탕을 두고 있다. 이러한 사고는 기본적으로 안정성이 가지는 가치와 조응하는 경우가 많기 때문에 혁명과 같은 급진적인 속성과는 거리가 멀다. 따라서 사람들이 시시각각 변화하는 물결 속에서 불안감을 느끼지 않고, 기존의 질서에 대해 존중하는 마음가짐을 가지며, 자신에게 주어진 의무를 충실히 이행할 수 있는 환경에 놓인다. 반면 갈등주의는 구조기능주의가 가지고 있는 안정성이 곧 사회의 정체를 가져온다는 점을 지적하는 사조에 해당한다. 다시 말해서 모든 사회에는 희소성을 가진 재화가 존재하는데, 이것이 어느 한 집단에게만 편중됨으로써 공공재(예컨대 권력이나 부)의 혜택이 두루 확산되지 못함에 따라 많은 문제가 발생하고 있음에도 불구하고 구조기능주의가 가지고 있는 안정지향성으로 인해 사회적 분열이라는 위험과 폐해가 해결되지 못한다는 것이다. 이에 대하여 구조기능주의를 옹호하는 사람들은 변혁보다는 점진적 변화를 통해 문제를 해결하는 것이 사회적 혼란을 가중시키지 않는 방법이고, 더 나아가 공공재의 편중과 관련하여 '남들보다 열심히 노력한 자는 그렇지 않은 이들에 비하여 상대적으로 높은 수준에서 그에 상응하는 보상을 받을 필요가 있고, 이것이 형평의 원칙에 부합하는 것이다'라고 주장할 수도 있다.

결국 상대적 박탈감 속에서 빠진 이들은 자신의 삶의 가치를 고양시키기 위해선 '상대적 평등'보다는 '절대적 평등'이라는 가치에 대해 호의적인 반응을 보이게 된다. 물론 타인들이 특정한 분야에서 경주하는 평균적 수준의 노력을 상회할 만한 노력을 한 사람들의 입장에선 절대적 평등이 미시적으로는 '시간과 비용을 투자하여 일구어 만든 가치가 몰각됨에 따라 자아존중감(自我尊重感)을 훼손'시킬 뿐만 아니라, 거시적으로는 '사회발전의 하향평준화를 초래한다'고 비판할 것이다. 사회적 분위기는 해당 공동체가 어느 수준의 평등을 주장하는가에 따라 달라진다. '자유가 평등에 비하여 우위에 놓이는 사회'(주관적 공권에 기초한 자유주의적 사조를 강조)가 도래할 수도 있고, '평등이 자유에 비하여 우위에 놓이는 사회'(객관적 가치질서에 기초한 공화주의적 사조를 강조)가 형성될 수도 있다는 것이다. 공동체 사회에서 발생하는 문제들을 해결하기 위해선 통상적으로 전자적인 성격에 주안점을 둔 해결책을 사용하지만, 경우에 따라선 후자의 성격에 역점을 둔 방안을 모색하기도 한다. 다시 말해서 기본적으론 자유주의를 우선시한다고 할지라도, 자유의 폐해로 말미암아 공동체 전체를 떠받드는 가치가 심각할 정도로 훼손될 구체적 위험성이 감지된다면 공화주의에 따른 사고방식을 통해 문제를 시정할 수도 있다는 것이다. 그러나 사람들은 이러한 기본적 메커니즘을 알면서도, 자신에게 주어지는 가시적인 이익의 유혹으로부터 벗어나지 못하는 관계로 혹은 불편함으로부터 벗어나고자 하는 충동으로 말미암아 주관적 공권과 객관적 가치질서의 관계를 무너뜨리고 있다. 이러한 개인의 이득문제에서부터 시작한 상보적 관계의 훼손은 자연스레 사회의 분열이라는 거시적인 폐단을 불러온다.[6)]

Ⅴ. 인간사회와 일관적 복합성

상생의 법칙은 사익과 공익의 공존관계를 형성하기 위한 공화주의적 자유주의와 조응하는 규칙이라고 할 수 있다. 일반적으론 사익이 무엇인지에 대해선 굳이 학문적으로 설명하지 않더라도 사회통념상 쉽게 이해될 수 있는 부분이 있는 반면, 공익은 그 개념 자체가 가지고 있는 지나친 추상성으로 말미암아 많은 학자들 사이에 논란의 대상이 되고 있는

6) 한국 사회는 아직도 이러한 상황에서 벗어나지 못하고 있다. 그 대표적인 예를 들자면 법에 대한 일반국민의 신뢰문제이다. 법은 누구나 준수하여야 할 준칙으로서 사회를 유지하기 위한 수단이기도 하지만, 개인의 자유를 보호하기 위한 수단이기도 하다는 점에서 이중적인 성격을 가지고 있다. 만약 법의 공정성에 대하여 회의적인 인식을 갖고 있는 사람들의 수가 많다면, 우리는 법을 통해 수혜를 받는 자와 제재를 받는 자 내지는 이를 관찰하는 자들 사이의 견해가 일치하지 않음을 어느 정도 짐작할 수 있다. 따라서 상생의 법칙에 기초한 개인적 삶과 집합적 삶의 융합이 이루어지기보다는 강력한 대치상태에 있다고 보아도 과언이 아닐 것이다.

것이 사실이다. 개념이 명확하게 정립되지 않는다면, 이를 준수하기 위한 구체적 행동양식 역시 설정되기 어려울 수밖에 없다. 특히 모호한 개념은 사람들을 바람직하지 못한 방향으로 호도하기 위하여 악용되기 쉬움을 유념해야 한다. 물론 현대와 같이 많은 사람들이 고등교육을 통하여 사고의 폭이 그 어느 때보다 확장된 때에는 부정적 악용사례가 발생할 가능성이 전에 비하여 상대적으로 낮아지긴 하였지만, 시대의 흐름에 따라 이러한 불확정개념(不確定概念)은 언제든 양산될 수 있다. 사회가 진보할수록 사람들은 새로운 패러다임이라는 물결을 맞이할 운명에서 벗어날 수 없고, 그러한 물결이 왜곡됨이 없이 제대로 흐르기 위해선 신(新)개념의 형성을 통한 작용체계의 구축이 필수적으로 요청되기 때문이다. 따라서 사람들이 어느 시대에서 살게 되든지 간에 공익이라는 거대한 개념을 어떻게 이해하고 받아들여야 하는지에 대한 고민으로부터 자유로울 순 없는 것이다. 결국 강한 적응능력과 대처능력을 가진 사람들은 공화주의와 공동체주의를 아전인수(我田引水)격으로 해석함으로써 그렇지 못한 사람들에게 부당한 손해를 입히는 상황이 초래되기에 이른다.[7] 문제는 피해자들이 스스로가 손해를 입은 사람들이라는 집단 속의 일원에 해당한다는 사실에 대해 알지 못하는 경우가 있다는 점이다. 필자의 이 말은 현대인들이 패러다임에 대해 무지한 인물들임을 뜻하는 표현이 아니다. 다만, 그만큼 외부세계에서 유입되는 혹은 사회 속에서 만들어지는 지배적 패러다임들이 과거에 비해 정교하게 구성될 뿐만 아니라 그 구조를 명료하게 이해하고 있는 사람들(수혜자)에 의하여 심각한 수준으로 왜곡됨에 따라 그 진의를 파악하기 힘든 상황이 만들어지고 있음을 강변해두려는 것이다. 이러한 사태가 공화주의와 공동체주의의 가치를 훼손시키는 원인들 중의 하나로 작용하여 궁극적으로는 독자적 삶을 중요시하는 자유주의의 영역까지도 파괴하기 시작하게 된다.

---

7) 특정인에게 사회적 혜택이 주어지는 상황을 유지시킴과 동시에 이러한 체제에 대한 저항이 이루어지지 않도록 '사회전반의 안정성'의 도모가 중요하다는 명분을 제시하여 기존의 제도적 틀을 고수함으로써 비합리적 정의의 합리화를 이끌어내는 것을 의미한다.

이때부터는 상생의 법칙은 스스로 존속력을 유지할 수 있는 원동력을 서서히 상실하기에 이른다.

이상의 사유로 인하여 독자적인 삶과 집합적인 삶들 중 어느 하나를 선택한다고 할지라도 그 내제된 작동·제어원리를 적절히 내면화하는 데에 실패한다면 그 결과는 현재의 상황을 파국으로 몰아갈 따름이다. 그러므로 양자를 시민들의 적극적인 참여에 힘입어 적절히 융합시키는 작업이 필요하다. 절충적인 견해라는 것이 사회과학에서는 상투적으로 사용되는 견해이긴 하지만, 주어진 선택지들 중 어느 한 가지만으로는 문제를 해결할 수 없다고 판단될 때에는 매우 유용하게 사용될 뿐만 아니라 가장 현실적인 대안을 도출내기 위한 방법이 될 수 있다. 보기에 따라선 두 가지 견해가 가지고 있는 단점들을 가져오는 우를 범할 수 있다고 비판하겠지만, 이는 장점들을 채용하려는 의도를 간과한 것이라고 사료된다. 다시 말해서 자유주의적 시각을 통해 공화주의가 가진 오류를 시정하고, 공화주의적 관점을 이용하여 자유주의의 폐해를 근절하는 식으로 교차활용(交叉活用)할 수 있다는 것이다. 사람들 사이에서 생기는 관계는 사회가 긍정적으로든 혹은 부정적으로든 변화하는 속도에 비례하여 중첩적인 형태로 형성된다. 그리고 중첩적이라는 말은 여러 가지 성격의 사실들이 복합적·중복적으로 상존하는 현상을 지칭한다. 따라서 문제를 해결함에 있어 해당쟁점들을 포괄적으로 아우르면서도 개별적인 상황에도 적용될 수 있는 '일관적 복합성'을 띤 행동지침을 고안해낼 필요가 있는 것이다.

일관적 복합성에 기초한 행동지침은 서로 다른 가치관을 가지고 있는 사람들이 상호 간에 존중할 수 있을만한 사회생활을 할 수 있을 때에 한하여 그 진가를 발휘할 수 있는 성격의 것이다. 그렇다면 사회 속에서 존재하는 일관적 복합성이 무엇을 의미하는지를 파악해야만 한다. 필자는 앞에서 자연의 속성을 논하는 과정에서 이를 "다채로운 성격을 가지고 있다(복합성)는 말을 논의의 대상이 한 가지의 면모만을 외부적으로 보여주는 것이라기보다는 복잡한 성격을 내포하고 있다는 의미로 받아들일 수도 있겠으나, 그와 동시에 다양한 속성들이 일정한 규칙하에 배열되어 있음을 감안한다면 거시적 일관성을 보유하고 있다고 판단할 여지"라는 표현을 사용해 설명한 바 있다. 즉 보존·파괴·창조의 법칙 사이의 변증법을 통해 궁극적으로는 상생의 법칙으로 이어지는 것이 일관적 복합성의 핵심이라는 것이다. 이는 사람들이 삶을 영위하는 사회 속에서도 여실히 드러나는데, 사회도 자연의 일부에 해당하는 것으로 결코 유리된 상태로 존재하는 이(異)차원의 산물이 아니기 때문이다.

실제로 사회에서는 자유주의와 공화주의이라는 상반된 성격을 가진 사고체계가 마찰을 빚어냄으로써 질서의 안정화를 가져오는 데에 있어 하나의 장애물로서 작용하고 있다. 물론 마찰이 건설적인 차원에서 봉합될 수 있는 것이라면 장려될만한 사회현상이라고 하겠지만, 사람들의 지적수준만이 높아졌을 뿐 합의문화에 대한 인식이 적절한 수준으로 정립되지 않은 상태에서는 단순한 싸움 그 이상의 의미를 지닌다고 보기엔 어려움이 따른다. 그렇기 때문에 본인들이 원하는 권리를 '보존'하기 위하여 타인이 보유하는 자유를 '침해 내지는 파괴'하기 위한 행위양식을 가지며, 이를 통해 승자에 의한 신(新)권리체계의 '창조'를 모색한다. 그렇지만 이것이 모든 이들이 수렴할 수 있는 상생의 법칙으로 가지 못하는 까닭은 그것이 동의(同義)의 자발성이라는 요소가 결여되어 있기 때문이다. 따라서 일견 사회질서를 유지하는 데에 있어 도움이 되는 규칙이 존재한다고 할지라도, 정당성을 둘러싼 시비론(是非論)은 줄기차게 이어질 수밖에 없는 노릇이라고 하겠다. 자유주의와 공화주의처럼 아무리 건설적인 성격을 지닌 사조라고 할지라도 이를 주장하는 사람들이 다른 사조를 받아들이고 있는 타인과 대립관계에 서게 되는 순간부터 타협을 통한 공존보다는 논쟁의 승리를 통해 우위에 서고자 하는 마음을 강하게 가지는 경향이 있다. 만약 서로가 각자 불합리한 이념에 사로잡힌 상태라면 더 말할 것도 없다. 우위에 서려는 성향이 강해지면 강해질수록 변증법의 결과물인 상생의 법칙이 보존과 파괴 및 창조의 법칙으로 인수분해(因數分解)되는 결과가 나타나게 되고, 그 인수들은 자신의 편의대로 활용되어 상대방을 공격하는 무기로 사용되기에 이른다.

모든 원칙을 상생의 법칙에 따라 융합을 시키는 과정에선 무엇을 원칙으로 상정할 것이고, 무엇을 원칙의 제한메커니즘으로 설정할 것인지가 논의의 중심을 이룬다. 과거에는 원칙이 바로 서야만 개인은 물론 공동체의 안정화를 가져오는 것이라고 생각한 나머지, 그것의 발현으로 인하여 발생할 수 있는 부작용을 등한시하는 모습을 견지하여 왔다. 그 이유는 어떠한 기준을 설정한다고 할지라도 부산물은 반드시 나올 수밖에 없는 것이므로 마땅히 감수해야할 부분이라고 생각하였기 때문이다. 물론 빛이 존재하는 모든 곳에는 명암(明暗)이 있기 마련이다. 그러나 당연히 그러할 것이라고 생각하여 이에 대한 시정조치를 취할 의지조차 가지려고 하지 않는다면, 인간정신은 그 이후부터 수동적 · 소극적인 성향으로 점철될 것임에 분명하다. 견문발검(見蚊拔劍) 혹은 침소봉대(針小棒大)하는 식의 대응은 바람직하지 않지만, 수인의 범주를 넘었음에도 불구하고 정체적(停滯的)인 모습만을 견지하는 행위는 더욱 바람직하지 못한 결과를 초래하는 원인이 될 수 있음을 고려해야할 필요가 있다고 사료된다. 더욱이 보존과 파괴 및 창조의 법칙에 근거한 상생의 법칙이 사회정체로 말미암아 위에서 언급하였듯이 인수분해의 과정을 거쳐 퇴행하는 현상을 불러일으킬 개연성이 있음을 염두에 두어야 할 것이다. 그러므로 상생의 법칙을 존속 · 유지시키기 위해선 사회 내에서 논란의 정점에 서있는 자유주의와 공화주의 중 양자택일 하는 것이 아니라 공화주의적 자유주의의 형식으로 공존시키기 위한 방식을 채택함으로써, 두 사조가 일방적으로 폭주하는 것을 막아설 수 있도록 하는 것이 합리적이다.

Ⅵ. 충돌하는 두 가지 삶의 태도와 이익추구행위

이처럼 일관적 복합성은 사회의 불합리한 정체로 말미암아 발생하는 폐단의 발생을 예방하거나, 이미 발생한 폐해를 해결하기 위한 방안을 모색하는 데에 있어 핵심적으로 고려해야 할 속성이라고 할 수 있다. 그리고 이러한 속성을 적절히 견지하고 있는 사조로서 공화주의적 자유주의를 상정하였다. 다시 말해서 자유주의와 공화주의가 융합되는 과정에서 하나의 원리로 자리매김하되, 개별적으로 가지고 있는 본질적 특징은 그대로 유지된다는 것이다. 필자는 위에서 잠시나마 공화주의적 자유주의라는 형태가 최적의 상태에 해당함을 강변하였는데, 이러한 모습이 두 가지의 구성원리들 중 양자택일한 결과 만들어진 것처럼 보이지만 실상은 그렇지 않다. 자유주의가 원칙이고 공화주의가 예외에 해당하기 때문에 전자가 후자에 비하여 압도적인 우위에 서있는 것이라고 여길 수도 있지만, 실제로는 양자가 주종관계에 놓여있는 것이기 아니기 때문이다. 물론 원칙이 예외에 비하여 우선적으로 주목을 받는 것은 당연하지만, 그렇다고 하여 예외가 가지고 있는 속성 그 자체가 미미한 것으로 치부되어선 안 된다. 무대 위에서 화려한 스포트라이트를 받는 대상은 자유주의이지만, 그 자유주의가 오·남용되지 않도록 보호자 내지는 매니저로서의 역할을 수행하는 것은 공화주의이기 때문이다. 다시 말해서 원칙이 원칙다울 수 있도록 뒷받침해주는 것이 예외에 해당한다는 의미이다. 예외가 없는 원칙은 한계선을 넘는 순간부터 폭주하기 마련이며, 폭주하는 원칙은 사람들의 관심 밖에서 벗어나 점차적으로 소멸될 위험에 놓이는 운명에 처한다. 그때부터는 사익과 공익이 가지는 가치에 대한 인식이 희박해지고, 더 나아가 사회질서의 근간 역시 흔들릴 수밖에 없다.

결과적으로는 독자적인 삶이 이루어지는 가운데 집합적 삶의 요소에 대한 고려가 필요함을 강조하고자 한다. 그 이유는 사람들이 타인의 삶을 사는 것이 아니라 자기중심적인 삶을 희구하며, 이것이 보다 적절한 수준에서 구현될 수 있는 환경이 구축되길 기대하기 때문이다. 작게는 자신이 상점에서 원하는 물건을 구매하는 거래행위에서부터 크게는 자아를 실현하기 위한 사회활동에 이르기까지 그 행위의 태양은 다양하게 나타난다. 만약 의식주 문화의 형성과 같이 생존을 위한 기본행위를 포함해 본인의 삶이 가지는 참의미를 찾기 위한 자아실현행위를 함에 있어 타인 내지는 공동체의 허가가 필수적인 조건이 된다면, 더 나아가 허가를 받지 못한 까닭에 추구한 바대로 행동을 하지 못한다면, 궁극적으론 담보물권(擔保物權)이 설정된 듯한 삶의 굴레에 속박된 자의 일상을 사는 것과 크게 다르지 않을 것이다. 이러한 상태에선 집단정신을 유지 · 존속시킨다는 명목하에 무자비하게 이루어지는 '보존의 법칙'과 이를 위하여 개인의 개성을 불문곡직(不問曲直)하듯이 억제하려는 '파괴의 법칙'만이 공공연히 인정됨에 따라 자기건설과 그를 통한 바람직한 사회질서의 형성에 목적을 둔 창조 · 상생의 법칙이 폭넓게 받아들여질 여지가 좁아진다. 그리고 변증법을 통해 도출된 합의 개념이 정과 반으로 회귀하는 퇴행현상이 발생하기에 이른다. 이를 사회진보가 아니라 사회퇴보라고 부른다. 인간정신의 진보와 사회진보는 불가분리의 관계에 있다. '사회는 전체의 합보다 크다' 혹은 '개인보다는 사회가 우선한다'는 식의 논리들이 존재하지만, 사회를 형성하는 원천적인 힘은 바로 사람에게서 나온다. 그리고 사회를 어떠한 식으로 운영할 것인지를 결정하는 것 또한 사람이다. 따라서 의사를 결정할 수 있는 주체가 행복감을 느끼지 못한 채 언제나 희생만을 강요당한다면, 공동체는 진정한 의미의 합의에 기초한 것이 아니라 불완전합의라는 토대 위에 서있을 수밖에 없다. 이러한 상황을 직시하고 시정하지 못한다면, 우리는 사상누각(沙上樓閣)의 폐해가 가지는 위력을 직접적으로 체험하게 될 것이다. 따라서 행복추구권을 통해 발현되는 자아실현본능을 실현시키고 유지하되(보존의 법칙), 그것이 타인과 공동체의 권리를 부당하게 제한할 경우에 한하여 제한 내지는 금지시키고(파괴의 법칙), 종국적으로는 권리향유자와 권리제한자의 이익을 합리적으로 조율하기 위한 조치를 마련함으로써(창조의 법칙) 대립된 가치관들을 하나로 묶을 수 있도록(상생의 법칙) 하는 것이 중요하지 않을 수 없다. 이와 같은 논리는 공화주의적 자유주의와 그 맥을 같이 한다.

인간의 감정에 가장 부합하는 것이 자유주의의 속성임에도 불구하고 만족하는 삶에 대한 기준이 각양각색이기 때문에 경우에 따라선 이 원칙에 내재된 가치를 오남용함으로써 불합리한 결과에 합리성을 부여하는, 즉 '불합리한 합리화'라는 우(愚)를 범할 개연성이 인정되므로, 이를 제어하기 위한 공화주의가 보호자로서의 역할을 수행한다. 마치 폭주하는 보존의 법칙과 이를 규제하려는 파괴의 법칙의 관계와 유사하다. 이처럼 상기의 폐해를 효과적으로 근절한다는 차원에서 도출된 공화주의적 자유주의는 보존·파괴의 법칙을 뛰어넘은 창조·상생의 법칙과 구조적·효과적인 측면에서 매우 깊은 관련을 맺고 있다. 특히 자아실현본능이라는 가치가 기본적으로 불가분·불가양의 속성이라는 식으로 폭넓게 인정됨에 따라 타협 불가능한 것으로 여겨지는 현 세태에선 동종(同種)에 해당하는 둘 이상의 가치들이 격돌할 경우에 야기될 부정적인 상황을 파훼할 방안을 제시하기 쉽지 않다. 물론 이와 같은 본능이 자유주의에 내재한 핵심적인 내용이라는 점에 대해선 이의를 제기하지 않지만 문제는 이를 발현시키는 수단이 어떠한가에 따라 그 심각성을 달리하는데, 만약 본인의 개성을 현실적으로 실현시키는 방법론 자체가 불법성을 띤다면 이는 '제재를 가할 수 있는 영역' 안에 들어온 자유주의에 해당하는 것이라 해석할 수 있다. 여기서 '제재를 가할 수 있는 영역'이라는 구속장(拘束場)을 형성시키는 근원적 힘은 공화주의에서 비롯된다. 그 이유는 공화주의가 추구하는 것이 외견적으로는 공동체의 안정과 존속을 통한 공익의 추구이기도 하지만, 자유로운 생활을 할 자격을 부여받은 이들 사이에 존재해야만 하는 평등이라는 덕목이 부당한 이유로 훼손되지 않도록 하는 것이기도 하기 때문이다. 따라서 누군가가 본인이 보유한 자유를 오남용함으로써 타인의 자유를 유명무실상태에 놓이게 하고, 이러한 과정을 반복함으로써 '자유권의 보호영역'을 인정범위의 마지노선 너머로 확장시키려는 행위를 하지 못하도록 하기 위한 장치로서의 원리가 곧 '원칙의 무분별한 발현에 제동을 가하는 원리'로서 '원칙제한 메커니즘'인 공화주의인 셈이다.

자유주의와 공화주의는 다른 색깔을 가지고 있는 독자적 원리에 해당할 뿐만 아니라, 그 속성 또한 무엇이든 뚫을 수 있는 창과 어떠한 공격도 막아낼 수 있는 방패와 같이 모순적이기도 하다. 그러나 (ⅰ) 자유주의를 통하여 스스로를 외부환경으로부터 보호하는 보존의 원칙을 주장하되 자칫 타인이 보유하고 있는 동종의 원칙을 부당히 훼손시킬 합리적 가능성이 있음이 포착될 경우, (ⅱ) 공화주의에 근거한 파괴의 원칙에 의하여 그러한 위험성을 근절하고, (ⅲ) 종국적으로는 공화주의적 자유주의를 통해 양자가 만족할 수 있는 최적화된 해결안을 제시함으로써 권리투쟁이란 문제가 재발되지 않도록 한다면, 즉 양자를 서로 대립되는 관계에 두는 것이 아니라 상호보완적인 위치에 서게 만들어 가장 적합한 결과를 이끌어내는 결론을 이끌어내는 데에 커다란 도움이 될 것이라고 사료된다.

Ⅶ. 규칙의 속성과 공감대 그리고 이익에 대한 관념

사람들은 암암리에 자신들이 행하는 자유가 중요하다고 생각하지만 한편으로는 그러한 자유로 말미암아 공동체의 존속과 관련된 위험요소가 구체적으로 발현되지 않도록 세심한 주의를 기울이게 된다. 여기서 말하는 세심한 주의란 '해도 되는 것'과 '해서는 안 되는 것'을 분류하기 위한 규칙의 형성과 그 내면화라고 할 것이다. 규칙이란 '일반성(一般性)'과 '객관성(客觀性)' 그리고 '추상성(抽象性)'이라는 성격을 바탕으로 사회구성원들이 준수해야할 필수행동지침을 의미한다. 여기서 말하는 (ⅰ) 일반성이란 해당규칙이 특정인에게만 적용되는 것이 아니라 모든 이들을 대상으로 하여 적용되어야만 한다는 성격을 의미하고, (ⅱ) 객관성은 모든 이들을 대상으로 규칙을 적용하되 그 의도 자체가 누군가의 주관적 이익을 형성시키기 위함이 아니라 전체 공익을 수호한다는 목적에 기반을 두어야 한다는 성격을 뜻하며, (iii) 추상성은 지나칠 정도로 세분화된 규칙내용이 복잡한 모든 사회현상에 꼭 들어맞을 순 없으므로 입법기술(立法記述)이란 관점을 고려하여 유연하게 사용될 수 있도록 다소 모호하게 구성되는 편이 합리적이라는 의미의 성격을 내포하고 있다. 상기의 세 가지 요소가 두루 갖추어졌을 때에 한하여 편파적으로 규칙이 적용되는 현상을 근절할 수 있는 가능성이 높아진다고 할 수 있겠다. 뿐만 아니라, 전통적으로는 규칙이라는 산물이 법적인 차원에서 (i) 금지된 행위가 무엇인지, (ii) 금지된 행위를 하였을 경우엔 어떠한 제재가 따를 수 있는지, (iii) 금지된 행위를 하더라도 예외적으로 제재를 가하지 않는 경우가 있는지를 세부적으로 다룸으로써 처벌에 역점을 둔 응보적인 성격을 강하게 띠고 있었지만, 사람들이 사회에서 발생하는 고질적인 문제가 비단 범죄에만 국한되는 것이 아니라 복지문제 등과 같은 인권분쟁이기도 함을 의식함에 따라 규칙의 성격 역시 이에 상응하여 변화일로 위에 놓이게 되었다. 복지국가 · 행정국가이라는 용어가 사회과학에서 공식용어로 등장하게 된 까닭도 바로 이에 기초한 것이라 하겠다.

최근에는 극단적인 형태의 범죄가 발생함에 따라 형벌법규가 강화되고 있는 것은 주지의 사실이지만, 그에 못지않게 복지분쟁이라는 문제도 상당히 강도 높게 대두됨에 따라 유효성을 띤 사회법(社會法)의 신설론이 적극적으로 제시되고 있는 실정이기도 하다. 복지의 혜택을 받는 사람이 얼마나 많은지 그리고 수혜의 정도가 어느 수준에 달하는지가 인권발전 수준을 가늠할 수 있는 척도라는 인식이 널리 확산되고 있기 때문이다. 실제로 국외의 저명한 학자들은 신문사의 인터뷰를 통하여 사람들이 더불어 살 수 있도록 만들기 위한 법제가 얼마나 제정 · 시행되고 있는지가 인권의 발전성과 낙후성을 판단할만한 잣대가 되는 것이라고 강변한 바 있다. 문제는 누군가의 삶의 질을 향상시키는 것이 상대적으로 풍요로운 삶을 영위하고 있는 다른 사람들에게 있어 반드시 해결해야만 하는 사안으로 인식되고 있는지의 여부라고 할 수 있겠다. 한쪽에서는 본인이 비용과 노력을 투입하여 일구어 놓은 자아실현의 구체적 산물(예 : 재산)이 알지도 못하는 타인을 위하여 이용되어야만 한다는 것은 자유주의의 기본원칙에 어긋나는 것이라고 주장하는 한편, 다른 한쪽에서는 더불어 살아가는 사회가 공동체의 기본원칙이라는 점을 강조하면서 양극화의 문제로 인한 사회전체의 퇴보현상을 염두에 둘 필요가 있음을 언급하고 있다. 양자 모두 타당한 근거를 가지고 있지만 이렇다 할만한 합치점을 모색하지 못하는 이유는 서로가 공감할 수 있는 측면에서 접근하는 것이 아니었기 때문이라고 사료된다.[8] 사람들은 이해관계가 얽혀있지 않는 한 주변의 사안에 대하여 큰 관심을 가지지 않는다. 물론 사회 각계각층에서 어떠한 일이 발생하고 있는지에 대하여 촉각을 곤두세우는 이들도 있지만 이는 단순히 호기심 차원에서 행하는 것일 뿐 그 사안의 본질에 대해 이해하고 공감한 결과라고 보기엔 어려

8) 에스핀－안데르센은 복지 자본주의의 유형을 정립함으로써 복지제도를 둘러싼 상이한 관점에 대해 언급한 바 있다. 아래의 도표는 앤서니 기든스(Anthony Giddens)가 그의 논의를 바탕으로 하여 정리한 것(『현대사회학』(김미숙 외 6인 옮김), 을유문화사, 2009, 303면)을 필자가 도표화시킨 것이다.

〈복지 자본주의의 유형〉

복지 자본주의의 유형	유형별 내용
사회 민주주의	사회 민주주의적 복지 제도는 탈상품화의 정도가 매우 높다. 복지 서비스는 국가에 의해 제공되며 모든 시민에게 보편적으로 제공된다. 대부분의 스칸디나비아 국가들이 사회 민주주의적 복지 체제의 예라고 할 수 있다.
보수적 조합주의	프랑스나 독일과 같은 보수적 조합주의 국가에서는 복지 서비스가 비교적 높은 수준으로 탈상품화되어 있으나, 반드시 보편주의적인 것은 아니다. 한 시민에게 돌아가는 복지 수혜의 정도는 사회에서의 지위에 근거한다. 이러한 유형의 복지 제도는 불평등을 제거하려는 목표를 갖지 않고, 사회의 안정성과 강한 가족 유대, 국가에 대한 충성을 유지하고자 한다.
자유주의	자유주의 복지 제도의 예는 미국이다. 복지는 크게 상품화되어 있고 시장에서 팔린다. 자산 조사에 근거한 급여는 정말로 곤궁한 사람들에게만 지급되는데, 반면 이들에게는 복지 수혜자라는 낙인이 찍히게 된다. 이러한 체제에서는 인구의 대다수가 시장에서 자신의 복지를 구입하도록 기대된다.

움이 따른다. 이와 같은 상태에선 자유주의뿐만 아니라 공화주의도 제 나름의 빛을 발하는 것은 무리이다.

공감(共感)은 자신을 제외한 타인들 혹은 외부집단이 처한 환경에 대해 인지하는 것을 넘어 자신이 그와 같은 상황에 놓이게 되었을 때에 어떻게 대처할 것인지에 관하여 생각할 수 있는 능력을 의미한다. 인지라는 것이 이성적으로 이해하고 받아들이는 행위로서 상황을 파악하는 객관적 영역에 존재하는 사유방식으로 어디까지나 주관적 사고를 배제한 것임을 고려한다면, 역지사지(易地思之)라는 덕목이 전제되지 않은 공감은 단순한 호기심에 불과할 것이다. 그러나 이와 같은 호기심도 사람들이 사회정의를 실현한다는 명분으로 설립된 규칙이 '누구에게 이익을 부여하기 위한 것인가?'라는 측면에서 바라보는 순간부터는 분쟁을 일으키는 요인으로 자리매김하게 되는데, 그 이유는 이들이 이익이라는 사실에 대하여 상당히 예민한 반응을 보이기 때문이다. 제 아무리 일반성 · 객관성 · 추상성이 규칙의 속성임을 감안한다고 할지라도, 자아실현본능을 중심으로 하여 삶을 영위하려는 성향이 강한 사람들로서는 규칙을 '원치 않는 이익분배를 위한 타율적 준칙'으로 받아들이지 않을 수 없다. 이처럼 본인의 자유만을 중요시하는 유별난 성향을 어떠한 방식으로 잠재울 수 있게 할 것인지가 공감형성이라는 문제에서 핵심적인 것이라고 하겠다. 물론 여기서 말하는 공감형성이란 '자아실현본능에 따라 영위하고 있는 누군가의 삶을 위태롭게 하지 않는 범위 안에서 자신이 보유하고 있는 권리를 행복추구권에 기초하여 실현시킨다'는 공화주의적 자유주의에 기반을 두고 있다. 공감을 형성하기 위해선 타인의 감정을 살펴보는 '감정흡입력'과 자신의 진의를 전달하기 위한 '감정전달력' 그리고 이 두 가지 요소들을 통해 양자가 어떠한 심리상태를 가지고 있는지를 해석하는 '감정해석력'이라는 조건들이 필요하다. 일상생활에서 양보하고 넘어갈 수 있을만한 일들이라면 크게 문제될 것이 없겠지만, 민감한 사안을 대상으로 한 분쟁이 시작되었을 때에는 자신의 감정 위에 타인의 감정을 설정하는 이타주의적인 자세를 취하는 이들을 찾아보기란 어렵다. 그렇다고 하여 이타주의적인 자세가 늘 합리적인 결과만을 만들어내는 것 또한 아니다. 다만 자신과 타인의 감정을 적절히 헤아리고, 원하는 바가 무엇인지를 해석할 수 있는 능력을 발휘함으로써 가장 적합한 해결책을 강구하기 위한 다음 단계로 넘어가는 것이 중요하다.

지극히 소수의 인물들을 제외하고 어느 누구도 이익이라는 개념에서 초월한 형태의 삶을 살아가진 않는데, 그 이유는 그것이 사람들이 숨쉬는 이유이자 자신의 인생을 의미있게 만드는 원천에 해당한다고 생각하기 때문이다.[9] 인류가 탄생한 이후로 이러한 개념으로부터 자유로운 생활을 한 사례는 발견하기 힘들다. 설령 공산주의 사회의 도래를 예외적인 현상으로 상정한다고 할지라도, 그러한 집단체계가 붕괴된 까닭을 살펴보면 그 안에는 '인간의 이익추구행위'를 극단적으로 제한하고 있었다는 사실에 기인한 것임을 알 수 있다. 전 세계 어느 사회에서든 사람들의 이익추구행위가 사회병리적인 문제를 야기하고 있음을 쉽게 목격하게 된다. 물론 다른 사람의 복리를 위하여 뛰는 과정에서 느끼는 심리적인 만족과 같이 대승적인 차원의 사항을 제외한다면, 이익은 사람들로 하여금 무한경쟁이라는 소용돌이에서 빠져나오지 못하게 만드는 원인이기도 하다. 마치 우주에 존재하는 모든 산물들을 죄다 흡입하려는 블랙홀(Black Hole)과 유사하다. 그러나

9) 필자와 비슷한 견해를 가지고 있는 학자들로서 앨빈·하이디 토플러를 들 수 있다. 그들은 "욕망이란 절대적인 필요에서 일시적인 요구까지 모든 경우를 의미할 수 있다. 어떤 경우이건 부란 갈망을 만족시키는 그 무엇을 의미한다. 부는 참을 수 없는 갈망을 해소해 준다. 한 번에 한 가지 이상의 욕망을 만족시킬 수도 있다. 예를 들어 거실 벽을 아름답게 치장하고 싶을 때, 그곳에 걸린 그림 한 점은 비싸지 않은 모조품일지언정 잠시 멈춰 서서 바라볼 때마다 작은 기쁨을 준다. 그와 동시에 나의 고상함이나 사회적인 품격을 손님에게 인상깊게 심어 주고 싶은 욕망을 충족시킬 수도 있다. 한편 부가 은행 계좌, 자전거, 창고를 가득 채운 음식이나 의료보험증이라고 여길 수도 있다. 사실 부를 대략적으로 정의해 보면 그 형태가 공유든 아니든 일종의 소유라고 할 수 있다. 경제학자들은 이를 효용(utility)이라 부른다. 즉 부는 우리에게 어떤 형태의 웰빙(well-being)을 제공하거나 다른 형태의 부로 교환할 수 있게 만든다. 물론 어떤 경우에건 부는 욕망의 소산이다. 그렇기 때문에 부에 관해 생각 자체를 혐오하는 사람들이 생겨나기도 하는 것이다"라고 견해를 밝혔다. Alvin Toffler and Heidi Toffler, 『부의 미래』(김중웅 옮김), 청림출판, 2007, 37~38면.

블랙홀은 모든 것들을 흡입하였음에도 불구하고 여전히 욕심을 가득 채우지 못한 포식자로서의 점하고 있듯이, 이익이라는 특별한 인센티브의 맛을 느껴본 사람들은 식량창고를 가득 채워놓은 후에도 또 다른 먹잇감을 찾는 사냥꾼처럼 움직인다. 자연세계의 약육강식이나 공동체사회의 약육강식이나 크게 다를 바 없다는 식의 말들이 매우 오랜 시간 회자되고 있는 것도 바로 이 때문이다. 따라서 사람들을 이익관으로부터 벗어나게 할 수 없다면, 이 시점에서 우리가 생각해 보아야 할 점은 그에 대한 민감도를 줄임으로써 타인의 입장을 고려할 수 있도록 하기 위한 방안을 찾는 것이다. 이를 위해선 이익이라는 개념을 동일성을 유지하되 종전의 관념과 다른 방식으로 재구성함이 필요하다고 사료된다. 이익은 전통적으로 정신적·물질적인 차원에서 이기적 성향의 쾌락을 줄 수 있는 그 무언가를 지칭하는 것으로 여겨졌지만, 이를 공화주의적 자유주의에 기초한 것으로 전환시킬 경우 '이익이란 정신적·물질적인 차원의 유리함을 의미하는 것이지만, 그 정당성은 누군가의 권리를 훼손시키지 않는 범위 안에서 담보되는 것'으로 재구성될 수 있다. 물론 보기에 따라선 지극히 당연한 명제로 받아들여지겠으나, 정당성의 원천이라는 부분을 개념으로 삽입시키는 작업이 적절히 수반되어 오지 않았음을 감안할 필요가 있다.

정당한 이익만을 이익이라고 생각해야 한다는 사고방식은 사람들에게 직관적인 차원에서 공감을 불러일으킬 순 있지만 이성적인 차원에선 다소 어려운 부분이 있다는 지적이 뒤따를 수 있다. 실제로 현행법령에선 '정당한 이익'과 '부당이득' 등과 같은 용어를 종종 사용하고 있기 때문이다. 이에 따르면 이익은 정당성과 부당성의 경계에선 객관적인 속성을 가지고 있는 것으로 여겨진다. 만약 누군가가 그와 같은 반론을 제시한다면, 이는 일리가 있는 비판이라고 할 것이다. 그럼에도 불구하고 필자가 이익의 개념을 위와 같이 한정짓는 까닭은 법이라는 테두리 밖에서 발생하고 있는 일상생활상의 이익분쟁에 더 큰 주안점을 두었기 때문이기도 하지만, 더불어 입법자들이 '정당한' 혹은 '부당한'이라는 수식어를 사용할 수밖에 없는 입장에 놓여있음을 잘 알고 있기 때문이다. 여기엔 두 가지 이유가 있다. 주지하다시피 법은 객관성의 산물이다. 물론 민주주의와 법치주의 등과 같이 일정한 지향점을 두긴 하였지만, 이와 같은 사항은 세상에 존재하는 어떤 법이든 당연히 보유하고 있는 가치체계이므로 객관성을 저해하는 요소라고 생각할 수 없다. 따라서 객관적이고 추상적인 성격을 가지고 있는 법은 이익이라는 개념을 정당성과 부당성을 초월한 개념인 것처럼 상정해야만 하는 것이다. 여기서 한 발자국 더 나아가 생각해보도록 하자. 법은 기본적으로 사회정의를 수호하기 위한 규칙이다. 비록 이익이라는 용어 앞에 '정당한' 혹은 '부당한'이라는 수식어를 붙이긴 하였으나, 추구하고자 하는 기본사항은 '정당성'이라는 가치가 이미 구비된 형태의 이익이다. 다만 부당이득이나 부당하게 이익을 취한 자에게 제재를 가하기 위하여 구별개념으로서 '정당한'이라는 말이 붙은 것뿐이라는 사실이다. 그러므로 정당성이 전제된 이익이라는 개념은 감성적으로든 혹은 이성적으로든 받아들여질 여지가 높다고 판단된다.

과거에는 이익을 물리적 · 기계적인 시각에서 개념지우고, 유교주의에 기초한 정의의 원리에 따라 무분별한 욕구충족행위를 외부적으로 제한하는 태도를 견지하여 온 반면, 현대인들은 경제적 원리에 역점을 두어 이익을 자아실현본능의 구현에 맞추어 이해를 하고 있기 때문에 외부로부터 유입되는 제한에 대해 거부감을 가질 수밖에 없다. 이와 같은 거부감은 더 많은 것을 소유하고 싶게 만드는 부정적 동인(動因)으로 작용하게 된다. 그러나 처음부터 이익이란 개념 그 자체에 정당성의 원천을 심어놓는다면 그 효과는 달리 나타난다. 즉, '정당한 이익만이 진정한 의미의 이익에 해당한다'는 식으로 받아들임으로써 이에 위배된 형태의 행위는 사회적으로 바람직하지 않은 것으로 여겨진다는 것을 내면적으로 인식할 수 있게 된다는 것이다. 우리가 소위 말하는 '부당한 이익'은 이익 그 자체가 옳지 못하다는 것이 아니라 이를 추구하는 목적과 달성하기 위한 수단에 하자(瑕疵)가 있는 것으로 봄이 타당하다. 다시 말해서 누군가가 타인에게 해를 주는 것을 목적으로 삼는 행위를 하거나 이익을 획득하기 위해 행하는 행동의 질이 사회적으로 용인할 수 없는 범위 안에 속해있다면 그 순간부터는 범죄행위 내지는 불법행위이라고 여겨야 한다. 이와 같은 내면화된 인식은 장기적으로 이익에 대한 민감도를 줄임과 더불어 타인들 그리고 외부집단들이 추구하는 이익에 대해 관대한 입장에서 바라보게 만드는 효과를 일구어낼 것이라고 사료된다. 또한 이와 같은 효과는 '자연스레 공감의 형성'이라는 정서적 반응을 불러올 것이다.

第2節 인간성과 사회성

Ⅰ. 인간사에 존재하는 최고의 난제

사실 필자는 예전부터 이익이라는 용어가 가치중립적이라고 여기는 것에 대해 회의적이었다. 그보다는 남에게 피해를 주지 않는 선에서 얻는 유·무형의 득(得)만이 '이익'이 타당하다고 보았다. 그러나 현실에선 이익이 선악의 구분이 배제된 보편적 용어로 자리를 잡고 있음을 감안하여, 본고에서는 그와 같은 통념적 사고를 부분적으로 받아들여 기술하였음을 밝혀둔다. 다시 본론으로 돌아가자. 바로 위에서 공감의 형성에 대해 언급하였다. 공감이라는 정서적 반응의 유도를 이끌어내기 위해선 해결해야 할 선결문제가 존재한다. 이 문제는 인류가 풀어내지 못했던 그리고 앞으로 풀어가야 할 난제들 중 최고 난이도의 문항에 해당하는데, 그것은 '인간은 과연 믿을 만한 존재인가?'라는 물음이다. 자연현상에 대한 '관찰'과 '실험'을 통해 도출한 '객관적인 수치'에 바탕을 두어 비교적 명확하게 답안을 도출해내는 것이 가능한 여타의 자연과학(自然科學)적 질문과는 거리가 멀다. 본 물음은 '인간의 심리'와 '생활태도' 및 '가치관' 등과 같이 수치화할 수 없는 속성을 객관적으로 파악함으로써 답변가능하다는 점에서 볼 때 철학적인 질문에 가까운 것으로 보인다. 그러나 만약 후자의 접근법에 역점을 두어 위의 질문에 답을 하고자 한다면, 이와 관련한 어떤 논의든 현학적인 차원에서만 그치고 말 것이라고 사료된다. 다시 말해 순수한 객관성만을 중심으로 본 문제에 다가서게 될 경우 주관적 사고에 기초한 인간의 행동양식을 설명하는 데에 어려움이 따를 수밖에 없는 한편, 주관성에 역점을 두어 문제를 풀이를 할 경우엔 개별인의 지엽적인 행동에 지나치게 역점을 둔 설명을 늘어놓거나 구체적으로 이해할 수 없는 인간행동의 지침에 대해서만 논하게 되는 오류를 범하게 된다는 것이다. 이에 양자의 시각이 융합된, 즉 사회를 과학적으로 바라보는 사회과학(社會科學)적인 접근을 통해 이 문제를 풀어 가면 해결이 가능하다는 견해가 효과적인 대안으로 제시될 수도 있다. 이러한 필자의 견해와 유사한 견해로 하인리히 리케르트(Heinrich Rickert)의 견해를 들 수 있겠다. 그는 “현실적 존재 양식의 관점에서 구별되는, 다시 말해 물리와 심리 같은 방식으로 구별되는 두 가지 그룹의 객체는 개별과학을 분류하는 데는 결코 인정될 수 없는 것이다. 왜냐하면 형식적 특성을 파악하는 자연과학적 연구는 원리적으로 보자면 적어도 직접적으로 경험된 현실 모두를 연구 대상으로 삼을 수 있기 때문이다. 이렇게 본다면 오직 하나의 경험적 현실이 있기 때문에 오직 하나의 경험적 과학만이 존재할 수 있을 뿐이라는 명제는 정당하다. 총체적 현실, 즉 물리적이고 심리적인 현존재의 총체로서의 현실은 사실상 하나의 통일적 전체로, 혹은 흔히 쓰이는 구호로 표현하면 일원론적(monistisch)인 것으로 간주될 수 있고, 또 간주되지 않으면 안 된다. 따라서 개별과학은 현실의 각 부분을 동일한 하나의 방법을 통해 연구할 수 있고, 또 연구하지 않으면 안 된다. 이렇게 된다면 물리적 현상을 연구하는 과학과 심리적 삶을 탐구하는 과학은 공통의 관심에 의해서도 서로 밀접하게 연결될 것이다”라고 언급한 바 있다. 이 대목은 그가 저술한 『문화과학과 자연과학』(이상엽 옮김, 책세상, 2007) 48면에 기재되어 있는 부분으로 자세한 내용은 리케르트의 저서를 참조하길 바란다.

그러나 주옥같은 학술서적들을 저술한 사회과학자들이 제시하는 대답들도 역시 제각각임을 감안한다면, 이러한 질문에 대해 많은 사람들이 수긍할만한 답안이 나오는 것이 가능한지에 대하여 회의적인 반응이 나올 수밖에 없다. 경우에 따라선 신법(神法)에 의거하여, 인간 그 자체의 본질에 대해 논하는 글들도 있으나, 이는 비(非)종교인들의 공감을 사기엔 어려운 점이 있다. 이에 필자는 질문의 방향성 자체를 전환시킴으로써 우리 사회가 건설적으로 발전할 수 있는 경로가 무엇인지를 찾는 식으로 고찰의 진행방향을 바꾸는 편이 보다 적절하다고 생각하게 되었다. 철학적인 담론을 통하여 인간정신(人間精神)의 진보를 이끌어낼 수 있다는 점은 긍정적이지만, 담론의 깊이가 과도하게 심연(深淵)으로 접어들게 된다면 형이상학적 혹은 현학적인 논의로 전락하여 궁극적으로는 정신의 발전보다는 정체(停滯)를 가져올 수 있기 때문이다. 그렇다면 '질문의 방향성'을 전환시킨다는 것은 무슨 의미인가?

이것은 이 문제에 대해 한번쯤 진지하게 숙고한 적이 있는 이들로 하여금 실용적이고 현실적인 고찰을 하도록 유도함으로써 직접적으로 긍정적인 효과를 창출할 수 있도록 기존의 질문을 변환시키는 것을 뜻한다. 다시 말해서 인간이 선한 존재인지 혹은 악한 존재인지에 대해 규명을 하는 것이 아니라, 불명(不明)의 본성을 지닌 사람들이 소위 말하는 '착하게 살아가기' 위해서는 어떠한 태도를 겸비하여야 하는지를 중심으로 하여 논의를 이끌어가야 한다는 의미이다. 통상적으로 '인류가 어떠한 의도를 가지고 누군가가 소지한 천부적 인권 혹은 사회에 의하여 형성된 후천적 인권을 무슨 이유로 그리고 어떠한 방식으로 침해하였는지'를 중점적으로 파악하는 것을 중요한 논제로 여겨왔다. 그러나 현재에 생을 영위하고 있는 이들이 점진적으로 바람직한 모습으로 존재하게 된다면, 위와 같은 '인간이 믿을만한 존재인가?'라는 철학적 물음을 풀어내지 못하여 발생하는 고난은 조금씩 사라지게 될 것이라고 생각한다. 우리는 이상에서 논한 질문의 방향성 전환을 통하여 '인간이 믿을만한 존재가 되기 위해선 무엇을 겸비해야 하는가?'라는 의문에 대해 일정한 답을 제시하여야만 할 것이다. 그리고 이러한 작업이 현실사회(現實社會)를 이상사회(理想社會)와 일치시키기 위한 첩경이 될 것이라고 사료된다.

Ⅱ. 불법행위와 부당이득에 대한 욕구가 빚어낸 불신사회

그렇지만 이상사회의 모습과 현실사회의 모습은 우리가 예상했던 바와는 달리 지나치게 다른 양태를 띠기 때문에 '이론과 현실이 항상 별도로 존재한다' 혹은 '이론은 이론일 따름이다'는 식의 사고가 뿌리 깊게 자리매김하고 있다. 이와 같은 이론은 사회를 건설적인 모습으로 진화할 수 있도록 하기 위한 일련의 시도들임에도 불구하고, 단지 현실사회를 가시적으로 바꾸어 놓지 못하였다는 이유로 냉대를 받곤 한다. 그러나 이는 이론 그 자체에 전반적인 오류가 있다기보다는 이를 받아들이는 사람들의 태도에도 일정부분 문제가 있다고 판단된다. 소위 말하는 '잘 사는 사회'를 위하여 노력해야 함에 불구하고, 사람들은 '믿음'이라는 말에 대해서 너무나도 피상적으로만 생각하는 경향이 있다는 것이다. 이러한 세태는 우리들의 삶 속에서 여실히 드러난다. 약속이 가지는 무게감이 사라짐에 따라 사람과 사람 사이를 이어주는 신뢰의 교량(橋梁)이 붕괴되는 현상이 발생함에 따라 불신풍조의 폐해가 점증적으로 확산되고 있는 실정을 인식해야 할 필요가 있다.

사람을 '믿지 않아서' 혹은 '믿지 못해서' 발생하는 불신은 우리에게 어떠한 병폐를 안겨주는가? 바라보는 관점에 따라선, 오히려 돌다리도 두들겨 보고 건너는 것이 안전하듯이 상대방의 발언과 행동에 대해 의심의 시선을 견지하는 편이 도리어 현대사회에서 발생하는 다수(多數) 혹은 다종(多種)의 사회적 폐단으로부터 스스로를 보호하는 효과를 거둘 수 있다고 생각해 볼 여지가 받아들여질 수도 있다. 그러나 이처럼 자신이 보유하고 있는 인간으로서의 존엄성과 인격권을 보존하기 위한 이성적 사고의 행태가 바람직하지 못한 방향으로 전환되는 경우도 나타나고 있어 문제가 된다. 대표적인 문제를 꼽자면 불법이익(不法利益)과 부당이득(不當利得)의 획득에 대한 것이라고 하겠다. 불법이익이란 법계에서 사용하는 공식용어는 아니다. 불법행위(不法行爲)를 통해 얻은 이익으로 그 수단에 있어 반사회적인 성격을 내포하고 있다는 의미를 뜻한다. 불법행위는 민법 제750조에 "고의 또는 과실로 인한 위법행위로 타인에게 손해를 가한 자는 그 손해를 배상할 책임이 있다"라고 규정되어 있다. 제750조에서 규정되어 있는 행위를 통해 얻게 되는 이익이 필자가 언급한 불법이익이라고 할 수 있겠다. 한편 부당이득이란 법률상 원인 없이 타인의 재산 또는 노무로 인하여 얻게 된 이익을 의미하는 것으로 민법 제741조[10]에 규정된 바 있다. 자신이 사회적으로 가장 큰 이익을 획득하는 데에 있어 효과적인 방법은 '다른 사람들이 널리 통용되고 있는 법과 규칙을 준수하고 있을 때, 자신은 이를 지키지 않음으로써 대량의 이익을 획득하는 것'이다. 이익을 중요시하는 견지에서는 오히려 '상대방을 믿는 것이 우둔하거나 현명치 못한 행위'라고 판단할 가능성이 농후하게 나타난다.

이와 같은 상황에선 우리 사회에 존재하는 공유자원[11]을 조금이라도 더

---

10) 민법 제741조에선 "법률상 원인없이 타인의 재산 또는 노무로 인하여 이익을 얻고 이로 인하여 타인에게 손해를 가한 자는 그 이익을 반환하여야 한다"고 규정하고 있다.

11) 간혹 사람들은 공공재와 공유자원의 개념을 혼동하는 경우가 있다. 그레고리 맨큐(N. Gregory Mankiw)는 자신이 저술한 『맨큐의 경제학』(김경환 · 김종석 옮김, 교보문고, 2005)의 256~257면에서 재화의 개념을 다음과 같이 네 가지로 나누어 설명하여 그와 같은 혼란이 일어나지 않도록 하였다. 그의 견해를 정리하면 다음과 같다. (ⅰ) 사적 재화(private goods, 사유재라고도 함) : 배제성과 경합성을 모두 가지고 있는 재화를 말한다. 아이스크림을 생각해보자. 아이스크림은 배제성이 있다. 당신이 상대방에게 주지 않으면 그 사람은 아이스크림을 먹을 수 없기 때문이다. 또 아이스크림은 경합성이 있다. 당신이 아이스크림을 먹어버리면, 상대방은 그 아이스크림을 먹을 수 없기 때문이다. (ⅱ) 공공재(public goods) : 배제성과 경합성이 없는 재화를 말한다. 공공재는 사람들이 그 재화를 소비하는 것을 막을 수 없을 뿐 아니라, 한 사람의 공공재가 다른 사람의 공공재 소비를 방해하지도 않는다. 예를 들어 작은 마을의 태풍경보는 공공재다. 일반 태풍경보가 울리면 특정 개인이 경보를 듣

많이 획득하거나 이용하기 위한 영합게임, 즉 제로섬게임이 무분별한 이익 쟁취의 배경으로 작용하게 된다. 필자는 신형균 교수가 이에 대해 명확하게 설명하고 있다고 생각한다. 신 교수는 자신이 저술한 『현대 행정학의 이해』(선학사, 2008)의 131면에서 "개별이익의 극대화가 전체이익의 극대화를 결과시킨다는 논리는 특정사례에서만 적용되게 된다. 공유지의 비극(the tragedy of the commons)이 시사하듯 소비의 경합성(non-rival consumption)이 있는 공유재를 제한없이 사용하게 되면 모두가 파멸상태에 도래하게 된다(prisoner's dilemma). 요금재(toll goods; club goods)의 사례에서도 공급의 분리성(divisible supply)이 있는 재화의 경우 일정한 제약이 없으면 혼잡(congestion)이 발생하여 사회 구성원 전체의 이익에 반하는, 다시 말해 개별적 합리성(individual rationality)과 전체적 합리성(collective rationality)이 충돌하는 결과가 초래되는 것이다"라고 언급하여 무분별한 욕구충족행위의 위험성을 경고한 바 있다.

그리고 행정학 이외에 여러 사회과학계열에서는 이러한 현상에 주목하여 문제를 해결하기 위한 방안을 모색하는 데에 주력을 하고 있다. 이러한 노력을 통해 인류는 믿음을 외면하는 행위를 해결하기 위하여 법적 · 행정적 고려를 중심으로 한 학문적 혹은 실무적 조류를 형성해나가는 길을 선택했고, 이를 중심으로 하여 실증적 인간연구는 보다 활발하게 전개되기에 이르렀다. 그리고 실증적 인간연구자들이 최근 규제론(規制論) 이외에 복지

지 못하도록 막을 수도 없다. 뿐만 아니라 어떤 사람이 태풍경보의 편익을 누린다고 해서 다른 사람들이 누릴 수 있는 편익이 줄어들지도 않는다. (iii) 공유자원(common resources) : 경합성은 있지만 배제성이 없는 재화를 말한다. 예를 들어 바닷속의 물고기는 공유자원이다. 누군가 물고기를 잡으면 그만큼 다른 사람이 잡을 수 있는 물고기 수는 줄어든다. 그러나 바다가 너무 넓어 어부들이 물고기를 잡는 행위를 막을 수 없기 때문에 이들 물고기는 배제성이 없다. (iv) 어떤 재화가 경합성은 없지만 배제성이 있다면, 이 재화는 자연독점(natural monopoly)의 속성을 지니고 있다고 말한다. 예를 들어 작은 마을의 소방업무를 생각해보자. 이 서비스는 배제성이 있다. 왜냐하면 불이 나더라도 그냥 타게 내버려둘 수 있기 때문이다. 그러나 소방서비스는 경합성이 없다. 소방관들은 대부분의 시간을 화재가 발생할 때까지 기다리면서 보내며, 따라서 한쪽의 화재를 진화하는 것이 다른 화재의 진화를 방해할 가능성은 거의 없기 때문이다. 다시 말해서 한 마을이 이미 소방서비스를 가지고 있다면, 가옥 하나를 추가적으로 보호하는 비용은 매우 작을 것이다.

론(福祉論)이라는 흐름을 아울러 고려하고 있다는 점에서 상당히 고무적이라고 할 수 있다. 법제처의 홈페이지에 게시된 법령통계에 따르면 1개의 헌법, 1,262개의 법률, 1,480개의 대통령령, 46개의 총리령, 1,103개의 부령, 317개의 국회규칙 등 총 4,209개의 헌법과 법령이 존재함을 알 수 있다(법제처 홈페이지의 "법령 · 해석정보 → 법령통계→ 현행법령"에서 누구든 확인가능하다). 과거에는 법질서를 위반함으로써 사람에 대해 갖는 정당한 신뢰를 훼손한 행위를 벌하기 위한 목적으로 만들어졌으나, 최근에는 권리와 의무를 효과적으로 보호하기 위한 복지적인 측면의 목적으로 만들어진 것들도 다수 발견되고 있다는 점이 특징적이다. 이처럼 국가의 역할이 예전과는 다르게 범법행위를 한 누군가의 태도를 규제하기 위한 범주에서 벗어나 바람직한 사회를 디자인(design)할 수 있도록 조력하는 것에 이르기까지 폭넓어진 편이라고 할 수 있겠다. 위의 법령들의 한 축을 구성하고 있는 사회적 기본권이 제 기능과 역할을 다할 수 있도록 환경이 구축되어 있는지의 여부에 대해선 의문스러운 감이 있지만, 국가가 시민사회의 발전을 위하여 최소한의 노력을 기울이고 있었다는 것만큼은 부인할 수 없는 사실인 것으로 보인다.

그러나 문제는 노력의 차원을 넘어선 '실질적 효과의 문제'라고 사료된다. 과거에 비하여 국가의 역할이 건설적으로 변모하고 있음에도 불구하고 시민사회에서 지속적으로 시정되지 않는 '신뢰와 믿음의 문제'가 잔존하고 있는 실정을 감안해야 한다. 보기에 따라선 사람들의 외적행위의 양태를 조정하기 위한 측면에선 효과적이라고 할지라도 건전한 심리상태를 만들어주기 위한 차원에선 국가의 역할에 미진한 감이 있는 것으로 판단할 수도 있을 것이다. 그러나 정부와 관계부처에서 시민사회에 존재하는 이와 같은 폐단을 일축시키기 위한 일련의 헌법적 작위의무(作爲義務)들을 수행해야 한다는 정당성을 인정할 수는 있겠지만, 국가에게 요청만을 하고 사회구성원들 스스로가 반성의 자세를 갖추지 못하고 있는 행위 또한 문제해결에 어려움을 주는 요소임에 틀림없다. 따라서 시민사회의 기본적 덕목은 적극성(積極性)이라고 할 수 있다. 시민사회의 적극성이라는 성격은 주로 공화주의나 공동체주의를 주장하는 학자들 사이에서 이루어지는 경우가 많다. 물론 자유주의 진영에서도 이에 대해선 강변하고 있기는 하지만, 적극성이라는 것 자체가 사회전체의 공익을 위하여 행해지는 일련의 행위적 성격을 지칭하는 것이라는 점을 감안하다면 더욱 그러하다. 물론 필자는 공화주의와 공동체주의가 인간이 가져야 할 가장 중요한 덕목이라고 생각하진 않지만, 적어도 사람들이 자신들의 자유를 무한정으로 향유하고자 하는 욕구를 제어함으로써 궁극적으로는 자신을 포함한 모든 이들이 안정적으로 살아갈 필요가 있음을 고려해야 한다고 여기고 있다. 다시 말해서 자신의 권리를 향유하되 그로 인하여 전체의 공익이 훼손되지 않도록 해야 한다는 것이다. 이는 자아실현본능의 발현을 중요시하되, 자기보호본능과 이에 터 잡은 공동체의식을 통해 발현의 강도를 조정해야 함을 뜻한다. 공공의 사안을 명확하게 규명하거나 해결함에 있어 국가의 손이 미치기만을 기다리는 것이 아니라, 동반자의 지위를 겸비한 주체로서 자신들이 할 수 있거나 해야 하는 일이 무엇인지를 지각하는 태도를 갖추어야만 한다. 정부가 막강한 공권력을 보유하고 있는 것은 사실이지만, 사회에 존재하는 모든 문제에 접근할 수는 없는데, 만약 그와 같은 역할을 수행하게 된다면 이는 헌법에 규정된 양심의 자유를 침해하는 것으로 중대한 헌법적 문제를 야기할 가능성이 농후하다. 따라서 사적 영역 깊숙한 곳에서 발생하는 문제는 궁극적으로는 사회가 자체적으로 처리해야 하는 자기과제에 해당하는 것으로 보아야 한다. 오해의 소지를 줄이기 위하여 한 가지 말을 보탠다면, 시민사회는 자신의 문제를 해결하기 위하여 온전히 스스로의 힘만을 이용할 수도 있지만 경우에 따라선 국가의 조력을 받을 수도 있다. 다시 말해서 시민사회가 국가와 완벽한 단절된 관계를 유지하면서 문제를 해결해가야만 하는 것은 아니라는 것이다. 이와 같은 과제는 타인을 위한 과제인 것으로 여겨질 수도 있겠으나, 궁극적으로는 사회전체의 발전을 통해 과제를 수행하는 본인 역시 동등한 수준의 혜택을 받을 수 있다는 사실을 기억할 필요가 있다.

그러나 이와 같은 과제가 적절히 수행되지 않는 까닭은 누군가를 돕는 행위가 자기희생을 전제로 할 때에만 비로소 가능해지는 것으로 여기는 마음가짐이 가장 큰 원인이라고 사료된다. 일면식(一面識)을 가지지도 않았던 누군가를 위하여 자신의 이익을 떼어주어야 한다는 것은 대의명분상으로는 타당하다고 할지라도 개인의 입장에선 선뜻 받아들이기 어렵다. 물론 국가는 최선을 다하여 헌법 제23조에 규정되어 있는 재산권을 보장해주어야 하지만 공공필요에 기초한 공익적인 목적, 즉 부의 재분배를 통하여 경제적으로 열악한 삶을 사는 사람들에게 최소한의 혜택을 주기 위한 목표를 달성하기 위해선 일정한 제재를 가하는 것이 불가피한 상황이다. 따라서 국법에 의하여 '자신이 형성해 온 재산을 온전하게 보전할 수 있을 것이라는 믿음체계'가 언제나 지속적으로 유지되어야만 한다는 고전적 사고관이 존재하는 한 믿음과 신뢰를 둘러싼 분쟁은 계속될 것이다. 그렇다면 자신이 가지고 있는 믿음만을 안전하게 유지하려는 현 세태를 맞이하여 우리는 어떻게 신뢰회복을 통한 인간사회의 발전을 모색하여야 하는가?

Ⅲ. 믿을 만한 존재가 되기 위한 인간의 조건

신뢰를 회복한다는 것은 자신에게 주어진 법적 · 비법적인 권리와 의무를 다른 사람들이 보유하고 있는 그것들과 조화롭게 공존할 수 있도록 상생법(相生法)을 설정하는 작업을 완수(完遂)에 가깝게 이행하는 것이라고 할 수 있다. 인간의 심리가 결부되어 있는 문제를 완벽하게 해결한다는 의미를 가진 '완수한다'는 것은 불가능하지만, 사람 사이의 분쟁을 최소한으로 줄이기 위한 방식으로서의 이행은 가능하다. 일견 복잡해 보이는 사회문제일지라도 해결방법은 상당히 간단한 경우가 많다. 많은 사람들의 이해관계가 얽혀있는 문제를 풀기 위한 방식으로 더욱 까다로운 방법과 고급스러워 보이는 방법을 이용하려는 경향이 존재하는데, 이보다는 주어진 문제를 역순(逆順)으로 거슬러 올라가 엉켜있는 실타래 말단에서부터 시작

지점에 도달하는 방식으로 해결하는 것이 보다 근원적인 방법이라고 생각한다. 다시 말해서 다채로운 사건들로 구성되어 있는 문제다발은 다양한 경우의 수를 고려해가며 귀납적인 방식으로 해결하는 것보단 연역적인 방법을 채택하는 것이 보다 효과적일 수 있다는 것이다. 따라서 자신의 이익에 대한 지나친 믿음과 신뢰로 생기는 폐해를 줄이기 위해선 그 근원에 해당하는 신념체계 그 자체에 손을 대야만 한다고 판단된다.

과도한 사적 이익의 추구는 한시적으로는 스스로가 보유한 법익과 생활상의 이권을 보호하는 데에 있어 효과적일 수는 있으나, 장기적으로는 공익을 침해하는 악의(惡意)적 첨병으로서의 역할을 수행하여 궁극적으로는 본인에게까지도 침해의 여파를 미치게 하는 요인으로 작용하기 마련이다. 이러한 사실은 사회통념상 건전한 상식을 가진 사람이라면 누구나 인지하고 있는 사실일 것임에도 불구하고 그들이 언제나 상식에 부합하는 식으로 행동을 하진 않는데, 이는 (ⅰ) 본인의 이익을 다른 사람들을 위해 내어준다고 하여 그 사람들이 그에 상응하는 혜택을 받으리라고 보장할 수 없고, 더 나아가 그들의 열악한 삶은 자초(自招)된 측면이 있으므로 당연히 감수해야 할 사안이며, (ⅱ) 복리를 위하여 희생해야할 입장에 놓여있는 자신은 응당 스스로가 향유해야할 기본적 권리를 보유할 자격을 가지고 있기 때문에 타인을 위하여 손해를 감수하는 행위는 합리적이지 않을 뿐만 아니라 자기욕구(自己慾求)에 기초한 원초적인 심리에 반(反)하는 행위라는 사고관념에 기인한 것이다. 이와 같은 인지부조화(認知不調和)로 말미암아 내적인 갈등을 겪게 된다면, 그 사람에겐 더 이상 사회정의 차원에서 요구되는 것들을 수행해야 한다는 마음가짐이 형성되지 않을 가능성이 크다.

이와 같은 심리상태로 인하여 상부상조의 미덕의 훼손으로 말미암아 믿음과 신뢰에 기초한 사회적 상호작용에 대한 가치가 몰각되는 것을 막기 위해선 발상의 전환이 필요하다. 다시 말해서 희생이라는 말을 '보상받을 수 없는 물적 · 정신적 손해'라는 식으로 받아들이는 것이 아니라, '상호존중이라는 가치를 보호하기 위한 물적 · 정신적 노력'이라는 형태로 변환시켜 생각할 필요가 있다는 것이다. 물론 자신이 기울인 노력에 비하여 스스로에게 돌아오는 결과물이 가시적으로 보이지 않을 수도 있다. 그러나 존중이라는 덕목은 누군가의 삶에 활력소를 불어넣음으로써 사회전체의 건전성을 불러오는 무형적 속성의 덕(德)에 해당한다는 점에서 결코 무가치한 것이라고 보아선 안 된다고 할 것이다.

여기서 말하는 존중은 '존(높을 존, 尊)'과 '중(무거울 중, 重)'으로 구성되는 한자어이다. 상대를 자신보다 높은 위치에 두진 못할지언정 결코 눈높이 아래에 두어서는 안 됨을 의미하는 것이 '존'이 가지는 본질적인 내용이고, 상대가 가지는 존재가치를 자신보다 무겁게 두지는 않는다고 할지라도 결코 가볍게 여겨서는 안 됨을 의미하는 것이 '중'이 가지는 본질적인 내용이라고 하겠다. 결국 존중은 타인을 자신과 동등한 인격을 가진 존재로 파악함으로써 함부로 대하는 것을 금하는 '불문의 법'이자 '생존의 법'인 셈이다. 지금까지 필자는 자신의 이익만을 탐하는 것을 경계하고, 다른 사람을 포함한 공공복리를 염두에 둔 사고방식을 겸비할 수 있도록 하는 것이 중요함을 강변해왔다. 그러나 이와 같은 논리를 계속하여 전개하다보면, 자신의 삶 속에 '나(我)'라는 존재 자체를 지나치게 몰각시키는 결론이 도출되는 오류가 나타날 수밖에 없다. 그로 인하여 향후에 생길 수 있는 오해를 사전에 방지한다는 차원에서 존중이 가지는 기본적 의미에 내재한 자기존중적(自己尊重的) 가치에 대해서도 함께 거론하고자 한다.

우리가 흔히 존중이라는 말을 떠올릴 때, 그 대상을 지인(知人)이나 불특정 다수에 해당하는 상대방에게 국한시켜 생각하는 경향이 있지만, 여기서 말하는 존중은 '타인존중'은 물론 '자기존중'까지 포함하는 의미로 해석해야 한다. 타인의 의사와 감정 등을 중요시하고, 경청 및 수용의 자세가 인간사(人間事)에서 매우 중요하다는 사실은 두 말할 것도 없이 당연하지만, 인간은 자신이 느낄 수 있는 물적 · 정신적 쾌락을 추구하는 동물이라는 본성을 일정부분 보유하고 있기에 '자신을 존중하는 마음가짐'을 귀중하게 생각하지 않는다면 삶의 의미가 퇴색되어 버리기 마련이다. 자기존중은 내적갈등으로 인하여 본인의 인격적 가치가 허물어지는 것을 막아주는 최소한의 보루이자, 스스로를 '존엄성을 겸비한 존재'로 인정하는 정서상태이다. 그러나 타인을 존중하는 방향으로만 존중이라는 말을 생각한 나머지 자신을 아끼고 사랑하는 마음을 잃어버려 인생을 허비하거나 더 나아가 목숨을 끊는 일이 종종 발생하고 있어 사회적인 문제가 되고 있는데, 사회경제적 지위의 악화로 인하여 자살을 하는 경우도 많지만 충동적인 감정이 걷잡을 수 없이 증폭됨에 따라 생에 대한 의지와 자기애(自己愛)의 상실로 말미암아 옳지 못한 결과를 초래하는 경우도 많다.

생각하기에 따라선, 삶 속에서 지각하게 되는 모든 것들이 누군가에게 일정한 자극을 주기 위해 형성된 것들이라고 하여도 결코 과언이 아닐 것이다. 이러한 류의 자극들은 어떻게 받아들여지는가에 따라 자기존중의식을 고양시키는 동인으로 작용하기도 한다. 문제는 그 방법론이다. 이러한 방법을 일의적으로 설명하는 것은 불가능하다. 사회는 규칙성을 가지고 재단되어 일정부분 획일화된 측면이 인정되지만, 개별사람들이 보유하고 있는 정서양식은 이와 달리 천차만별에 해당함에 유의하여야 한다. 그럼에도 불구하고 필자가 언급할 수 있는 한 가지가 있다면 '불만의 건설적 개량화'이다. 자신이 누군가에게 묵과할 수 없는 수준으로 불측의 피해를 주지 않았다면, 스스로의 처지를 사회통념에 부합하는 정의의 범주 내에서 합리화시키는 것이다. 그리고 귀인(歸因)을 자기식대로 맞추어 재설정하는 것이다. 물론 이는 억측이 되어선 안 된다. 자신을 심각하게 비하하는 사람들은 어두운 감정의 골에서 빠져나오지 못하는 경향이 있다. 특히 자신을 지지해주는 이들이 부재한 상황이라면 더욱 그러하다. 결국 자신의 힘으로 일어나야만 하는 불가피한 순간 말라붙은 정서에 물을 줄 수 있는 유일한 방법은 '자가발전(自家發電)'인 셈이다.

자가발전식 사고는 스스로에게 삶의 의지를 불어넣는 자기보호체계의 일환으로서 일종의 본능에 해당한다. 사회의 삭막함은 '외부에서 비추어지는 나의 모습'에 역점을 둔 사고방식과 가치관을 형성시킨다. 물론 타인에게 피해를 주지 않고 더불어 살아가는 덕목을 지켜주는 것은 매우 중요한 공동체적 생활양식임에 틀림없으나, 인적(人的) 차원 이외에 지위와 부 그리고 명예를 위시한 세속적 평가에 의하여 부정적 성격을 띤 자기파괴적(自己破壞的) 비하상태에 매몰될 위험성이 노출될 때에는 그와 같은 공동체적 시각으로부터 벗어날 필요가 있다. 과거엔 멸시의 대상이 오늘날엔 각광의 대상이 되는 등 확고부동한 의미의 평가는 존재할 수 없는 것이기 때문에 이와 같은 평판은 지극히 유동적인 속성을 띨 수밖에 없다. 따라서 '영구적으로 보존되어야 하는 인격'이 '상대적 다수인들이 일시적으로 공유하는 잠정적인 사회적 가치'로 인하여 허물어지는 것은 모순이 아니라고 할 수 없다. 이로 인하여 생기는 대규모의 자기파괴적 정서의 일시적 발흥을 억제하는 것이 자기존중의 정서함양을 위한 주요과제라고 할 것이다.

따라서 자기비하와 같은 부정적인 감정을 조절할 수 있는 능력, 즉 자가발전식 귀인을 통해 자신의 내부에서 일어나는 (ⅰ) 타인과 정서적 교감을 느끼고자 하는 마음에 기초한 '감정흡입력'과 (ⅱ) 자신의 감정을 외부적으로 표출하고자 하는 마음에 터잡은 '감정전달력'이 상호교차(相互交叉) 될 수 있도록 자신의 역량을 키워야 한다. 자신을 이해하고 옹호하며 궁극적으로는 자기존중으로 이어질 수 있도록 하는 작업을 통해 정서적 평화를 이끌어냄으로써 정상적인 사회생활을 영위하게 만드는 것이 중요하다고 할 것이다. 상기의 자세는 자연스레 '관용(寬容)의 정신'을 형성시켜 자신의 내면세계를 붕괴시키는 자기파괴적 비하상태를 억제함과 더불어 다른 사람의 삶에 대해 존중하는 정서를 함양할 수 있도록 유도하는 작용을 하게 된다.

관용이라는 말은 상황에 따라 다의적으로 해석될 여지가 있는 추상적인 용어이지만 상당히 친숙하게 느껴지는 용어이기도 하다. 인간사에서 나타나는 제반사정들을 관대하게 포용함으로써 사람과 사람 사이의 원만한 유대관계를 존속시켜야 한다는 내용을 담고 있음은 사실이지만, 이처럼 광범위하고 불명확한 속성을 띠고 있는 이 말을 구체적으로 해석하는 작업이 수반되지 않는다면 단순히 '너그러운 마음'이라는 수준의 인식에서 그치고 말 것이라고 사료된다. 모든 말에는 그 특유의 의미를 내포하기 마련이다. 다만 이를 사회통념에 맞게 혹은 자신의 입장에 맞게 해석하는 것은 각자에게 주어진 몫일 따름이다. 그러므로 필자가 설명하고자 하는 관용이라는 말은 한 사람의 사회인으로서 가지고 있는 관념에 해당한다. 단 이를 객관적으로 수용가능할 수 있는 수준으로 재설정하고자 하였음을 미리 알려두는 바이다.

관용의 마음 혹은 정서는 상대의 감정을 받아들이고 이해하려는 노력의 일환인 감정흡입력이라고 할 수 있는데, 이러한 흡입력은 '참을성 혹은 인내력이 결정화(結晶化)'된 것이다. 사람들은 '자신의 관심사에 해당하는 사안들' 혹은 '본인의 직관에 부합하는 것들'에 대해서는 특별한 비판적 사고과정을 거치지 않은 채 비교적 손쉽게 받아들이지만, 그렇지 않은 사안들에 대해선 '막연한 거부감'을 가지거나 '수용하지 않기 위한 합리적 명분 찾기'에 골몰하는 성향을 보이고 있다. 과연 이와 같은 심리가 작용하는 곳에서 관용이라는 말이 갖는 참된 이치가 발현가능한 것이라고 볼 수 있겠는가? 따라서 필자는 참을성 내지는 인내력이 관용의 미덕을 형성시키기 위한 핵심적인 요소라고 생각한다.

세상에는 듣거나 말하고 싶지 않은 말 혹은 받아들이고 싶지 않은 사고라고 할지라도 자신과 소속사회를 건전하게 발전시키는 데에 있어 매우 긍정적인 역할을, 즉 공익수호의 기능을 담당하기도 하는데, 대부분은 '자기통제력'의 고양과 관계가 깊은 편이다. 모든 이들이 그러하다고 단언할 수는 없지만, 이와 같은 말이 큰 효과를 주는 대상은 쾌락만을 추구한 나머지 무분별하게 이익을 탐하는 사람 군(君)에 해당한다. 쾌락 그 자체는 좋고 나쁨을 평가할 대상이 되지 않지만, 이를 분별없이 누리는 이들의 객관적 행태에 대해선 그와 같은 평가를 내리는 것이 가능하다. 일시적으로 흥분을 주는 것들에 대해 애착을 갖고 정작 자신에게 필요한 쓰디 쓴 약을 멀리하는 행동양식은 자신의 삶에 대한 진지한 고찰능력을 소멸시킬 뿐만 아니라, 공동체적 생활양식을 고루한 구(舊)시대적 유산인 것처럼 받아들이게 하는 원인으로 작용한다. 소비의 절제, 예의범절의 준수, 준법정신의 함양 등과 같이 공익의 수호를 위한 모든 행위지침들이 가지는 사회적 가치에 대해 중요성을 두지 않음에 따라 사회에서 요구하는 최소한의 행위규범을 준수함으로써 정제된 삶을 영위하고자 하는 이들에게 부정적인 영향을 주고 있다. 무절제한 쾌락주의적 생활을 동경하게 만드는 등 일련의 사회적 퇴보현상을 불러일으킨 셈이다. 분별력을 상실한 쾌락주의는 현시적인 물적 · 정신적 향응에 몰두하게 만드는 심리적 동인으로서, 이에 깊숙하게 매몰된 사람들은 자신의 행위에 제재를 가하려는 이들의 사고방식이 가지는 타당성을 지나치게 주관적으로만 판단한 나머지 강력하게 배척하는 자세를 보이게 된다. 이러한 삶의 태도는 필연적으로 과도한 자기이익보호주의에 기초한 이기주의적 사고를 양산하게 하는 인자(因子)로 작용하기 마련이다.

이와 같은 사고가 만연하게 될 경우엔 법과 제도에 대한 존중감이 퇴색되고 결과적으로는 법치주의의 문란함을 불러일으키는 요소가 될 수도 있다. 2011년 4월 25일 인터넷 국민일보 기사에 따르면 시민 10명 중 4명 이상이 법을 지키면 손해를 본다고 생각하는 것으로 집계되었다고 한다. 법률소비자연맹이 전국 성인 남녀 2,937명을 대상으로 조사, 발표한 설문 결과에 따르면 법을 준수하면 손해를 입게 된다는 말에 동의한다는 응답이 무려 41.5%에 달하였다고 말했다. 우리 사회의 법이 잘 지켜지고 있다는 말에 대해 동의한 사람은 20.0%인 반면, 잘 지켜지지 않고 있다는 응답은 76.6%에 이르렀다. 법이 제대로 지켜지지 않는 이유에 대해선 법보다는 빽(힘 있는 사람)이 효과적이라는 응답이 50.0%를 차지했고, 법집행이 공정하지 못하다는 응답도 22.6%에 달했다. 그렇기 때문에 사람들에게 필수적으로 요청되는 것은 반성적 고찰을 통하여 자신을 사회적으로 바람직한 것으로 간주되는 정상궤도로 복귀시키는 일이다. 이를 위해선 본인이 받아들이기 원치 않았던, 즉 인간다운 삶을 영위하기 위해 요구되는 최소한의 규범들을 내면화시키는 것이다. 내면화의 효과를 거두기 위해선 행위의 방향을 그에 상응하도록 전환시키는 외적인 노력이 수반되어야 한다. 이러한 과정을 거치지 않고 각성을 하는 이들도 있지만, 이는 진지한 장시간의 숙고를 통해 형성된 것이기에 내면화의 실현에 있어 어려움이 따를 수밖에 없으므로, 우선은 습관화된 행동양식을 만드는 것이 보다 효과적이라고 사료된다. 이 효력이 언제까지 지속될 것인지는 사람에 따라 다르지만, 분명한 사실은 참을성 혹은 인내력이 관용의 정신을 형성시키는 중요한 요소라는 점이다. 물론 관용의 정신에도 한계는 존재한다. 지나친 인내로 인하여 자신의 삶이 가지는 본질적 중심축이 붕괴될 위험성이 느껴질 때에는 예외로 해야 할 것이다. 참을성 내지 인내력의 고양을 통해 '사람들과 더불어 사는 삶의 가치'가 관용의 정신을 함양시키는 것임을 인식하고, 더 나아가 함양된 관용의 정신이 믿음과 신뢰에 기초한 존중사회 형성의 토대가 됨을 깨달을 필요가 있다.

모든 분쟁은 바로 이와 같은 존중의무의 가치를 등한시하는 행위에서 비롯되는데, 광범위하게는 전쟁의 원인이 되기도 하고, 좁게는 이웃간의 다툼의 원인이 되기도 한다. 범위의 대소(大小)를 떠나 갈등과 반목의 정도는 시간이 지날수록 완화되기보다는 오히려 심화되는 경향을 보인다. 물론 사회통념상 사소한 수준으로 여겨지는 문제는 세월이 가면 잊혀지겠지만, 이를 제외한 나머지 사안들에서는 그렇지 않다. 손해를 전보(轉補)한다는 차원에서 과거에 가슴 속에 새겨진 응어리를 다시 꺼내어 들 경우, 현재의 정전(停戰)상태에서 얻을 수 있는 일시적 평화상태를 해칠 가능성이 농후해지기 때문에 서로가 가진 불만을 굳이 토로하지 않을 따름이다. 그러나 향후 분쟁의 당사자들 사이에 갈등을 빚을 만한 사소한 문제가 발생한다면, 이들은 언제든지 도를 넘는 수준의 대치상태에 접어들게 될 것이다. 따라서 존중의무는 이를 수행할 수 있는 적절한 시간대(時間帶)를 놓치면 재(再)이행하기 힘들어지고, 설령 뒤늦게 의무를 다한다고 할지라도 결과적으로는 사후약방문(死後藥方文)이요, 엎드려 절 받기와 다를 바 없으므로 아무런 효과를 거둘 수 없을 것이다.

이처럼 존중의무는 실질적 가치가 유지되는 존속시간대(存續時間帶)를 도과하지 않는 한, 상대방과의 원활한 관계를 유지시켜주는 하나의 열쇠가 된다. 다시 말해서 의무를 구성하는 내용이 갖는 본질을 훼손하지 않는 범위 내에서 일정수준의 변용(變容)을 인정하는 것이 가능하다는 것을 의미한다. 존중의무는 가능한 한 그 내용상의 변경없이 있는 그대로 지켜져야 하는 것이 원칙이지만, 그와 같은 책무를 이행하는 사람이 처한 환경을 고려할 필요가 있기 때문이다. 만약 의무이행자가 묵과할 수 없는 수준의 손해를 감수하면서까지 주어진 채무(債務)를 이행해야만 한다면, 이는 인정(人情)이라는 인간의 기본덕목을 무시한 것으로 향후 사람 사이의 유대관계를 파괴시키는 결과를 초래하게 될 것이다.

이처럼 존중은 상호의존적인 성격을 띠는 것이지 결코 일방적인 성격이 아님을 염두에 둘 필요가 있을 것이다. 바로 이러한 점에서 존중 혹은 존중의무가 가지는 또 하나의 중요한 속성이 '배려(配慮)'임을 알 수 있다. 보다 쉬운 이해를 위하여 민법학에서 사용하는 예를 생각해보도록 하자. 비록 A라는 사람이 B라는 사람에게 일정한 급부를 청구할 자격이 있다고 할지라도, 무리한 요구를 해서는 안 된다. 이는 민법 제2조에서 요구하는 '신의성실(信義誠實)의 원칙'과 '권리남용금지(權利濫用禁止)의 원칙'에 의거하여 허용될 수 없는 행위라고 할 것이다. 그리고 B는 급부를 이행해야 하는 사람이지만, 자신이 주어진 채무가 과다하다는 이유를 들어 상대방의 요구를 거절하거나 수정할 필요가 있다고 항변할 수 있다. 물론 법과 제도의 힘을 입어 양자의 갈등이 증폭되는 현상을 방지한 것이긴 하지만, 이는 사회통념상 서로를 존중해야 할 기본적인 의무를 이행해야 한다는 불문의 법칙에 따라 인정되는 사안이기도 하다. 상대를 배려하지 않는 자는 결코 배려 받을 수 없다는, 즉 사회 속에 존재하는 인과율(因果律)이 적용된다. 따라서 존중의무에는 조건이라는 부관(附款)이 붙을 수 있다.

부관이 부착될 수 있다는 것은 존중의무를 이행하는 데에 있어 재량(裁量)이라는 여지가 인정될 수 있음을 의미한다. 다시 말해서 '의무를 수행할 것인지에 대한 결정권' 그리고 '수행할 방법에 대한 선택권'을 갖는다는 것이다. 따라서 의무이행자는 소극적인 차원(부작위, 不作爲)에서 머물러 있을 수도 있고, 적극적인 채무이행을 통하여 상대방에게 일정한 이익을 부여할 수도 있다. 그러나 존중의무를 구성하는 핵심적인 요소들 중의 하나가 배려라는 점을 감안한다면, 자신에게 묵과할 수 없는 수준의 피해가 가지 않는 이상 상대방에게 혜택을 줄 수 있도록 하는 것이 적절하다고 판단된다. 종두득두(種豆得豆)라는 격언을 사회 속에서 숨쉬는 행위의 준칙으로 세우는 것이 존중에 바탕을 둔 믿음체계가 유지되는 비결이 될 수 있기 때문이다. 배품의 미덕은 바로 이를 지칭하는 말이라고 할 것이다.

존중과 믿음에 기반을 둔 사회는 이상의 의무가 사회 속에서 적절히 준수되어야 구현될 수 있다. 물론 이에 대하여 회의적인 반응을 보이는 사람이 있을 수도 있다. 다시 말해서 사회는 개인의 총합에 불과한 집단체라고 할 수 없기 때문에 이상의 의무가 개인들에게 주어진다고 할지라도 불신을 기반으로 한 모든 유형의 사회문제가 가라앉는다고 볼 수는 없다는 것이다. 타당한 지적이라고 생각한다. 제 아무리 선한 사람도 사회 속에서 자신과 가족들의 안위(安危)에 신경을 쓰고, 더 나아가 풍족하고 윤택한 삶을 추구하기 위하여 악한 행동을 서슴지 않고 자행할 수 있는 존재로 전락할 수 있다. 집안에서는 착한 아버지요 혹은 착한 아들이 사회에 나가선 불리한 행동을 하는 이중적인 모습을 보이는 경우가 많다. 역으로 사회에선 바람직한 직장인의 모습을 보이다가 집에만 들어서면 이기적인 가족구성원으로 변신하는 경우 또한 쉽게 발견되는 사항이기도 하다. 이러한 점에서 볼 때, 존중의무가 적절히 이행되어야만 바람직한 사회가 형성된다는 논지에 대해 의문을 가지는 것도 무리는 아니라고 생각한다. 그러나 사람의 심리는 지나치게 사회에 초점을 맞춘 거시적인 시각에서만 접근해서는 안 될 것이다. 전체에 역점을 둔 관점에서 바라보게 될 경우 존중과 믿음의 외피(外皮)를 중심으로 한 논지가 전개될 가능성이 크기 때문이다. 따라서 우선적으로는 사람들의 내면심리를 바라보는 미시적 관점에서 출발한 후, 이들이 구성하는 사회가 어떠한 식으로 건설되어야 할 것인지에 대해 논하는 것이 가장 합리적이라고 사료된다.

사회는 이와 같은 존중의무를 이행하는 사람들에 의하여 보다 바람직한 모습으로 재형성되어가기 시작한다. 다시 말해 '주어진 사회'를 '건설적으로 도래해야 할 사회'로 변화시키는 원동력이 발생하게 된다는 것을 의미한다. 그리고 이러한 힘에 의하여 다시 형성된 신(新)사회는 역으로 구성원들에게 준수해야 할 행위지침들을 환원함으로써 존중의식을 더욱 공고하게 고양시킬 것이다. 이처럼 사회구성원들과 사회는 교학상장(敎學相長)의 미덕에 기초한 상호작용 속에서 진화의 과정을 거치게 된다. 이를 간단하게 풀이하자면, 사회구성원들은 사회를 형성시킨 부모에 해당하는 반면, 사회는 그들의 질 높은 삶의 영위가 가능하도록 만들어주는 보호자로서의 역할을 하면서 상생의 길을 걷게 된다는 것이다. 그러나 이와 같은 미덕이 지켜지지 않는 순간부터 개별 사람들은 자의적 의사에 맞추어 욕구에 부합하는 삶을 영위하는 식으로 행동양식을 재설정함으로써 사회전체의 퇴보를 불러온다. 그러나 함께 생을 영위하여야 하는 사람들이 자신의 주변에 나타나기 시작한다면, 자신의 의지만으로 생활할 수 없다는 '구속력'이 발생하는데, 이것이 바로 사회가 구성원들의 분별없는 행위를 근절하는 최소한의 힘에 해당한다. 사회가 사람들 상호 간에 자신이 가지고 있는 재산과 신체 등에 대하여 위해를 가하지 않도록 혹은 위해를 받지 않도록 하기 위한 쌍무적(雙務的)이고 호혜적(互惠的)인 계약을 체결할 수 있도록 조력하고 있는 셈이다. 이와 같은 역할은 현대 계약법의 제정을 가능하게 한 동인으로서 만인의 만인에 대한 투쟁을 막는 보이지 않는 데에 지대한 공헌을 하였다고 생각한다.

그러나 이상과 같은 사회의 역할에도 한계가 존재하는데, 이는 사회공동체가 붕괴의 수준으로 나아가는 것을 막을 수는 있지만, 도처에 발생한 모든 누수(漏水)를 막을 수는 없기 때문이다. 이상과 같은 기본적 존중의무의 이행이 이상적인 모습으로 이루어지지 않는 대표적인 이유를 꼽는다면, 자아실현의 달성을 어렵게 만드는 복잡다기한 환경의 도래를 생각해볼 수 있을 것이다. 누구든지 본인이 진정으로 원했던 일을 함으로써 자신이 가지는 내면적 가치를 외부적으로 발현시킬 수 있는 기회를 적절히 가질 수 있었다면, 자기중심적인 행위만을 이행하여 종국적으로 누군가의 기본권을 권한(權限) 혹은 권원(權原)없이 침해하거나 제한하는 결과를 초래하진 않았을 것이다.

여기서 말하는 '기본권을 제한하거나 침해하는 행위'는 주어진 공동체 질서를 위반함으로써 사회통념상 허용되지 않는 방식에 의거하여 특정한 이익을 획득하는 것으로 궁극적으로는 기본권 향유주체에게 유·무형의 피해를 주는 것을 의미한다. 물론 이를 대화와 타협을 통해 본 문제를 풀어낼 수는 있으나, 사회가 힘의 대소강약(大小强弱)을 기초로 불합리한 합의의 장이 형성되지 않도록 적절한 심판자로서의 지위에 설 수 있어야만 한다는 전제가 필수적으로 수반되어야 한다. 심판자는 마치 정의의 여신상과 같이 눈을 가리고 한 손에는 칼을 또 다른 손에는 양팔저울을 들고 있는 모습을 견지해야만 한다.

그러나 구성원들은 자신의 이익이 분쟁의 쟁점으로 부각된 상황에서는 그 누구의 말에도 귀를 기울이지 않는 경향이 있고, 이에 따라 이익종속적인 태도를 더욱 공고하게 견지하는 우를 범하게 된다. 더 나아가 이러한 병폐는 심판자로서의 사회를 믿지 못하게 하는 더 큰 부작용을 낳는 원인으로 작용하고 있다. 물론 사회구조의 문제로 인하여 구성원들이 가지고 있는 권력을 불평등하게 재편시키거나, 불평등한 권력구조 자체를 단단하게 만들어주는 측면이 반드시 없다고 할 수는 없을 것이다. 그러나 거시적인 문제를 다루기에 앞서 우리가 유념해야 할 사항은 사회를 그와 같은 모습을 가진 악의적 존재로 오해하게끔 만든 주체가 누구인가 하는 점이다. 그것은 바로 자기중심적 행위를 통해 더 많은 이익을 부당하게 획득하려는 사람들의 자세이다. 자신의 이익을 지키기 위한 것은 본능의 발로라고 할 수 있으나, 지킴의 범주를 넘어 약탈의 범주에 이르는 상황이 발생한다면,

이는 필연적으로 스스로가 만든 사회의 부패를 불러오는 요인이 되기 마련이다. 그러나 이들이 타인들의 행위를 견제하고 감시함으로써 행위의 비정상적 궤도를 정상적으로 교정하는 것이 가능하다면, 사회의 정체 혹은 퇴보를 막을 수도 있을 것이라고 사료된다. 상호감시를 통해 부당행위를 교정하고, 교정된 부당행위는 자기중심적 이익추구행위의 발현로(發顯路)를 차단하며, 차단된 자기중심적 이익추구행위는 타인의 입장을 고려할 수 있는 관용의 정신을 형성시킨다. 그리고 이와 같은 관용의 정신은 자신과 타인의 지위를 중립적으로 볼 수 있게 해주고, 중립적인 자세를 취할 수 있는 구성원들은 사리분별력을 기초로 하여 사회가 온당하게 존속할 수 있는 토대를 형성하는 데에 일조하게 된다고 할 것이다.

Ⅳ. 믿음체계의 확립을 위한 도구로서의 사회경영체제

인간심리에 기초하여 온당하게 존속하는 사회가 어떤 모습을 통해 구현되는지에 대해 논하였으나, 이를 구현하기 위해선 보다 구체적인 도구가 마련되어야만 한다. 구성원들이 참여자이면서 감시자이기도 하고 때로는 기업의 운영자와 같이 의사를 결정할 수 있는 자리에 서 있을 수 있는 다면적(多面的)인 성격의 지위에 놓여있어야 한다고 생각한다. 오직 어느 한 지위에서만 서 있게 된다면, 다른 처지에 놓인 사람들의 사고와 감정을 이해하는 데에 어려움을 겪게 될 것이고, 자칫 감정흡입력과 전달력 중 하나만을 향유하게 되는 오류가 발생할 가능성이 높아진다고 판단된다. 이처럼 복수(複數)의 지위를 인정할 수 있는 집단체를 형성 및 운영하는 방법으로서 필자가 생각하고 있는 것은 바로 사회경영(社會經營)이다.[12] 사회경영은 문자 그대로 사회를 경영한다는 것을 의미한다. 이는 일반적으로

12) 오해의 소지를 줄이는 차원에서 부연설명하자면, 사회경영체제는 사회주의 혹은 공산주의와 같은 사조에서 이루어지는 경영방침을 의미하는 것이 아니다. 사람에 따라선 이러한 용어를 그와 관계 깊은 것으로 사용하기도 하지만, 필자는 주관적인 관점에서 '사회를 경영하기 위한 체제'라고 명명하고자 한다.

기업을 운영한다는 의미의 경영기법과 유사하다. 다만 다른 점이 있다면, 기업은 윤리적인 한계를 넘지 않는 범위 내에서 이윤을 극대화하는 것을 목적으로 하여 일정한 범위의 사람들에게 경제적인 혜택을 부여하는 사적인 기관임에 비하여, 사회는 부의 증진과 분배가 아닌 사회정의의 실현에 그 목적을 두고 있다는 것이다. 목적의 차이에 따라 수단이 가져오는 효과 역시 달라지는 법이다. 그만큼 목적의식을 처음부터 어떻게 설정하는가의 문제는 인간의 생존 시부터 사망 시에 이르기까지 생(生)의 전반에 영향을 주는 사안이라고 할 것이다. 아래에서는 사회경영이 존중과 배려 및 믿음의 문화를 증진시키는 데에 있어 어떠한 기여를 하는지에 대해 살펴보기에 앞서 이에 대하여 조금 더 자세하게 설명하도록 하겠다.

사회경영이 가지는 참의미를 이해하기 위해선 매니지먼트(management)와 이노베이션(innovation)이라는 두 축에 대해 생각해보아야 한다. 이는 피터 드러커(Peter F. Drucker)가 1973년에 저술한 『매니지먼트』(남상진 옮김, 청림출판, 2012)의 내용으로부터 착안해낸 것이다. 드러커는 현대 경영학의 아버지라는 칭호를 받고 있는 세계적인 석학들 중 한 사람으로서 인문사회적 성향을 띤 철학적인 사고를 반영하여 그와 같은 저서를 쓴 바 있다. 드러커는 매니지먼트와 이노베이션 모두 '기업의 목표와 사명이 무엇인가?' 그리고 '고객이 무엇을 원하는가?'에 초점을 맞추어야 한다고 줄곧 강변해왔다. 피터 드러커는 자신의 저서 27~30면에서 이러한 생각을 단적으로 나타내고 있다. "기업이 무엇인지 알기 위해서는 기업의 목적부터 생각하지 않을 수 없다. 기업의 목적은 기업 외부에 있다. 기업은 사회에 속한 기관이며 그 목적 역시 사회에서 찾아야 한다. 시장을 만드는 것은 자연이나 경제적인 힘이 아니다. 바로 기업이다. 기업은 일단 고객의 욕구가 감지되면 그들을 만족시킬 수 있는 수단을 제공한다. 기업의 존재를 결정짓는 것은 고객이다. (중략) 이렇듯 기업의 목적은 단 한 가지, 고객을 창조하는 것이다. 이에 따라 기업은 두세 가지의 기본적인 기능을 가진다. 바로 마케팅과 이노베이션이다. 진정한 마케팅은 고객으로부터, 즉 현실, 욕구, 가치로부터 출발한다. '고객에게 무엇을 팔고 싶은가'가 아니라 '고객이 무엇을 사고 싶어 하는가'를 따지는 것이다. (중략) 뛰어난 마케팅 능력을 가지고 있다고 해서 모든 기업이 성공하는 것은 아니다. 기업은 성장하는 경제에서만 존속할 수 있다. 나아가 변화를 당연시하는 경제에서만 성공할 수 있다. 이때 기업은 역으로 성장과 변화를 일으키는 사회의 주요 기관이 된다. 이처럼 기업의 두 번째 기능은 이노베이션, 즉 새로운 만족을 낳는 것이다. 제품과 서비스를 공급하는 데서 끝나는 것이 아니라 더 질 좋은 제품과 서비스를 개발하여 고객을 만족시킬 수 있어야 한다"고 언급하였다. 다시 말해서 이는 기업 그 자체가 영리만을 위한 것이라기보다는 하나의 공공재로서의 기능을 수행해야만 함을 뜻한다고 사료된다. 따라서 공적 성격이라는 점을 적절히 이용함으로써 존중사회의 안정적 존속을 위한 사회경영체제의 이론적 배경들 중의 한 부분으로 접목을 시킬 수 있을 것이라고 본다. 필자는 바로 이 두 가지의 개념을 통해 사회경영의 원리에 대해 고찰하였다.

주지하다시피 사회는 많은 사람들의 삶이 영위되는 곳으로서 다양한 니즈(needs)가 존재한다. 이와 같은 니즈는 '사회적 니즈(social needs)'와 '개인적 니즈(individual needs)'로 나뉘어 지는데, 전자는 수많은 개인적 니즈들의 공통분모에 해당한다. 매니지먼트와 이노베이션은 이와 같은 사회적 차원의 니즈에 역점을 두고 있다. 그렇다면 개인적인 니즈가 사회적인 니즈로 발전하기 위해선 어떠한 요건이 필요한가? 첫째, 해당사안이 나에게도 있을 수 있는 일이라는 인식의 확산이 필요하다. 둘째, 해당사안을 다룸에 있어 동정 또는 연민 등과 같은 감정에 기초한 자발적 참여가능성이 필요하다. 셋째, 개인적 니즈가 널리 홍보 및 확산되어 다른 사람들이 널리 인식할 수 있는 수준에 이르러야 한다. 넷째, 그것이 미래를 위해 필요한 것이라는 의식이 확산되어야 한다. 다섯째, 개인적 니즈를 사회적 니즈로 전환시키는 것이 실현가능한 범주의 일이어야만 한다. 여섯째, 사회적 니즈로 전환시키는 과정에서 혹은 사회적 니즈를 충족시키는 과정에서 묵과할 수 없는 손해가 발생해서는 안 된다. 일곱째, 사회통념상 받아들일 수 있는 사안이어야만 한다. 여덟째, 타인에게 생길 불측의 위험을 방지 또는 최소화시킬 대안이 마련되어 있어야 한다. 이상의 여덟 가지 조건이 충족되었을 때에 한하여 개인적 니즈는 사회적 니즈로 격상하게 된다. 이러한 사회적 니즈를 다루는 것이 바로 사회경영이다.

필자의 견해가 드러커와 유사할 수도 혹은 다를 수도 있겠지만, 매니지먼트가 운영의 준칙 혹은 운영의 기술인 반면 이노베이션은 잘못된 운영으로 인하여 나타난 부정적 결과의 폐해를 막기 위한 보충적인 보루에 해당한다고 생각한다. 전자를 운용하는 주체는 엄청난 규모의 조직이다. 따라서 그와 같은 조직 속에서 살아가는 많은 이들의 견해를 수렴하기 위해선 단일한 기관이 아니라 분화된 기관들이 필요하다. 바로 이러한 요구에 의하여 도출되는 원리가 바로 '풀뿌리 민주주의'이다. 한 기관이 모든 것을 관리한다는 것은 물리적으로도 불가능하기 때문이다. 따라서 드러커가 말하는 톱매니지먼트(Top Management)가 필수적으로 요구된다고 할 수 있다. 그는 상기에서 언급한 자신의 저술 275면 이하에서 톱매니지먼트에 대해 설명하고 있다. 275~276면에 따르면 톱매니지먼트는 '사업의 목적을 생각해야 하는 과제', '조직 전체의 규범과 기준을 설정하는 과제', '조직을 만들고 그것을 유지하는 과제', '관계 유지의 과제', '의례적인 과제', '중대한 위기 때 직접 나서서 악화된 문제에 대처하는 과제' 등을 수행한다고 언급하였다. 이는 상위기관과 하위기관의 의기투합 혹은 '상위기관과 하위기관, 하위기관 간(間)'의 충돌을 막는 데에 있어 매우 유용하게 사용된다. 그러나 격돌의 정도가 지나치게 심대하여 분열의 봉합이라는 과제를 달성할 수 없다면, 소극적인 차원의 개량과 조정이 아니라 대대적인 혁신, 즉 이노베이션이 필수적으로 요구된다.

이노베이션은 다음과 같은 세 가지의 조건이 충족되어야만 현실적으로 사용가능한 기법에 해당한다. 첫째는 충돌의 심각성이 최대치(最大値)에 도달하여 기존의 방법으로는 수습불가능한 정도의 부정적 결과를 맞이한 때가 현실적으로 도래해야 한다는 것이고, 둘째는 사회적 니즈를 충족시키기 위한 기관이 제 기능을 다하지 못하고 있는 상황에 봉착하게 되는 것이며, 셋째는 사회적인 니즈가 변화할 때이다. 물론 이 변화는 일시적이라기보다는 계속적 혹은 반(半)영구적인 것으로 판단되어야만 할 것이다. 이상과 같은 상황적 조건 이외에도 다른 여건들도 충분히 구비되어야만 하는데, 우선 갈등문제전문가들이 충분히 양성되어야만 한다. 현재는 특정 영역이 아닌 포괄적 영역에서 뛰는 전문가들이 이를 담당하는 듯하다. 여러 분야를 담당하게 될 경우, 특정한 문제에 대한 집중도가 저하될 것이 우려된다. 드러커도 자신의 저서를 통해 매니저로서의 자질을 설명함에 있어서 다수분야에 종사하는 자를 경계해야 한다는 견해를 표명한 바 있다.

모두가 주지하다시피 한국사회에서 발생하는 갈등이 대규모의 시위로 확산되고 있는 상황에선, 현재와 같은 합의기술만으로는 문제를 해결하는 데에는 상당한 어려움이 따를 수밖에 없다. 우리 사회에 존재하는 합의의 기술은 적절하게 정비되어 있다고 판단되지만, 이에 대한 운용이 현실적으로 갈등을 해소시키는 데에 지대한 공헌을 했다고 단언하여 말하긴 어렵다. 합의라는 것은 기본적으로 갈등 당사자들 중 한 사람에게 일방적인 이문을 부여하거나 손해를 입히는 식으로 형성되는 것이 아니라, 양측의 주장이 가지는 핵심적인 쟁점을 정확하게 찾아내어 균형점을 찾는 과정에 해당하는 것이기 때문에 시간과 노력 및 비용의 소모가 상당한 편이다. 더군다나 사회가 복잡다기화의 길에 들어서게 되면서, 사람들마다 추구하고자 하는 목표가 다르다는 점을 생각해본다면 더욱 그러하다. 그렇기 때문에 합의의 기술도 점차적으로 진화의 길을 걸어가야 하지만, 아직 대한민국 사회는 그와 같은 테크닉을 개량시키는 데에 있어 미진한 감이 있는 것으로 보인다. 숨겨진 갈등들이 외부적으로 표출됨으로써 사회적 니즈가 무엇인지를 파악할 수 있는 점은 사회전체의 분열을 가져다주지 않는 한 사회의 발전을 위하여 긍정적인 것으로 판단할 여지가 있으나 이를 시정할 수 있도록 대안을 마련하는 메커니즘이 적절히 구비되어 있지 않는다면, 아무런 결과를 거둘 수가 없게 된다. 한 가지 고무적인 사실이 있다면, 최근 들어 합의를 도출하기 위한 기술을 논한 서적들이 다수 출간되고 있고, 사회 구성원들 역시 이에 대해 많은 관심을 기울이기 시작했으며, 이러한 수요에 발맞추어 ADR(Alternative Disputes Resolution)에 대한 연구가 상당부분 진척되기에 이르렀다는 점이다. ADR이란 소송제도와 같은 방식을 이용하여 갈등당사자들이 분쟁을 해소시키는 것이 아니라 대화를 통한 합의를 통하여 결자해지를 하도록 유도하는 기술을 뜻한다. 이는 소송에 임함으로써 생길 수 있는 정신적 · 금전적 문제로 인한 스트레스를 줄이는 효과도 있지만, 무엇보다도 진솔한 대화를 통해 보다 진정한 화해를 할 수 있도록 촉진시켜 갈등의 궁극적인 해소를 가져다준다는 점에서 매우 각광받는 것이라고 하겠다. 아직은 미진한 합의의 기술을 갖추고 있을 뿐이지만, 이와 같은 사회적 관심사로 인하여 점진적으로 발전될 가능성이 엿보인다고 판단된다. 그러한 관심사가 대규모적으로 표출될 수 있도록 하는 형태가 바로 사회경영의 핵심이라고 할 수 있겠다. 사회경영은 기업의 경영과 비슷하게 매니지먼트와 이노베이션에 의하여 형성되는데, 단순히 유리함을 추구한다기보다는 사회전체의 안정성과 건전성을 제고시키기 위한 목적으로 이루어진다는 점이 특징적이라고 하겠다. 그리고 그 제1차적인 목표는 바람직한 공론의 형성과 분쟁의 제거이다.

사회 속에서 발생하는 소규모의 분쟁은 매니지먼트 기술을 융통성있게 활용하여 일정부분 해소될 여지가 충분하지만, 그 스케일이 소규모가 아닌 대규모일 경우에는 혁신을 의미하는 이노베이션적인 접근이 필수적으로 요청된다. 드러커는 톱매니지먼트라는 개념을 사용하여 이노베이션의 가능성을 설명한 바 있다. 그가 생각하는 톱의 지위는 중재자와 조정자 더 나아가 많은 이들의 운명을 짊어진 불세출의 리더에 해당한다. 따라서 그와 같은 자리에 서있는 사람에게는 편향적인 사고체계를 벗어나기 위해 부단히 노력해야 하는 의무가 부과된다. 필자는 드러커의 사고를 바탕으로 하여 그릇된 경영기술로 인하여 편파적인 의사결정을 도출하는 오류를 '매니지먼트의 편향(Bias of Management)'이라고 명명하고자 한다.

편향은 잠재적으로 시위를 양산하는 데에 있어 핵심적인 원인으로 손꼽힐 수 있다. 그만큼 사회를 경영하는 방침에 대하여 불만을 가지고 있는 세력을 형성시키는 근거가 되기 때문이다. 더군다나 누군가에게만 혜택이 돌아가게 될 경우 비(非)수혜자들은 매니지먼트에 대한 신뢰를 철회함으로써 탈법적인 수단을 통해 자신들이 얻지 못했던 이익들을 획득하기에 이른다. 탈법을 통한 합법적 영역의 잠식은 신체에 침투한 바이러스가 조금씩 건강을 해치기 시작하는 것처럼, 점진적으로 조직 그 자체를 붕괴시키는 요인으로 작용하게 된다. 따라서 편향은 존중과 믿음에 정면으로 반하는 특별이익 중심적 사고체계라고 할 수 있다.

이와 같은 사고체계에선 기관들 사이의 소통기능에 커다란 장애를 안겨주기 마련이다. 쌍방향적 의사전달이 가능하지 않는 상황 속에선 적법한 수단을 통해 그들이 응당 향유하여야 할 이익을 누릴 수 있는 기회가 사실상 봉쇄된 것과 다름없는데, 이는 비단 상위기관과 하위기관 사이의 분쟁에서만 그치는 것이 아니라, 부정적인 상황이 어느 수준까지 진행되었는가에 따라 그리고 이익을 획득하기 위하여 어떠한 방법을 사용하였는가에 따라 기관 내부의 분열을 일으킬 가능성이 상존(常存)한다. 주어진 파이(pie)의 양이 한정되어 있는 관계로 자신들끼리 악전고투를 벌일 가능성이 없다고 단언할 수 없기 때문이다.[13] 따라서 매니지먼트의 편향을 제거하기 위한

13) 게임이론의 관점에서 본다면, 필자가 주장하고자 하는 사회경영체제는 비영합게임(non zero-sum game)이라고 할 수 있다. 다시 말해서 작은 파이를 두고 벌이는 각축전이 아니라, 상호협력하에 파이를 크게 만들어 더 큰 몫을 갖는 것이다. 이승용과 최용록은 저서 『국제협상의 이해 -글로벌 시대의 Win-Win 전략』(법경사, 1998)의 310~311면에 게임이론의 기본개념이 잘 담겨있다. 그들은 이를 "게임에 참가하는 사람은 각자 자신의 이익 극대화를 추구하는데, 그 결과는 자신의 행동에만 의존하지 않고 다양한 성격의 다른 참가자들의 행동에도 의존하는 특징이 있다. 게임에서는 자신의 이익과 상대방의 이익이 동시에 추구될 수도 있고 또 상충될 수도 있기 때문에 참가자 간의 이해가 협조적일 수도 있고 상반될 수도 있다. (중략) 1인 게임(대자연게임)의 참가자는 한 사람이며 자연과 같은 전혀 의도를 알 수 없는 법칙에 의해 움직이는 상대를 대상으로 자신의 의도를 실현하는 게임이다. 엘리베이터를 타는 상황에서 몇 층 버턴을 누를 것인가를 생각할 때 인과관계를 고려한 그 사람의 행동은 가장 단순한 대자연게임이다. 그리고 게임 참가자 간에 어떤 형태이든 결탁

노력이 사회경영이 유지 내지는 존속하는 데에 있어 필수불가결한 조건이 된다.

상기에서 설명한 사회경영의 메커니즘은 갈등의 소지를 최소한으로 줄이는 데에 있어 기여하는 바가 있고, 궁극적으로는 존중과 믿음의 가치양식을 증진시키기 위한 대안이 될 수 있다. 이처럼 필자가 제시하는 사회경영이란 (i) 사회구성원들이 소속사회가 나아가야 할 방향에 대해 논하고, (ii) 그동안 겪어온 사회적 폐단을 어떠한 식으로 해소시켜야 할지에 대해 의견을 교환함으로써 결과적으로는 (iii) 모든 이들이 정신적 혹은 경제적으로 안정된 삶을 영위할 수 있도록 하는 것을 목적으로 하는 집단적 운영을 의미한다. 그러나 구성원들 모두가 사회를 운영하는 데에 있어 참여하진 않는다. 다시 말해서 참여를 '금(禁)한다'는 의미가 아니라 '할 수 없다'는 의미이다. 물리적으로 한 장소에 1,000만 명이 넘는 서울시민들이 모두 모일 수도 없을뿐더러, 설령 그러한 장소가 있다고 할지라도 모든 이들에게 공정하게 발언권이 부여될 수도 없다. 그렇다면 사회는 소수에 의해 지배되는 집단으로 보아야만 하는가? 반드시 그렇지만은 않다. 예를 들어 기업을 생각해보자. 기업에는 전문경영인, 이사, 감사 및 사원으로 이루어진다. 사회도 마찬가지이다. 소속사회에 유익한 정책을 만들어 이끌어가는 사람, 이를 감시하는 사람, 정책에 협조하는 사람 등으로 구분될 수 있다. 다만

이 있게 되면 협조게임이 되고 그렇지 않으면 비협조게임이 된다. 또 참가자들 간에 돌아가는 결과, 즉 이득의 합이 0이면 제로－섬 게임(zero-sum game)이고 0이 아니면 비제로－섬 게임(non zero-sum game)이라고 한다. 0이 아니면서 일정할 수도 있다"라고 하여 이해하기 쉽게 설명한 바 있다. 여기서 말하는 비제로－섬 게임의 규칙이 상례화·정례화되기 위해선 특정인에게 귀속되는 권력이 적절한 수준으로 분산되어야 한다. 권력의 분산은 곧 '누가 어느 수준만큼 자신의 견해를 피력할 수 있는가?'라는 문제와 직결된다. 실제로 어느 단체든 자신의 목소리를 높일 수 있는 사람은 해당 집단에서 강한 힘을 가진 자인 경우가 많다. 물론 힘이 강하다고 하여 타인의 발언기회를 박탈하진 않는다고 할지라도, 다수의 약자들은 자신에게 드리워질 칼날에 대한 공포감 내지는 불안감으로 인하여 스스로 입을 다물어 버리곤 한다. 따라서 쌍방향적 의사교환체제의 여부가 배분적 정의를 실현하는 중요한 열쇠가 된다. 사회경영체제는 그러한 의사교환을 바탕으로 하여 '주관적 공권과 관계 깊은 개인적 니즈'와 '객관적 가치질서와 관계 깊은 사회적 니즈'의 공존을 위한 시스템이다.

기업의 경우와 한 가지 차이가 있다면, 이들 사이의 역할경계선이 명확하게 그어져 있지 않다는 것이다. 정책에 협조하는 사람도 경우에 따라선 보다 현명하고 합리적인 의견을 개진함으로써 정책형성에 중추적인 기능을 수행하는 것이 가능하다. 이처럼 사회경영체제는 기업의 그것과는 달리 역할의 상호교환이 이루어질 수 있다는 점에서 훨씬 유연한 편이다.

그렇지만 역할의 전환이 지나치게 빈번하게 허용될 경우 기능상의 혼란이 발생할 가능성이 있다. 따라서 구성원들이 공론장에서 의사교환을 함으로써 역할전환의 빈번함으로 인해 발생할 수 있는 혼란을 잠재울 수 있도록 하는 작업이 수반되어야만 할 것이다. 민법에 규정된 바에 따르면 영리법인(營利法人)은 사원총회(社員總會)를 개최하여야 할 의무가 있다. 이 총회에서는 사원들도 회사의 경영과 관련한 사안에 대하여 자신의 견해를 피력할 수 있고, 다른 사람들의 주장을 들을 수 있는 기회를 가질 수 있다. 이러한 규정을 유추하여 우리 사회에도 사원총회와 같은 기관의 설립이 요구된다. 우선 사원총회에 대한 민법의 규정들을 살펴보도록 하자.

> 第68조【총회의 권한】사단법인의 사무는 정관으로 이사 또는 기타 임원에게 위임한 사항외에는 총회의 결의에 의하여야 한다. 第69조【통상총회】사단법인의 이사는 매년 1회 이상 통상총회를 소집하여야 한다. 第70조【임시총회】① 사단법인의 이사는 필요하다고 인정한 때에는 임시총회를 소집할 수 있다. ② 총사원의 5분의 1 이상으로부터 회의의 목적사항을 제시하여 청구한 때에는 이사는 임시총회를 소집하여야 한다. 이 정수(定數)는 정관으로 증감할 수 있다. ③ 전항의 청구있는 후 2주간 내에 이사가 총회소집의 절차를 밟지 아니한 때에는 청구한 사원은 법원의 허가를 얻어 이를 소집할 수 있다. 第71조【총회의 소집】총회의 소집은 1주간 전에 그 회의의 목적사항을 기재한 통지를 발하고 기타 정관에 의한 방법에 의하여야 한다. 第72조【총회의 결의사항】총회는 전조의 규정에 의하여 통지한 사항에 관하여서만 결의할 수 있다. 그러나 정관에 다른 규정이 있는 때에는 그 규정에 의한다. 第73조【사원의 결의권】① 각사원의 결의권은 평등으로 한다. ② 사원은 서면이나 대리인으로 결의권을 행사할 수 있다. ③ 전2항의 규정은 정관에 다른 규정이 있는 때에는 적용하지 아

> 니한다. 제74조【사원의 결의권이 없는 경우】사단법인과 어느 사원과의 관계사항을 의결하는 경우에는 그 사원은 결의권이 없다. 제75조【총회의 결의방법】① 총회의 결의는 본법 또는 정관에 다른 규정이 없으면 사원 과반수의 출석과 출석사원의 결의권의 과반수로써 한다. ② 제73조 제2항의 경우에는 당해 사원은 출석한 것으로 한다. 제76조【총회의 의사록】① 총회의 의사에 관하여는 의사록을 작성하여야 한다. ② 의사록에는 의사의 경과, 요령 및 결과를 기재하고 의장 및 출석한 이사가 기명날인하여야 한다. ③ 이사는 의사록을 주된 사무소에 비치하여야 한다.

우리는 해당 규정들을 유추적용하여 사회경영을 함에 있어 필요한 공론장을 마련할 수 있다. 사회경영체제 속에선 공론장이 단일한 형태로만 존재하는 것이 아니다. 경우에 따라선 여러 유형의 다양한 형태로 존속하는 것이 가능하다는 것이다. 이에 따라 필자가 생각하는 방안은 소규모 커뮤니티의 다종다량(多種多量) 생산이다. 사람들은 자신의 이해관계가 제대로 반영될 수 있는 환경적 토대에 있을 때에 타인의 견해에 귀를 기울이고, 배려할 수 있는 심리적 여유를 갖게 되는 법이다. 그러나 만약 본인의 견해가 유력한 사회인사 혹은 사회단체에 의하여 묻혀버린다고 생각한다면, 불법적인 방법을 감행함으로써 자신의 목소리가 전달될 수 있도록 노력하게 된다. 따라서 되도록이면 사회의 모세혈관의 말단에 위치한 집단의 목소리가 대뇌에 직접적으로 연결될 수 있도록 촘촘한 의사전달과 결정의 메커니즘이 형성되어야만 하는 것이다. 최근에는 서울시의 각 구(區)에 속한 동(洞)마다 자치위원회를 두고 있다. 이는 각 동네의 주민들에게까지 정부를 향해 자신의 목소리를 전달할 수 있도록 하는 기제로서 존중과 배려에 기초한 참된 풀뿌리 민주주의를 형성시키는 데에 있어 중요한 역할을 수행할 것이라고 생각된다.

상기와 같은 커뮤니티의 다종복합적(多種複合的) 존재의 인정과 더불어 '고차원의 화합'이 사회경영의 실현에 있어 핵심적인 조건이라고 할 수 있다. 여기서 중요한 점은 특수이익을 주장하는 이익집단을 포함할 것인지의 여부이다. 이익집단은 사회 각 분야의 이익을 중요시한다기보다는 소속집단의 이익에 역점을 두고 있는 인적결집체에 해당하기 때문이다. 그러나 사회정의라는 것이 모든 이들에게 정당한 이익을 부여하기 위한 것을 목적으로 하고 있는 것이기 때문에 이익집단이라는 이유만으로 이들을 배척하는 것은 바람직하지 않다고 판단된다. 우선 이들의 견해를 받아들이되, 그것이 다른 사람들이 응당 누려야 할 권익(權益)을 심대하게 침해하여 존중과 배려의 본질적인 내용을 해할 우려가 있을 경우엔 배제시키는 안건에 대해 논해야 할 것이다. 만약 배제결정이 내려진 이후에, 이들이 부당하게 대항적 태도를 견지함으로써 모든 이들에게 악영향을 줄 수 있는 영향력을 행사한다면, 이는 대중의 바람을 도외시한 반사회적(反社會的)인 결과를 양산할 수 있으므로 강경하게 처벌받아야만 할 것이다. 공론장의 구성원을 배척한 만큼, 배제결정에는 합리적이고 정당한 이유가 존재하여야 함은 당연하다. 여기서 의미하는 합리적이고 정당한 이유는 '(ⅰ) 타인의 권리를 경청하는 태도를 보이지 않는 사안과 같이 토론의 기본적인 규칙을 준수하지 않는 경우, (ⅱ) 자신의 권리를 실행함에 있어 타인의 권리에 내재한 핵심적인 가치를 몰각시켜야만 하는 결과를 초래할 경우, (ⅲ) 자신이 주장하는 권리가 당초부터 불법적인 방식으로 주어진 것인 경우, (ⅳ) 불법적인 방식으로 주어진 권리의 하자(瑕疵)를 치유(治癒)하지 못하거나 장래에도 이를 시정하는 것이 불가능한 경우'를 말한다. 이상의 경우에 대해 강경하게 맞서야 하는 이유는 사회의 각계각층의 구성원들과 공존하는 것이 사실상 불가능한 태도를 보임에 따라 사회정의가 특정한 집단을 위하여 형성되는 부당한 세태를 방지해야 할 필요성이 제기되기 때문이다.

Ⅴ. 공감대적 가치에 대한 합의와 그 심리적 요소

이와 같은 필요성은 사람이라면 누구나 자신의 이익을 추구하면서 살아갈 것을 희구한다는 기본적 사실에 기인한다. 그리고 되도록이면 그 이익의 양이 타인에 비하여 많기를 바란다. 인간사회는 바로 이러한 탐욕의 정도를 제대로 재단하지 못함에 따라 어두운 색으로 물들게 되는 것이라고 할 수 있다. 따라서 우리에게 필요한 것은 '자신의 의지에 따라 본인이 희망하는 삶을 영위하되, 그로 말미암아 타인이 감당하기 힘든 수준의 손해를 주지 않도록 최선의 노력을 다할 필요가 있음'을 기억하는 것이다. 이것이 장구의 시간 동안 인간사회가 붕괴되지 않고 유지되어 온 원동력인 셈이다. 그리고 그러한 원동력을 발판으로 하여 가동하고 있는 초대형 기계가 바로 사회이다. 사회가 그 움직임을 다하게 된다면, 인간들의 운명은 종말을 향해 질주할 것이 분명하다. 종말을 피하기 위한 유일한 방책은 필자가 서두에서부터 강조해온 믿음의 증진이다. 그리고 그 믿음은 존중과 불가분리(不可分離)의 관계에 있음을 간과해서는 안 될 것이다. 존중에 기초한 믿음 그리고 믿음에 기초한 존중이 사회를 유지하고 존속시키며 더 나아가 발전시키는 요소라는 점에는 이의가 없다. 그러나 이처럼 추상적이고 관념적인 조건은 그 자체로만 두고 본다면 아무런 의미가 없을 것이므로, 본 사안을 보다 현실적인 관점에서 파악해야 할 필요가 있다.

그럼에도 불구하고 사람들은 기존에 유지해온 생각대로 세상을 바라보려는 경향이 있다. 물론 누구에게나 자신만이 겪은 경험이 있기 마련이고, 그러한 경험에 기초하여 스스로의 혜안을 형성해나간다. 경험 이외에도 그와 같은 안목을 형성시키는 데에는 여러 가지 요인들이 있을 수 있겠으나, 가장 직접적인 영향을 주는 것은 단연 경험일 것이다. 그러나 인간이 겪게 되는 사건들은 지극히 한정적임에도 불구하고, 이것을 마치 스스로가 쌓아온 경륜 혹은 연륜이라고 생각한 나머지 더 이상 자신이 가지고 있는 생각을 발전시키려고 하진 않는다. 사실 경륜과 연륜은 본인이 자초했던 혹은 불측의 사유로 인하여 입게 된 오류들의 모음을 통해 알게 되는 지혜에 해당한다. 이러한 지혜가 삶을 영위하는 데에 있어 긍정적인 지침으로 생각하는 것은 큰 무리가 되진 않으나, 타협불가능한 절대 진리인 양 받아들이는 것은 자신의 아집(我執)에 불과할 따름이다. 그렇기 때문에 타인의 생각과 사고를 받아들이고, 이를 적절히 해석하여 공존을 꾀하기 위해선 사람들의 인식체계의 유연화라는 목표가 우선적으로 달성되어야만 한다고 사료된다.

사람이라면 응당 가져야 할 인식체계를 한 줄의 글로 표현한다는 것이 무리이겠지만, 그럼에도 불구하고 이를 논한다면 단연 '감정의 조건적 통제'라고 하겠다. 보다 쉬운 이해를 돕기 위하여 정서의 통제불능으로 인하여 생기는 대표적인 병폐, 즉 범죄를 연구대상으로 삼고 있는 형법관(刑法觀)에 대해 잠시 언급하고자 한다. 인간이 인간에게 범행을 통하여 묵과할 수 없는 수준의 위해를 가하는 주된 이유는 바로 감정을 제대로 통제하지 못했기 때문이다. 문제는 그 해악을 가하는 정도가 지나치게 심대한 까닭에 누군가의 생명과 신체 및 재산 그리고 명예를 상실시킴으로써 피해자가 가지는 삶의 가치를 회복불능한 수준으로 파괴시키고 있다는 사실이다. 특히 범행의 수단 역시 시간이 갈수록 지능화되고 있다는 사실을 보면, 범죄사회(犯罪社會)이라는 명칭이 현대사회를 지칭하는 또 다른 명칭이 될 정도라고 하여도 과언이 아닐 것이다.

항거(抗拒)할 수 없는 정도에 이르는 폭압(暴壓)으로 인하여 발생하는 의사무능력화(意思無能力化)가 일어나지 않는 한, 자신이 입은 손해를 보상받지 않고 묵인하는 경우를 찾아보긴 어렵다. 경우에 따라선 자신이 범죄피해자라는 것을 밝히고 싶지 않다는 이유로 그와 같은 사실이 외부를 향하여 어떤 식으로든 발설되지 않도록 하는 사례도 있지만, 일반적으로는 소극성을 띤 반응을 보이진 않는데, 앙갚음을 하기 위한 목적으로 행하는 모든 행동들은 사회의 안정성을 유지하는 핵심적인 기제인 법과 제도를 훼손시키는 제2차적 병폐를 초래하고 있다. 설령 모든 사람들이 복수(復讐)의 수단으로 법질서에 역행하는 행동을 하는 것은 아니라 할지라도, 실제로 범죄피해자들이 (i) 감내할 수 없는 수준의 분노와 슬픔 혹은 절망이라는 충동적 정서를 감내하지 못함으로써 반사회적인 행위를 자행하기도 하고, (ii) 때로는 이를 오랫동안 억누르고 있다가 어떠한 방식으로든 표출하기 위하여 치밀한 계획을 구상하여 실행하는 경우가 있음을 쉽게 발견할 수 있다. 전자의 경우는 이성이 감성을 통제하지 못한 대표적인 예라고 할 수 있으나, 후자는 다소 논란의 여지가 있다. 넓은 의미에서 본다면, 이 역시 감정의 미숙한 통제의 한 예라고 볼 수 있다고 판단된다. 다만 그 방법이 사회적으로 미치는 해악의 정도에 따라 그 '행동이 정당하다' 혹은 '정당하지 않다'라는 평가가 달라질 수 있을 따름이다. 그렇다면 이와 같은 판단은 어떻게 이루어져야 하는가? 그것은 바로 '최후수단성(最後手段性)'이라고 하겠다.

법학에서는 최후수단성을 '보충성'이라는 표현으로 설명하는데, 이는 피해를 입은 자가 (ⅰ) 합법적으로 자신의 손해를 배상받을 수 있도록 하기 위해 최선을 다했음에도 불구하고, (ⅱ) 원하는 결과를 얻지 못할 경우에 한하여, (ⅲ) 반사회적이지 않는 범주하에서 행하는 행위가 정당하다고 인정받을 수 있다는 것을 핵심적인 내용으로 하고 있다. 이러한 때에는 일견 존중과 믿음이라는 체계에서 허용되지 않는 내용의 행동이라고 할지라도 정당한 것으로 받아들여질 수 있다. 물론 (ⅰ)의 조건을 구비할 수 있을만한 시간적 여유가 물리적으로 존재하기 힘들다고 인정된다면, 생략하는 것이 가능하다. 형법전에 규정되어 있는 위법성배제사유(통상적으로는 위법성조각사유라고 부른다)가 그 대표적인 예라고 할 수 있다.

> 제20조 【정당행위】 법령에 의한 행위 또는 업무로 인한 행위 기타 사회상규에 위배되지 아니하는 행위는 벌하지 아니한다. 제21조 【정당방위】 ① 자기 또는 타인의 법익에 대한 현재의 부당한 침해를 방위하기 위한 행위는 상당한 이유가 있는 때에는 벌하지 아니한다. ② 방위행위가 그 정도를 초과한 때에는 정황에 의하여 그 형을 감경 또는 면제할 수 있다. ③ 전항의 경우에 그 행위가 야간 기타 불안스러운 상태하에서 공포, 경악, 흥분 또는 당황으로 인한 때에는 벌하지 아니한다. 제22조 【긴급피난】 ① 자기 또는 타인의 법익에 대한 현재의 위난을 피하기 위한 행위는 상당한 이유가 있는 때에는 벌하지 아니한다. ② 위난을 피하지 못할 책임이 있는 자에 대하여는 전항의 규정을 적용하지 아니한다. ③ 전조 제2항과 제3항의 규정은 본조에 준용한다. 제23조 【자구행위】 ① 법정

절차에 의하여 청구권을 보전하기 불능한 경우에 그 청구권의 실행불능 또는 현저한 실행곤란을 피하기 위한 행위는 상당한 이유가 있는 때에는 벌하지 아니한다. ② 전항의 행위가 그 정도를 초과한 때에는 정황에 의하여 형을 감경 또는 면제할 수 있다. 제24조【피해자의 승낙】처분할 수 있는 자의 승낙에 의하여 그 법익을 훼손한 행위는 법률에 특별한 규정이 없는 한 벌하지 아니한다.

이 법조문들은 자신이나 타인이 부당한 상황에 놓여있을 때에 이루어지는 반사회적 행위를 정당한 것으로 인정하고 있다. 그러나 피해자의 승낙을 규정하고 있는 형법 제24조를 제외하고는 대부분 합법적인 방식으로 생명 · 신체 · 재산 · 명예와 관련된 법익침해를 피하기 위하여 행하는 행동들을 규제 혹은 옹호하는 것이기 때문에 상대적으로 일정한 시간을 두고 이루어지는 반사회적 행위의 정당성을 논의하는 것과는 논의의 맥을 달리하는 것처럼 느껴질 수도 있을 것이다. 그럼에도 불구하고 시간적 간격을 두고 계획을 세워 믿음과 존중의 원칙에 반하는 행위의 정당성 판단기준을 설명하는 데에 있어 위와 같은 형법규정을 제시한 이유는 위의 조문들 속에 내재되어 있는 의의와 취지 때문이다. 건전한 복지사회의 형성과 발전을 위한 법률은 이러한 경향이 매우 약하게 나타나는 편이지만, 통상적으로 대부분의 법규정은 '부정의(不正義)'를 '정의(正義)'의 이름으로 처단하기 위한 목적으로 제정되거나 혹은 '높은 수준의 정의'를 '낮은 수준의 정의'보다 강력하게 보호하기 위한 목적으로 제정되기도 한다. 다시 말해서 법과 제도 등과 같이 합법적인 방법을 이용하고자 하였으나 현실적으로 그러할 수 없는 상황에 놓인 사람에게 부정의를 타파할 수 있는 권한 혹은 더 고차원적인 수준의 정의를 구현할 수 있도록 하는 것이라고 할 것이다.

여기서 가장 중요한 점은 그와 같은 고고한 또는 숭고한 목적을 위한 것이라고 할지라도 그로 인해 누군가에 의하여 향유되는 법익에 내재한 본질적인 내용을 침해해서는 안 된다는 사안이다. 자신이 너무나도 억울하다는 이유로 가해자를 살해하는 등의 복수는 허용되지 않는다. 오로지 부당하게 손해를 입은 사람이 피해를 입기 전의 시점으로 되돌리는 수준에서 그쳐야만 한다. 만약 그 수준을 초월하여 행위를 한다면, 이는 부당이득(不當利得)을 취하고자 하는 의도에 기인한 것으로 자칫 자신을 범법자로 만드는 결과를 초래하게 될 뿐이기 때문이다. 그 순간부터는 행위자가 의도한 '부정의를 처단하기 위한 정의 혹은 더 높은 수준의 정의'가 '부정의 또는 낮은 수준의 정의'로 역전되는 이른바 주객전도의 현상이 발생하게 된다. 이는 믿음과 존중의 원칙에 대한 '허용된 예외'가 아니라 '정면으로 위배되는 악행'일 뿐이다. 따라서 위에서 언급한 '감정을 오랫동안 억누르고 있다가 이를 어떠한 방식으로든 표출하기 위하여 치밀한 계획을 구상하여 실행하는 경우'는 이와 같은 오류를 범하지 않을 때에 한하여 정당한 것으로 평가받는 것이라 하겠다.

이처럼 억눌려져 응축된 감정을 계획적으로 발현시키는 행위는 원상회복(原狀回復)과 같은 복원(復原)의 범주에서만 인정되는 것이므로, 만약 이와 같은 범위를 넘는 행위를 한다면 '미숙한 감정통제로 인한 반사회적 행위의 자행'이라는 오명에서 벗어날 수 없게 될 것이라고 사료된다. 실제로 우리 사회에서 뜨거운 논란이 되는 사건들은 주로 감정적 행위에 대한 평가가 결부된 것들이다. 그중에서도 '바람직한 행위인가? 혹은 그렇지 않은가?', '바람직하지 않으면 처벌의 수준을 어느 수준으로 책정해야 할 것인가?', '처벌을 한 이후에 재차 반사회적 행동이 나타나지 않도록 하려면 어떻게 해야만 하는가?' 등에 대한 것이 평가의 핵심적인 사항이다. 이와 같은 논란의 도마 위에 놓이지 않기 위해선 평상시의 자기관리가 중요한데, 여기서 말하는 자기관리란 감정통제능력을 의미한다.

그렇다면 사람들이 자신의 심리상태를 적절하게 조정해야 하는 것을 알면서도 반사회적인 행동을 자행하는 이유는 무엇인가? 통상적으로 사연이 없는 사건, 사연이 없는 사람이란 없다고들 한다. 행동을 하는 데에는 그럴만한 연유가 있다는 뜻이다. 법이 없어도 선량하게 살 수 있는 사람들의 특징을 살펴보면 우리는 위의 질문에 대하여 일정부분 답을 찾아볼 수 있을 것이다. 의사들은 환자들의 병을 진단할 때 정상적인 몸 상태를 염두에 둔 상태를 떠올린다고 하는데, 정상적인 상태를 알아야 비정상적인 상태를 파악할 수 있기 때문이다. 따라서 착하게 살아가는 사람들의 심리상태를 파악할 수 있다면, 사람들이 존중과 믿음에 근거한 행위의 범주에서 일탈하는 계기를 찾아낼 수 있을 것이라고 판단된다.

선량한 사람들은 대부분 자신의 감정을 밖으로 표현을 하는 데에 있어 우회적인 방법을 사용하는 경우가 많다. 다시 말해서 직접적인 발언을 하기보다는 간접적이고 중립적인 느낌이 드는 언어를 사용한다는 것이다. 누군가에게 어떠한 행동을 해줄 것을 부탁하고자 할 때, 이들은 상대방의 마음을 고려함과 더불어 그 일이 상대방에게도 도움이 될 수 있다는 점을 아울러 설명하는 경향이 있는데, 이를 통해 부탁을 받는 사람의 이의없는 동의를 이끌어낼 수 있게 된다. 뿐만 아니라 자신의 생각을 전달하기에 앞서 상대방의 이야기를 충분히 경청하려는 태도를 보이곤 한다. 상황에 따라선 내가 가지고 있는 정보를 감추고, 맞은편의 사람이 말을 많이 할 수 있도록 유도함으로써 필요한 정보를 수집하겠다는 전략적인 목적이 있을 수도 있지만, 이는 어디까지나 경제적 이익을 쟁취하기 위한 협상테이블에서만 존재할 따름이다.

상기와 같은 특정한 상황을 제외하고, 누군가의 발언을 귀 기울여 듣는다는 것은 곧 그 사람의 마음을 이해하기 위한 과정이라고 생각해야만 한다. 즉 발언의 형식적 합리성을 떠나 내면에 있는 진의를 파악하기 위함이라고 보아야 한다는 것이다. 선량한 사람들은 이러한 대화과정을 거쳐 상대방으로부터 전달된 진의를 감안함으로써 자신이 추구하고자 하는 바와 양립할 수 있는 대안을 제시하여 당사자 간의 분쟁의 불씨를 최소화시키는 것이 가능해진다.

이처럼 자신에게는 이익을 타인에게는 불이익을 주는 식의 양극성(兩極性)의 사고가 아니라 상생적인 방향으로 논의를 이끌어가는 사고패턴이 감정의 골을 좁히는 데에 있어 효과적이다. 필자는 이를 감정흡입력(感情吸入

力)과 감정전달력(感情傳達力)을 구성요건으로 하는 감정해석력(感情解釋力)이라고 본다. 감정흡입력은 상대방이 어떠한 감정을 가지고 있을지에 대해 생각하고 이를 자신의 감정으로 받아들일 수 있는 능력으로서 비록 남의 일이라고 할지라도 마치 내 일인 것처럼 받아들일 수 있는 힘을 뜻하는 반면, 감정전달력은 의사표시를 하는 자가 내면에 가지고 있는 생각을 왜곡없이 표현하는 능력으로서 경제적 이해득실과 같은 특별이익을 떠나 진솔한 이야기를 할 수 있는 힘을 뜻한다. 타인의 내면심리를 이해하는 데에 초점을 둔 '감정흡입력'과 자신의 생각을 표출하는 데에 역점을 둔 '감정전달력'을 구성요건으로 하여 만들어지는 최종적 능력이 '감정해석력'이라고 할 수 있겠다. 감정해석력은 타인의 의사를 받아들이는 역량과 자신의 의사를 전달하는 역량을 객관적으로 자가진단(自家診斷)하여 궁극적으로 분쟁과 갈등의 여지를 축소화시킬 수 있는 의사표현을 할 수 있게 만드는 역할을 수행한다.

그러나 위의 과정이 단선적(單線的)으로만 진행되는 것은 아니다. 끊임없는 대화를 통해 변화의 단계를 거치게 된다. 만약 상대방이 제시하는 결론을 받아들이기 힘들다 할지라도(다시 말해 감정흡입력의 범주를 넘었을 때), 감정전달력에 기초하여 자신이 수인할 수 있는 제2안을 제시함으로써 일정부분 조정을 할 수 있는 여지가 생긴다. 그리고 최종적으로는 자신과 상대방의 감정 혹은 진의를 객관적으로 해석(감정해석력의 영역)하여 조율함으로써 모두가 수긍할 수 있는 결과를 이끌어내게 되는데, 이른바 정(正)과 반(反) 그리고 합(合)의 순환이라는 변증법적 절차가 일상적인 형태(general version)로 활용되어 나타난 결론이라고 하겠다.

변증법적인 절차를 거쳐 형성되는 의사교환은 당사자가 어느 수준까지 자신의 감정을 통제할 수 있는지에 따라 그 성패가 좌우된다고 할 수 있다. 감정을 통제한다는 것은 사회통념상 바람직한 것으로 간주되는 식으로 정서발전의 진행방향을 설정하는 작업에 해당한다. 그러나 '개인의 욕구에 기초한 사적인 감정'과 '사회적으로 적합한 것이라고 여겨지는 감정' 사이에는 깊은 골이 존재하는 경우가 많다. 자신을 둘러싼 모든 환경적 제요소가 다른 사람보다는 본인에게 유리한 방향으로 운용될 수 있기를 바라는 것이 인간의 기본적인 욕구에 부합하는 것이나, 이에 역행하는 행위는 욕구충족을 위한 기본적 인간심리에 배치되는 반순리(反順利)적 행위에 해당한다고 여겨지기 때문이다. 따라서 우리에게 필요한 것은 반순리의 순리화(順利化)이다. 물론 이를 통해 개인의 자유보다는 사회전체의 공익만을 앞세워야 함을 뜻하진 않는다. 다만, 무분별한 욕구충족의 심리를 억제함으로써 타인을 이해할 줄 아는 자세를 함양시킬 필요가 있음을 강변하고 있을 따름이다. 보다 면밀한 이해를 돕기 위하여 지금까지 논한 감정에 대한 설명 이외에 '신념'과 '이성'을 중심으로 한 관계설정을 언급하고자 한다.

감정은 사람이 행하는 특정한 의사와 행동 속에 담긴 '진의' 내지는 '속내'의 원천이라고 할 수 있다. 혹은 진정한 의도라고 표현해볼 수도 있겠다. 따라서 무의식 상태에서 이루어진 행동(예 : 잠결에 행하는 행동)은 자신이 지각할 수 있는 범위에서 행해지는 것이 아니기 때문에 감정이 배제된 것이라고 보아야 할 것이다. 따라서 스스로가 가지고 있는 일정한 욕구가 반영되지 않는 한 그와 같은 행동은 특별한 의도가 담긴 유의미한 행위로 받아들이긴 어렵다. 일정한 목적과 의도를 가지고 자신의 행동을 하는 사람들은 통상적으로 본인이 행하는 행위가 어떠한 효과를 창출할 것인지에 대해 개괄적인 인식을 하고 있다. 그것이 이기적이든 이타적이든, 본인이 그렇게 함으로써 긍정적인 형태의 기분과 심리를 느낄 수 있다면 이는 감정에 부합한다고 말할 수 있다. 그러나 이와 같은 감정은 희(喜), 노(怒), 애(愛), 락(樂), 애(哀), 오(惡), 욕(慾)과 같이 다양한 형태로 존재할 수 있고, 경우에 따라선 여러 가지 감정이 혼재(混在)된 상태로 존재할 수도 있기 때문에 상당히 불확실하고 불명확한 개념에 해당한다.

동양의 성리학(性理學)에서 이야기하는 사단(四端)과 칠정(七情)에 대한 논의를 보면 더욱 명료해진다. 칠정은 기(氣)에 기초하는 것으로 사단의 핵심이라고 할 수 있는 리(理)와는 달리 순결하고 청정(淸淨)하다기보다는 상황에 따라 변화하는, 즉 긍정적인 혹은 부정적인 방향으로 변모할 수 있는 가변적 속성의 감정을 의미한다. 그렇기 때문에 위에서 언급한 일곱 가지의 감정을 어떻게 배열하고 정리하여 개인적 차원의 심리적 안온성(安穩性)과 사회적 차원의 안정성을 유지할 수 있도록 해야 할 것인지에 대한 이론이 줄기차게 이어 내려오고 있는 것이다. 그러나 기(氣)에 역점을 두어 철학적 담론을 하는 학자들은 그것이 인간의 본질에 보다 가깝다는 점, 그리고 이에 기초한 연구를 해야만 인간이 나아가야 할 진정한 길을 찾을 수 있다는 점을 강변하고 있는데, 이는 형이상학적인 리보다는 형이하학적인 기를 탐구할 때에 보다 실용적 · 실천적인 담론을 이끌어낼 수 있다는 것을 의미한다. 김형찬은 한국사상연구회에서 2011년에 저술한 『조선유학의 개념들』(예문서원) 중 "理氣 : 존재와 규범의 기본 개념" 부분을 맡았는데, 66~67면에 있는 내용을 눈 여겨 볼 필요가 있다. "리와 기라는 두 개념은 이 모든 이론과 실천의 기반을 이루는 가장 깊은 정점에 있다. 만물의 생성 변화 소멸은 리와 기의 이합집산(離合集散)으로 이루어지는 것이며, 그러한 만물 중 인간이 하늘(天) 및 땅(地)과 함께 만물의 화육(化育)을 돕는 특별한 존재일 수 있는 이유는 바로 가장 맑고 순수한 기가 인간, 그중에서도 인간의 심(心)을 이루어 우주 자연의 이치인 리가 그대로 현실에서 발현될 수 있도록 해주기 때문이다. 인간은 그런 심과 그 안의 순수한 리인 성(性)을 갖추고 있으며, 인간의 모든 물리적 행위 및 정신 심리적 작용 역시 리와 기의 결합이 이루어 내는 결과이다"라고 언급하였다. 따라서 감정과 이성은 별도로 움직이는 것이 아니라 결합을 통하여 온전히 자신의 빛을 발하는 것이라고 하겠다. 그러나 여기선 리와 기 중 어떤 것이 우선해야 한다는 것을 논하려는 것이 아니므로, 감정에 대한 설명은 여기서 그치기로 한다.

그리고 '신념'은 가치관의 핵심이 되는 요소로서 인간이 살아가기 위한 무형적인 지침을 의미한다. 보기에 따라선 감정과 신념이 유사한 개념으로 보일 수 있지만, 신념은 감정을 바탕으로 하여 형성되는 것이다. 어려운 설명처럼 들리겠지만, 간단히 생각해보면 비교적 쉽게 이해할 수 있다. 본인은 특정한 행동을 하고자 하는 의욕을 가지고 있지 않음에도 불구하고, 이를 행하는 것이 스스로가 가야하는 길이라는 식으로 사고하는 사람을 찾아보기 힘들다. 다시 말해서, 마음이 동(動)해야 본인이 하고자 하는 일이 무엇인지를 바라볼 수 있게 된다는 것이다. 따라서 신념의 존재는 그 사람이 가지고 있는 감정과 일치해야 한다는, 일종의 감정부합적(感情附合的)인 접근을 통해 실체를 드러내는 개념이라고 보아야 한다. 그러나 신념은 변화무쌍한 성격의 감정에 비하여 일정부분 정제되어 '주관(主觀)' 혹은 '가치관'이라는 형태로 존재하게 된다.

끝으로 '이성'은 신념이라는 가치관을 보다 객관적인 형태로 정리한 것이다. 객관성을 요건으로 하기 때문에 대부분의 사람들에 의하여 수긍되고 받아들여지는 과정을 통하여 일반화된다. 이렇게 객관적 일반화에 기초한 이성이 확산되고, 사회에서 생을 영위하는 많은 사람들에 의하여 공유되면, 곧 문화라는 이름을 얻어 더욱 광범위한 형식으로 변모한다. 이른바 일반이성(一般理性)이 되는 것이다.

그러나 위에서 언급한 감정과 신념 그리고 이성이 단선적인 모습을 띠며 점증하는 단계로만 보아선 안 된다. 상황에 따라선 역행을 하기도 하고, 그 과정에서 보다 발전하거나 혹은 퇴보하는 현상을 만들어내기도 한다는 점을 고려해야만 한다. 이성이 공유 또는 확산되어 탄생한 결과물인 문화에 영향을 받음에 따라 자신이 고수하고 있는 신념과 감정을 그에 맞추어 변화시켜야 한다고 판단하거나 자신에게 일정한 영향을 준 문화가 바람직하지 않다는 이유로 이에 저항하여야 한다는 감정과 신념을 가지게 될 수도 있기 때문이다. 사람을 환경에 영향을 받는 동물 혹은 사회적 동물이라고 일컫는 것도 바로 이에 기인한 것이라고 하겠다. 그렇다면 신념의 변화로 인하여 이성과 감정을 변화시키는 경우도 존재하는가? 절대적으로 불가능한 것은 아니지만, 신념 그 자체가 홀로 변화하는 경우는 찾아보기 힘들다. 변화라는 것은 그 계기가 필요한 것이고, 이는 내부에서 자생(自生)되기보다는 외부에서 생성되어 들어오는 경우가 훨씬 많기 때문이다. 그러나 이성은 그 자체적으로 변화를 꾀할 수 있다. 스스로가 외부적인 문화의 영향을 받지 않고서도 논리적 오류를 발견할 수 있기 때문이다. 타인의 이성에 영향을 받는 결과일 수도 있고, 스스로가 행한 반성적 고찰에 의한 결과일 수도 있다.

사람은 일견 복잡해 보이는 과정을 사회화라는 단계를 거쳐 체득(體得) 및 습득(習得)하며 살아가기 마련이다. 그리고 주변인들과 더불어 살아가기 위해선 자신의 욕심만을 내세우기보다는 타인의 생각과 행동양식을 존중하는 법을 배우게 되는 것이다. 그렇지만 자신만이 가지고 있는 가치관을 유지하기 위하여, 이를 문화라고 명명되는 일반이성의 옷을 입혀 사회 속에서 적용가능한 원칙으로 발현시키기 위해 노력하기도 한다. 따라서 공화주의적(혹은 공동체주의적)인 성향을 유지함과 더불어 자신의 존재가치를 유지하기 위하여 자율적 이성에 기초한 자유주의적 성향을 보유하는 것이다. 소위 말하는 '법 없이도 살 사람'은 감정과 신념 및 이성 그리고 문화의 관계 속에서 원만하게 적응하며 생을 영위하기 때문에 다른 사람 혹은 사회구조와 마찰을 빚지 않으며 생활하게 되는 것이다.

이처럼 감정을 적절히 통제함과 더불어 신념과 이성 및 문화양식에 적응할 수 있도록 하는 기제를 '적절한 수준으로 고양된 존중과 믿음'이라고 해야 할 것이다. 물론 그 사람이 소속해 있는 사회가 잘못된 방향으로 진행되고 있다는 것이 객관적으로 증명될만한 징후가 나타났을 때에는 모두가 단결하여 이를 발전적으로 전환시키기 위한 노력이 경주되어야 함은 두말할 여지가 없다. 그러나 사회발전을 이룩한다는 것이 말처럼 쉬운 일은 아니다. 많은 시간과 노력을 요하는 작업이기 때문에 이러한 일을 행하는 과정 속에서 반목과 불신의 골이 더욱 깊어지는 경우 또한 발생할 가능성이 높다.

가치관들 사이의 대립이 극단으로 치우치지 않고, 서로의 존재를 인정하면서 양자가 수용할 수 있는 합의점을 도출해낸다면 논의의 실익(實益)이 있는 것이지만, 현재는 실익의 여부를 떠나 무한갈등과 분열을 조장하고 있는 상태이다. '불신과 반목' 그리고 '개량과 혁신'은 동전의 앞뒷면과 같다. 양자 모두 현재의 모습에 만족하지 않고 변화를 이끌어내려는 과정 중에서 나타난 것이라는 점에선 동일하지만, 그 결과는 판이하게 다를 수밖에 없다. 전자는 '분할'을 초래하는 반면, 후자는 '발전과 쇠퇴'라는 결론을 가져온다.

Ⅵ. 감정과 신념 및 이성의 피드백을 통한 합리적 의사결정

발전과 쇠퇴의 길목에서 올바른 길을 선택할 수 있게 만들어주고, 설령 그 길이 잘못된 것이라 할지라도 아무런 후회를 남기지 않도록 만들어주는 것은 '사회구성원들과의 대화를 통한 합의'라고 할 것이다. 그러나 합치된 의사를 의미하는 합의는 이에 임하는 개인이 어떠한 태도를 보이는가에 따라 성패가 나뉜다. 물론 합치된 의사라고 하여 모든 당사자들이 동일한 생각을 가지고 있고, 이러한 생각들이 반영된 것이라고 해석할 수는 없다. 일견 도출된 결과가 자신이 생각한 견해와 다르다고 할지라도, 그것이 합당하다고 판단하여 수용하기로 했다면 이 또한 '합의에 도달한 경우'라고 할 수 있다. 그렇다면 합의를 도출하게 하거나 실패하게 만드는 요인은 과연 무엇인가? 그리고 '완전합의'와 '불완전합의'라는 상이한 결과를 만드는 요인은 또한 무엇이라고 보아야 하는가? 이 양자의 질문에 대해 필자가 제시한 답안은 바로 귀인(歸因)이다. 귀인은 통상적으로 심리학에서 다루는 용어로서, 특정한 개인적 혹은 사회적 결과의 원인을 설정하는 태도를 일컫는다. 특정한 결과를 설명함에 있어 개인적으로 가장 타당하다고 생각되는 원인을 제시하는 것이 바로 이 용어가 갖는 핵심적인 사항이라고 할 수 있다. 그렇다면 이와 같은 귀인이 사회발전을 위한 합의도출 단계와 무슨 관련이 있는 것인가?

귀인은 원인설정행위에 대한 판단과 직결된다. 본 개념을 크게 나누어 설명해보면 두 종류로 설명가능한데, 그중 하나는 특정한 사건이 발생하게 된 원인을 자신의 탓 혹은 본인이 소속해있는 집단의 탓으로 돌리는 방식이고, 다른 하나는 타인의 탓 혹은 타(他)집단의 탓으로 생각하는 방식이다. 흔히 말하는 "잘 되면 내 탓이고, 잘못되면 조상 탓이다"라는 말로도 설명가능하다. 이처럼 사건발생의 근원을 어디에 두는가의 문제는 존중의식과 관련성을 맺는다. 누군가의 도움을 통해 만족스러운 결과를 거두었음에도 불구하고, 모든 것이 자신의 노력으로만 이루어진 것이라고 생각하는 것은 도움을 준 사람에 대한 기본적인 존중심이 배제된 것으로 여겨질 수도 있기 때문이다. 물론 긍정적인 결과를 거두었다는 희열이라는 충동적 감정으로 말미암아 그와 같은 태도를 견지하게 될 수도 있겠으나, 그 정도가 지나치게 될 경우엔 스스로의 행동에 대한 객관적 판단능력을 상실하는 우를 범하게 되고 급기야 불만족스러운 후속결과가 초래될 가능성이 있다. "습관은 제2의 천성이다"라는 말이 있듯이, 자기중심적 차원에서 사건의 근원과 과정 및 결과를 생각하는 태도는 바람직하지 못한 후천적 성격을 만드는 원인으로 작용할 가능성이 높다고 사료된다.

그러나 부정적인 효과는 비단 자신에게만 나타나는 것에 그치는 것이 아니라, 타인에게도 영향을 미치기 마련이다. '내가 도움을 주었음에도 불구하고, 나의 기여도가 인정될 수 없는가?' 혹은 '저 사람은 그 일이 잘 되지 않은 것을 어째서 자신의 탓이 아닌 내 탓으로 돌리는 건가?' 등과 같은 방식으로 생각할 가능성이 높아지기 때문이다. 그리고 상기와 같은 분쟁의 주체가 집단과 집단이라면 소규모의 분쟁단계에서 대규모의 공공갈등단계로 비화될 가능성이 언제나 상존한다. 누구나 악화된 상황의 원인을 자신의 탓으로 돌리고 싶어 하지 않는다. 가능한 한 자신만큼은 부정적인 결과책임으로부터 회피시키고 싶어 할 따름이다. 그러나 누군가는 그 책임을 감수해야 할 수밖에 없으며, 결과적으로는 아무런 허물이 없는 누군가가 사실상 무과실책임(無過失責任)을 지게 되는 경우가 생기기 마련이다. 억울하게 누명을 쓰다시피 한 피해당사자는 자신이 가지고 있는 부정적인 감정을 어떤 식으로든 표현함으로써, 제2차 피해자를 양산시키는 원인으로 작용가능하다. 물론 자신의 잘못을 정면으로 받아들이는 것이 쉬운 일이라고는 할 수 없으나, 일반적으로 사람들에게 널리 존경받는 인물이라고 불리는 사람들은 자신의 잘못을 순순히 시인하고, 더 나아가 그런 일이 재발되지 않도록 자기관리를 하는 경향이 강하다. 이는 그 사람이 자기객관성(自己客觀性)을 견지하는 인물이 되기 위해 노력한 결과인 셈이다.

자신을 객관적으로 바라볼 수 있는 능력을 겸비한 소수의 인물들을 제외하면, 통상적으로 사람은 자기주관의 세계에서 자기객관의 세계로 평행이동하려고 하지 않기 때문에 자신도 모르는 사이에 누군가에게 혹은 스스로에게 긍정적인 또는 부정적인 영향을 주고받으며 살아가기 마련이다. 필자는 주관의 영역을 객관의 영역으로 돌리는 작업을 '관점의 평행이동'이라고 명명하고자 한다. 자연과학적 차원에서 볼 때, 사람들의 사고능력은 그 영역과 폭이 무한(無限)하지만 이를 사용하는 사람이 지닌 협소한 시각으로 말미암아 유한하게 되었고, 종국적으로 '사건중심'이 아니라 '당사자중심'의 축이라는 범주로 국한되고 말았다. 당사자중심의 사고능력으로 인하여 관점의 평행이동이 불가능해진 상태를 극복함으로써 존중과 믿음의 영역으로 진입하기 위해선 자신의 행위가 불러오는 결과에 대해 책임을 져야 한다는 마음가짐, 즉 사회적 책임성에 대한 인식을 함양하는 것이 중요하다. 사회적 책임의식은 많은 사람들에게 긍정적 혹은 부정적 효과를 가져다 줄 개연성이 있는 사건의 원인과 과정 및 결과에 대하여 사전에 숙고를 할 수 있도록 만들어주는 역할을 수행한다. 사전적 숙고의 시간을 거쳐 사람들은 자기 위주로만 생각하다가 점차적으로 그로 인하여 스스로가 입게 될 막중한 책임감에 부담을 느끼게 된다. 이때부터는 부담의 정도를 최소화시키기 위하여 최대한 객관성을 확보하고자 노력하기에 이른다.

사회적 책임의식을 고양하여야 한다는 말이 어떤 일을 행함에 있어 항상 다른 사람의 눈치를 보며 살아야 한다는 의미가 아니다. 다만 공화주의적 자유주의에 기초한 수준의 공익의식이 겸비되어야 함을 강변해두고 싶을 뿐이다. 공익의식의 핵심을 이루는 '책임'이라는 개념은 '비난가능성'이라고 설명해볼 수도 있다. 책임과 비난가능성이라는 용어는 주로 형법학에서 사용된다. 형법에 규정된 범죄를 자행함으로써 위법한 행위를 한 사람이라고 평가를 받는 사람이 통상적으로 비난받아 마땅하다면 이에 따라 범죄피해자 혹은 유가족의 피해회복이라는 의무를 이행해야 할 책임을 져야 한다. 여기서 (ⅰ) 형법에 저촉되는 행위를 한 것은 구성요건(構成要件)에 해당하는 행위를 하였다는 의미이고, (ⅱ) 위법한 행위를 한 사람라고 평가를 받는 것은 위법성배제사유(違法性排除事由)가 인정되지 않는 한 결과반가치(結果反價値)와 행위반가치(行爲反價値)라는 결과를 초래하였다고 추정을 받는 것이며, (ⅲ) 비난받아 마땅하다는 것은 구성요건에 해당하는 행위를 자행함으로써 위법한 결과를 초래한 인물이 이에 대한 응분의 책임을 져야 한다는 것을 의미한다. 이를 한 마디로 쉽게 풀이하자면, 형법에 저촉되는 행위를 한 사람은 반사회적 결과를 초래하거나 바람직하지 못한 의도를 가지고 누군가에게 해를 주려고 하였으므로 이를 정당화할 수 있는 사유를 소명하지 않는다면, 즉 자신의 행위가 위법하지 않음을 증명하거나 혹은 위법한 행위를 할 수밖에 없는 불가피한 사정이 있었음을 밝히지 못한다면 형사책임을 면할 수 없음을 뜻한다. 그 사람이 누군가에게 비난을 받을만한 인물이라면 특정한 사건에서 발생한 부정적인 결과를 시정해야 할 의무를 안게 되는 것이다. 그러나 만약 그것이 불가항력에 의한 것이라면, 그는 비난가능성으로부터 자유로운 지위에 서게 되는 것이고 결과적으로는 아무런 책임을 지지 않아도 된다. 설령 좋지 않은 결과가 그 사람에 의해 발생하였다고 할지라도, 결과발생을 막기 위하여 사회통념상 요구되는 최선의 노력을 다한 경우엔 외부적인 비난으로부터 자유로울 수 있다. 다만, 결과의 심각성 정도에 따라 상이한 평가를 받게 된다. 예를 들면, 과실치사(過失致死)와 같이 누군가가 사망하게 된 경우라면, 죄책(罪責)으로부터 벗어나기 힘들 것이다. 그러나 책임이라는 개념을 위와 같은 식으로 '비난가능성' 그 자체에 국한시킬 경우, 그 성격에 대한 규명 및 이해에 있어 어려움을 겪게 될 것이다. 책임은 법적인 의미 이외에도 사회적인 의미도 아울러 내포하고 있기 때문이다. 본 개념은 '인격의 도야'라는 개인적 측면과 '건전성에 기초한 긍정적 사회생활의 효과전파'라는 사회적 측면이 가지는 중요성을 부각시키기 위해 사용되기도 한다. 그러므로 책임을 보다 확장된 개념으로 이해하는 것이 바람직하다고 본다. 더불어 앞서 설명한 올바른 귀인론을 통하여 사람들과의 원활한 관계를 만드는 것이 매우 중요하다. 그렇다면 건전한 수준의 귀인과 책임은 어떻게 달성되는지에 대해 논의하지 않을 수 없다. 여기서는 귀인(歸因)과 책임(責任)을 합쳐 귀책(歸責)이라고 표현하고자 한다.

귀책은 '추상적인 수준의 인지적인 측면'과 '구체적인 수준의 의지적인 측면'으로 구성된다. 물론 인지(認知)는 추상적인 것이고, 의지는 구체적인 것이라고 단언할 수는 없다. 다만 의지(意志)는 인지를 기반으로 하여 형성되는 제2차적인 것이기 때문에 상대적 차원의 구체성을 띤다고 판단된다. 따라서 추상적 수준의 인지와 구체적 수준의 의지라는 표현을 하더라도 크게 문제될 것은 없다고 사료된다. 사회에서 바람직하다고 여겨지는 기본적 덕목에 대한 의식이 바로 전자에 해당하는 것으로, 도덕률과 같은 윤리에서부터 법질서에 이르기까지의 총체적 내용이 기본형에 해당한다. 문제는 상위개념에서 하위개념으로의 이동, 즉 구체화 단계에 접어드는 과정에서 일어난다. 무엇이 사회적으로 올바른 것인지를 알고 있음에도 불구하고 이를 실천할 마음가짐과 태도를 적절히 형성시키지 못함에 따라 사회문제를 해결할 수 있는 원동력 자체가 상실되거나 왜곡되는 경우가 바로 그것이다. 이때에는 '흡입력 · 전달력 · 해석력에 기초한 감정'과 '신념' 및 '이성'에 비추어 가장 합리적이라고 판단되는 방안을 도출함으로써 쟁점의 범위를 최소화시킬 수 있도록 노력해야 한다. 이처럼 객관적 인지를 위한 노력이 충분히 경주된 이후에는 의지적인 측면의 귀책론이 거론된다.

물론 의지적인 요소도 객관성을 겸비해야만 타당성을 인정받는다. 의지는 본인이 보유하는 것이지만 누군가에게 전달되어 긍정적인 결과를 거두어야만 그 가치가 발현되는 것이다. 그만큼 의지는 복잡한 심리적 산물이라고 할 수 있다. 감정에서 발현되어 감정에 영향을 주는 피드백을 거치는 경우가 많고, 신념에서 발현되어 신념에 영향을 주기도 하며, 이성에 의하여 보정되지만 때로는 이성을 보정시키기도 한다. 비록 의지는 인지를 통해 구체화되는 것이지만, '불완전한 인지'에 의하여 '불완전하게 형성된 의지'가 기존의 '불완전한 인지'를 '완전한 인지'라는 단계로 넘어갈 수 있도록 유인(誘引)을 하기도 한다. 보다 쉽게 말하자면, 주어진 문제를 해결해야만 한다는 강한 의지가 자신으로 하여금 해당문제를 면밀하게 인식할 수 있도록 만드는 기능을 수행한다는 것이다. 따라서 감정과 신념 및 이성의 균형이 어느 수준에서 이루어지는지의 여부는 의지의 강약을 판단하기 위한 척도가 된다. 이처럼 면밀한 인지와 강한 의지에 기초한 귀책은 사람이 사람에게 갖는 존중의식을 강화시키는 핵심적인 내적 메커니즘임을 강변해두고자 한다.

이상에서 언급한 피드백은 적정한 수준에서 이루어져야 한다. 지나쳐도 안 되지만 부족해서도 안 된다. 전자의 경우를 생각해보자. 객관적인 사고중심축의 변화가 심해지면 자칫 가치관의 정립을 저해할 가능성이 높아진다. 특히 피드백을 구성하는 절차적 요소가 '감정', 그중에서도 흡입력임을 감안한다면 더욱 그러하다. 이 경우 타인의 정서를 수용하는 능력이 떨어지게 되고 자신의 의사를 전달하는 데에만 초점이 맞추어지게 된다. 반면 후자의 경우, 감정과 신념 및 이성의 교환이 약해지고, 발전보다는 정체(停滯)상태에 놓이게 될 가능성이 커진다. 그와 같은 상태가 바람직한 경우가 있다면, 이는 사회가 안정화되고 다양한 이성적 사고가 동질성을 이루고 있을 때이다. 그러나 만약 사회 내에서 통용되는 가치체계가 심각한 수준으로 분열되고 더 나아가 치열한 대립을 현실적 혹은 잠재적으로 양산해내고 있다면 정체상태는 그야말로 독이나 다름없다.

따라서 피드백의 정도는 일정한 균형상태를 이루어야 하는 것이다. 균형의 파괴는 곧 사람들의 심리를 불안하게 만드는 요인이 되고, 현재의 상황에 대해 강한 불만을 갖도록 유인하는 원인이 된다. 불만은 통상적으로 외부에 대한 스트레스의 발현이기 때문에 자연히 부정적인 모든 상황의 근원을 '나와 다른 집단이나 개인'으로 상정하게 되고, 타인(혹은 타집단)이 스스로의 책임을 다하지 않은 결과로 인하여 문제가 발생한 것이라 생각하게 된다. 이때부터 귀인과 책임은 나의 문제가 아니라 남의 문제가 되고, 비판이 아닌 비난의 날을 세우게 되는 것이다. 상기와 같은 상황에선 존중과 믿음의 덕목이 무가치한 것으로 전락하고 만다. 가장 중요한 것은 '자기객관화 능력'이다. 이러한 자질을 갖춘 자에 한하여, 사회나 타인을 비판할 수 있는 자격이 부여되는 것이다.

자기객관화는 자아성찰 혹은 자기고찰로 이어지는데, 이와 같은 능력을 스스로에게 행사하는 것 또한 자신만이 갖는 의무이자 권리에 해당하는 것이라 판단된다. 스스로에게 제재를 가한다는 점에선 자기규제에 해당하지만, 반성적 고찰을 통해 자신의 행동이 정당함을 도출해낸다면, 그는 향후에 있을 사회비판의 자유를 누군가에 의한 제재 없이도 행사할 수 있게 된다. 따라서 '나를 객관적으로 보는 능력'은 권리와 자유의 원천이라고 명명 가능한 객관화능력은 사회전반의 공익을 도출해내기 위한 자유주의적인 힘을 가져오는 근원적 힘이 된다. 더불어 이 힘은 모든 이의 복리를 위해 적절한 수준에서 원용되어야만 하는데, 즉 타인의 권리를 본질적으로 침해하면서까지 사회적 목적을 달성해서는 안 된다는 것이다. 이는 "국민의 모든 자유와 권리는 국가안전보장·질서유지 또는 공공복리를 위하여 필요한 경우에 한하여 법률로써 제한할 수 있으며, 제한하는 경우에도 자유와 권리의 본질적인 내용을 침해할 수 없다"는 규정을 담은 헌법 제37조 제2항에서도 잘 나타나 있다. 뿐만 아니라 자유로운 권리행사를 함에 있어 공화주의적(공동체주의적) 요소가 가미된 형태의 권리를 규정한 법률규정도 여럿 발견된다. 이것은 개인이 가지고 있는 자유의지를 존중과 믿음이라는 덕목의 핵심으로 설정하고 있는 것이다. 개인이 자발적으로 행하는 자기관리를 통해 스스로의 행복을 찾고, 궁극적으로는 그와 같은 삶의 가치가 다른 사람의 그것과 공유되도록 만듦으로써 모두가 안정된 생활을 할 수 있어야만 한다. 귀인과 책임은 이처럼 감정과 신념 그리고 이성 사이의 건설적인 내적(內的) 소통을 통해 이루어지는 것이라 하겠다. 그리고 그 소통의 외부적 발현 그리고 타인의 내적 소통과의 연계(連繫)가 곧 바람직한 존중사회의 정의이다. 그렇다면 이러한 연계는 어떻게 이루어져야 하는가?

연계는 심의민주주의에서 언급하는 합의와 같은 성질의 것으로, 독단적이고 독선적인 판단에서 벗어나 타인의 견해를 널리 수용하는 포용력을 뜻한다. 포용은 소극적이라기보다는 적극적이기 때문에 수용이 아니라 비판적인 존중의 또 다른 이름이라고 보는 것이 타당하다. 반면 소극적인 태도는 본인이 심리적으로 혹은 이성적으로 특정한 행동을 하는 것이 내키지 않거나 바람직하지 않은 것으로 여길 때에 나타나는 현상으로, 남들과 마찰을 빚지 않는 상황 속에서 영위할 수 있는 안정에 더욱 큰 가치를 부여할 때 나타난다. 이러한 태도는 '침묵은 금이다'라는 식의 동양적 문화에 익숙해진 경우에도 발견된다. 물론 이는 사람들이 하는 이야기를 경청함으로써 보다 원활한 인간관계를 맺기 위한 목적으로 행해질 수도 있을 것이지만, 자칫 상대방의 주장을 무조건적으로 수용하거나 혹은 받아들이지 않는 태도로 이어질 개연성 또한 존재한다. 따라서 때로는 자신의 견해를 외부적으로 표명하여 상반되거나 혹은 일방적인 사고의 흐름을 멈추게 할 필요가 있다. 반면 서구적 문화에 익숙한 사람들은 자신의 견해를 적극적으로 표출함으로써 자신들이 궁극적으로 얻고자 하는 것들을 취한다. 표현의 자유와 그 행사의 정도가 완화된 서구에서는 자기홍보라는 PR(Public Relations)이 사회생활을 함에 있어 중요한 덕목으로 자리 잡고 있다. 이 점과 관련하여 필자는 리처드 니스벳(Richard E. Nisbett)이 『생각의 지도』(최인철 옮김, 김영사, 2010) 중 53면에서 설명한 부분에 많은 관심을 가졌다. 니스벳은 "'당신 자신에 대해서 말해보시오'라는 요구는 누구나 쉽게 이해할 수 있는, 지극히 상식적인 것으로 보인다. 그러나 자기 개념(self-concept)을 묻는 이 질문에 대한 대답은 문화에 따라 천차만별이다. 미국과 캐나다인들은 주로 성격

형용사(친절하다, 근면하다)를 사용하거나, 자신의 행동(나는 캠핑을 자주 한다)을 서술한다. 이에 반해, 중국, 일본, 그리고 한국 사람들은 주로 자신이 속해 있는 사회적 맥락을 동원하여 대답하고(예를 들어, '나는 친구들과 노는 것을 좋아한다', '나는 직장에서 아주 열심히 일한다'), 또한 자신의 사회적 역할에 대해 많이 언급한다. 한 연구에 따르면, 일본인들은 맥락을 제시해주지 않은 채로 자신을 기술하게 되면 어려워하지만, 친구들과 있을 때나 직장에서와 같은 특정한 맥락을 제시해주고 그 상황에서 자신을 기술하게 하면 아주 능숙하게 해낸다. 그러나 미국인들의 경우 이와 정반대의 패턴을 보였다. 또 다른 연구에 따르면, 자신을 기술할 때 '다른 사람'을 언급하는 정도가, 일본인이 미국인보다 2배나 높았다고 한다('나는 내 누이와 요리를 같이 한다')"라고 언급한 바 있다. 그만큼 동양에서는 주변인들과의 관계가 자신의 위치를 말해주는 척도인 반면, 서양에서는 자신의 속성 그 자체가 스스로의 위치를 말해주는 잣대가 된다는 것이다. 물론 모든 경우에 이러한 논리가 들어맞는다고는 할 수 없지만, 전반적인 추세가 그러하다는 사실이다. 이에 따르면 누군가와의 관계에서 생겨난 갈등을 해결하는 방법도 다를 수밖에 없다. 동양인들은 원만한 관계재개를 통한 화합을 중심으로, 서양인들은 합리성에 기초한 자신의 논리정연한 견해를 중심으로 행동양식을 구축하게 되는 것이라고 하겠다. 그러나 빛이 있는 곳에는 그림자가 존재하기 마련이듯 견해의 피력도 상대방의 의도를 수용하고자 하는 태도가 결여된다면 투장으로 비화될 가능성이 상존한다. 그러므로 소극적 태도와 적극적 태도의 적절한 사용이 절실히 요구된다.

우리의 주변에 다양한 형태의 갈등이 존재하는 이유는 소극적이어야 하는 때와 적극적이어야 하는 때를 적절히 구분하지 못했기 때문에 발생하는 것이다. 침묵으로 혹은 부작위로 일관하면, 상대방은 자신의 견해를 강력하게 피력함과 동시에 소극적인 태도로 일관하는 사람보다 우위에 있다는 우월감에 빠지며, 급기야 존중보다는 무시에 가까운 모습을 보여주게 된다. 경우에 따라선 자신의 말을 무시하는 것이라 혹은 등한시하는 것이라

판단할 여지 또한 충분하다. 반면에 강한 의사표시로 일관하면 상대방과의 거듭된 마찰을 피하기 어려워질 것이다. 이처럼 이론적으로는 소극적인 태도와 적극적인 태도를 나누어볼 수 있지만 현실적으로는 양자를 명확하게 구분하기가 매우 어려운 것이 사실이다. 침묵과 부작위가 언제나 소극성을 띤 태도라고 판단할 순 없기 때문이다. 오히려 적극적 태도에 가까운 소극적 태도도 있을 수 있다.

침묵은 주어진 상황을 모면하기 위한 방편으로 이용되기도 하지만 상대방의 견해에 동조한다는 의도의 무형의 의사표시가 될 수도 있고 한편으로는 무시하겠다는 내용을 담기도 한다. 따라서 상대방이 보여주는 소극성은 다양하게 해석될 여지가 있는 셈이다. 오해없는 '침묵의 해석'을 위해 필요한 것이 있다면 그것은 '대화의 맥락에 대한 이해'와 '타이밍의 포착'이다. 이를 간단하게 표현하자면, 소위 말하는 '분위기 파악'이다. 즉 대화의 흐름을 이해하고, 그 순간에 예상되는 상대방의 반응을 예측하는 것이다. 이는 대부분 사회생활과 같은 실제적 경험에 기초하여 형성된다. 경험을 이론적으로 풀면 다음과 같이 설명할 수 있다. 이를테면, (ⅰ) 다른 곳을 바라보는 경우, (ⅱ) 손과 발을 가만히 두질 못하는 경우, (ⅲ) 대화의 상대방으로부터 멀찌감치 떨어져 앉는 경우는 대화의 분위기에 부담스러움을 느낀 나머지 집중하지 못하는 케이스에 해당하는 반면, (ⅰ)상대방을 응시하고, (ⅱ) 메모를 하거나 손발을 가지런히 두며, (ⅲ) 의자를 바짝 당겨 앉는 행위는 대화의 분위기에 호감을 느끼며 적극적으로 나서는 케이스에 해당한다. 이처럼 필자는 상대방의 태도를 통하여 그 사람이 진정으로 원하는 바가 무엇인지를 조금씩 파악하는 노력이 필요하다고 생각한다. 필자의 이러한 생각과 관련하여 표창원 교수가 저술한 『숨겨진 심리학』(토네이도, 2012) 중 99면의 대목을 살펴볼 필요가 있다. "사람은 누구나 차이보다는 동질성에서 편안함을 느끼고 공감대를 느끼게 된다. 마치 거울을 보는 것처럼 '저 사람은 나와 비슷하다', '뭔가 공통점이 있는 사람이다'라고 느끼면 안심하게 된다. 우리는 어떤 행동을 할 때 스스로 자신의 행동을 보지는 못하지만 감각은 느끼고 있다. 그런데 상대가 나와 유사한 행동을 하면 무의식적으로 '저 사람도 나와 같이 느끼는구나' 하는 안도감이 들며 마음의 문을 쉽게 연다"라고 언급한 바 있다. 자신을 위주로 한 대화가 아니라 상대방의 입장을 고려하는 대화를 하고자 하는 노력이 있을 때에 비로소 공감대를 형성할 수 있게 됨을 시사하고 있다. 특히 114면에서는 행동의 구체적 예를 들어 설명함으로써 상대방의 반응을 객관적으로 파악할 수 있도록 도움을 주고 있는데, 해당 페이지에서 "양쪽 다리를 벌리는 것은 권위를 내세우며 자신의 영역을 확보하려는 행동을 뜻한다. 상대로부터 위협을 느끼거나 반대로 상대에게 위협을 가하려 할 때 무의식적으로 다리를 벌림으로써 자신의 영역에 대한 통제권을 높이려는 것이다. 어떤 주제를 두고 양측의 의견이 팽팽하게 맞서고 있을 때 상대방이 넓게 벌리며 자세를 고쳐 앉는다면 협상이 장기화될 조짐으로 해석하고 그에 맞는 전략을 개시하는 것이 좋다. 반대로 다리를 꼬고 앉는 것은 상대가 비교적 편안한 상대임을 말해준다. 현재의 진행상황이 만족스러워 자신감을 가졌을 때 편안하게 다리를 꼬는 것이 보통이다"라고 하여 사람의 구체적 행동례에 대해 말한 바 있다.

위와 같은 태도를 통해 우리는 대화의 당사자들이 상호 간에 존중하는 모습을 보이는지 혹은 무시하는 모습을 보이는지에 관하여 판단하는 것이 가능해진다. 그러므로 상대방을 존중하며 원활하게 문제시된 상황을 타개하기 위한 합의를 도출해내기 위해선 '침묵(소극성)의 뉘앙스'를 파악하는 것이 무엇보다도 우선시되어야 한다. 더불어 소극적인 태도를 보이는 사람 역시 자신의 행동이 타인에게 오해를 안겨주지 않도록 주의하여야 할 것이다. 따라서 소극성의 의미를 파악하는 것과 타인에게 부담스럽지 않은 수준의 적극성이 적절히 구비되어야만 불필요한 오해를 불러일으키지 않고 원만한 평화적 타협을 도출해내는 것이 가능해진다.

평화적 타협을 위한 의사소통은 하나 또는 여러 가지의 대상을 중심으로 하여 사고를 교환하는 과정을 통해 서로가 수긍할 수 있는 무언가를 찾아가는 과정에 해당한다. 가깝게는 친구들끼리 나누는 사담(私談)일 수도 있고, 갈등관계에 놓여있는 사람들이 문제해결의 실마리를 모색하는 과정에서 주고받는 대화에 해당할 수도 있다. 그러나 이와 같은 사고교환이 언제나 원활하게 이루어지는 것은 아니기 때문에 의사소통을 둘러싼 많은 문제가 발생하고 있는 실정이다. 말(言)은 관념을 전달하기 위한 구두매체(口頭媒體)에 해당하는 것으로서, 상대방에게 이를 온전하게 전달하기 위해선 화자(話者)의 세심한 주의가 요구된다. 동일한 내용의 관념을 전달하고자 하여도 그것을 표현하는 어투(語套)와 어조(語調) 및 사용하는 용어(用語)가 어떠한가에 따라 왜곡된 형태의 정보나 사고를 전하는 오류를 범하기 쉽기 때문이다. 의사전달은 상대방의 성향에 대해 인식하고, 이러한 인식하에 받아들이는 사람을 배려하여 내용을 알아듣기 쉽게 해야 하는 것이다.

그러나 이러한 조건이 적절하게 충족되지 않는 경우, 우리는 의사교환상의 오류로 인하여 금전적 피해부터 정신적 피해에 이르기까지 상당한 손해를 입게 될 수 있다는 위험성을 감수해야만 하는 입장에 놓이게 된다. 더 나아가 의사불통(意思不通)이란 문제점으로 말미암아 더 이상 대화를 이어갈 수 없는 상황이 초래될 뿐만 아니라, 만약 명예훼손이라는 사건과 결부되어 있는 것이었을 경우엔 소송문제로 비화될 가능성 또한 농후하다. 따라서 화자는 청자(聽者)를 배려하여야 하는 것이다. 청자도 이와 같은 의무를 부담해야 하는 점에서 동일하다. 말이라는 것은 전달하는 사람의 성향에 따라 진의가 다른 방식으로 전달되거나 혹은 왜곡될 수 있는 소지가 다분하다. 이성보다는 감성에 따라 행동을 하는 사람의 경우, 같은 말을 전달하더라도 자신의 기질(氣質)에 부합하는 형식으로 이를 재조정한 후에 이를 발(發)하는 경향이 있다. 따라서 화자는 청자가 오해하지 않도록 주의를 기울여야 하겠지만, 청자 역시 화자가 어떤 기질을 가진 소유자인지에 대해 충분히 생각하는 자세를 견지해야만 할 것이다.

물론 상대방의 정서와 사고방식이 어떠한지를 파악하는 것은 매우 어렵겠지만, 전달하려는 혹은 전달받는 말 속에 들어있는 '사실' 부분만을 정확하게 이해하고자 한다면 의사불통의 문제는 상당부분 해소될 수 있다. 사람들이 대화를 하는 과정에서 분쟁에 휩싸이게 되는 이유는 말 속에 들어있는 '가치'를 '사실'보다 더욱 중요한 것으로 받아들이기 때문이다. '가치판단'과 '사실판단'은 엄연히 그 궤(軌)를 달리한다. 가치는 화자가 그동안 견지해왔던 가치판단과 청자가 보유해왔던 가치관에 따라 해석이 이루어지는데, 만약 '해석상의 불일치'가 생겨나게 될 경우 분쟁이 발생하게 되고, 더 나아가서는 문제의 본질을 흐리는 우를 범하게 된다. 살아오면서 겪은 경험과 그로 인해 생긴 직관(直觀)은 사람마다 다르기 때문에 이를 중심으로 한 대화를 주고받다보면 자연스럽게 감정의 골이 생기기 마련이고, 감정의 골이 적절하게 관리되지 않는다면 결과적으로는 다툼의 소지가 될 것이다. 그러나 사실판단의 경우는 다르다. 사실이라는 것은 이미 발생한 것이고, 기(旣)발생한 사실을 두고 가치관에 부합되는지에 대해 논의하는 경우는 없다. 따라서 사실을 구성하는 정보들에 왜곡됨에 있는지에 대한 측면을 중심으로 하여 감정이 배제된 객관적 이성을 이용한다는 점에서 가치판단과는 매우 다른 모습을 보인다고 하겠다.

문제는 사실판단과 가치판단이 혼재(混在)되어 있는 상태이다. 이때에는 상이한 두 가지의 판단대상을 명확하게 나눌 수 없기 때문에 상대방에 대한 존중감이 필수적으로 요청된다. 만약 상대방의 성향을 알 수 없다면, 최대한 상대편의 심기(心氣)를 거스르지 않을 수 있는 중립적인 표현을 사용하는 것이 합리적이라고 판단된다. 중립적인 태도는 정당성의 여부를 판단하는 '당신의 말이 옳다/그르다'라는 식이 아니라 '동의한다'와 '당신의 말을 이해하지만, 이런 측면에서는 납득하기 어렵다'라는 식의 완곡하게 판단하는 태도를 의미한다. 이러한 세삼한 주의가 있어야만 상대방과의 의사불통을 일으키는 요인이 가지는 효과를 최대한으로 억제하는 것이 가능해진다. 말이라는 것은 전달하는 사람의 성향에 따라 진의가 다른 방식으로 전달되거나 혹은 왜곡될 수 있는 소지가 다분하다. 이성보다는 감성에 따라 행동을 하는 사람의 경우, 같은 말을 전달하더라도 자신의 기질(氣質)에 부합하는 형식으로 이를 재조정한 후에 이를 발(發)하는 경향이 있다. 따라서 화자는 청자가 오해하지 않도록 주의를 기울여야 하겠지만, 청자 역시 화자가 어떤 기질을 가진 소유자인지에 대해 충분히 생각하는 자세를 견지해야만 할 것이다. 물론 상대방의 정서와 사고방식이 어떠한지를 파악하는 것은 매우 어렵겠지만, 전달하려는 혹은 전달받는 말 속에 들어있는 '사실' 부분만을 정확하게 이해하고자 한다면 의사불통의 문제는 상당부분 해소될 수 있다. 사람들이 대화를 하는 과정에서 분쟁에 휩싸이게 되는 이유는 말 속에 들어있는 '가치'를 '사실'보다 더욱 중요한 것으로 받아들이기 때문이다. '가치판단'과 '사실판단'은 엄연히 그 궤(軌)를 달리한다. 가치는 화자가 그동안 견지해왔던 가치판단과 청자가 보유해왔던 가치관이 어떠한가에 따라 재해석이 이루어지는데, 만약 '해석상의 불일치'가 생겨나게 될 경우 분쟁이 발생하게 되고, 더 나아가서는 문제의 본질을 흐리는 우를 범하게 된다. 특히 살아오면서 겪은 경험과 그로 인해 생긴 직관(直觀)은 사람마다 다르기 때문에 이를 중심으로 한 대화를 주고받다보면 자연스럽게 감정의 골이 생기기 마련이고, 감정의 골이 적절하게 관리되지 않는다면 결과적으로는 다툼의 소지가 될 것이다. 그러나 사실판단의 경우는 다르다. 사실이라는 것은 이미 발생한 것이고, 기(旣)발생한 사실을 두고 가치관에 부합되는지에 대해 논의하는 경우는 없다. 따라서 사실을 구성하는 정보들에 왜곡됨에 있는지에 대한 측면을 중심으로 하여 감정이 배제된 객관적 이성을 이용한다는 점에서 가치판단과는 매우 다른 모습을 보인다고 하겠다.

문제는 사실판단과 가치판단이 혼재(混在)되어 있는 상태이다. 이때에는 상이한 두 가지의 판단대상을 명확하게 나눌 수 없기 때문에 상대방에 대한 존중감이 필수적으로 요청된다. 만약 상대방의 성향을 알 수 없다면, 최대한 상대편의 심기(心氣)를 거스르지 않을 수 있는 중립적인 표현을 사용하는 것이 합리적이라고 판단된다. 중립적인 태도는 정당성의 여부를 판단하는 '당신의 말이 옳다/그르다'라는 식이 아니라 '동의한다'와 '당신의 말을 이해하지만, 이런 측면에서는 납득하기 어렵다'라는 식의 완곡하게 판단하는 태도를 의미한다. 이러한 세삼한 주의가 있어야만 상대방과의 의사불통을 일으키는 요인이 가지는 효과를 최대한으로 억제하는 것이 가능해진다. 말이라는 것은 상대방과의 유대관계를 형성시키거나 이어주는 역할을 할 수도 있지만 파괴시키는 기능을 수행할 수도 있다. 문제는 말 그 자체라기보다는 말을 하는 사람들이 가지는 태도이다. 어떠한 태도로 말을 하는지 그리고 듣는지가 관계의 안정성을 좌우하고, 만약 그 관계가 커다란 집단과 집단의 관계처럼 대규모의 성격을 띠고 있다면 사회적 안정성을 결정짓는 열쇠가 될 수도 있을 것이다. 따라서 상호존중의 미덕이 전제되어야만 파괴된 사회의 도래를 막을 수 있는 것이라고 하겠다.

Ⅶ. 인간사의 기본형(基本形)을 만들기 위한 노력

인간이 믿을 만한 존재로 거듭나기 위하여 필요한 것이 존중사회의 도래라고 할 수 있다. 사회질서의 문란함은 환경 그 자체의 문제일 수도 있겠지만, 1차적으로는 그 속에서 삶을 영위하는 사람들의 심리적·정서적 문제라고 판단된다. 사람을 둘러싼 거시적 시스템을 좋고 나쁨이라는 식으로 평가할 수 있는 대상으로 상정하는 것은 무리가 있다. 어떠한 체제이든 그것을 운용하는 주체가 어떠한 심리를 가지고 운용하는지에 따라서 과실(果實)이 될 수도 있지만 독(毒)이 될 수도 있는 것이기 때문이다. 그렇지만 일반적으로는 자신들의 삶이 당초에 바라던 바의 모습대로 형성되어 가기보다는 퇴보하는 듯한 느낌을 인지하게 되면서 그 원인이 내부가 아닌 외부에 존재하는 식으로 원인설정을 하는 우를 범하고 있다. 이러한 우는 단순히 개인적 차원에서만 그치는 것이 아니라 타인은 물론 외부집단을 향한 비판적 목소리를 발(發)함에 따라 사회전체적 차원의 정의와 안정성을 훼손시키는 요인으로 작용하게 된다. 정의와 안정성의 훼손은 필연적으로 사람심리의 각박함을 불러일으키는 동인이 되어, 궁극적으로는 자유주의는 물론 공동체주의까지 훼손시키는 결과를 초래하기 마련이다. 이때부터 사람들은 '만인에 대한 만인의 투쟁상태'라는 자연상태(自然狀態)에 접어들게 되고, 그와 같은 자연상태 속에서 존중과 배려보다는 원초적 자아(原初的 自我)의 실현이라는 목적하에 탐욕스러운 모습으로 전락하고 만다. 결과적으로 인간은 인간을 믿을 수 없는 존재로 상정하게 되어 사회적 안정성을 통한 안락한 삶은 사실상 소멸되는 것과 다름없게 되는 것이다.

그렇기 때문에 필자는 존중의무의 현실적 이행을 통해 위와 같은 인간사적 불행을 방지하는 것이 가장 중요한 것임을 강변한 것이다. 주지하다시피 존중의무는 법적 혹은 제도적으로 강제되는 것이라기보다는 도덕적 혹은 윤리적 차원에서 이루어져야 할 자발적 성격의 도의(道義)에 따른 것이라고 보아야 할 것이다. 그렇지만 자발성(自發性)이라는 요소가 '지켜도 그만, 지키지 않아도 그만'이라는 식으로 해석됨에 따라 자칫 사람들이 갖추어야 할 기본적 덕목수행의 의지를 해이하게 만드는 것 또한 사실이다. 따라서 존중의무를 법적인 형태의 의무에 빗대어 그 구조를 명확하게 밝혀주고, 더 나아가 이것이 사회적으로 어떠한 가치를 지니고 있는지를 설명하는 데에 역점을 둘 필요가 있었다.

존중의무를 수행하기 위해선 개인적 차원의 노력과 사회적 차원의 노력이 수반되어야만 한다. 전자는 감정흡입력과 감정전달력 및 감정해석력의 변증법적 조합으로 형성된 감정을 조건적으로 통제한 후 신념과 이성의 형태를 거쳐 일반이성 및 문화의 단계로 발전시키는 것이다. 이때 제1차 변증법으로 형성된 감정을 신념과 이성이라는 요소를 포함시켜 제2차적 변증법을 통해 일반이성에 가깝도록 만드는 작업이 이루어져야만 한다. 그리고 이와 같은 피드백을 이용하여 궁극적으로는 존중사회에 가장 가까워질 수 있도록 당사자들의 마음가짐을 조정시키는 것이 필요하다. 제2차적 변증법을 통한 존중사회의 형성은 매니지먼트(management)와 이노베이션(innovation)을 이용한 사회경영체제의 확립을 통해서 이루어진다. 사회경영체제라 함은 정치제도와 같이 국가를 운영하는 메커니즘이라기보다는 사람들이 공감대를 형성할 수 있도록 하기 위한 무형의 환경구조라고 할 수 있다. 사람들은 이 속에서 각자가 경영자와 같은 의식을 가지고 공감대적 가치를 형성하기 위한 공론에 참여함으로써 궁극적으로 존중사회 속에서 존재해야만 하는 규율을 만드는 데에 일조하게 된다. 그리고 이와 같은 사항들이 공고화되기 위해선 그 안에서 삶을 영위하는 사람들 사이의 의사소통이 적절하게 이루어져야만 한다. 사고와 관념을 전달하는 것을 주요 목적으로 하는 의사교환은 자신을 객관적으로 바라볼 수 있도록 만드는 원동력으로서 사회적 문제를 공정하게 처리할 수 있도록 이끌어주는 핵심적인 메커니즘이라고 할 수 있겠다. 그러나 문제는 이러한 메커니즘을 어떻게 운용하는지에 대한 점이다. 말(言)이라는 것은 화자와 청자의 개인적 성향에 따라 왜곡되어 전달될 수 있는 유동적 산물에 해당하는 것이기 때문에 오해와 분쟁을 일으키기도 한다. 따라서 옳고 그름을 따지는 식의 발언을 통하여 흑백(黑白)을 가리는 듯한 문제해결이 아니라 상대방이 갖는 사고의 핵심을 파악하기 위한 우회적인 소통기술이 필요하다. 이를 위해선 감정흡입력과 감정전달력을 통해 화자 혹은 청자가 가지고 있는 진의를 해석함으로써 자신과 타인의 의사가 공유될 수 있도록 하는 작업이 요청된다. 그와 같은 과정을 거듭하여 존중사회라는 인간사의 기본형(基本形)이 만들어질 것이라고 사료된다.

第3章 법정의(Legal Justice) 형성의 나침반

第1節 인간성과 권리론

Ⅰ. 권리를 바라보는 시각

소통을 통한 원만한 인간관계의 형성이 가능하기 위해선 상기에서 언급한 조건들이 체계적 안정성을 겸비하여야만 한다. 그리하여 인간은 자신에게 유익하면서도 타인에게 피해를 주지 않기 위한 소통을 하기 위하여 많은 노력을 해왔는데, 그러한 노력의 끝에 얻은 것이 권리개념의 창안이라고 할 수 있다. 권리는 태초부터 주어진 인간의 욕구를 합리적인 언어를 통하여 구체적으로 표현한 것으로서 사람들이 일관적 복합성이라는 성격을 가진 사회 속에서 타인과 마찰을 빚지 않고 살아가기 위하여 고안된 핵심적인 요소이다. 그러나 이러한 요소가 당초의 목적에 부합하게 운용되기보다는 스스로의 욕망을 관철시키기 위한 방편으로 악용됨에 따라 '자연법칙(상생의 법칙)에 기초한 사회'가 '힘의 법칙에 기초한 사회'로 변질되는 상황이 발생하게 되었다. 욕망은 흔히 이익추구행위와 관계가 깊기 때문에 이익을 어떻게 정의하는가에 대한 문제는 권리의 개념을 설정하는 사안과 직결된다. 그 이유는 '권리'가 권(權)과 리(利)의 합성에 의하여 형성되는 것으로 이익을 의미하는 리(利)가 이미 내포되어 있기 때문이다. 따라서 상기에서 언급한 바와 같이 정당한 권원으로부터 도출된 이익만이 정당한 것이라고 상정한다면, 권리의 속성 자연스레 부당함으로부터 멀어지기 마련이다. 그러나 권리 자체를 악의적으로 이용하는 경우가 많기 때문에 이에 대한 근절을 위하여 민법 제2조[14]에 규정된 권리남용(權利濫用) 금지[15]

---

14) 민법 제2조 제1항에선 "권리의 행사와 의무의 이행은 신의에 좇아 성실히 하여야 한다"고, 제2항에선 "권리는 남용하지 못한다"고 규정하였다. 전자를 신의성실의 원칙 내지는 신의칙이라고 하고, 후자를 권리남용 금지의 원칙이라고 부른다.

15) 권리남용 금지의 원칙에 대하여 대법원은 2011년 4월 28일에 선고한 2011다12163 결정에서 "권리행사가 권리의 남용에 해당한다고 할 수 있으려면 주관적으로 그 권리행사의 목적이 오직 상대방에게 고통을 주고 손해를 입히려는 데 있을 뿐 행사하는 사람에게 아무런 이익이 없을 경우이어야 하고, 객관적으로는 그 권리행사가 사회질서에 위반된다고 볼 수 있어야 하며, 이러한 경우에 해당하지 않는 한 비록 그 권리행사로 권리행사자가 얻는 이익보다 상대방이 잃을 손해가 현저히 크다 하여도 그 사정만으로는 이를 권리남용이라 할 수 없다(대법원 2009. 5. 14. 선고 2009다1092 판결, 대법원 2010. 2. 25. 선고 2008다73809 판결 등 참조)"라고 판결을 내렸다. 이와 관련하여 권리남용 금지의 원칙을 규정한 민법 제2조 제2항이 명확성의 원칙에 위반된다는 사유로 헌법소원이 제기된 바 있는데, 헌법재판소는 "민법 제2조 제2항은 "권리는 남용하지 못한다."라고 규정하고 있는바, 여기서 말하는 '권리의 남용'이란 권리의 행사가 외관상으로는 적법하게 보이지만 실질에 있어서는 권리의 공공성·사회성에 반하거나 권리 본래의 사회적 목적을 벗어난 것이어서 정당한 권리의 행사로 볼 수 없는 것으로 해석할 수 있다. 비록 위 조항에서 '남용'이라는 다소 추상적이고 광범위한 것으로 보이는 용어를 사용하면서 모든 구성요건을 일일이 규정하고 있지는 않으나, 법률조항에서 권리의 남용에 해당하는 모든 경우를 상정하여 규정하는 것은 입법기술상으로 불가능하다. 나아가 어느 권리행사가 권리남용이 되는가의 여부는 개별적이고 구체적인 사안에 따라 사법심사를 통해 판단되어야 할 사안이고(대법원 2003. 11. 27. 선고 2003다40422 판결), 이러한 법원의 판단은 구체적인 상황에 따라 달라질 수 있는데, 법률조항에서 해당 요건을 모두 규정하는 것은 구체적 타당성을 도모하려는 법관의 재량을 지나치게 제한할 수 있다는 측면에서도 바람직하지 않다. 한편, 법원은 권리남용에 해당하기 위한 요건으로서 "권리의 행사가 주관적으로 오직 상대방에게 고통을 주고 손해를 입히려는 데 있을 뿐 이를 행사하는 사람에게 아무런 이익이 없고, 객관적으로 사회질서에 위반된다고 볼 수 있으면, 그 권리의 행사는 권리남용으로서 허용되지 아니한다."(대법원 2010. 2. 25. 선고 2008다73809 판결; 대법원 2011. 4. 28. 선고 2001다12163 판결 등)라고 판시하여

의 원칙이나 신의칙(信義則)[16]과 같은 준칙들이 적극적으로 활용되고 있다. 이들은 이익이라는 개념을 정당성이 내재된 산물로 바라보도록 유도하는 데에 기여하는 바가 있고, 그에 따라 부당하게 욕구하는 바를 추구하려는 이들의 의지가 결코 허용될 수 없는 것임을 이성적 · 정서적으로 체감하도록 만든다는 점에서 고무적이다. 그럼에도 불구하고 대한민국을 비롯하여 세계적으로 소송건수는 늘어가고 있는 추세에 속하는데, 이를 두고 법과 법원리가 제대로 그 기능을 다하지 못하기 때문이라는 비판이 제시될 가능성도 있다. 다시 말해서 위와 같은 장치들이 존재한다고 할지라도 문제가 해결되지 않고 있다는 사실로 보아 법치주의를 신봉하는 것에 대해 회의적인 반응을 보일 수 있다는 것이다. 일견 타당해 보이는 반론일 수 있겠지만, 사회를 구성하는 영역의 다양화는 불법행위의 다양화로 이어지기 마련이라는 사실을 감안하여야 한다. 만약 소송건수를 줄인다는 목적을 달성하기를 희구한다면, 사회발전의 방향을 인위적으로 역행시키는 방안을 모색하여야 한다는 결론에 다다를 수 있기 때문에 비합리적인 결과를 초래할 가능성이 더욱 높다고 사료된다. 따라서 관건은 법치주의가 공동체의 진화속도에 맞추어 내부적으로 존재하는 법적 문제들을 해결할 수 있는 역량을 키우도록 방향을 모색하는 것이고, 그 첫 단추는 단연 법이 관장하는 원천적 대상인 권리에 대한 새로운 개념정립이라고 사료된다.

한자사전을 찾아보면 권(權)은 '권세'를 의미하는 용어로 기재되어 있지만

권리남용에 해당하는 범위를 합리적으로 제한하고 있으므로, 그 적용 범위가 지나치게 광범위하다고 볼 수 없다"라고 설시한 바 있다. 관련 내용은 헌법재판소가 2013년 5월 30일에 선고한 2012헌바335 결정의 원문을 참조하길 바란다.

16) 대법원은 1991년 12월 10일에 선고한 91다3802 판결에서 "민법상의 신의성실의 원칙은, 법률관계의 당사자는 이익을 배려하여 형평에 어긋나거나 신뢰를 저버리는 내용 또는 방법으로 권리를 행사하거나 의무를 이행하여서는 안된다는 추상적 규범을 말하는 것으로서 신의성실의 원칙에 위배된다는 이유로 그 권리행사를 부정하기 위하여는 상대방에게 신의를 공여하였다거나, 객관적으로 보아 상대방이 신의를 가짐이 정당한 상태에 이르러야 하고 이와 같은 상대방의 신의에 반하여 권리를 행사하는 것이 정의관념에 비추어 용인될 수 없는 정도의 상태에 이르러야 한다"고 판결을 내렸다.

이에 기초하여 물리적인 해석을 하려고 할 경우 권리의 의미가 와전될 수밖에 없음을 고려해 볼 때, 그보다는 '권한'의 의미로 받아들이는 편이 보다 바람직하다고 사료된다. 권한은 본인이 원하는 무엇을 구체적으로 행할 수 있도록 만들어주는 힘의 원천을 의미하는 것으로, 구체적인 예로 민법(民法)에서의 소유권이 통상적으로 사용(使用)권한과 수익(收益)권한 그리고 처분(處分)권한으로 분류된다는 사항을 떠올려볼 수 있겠다. 가진 것을 자신의 구미에 맞게 사용함으로써 더욱 큰 무언가를 얻으려고 하는 행위는 인간이라면 누구나 보유하고 있는 본능에 기초한 사실이라는 점을 감안할 때 매우 자연스러운 것이라 하겠지만, 안타깝게도 사람들은 이를 탐욕(貪慾)과 결부지어 생각하는 경향이 강하다. 물욕(物慾)은 인간의 천성을 타락시키는 부정적인 성향을 띤 욕구라고 여기고 있기 때문이다. 이와 같은 사고의 만연으로 말미암아 이익을 쟁취하기 위해 행하는 행위가 사회통념상 바람직하지 않다는 평가가 내려지지 않도록 만들어주는 것이 곧 권한이다. 누군가에게 현실적·잠재적으로 피해를 주지 않는 범위 안에서 적법한 수단을 통하여 이익을 추구하는 태도는 결코 잘못된 것이라고 할 수 없다. 단지 합리적인 이유를 제시하지 않은 채 침익적(侵益的)·약탈적(掠奪的) 성격을 띤 수단을 사용하여 원하는 바를 쟁취하려고 할 경우에 한해 제재를 받을 뿐이다. 그러나 만약 시의적절한 제재가 이루어지지 않을 경우엔 부당한 욕구충족행위의 지속으로 인해 정당성을 띠고 있었던 권한이 부당한 것으로 전락하게 될 위험성이 높아진다. 정의에 반(反)하는 형태의 욕구충족행위가 부당한 권한을 낳는 까닭은 자신의 탐욕스러운 의도를 감추기 위해선 위장된 형태의 권한, 즉 부진정한 대의명분을 내세워야만 하기 때문이다. 결국 이와 같은 대의명분을 두고 타당성 논쟁을 벌이기 시작하면서 사회적 갈등은 싹트기 시작한다.

그리고 때로는 합법화된 권리가 바람직한 이익관의 정립을 가져오기도 한다. 이를 따르지 않을 때에 부과될 제재에 대한 부담감도 하나의 이유가 될 수 있겠지만, 공동체의 구성원들로부터 지탄을 받는 입장에서 서게 됨으로써 종국적으로는 집단에 의하여 격리되는 상황이 발생할 수 있다는 상황에 대해 심리적 부담감을 가질 수밖에 없기 때문이다. 사회에 의하여 백안시 받는 존재가 된다는 것은 곧 자아실현본능을 구현시킬 방법을 상실함을 의미하기도 하지만, 이에 따라 자신의 삶에 대한 가치가 엄청난 수준으로 퇴락하는 결과를 가져오는 원인이 되기도 한다. 그러므로 이익에 대한 개념에 정당성이라는 요소를 삽입함으로써 바람직한 의미의 자유에 대한 인식이 널리 확산되었을 때에 한하여 해결될 수 있는 문제라 하겠다. 그와 같은 인식이 전제되지 않는다면, (i) 미시적으로는 사회 내에 존재하는 제재와 격리의 근거 자체가 존재할 수 없고, (ii) 거시적으로는 무엇이 정의이고 악의인지에 대하여 준별할 수 있는 기준점이란 것이 인정되기 어렵다. 따라서 정당성이라는 요소가 편입된 이익개념은 누군가가 권리를 행사함에 있어 자아실현본능에 충실하되, 그로 말미암아 누군가의 자유를 함부로 침해하지 못하도록 만드는 중요한 역할을 수행한다고 할 수 있겠다.

이상의 권리에 대한 담론을 통하여 누군가가 자신이 보유한 자유를 누리기 위해선 그에 상응하는 의무를 부담해야 한다는 사실을 알 수 있다. 지금까지의 논의의 요점은 자아실현본능에 기초하여 개성을 자유롭게 발현하고 더 나아가 행복을 추구하는 행위에 역점을 두되, 이로 인하여 발생할 수 있는 부작용이 있음을 감안한다면 스스로 권리행사의 범주에 제한을 가할 수 있어야 한다는 것이었다. 다시 말하여 나의 자유는 타인의 자유가 시작되는 시점에서 그친다는 것이므로 그 범위를 넘어서지 않도록 하는 행위가 곧 의무에 해당한다는 사실이다. 그 이유는 다른 사람이 소중하게 여기고 있는 부분을 해하지 않기 위해선 도의적(道義的) 혹은 법적(法的)인 차원의 자제력이 필수적으로 요청되기 때문이다. 이는 사람이라는 존재가 공동체에서 살든지 공동체를 떠난 자연 속에서 살든지 공(共)히 준수해야 하는 사항이라 하겠다.

Ⅱ. 권리를 구성하는 두 가지 속성

주지하다시피 공동체란 나를 비롯하여 자신과 비슷한 혹은 다른 생각을 가지고 살아가는 사람들이 모여 생을 영위하고 있는 집단을 의미한다. 여기서 말하는 생각이란 가치관을 뜻하는 것으로 (i) 무엇이 자신에게 소중한 것으로 여겨지는지, (ii) 자신에게 주어진 (소중한) 것을 보존하기 위해선 무엇이 필요한지, (iii) 아직 그것을 획득하지 못하였다면 향후 어떠한 태도를 보여야 하는지, (iv) 그러한 태도가 자신을 포함하여 다른 이들에게 어떠한 영향을 미칠 것인지, (v) 만약 부정적인 영향을 주게 될 것이라면 어떠한 식으로 대처해야 할 것인지에 대한 사유(思惟)들이 함축적으로 내포되어 있다. 통상적으로 사람들은 유사한 가치관을 가지고 있는 사람들 간에는 분쟁이 발생할 가능성이 낮다고 생각하는 경향이 있지만 반드시 그렇다고 할 수는 없다. 그 이유는 자아실현을 하기 위하여 추구하고자 하는 목적과 선택한 수단이 동일하기 때문에 한정된 자원을 두고 갈등관계에 놓이게 될 개연성이 존재하기 때문이다. 물론 공감대적 가치에 기초하여 양보하는 행동양식이 널리 확산될 수도 있겠으나 자아실현이라는 본능에 대한 통제가 현실적으로 타협하기 힘든 사항에 해당한다는 점을 감안한다면, 사람들에게 그러한 덕목(양보)이 그들의 내면에 자연스레 깃들기를 기대하는 것은 순진한 생각이라고 사료된다. 영장류가 가지고 있는 자유의지와 이성이 건전한 문화에 토대를 두어 기나긴 시간 동안 안정적으로 존속해온 것은 사실이지만 눈앞에 보이는 이익에 대하여 태연한 모습, 즉 견물생심(見物生心)이라는 자연스러운 탐욕을 강력하게 제어할 가능성은 이상하리만치 낮은 편이다. 그만큼 인간은 오감을 통해 들어오는 정보에 유혹되기 쉬운 존재이기에 '감정'과 '신념' 및 '이성'의 피드백을 통하여 스스로에 대한 통제력을 지속적으로 길러야만 한다.

무리한 수준의 욕구충족행위로 말미암아 자유의지와 이성이 개인적 사고의 뒤편으로 물러날 수밖에 없음을 단적으로 보여주는 예시들도 많이 있는 편이지만, 인간이 언제나 직접적으로 자신에게 혜택을 주기 위한 식으로 행동하는 것을 지양함과 더불어 사회 전체의 복리를 위하여 행동하는 경우도 있으므로 견물생심에 기초한 심리가 지배적인 것처럼 생각해선 안 된다는 사고를 할 수도 있을 것이다. 특히 복지국가론(福祉國家論, theory of welfare-state)의 패러다임의 도래와 같은 현상을 들어 반론을 제기하는 것이 가능하다. 많은 사람들은 이 이론을 통하여 사회적 약자에 해당하는 이들의 삶의 질을 제고시킴으로써 만인이 균등한 수준의 생활을 할 수 있도록 해야 한다는 이른바 평등에 기초한 정의실현을 주장하고 있다. 그렇기 때문에 인간이라는 존재가 자아실현에만 역점을 두는 삶을 살아가는 것은 아니라는 반대견해가 제시될 수 있는 것이다. 지극히 타당한 반론이라고 생각한다. 그러나 복지국가론이라는 학문적 · 정책적 담론이 만연하게 된 원인이 무엇인지에 대해서 고려해보자. 원인은 많은 자원을 가지고 있는 혹은 획득할 기회를 부여받은 이들이 자신들이 보유한 가치관을 지나칠 정도로 강하게 견지한 나머지 타인의 권리영역을 부당하게 침해하고 있기 때문이다. 따라서 그러한 부정적 문제를 해소시키기 위한 방편으로 대두된 것이 복지국가론인 셈이다. 그러므로 복지국가론이 제시된 이유는 사람들이 '탐욕스러움에서 벗어났기' 때문이 아니라 '벗어나기 위해서' 제시된 것이라고 보는 편이 합리적일 것이라고 생각한다. 그리고 이 이론이 '사람들이 자유로운 삶을 영위하는 것을 바람직한 것으로 생각하되, 이들이 누군가가 행복한 삶을 살기 위해 노력할 수 있는 여지를 지나치게 축소시킨다면 제한을 가해야 할 필요가 있다'는 식으로 구성된다면 본고에서 주장하는 공화주의적 자유주의와 맥을 같이한다고 생각해볼 수도 있다. 이와 같은 관점을 아울러 고려한다면, 필자가 사람들이 탐욕이라는 정서에 기초하여 형성한 불완전한 권리의식에 대해 비판을 하는 것이 과(過)하다고 할 순 없을 것이다. 다시 말해서 자신의 이익을 지킨다는 '보존의 의식'과 이를 위하여 타인의 권리가 부당하게 침해되어도 어쩔 수 없다는 '파괴의 의식' 및 이를 통하여 권리를 오남용하는 자가 추구하는 가치를 창출되게끔 만드는 '창조의 의식' 그리고 강자와 약자로 대별되는 상황을 고착시키는 부진정한 '상생의 의식'이 자연이 보유한 법칙들을 현저하게 왜곡된 형태로 존재하게 만드는 현상이 문제라는 것이다. 이와 같이 법칙의 왜곡화를 방지하기 위해선 정당한 이익만이 이익에 해당한다는 사고 이외에 권리와 의무의 관계에 대한 관념을 일정부분 전환해야 할 필요가 있다.

'권리 안에 의무가 존재한다'는 가치관의 확보를 통하여 본인이 보유하고 있는 자유를 사회통념에 비추어 합리적이라고 여겨지는 범위 안에서 발현할 수 있도록 자제력을 행사할 수 있게 하는 조류가 확산되어야만 한다는 논리를 '자유의 내재적 한계'라고 부를 수 있다. 이와 같은 용어를 어떻게 해석할 것인지와 관련해선 법학자들 사이에서도 논의가 분분한 편이다. 어떤 이는 자유의 내재적 한계가 독일의 법리(法理)에서 유래한 것이기 때문에 그들의 시각을 중심으로 그 진의를 살펴보고 난 연후에 그것이 한국사회에 적용할 수 있는지의 여부를 판단해야한다고 강변하기도 한다. 그러나 권리 안에 의무가 존재한다는 말의 의미를 지금까지의 논의를 바탕으로 하여 해석해볼 수 있다. 주관적 공권(主觀的 公權)과 객관적 가치질서(客觀的 價値秩序)라는 두 개의 대립적 개념을 사용하는 방법이 바로 그것인데, 이에 따르면 (i) 사람들은 전자에 따라 자신이 보유하고 있는 권리가 적절하게 향유될 수 있도록 공적으로 보장받을 필요가 있고, (ii) 그러한 공권을 행사하더라도 후자에 의거하여 법질서에 부합하는 범위 안에서만 향유함으로써 사회의 평화상태를 훼손시켜서는 안 된다는 것이다. 우리가 통상적으로 생각할 수 있는 주관적 공권들은 헌법 제2강에 규정된 일련의 기본권들에 해당하기 때문에 쉽게 생각해볼 수 있지만, 객관적 가치질서의 경우는 다소 특별하다. 관련한 예를 들자면, "모든 국민은 그 보호하는 자녀에게 적어도 초등교육과 법률이 정하는 교육을 받게 할 의무를 진다"고 규정한 헌법 제31조 제2항, "모든 국민은 법률이 정하는 바에 의하여 납세의 의무를 진다"고 규정한 헌법 제38조, "모든 국민은 법률이 정하는 바에 의하여 국방의 의무를 진다"라고 규정한 헌법 제39조 제1항과 이러한 의무가 성실히 이행될 수 있도록 하기 위하여 "누구든지 병역의무의 이행으로 인하여 불이익한 처우를 받지 아니한다"고 명시한 제2항은 국민에게 부과된 헌법적 의무로서 사회의 보편적 가치를 수호하기 위한 일련의 책무들을 생각해 볼 수 있다. 다시 말해서 주관적 공권보다는 객관적 가치질서라는 속성을 더욱 강하게 띤 규정이라는 것이다. 그러나 반드시 헌법에 의하여 부과된 의무만이 법적 의무에 해당한다고 볼 수 없다. 여타의 헌법규정들도 타인의 기본권을 부당하게 침해하지 않는 범주하에서만 적용될 뿐만 아니라 세부법령들 또한 그러하다는 점으로 볼 때 국민들로 하여금 존중의무를 이행할 것을 촉구하고 있음을 알 수 있다. 이처럼 개인이 사회통념 혹은 법에 의하여 누릴 수 있는 자유를 향유한다고 할지라도 객관적 가치질서를 파괴하는 행위는 할 수 없다.

여기서 한 가지 첨언할 사항이 있다면, 헌법규정이 가지고 있는 객관적 가치질서를 개인의 생활 전범위에 걸쳐 직접적으로 적용할 수 있는지의 여부에 대한 논의이다. 헌법에 규정되어 있는 바를 사적 영역에 그대로 적용할 수 있다고 보는 견해를 일반적으로 직접효력설(直接效力設)이라고 부르는데, 이러한 견해를 수용할 경우 국민들이 겪고 있는 혹은 겪게 될 문제들을 단숨에 처리할 수 있다는 점에선 그 효과가 매우 크다고 할 수 있다. 그러나 매순간 헌법과 같이 규모가 큰 법을 적용하는 것이 그리 쉽지만은 않다. 그 이유는 헌법이 강력한 규범력을 가지고 있지만 추상적인 용어로 구성되어 있으므로 구체적인 외형을 갖춘 공권력으로 작용되기 위해선 전문적인 해석과정을 거쳐야만 하기 때문이다. 해석과정을 거치지 않은 규정은 이현령비현령(耳懸鈴鼻懸鈴)식으로 적용될 수밖에 없고, 급기야 사회적으로 더욱 큰 혼란을 초래할 수 있다는 현실적 위험성을 염두에 두어야 할 것이다. 뿐만 아니라 분쟁이 객관적인 견지에서 볼 때 사소한 문제를 대상으로 하여 발생한 경우에도 헌법규정을 거론하는 것은 견문발검하는 식의 우를 범하는 것과 다르지 않을 수도 있다. 따라서 헌법은 커다란 인권문제를 다루는 데에 있어서 거론하되, 나머지 부분에 대해선 세부법령들을 통하여 해결하는 것이 바람직하다는 간접효력설(間接效力設)이 법계의 다수견해로 인정받고 있다. 하위의 법령들은 헌법으로부터 수권을 받아 제정된 것으로서 기본적으로 모법이 내포한 가치들을 그대로 가지고 있다. 뿐만 아니라 구체적인 사건에 곧바로 적용될 수 있는 기동성을 보유하고 있다는 점 또한 중요한 특징적 요소이다. 그러므로 헌법정신을 온전하게 담고 있는 법령들이 사회전반에서 발생하는 모든 사건에 적절히 적용될 수 있도록 하는 것이 권리의 오·남용 내지는 부당한 권리제한이라는 함정에 빠지지 않는 방법이다.[17)]

사실 자유의 내재적 한계를 어떠한 식으로 해석할 것인지의 문제를 두고 이것이 외국에서 유래하였다는 이유로 그들의 시각에서 벗어나지 않는 범위 안에서 용법의 틀을 마련하는 것보다는 그것이 자국에 긍정적인 영향을 줄 수 있다면 이를 해당사회문화에 부합하는 식으로 응용해석을 함으로써 독립된 이론으로 재활용하는 태도가 보다 합리적이라고 사료된다. 필자는 이익이라는 개념 안에 정당성이라는 요소를, 이익이라는 개념을 전제로 한 권리 안에 주관적 공권과 객관적 가치질서라는 속성의 공존이라는 내용을 삽입시키는 것이 바람직하다고 강변하고자 한다. 다시 말해서 권리 안에 의무가 존재한다는 말의 의미를 '누군가의 자유를 부당하게 해치지 않는다는 전제하에 인정될 수 있는 이익의 진정성은 이른바 권리의 중추이자

17) 물론 법령이 자의적으로 적용되어 새로운 형태의 권리침해를 조장한다면 헌법재판소와 대법원의 심사에 따라 무효화될 수 있다. 헌법 제107조 제1항에서는 "법률이 헌법에 위반되는 여부가 재판의 전제가 된 경우에는 법원은 헌법재판소에 제청하여 그 심판에 의하여 재판한다", 제2항에서는 "명령·규칙 또는 처분이 헌법이나 법률에 위반되는 여부가 재판의 전제가 된 경우에는 대법원은 이를 최종적으로 심사할 권한을 가진다", 제3항에서는 "재판의 전심절차로서 행정심판을 할 수 있다. 행정심판의 절차는 법률로 정하되, 사법절차가 준용되어야 한다"고 규정하고 있다. 그리고 헌법 제111조 제1항에선 헌법재판소의 관장사항을 정하고 있는데, 제1항에 따르면 "헌법재판소는 다음 사항을 관장한다. 1. 법원의 제청에 의한 법률의 위헌여부 심판, 2. 탄핵의 심판, 3. 정당의 해산 심판, 4. 국가기관 상호 간, 국가기관과 지방자치단체간 및 지방자치단체 상호 간의 권행쟁의에 관한 심판, 5. 법률이 정하는 헌법소원에 관한 심판"이라고 규정되어 있다. 그리고 제111조 제1항의 내용을 구성하는 구체적인 내용은 헌법재판소법에 자세히 규정되어 있다.

요체가 되는데, 여기서 말하는 권리는 자신이 보유한 자아실현본능에 기초하여 행사됨과 더불어 공적으로 보호받아야 하는 법적 · 사실적인 속성을 띤 산물이기도 하지만, 그로 말미암아 타인이 가지고 있는 자아실현본능을 왜곡된 보존 · 파괴 · 창조의 법칙에 따라 부당하게 제한하는 행위는 타당한 것으로 용인될 수 없다'는 식으로 해석함으로써 궁극적으로는 자아와 타자 사이에 상생의 법칙이 존속할 수 있도록 유도하는 역할을 수행할 수 있도록 해석 · 정비되어야 한다. 한국사회를 포함하여 전 세계적으로 갈등사회(葛藤社會, confliction society)에 대한 관심이 증대되고 있다는 사실은 상생의 법칙이 제대로 유지되기 어려운 상황이 해소되지 않고 있다는 병폐에 기인한 결과라고 하겠다.

필자는 앞서 감정과 신념 그리고 이성 사이의 피드백이 바람직한 권리관의 형성을 위하여 필수적으로 요청되는 과제라고 언급한 바 있는데, 그 이유는 일반적으로 사회를 수많은 사람들의 권리행사와 의무이행을 통하여 질서를 형성하는 대규모의 집단이라고 생각하는 경향이 짙게 나타나기 때문이다. 그러나 흑백논리와 같이 일도양단의 관점에서 집단을 바라보게 될 경우 사회 내의 구성원들을 '수혜를 받는 집단'(권리집단)과 '부담을 짊어져야 하는 집단'(의무집단)으로 나누는, 이른바 불합리한 이원화를 촉진시킨다는 점을 감안한다면 궁극적으로 대립과 갈등을 전제로 한 사회관을 형성시키는 요인으로 작용할 가능성이 있다고 사료된다.[18] 따라서 사회운영의

18) 다시 말해서 권리와 의무를 절대적인 별개의 산물로 여기는 것이 아니라, '권리 안에 의무가 존재한다'는 식으로 해석하여 상호유기적인 관계를 형성하고 있는 것으로 보아야 한다는 의미이다. '甲은 乙에게 금전을 빌려주었으므로, 채무자인 乙이 자신이 인간 이하의 열악한 생활을 하는 한이 있더라도 인정사정없이 채권을 행사할 수 있어야만 한다'는 논리가 인지상정에 근거하여 바람직하지 못한 것으로 여겨지는 것을 생각해볼 수 있다. 만약 乙이 제 시간에 변제하지 못할 만한 정당한 이유가 있음에도 불구하고, 채권자인 甲이 단지 채권을 보유하고 있다는 사실만으로 권리를 주장하는 것은 신의성실의 원칙(신의칙)에 어긋나는 것이다. 실제로 이와 같은 사건이 일어나는 빈도는 매우 높은 편이다. 만약 '권리 안에 의무가 존재한다'는 말에 따라 본 사건을 해결해본다면, '경제적으로 여유로운 생활을 하고 있는 甲은 비록 乙에 대한 채권자로서 변제를 받을 권리가 있다고 할지라도 채무자인 乙이 정당한 사유를 제시하지 않고서 변제를 해태한다고 볼 근거가 없다면, 그에게 즉각적인

메커니즘이 비단 권리와 의무라는 두 개의 요소에만 의존하는 논리는 상생의 법칙에 기초한 정의를 실현함에 있어 지양되어야 할 부분이다. 특히 이러한 유형의 정의는 부분적으로는 사람들 사이의 '인정(人情)'에 기초하여 성립하는 것이기도 하기 때문에 개인의 내부적 정서상태가 어떠한지에 따라 그 성패가 좌우될 수도 있다는 사실을 유념할 필요가 있다. 인정은 기본적으로 사람이라면 누구나 가질 수 있는 정서적인 상태를 의미하는 것으로서 '인지상정(人之常情)의 줄임말'이라고 해석해도 무방하다. 그러나 자아실현본능을 제대로 통제하지 못함에 따라 눈앞에 보이는 이익을 쟁취하는 데에 몰두한 나머지 타인들이 보유한 정서를 고려하지 않음에 따라 심각한 갈등과 분쟁이 야기되고 있는 실정이고, 설상가상으로 사람들의 내면에 마땅히 존재해야 할 인간미가 퇴색되어 가고 있음을 보여주는 상황을 대중매체 등을 통해 쉽게 발견할 수 있다. 다시 말해서 '주관적 공권'에 대한 가치가 지나칠 정도로 고양된 까닭에 공감대적 가치에 기반을 둔 '객관적 가치질서'의 중요성이 상대적으로 격하된 셈이다. 이처럼 권리 안에 의무가 존재한다는 말의 의미가 퇴색되지 않게 함으로써 궁극적으로 양자가 균형을 이룰 수 있게 하기 위해선 지금까지의 논의 이외에 인간성의 회복에 대한 담론이 필수적으로 요청된다.

Ⅲ. 권리와 인간성의 관계

인간성을 회복시킨다는 말은 마치 중세의 르네상스의 도래와 같은 느낌으로 다가올 수 있겠지만, 이러한 과제가 패러다임의 거대한 전환과도 같아서 인류가 쉽게 달성할 수 없는 것이라고 볼 필요는 없다. 오히려 너무나도 손쉽게 이루어질 수 있는 부분이기 때문에 사람들이 간과하

변제요구를 하는 행위는 허용되지 않는다'고 할 수 있겠다. 다시 말해서 甲은 乙에게 권리를 행사하더라도 채무자가 처한 상황(물론 乙이 악의적으로 변제를 하지 않는 경우이어야만 한다)을 아울러 고려해줄 수 있는 도의적 차원의 의무를 부담해야 한다는 것이다.

고 지낸다는 것이 가장 큰 문제라고 할 수 있다. 그 부분이 바로 감정과 신념 및 이성의 피드백 과정이다. 감정은 희(喜), 노(怒), 애(愛), 락(樂), 애(哀), 오(惡), 욕(慾)과 같이 유학에서 말하는 칠정과도 같은 것인데, 이들이 외부적으로 발현됨으로써 사람들은 누군가가 어떠한 감정상태에 놓여있는지를 판단할 수 있게 된다. 실제로 사회적으로 문제가 되고 있는 갈등과 분쟁이 제대로 해소되지 않는 이유는 그와 같은 감정을 일정한 합리적 숙고의 절차를 거치지 않고 무분별하게 드러내기 때문이다. 그리하여 여기선 그와 같은 문제의 한복판에 위치한 인간성 회복의 논리를 보다 분명하게 거론하기 위하여 위에서 잠시 언급했었던 감정과 신념 및 이성에 대해 이야기를 하고자 한다. 만약 자신이 가지고 있는 긍정적 혹은 부정적인 정서를 표현하고자 할 때에 상대방의 감정을 아울러 생각할 수 있는 기회를 가진다면, 그와 같은 사회적 병폐가 완벽하게는 아닐지라도 상당부분 해소될 여지가 충분히 있다고 사료된다. 따라서 상대방의 감정을 이해하려는 '감정흡입력(感情吸入力)'과 자신이 내면적으로 가지고 있는 감정을 외부적으로 드러내는 '감정전달력(感情傳達力)' 사이의 균형점을 찾고자 하는 작업이 중요할 수밖에 없다. 특히 전자는 이른바 공유체험이라고 할 수 있다. 쉬운 표현으로 환언하자면, 역지사지(易地思之)라고 할 수도 있겠다. 반면 감정전달력은 타인의 마음을 지나치게 적극적으로 받아들인 나머지 자신의 개성이 묵살되는 결과가 초래되지 않도록 본인의 감정을 타인의 감정이 부당하게 상하지 않는 범주 내에서 표출하는 능력을 의미한다. 이상과 같이 두 가지의 힘이 균형점을 이루면 자아와 타자의 감정을 적절히 이해할 수 있는, 이른바 감정해석력(感情解釋力)이 발현된다. 사람들은 이러한 감정해석력을 기초로 하여 자신이 어떠한 행위를 견지해야 할 것인지, 즉 행동양식의 구축을 위한 좌표를 설정하기에 이르는데, 이러한 좌표설정행위를 통하여 자신이 바람직하다고 생각하는 바에 역행하는 행위를 하기보다는 비교적 일관된 모습을 가지게 된다. 특히 '외부효과에 따라 일관성에서 벗어난 행동'을 하지 않도록 스스로를 통제하는 행위는 시간이 흐름에 따라 안정화된 태도 내지는 생활양식으로 진화하며, 궁극적으로는 그 사람의 가치관을 굳건하게 형성시키는 요인으로 작용한다. 필자는 이를 신념(信念)이라고 명명하고자 한다. 끝으로 이러한 신념이 합리성을 부여받음으로써 누군가의 행위가 가지는 당·부당을 준별할 수 있는 능력으로 진화하게 된다면, 이는 곧 이성(理性)이라는 이름으로 불리게 된다.

그러나 위와 같이 감정과 신념 및 이성이 단선적(單線的)인 형태로만 존재하진 않는다. 실제로 누군가가 다른 사람 내지 집단의 영향을 받아 스스로가 범하고 있는 오류를 객관적으로 깨달음으로써 그동안 견지해왔던 태도를 변화시킬 수 있는 가능성이 존재하기 때문이다. 이처럼 합리적이라고 여겨지는 견해가 외부로부터 들어와 자신이 보유해 왔던 기존의 사고관념을 바꾸게 만들 수도 있지만, 한편으로는 본인의 자발적인 각성으로 말미암아 그와 같은 전환이 이루어지기도 한다. 이때에는 이성이 감정과 신념에 영향을 미침으로써 내부적인 변화가 발생하게 된다. 뿐만 아니라 자신의 신념이 외부상황과 적절하게 균형점을 이루어지 못한다고 판단되어 행동패턴을 바꾸어야만 한다는 생각을 가지게 만들기도 한다. 상기의 과정을 두고 '감정과 신념 및 이성의 피드백'이라고 할 수 있는데, 그 속에는 아울러 변증법적인 요소가 존재한다. 이러한 사고를 통하여 사람들은 무엇이 바람직한 것인지에 대하여 끊임없는 탐구를 하게 되고 지속적으로 사회변화에 적합한 가치체계를 형성해나간다. 그러나 문제는 사회의 변화속도가 지나치게 빠른 나머지 그에 부합하는 행동양식을 찾는 데에 있어 어려움을 겪게 되거나, 공동체에 만연한 유행으로 인하여 부화뇌동(附和雷同)하는 식으로 행동의 준칙을 결정하는 등과 같이 피드백을 어렵게 만드는 상황들이 발생할 수도 있다는 것이다. 따라서 권리의식과 그에 의거한 태도를 둘러싼 논쟁은 시대와 장소를 불문하고 언제나 다툼의 소용돌이 한 가운데에 위치해 있을 수밖에 없는 것이다. 그렇기 때문에 감정과 신념 및 이성의 피드백이 사회분위기에 휩쓸리지 않고 공고히 이루어질 수 있는 방법을 찾고, 이러한 방법에 기초하여 의식의 발전을 모색할 수 있도록 하는 태도가 필수적으로 요청되는 것이라고 하겠다.

외부환경의 급격한 변화로 인하여 가치관의 중심축이 흔들리지 않도록 하기 위한 방법들 중에서 가장 근본적인 것을 꼽는다면 '우리 사회가 관념 사회로서의 성격을 가지는 것'이라고 할 수 있다. 관념이라는 것은 사람들이 본질적으로 높은 가치를 가지고 있다고 생각하는 것들을 보호해야한다는 마음가짐으로부터 연유한 사유라고 할 수 있다. 보기에 따라선 칸트가 언명한 정언명령에 따른 절대적 규칙과 유사하다. 정언명령은 가언명령과는 다르다. 전자는 일정한 목적을 달성하기 위해서 사회통념적으로 혹은 객관적으로 중요하다고 여겨지는 덕목을 반드시 함양하고 이에 부응하는 삶을 영위하여야 한다는 것을 강조하지만, 후자는 일정한 조건이 충족될 때에 한하여 특정한 행동을 할 것인지의 여부가 결정되므로 가변적인 태도를 가지는 것이 합리적이라는 점을 강변한다. 가언명령은 기본적으로 법률에 적용된다. 다시 말해서 'A라는 사람이 특정한 범죄를 저지른다면 제재를 받지만, 그렇지 않으면 법으로부터 자유롭다'는 식으로 구성되는 명령인 셈이다. 그러나 정언명령은 헌법의 제2강 기본권 규정들에서 설시된 바와 같이 '권리를 가진다' 내지는 '자유를 갖는다'라는 식으로 명료하게 구성되어 있다. 따라서 가언명령과는 달리 일정한 조건이 붙지 않는다. 물론 정언명령과 가언명령 중 어느 것이 우리 사회에 적실성이 높은지에 대해 단언할 수는 없다. 다만, 사회분위기에 휩쓸리지 않으면서 준수하여야 할 것이 있다면, 칸트식의 정언명령에 기초한 관념사회로서의 속성이 부분적으로 공동체 내부에 확산될 필요가 있다는 것이다.[19] 그렇다면 우리가 다음

19) 물론 이에 대해 철학적인 반론을 제시한 학자도 있다. 쇼펜하우어(Arthur Schopenhauer)는 『도덕의 기초에 관하여』(김미영 옮김, 책세상, 2011) 중 39~40면에서 "법칙, 명령, 당위 등등의 개념들과 같이 무조건적인 의미에서는 신학적 도덕에 근거한다. 따라서 그것은 인간 본성이나 객관적 세계의 특징으로부터 하나의 타당한 증명이 제시될 때까지, 철학적 도덕에서는 이방인으로 머무른다. (중략) 인간의 형이상학적 중요성, 다시 말해 현상적 존재를 넘어 펼쳐지고 영원성과 접촉하는, 인간 행위의 윤리적 중요성이 모든 민족, 모든 시대와 교리, 또한 모든 철학자로부터(영국의 유물론자들을 제외하고) 부정할 수는 없는 것으로 인정받는 만큼, 요청과 복종, 법칙과

으로 논의해야 할 사항은 어떻게 이를 확산시킬 것인가 하는 점이다. 그것은 위에서도 잠시 언급한 바 있듯이 주관적 공권과 객관적 가치질서의 공존체계 속에 감정과 신념 및 이성의 피드백이라는 장치를 삽입하여 더욱 공고화된 형태로 전환시키는 것이라고 사료된다.

이러한 피드백은 주관적 공권과 객관적 가치질서의 위치정립에 커다란 영향을 주기도 하지만, 그 자체가 공고히 설 수 있도록 도움을 받을 수 있다. 과거에는 국가로부터의 자유(freedom from the state)라는 소극적 의미의 권리의식을 통해 삶의 질을 향상시켜야만 한다는 관념이 지배적이었지만, 사회의 복잡화로 인하여 개인의 능력으로는 해소할 수 없는 문제가 발생함에 따라 국가에 의한 자유(freedom by the state)의 필요성이 대두되고, 이에 따라 적극적 성향의 권리의식이 싹트기에 이르렀다. 이처럼 권리는 한 가지의 성향과 모습으로만 존재하는 것이 아니라 끊임없는 숙고에 따라 가변적인 속성을 가진 사회적 산물이다. 다만 그 속에 내재한 자유의 본질적인 내용(예 : 인간의 존엄성)만이 그대로 유지될 따름이다. 만약 주관적 공권과 객관적 가치질서에 대한 내용을 감정과 이성 및 신념의 피드백이라는 시스템 안에 삽입시킨다면, 보다 적절한 형태의 권리의식이 형성될 것이라고 사료된다. 그 이유는 (ⅰ) 자아실현본능에 역점을 둔 자유를 향유한다고 할지라도 상

의무의 형식으로 표현되는 것이 그것의 본질은 아니다. 이 개념들은, 그것들이 도출된 신학적 전제들에서 분리된다면, 참으로 모든 의미를 잃게 될 것이다. 그래서 칸트와 같이 그 개념들을 절대적 당위와 무조건적인 의무를 언급하는 것으로 대체하려 한다면, 그것은 독자를 속이는 것, 심지어 형용모순을 이해하라고 요구하는 것이 된다. 모든 당위는 전적으로 징벌의 위협이나 보상의 약속과 관련해서만 의미를 갖는다"라고 언급하여 정언명령의 부당성을 논하였다. 생각건대, 정언명령은 기본적으로 행위의 당위성을 설명하는 데에 역점을 두다보니 그렇게 해야 하는 이유에 대해선 상대적으로 소홀하게 규명하는 경향이 있다. 쇼펜하우어는 이 점을 비판하면서 가언명령이 정언명령보다 합리적이라고 생각했다. 그러나 과거와 같이 국민에 대한 계몽 그 자체가 시급한 시기엔 정언명령의 경험적 근거와 관련한 논의가 비교적 활발하진 않았겠지만, 지금과 같이 전 세계에서 '규칙(국내법과 국제법의 통칭)을 준수하지 않음으로써 생겼던 일련의 역사적 사건들'을 바라보면서 정언명령을 둘러싼 이론적 · 경험적 근거를 스스로 발견할 수 있는 계기를 충분히 가질 수 있다. 그러므로 쇼펜하우어가 생각한 가언명령의 중요성은 정언명령 그 자체가 가지는 진의를 파악하기 위한 하나의 중요한 단서가 된다고 생각한다.

대방 역시 동종동질(同種同質)의 권리를 가지고 있다는 점을 깨달음으로써 규범조화적(規範調和的)인 차원에서 권리충돌의 문제를 해소시켜야 한다는 마음가짐을 갖게 하고, (ⅱ) 이러한 마음가짐을 토대로 하여 자신이 규범조화적인 권리분쟁의 해소를 위하여 취하여야 할 태도의 좌표를 설정하며, (ⅲ) 최종적으로는 그것이 주관적 공권이 우선해야 하는지 혹은 객관적 가치질서에 기초한 수인의 의무가 선행되어야 하는지에 대하여 결정함으로써 무분별한 형태의 자유권 행사를 자제하도록 만드는 효과를 창출할 것이라고 사료되기 때문이다. 물론 보기에 따라선 지나치게 도덕적인 내용에 대하여 설파하고 있는 것으로 여겨질 수 있겠지만, 건전한 권리의식은 외부적인 요인에 의하여 만들어지는 측면이 일정부분 있을지라도 궁극적으로는 사람들이 가지고 있는 내면세계의 성숙도에 의하여 형성되는 것임을 감안해야만 한다는 점을 유념해야 할 것이다.

Ⅳ-(1). 복잡한 권리체계론에서 나타나는 권리행사의 지향점

권리는 위에서 설명한 바와 같이 주관적 공권과 객관적 가치질서라는 두 가지의 요소를 통하여 형성되는 산물이다. 특히 각자가 가진 가치를 효과적으로 발현시키기 위해선 감정과 신념 및 이성의 변증법적 피드백이라는 메커니즘 속에 중요한 변수로 삽입함으로써 상생의 법칙에 기초한 균형점을 찾는 것이 필수적이라고 할 것이다. 상기에서 이에 대한 사항을 논의하였음에도 불구하고 권리를 구성하는 요소와 그 체계에 대해서 재차 언급하는 이유는 권리를 어떻게 인식하고 있는지 그리고 주관적 공권이라는 자유권이 어떠한 의미를 갖는지에 대한 이해가 적절하게 전제되어야만 하기 때문이다. 필자는 2010년에 출간한 『공화주의적 자유주의와 법치주의(Ⅰ)』(부제 : 한국언권(韓國言權)의 법사상적 연원과 확립) 중 181면에서 "① 개체귀속성의 왜곡"에 대해 설명한 바 있다. 그 내용은 공익보다는 사익을 과도하게 앞세우는 태도로 말미암아 공화주의적 자유주의의 운용원리가 훼손될 가능성이 있다는 것이었다. 다시 말해서 객관적 가치질서라는 부분이 가지고 있는 중요성을 도외시함에 따라 권리남용의 폐해가 극심해지고, 더 나아가 사회질서 전반의 안정성이 파괴될 개연성이 농후하다는 의미이다. 개체귀속성에 대해 논의한 학자로는 정종섭 교수가 있는데, 그가 2007년에 저술한 『憲法學原論』(박영사) 중 240면의 "基本權의 構成要素－(1) 개체귀속성"에 대해 생각해볼 필요가 있다. 정종섭 교수는 이를 "기본권의 속성인 개체귀속성은 어떤 가치나 이익이 이를 주장할 수 있는 특정개체에게 귀속된다는 것을 의미한다. 그래서 권리의 귀속주체인 개체는 특정한 가치나 이익이 자신에게 속하는 것임을 타자에게 주장할 수 있고, 타자는 이러한 주체에 대하여 자기 권리를 주장할 수 있을 뿐 자기 권리를 포기하거나 처분할 수 있는 권능을 보유하게 된다"고 설명한 바 있다. 그러나 안타깝게도 필자는 본고를 저술하기 위하여 『공화주의적 자유주의와 법치주의(Ⅰ)』을 참조한 바 있는데, 그 과정에서 정종섭 교수의 견해를 인용하였음에도 불구하고 그의 글을 각주처리하지 않는 실수가 벌어졌음을 뒤늦게 발견하였다. 이에 진심으로 사과의 마음을 표하고자 한다.

권리의식에 대해 논하기 전에 권리를 구성하는 요소들에 대한 몇몇 대표적인 학자들의 설명을 살펴보도록 하자. 조효제 교수는 자신의 저서 『인권의 문법』(후마니타스, 2007)을 통하여 서양의 다양한 권리이론에 대해 명쾌한 정리를 한 바 있다. 그는 호펠드의 권리이론, 자유의지이론, 이익이론, 으뜸패이론, 보호캡슐이론과 같이 다섯 가지의 이론을 분석하여 권리의 구성요소 및 속성을 알기 쉽게 제시한 바 있다. 〈표 3〉은 그의 저서 112면에 기재된 것이다.

〈표 3〉 조효제 교수의 권리이론 설명

	권리와 의무	인권의 정당화		인권의 법적 지위 및 핵심기능	
	호펠드의 권리이론	자유의지이론	이익이론	으뜸패이론	보호갭슐이론
권리의 주체	*주체적 자유의지와 선택권을 요구하는 '개인'을 강조	좌동	*개인, 집단, 미성년자 모두 해당 *환경 및 비인간 실체에도 해당	*주체적 자유의지와 선택권을 요구하는 개인을 어느 정도 강조	*개인 *집단
권리의 내용	*청구권 *자유권 *권한 *면책	*선택권 *자율성 *추상적 개인자유 강조	*권리대상을 이익, 편익, 가치로 개념화 *일부 추상적 개인 자유 인정	*개인의 평등성 우선 *개인의 청구권	*선택권과 복지권
권리의 영향력	*법적 계약관계 *권리 · 의무 정확히 대응	*민주화 · 민주제도에 상응 *시민적 · 정치적 권리	*미발전	*공리적 · 사회정책적 고려에 우선하는 권리 *이를 위한 법제도 필요성 강조	*인권의 핵심적 기능이 인권을 특수한 개념으로 승격시킴 *우선권 *보호캡슐 *행동유발

관련하여 김도균 교수는 위의 도표에서 설시된 다양한 이론들 중에서 '호펠드의 권리이론'에 상대적으로 강한 주안점을 두고 있는데, 그가 본 이론에 대하여 내린 평가는 『권리의 문법 −도덕적 권리 · 인권 · 법적 권리』(박영사, 2008) 303면에 기재되어 있다. 특히 303면에서 "그렇다면 호펠드의 구분은 실제로 어떤 의미를 가지는가? 여러 가지 답이 내려질 수 있겠지만, 가장 중요한 의미라면 권리를 호펠드 권리요소들의 결합체로서 파악할 수 있게 된다는 점이다. 즉 권리는 호펠드의 권리요소들 중 어느 하나로만 이루어진 단일원자구조의 성격(atomic character)을 가진다기보다 다원자분자구조의 성격(molecular character)을 가진다는 것이다. 법적 권리 역시 호펠드의 권리의 네 가지 요소들이 일정한 방식으로 결합되어 있는 구조로 이루어진다는 것이다. 다원자적 구조를 가지는 권리라는 관점은 권리충돌의 차원에서 생

겨나는 문제들을 해명할 때에도 유용하다. (중략) 이러한 권리를 복합적 권리요소들의 결합체로 파악하게 되면, 권리와 의무의 상응관계테제에 따라서 한 권리에는 단지 하나의 의무관계만이 대응하는 것이 아니라, 그 권리를 이루는 호펠드 권리요소들 각각에 대응하는 관계(의무, 청구권 없음, 처분 아래 놓임, 형성권 없음)들로 구성된 복합적 의무관계들이 상응 짝을 이루고 있음을 알게 될 것이다. 또한 한 권리에는 호펠드 권리요소들이 보조적으로 결합될 것이고, 이는 곧 보조적 권리요소들에 대응하는 일련의 의무사슬(successive waves of duty)이 동반된다는 것을 뜻한다. 이 점은 권리의 분석에서 중요한 의미를 갖게 된다"라고 하였다.

권리를 구성하는 소규모의 권리들의 위상에 대해서 언급한 것은 비단 호펠드 뿐만이 아니다. 민법학자 곽윤직 교수는 보다 정교한 권리분류체계를 확립함으로써 '권리의 복합적인 형태의 존재양식'을 설명한 바 있다. 간단하게 도표로 설명해보자면 다음과 같다. 아래의 내용은 그의 저서 『민법총칙』(박영사, 2003)의 49~55면의 내용을 정리한 것이다.

〈표 4〉 곽윤직 교수의 권리분류체계

기준	분류		해당 권리에 대한 설명
내용	재산권	물권	권리자가 물건을 직접 지배해서 이익을 얻는 배타적 권리임.
		채권	특정인이 다른 특정인에 대하여 일정한 행위를 요구하는 권리임.
		지적 재산권	무체재산권 또는 지적 소유권. 저작·발명 등의 정신적·지능적 창조물을 독점적으로 이용하는 것을 내용으로 하는 권리임.
	인격권		권리의 주체와 분리할 수 없는 인격적 이익을 누리는 것을 내용으로 하는 권리임.
	가족권		가족관계 내지 친족관계에 있어서의 일정한 지위에 따르는 이익을 누리는 것을 내용으로 하는 권리임.
	사원권		단체의 구성원이, 그 구성원이라는 지위에 의거하여 단체에 대하여 가지는 권리임.
작용	지배권		타인의 행위를 끼어들지 않게 하고서 일정한 객체에 대하여 직접 지배력을 발휘할 수 있는 권리임.

	청구권	특정인이 다른 특정인에 대하여 일정한 행위, 즉 작위 또는 부작위를 요구하는 권리임.
	형성권	권리자의 일방적인 의사표시에 의하여 법률관계의 발생·변경·소멸을 일어나게 하는 권리임.
	항변권	청구권의 행사에 대하여 그 작용을 막아서 그치게 할 수 있는 효력을 가지는 권리임.
기타	절대권과 상대권	절대권은 일반인을 의무자로 하여 모든 사람에게 주장할 수 있는 권리이지만, 상대권은 특정인을 의무자로 하여 그 자에 대하여서만 주장할 수 있는 권리임.
	일신전속권	일신전속권은 권리의 성질상 타인에게 귀속할 수 없는 것, 즉 양도·상속 등으로 타인에게 이전할 수 없는 권리이지만, 비전속권은 양도성과 상속성이 있는 권리임.
	주된 권리와 종된 권리	다른 권리에 대하여 종속관계에 서는 권리를 종된 권리라고 하는데, 그것은 주된 권리의 존재를 전제로 발생하는 것임. 예컨대, 이자채권은 원본채권의 종된 권리이고, 질권·저당권은 그 피담보채권의 종된 권리이며, 보증인에 대한 채권은 주채무자에 대한 채권의 종된 권리임.
	기대권	권리의 성립요건이 모두 실현되어서 성립한 권리를 '기성의 권리'라고 하는 데 대하여, 그러한 권리발생요건 중의 일부분만이 발생하고 있을 뿐이어서 남은 요건이 실현되면 장차 권리를 취득할 수 있다는 현재의 기대상태에 대하여 법이주고 있는 보호를 '기대권'이라고 함.

〈표 3〉과 〈표 4〉의 음영은 필자가 참고문헌을 정리하면서 넣어둔 부분이다. 이 부분을 보면, 우연의 일치인지 두 학자가 상당히 유사한 견해를 가진 것처럼 보인다. 물론 각 권리체계를 제시하게 된 근본적인 생각이나 내재된 근거는 다를 수밖에 없겠지만, 결론적인 차원에서 보면 비슷한 점이 있음을 알 수 있다. 시간이 지날수록 권리에 대한 논의는 다각화되고 더욱 정교해진 형태로 진화할 것이라고 생각하는 것이 일반적이지만, 그 기본이 되는 토대는 변하지 않는다. 그 이유는 사람들이 영위하는 생활양식의 근본이 달라지지 않았기 때문이다. 다만 '유·무형적 이익의 교환'이

라는 목적을 달성하기 위한 수단이 다양해졌을 따름이다. 위의 두 도표에서 설시된 권리론은 공동체에 존재하는 임의규범(任意規範) 내지 관습법(慣習法)[20]에 의거하여 이루어지는 개인과 집단의 권리행사 양태를 객관적으로 정리한 것이기도 하지만, 우리는 이를 통해 보다 안정적인 형태의 교환행위가 자리를 잡기 위해서 '자신과 타인이 어떠한 권리 · 의무를 보유하고 부담해야 하는지'를 파악할 수 있게 된다. 뿐만 아니라 분류체계 내에 존재하는 어느 하나의 권리가 정당한 근거를 갖추지 않고 대응되는 다른 권리를 억압하게 될 경우 당사자 간의 분쟁을 초래할 것이고, 연쇄적으론 사회 전체의 질서를 훼손할 가능성이 있음을 아울러 시사해주기도 한다. 다시 말하자면 주관적 공권성에 기초한 자신의 자유를 무분별하게 향유함으로써 나타나는 부작용에 대해 짐작할 수 있도록 해준다는 것이다. 권리가 자

20) 대법원은 2003년 7월 24일에 선고한 2001다48781 판결에서 "관습법이란 사회의 거듭된 관행으로 생성한 사회생활규범이 사회의 법적 확신과 인식에 의하여 법적 규범으로 승인 · 강행되기에 이른 것을 말하고, 그러한 관습법은 바로 법원(法源)으로서 법령과 같은 효력을 가져 법령에 저촉되지 아니하는 한 법칙으로서의 효력이 있는 것인바(대법원 1983. 6. 14. 선고 80다3231 판결 참조), 사회의 거듭된 관행으로 생성한 어떤 사회생활규범이 법적 규범으로 승인되기에 이르렀다고 하기 위하여는 그 사회생활규범은 헌법을 최상위 규범으로 하는 전체 법질서에 반하지 아니하는 것으로서 정당성과 합리성이 있다고 인정될 수 있는 것이어야 하고, 그렇지 아니한 사회생활규범은 비록 그것이 사회의 거듭된 관행으로 생성된 것이라고 할지라도 이를 법적 규범으로 삼아 관습법으로서의 효력을 인정할 수 없다고 할 것이다"라고 판결을 내렸다. 관련하여 우리가 알아두어야 할 중요한 사항이 있다면 헌법적 효력을 갖는 관습법에 대한 것이다. 헌법재판소는 2004년 10월 21일에 선고한 2004헌마554 결정에서 "관습헌법이 성립하기 위하여서는 관습이 성립되는 사항이 단지 법률로 정할 사항이 아니라 반드시 헌법에 의하여 규율되어 법률에 대하여 효력상 우위를 가져야 할 만큼 헌법적으로 중요한 기본적 사항이 되어야 한다. (중략) 관습헌법이 성립하기 위하여서는 관습법의 성립에서 요구되는 일반적 성립 요건이 충족되어야 한다. 첫째, 기본적 헌법사항에 관하여 어떠한 관생 내지 관례가 존재하고, 둘째, 그 관행은 국민이 그 존재를 인식하고 사라지지 않을 관행이라고 인정할 만큼 충분한 기간 동안 반복 내지 계속되어야 하며(반복 · 계속성), 셋째, 관행은 지속성을 가져야 하는 것으로서 그 중간에 반대되는 관행이 이루어져서는 아니 되고(항상성), 넷째, 관행은 여러 가지 해석이 가능할 정도로 모호한 것이 아닌 명확한 내용을 가진 것이어야 한다(명료성), 또한 다섯째, 이러한 관행이 헌법관습으로서 국민들의 승인 내지 확신 또는 폭넓은 컨센서스를 얻어 국민이 강제력을 가진다고 믿고 있어야 한다(국민적 합의)"라고 언급한 바 있다.

신에게 귀속된 것임에는 분명하지만, 귀속되었다고 하여 어떠한 행위든 자의적으로 행할 자유가 부여되는 것이 아니다. 더군다나 모든 형태의 의무로부터 면책되는 것 또한 아니다. 다시 말해서 '권리를 올바르게 향유할 의무'라는 것이 권리에 대칭적으로 존재한다는 것이다. 권리만 있고 의무는 존재하지 않는 것은 절대군주가 자신의 권한사항을 임의적으로 행할 수 있었던 시대에나 있을 법한 일이라고 하겠다.

Ⅳ-(2). 복잡한 권리체계론에서 나타나는 권리행사의 지향점

사람들은 타인들의 이목(耳目)에 부합하는 방식으로 기존에 견지해왔던 삶의 태도를 바꾸는 경향이 없진 않다. 그와 같은 경향이 반성적 고찰이라는 정신적 요소의 발현으로 말미암아 발생하기도 하지만, 대부분은 단지 비난받고 싶지 않다는 개인적인 이유에 기초를 두고 있는 경우라고 사료된다. 자신의 개성을 발현하고자 하는 욕구를 통하여 삶의 양적·질적 발전을 꾀하였으나 부당한 형태의 '구별 짓기'라는 세태로 말미암아 도리어 위해를 가지고 온 셈이다. 그리고 개성을 분출하는 사람들에 대한 평가가 사회적으로도 긍정적이지 않은 경우가 많다. 이른바 '일탈행동'이라고 치부하는 것이다. 본인이 행한 일련의 행위양식이 사회적 조류에 맞지 않다는 이유로 일탈행위로 평가를 받는다면, 자신이 추구하고자 했던 목적 그 자체의 정당성마저 위협을 받을 수밖에 없다. 물론 대부분 '목적은 그럴듯하나, 실현시키고자 하는 수단이 적합하지 못했다'라는 세간의 평가가 수반되긴 하지만, 정작 그러한 비판을 들은 사람들에겐 그와 같은 말들이 건설적인 의미로 들리진 않을 것이다. 누구든 칭찬은 손쉽게 받아들이지만 타인에 의한 지적에 대해선 인색한 반응을 보일 수밖에 없기 때문이다. 이러한 상황에 직면한 이들은 자신의 행동양식을 사회적으로 적합한 형태로 전환시키려는 노력을 시도한다. 상기와 같은 사항을 설명하기 위하여 필자는 인지부조화와 고정관념 · 편견, 문화적 관용성이라는 측면에 대해 다소 언급하고자 한다.

인지부조화(認知不調和)는 특정한 행동을 하려고 하는 사람이 자신의 태도에 가지고 있는 기본적인 인식과 그것을 객관적으로 바라보는 타인(들)의 기본적인 인식에 차이가 생김으로써 발생하는 사회심리학적 현상이다.[21] 이때 행위자는 (ⅰ) 본인이 추구하는 목적과 이를 실현시키기 위하여 채택한 수단이 정당하므로 기존의 태도를 고수하는 것이 타당하다고 생각할 수도 있고, (ⅱ) 자신의 태도를 주어진 상황에 부합하는 방식으로 수정하거나 폐기할 수도 있다. 건설적 차원의 사회적응력의 향상 내지는 사회에 대한 무비판적 순응이라는 결과를 이끌어내는 후자와는 달리 전자의 경우는 스스로가 보유하고 있는 인식이 자신의 개성을 발현시키기 위한 권리를 부당하게 침해받았다는 이유로 '사회적인 불만의식'을 가지게 된다. 실제로 공동체가 가지고 있는 의식 자체가 전근대적이거나 혹은 폐습에 사로잡혀 있는 결과로 말미암아 누군가가 행한 개성 넘치는 행동 내지는 창의성을 발현시키기 위한 행동 등에 대해 한계를 긋는 것일 수도 있다. 그리하여 자신이 추구하려고 한 목적과 그를 위한 수단이 부당하게 짓밟힘에 따라 표출된 사회적 불만의식이 불법적인 방식으로 전환되는 경우 또한 종종 나타난다. 손쉽게 찾을 수 있는 예는 바로 '범죄'를 자행하는 것이다. 법에 저촉되는 방식으로 목적을 달성하려고 하는 태도는 공동체 내지는 타인으로부터 제시된 비판을 건설적으로 받아들일 수 있는 심리적인 역량이 평균인들

---

21) 한규석 교수는 『사회심리학의 이해』(학지사, 2009)의 233면에서 인지부조화에 대해 설명을 하고 있는데, 그는 "인지부조화 이론은 사람들이 기존의 태도에 반대되는 행동을 취하는 경우에, 이 행동을 상황 탓으로 돌릴 수 없게 된다면, 부조화라는 불편감을 경험하여, 이에서 벗어나고자 태도를 행동에 맞추어 변화시킨다고 본다. 이 이론은 인지 요소 간의 균형, 정서-인지의 균형 등에도 적용될 수 있지만 행동-태도의 균형을 이해하는 데 주로 적용되었다. 이 이론에 의하면 태도의 각 요소들은 서로 세 가지 상태 중 하나의 관계에 있다. 상호 조화로운 관계, 상호 부조화 상태_ 그리고 무관한 상태다. 신념들이나, 신념과 행동들이 부조화 상태에 있으면 불편하며, 이 경우 사람들은 조화로운 상태를 회복하려 든다. 이 불편의 크기는 신념의 중요성이 클수록 커지며, 이에 따라 부조화 감소동기가 커진다"고 설명하였다.

에 비하여 현저하게 낮기 때문이다. 힘으로 목적을 관철하려는 태도는 사회에 만연해 있는 기본가치를 이성적으로 비판할 수 있는 기회를 갖지 못한 까닭에 나타나기도 하지만, 기회를 가지고 있음에도 불구하고 사용하는 방법을 제대로 모르기 때문에 발생하기도 하다. 현재의 사회는 토론과 합의를 통하여 의사를 결정하고 그러한 의사에 따라 법적 · 사회적 · 정치적 가치들이 발현될 수 있도록 하는 시스템으로 설계되었다. 물리력이라는 수단에 기인하여 목적을 관철하려는 태도는 본 시스템에서 허용될 수 없는 것으로서 일종의 바이러스 내지는 악성코드로 분류된다. 모든 유기체는 세균에 대항하기 위한 면역체계를 보유하고 있다. 그리고 이러한 면역체계의 힘을 통하여 전체 시스템의 균형을 파괴하려는 암적 존재를 괴멸시켜버린다. 사회도 마찬가지이다. 인류역사를 보면 알 수 있듯이, 정의의 존속 그 자체에 위협을 가할 가능성이 농후한 행동에 대해선 강력한 제재를 가함에 반하여 존속에 긍정적인 영향을 줄 수 있는 것들에 대해선 혜택을 부여한다. 국가와 사회는 이와 같은 기본설정에 바탕을 두어 장구한 기간 속에서도 그 명맥을 유지하고 있는 것이다. 따라서 이성이라는 옷을 입은 자유의지를 합법화된 권리라는 도구를 이용해 정의에 반하지 않는 범위 안에서 목적을 추구하는 행위만이 허용될 뿐이지, 단순히 농축된 사회적 불만의식을 일정한 여과의 과정을 거치지 않고 뿜어내는 것은 단순히 범죄에 지나지 않는다고 정리할 수 있겠다.

위와 같이 건설적이고 합법적인 방식으로 통하여 자신이 욕구한 바를 실현시키는 것이 불가능하다고 생각하거나 혹은 가능하다고 하더라도 매우 어려울 것이라고 여기는 이들은 주어진 사회질서에 순응하려는 태도를 취한다. 순응이라 함은 기존의 가치를 맹목적으로 따르는 것이기도 하지만, 잘못되었음을 알면서도 어쩔 수 없이 받아들이는 것이기도 하다. 절대왕권에 기초한 철권통치가 가능했던 시기에는 복종에 기초한 순응의식의 수준이 절정에 이르렀다. 목숨보다 높은 가치를 지닌 것은 없었기 때문이다. 물론 자신의 철학적 의식을 목숨보다도 중요하게 여기는 이들도 있었지만 그 수가 그리 많다고 볼 순 없다. 이때에는 본인이 가지고 있는 의식 내지는 가치관을 사회적으로 통용되는 방식으로 전환시키는 것이 유효할 따름이었다. '사회적으로 통용되는 방식으로 전환시키는 것'이 의미하는 바는 본인이 의욕하고 있었던 바를 이루지 못하였다는 개인적 · 사회적 배경을 비판하는 것이 아니다. 다만 추구하고자 하는 목적이 본인이 생각한 방식에 기초하여 달성된 것은 아니지만 스스로가 통제할 수 없었던 어떠한 외부적 환경으로 인하여 달성된 것이나 진배없다고 여기는 것을 의미한다. 소위 말하는 '자기합리화'인 셈이다. 매우 쉬운 어느 우화의 예를 들자면, "저 포도는 너무 신 맛이 나기 때문에 누가 먹더라도 맛있다고 생각하지 않을 것이다"라고 하면서 키가 큰 나뭇가지에 열린 포도를 따먹지 못했다는 부정적인 평가를 긍정적인 것으로 치환시키는 것을 생각해볼 수 있겠다. 사회심리학에서는 이를 귀인(歸因)이론을 통하여 설명하기도 한다. 귀인이라는 것은 특정한 사건이 발생하게 된 원인을 설정하는 행위를 일컫는데, 목적한 바를 달성하지 못한 이들은 자기위안의 차원에서 '자신의 가치를 돋우고자 하는 정서를 함양하는 경향이 짙다.[22] 다시 말해서 본인이 세운 목적과 가치관은 뛰어나지만 부정적인 성격을 띤 외부환경으로 인해 자신의 뜻이 좌절된 것에 지나지 않는다는 것이다. 보기에 따라선 '잘 되면 내 탓이고, 안 되면 조상 탓이다'라는 식으로 해석할 수도 있겠지만, 이와 같은 사고는 본인이 향후 범죄 내지는 부정적인 결과를 가져올 만한 일탈행위로 나아가지 않도록 만드는 자기방파제로서의 역할을 수행한다는 점

---

22) 여기서 한규석 교수의 설명을 들어보도록 하자. 한 교수는 자신의 저서 『사회심리학의 이해』(학지사, 2009) 140면에서 자기본위적 편향에 대해서 언급한 바 있는데, "이는 자기가 한 일에 대하여 잘된 경우는 스스로의 책임을, 된 경우에는 남이나 상황 탓을 하는 경향성"을 의미한다고 하였다. 더불어 141면에선 "사람들은 자신에 대하여 긍정적인 생각을 갖고 싶어한다. 자기가 한 일이 성공했을 때는 공을 취하고, 실패했을 때는 책임을 다른 것에 돌리는 등 다양한 자기고양적 인지와 행위를 보인다. 자신이 잘못한 일을 부정하거나 잊을 수 없을 경우에는 잘못을 정당화시키려 하고, 자기가 잘하는 영역을 중심으로 남을 평가하며, 점이나 엉터리 시험, 혹은 허황된 이야기라도 자기를 좋게 말하면 이를 믿고 그 점쟁이, 시험이 신뢰할 만한 것으로 여기는 등 자화자찬 격의 행동을 많이 보인다"고 설명한 바 있다.

에서 권리의식의 저해를 가져오는 것이라고 단언해서는 안 될 것이다. 경우에 따라서 제한된 형태의 권리의식들이 많은 사람들에 의하여 공유되는 과정에서 패러다임으로서의 지위를 갖게 되는 순간부터는 폐습으로 타락한 기존의 질서를 건설적으로 전환시키는 원동력으로서의 역할을 수행할 수도 있다.

이와 같이 인지부조화가 어떠한 식으로 이루어지는가에 따라서 사람들의 권리의식 구현방법이 달라지는데, 권리의식이라는 것은 주관적 공권이 감정과 신념 및 이성의 피드백이라는 과정 속에서 적절하게 구현됨에 따라 자리를 잡게 되는 법적 · 사회적 · 정치적 정서이다. 기존의 시스템에 부합하는 식으로 자리를 잡기도 하지만 온건한 혹은 급진적인 저항을 통하여 시스템에 대대적인 변화를 불러일으키기도 한다. 그로 인한 결과가 긍정적일지 혹은 부정적일지에 대해선 아무도 알 수 없다. 단지 사관(史觀)이 배제된 역사적 사실들의 총체라는 객관적 데이터들을 통하여 확률이 높은 가능성만을 언급할 수 있을 따름이다. 우리는 역사서들을 탐독함으로써 통해 특정한 사건과 그 속에 내재한 시대정신이 어떠한 결과를 가져왔는지에 대해 잘 알고 있다. 인지부조화를 다루는 여러 방식들 중에서 개인은 물론 공동체에 이르기까지 최적화된 혜택을 누릴 수 있는 것을 채택할 수 있는 안목을 지속적으로 함양함으로써 주관적 공권과 객관적 가치질서가 균형을 잡을 수 있도록 하는 것이 무엇보다도 중요하다고 할 것이다. 이것이 확고한 인식으로서 사람들의 뇌리에 자리를 잡는 순간부터 권리의 본질에 대해서 자각이 이루어진다.

그러나 이와 같은 자각의 과정은 복잡한 형태로 혹은 강력하게 자리를 잡은 고정관념과 편견이라는 울타리를 넘을 수 있을 때에 그 빛을 발하게 된다. 고정관념과 편견은 사회심리학적인 관점에서 보면 독립적인 용어이긴 하지만, 여기선 굳이 구분하여 사용하진 않을 계획이다.[23] 사회가 유

---

23) 고정관념과 편견은 함께 거론되는 경우가 많기 때문이다. 한규석 교수는 "1. 편견의 피해자들은 자신의 피해경험이 자신이 속한 집단의 다른 성원들이 겪는 피해경험에

지·존속되기 위한 중요한 조건은 체계적 안정성이다. 체계가 안정적이 되기 위해선 합법화된 제도가 필요하고, 합법화된 제도는 헌법에 위반되지 않는 법률이 필요하며, 법률의 근간을 형성하는 헌법은 정의의 원칙에 부합하여야 하는데, 여기서 말하는 정의의 원칙은 사람들의 공감대적인 가치를 통하여 골격이 만들어진다. 마지막으로 공감대적인 가치는 오랫동안 지속된 사람들의 내면적 가치에 의하여 탄생된다. 장시간 동안 지속된 내면적 가치는 하나의 고정된 관념으로 자리를 잡게 된다. 민주주의와 자유주의 및 법치주의 등은 매우 바람직한 형태로 고정된 관념이지만 권위주의와 천민자본주의 등은 부정적인 결과를 초래하는 근본으로서의 고정관념이라고 할 것이다. 그리고 사람들에 의하여 형성된 부정적 의미의 고정관념이 사회를 지배함으로써 거꾸로 이를 만들어낸 사람들로 하여금 편향된 관념을 갖도록 만들기도 하는데, 이것이 곧 편견이다. 부정의에 기초한 고정관념과 그로 인하여 형성된 편견은 국민들이 개성을 발현하기 위한 권리에 불합리한 한계선을 긋는 역기능을 수행함으로써 사회의 정체를 가져온다. 이러한 상황에선 획일화된 규칙만이 그 의의를 갖는 것일 뿐 사회의 변화를 가져올 수 있는 새로운 물결에 대해선 회의적이거나 저항적인 반응을 보일 수밖에 없으며, 조금이라도 규칙에 어긋나는 행위는 일탈행위 내지는 범죄행위로 치부될 따름이다. 이른바 권리가 주관적 공권으로서의 색채를 잃어버리고 객관적인 가치질서에서 허용하는 범위 안에서만 긍정되는 반사적(反射的) 이익으로의 지위로 전락하게 되는 상황이 발생하는 것이다. 인

비해 적다고 생각한다. 그 이유는 자신에 대한 유능감의 지각, 무기력 상태 회피의 동기가 작용하기 때문이다. 2. 고정관념위협 이론은 자신의 수행이 자신이 속한 집단에 대한 부정적인 고정관념을 확인시킬 수 있다는 불안을 느끼게 되어 과제 수행이 차질을 받게 되는 현상을 설명한다. 3. 고정관념위협 효과는 성, 인종과 관련해서 과제수행을 하는 상황에서 나타났다. 그러나 집단정체성 때문에 나타나는 효과라기보다는 고정관념의 내용에 의해서 나타나는 경향이 강하다. 4. 고정관념위협 효과에 희생되지 않기 위해서는 고정관념이 환기될 때 불안을 낮추는 유머, 해학, 성공 사례를 생각하는 것이 바람직하다. 아울러 사람들의 능력은 노력하기에 따라 변할 수 있다는 신념을 가질 필요가 있다"라고 설명하였다. 한규석, 『사회심리학의 이해』, 학지사, 2009, 519면.

류의 역사는 '권리의 반사적 이익화'라는 현상에 대응하여 격렬하게 싸워 온 인간이 남긴 흔적들의 집합이라고 하여도 과언이 아니다. 이들은 역사서에 기록된 혁명, 성전, 폭동, 내란 등으로 기재되어왔다. 그리고 마침내 세계인권선언과 헌법이라는 산물을 창조함으로써 권리가 권리로서의 지위를 되찾을 수 있도록 하는 결과를 만들어냈다.

그러나 각 사회마다 보편적이고 동일한 권리의식의 잣대를 가지고 있는 것은 아니다. 모든 국가는 고유한 문화를 가지고 있고, 이러한 가치에 기인하여 사회적으로 허용되는 행위와 그렇지 않은 행위를 구분한다. 누군가가 보유하고 있는 생명과 재산 및 신체 그리고 명예라는 자연권적인 속성의 권리를 부당하게 침해하지 않는 이상 대부분의 특수문화와 특수행동양식은 폭넓게 수용될 필요가 있다. 사람들은 눈에 보이는 현재의 세계를 살기도 하지만, 보이지 않는 내면의 세계에서도 삶을 영위하기 마련이다. 우리는 후자를 가치관이라고 한다. 가치관이 허물어지는 순간엔 내적인 세계가 무너지게 되고, 무너진 내적 세계는 사람들로 하여금 질적으로 높은 수준의 삶을 영위하지 못하도록 만드는 결과를 초래한다. 그들은 질적으로 저하된 삶으로 말미암아 살아가야 할 이유를 상실하여 박탈감을 느끼게 되고, 영혼이 없는 육체가 생명을 유지하기 위한 기본적 일상만을 살아가게 된다. 망망대해에 표류하는 배가 이미 선박으로서의 고유한 가치를 상실한 것과 다르지 않듯이 인간 역시 인간으로서의 존귀함이란 가치를 잃은 것이다. 그렇기 때문에 문화적 관용성이라는 화두가 전 세계에서 끊임없이 논의되는 사항이 될 수밖에 없다. 소위 말하는 인권선진국(人權先進國)에서는 문화적 관용성을 확장하고 이에 기초하여 국민은 물론 자국에 체류하고 있는 외국인들 역시 본인들이 중요하다고 생각하는 정신문화적 가치를 보유할 것을 허용하는 한편 그러한 가치를 발현시키기 위한 수단들도 법질서의 근간을 흔들지 않는 한 폭넓게 인정하는 편이다. 선진국들이 '자유의 땅' 혹은 '기회의 땅'이라고 불리는 것은 바로 이 때문이다. 그렇지만 인권선진국이라고 명명될 만한 자격을 지닌 국가들이 그리 많다고 볼 순 없다. 아직까지도 같은 것은 같게, 다른 것은 다르게 바라보려는 문화가 제대로 형성되어 있지 않은 곳이 오히려 더 많다. 나와 다른 것은 이상한 것이라고 여기는 경우가 높은 빈도로 나타날수록 개성을 발현시킬 수 있는 여지는 좁아지고, 그에 따라 자아실현의 권리 역시 타인들의 시각에 종속된 제한 영역에 국한될 수밖에 없다. 물론 누군가가 자신과 다른 유형의 생활양식을 갖추고 있다고 하여 직접적으로 비판을 가하는 경우가 많진 않기 때문에 그리 큰 사회문제로 받아들일 필요가 없다고 생각할 여지가 있다. 그렇지만 익명(匿名)이라는 장막이 드리워져 있음을 알게 되는 순간부터 타인이 보유하고 있는 권리를 침해하는 행위가 자행되는 사건들이 다수 발생하고 있다는 사실을 유념하여야 한다.

비록 복잡하긴 하지만 이상의 사항을 큰 틀에서 이해의 편의를 돕도록 하나의 문장으로 표현하자면, '누군가(甲)가 자신(甲)이 옳다고 생각하는 바와 부합하는 식으로 삶을 영위하는 사람(乙)을 긍정적으로 평가하고 그렇지 않은 사람(丙)에게 비판의 칼날을 들이대는 태도는 편향적 권리의식이 사회 전반을 지배하고 있음을 단적으로 보여주는 현상으로서, 공격을 당하는 사람(丙)으로 하여금 인지부조화라는 문제를 범죄 혹은 일탈행위를 통하여 해결하도록 유인하는 원인이며 더 나아가 문화적 비(非)관용성이라는 사회적 세태를 강화시키는 결과를 가져오는 것이므로, 특정한 행동양식이 사회에서 살아가고 있는 이들의 자연적인 권리를 훼손하지 않는 한 차별의식을 갖지 않고 받아들이는 것이 요청되고, 이를 통해 주관적 공권과 객관적 가치질서의 균형점이 어디에 위치하고 있는지를 인식할 수 있게 된다'는 것이다. 이와 같은 균형점을 찾기 힘든 이유는 불합리한 자의식이 '고양된 인권적 가치를 바라볼 수 있게 해주는 렌즈'를 뿌옇게 가리고 있기 때문이다.

통상적으로 본인이 가진 권리를 오남용하더라도 누군가에 의하여 제재를 받게 될 가능성이 낮다면, 이들은 객관적 가치질서가 가지고 있는 의의를 의도적으로 망각하거나 미필적 고의에 기초한 심리상태를 자의적으로 유발시킴으로써 스스로가 얻을 수 있는 최대한의 이익을 추구하려는 성향을 강하게 보이기 마련이다. 그렇기 때문에 천부인권의 내지는 일신전속(一身專屬)인 속성의 권리라고 할지라도 그것이 타인의 그것과 상생의 법칙이란 틀 안에서 운용되지 않는다면, 이전투구(泥田鬪狗)의 속성을 가진 사회적 분위기가 만연할 수밖에 없을 것이다. 사회적 분위기는 사람들의 심리상태를 반영하여 나타난 것이기도 하지만 일정한 시간이 지난 뒤부터는 그들의 심리를 재형성시키는 요인으로 작용하기에 이른다. 만약 이러한 분위기로 인하여 형성된 권리투쟁의 장이 바람직한 인권의식을 훼손시키고 있다는 점을 감지하여 기존의 상황을 개선시키기 위한 태도를 취하지 않는다면 사회는 '불합리한 합리성이라는 틀을 뒤집어 쓴 자연 상태'의 다른 이름에 지나지 않을 것이다. 불합리한 합리화는 겉으로 보기엔 사회통념상 손쉽게 인정될 수 있는 듯한 논리로 보이지만, 내면에는 특정인 내지는 특정집단에게 유리한 상황을 만들어내는 태도를 지칭하는 표현이다. 이와 같은 방법은 정의의 원칙에 위배되지 않는 것과 같은 외관을 가지고 있기 때문에 무비판적으로 용인될 수 있는 논리를 만들어내는 데에 기여함으로써 주관적 공권과 객관적 가치질서에 기초한 권리를 감정과 신념 및 이성의 변증법적 피드백 외부(外部)에 놓이게 만드는 실질적 원인으로 작용한다.

권리가 자신을 위한 것이라는 점은 틀림없는 사실이지만, 타인들에게 영향을 미칠 수 있는 상황에선 자신'만'을 위한 것이 아니라는 사실을, 즉 상황에 따라선 탈(脫)일신전속의 성향을 갖게 됨을 인식해야만 할 필요가 있다. 주지하다시피 사회는 주관적 공권에 대한 가치가 지나치게 고양되어 있는 상태에 놓여있다. 한국뿐만 아니라 개인의 권리가 가지고 있는 중요성이 강조되고 있는 곳에선 흔히 발생하는 편이라고 할 수 있겠다. 물론 사람들이 개별적으로 보유하고 있는 자유는 중요하다. 개성을 발현할 수 없을 뿐만 아니라 주관적인 행복을 추구할 수 없다는 사실은 자아실현본능이라는 인간의 본성에 역행하는 것이 분명하다. 그러나 중용(中庸)이라는 덕목을 손쉽게 간과함에 따라 객관적 가치질서가 권리를 구성하는 요소로서의 지위를 상실해가고 있음을 유념해야만 한다고 사료된다. 객관적 가치질서는 통상적으로 정의가 불안정한 상태에 놓임에 따라 사람들이 올바른 권리관념을 상실함으로써 사회의 토대를 이루는 신뢰성이라는 축이 파괴되는 것을 막기 위해 거론되는 관념이라고 할 수 있다. 안타깝게도 이와 같은 틀이 조금씩 훼손되고 있다는 징후는 예전부터 지금까지 지속적으로 강력하게 나타나고 있는 실정이다. 가장 대표적인 현상을 들자면, "유전무죄(有錢無罪), 무전유죄(無錢有罪)"라는 표현이 과거에서부터 현재에 이르기까지 빈도 높게 사용되고 있다는 사실이다. 이 말은 자아실현본능을 실현하기 위한 자격조건이 사회적으로 어느 수준의 부와 명예를 가지고 있는지의 여부에 따라 정해진다는 믿음이 사회 깊숙이 뿌리를 내리고 있음을 단적으로 보여주고 있다. 권리는 정의를 실현하는 데에 있어 그 핵심에 해당하는 것이기 때문에 이와 같은 현상은 자연스레 상생의 법칙에 기초하여 유지되어야 할 사회적 분위기를 일방적 성격의 권리체계에 기반을 둔 분위기로 전락시킬 뿐만 아니라, 더 나아가 이를 공고하게 만드는 역할을 수행한다. 그리고 시간이 지속되고 나면, 이러한 문제를 해결하기 위하여 수많은 법률들을 제정·개정한다고 할지라도 타개하기엔 한계가 노정될 수밖에 없다. 따라서 바람직한 것이라고 인정되는 권리로 인정받기 위하여 필요한 요소가 무엇인지에 대해 진지하게 숙고해야만 할 필요가 있는 것이다. 권리의 제한적 일신전속성이라는 성격에 바탕을 둔 의식이 바로 그것이라고 하겠다. 이를 환언하자면, 인간이라면 누구나 가지고 있는 자아실현본능을 상생의 법칙에 기초하여 자제할 수 있는 능력을 활용하여야 한다는 것이다.

어느 순간부터 사람들은 만족이라는 용어에 대해 인색한 심리를 가지게 되었다. 구체적으로 그 이유가 무엇인지에 대해선 보다 실증적·철학적인 고찰이 이루어져야 하겠지만, 필자가 생각하기엔 만족을 뛰어넘는 그 무언가를 획득할 수 있을 때에 비로소 원하는 목적을 달성하였다고 바라보는 사고가 그 원인일 것이라고 사료된다. 통상적으로 만족은 물질적인 측면과 정신적 측면으로 구성되는데, 생존에 필수적으로 요청되는 전자의 조건이 충족된다고 할지라도 후자라는 요소가 적절히 구비되지 못한다면 삶에 대한 무의미함이 심리내부를 지배한다. 반면 심리적으로 안정감을 형성하는 데에 있어 필요하다고 여겨지는 후자의 조건이 구비되어 있어도 이를 생존을 위하여 전제되어야 할 전자가 자신의 손에 주어지지 않는다면 종국적으로는 양자를 모두 상실하는 것과 다르지 않는 결과를 초래하고 만다. 그렇지만 현대사회를 살아가는 사람들은 물질적 · 정신적 욕구충족의 평균치를 상회하는 그 무언가를 추구한다. 특히 이 만족의 두 가지 태양은 시대의 흐름에 따라 그 폭이 좁아지기보다는 오히려 확장일로에 놓여있다고 여겨진다. 사회가 발전함에 따라 사람들이 삶을 유지하기 위하여 필요하다고 생각하는 물질적 요건들이 다양해지고, 삶의 질을 높이기 위하여 얻고자 하는 정신적 요건들 또한 다각화되는 것은 지극히 당연한 결과이기 때문에 자아실현본능을 발현시키기 위하여 기존보다도 더 많은 비용과 시간을 투입하게 되는 것이다. 그리고 이러한 노력은 바람직한 상생의 법칙의 틀을 벗어난 영역에까지 미침에 따라 사람들 사이의 신뢰성을 훼손시키기에 이르렀다.

Ⅴ. 절대적 권리와 상대적 권리

그렇다면 권리가 '어떠한 과정'을 거쳐 '어떠한 상태'로 존재해야만 하는지에 대해 생각해보지 않을 수 없다. 앞에서 주관적 공권과 객관적 가치질서에 역점을 두어 권리 그 자체의 성질을 논하였다면, 여기선 권리를 두 가지의 유형으로 나누어 논의를 이어갈 생각이다. 통상적으로 바람직한 권리형(權利型)을 세우는 과정을 '사회적 합의'를 도출하기 위한 숙고의 절차라는 식으로 판단할 수도 있겠지만, 모든 유형의 권리가 이와 같은 프로세스를 거칠 때에 한하여 제 모습을 갖춘다고 단언할 순 없다. 그 이유는 사회구성원들이 정의의 원칙을 정립시키기 위하여 제시한 견해들을 중지에 모은다는 것 자체가 매우 이상적이라고 할지라도, 현실적으론 '상황적합성(狀況適合性)'이라는 명목에 부합하는 방식으로 토론의 장을 이끌어가는 경우도 많기 때문이다. 여기서 말하는 상황적합성이란 당면한 문제가 사회에 미치는 폐단을 일축시키기 위하여 제시한 방안이 현실세계의 발전에 기여하는 바가 있는가에 따라 가치의 존부가 결정되는 관념을 의미한다. 그동안 법학자들과 법관들은 기존의 권리들을 재해석함으로써 그것들이 사회적 현실에 부합하는 형태로 존재할 수 있도록 노력을 기울여온 바 있다. 대표적으로 사회적 기본권은 열악한 삶을 영위하고 있는 사람들이 당면한 문제를 해결하기 위하여 자유권적 기본권이 가지는 참된 의미가 무엇인지를 파악하고 더 나아가 이를 상황에 적합하게 진화시키는 과정에서 고안된 현대적 의미의 권리라고 할 수 있다. 특히 최근 들어 대부분의 사회에서는 복지정책을 통하여 부의 불균등함을 시정하여 누구나 인간다운 삶을 영위할 수 있도록 하는 것이 공동체의 안정적 존속이라는 과제를 이행하기 위한 핵심요인이라고 판단하여 사회적 기본권을 보다 정교하게 진화시키려고 애쓰고 있는 흔적들이 포착되고 있다. 이러한 점을 감안한다면, 권리가 합의도출을 위한 숙고절차를 통해 형성된다고 하여도 과언이라고 할 순 없을 것이다. 그럼에도 불구하고 이것이 바람직하다고 여겨지는 권리를 고안해내는 유일한 원천이라고 보아선 안 될 것이라 사료된다. 주지하다시피 권리는 '상대적인 측면'도 있지만 아울러 '절대적인 측면'도 가지고 있기 때문이다. 전자의 경우엔 합의도출을 위한 숙고절차를 거쳐 형성되겠지만, 후자는 인간본성에 기초하여 만들어지는 것이기 때문에 이러한 절차를 거칠 필요가 없다. 단지 이를 '성문의 규정으로 만드는 경우'엔 그 진가가 제대로 나타날 수 있도록 숙고의 절차를 거쳐야 할 뿐이다.

전통사회가 아닌 현대사회 속에서 삶을 영위하는 사람들은 절대적이라는 말에 대해 회의적이 반응을 보이는 경향이 강하다. 그 이유는 사회적 변화를 맞이함에 있어 융통성을 가지고 대처하지 못한다면 시대착오적 발상에 젖어드는 우를 범하는 것과 다르지 않다고 생각하기 때문이다. 물론 그와 같은 사고가 그릇되었다고 할 순 없다. 그만큼 하루아침 사이에 사회가 전혀 다른 모습으로 변모하여 새로운 유행과 기술이라는 물결에 휩쓸리고 있음을 종종 발견할 수 있다는 점을 감안하다면, 더욱 그러하다고 사료된다. 그렇지만 인간은 본능을 가진 동물로서 보존·파괴·창조의 원리를 거쳐 상생이라는 울타리 속에서 살아가는 운명을 지니고 있음을 염두에 둘 필요가 있다. 이러한 운명의 한복판에는 자아실현을 추구하는 인간본연의 태도가 존재한다. 국가와 같은 거대한 공동체라고 할지라도 일개 개인이 가지고 있는 기본권의 본질적 내용을 침해할 수는 없는 것이다. 다만 그들이 제한을 가할 수 있는 부분은 그 사람이 본질적인 내용을 실현시키기 위하여 채택한 수단에 한할 따름이다. 이와 관련된 사항은 대한민국 헌법은 물론 전 세계의 헌법에 기재되어 있는 절대적 가치를 보존하기 위한 기본준칙에 해당한다. 당연하다고 여겨질 수 있는 부분을 굳이 성문 혹은 불문의 헌법사항으로 설정한 이유는 사회의 변화에 부응할 필요가 있다는 외견적 명분으로 말미암아 부당하게 침해되지 않도록 만반의 준비를 할 필요가 있다는 국민적 합의가 존재하고 있기 때문이다. 특히 민주주의 사회는 모든 이들이 소신을 가지고 자신의 생각을 외부적으로 발현할 수 있도록 하기 위해 그들의 지위를 안정적으로 존속시켜야만 하는 과제를 부담해야만 한다. 여기서 말하는 지위는 추상적으로는 국민으로서의 권리를 의미하는데, 보다 구체적으로 언급하자면 인간으로서의 존엄과 가치를 보유함으로써 자유의지와 이성을 상실하지 않도록 보호받을 권리를 뜻한다고 할 수 있겠다. 이와 같은 지위가 전제되지 않는다면, 사회는 강력한 권리보유력(權利保有力)과 실현력(實現力)을 갖춘 소수의 사람들에 의하여 운영되는 이익편중적(利益偏重的) 집합체로 전락할 가능성이 농후해진다. 그러므로 사회적으로 막강한 권력을 행사할 수 있는 누군가가 존재한다고 할지라도, 그 사람들조차 함부로 제한할 수 없는 영역의 권리를 만들어내는 것이 중요하다고 할 것이다. 따라서 상기에서 언급한 바와 같이 숙고의 절차를 통하여 만들어지는 권리도 존재하지만, 그와 같은 과정을 거치지 않고서라도 당연히 인정될 수 있는 권리 또한 존재한다고 보아야 함이 타당하다고 사료된다. 결과적으로 우리는 절대적인 성격의 권리와 상대적인 성격의 권리가 존재함을 파악함과 동시에 양자가 서로 다른 절차에 의하여 형성되더라도 상보적인 관계에 놓여있도록 하기 위해선 어떠한 태도를 가져야 할지에 대해 생각해보아야만 할 것이다.

절대적인 권리라고 하여 상대적인 권리에 비하여 무조건적으로 우월한 것으로 여겨져서는 안 된다. 다시 말해서 후자가 전자에 비하여 보호가치가 떨어진다는 점을 강조함이 아니라 전자가 두텁게 보존되어야 하는 이유를 합리적으로 제시하는 태도가 필요하다는 의미이다. 보기에 따라선 절대권(絕對權)이 상대권(相對權)보다 우위에 서게 된다는 점에서 결과론적으론 다를 바 없다고 생각할 수도 있겠지만, 바라보는 관점을 어떻게 두는가에 따라 상생의 법칙이 준수되는지의 여부가 달라진다는 점에선 매우 커다란 차이가 있음을 염두에 두어야 한다고 사료된다. 만약 상대권이 약한 수준의 보호가치를 가진 권리라는 식으로 생각을 하게 된다면, 대부분의 사람들은 그러한 권리가 인간이 자신의 본성을 발현시키기 위한 '수단'에 해당할 뿐 결코 '목적'이 될 수는 없으므로 존중받을 수 없는 자유에 해당한다고 생각할 가능성이 높다. 그렇다면 상대적 권리를 통하여 자신의 삶이 가지는 질을 높이고자 하는 사람들에겐 이와 같은 논리를 '자신이 추구하고자 하는 목적을 실현시키기 위하여 행하는 일련의 행동들이 보호받을 가능성은 희박하다'는 식으로 여기게 될 것이다. 자신이 추구하는 무엇인가가 주관적인 생활여건상 인간다운 생활을 하기 위해 필수적으로 충족되어야 할 조건임에도 불구하고 절대적인 권리가 아니라는 이유로 묵살당한다면, 이들은 향유할 수 없는 권리를 강하게 희구하게 되고 급기야 '권리=자신'과 같은 등식을 내면적으로 보유하기에 이른다.[24)]

24) 오해의 소지가 없도록 첨언한다면, 사람들은 저마다 자신만의 생활양식을 가지고 있다는 것이다. 그리고 다양한 생활양식만큼 안정적인 삶을 유지하기 위한 조건들 또한 각양각색일 수 있다. 甲에게는 중요하지 않은 것이 乙에겐 대단히 높은 가치가 있는 것으로 여겨질 수도 있다는 것이다. 물론 乙에게 필요한 조건 그 자체가 혹은 그를 충족시키기 위한 수단 자체가 불법과 결부되는 등 사회정의를 해할 만한

상대권이라고 하여 그에 해당하는 본질적 내용이 없다고 할 순 없다. 그 까닭은 그러한 권리 역시 절대권이 가지는 기본속성에서부터 연유한 것이기 때문에 양자가 공유하는 성격을 함유하고 있기 때문이다. 주지하다시피 사회적 기본권은 통상적으로 빈부격차의 확대로 말미암아 사람들이 영위할 수 있는 환경의 질이 판이하게 달라지고, 더 나아가 권력관계의 불평등한 형성에 대한 반작용으로 제시된 권리라고 할 수 있다. 그 속에는 가난하더라도 혹은 강한 권력을 가지지 못하더라도 인간으로서의 존엄과 가치라는 영역 안에서 삶을 살아가는 인물을 지켜주어야 한다는 기본정신이 담겨있기 때문에 국가가 이들이 인간답게 생활을 할 수 있도록 적절한 조치를 취해주어야만 한다는 헌법적 작위의무(憲法的 作爲義務)를 부담하게 된 것이다. 그리고 이와 같은 의무이행을 통해 열악한 환경에 놓인 사람들로 하여금 자유의지와 이성을 발현하게끔 만들어 국민과 국민 그리고 국민과 사회가 상생의 법칙 속에서 존재하도록 유인할 수 있게 된다. 따라서 우리는 절대권과 상대권에 대해서 언급할 때, 외견적으로 보이는 두 가지의 권리를 물리적으로 비교하는 것이 아니라, 상대적인 권리에 내재한 절대적인 속성이 무엇인지를 파악하고 그것이 사회적으로 물의를 빚지 않는 범위 안에서 적절히 발현시키기 위한 방법이 무엇인지에 대해 사고하는 습관을 길러야 한다고 생각한다. 만약 적절하다고 여겨질 만한 실현수단이 존재하지 않는다면, 그러한 권리를 주장하는 이들에게 납득할 수 있을만한 이유를 제시함과 더불어 향후 이를 행사하기 위해선 어떠한 조건이 구체적으로 필요한지에 대해 상세히 알려주어야 할 뿐만 아니라 그들이 가지고 있는 권리가 유명무실해지는 폐해가 발생하지 않도록 일시적으로나마 효과적인 보완책을 마련하여야 할 필요가 있다. 이와 같은 방식으로 통하여 절대권과 상대권이 대립관계에 빠지는 현상을 조금이라도 줄이는 것이 중요하고,

---

우려가 있다면, 乙이 추구하는 조건은 공익적 관점에서 허용되지 않는다. 그러나 타인에게 불측의 손해를 준다거나, 손해를 끼친다고 해도 그 정도가 지극히 미미한 수준에서 그친다면, 乙의 주장을 적극적으로 고려할 줄 아는 태도가 요구된다.

더 나아가 상생의 법칙에 기초한 권리의식을 고양하는 데에 있어 기여하는 바가 있을 것이라 사료된다.

Ⅵ. 권리와 법의 관계

위에선 권리의 본질과 이상적인 존재양태에 대해 언급하였다면, 이하에서는 법과 관계를 형성함에 따라 만들어지는 권리의 위상에 대해서 설명하고자 한다. 상생에 기초한 권리의식이 사람들의 내면에 자리 매김하였다고 할지라도 그것을 강화시켜주기 위한 기제가 마련되어 있지 않다면, 외부에서 유입되는 작은 유혹에도 쉽게 흔들릴 여지가 다분하다고 할 것이다. 그 이유는 사회에 살아가는 사람들치고 입신양명(立身揚名)과 같은 부와 명성에 대해 갈망하는 심리를 완벽하게 봉쇄시킬 정도의 자의식이 강한 이들이 그리 많진 않기 때문이다. 물론 그들이 나약하고 의지가 박약하다는 식으로 비판을 하고자 함이 아니다. 그만큼 사회가 급속도로 변화함에 따라 기존에 누리고 있던 분위기 내지는 삶의 양식이 현재에 적합하지 않은 것으로 간주되고, 그로 인하여 외견적인 차원에서 전보다 상위의 단계로 올라가야만 하는 압박감을 받을 수밖에 없다는 현실과 마주하기 때문에 그와 같은 우를 범하게 된다는 것을 언급하고자 할 따름이다. 그때부터 사람들은 보다 많은 것을 혹은 더 나은 것을 추구하기 위하여 타인 내지는 외부집단과 마찰을 빚어내기에 이른다. 마찰을 빚는다는 것은 단순한 의미에선 '다툼'이라고 할 수 있겠지만, 그것이 가지고 있는 진의를 살펴본다면 결과적으론 희소가치를 띤 유·무형의 자원을 대상으로 하여 벌이는 권리쟁탈전의 성격을 가진 싸움인 셈이다. 특히 사회구성원들마다 자아실현본능에 기초한 절대적인 권리를 가지고 있는 이상, 그리고 그러한 권리들이 사회적 기본권 등과 같이 다양한 형태로 분화되고 있는 상황 속에선 서로가 보유하고 있는 자유들이 상충될 수밖에 없다. 자연 상태와 같은 분위기에선 정의가 무엇인지를 판가름하기 위한 잣대를 찾을 수 없기 때문에 현실적으로 권리를 보유할 수 있는 능력을 강하게 행사할 수 있는 주체만이 이익을 획득하게 된다. 사회적 약자들은 이에 대항하기 위해 동병상련(同病相憐)이라는 공감대적 가치를 기초로 하여 합심하여 강자를 자신들의 영역에서 물리적·강압적으로 밀어내지만, 안타깝게도 그 이후부턴 약자들 사이의 권리전쟁이 발발하기에 이른다. 결국 구성원들 사이의 전쟁은 종식되지 않는 싸움일 수밖에 없다. 그럼에도 불구하고, 사회가 유지되고 있는 까닭은 그와 같은 싸움을 함에 있어 준수해야 할 규칙이 설정되어 있기 때문이라고 하겠다. 그리고 우리는 그 규칙을 법(法)이라고 명명한다.

여기서 말하는 법은 단순히 ○○법이라고 이름 붙여진 것에만 국한된 것이라기보다는 행정규칙과 법규명령처럼 하위단계에 있는 산물까지 포함된 실질적 의미의 법이라고 보아야 한다. 법은 사람의 신경말단까지 분포되어 있는 모세혈관처럼 사회전역에 확산되어 있다. 소소하게는 자신이 상점에서 물품을 구매하기 위해선 민법이 적용되고, 크게는 국가 간에 체결하는 조약(條約)을 생각해볼 수 있다. 인적이 드문 무인도에 있지 않은 한, 어떠한 곳에 있다고 할지라도 법망(法網)에서 벗어난다는 것은 사실상 불가능에 가깝다. 그 이유는 이들이 가지고 있는 일반적 강제력(强制力)과 공정성 때문이다. 그러한 힘이 구비되어 있지 않은 법은 사실상 사문화(死文化)의 길에 놓여있는 돌멩이와 같은 것으로 국민들의 삶에 실질적인 영향을 행사하지 못할 것이고, 더욱이 사실상의 권력을 어느 수준에서 보유하고 있는지를 기준으로 하여 불평등한 법적용이 이루어진다면 사회정의가 그 입지를 굳힐 수 없음은 명약관화한 일이다. 따라서 법이 사람들로 하여금 권리전쟁의 장에서 규칙을 준수할 수 있도록 하기 위해선 이를 위반한 사람에 대해 막강한 제재를 가할 수 있는 칼이 되어야만 한다. 그리고 사회적으로 열악한 삶을 영위하는 사람들이 누군가에 의하여 부당하게 피해를 받을 위험에 처해있을 때에는 단단한 방패가 되어야만 한다. 환언하자면, 전쟁을 하고 있는 당사자들 사이에 존재해야하는 준칙, 즉 무기평등(武器平等)의 원칙을 고수하는 것이 법의 핵심이라고 하겠다. 무기가 평등하다는 말은 곧 공평한 상황에서 자신의 생각을 피력할 수 있는 환경이 당위적으로 주어짐을 의미한다. 그리고 전장(戰場)에서 도출되는 결과는 객관적인 판단기준에 의하여 합당한 것이라고 여겨져야 한다. 이와 같은 요건들이 구비됨으로써 형성되는 것이 소위 말하는 '공정성(公正性, fairness)'이다.

공정성이 무엇인가에 대한 논의는 과거부터 현재에 이르기까지 줄기차게 존재해왔으며 앞으로도 그러할 것이라고 여겨지는 과제이다. 사실 공정성이 가지는 대강의 줄기는 이미 많은 사람들의 뇌리 속에 자리 잡고 있을 것이라고 사료된다. 그렇지만 특정한 사건을 해결함에 있어 사용한 도구나 틀이 바람직한 결론을 도출하는 데에 있어 기여하는 바가 있는지 혹은 그 결과 자체가 사리에 합당한지에 대해선 사람들마다 다른 생각을 가지고 있다. 누군가는 개인의 자유를 최대한 보장하는 범위 안에서 문제를 해결할 때에 한하여 자유주의의 기본원리가 굳건하게 지켜지는 것이므로 이러한 준칙을 어기지 않았다면 공정한 것이라고 생각하는 반면, 다른 이는 자유주의에서 제시하는 원리가 경우에 따라선 사회의 안녕질서를 파괴할 가치가 있으므로 되도록이면 사익보호보다는 공익의 보호를 우선시함으로써 사회적 안정성을 보장함과 동시에 분쟁을 대승적으로 해결하는 태도가 바람직한 것이라고 여기기도 한다. 또 다른 경우를 생각해보자면, 국가가 사적영역에 직접적으로 개입함으로써 문제를 조기에 해결할 수 있도록 하는 것이 국민의 권리신장에 도움이 된다고 판단하는 이도 있지만, 국가의 개입이 국민의 이성적인 판단에 기초한 궁극적 문제해결력을 둔화시킨다는 점을 감안하여 사적자치(私的自治)가 우선적으로 이루어질 수 있도록 해야 한다고 강변하는 이도 있다.

Ⅶ. 공정성과 권리운용의 문제

어떠한 견해가 옳은지 혹은 그른지에 대해서 단언할 수는 없다고 할지라도, 일변도의 성격을 띤 움직임이 바람직하지 않다는 것만큼은 사실이라고 생각한다. 마치 동전의 앞면과 뒷면처럼 국가와 사회는 양립한 상태에서 상보적인 관계에 놓여있어야만 제 각각 존재의 가치를 찾을 수 있는 것과도 같다. 그러나 현대사회를 보면, 서로 상반된 성격을 가지고 있는 논리들(국민적 관점에서 도출된 논리와 국가적 관점에서 도출된 논리)이 마치 적대적인 입장에 놓인 이들과 달라 보이지 않는다. 국민들이 국가를 향해 표출하는 언어의 질(質)과 국가가 사회적 요구에 대응하는 태도 등을 종합적으로 살펴본다면 존중하는 마음가짐을 가지고 불만해결에 임한다고 보기엔 어려운 점들이 산적해 있는 편이다. 그만큼 국가는 국가대로 사회는 사회대로 견지하고 있는 가치관과 이를 구체화시키려는 수단에 대하여 강한 의지를 가지고 있는 셈이다. 그러나 의지가 아집(我執)으로 전락하고 있음에도 불구하고, 양자는 통상적으로 상대방의 허물을 집중적으로 바라보는 경향이 강하다. 이와 같은 태도가 지속될 경우, 위에서 언급한 견해대립의 골은 더욱 깊어질 수밖에 없다.

사적자치를 지나치게 우선시하는 태도는 국가의 기능마비를 의도적으로 초래하는 것으로서 공권력과 같은 강한 힘으로써 다스려야 할 사회문제가 적절한 시기에 해소되지 못하는 우를 범할 우려가 농후하다. 물론 자유주의를 옹호하는 사람들이 치안과 국방처럼 국가존립의 핵심적인 사항을 이행하기 위한 공권력 배제를 주장하진 않는다. 다만 시장에서 이루어지는 다양한 행위들이 활발하게 이루어지지 못하도록 위축효과(萎縮效果, chilling effect)가 발생하지 않게 하는 것이 중요할 따름이라고 한다. 그러나 강력범죄에 필적할 수준의 불공정거래행위 내지는 공서양속(公序良俗)에 반하는 행위들이 자행될 경우엔 사적자치의 역량으로 해결하기 힘들 수 있음을 인식할 필요가 있다.[25] 뿐만 아니라 경제적 불평등으로 인하여 동등하게 주어

---

25) 민법 제103조와 제104조는 거래의 안정성을 심각할 정도로 훼손하는 행위의 효력을 무효화시키고 있다. 민법 제103조에서는 "선량한 풍속 기타 사회상규에 위반한 사항을 내용으로 하는 법률행위는 무효로 한다"고, 제104조에서는 "당사자의 궁박, 경솔, 또는 무경험으로 인하여 현저하게 공정을 잃은 법률행위는 무효로 한다"고 규정하였다. 두 조문이 가지는 법적 의의에 대하여 대법원은 다음과 같이 견해를 밝힌 바

져야 할 물적 · 정신적 가치가 차등적으로 배분되는 상황이 가속화되고 있음에도 불구하고 이러한 상황에 제동을 가하지 못한다면 공동체는 분열될 가능성이 높다.[26] 반면 국가의 사적영역 개입을 옹호하는 태도에도 한계점

있다. 우선 2009년 9월 10일에 선고한 2009다37251 판결에서 "민법 제103조에서 정하는 '반사회질서의 법률행위'는 법률행위의 목적인 권리의무의 내용이 선량한 풍속 기타 사회질서에 위반되는 경우뿐만 아니라, 그 내용 자체는 반사회질서적인 것이 아니라고 하여도 법적으로 이를 강제하거나 법률행위에 사회질서의 근간에 반하는 조건 또는 금전적인 대가가 결부됨으로써 그 법률행위가 반사회질서적인 성격을 띠게 되는 경우 및 표시되거나 상대방에게 알려진 법률행위의 동기가 반사회질서적인 경우를 포함한다(대법원 2000. 2. 11 선고 99다56833 판결 등 참조). 또한 반사회성 여부가 논의되는 당해 법률행위와 관련이 있는 다른 일정한 법률행위에 관하여 그 효력을 명문으로 배제하는 강행법규가 있는 경우에는, 그 강행법규가 어떠한 취지에서 나온 것인지, 이들 두 법률행위가 일정한 구체적 생활관계의 맥락에서 일정한 내용으로 사회적 · 경제적인 연관을 가져서 강행법규에 의한 금지의 취지를 반사회질서의 법률행위라는 법구성을 통하여 다른 법률행위에도 미치게 하는 것이 적절한지 아니한지, 당해 법률행위에 대하여 그 규범내용이 명확하지 아니한 일반조항인 민법 제103조에 기하여 이를 무효로 함으로 인하여 거래에 부당한 부담을 지우거나 당사자들의 정당한 기대를 저버리게 되는 것은 아닌지 등을 당해 법률행위가 사회질서에 위반하는지 여부를 판단함에 있어서 고려할 수 있고 또 고려하여야 할 것이다"라고 판결을 내려 제103조의 의의를 설명하였다. 더불어 1993년 10월 12일에 선고한 93다19924 판결에선 "민법 제104조의 불공정한 법률행위가 성립하기 위하여는 법률행위의 당사자 일방이 궁박, 경솔, 또는 무경험의 상태에 있고, 상대방이 이러한 사정을 알고서 이를 이용하려는 의사가 있어야만 하며, 나아가 급부와 반대급부 사이에 현저한 불균형이 있어야 하는바, 위 당사자 일방의 궁박, 경솔, 무경험은 모두 구비되어야 하는 요건이 아니고 그 중 어느 하나만 갖추어져도 충분하다 할 것이다"라고 판결하여 제104조의 요건을 설명하였다.

26) 마이클 샌들(Michael Sandel) 교수가 저술한 『What money can't buy : The Moral Limits of Markets』(FSG, 2012)를 보면 경제적 성격의 이익추로 말미암아 우리가 잃을 수 있는 것들이 무엇인지를 잘 알 수 있다. 마이클 샌들 교수는 공동체주의를 주장한 학자로 잘 알려져 있는데, 특히 『정의론』을 저술한 존 롤즈(John Rawls) 교수의 자유주의에 대하여 반대견해를 논리적으로 피력하면서 그 명성을 널리 알리기 시작하였다. 2012년에 저술한 『What money can't buy』는 여타의 저술과는 달리 경제학에서 중요시하는 인센티브(Incentive)라는 개념에 역점을 두어 자유주의에 입각한 경제질서가 공동체가 응당 추구하여야 할 덕목들을 어떻게 훼손시킬 수 있으며, 이를 방지하기 위해선 어떠한 태도를 가져야 하는지에 대한 내용을 담고 있다. 그는 자신의 저서 43~91면에 걸쳐 부의 편차가 심해짐에 따라 막강한 자금력을 확보한 개인 내지는 집단이 생활의 편의를 도모한다는 차원에서 도덕성보단 효율성에 입각한 삶의 양식을 선호하고 있는 현실에 일침을 가하고 있다. 예컨대, 윤택한 생활을 하고 있는 사람은 자동차를 법정속도를 초과하여 운전함으로써 내야 할 과태료에 대해 신경을 쓰지 않는다는 사실을 생각해보자. 과태료는 법에서 규정한 의무를 위반할 때

이 나타나기는 매한가지이다. 그들 역시 개인이 가지는 권리의 중요성에 대해서 충분히 인식하고 있는 것은 사실이지만, 논쟁의 장에 서게 되면 그와 같은 가치를 쉽게 간과하는 경향이 있다. 이른바 대의(大義)를 위하여 희생(혹은 양보)할 줄 아는 숭고한 정신의 가치를 고양시킴으로써 궁극적으로는 많은 이들이 양적으로나 질적으로 행복한 삶을 살 수 있도록 함이 필수적으로 요청된다는 것이다. 그와 같은 사고가 그릇된 것이라고 순 없겠지만, '대의'가 무엇인지에 대해선 사람들마다 천차만별의 생각을 가지고 있을 수밖에 없다. 경우에 따라선 누군가가 주장하는 대의가 다른 사람들의 시각에서는 사익에 기초한 욕망의 산물이라는 식으로 비추어지기도 한다. 그러므로 공익수호와 같은 커다란 목적의식을 우선적으로 관철하려는 태도를 견지할 때에는 그에 따른 반발이 쉽게 일어날 수 있음을 고려해야 할 것이다.

법사회학적인 관점에서는 이를 기능주의(機能主義) 사고에 기초한 법가치관과 갈등주의(葛藤主義) 사고에 역점을 둔 법가치관의 극한적 대립이라는 식으로 표현해볼 수도 있다. 학자들마다 이들에 대한 자신만의 개념 틀을 가지고 있기 때문에 통상적으로 '무엇은 무엇이다'라고 단언할 수는 없지만, 극한적인 형태의 사회갈등이 대두된 때에는 그와 같은 가치관에 나타난 색깔이 분명하게 드러난다. 주어진 문제를 거시적인 차원에서 접근을 할 때에는 기본적으로 문제의 원인과 해결방법에 대한 윤곽을 그려야 하기 때문에 기능주의와 갈등주의 같이 거대한 이론의 렌즈를 사용해야만 한다. 다시 말해서 통합과 유대를 강조하여 사회적으로 확산된 불만을 부정적인

에 한하여 부과되는 경제적 부담일 뿐만 아니라 도덕적으로 용납할 수 없는 상황을 연출했다는 사유로 인해 내려지는 제재 수단이다. 그러나 샌들에 의하면 풍족한 삶을 영위하는 사람은 일정한 과태료를 납부하기만 하면 원하는 대로 과속을 할 수 있다는 식으로 받아들이는 경우가 많다고 한다. 그리하여 '제재 수단으로서의 과태료'가 마치 '합법적으로 불법행위를 자행하기 위한 요금'과 다를 것이 없어지는 결과가 초래되고, 이로 말미암아 도덕성에 기초한 덕목들이 훼손일로에 놓일 수 있음을 강력하게 수차례 경고한 바 있다(물론 도덕성과 같은 기본 덕목들을 훼손하지 않는 영역에선 경제적 원리가 상대적으로 강하게 자리를 잡는 경우는 허용된다).

요소로만 바라본 나머지 대의에 기초하여 강력하게 제재할 필요가 있다고 바라보는 것이 기능주의적 시선이라면, 갈등주의적 시선에 선 사람들은 기존의 정의가 강한 권력을 가진 계급에 의하여 형성된 것이라는 점을 염두에 두어 개인의 본질적 자유를 회복하기 위해선 이에 맞섬으로써 균형 잡힌 권력의 재편이 절실하다고 바라보는 것이다. 어떠한 이데올로기이든 그것이 개인적·사회적 차원에서 일정한 기여를 할 수 있도록 하기 위해선 주장하는 사람이 어떠한 마음가짐을 가지고 있는지가 관건이다. 자신이 주장하는 단선적인 형태의 이론을 사용하지 않으면 문제의 원인을 분석할 수 없을 뿐만 아니라 해결책 역시 강구할 수 없다고 보는 것은 지나친 아집에 기초한 독선일 뿐이다. 물론 여러 가지 이론들이 지나칠 정도로 난무하는 까닭에 사회질서를 바로잡기 위한 매뉴얼이 사실상 유명무실해질 때에는 복잡함을 단순하게 정리한다는 차원에서 본인의 사상을 강력하게 추구할 필요가 있지만, 그와 같은 목적을 달성한 이후부터는 주어진 사회갈등을 해결하기 위하여 혹은 재발시키지 않기 위하여 다양한 이들의 목소리를 듣는 것이 중요하다. 기능주의와 갈등주의 중 어느 것이 압도적으로 우수한 것이므로 이에 기초한 정책을 수립하는 것이 중요하다는 식의 사고는 매우 위험하기 그지없다. 그에 따라 사람들의 권리투쟁의 농도는 더욱 깊어지기 마련이고, 깊어진 농도는 해결책의 고안을 어렵게 만드는 요인이 된다. 따라서 균형 잡힌 사고에 기초한 법사회적 가치관의 형성이 중요함을 강조하지 않을 수 없는 것이다.

사회에 내재한 갈등을 바라보는 시선의 균형성이 확보된 이후에는 그 해결을 위한 방도를 적절히 모색하여야만 한다. 원인을 분석하고 대안을 모색하기 위한 로드맵(road map) 만을 만들었을 뿐, 이를 시행하기 위한 구체적인 형식의 매뉴얼을 제시하지 못한다면 아무런 의미가 없는 것이다. 로드맵은 그야말로 긍정적인 결과를 도출하기 위한 개략적 지도(성문법, 불문율, 정책 등)를 의미할 뿐이지, 자세한 경로를 보여주진 못한다. 그럼에도 불구하고 사람들은 로드맵을 구축하면 모든 부정적인 상황이 종료된다고 착오를 일으키곤 한다. 기존의 도구를 적절히 활용하여 달성하고자 하는 목적지에 이르기만 하면 그 뿐이라고 생각했기 때문이다. 특히 전통사회에서는 그와 같은 문제가 상당히 심각한 편이었다. 마을마다 자치 로드맵으로서의 관습에 기초하여 분쟁을 해소시키긴 하였지만, 관습이라는 것 자체가 경우에 따라선 폐습(弊習)에 기반을 둘 수도 있었기 때문이다. 주지하다시피 폐습은 일정한 공동체에서 통용되는 사고가 시대적 변화에 따라 진화하지 못한 채 그대로 고정됨에 따라 사람들의 권리를 수호하기보다는 제재하는 경향이 강하다. 대표적인 예를 들자면 마녀사냥을 떠올릴 수 있는데, 우리는 수많은 역사관련 서적들을 통해 당시 마을의 구성원들은 누구나 자신만의 가치관을 가지고 살아감에도 불구하고 공동체가 반드시 지켜야만 하는 합리성에서 벗어난 불문율을 위반하게 될 경우 진지한 숙고의 절차를 거치지 않고서 무조건적으로 처벌을 받았음을 알 수 있다. 이와 같이 많은 이들의 피를 통하여 얻어진 자유사회가 가지는 가치는 말로는 형용할 수 없을 정도로 값진 것이라고 하겠다. 다시 말해서 실질적 내용이 반인권적인 속성을 띠었음에도 불구하고 그럴 듯한 외관을 갖춘 로드맵(관습 내지는 불문율)으로 말미암아 더욱 큰 문제를 야기한 것이다. 요컨대 구체화된 목적과 수단 그리고 절차를 구비하지 못한다면, 로드맵은 텅 빈 공간만이 즐비한 대형 건물에 불과할 따름이다.

전근대적인 속성을 가진 규칙을 공식적으로 폐지함과 더불어 객관성과 합리성에 기초한 현대법이 그 자리를 대신하기에 이르렀고, 더불어 죄형법정주의(罪刑法定主義)가 법이 외부적으로 적절하게 발현되기 위한 하나의 지침으로 자리매김하면서부터 법치주의(法治主義)가 화려한 꽃을 피우게 되었다. 죄형법정주의는 통상적으로 형법에서 거론되는 원칙으로서 죄(罪)와 형(刑)은 법에 규정된 바에 따라 각각 인정되고 부과되어야만 한다는 준칙을 뜻한다. 거칠게 말하자면, 법에서 금지하지 않는 것은 불법이 아니라고 할 수도 있다. 그러나 사회에서 발생하는 모든 사건들에 대한 사람들의 평가가 법에서 상정하는 그것과 다른 경우가 있음을 쉽게 발견할 수 있다. 다시 말해서 법규정을 엄격하게 따르자면 누군가의 행위가 범법행위라고 여겨지진 않지만 사회적으로는 비판받아 마땅한 경우가 존재할 수 있다는 것이다. 그리고 사람들은 사회적 평화상태를 교란시킨 당사자가 아무런 제재를 받지 않았다며 분개한다. '법이 불완전한 것인가 혹은 사람들의 사고가 온전치 않다는 것인가?'라는 질문은 참으로 오랜 시간 동안 여러 학자들에 의하여 다루어져 온 논제이다. 그들은 이상적인 법의 모습이 어떠해야 하는지에 대해서 강변하여 왔고, 서로가 제시한 견해가 가진 단점들에 대해서 지적해왔다. 본 사항에 대해선『공화주의적 자유주의와 법치주의(Ⅱ)』에서 이미 언급한 바 있지만, 기억을 상기시킴과 동시에 본고의 내용을 명확하게 이해시킨다는 차원에서 간단하게 거론하고자 한다.

그러한 견해들 중 하나가 바로 법실증주의(法實證主義)로서 법을 사람의 심리와 정서를 배제시킨 상태에서 객관적으로 바라볼 때에 한하여 그 진의를 파악할 수 있는 산물이라고 바라보는 견해이다. 이와 같은 관념이 설득력을 가졌던 이유는 본 사조가 평화가 교란된 상태 속에서 벌어지는 사람들의 지나친 다툼으로 말미암아 국운(國運)이 기울어지고 있었던 시절에 제시되었기 때문이다. 따라서 되도록이면 사회구성원들이 자아실현본능에 따라 자의적으로 세상을 바라보는 관점을 봉쇄함으로써 주관성에 함몰된 분위기를 객관성의 영역에서 존재할 수 있도록 전환시키는 것이 주요과제였던 셈이다. 필자는 법실증주의가 가지고 있는 장점을 인정하지만, 자칫 사회변화에 소극적인 모습을 견지함으로써 시대착오적인 법문화를 창설할 가능성이 있음을 우려하지 않을 수 없다. 특히 사회가 진화하게 되는 까닭이 사람들이 가지고 있는 정서상태의 변화에 기인한 것이라는 점을 감안한다면, 법을 해석하고 바라봄에 있어 인간의 주관적 시선을 원천적으로 배제하는 태도를 이상적이라고 평가하기엔 무리가 따른다. 뿐만 아니라 새로운 법을 제정하거나 기존의 법을 개정해야 하는 순간에 대한 판단 역시 대다수 사람들의 정서에 기초한 것이라는 점 또한 염두에 둘 필요가 있다. 둘째는 결단주의(決斷主義)이다. 결단주의는 입법자의 결단에 의하여 만들어지는 것이 법이라고 바라보는 견해라고 할 수 있다. 특히 이와 같은 견해를 취하는 학자는 기본권이 최대한으로 보장되어야 함을 강변함으로써 주관적 공권성이 가지는 가치를 한껏 고양시켰다는데, 이러한 점에서 볼 때 두 번째 견해가 자유주의가 확고하게 정착하는 데에 있어 매우 혁혁한 공을 세운 바 있다고 말할 수 있다. 더군다나 강력한 카리스마를 가진 지도자가 어수선한 사회적 분위기에 휩쓸리지 않고 소신껏 국정을 운영할 수 있도록 해준다는 점 또한 우리가 중요하게 바라보아야 할 부분이다. 그럼에도 불구하고 이러한 관념에도 치명적인 약점이 존재한다. 다시 말해서 입법자가 사회구성원들이 바라는 바에 역행함으로써 민주주의 그 자체를 훼손시킬 수 있다는 것이다. 물론 국정을 운영하는 주체가 타고난 지혜와 선견지명을 가지고 있어 바람직한 권리의식을 정착시킬 수 있는 법을 제정할 수 있겠으나, 안타깝게도 이는 계몽시대 이전에서나 널리 인정된다. 현재와 같이 민주주의가 사회를 지배하는 핵심적인 조류라는 점을 감안한다면, 결단주의는 자칫 독재의 가능성을 열어주는 하나의 단초가 될 여지가 있다. 셋째는 통합주의(統合主義)이다. 이 견해에 따르면 법은 국민의 공감대적 가치질서에 따라 만들어지는 산물로서 지속적으로 형성되는 과정 중에 놓여있다고 본다. 공유할 수 있는 합리적 정서에 기초하여 형성된다는 점에서 볼 때 국가와 사회가 쌍방향적인 소통을 통하여 최적의 상태를 도출해낼 수 있다. 그러나 이 관념에서는 안타깝게도 기본권을 주관적 공권성이라는 속성에 토대를 둔 권리라고 여기기보다는 질서라는 차원에서 조망하고 있다는 사실이다. 또한 사람들 사이에서 형성되는 공감대가 항상 바람직한 결과를 만들어낸다고 보장하기도 어렵다. 그 까닭은 합의를 통해 도출한 공감대가 진정한 의미의 공통정서인지에 대해 확신하는 데에 난점이 있기 때문이다. 일각에서 주장하는 공감대가 다른 곳에선 통용되지 않는 단순한 집합적 사고에 불과한 것으로 여겨질 개연성이 있다는 점을 고려하여야 한다.

우리가 이상의 세 가지 관점을 통해서 알 수 있는 것은 완벽한 형태의 법이란 만들어지기 어렵다는 것이다. 다만, 서로가 가지고 있는 장점들을 조화롭게 융합시키고 단점들을 과감하게 일축시키기 위한 방안을 세운다면 완벽하진 않더라도 그에 가깝다고 평가받을 수 있는 법체계를 만들 수 있을 것이라 사료된다. 필자는 실증주의와 결단주의 및 통합주의를 아우를 수 있는 원리로 공화주의적 자유주의를 언급하고자 한다. 앞서 언급한 세 가지의 원리들은 각자 보존과 파괴 및 창조의 법칙들을 균형감 있게 조성함으로써 독자적인 이론으로 거듭나긴 했지만, 주장하는 주체의 자의적 관념에 따라 오·남용될 가능성이 높을 뿐만 아니라, 설령 객관적으로 운용하고자 한다고 할지라도 그 속에 내재된 개념 자체가 불확정적인 측면이 있다는 점을 감안한다면 사회정의를 이끌어내기엔 어려운 감이 있을 수 있다. 공화주의적 자유주의는 (ⅰ) 자아실현본능에 기초한 주관적 공권과 자아보호본능에 기초한 객관적 가치질서의 공존을 통하여 균형감을 갖춘 정의관을 형성하는 데에 목적을 두고 있고, (ⅱ) 이를 위한 수단으로서 기본권의 이중적 지위를 인정하는 한편 (ⅲ) 사람들이 정당한 것과 부당한 것을 손쉽게 가릴 수 있도록 직관적인 사고를 할 수 있게 해준다. 직관적 사고에 기초한 사회정의 판별법은 주로 공리주의(功利主義, Utilitarianism)에서 채택한 것이지만,[27] 필자가 그와 같은 주의를 전면적으로 수용한 것은 아니

27) 여기서 잠시 윌 킴리카(Will Kymlicka)가 그의 저서에서 공리주의를 설명한 부분을 참조하도록 하자. "공리주의의 또 다른 매력은 바로 '결과주의(consequentialism)'이다. 이것이 정확히 무엇을 의미하는지에 대해서는 나중에 살펴보기로 하고, 일단 지금 이 순간에는 그것이 어떠한 상황에서의 행위나 정책이 실제로 식별할 수 있는 선(good)을 가져올 수 있는지, 없는지를 확인할 것을 요구한다는 점에 그 중요성이 있다. (중략) 결과주의는 도덕과 다른 영역들 간의 차이에 관한 우리의 직관과 합치된다는 점에서 또한 매력적이다. 만약 누군가가 특정 종류의 합의에 의한 성행위가 '부적절하다(improper)'는 이유로 도덕적으로 옳지 못하다고 여기면서 누가 그것으로 인해서 고통을 받는지를 제시하지 못한다고 했을 때, 우리는 여기서 사용되고 있는 '적절한(proper)' 행위의 개념이 도덕적인 것이 아니라고 반문할 수 있다. 적절한 행위에 관한 이러한 주장들은 도덕적인 것이라기보다는 미학적인 요구 혹은 사회적 예법 또는 관습에 대한 호소라고 할 수 있다. 어떤 사람은 펑크록이 '부적절'하다거나, 아예 정통적인 음악이 아니라고 이야기할 수 도 있다. 하지만 그것은 미학적인 판단일 뿐, 도덕적인 것은 아니다. 동성연애가 초래하는 나쁜 결과를 제시하지 못한 채 '부적절'하다고 이야기하는 것은, 마치 밥 딜런(Bob Dylan)이 노래를 부적절하게

다. 다만, 사람들이 자연스럽게 판단할 수 있도록 하는 것이 중요하다고 생각했기 때문이다. 앞에서도 여러 번 언급하였듯이 상생의 법칙은 주어진 대립적 환경 속에서 갈등의 대상이 된 사항들이 양립할 수 있도록 함과 상충된 주장들이 공존할 수 있도록 해야 함을 핵심으로 삼고 있다. 사람들은 통상적으로 남들과 대립각을 세우지 않음과 더불어 자신의 이익이 최대화되길 희구하고, 남들과 마찰을 빚지 않길 바라지만 그를 위해 복잡하게 생각하는 것을 싫어한다. 공화주의적 자유주의는 바로 이러한 점에 착안을 둔 것이기도 하다. 본인이 원하던 바를 실현하되 남에게 피해를 주지 않는 것, 단순하면서도 직관적으로 자신의 행동양식을 결정할 수 있는 사고방식이라는 것이다.

우리는 이러한 사고방식에 기인하여 자신에게 주어진 권리들을 어떻게 운용해야 하는지에 대해 알 수 있게 된다. 여기서 말하는 권리들이라 함은 일반적으로 헌법에서 명문으로 규정하고 있는 기본권들을 의미하기도 하지만, 폭넓은 시각에서 본다면 법률에 의하여 보호되는 권리들과 사회통념상 보호가치가 있는 권리들까지도 포괄한 개념이라고 할 것이다. 법률과 사회통념상 보호되는 권리들을 상대권적인 속성을 띠고 있는 경우가 많은데, 그렇다고 하여 절대권보다 열등한 지위에서 서진 않는다. 물론 절대권이 모든 권리들 중 가장 두텁게 보호되고 있는 권리임에는 틀림없지만, 그렇다고 하여 상대권을 보호하기 위한 틀이 얇다는 것을 의미하진 않는다. 다만 논란의 여지가 될 부분이 있다면, 그것은 해당권리의 보호막을 형성하는 데에 있어 난점을 발생시키는 상황이 발생할 수 있다는 사실일 것이다. 이는 비단 상대권에만 적용되는 사항이 아니라 절대권이라고 불리는 헌법의 기본권에도 영향을 주기도 한다.

부른다고 말하는 것과 다를 바 없다 —즉, 그것이 비록 사실일지는 몰라도 도덕적인 비판은 아니다. 결과주의적이지 않은 적절함의 기준도 있을 수 있지만, 우리들은 도덕성이란 단순한 예법보다 더욱 중요하다고 생각한다는 점에서 결과주의란 그러한 차이를 설명해 주는데 도움이 된다". Will Kymlicka, 『현대 정치철학의 이해』, 동명사, 2008, 14~15면.

앞에서도 언급한 바 있지만, 통상적으로 사회적 기본권의 경우 국고(國庫)의 운용상태에 따라 그것의 보장정도가 달라지므로 여타의 기본권에 비하여 보호의 수준이 다소 떨어진다고 바라보는 견해가 강력하게 제시되고 있다. 현실적으로 그러한 권리가 외부적으로 발현되기 위해선 그에 합당한 재정계획과 물질적 지원 등이 수반되어야 함은 지극히 당연하다는 점에서 그와 같은 반론에도 타당성이 인정되지만, 우리는 사회적 기본권 속에 존재하는 자유권적인 성격을 아울러 염두에 두어야 한다. 그 이유는 인간의 존엄과 가치라는 절대적 기본권에서 자유권적 기본권이 만들어지고, 자유권적 기본권의 현대적 개량이라는 과정을 거쳐 형성된 것이 사회적 기본권이기 때문이다. 일견 실질적 국가운영 주체의 재정운영의 전문성이 권리실현을 둘러싼 커다란 변수라고 할지라도 이러한 권리 안에 내재한 핵심적인 내용을 침해하거나 혹은 부당하게 제한(보호수준을 현저하게 하향조정하는 것)해서는 안 될 것이다. 사회권적 기본권을 향유하는 이들이 안정적인 삶을 살기 위한 생활환경조성상의 기회를 공정하게 누릴 수 있도록 하되, 그러한 헌법적 작위의무를 실현하기 위한 부수적인 부분에선 국가의 재량을 다소나마 인정할 필요가 있다. 여기서 말하는 재량이라 함은 '안 해도 된다'는 내용을 함축하고 있는 것이 아니라, '지금은 어쩔 수 없지만, 언젠간 반드시 해야만 한다'는 내용의 조건부적 재량(條件附的 裁量)을 뜻한다. 그리고 국가가 특정한 분야에서의 복지문제를 시급하게 해결하기 어려운 상황에 처해 있을 때에는 당해문제를 시정하기 위하여 최선의 노력을 다하였다는 사실을 외부적으로 소명함으로써 빠른 시일 안에 이를 안정화시키겠다는 내용의 공식적으로 밝힐 수 있어야만 한다. 최선의 노력을 다하였다는 사실은 객관적인 증거에 따라 널리 인정될 수 있을만한 것이어야 함은 두말할 필요도 없다.[28)]

---

28) 샌드라 프레드먼(Sandra Fredman)은 자신의 저서 『인권의 대전환 －인권 공화국을 위한 법과 국가의 역할』(조효제 옮김, 교양인, 2009) 중 189면 이하(2. 적극적 의무란 무엇인가)에서 권리보호가 어떠한 식으로 이루어져야 하는지를 자세히 기술한 바 있다. 특히 보호할 의무, 충족시킬 의무(1)(의무를 낱낱이 지정함), 충족시킬 의무

필자는 상대적인 성격의 권리들을 대상으로 한 법제들이 현대사회를 가득 메우기도 하지만, 그와 같은 법의 내부에 절대적인 속성을 부분적으로 함유하고 있음을 감안할 때 절대적인 법과 상대적인 법 모두가 현실적으로 혼재하고 있다고 봄이 타당하다고 생각한다. 사람들이 권리를 바라보는 시각은 천차만별이다. 현대사회에서 상대적인 성격의 법은 손쉽게 발견되지만 절대적인 법은 가시적으로 드러나지 않기 때문에 그 존재감이 미약한 것으로 여겨질 수 있고, 절대적인 법은 문자 그대로 사람들의 기본권을 엄청난 강도로 보호하지만 상대적인 법은 그렇지 않다고 생각할 수 있다. 이처럼 권리와 법을 둘러싼 오해는 시간이 갈수록 점증되어 가고 있다. 특히 사회적 조류가 강력한 권한을 가지고 있는 사람들의 의지에 따라 흐르는 방향이 정해질 가능성이 농후하다면 오해의 정도는 더욱 깊어질 수밖에 없다. 오해를 줄임과 더불어 사회구성원들이 원하는 바들이 상충하지 않도록 해주는 것이 상생의 법칙이며, 그러한 상생의 법칙이 구체화된 것이고 공화주의적 자유주의에 기초한 정의론이라고 할 것이다.

---

(2)(전향적이고 지속적인 실현) 그리고 최소한의 핵심의무 등을 논의하면서 국가가 자칫 소홀할 수 있는 헌법적 작위의무에 대해 상세히 설명하고 있다. 특히 프레드먼 교수는 유엔 경제사회권위원회 일반 논평 12조의 규범적 내용분석을 거론한 바 있는데, 권리보호의 중심적 요건으로서 유효성, 참여성, 책무성, 평등성을 설명하였다. 국가가 권리보호를 위하여 최선의 노력을 다했다는 사실을 객관적으로 증명하여 외부적으로 밝혀야 한다는 부분은 이 요건들 중 책무성과 관련된 대목으로, 프레드먼 교수가 다른 문헌(CERA, General Comment 14, The Right to the Highest Attatinabble Standard of Health(Twenty-second session 2000))의 내용을 인용하여 설명한 부분이다. 실제로 많은 국가에서는 중요한 정책을 실현하고자 하였으나 주어진 여건상 이를 이행하지 못하는 문제에 봉착하곤 한다. 그러나 불이행의 원인에 대한 설명을 등한시하여 국민들에게 실망감을 안겨주는 일이 적잖이 발생하고 있을뿐더러, 더 나아가 국민들로부터 불신을 사곤 한다. 만약 정부를 비롯한 관계부처가 정책을 수행하는 데에 있어 '무엇이 문제이고 앞으로 어떻게 해결할 것인지'를 분명하게 밝힌다면, 이와 같은 갈등을 가라앉힘과 동시에 신뢰회복에 있어 매우 큰 도움이 될 것이라고 사료된다.

第2節 일관적 복합성에 기초한 공화주의적 자유주의와 법정의(Legal Justice)론

Ⅰ. 일관적 복합성과 정의론

우리는 이상의 논의를 통해 인간과 권리 그리고 법의 관계에 대해 살펴보았는데, 이러한 담론을 한 궁극적인 목적은 '정당한 권리의식을 형성함과 더불어 그에 대한 적절한 보호를 통해 평화로운 사회를 형성하여야 한다'는 자명한 사실을 경험칙(經驗則)과 논리칙(論理則)에 기초하여 풀어냄으로써 '공화주의적 자유주의에 따른 정의의 원리가 어떻게 자리를 잡아야 하는지'를 규명하는 것이다. 이와 같은 논의의 시작은 근원적 · 시원적 권리라고 불리는 자연권에 대한 관념과 관계가 깊다. 프랑스 혁명 전후(前後)에 나타난 일련의 선언문들부터 시작하여 그 이후에 제정된 많은 헌법들은 바로 이러한 권리를 어떤 식으로 보장해야 할 것인지에 대해 규정한 바 있고, 대체적으로 이를 천부인권적인 속성을 띤 권리로 바라보고 있음을 알 수 있다. 사람의 생명과 신체 및 재산 그리고 명예 등이 대표적으로 보호되어야 할 권리의 객체에 해당하는데, 문제는 이를 법적 정의(正義)에 맞추어 어떠한 방식으로 해석해야 하는가라고 할 것이다. 단순히 지켜져야만 하는 궁극적인 권리라고 하여 포괄적인 뉘앙스로만 받아들이고자 한다면, 기본권의 충돌[29)]과 같은 상황을 해결하는 데에는 어려움이 나타날 수

29) 보다 분명한 이해를 돕기 위하여 헌법재판소의 결정문들을 살펴보도록 하자. 헌법재판소에서는 2012년 5월 31일에 선고한 2010헌바87 결정에서 "이와 같이 기본권이 서로 충돌하는 경우에는 헌법의 통일성을 유지하기 위하여 상충하는 기본권 모두가 그 기능과 효력을 나타낼 수 있도록 하는 조화로운 방법이 모색되어야 할 것이므로 (헌재 1991. 9. 16. 89헌마165, 판례집 3, 518,529)"라고 설시함으로써 기본권들이 충돌하였을 경우에 이를 해결하는 기준을 언급한 바 있다. 관련하여 2007년 10월 25일에 선고한 2005헌바96사건에서도 "이 사건 법률조항은 채권자에게 채권의 실효성 확보를 위한 수단으로서 채권자취소권을 인정함으로써, 채권자의 재산권과 채무자와 수익자의 일반적 행동의 자유 내지 계약의 자유 및 수익자의 재산권이 서로 충돌하는바, 위와 같은 채권자와 채무자 및 수익자의 기본권들이 충돌하는 경우에 기

밖에 없다고 사료된다. 물론 그와 같은 관념을 받아들인 상태에서 그러한 난점을 해결하기 위한 방법이 있다면 '자연권들 중에서도 보호가치의 비중이 다르므로 어느 일방의 견해를 수용하는 것이 최선'이라는 형태로 논리를 구성하는 방식이 이용될 수 있겠지만, 이마저도 동(同)가치의 성격과 비

본권의 서열이나 법익의 형량을 통하여 어느 한 쪽의 기본권을 우선시키고 다른 쪽의 기본권을 후퇴시킬 수는 없다고 할 것이다. (중략) 따라서 이러한 경우에는 헌법의 통일성을 유지하기 위하여 상충되는 기본권 모두가 최대한으로 그 기능과 효력을 발휘할 수 있도록 조화로운 방법을 모색하되(규범조화적 해석), 법익형량의 원리, 입법에 의한 선택적 재량 등을 종합적으로 참작하여 심사하여야 할 것이다(헌배 1991. 9. 16. 89헌마165, 판례짒 3, 518, 528; 헌재 2005. 11. 24. 2002헌바95등, 판례집 17-2, 403)"라고 하였다. 물론 모든 사건에 규범조화적 해석의 원칙을 적용할 수는 없다. 예컨대 헌법재판소가 2004년 8월 26일에 선고한 2003헌마457 결정문을 보면, "위와 같이 흡연자들의 흡연권이 인정되듯이, 비흡연자들에게도 흡연을 하지 아니할 권리 내지 흡연으로부터 자유로울 권리가 인정된다(이하 이를 '혐연권'이라고 한다). 혐연권은 흡연권과 마찬가지로 헌법 제17조, 헌법 제10조에서 그 헌법적 근거를 찾을 수 있다. 나아가 흡연이 흡연자는 물론 간접흡연에 노출되는 비흡연자들의 건강과 생명도 위협한다는 면에서 혐연권은 헌법이 보장하는 건강권과 생명권에 기하여서도 인정된다. 흡연권자가 비흡연권자에게 아무런 영향을 미치지 않는 방법으로 흡연을 하는 경우에는 기본권의 충돌이 일어나지 않는다. 그러나 흡연자와 비흡연자가 함께 생활하는 공간에서의 흡연행위는 필연적으로 흡연자의 기본권과 비흡연자의 기본권이 충돌하는 상황이 초래된다. 그런데 흡연권은 이와 같이 사생활의 자유를 실질적 핵으로 하는 것이고 혐연권은 사생활의 자유뿐만 아니라 생명권에까지 연결되는 것이므로 혐연권이 흡연권보다 상위의 기본권이라 할 수 있다. 이처럼 상하의 위계질서가 있는 기본권끼리 충돌하는 경우에는 상위기본권우선의 원칙에 따라 하위기본권이 제한될 수 있으므로, 결국 흡연권은 혐연권을 침해하지 않는 한에서 인정되어야 한다"라고 하여 법익형량의 원리에 따라 결론을 내렸음을 알 수 있다. 위의 결정문들을 통해 헌법재판소가 상황에 따라 융통성을 가지고 결정문을 내리고 있음을 알 수 있다. 다시 말해서 사회의 변화에 유연하게 대처하고 있다는 것이다. 그러나 위와 같은 사건 이외에도 어느 한쪽의 우열을 가리기 힘들 정도로 난해한 사건들이 있을 수 있다. 그럴 경우엔 총괄적인 의미의 지침 이외에 상대적으로 구체적인 의미의 해결기준이 제시될 필요가 있다. 가령 공공갈등을 생각해보자. 국가 전체의 경제상태가 열악한 관계로 어느 한 지역에 대한 대대적인 개발이 필요한데, 이에 대하여 환경권을 이유로 쾌적한 환경에서 인간답게 생활할 권리를 주장하는 주민들과 마찰을 빚는 경우이다. 이러한 상황에선 혐연권과 흡연권의 대립사건보다 훨씬 더 정교한 판단기준이 요청된다. 특히 대한민국에서 이와 같은 류의 공공갈등의 발생빈도는 높아지고 있는 추세에 있으며, 양측에서 제시하는 견해의 근거도 그 타당성이 인정된다는 차원에서 전문가들은 해결에 있어 난항에 빠질 수밖에 없다. 그렇기 때문에 보편적으로 인정되면서도 구체적으로도 납득이 될 수 있는 원리가 마련되어야만 한다.

중을 지닌 기본권들이 충돌이 발생하였을 경우엔 어찌할 도리가 없다. 기본권들 사이의 충돌이 발생할 경우 어느 한 가지의 권리가 압도적으로 우월하다고 볼 수도 없고, 그렇다고 하여 모든 권리들을 온전한 형태로 보호해줄 수 있는 것도 아니다. 대립의 정도가 극단적일 뿐만 아니라 양자를 한꺼번에 보호해주기 위하여 조치를 내리는 과정에서 이도저도 아닌 상황이 나타날 수 있다면, 갈등을 빚고 있는 권리들 중 어느 일방을 우선시해야하는 순간이 나타날 수도 있을 것이다. 다만, 보호받지 못한 권리가 향후엔 그 기능을 발휘할 수 있도록 뒷받침해주는 조치가 수반될 필요가 인정된다. 이와 같은 문제를 해결하기 위한 의사결정을 하기 위해선 단순히 법학적인 사고에 기초한 논리만을 이용하는 것이 아니라 사회학적 · 정치학적 차원의 논리를 아울러 고려함으로써 입체적인 해결디자인을 모색하는 것이 중요하다.

Ⅱ. 복합적 디자인을 통해 도출한 권리론과 정의론

사람들은 권(權)이라는 접미어가 붙은 사회과학 용어를 받아들일 때, 직관적으로 그것이 법학적 논리에 의해서만 해석 · 적용 가능한 것이라고 생각하는 경향을 보이는 편이다. 특히 현대사회에서 거론되는 권리들 가운데에서도 최상위의 지위를 차지하고 있는 자연권 같은 경우도 통상적으로는 법학자들에 의하여 해석되는 경우가 많은 편이다. 물론 철학계열에서도 자연이 무엇인지 그리고 그곳에서 파생된 권리의 함의가 무엇인지에 대하여 장시간 동안 논의되어 오긴 했지만, 상대적으로 실질성(實質性)을 띤 법학계열의 논의에 관심이 쏠리는 것은 사실이다. 실질적인 논의는 그 자체로 존재하진 않는데. 이는 형이상학적인 논의에서부터 시작하여 끊임없는 개발을 통해 구체성을 띠게 되고, 구체적인 모습을 띤 논의의 대상이 합의제에 기초한 의사결정과정에 기초하여 공동체에 직 · 간접적으로 적용되는 것이기 때문이다. 그렇지만 사람들은 그와 같은 장구의 숙고과정이 있었음을 고려하지 않은 탓에 실용주의가 사회에 내재한 모든 문제를 해결할 수 있는 열쇠라고 착각을 하게 된다. 이른바 실용주의(實用主義, Pragmatism)라는 사조가 모든 학문이 지녀야 할 으뜸가는 성격으로 등극하였기 때문에 자연권 그 자체를 단순히 유·무형적인 이익을 최대한으로 확장시키기 위한 도구로만 생각한 것이다. 그러한 관점에서 볼 때, 법학이 사회구성원들이 보유한 권리들에 대한 개념·성격·보호영역·실현 및 제한의 방법 등을 구체적으로 제시하는 데에 기여한 바가 크다는 점은 사실이라고 할지라도 자연권 그 자체를 일목요연하게 설명함과 동시에 공동체에 적용되기 위한 청사진을 완벽하게 제시해준다고 할 수는 없다. 다시 말해서 자연권이 인류사회에 미치는 영향과 그 가치에 대해 보다 적실성을 갖춘 논의를 이어가기 위해선 여타의 학문적 관점에서도 조망하는 태도가 필수적으로 요청된다는 것이다. 다양한 각도에서 대상의 외형과 그 속성을 파악하여 그 가치를 파악하는 것, 그것을 우리는 '해석(解釋)'이라고 부른다. 만약 한 가지의 시선으로만 조망을 한다면, 그것은 해석상의 허점을 가져오는 결과를 초래할 수 있으므로 이는 사회과학을 연구하거나 이에 대해 관심을 가진 이들이 주의하여야 할 사항이다.

법학이 가지고 있는 해석공백(解釋空白)을 다른 학문들이 가지고 있는 논리구조를 이용하여 단단하게 메움으로써 자연권을 구성하는 요소들에 대한 톱니바퀴가 제대로 맞물릴 수 있도록 하는 작업이 수반되어야만 할 것이다. 여기서 우리가 염두에 두어야 할 사항이 있다면 그것은 여타의 학문들이 유기적으로 자연권의 가치를 설명하기 위해선 일정한 연결고리가 필요하다는 사실이다. 물론 다른 계열에서도 자연권 그 자체에 대해 논의를 하지 않거나 관심을 갖지 않는다는 말이 아니다. 다만, 법학계열에서 주로 다루어 왔던 주제였다는 점을 감안할 때 주변의 계열과 파트너십을 맺기 위해선 서로 공유할 수 있는 하나의 쟁점이 필요하다는 것을 말하고 싶었을 따름이다. 그래서 필자는 그와 목적의 달성을 위하여 '정의(正義, Justice)'라는 쟁점을 중심으로 하여 연합을 모색하고자 한다. 정의는 인간이 추구하는 모든 류의 학문들이 추구하는 목적이며 존재가치 그 자체이기 때문이다. 사회를 붕괴시키기 위하여 혹은 질서가 없는 사회를 만들기 위한 목적을 가진 학문은 진정한 의미의 학문이 아니라 혹세무민을 목적으로 하는 비정상적인 견해뭉치일 뿐이다.

사람들이 살아가는 세상의 정의는 법적 정의와 사회적 정의 및 정치적 정의 및 언론적 정의 등으로 나누어질 수 있다. 물론 생각하기에 따라선 행정적·복지적 영역 등도 얼마든지 포함된다. 그러나 필자가 이 세 가지를 언급한 이유는 정의들 중에서도 빈도 높게 언급되는 부분이기도 하지만, 상호 간의 부족한 부분들을 절묘하게 채워줄 수 있는 기능들을 가지고 있기 때문이기도 하다. 물론 생각하기에 따라선 각자 독립적인 색깔을 가진 학문들이 기능적으로 연합할 수 있다고 할지라도, 그 한계는 반드시 나타나기 마련이라고 생각할 수도 있을 것이다. 충분히 있을 수 있는 비판이지만, 정의라는 개념 자체에 내재한 불확정적 요소를 고려해본다면 연합의 필요성이 얼마나 중요한지를 충분히 이해할 수 있을 것이라고 생각한다. 불확정성은 특정한 대상이 고정된 모습으로 존재하는 것이 아니라 유동성을 띠고 있음을 의미한다. 따라서 정의라는 개념이 안정된 독립성을 갖추었다고 보기엔 어려움이 따른다는 것이다. 그래서 학문적 연합의 중요성은 몇 번을 강조하여도 부족하지 않다고 본다.

일반적으로 많은 이들에 의하여 받아들여지는 정의는 누군가가 사람들이 정서적으로 받아들일 수 있는 공감의 영역을 아무런 동의를 받지 않고 부당한 방식을 사용하여 훼손시킴으로써 발생하는 질서의 파괴를 시정함으로써 궁극적으로는 평화로운 사회상태를 유지시키려는 이성적·경험적 메커니즘이라고 할 수 있다. 이처럼 (i) 정서적으로 받아들일 수 있는 공감의 영역, (ii) 부당한 방식을 통한 공감영역의 훼손 및 질서의 파괴, (iii) 평화로운 사회상태의 유지, (iv) 이성적·경험적 메커니즘과 같이 네 가지의 요소들이 정의가 가지는 개념과 성격을 규명하기 위한 중요한 대목인데, 이를 구체적으로 설명하기 위해선 사람들이 쉽게 받아들일 수 있는 설명도구가 필요할 수밖에 없다. 더군다나 일의적으로 규명할 수 없는 불확정개념에 해당한다는 점을 감안한다면, 법학에서만 사용하는 방법만으로는 정의가 가지는 가치를 밝히기에 역부족이고, 결과적으로 자연권의 속성 또한 객관적으로 논증할 수도 없다고 사료된다. 이상의 요건들을 법적 · 사회적 · 정치적 · 언론적 정의와 결부시켜 정리해본다면, (ⅰ)은 사람들이 공동체를 형성하면서 서로가 공히 준수하길 바라는 바가 외부적으로 표명됨으로써 형성되는 것(사회적 정의)이고, (ⅱ)는 그러한 공감을 정당한 이유를 제시하지 않고서 파괴한 이에게 제재를 가하거나 다른 사람들에 비하여 부당하게 열악한 삶을 영위하는 이들을 보호해주기 위해 법치주의에 의거하여 공권력이 적용되는 것(법적 정의)이며, (ⅲ)은 국가가 공권력을 행사할 수 있는 법정의 요건을 마련함에 있어 사람들에게 정치적 의사를 표현할 수 있는 기회를 마련해주는 것(정치적 정의)과 관계가 깊다. 끝으로 (ⅳ)는 이상의 내용들이 사회구성원들 사이에 적절하게 안착할 수 있도록 바람직한 여론문화를 형성하는 것(언론적 정의)과 연관성을 맺고 있다. 상기와 같은 각론적인 의미를 담은 정의 이론들은 총론적인 의미의 정의 이론을 형성하는 데에 있어 중요한 톱니바퀴들에 해당한다. 이해의 편의를 돕기 위하여 법적 · 사회적 · 정치적 · 언론적 정의의 총체를 복합적 정의라고 명명하기로 한다. 다음으로 우리가 생각해야 할 사항은 이러한 복합적 정의가 어떠한 기준 아래에 정렬되어야 할 것인지에 대한 점이다.

복합적 정의는 자유지상주의, 자유주의, 공화주의, 공동체주의와 같이 자유와 평등 중 어느 한 가지가 상대적으로 두드러지게 부각됨과 동시에 특정한 원리의 핵심을 이루는 성격을 띠고 있지 않다는 점이 특징이다. 다시 말해서 사회 내에 존재하는 그리고 존재해야만 할 핵심적인 덕목들을 일정한 비율로 융합시킴으로써 이루어지는 다차원적 정의라는 것이다. 주지하다시피 필자는 이러한 논제와 관련하여 '일관적 복합성'이라는 용어를 사용한 바 있다. 일견 다양한 성향의 원리들이 일견 관련성이 적거나 혹은 상호대립적인 것으로 보일지라도 결과적으로는 질서정연한 모습으로 존재하는 것이 가능하며, 실제로 사회는 그러한 원리에 의하여 운영된다. 설령 다차원적 일원성이라는 범주 안에 존재하지 않는다고 할지라도, 이들은 대립과 갈등이라는 과정을 거치면서 보다 현실에 부합하는 모습으로 진화하는 절차를 밟는다. 어느 한 가지의 원리만이 사회전반에 흐르게 된다면, 사람들은 이내 극단적인 대립상태에 접어들어 끊임없는 이전투구 속에서 벗어나지 못하게 될 것이다. 일원적 자유주의에 함몰된 사회는 사람들의 자아실현본능을 비정상적으로 확대시킴으로써 타인이 보유하고 있는 고유한 영역을 침해하는 행위를 정당화시키진 않더라도 이를 묵인할 가능성이 농후하고, 급기야는 그들로 하여금 자신보다 하위단계에 있다고 여겨지는 하류층을 사실상 지배하도록 부추기는 형국을 만들어낼 수밖에 없다. 대표적인 예를 들자면, 극심한 빈부격차로 인하여 개성을 발현할 수 있는 능력의 불균등한 형성과 그로 인한 불평등한 사회적 대우를 생각해볼 수 있겠다. 반면 일원적 공화주의는 사회전체가 각 개별부분의 유기적 · 기능적인 관계를 지나칠 정도로 중요시함으로써 개인이 응당 누려야할 권리행사를 가로막는 현상을 자아낼 개연성이 있다. 개인의 권리는 통상적으로 본인이 보유하고 있는 개성을 어떠한 식으로 발현할 것인지와 상당히 깊은 관련성을 가진다. 주지하다시피 개성이라는 것은 다른 이들이 가지고 있는 무언가와 상이한 자신만의 생활양식을 의미하는데, 이것이 자아실현본능이 구체적으로 발현된 것들 중 하나에 해당한다는 점을 염두에 두어야 한다. 획일화된 삶 속에선 독립적 자아의 형성이 사실상 불가능할 뿐만 아니라, 주어진 사회문제를 해소시키기 위한 창의적 관점이 제시될 것이라고 기대할 수 없다. 결과적으로 공익수호를 명분으로 개인의 권리행사를 가로막아야 한다는 취지가 사회의 진화가능성을 원천적으로 봉쇄한 셈이라고 할 수 있겠다. 그러므로 공동체 안에 존재하는 다양한 원리들은 자체의 생존과 명맥유지를 위하여 공존체제를 형성하지 않을 수 없는 것인데, 그 결과로 탄생한 것이 공화주의적 자유주의이다.

상기의 복합적 정의는 공화주의적 자유주의에 기반을 둔 시각을 통해 다음과 같이 다시 정렬하게 된다. 여기서 분명히 해 둘 사항이 있다면, 공동체는 개별인들이 보다 안정적인 환경에서 자아를 실현하기 위한 목적으로 만들어진 산물에 해당한다는 것이다. 이러한 집단의 결속력은 스스로가 보유한 자유를 일정부분 할당 내지는 양보할 수 있는 능력에 기반을 둔 것이라고 할 수 있다. 여기서 말하는 부분적 자유의 할당과 양보는 자신의 삶이 온전하게 유지될 수 있는 범주 안에서 이루어지는 것이다. 마치 영국의 철학자 존 로크의 사회계약론과 유사하다. 따라서 누군가가 자신의 안위를 최우선으로 생각한 까닭에 전략적인 차원에서 자유의 일부분을 포기하는 시늉만을 한다거나 혹은 지극히 이기적인 목적을 달성하기 위하여 이를 회수하고자 한다면 공동체는 존속력을 상실할 것이고, 존속력을 잃은 공동체(실질적으로는 더 이상 공동체라고도 말할 수 없다)는 구성원들의 일탈행위를 제어할 수 없는 입장에 놓일 것이며, 급기야 막강한 권력을 가지고 있는 사람의 가치관에 따라 모든 유형의 자유가 재차 정렬될 것이다. 따라서 사람들이 진정한 자유를 누릴 수 있도록 스스로의 존재가치를 존속시킬 수 있는 범주 안에서 본인의 권리를 공동체에 할양할 필요가 있다. 생각하기에 따라선 리바이어던(Leviathan)으로서의 공동체가 만들어질 수 있다고 판단할 수도 있겠지만, 적어도 본인의 존재가치를 유지할 수 있는 범위 안에서의 할당만이 이루어진 것임을 감안한다면 사회구성원들이 사회라는 거대한 집합체에 종속된다기보다는 제어할 수 있는 입장에 놓여있게 될 가능성이 높다고 사료된다. 오히려 구성원들의 제어능력이 강하기 때문에 공익이 훼손될 가능성이 있고, 훼손된 공익의 여파가 다른 개인에게 부정적인 영향을 미칠 수 있다는 점이 우려스러울 정도이다. 최근의 현대사회를 지칭하는 다른 이름이 갈등사회 내지는 분쟁사회라는 점을 감안한다면 더욱 그러하다. 그렇기 때문에 개인의 자유와 공동체의 존속은 동전의 양면처럼 어느 한 가지라도 등한시될 경우엔 인류사회가 건설적으로 진보할 수 있는 원동력을 잃게 된다. 이러한 원동력을 지키기 위한 제도적 장치가 바로 법이다.

법적 정의가 현실적으로 구현되는 기본적인 방법은 법에 규정된 바에 따라 이루어지는 공권력의 발동이라고 할 수 있다. 민주적 정당성을 공적으로 인정받은 이들의 의사결정을 토대로 하여 사회 전반에 공공연히 확산되는 무형의 힘을 의미한다. 여기서 권한을 국민의 대표자들에게 부여하는 기준은 헌법과 공직선거법에 규정된 바를 따르고, 의사결정은 국회법에 규정된 바를 따른다. 이상의 과정을 통하여 공적의사에 따른 공권력은 구체적인 형태를 갖춘 법률 내지 명령의 형태로 구현되어 막강한 구속력을 가진다. 사람들의 일상생활을 관장하기 위하여 세부영역을 담당하는 법과 명령들은 관리영역의 특성에 맞게끔 조정된 것이기 때문에 사회적 적합성이 매우 높지만, 급격한 사회변동의 속도에 뒤쳐질 경우엔 합당성에 대한 논란이 일어날 수밖에 없다. 그래서 사람들은 법적 정의의 유지를 위한 최후의 보루로서 헌법소송제도를 만들게 되었다. 그렇지만 헌법이라는 것 자체가 여타의 법률들과 마찬가지로 명확하고 일의적인 문장으로 구성되어 있지 않다보니 저마다 다른 해석관점을 기초한 견해를 제시함에 따라 다툼의 성격이 법률논쟁에서 헌법논쟁으로 확장된다. 이러한 논쟁의 단골 대상은 주로 입법과 행정을 담당하는 공직자들의 정치적 결단의 헌법적 타당성 문제와 관련이 깊다.

정치적 결단이 정의에 합치되는지의 여부에 대한 판단은 사람들마다 다른데, 이는 누구나 살아온 환경을 판단의 핵심근거로 삼기 때문이다. 자신을 제외한 다른 이들이 언제 어디서나 동일한 생활환경에서 생을 영위하진 않는다. 다만 서로가 삶을 영위해 왔던 방식이 유사한지의 여부에 따라 동일그룹인지 혹은 반대그룹인지가 결정될 따름이다. 때에 따라선 그룹 내부 혹은 그룹들 사이에서 파벌싸움이 발생하곤 하는데, 이러한 전쟁을 종식시키기 위한 방법이 선거라고 할 수 있다.[30] 이들은 선거를 통하여 갈등의

30) 물론 선거는 장점과 단점을 동시에 가지고 있다. 버나드 마넹(Bernard Manin)은 『선거는 민주적인가』(곽준혁 옮김, 후마니타스, 2006)에서 "선거에 의한 대표의 임명은, 보통 선거권과 대표 자격 조건의 부재와 더불어, 민주적 요소와 비민주적 요소를 더욱 밀접하게 결합시킨다. 만약 시민들이 잠재적인 공직 후보로 간주된다면, 선거는

골이 깊어지는 것을 막을 수 있는 대표자들을 선출한다. 그리고 대표자들은 자신을 지지해준 특정지역에 바탕을 두었지만(지역대표자로서의 성격) 공무상으론 전체국민의 안위를 책임져야만(국민대표자로서의 성격) 한다. 기본적으론 후자가 전자보다 우월한 지위를 갖는다. 물론 국민대표로서의 역할을 수행하는 것이 더욱 높은 헌법적 비중을 차지하므로 지역주민들의 요구에 대해 둔감하여도 무방하다는 말을 하려는 것이 아니다. 다만, 국가적 차원의 공익이 지역적 차원의 공익에 비하여 상대적으로 중요시될 수밖에 없기 때문에 대표자가 가지고 있는 두 가지의 지위들 사이의 우선순위가 달라질 뿐임을 언급해두었을 따름이다. 그러나 이론적 설명이 현실적인 문제를 해결하는 데에 항상 도움이 되는 것은 아니다. 두 지위들이 충돌을 빚고 있는 상황 속에서 전자에 대한 가치에 강조점을 부여함에 따라 후자에 대한 가치가 현격할 정도로 훼손될 구체적 개연성이 있고, 이러한 위험요소로 말미암아 국가와 지역의 갈등관계가 형성되는 경우가 다반사이기 때문이다. 이때에는 지역이익이 보다 큰 공익수호의지에 의하여 희생된 것이므로 피해를 회복시키기 우한 보상이 추후에 적절히 주어질 수 있도록 해야만 할 것이나, 추후보상을 하겠다는 정부의 공적인 약속에 대한 신뢰문제(이행여부의 불투명성, 보상수준에 대한 불만)가 불거진다면 국가와 지역의 분쟁은 더욱

불평등한 방법이다. 왜냐하면 추첨과는 달리 선거는 공직을 희망하는 모든 사람에게 동등한 기회를 제공하지 않기 때문이다. 동료 시민이 다른 사람보다 우월하다고 여기는, 뛰어난 사람에게만 공직을 제한한다는 점에서, 선거는 심지어 귀족주의적이거나 과두제적인 절차이기도 하다. 게다가 선거 절차는 정부에 있는 사람들이 반드시 평범한 사람이어야 하며, 특성과 삶의 방식, 그리고 관심에 있어 그들이 대표하는 사람들과 거의 같아야 한다는 민주주의적 열망을 방해한다. 그러나 만약 시민들이 더 이상 선거를 통한 선택의 잠재적 대상이 아니라 선택하는 사람들로 간주될 때, 선거의 다른 측면이 나타난다. 여기서 선거는 민주주의적인 모습을 띠게 된다. 즉 모든 시민들이 통치자를 임명하고 해임할 동등한 권리를 가진다는 것이다. 선거는 불가피하게 엘리트들을 뽑는다. 그러나 무엇이 엘리트를 구성하며, 누가 엘리트에 속하는지를 규정하는 것은 평범한 시민이다. 따라서 통치자를 선거로 임명함에 있어, 민주적 차원과 비민주적 차원은 분석적으로 구별되는 요소, 예를 들어 투표의 전망적 그리고 회고적 동기와 연관되지 않는다(실제로는 항상 혼합되어 있지만). 선거는 관찰자의 견해에 따라 두 가지 다른 얼굴을 나타내 보일 뿐이다"라고 언급하였다. Bernard Manin, 『선거는 민주적인가』(곽준혁 옮김), 후마니타스, 2006, 288~289면.

격화될 가능성이 높아진다. 그러므로 정치적 정의는 특정한 국가의사결정을 수립하고 이를 시행하고자 하는 주체가 이로 인하여 수혜 내지는 피해를 받는 국민들로부터 신뢰와 공감을 살 수 있도록 노력하여야 할 필요가 있다.

여기서 말하는 신뢰와 공감은 사회적인 속성을 띤다. 사회는 뛰어난 지성을 겸비한 한 명의 지성인의 능력을 토대로 하는 것이 아니라 '많은 이들이 의사를 교환하는 과정에서 수긍할 만한 결정을 도출함'에 따라 그 구체적인 외형이 구성되는 산물이라고 할 수 있는데, 이와 같은 절차가 이루어질 수 있도록 만드는 핵심요인이 바로 '신뢰와 공감'인 것이다. 이에 기초하지 않는 의사 유형은 독선에 기초한 것으로서, 만인(萬人)을 위한 사회가 아닌 일인(一人)을 위한 사회로 퇴보시키는 요인으로 작용하게 된다. 그로 말미암아 우리가 추구해야 할 정의는 '특정인을 위한, 특정인에 의한, 특정인의 정의'로 전락하고 만다. 정치적 정의는 기본적으로 의사를 공적으로 표명할 수 있는 수준과 관련이 깊은데, 특히 정치적인 권력을 가지고 있는 이들의 경우는 그 수준이 일반적인 평균인들의 그것을 상회한다. 그러므로 국민의 대표로서의 지위를 점한 이들은 정치적 정의가 그 진의에서 벗어나 오용되지 않도록 세심한 주의를 기울일 필요가 있고, 일인이 아닌 만인을 위한 사회를 형성시키기 위한 사회적 정의가 제대로 세워질 수 있도록 노력해야 할 의무를 부담한다.

그러한 '신뢰와 공감의 메커니즘'에 기초한 사회적 정의를 형성하기 위해선 언론사의 역할이 중요할 수밖에 없다. 정책을 수행하는 자가 의도하는 바가 헌법적·정치적 정의를 수호하는 데에 부합한다고 할지라도 이러한 진의가 대중에게 적절히 전달되지 못한다면, 어떠한 성과도 거둘 수 없기 때문이다. 국가가 추구하는 목적을 달성하기 위해선 국민들의 호응과 준수의지가 뒷받침되어야 하고, 이러한 지원하에 공적의사는 실질적으로 가동할 수 있는 힘을 얻게 된다. 이를 위해선 사람들이 앞으로 시행될 정책에 대해 객관적으로 이해할 수 있어야만 하는데, 이러한 역할을 담당하는 첨병이 언론사인 것이다. 언론사는 의제를 설정하여 국민을 포함한 공직자들이 서로의 견해를 공유할 수 있도록 징검다리를 놓아준다. 물론 그 징검다리가 언론사의 성향에 따라 부실할 수도 있고 혹은 특정인들만이 건너가기 쉽도록 일그러져 있기도 하기 때문에 문제가 될 때도 있지만[31] 기본적으론 필요한 정보를 주고받을 수 있도록 역할을 한다는 점에선 그들의 존재가 가지는 가치는 말로 표현할 수 없을 정도로 상당하다고 평가할 만하다.

이처럼 정부와 국민 그리고 언론사의 관계는 한 국가의 근간을 형성함과 동시에 그 안에서 작동되어야 할 기본원리(정의론)가 어떠한 속성을 띠게 되는지를 결정한다는 점에서 매우 중요한 사안이라고 할 수 있다. 법적·정치적·사회적·언론적 정의의 역학구도는 일견 복잡해 보이는 듯한 양상을 띠지만, 이들이 정의의 원칙에 따라 구성되고 발현되기 위한 필수요건들을 고려함과 아울러 그들을 이어주는 연결고리가 무엇인지를 고민해본다면, 쉽게 이해할 수 있는 형태로 단순화된다. 한 마디로 요약해본다면, '헌법을 비롯한 여타의 법령에 의거하여 민주적 정당성을 획득한 국민의 대표자는 공익을 수호함과 동시에 그로 인하여 불가피하게 소외를 받는 이들의 안위를 추후에 개별적으로 보호함으로써 공정한 사회적 분위기를 조성하여야 하는데, 이러한 역할이 적절히 수행되기 위한 전제조건은 국가와 국민 사이의 신뢰와 공감의 메커니즘의 창설과 이러한 메커니즘의 외부적 확산을 통한 대승적 차원의 협력구조 형성이라고 할 것이다'라고 할 수 있겠다.

---

31) 그렇기 때문에 언론사는 특정한 사항을 보도함에 있어 상당한 주의를 기울여야만 한다. 특정한 사항을 의제로 설정할 것인지의 여부를 실질적으로 결정할만한 힘을 가지고 있으므로 여론시장의 건전성 확립 여부에 영향을 줄 수 있기 때문이다. 필자는 언론사가 취하여야 할 역할과 관련하여 사회적 책임성을 거론한 바 있다. 자세한 내용은 『공화주의적 자유주의와 법치주의(Ⅰ)』의 내용을 참조하길 바란다.

Ⅲ. 자아실현본능의 조건적 발현과 현대 정의론

이러한 정의의 기본 틀은 자아실현본능이 조건적으로 발현될 때에 한하여 진정한 의미를 부여받을 수 있다. 자아실현본능이 어떠한 식으로 구현되는가에 따라서 '독자적인 삶의 양식'과 '집합적인 삶의 양식'이 만들어지는데, 두 가지 유형의 양식은 본질적으로 다른 형태의 생활태도·가치관과 관계가 깊기 때문에 갈등을 형성하는 동인으로 작용한다. 그렇기 때문에 '자아실현본능의 조건적 발현'을 통해 상이한 양식의 공존환경을 조성하는 것이 필수적으로 요청될 수밖에 없다. 여기서 말하는 '공존'은 곧 '상생'과 같은 의미를 보유하므로 자연법칙의 최상위에 위치한 관념이라고 하여도 부족함이 없으며, 이윽고 자연권의 핵심을 이루는 개념으로 자리를 잡는다. 주지하다시피 '자연'이란 말은 상식에서 벗어나는, 이른바 '일탈적인 부분을 발견할 수 없음'을 의미한다는 점에서 강력한 자기정당성을 함축하고 있는 개념이라고 할 수 있다. 일탈의 부재는 곧 조화로움의 증진으로 이어지고, 조화로움의 증진은 갈등이나 분쟁이 없는 상황의 지속을 뜻하는데, 이는 공존이 가지는 진의와 부합한다.

이처럼 공존의 가치에 바탕을 둔 자연권은 개인들에게 개성을 발현할 여지를 제공하여 주관적인 권리의식을 고취시킬 기회를 부여함과 동시에 그로 말미암아 사회병리현상이 일어나지 않게끔 원천적으로 제어하는 기능을 수행한다. 일반적으론 자연권을 천부인권의 권리로서 무엇이든 마음대로 할 수 있는 권리라는 인식이 널리 확산되어 있는 편이지만, 그와 같은 해석을 할 경우 권리를 제한하고자 하는 제도는 '반(反)자연적'인 속성을 띤 시스템이라는 평가를 피할 수 없게 된다. 그러므로 자연권 자체에 권리가 가지는 속성과 제도가 가지는 속성을 동시에 부여함으로써 양자가 순(順)방향적 관계에 놓일 수 있도록 함이 갈등과 분쟁의 발생가능성을 최소화시키는 데에 일조하는 바가 있다고 사료된다. 환언하자면, 주관적 공권(개성의 발현)과 객관적 가치질서(사회병리현상을 원천적으로 제어)라는 두 축들이 자아실현본능의 발동조건을 최적화시킴으로써 안정화된 사회분위기를 만드는 데에 커다란 역할을 한다는 것이다. 그러므로 이들 중 어느 하나가 유별나게 강조되어 제어의 한계범주를 초월함에 따라 다른 하나를 과도한 수준으로 억압할 수 있는 불균형의 상태가 발생한다면, 본 권리가 가지고 있는 기본 시스템 자체에 균열이 발생할 수밖에 없는 것이다.

주지하다시피 사람은 자신의 욕구충족의 본능을 완벽하게 제어할 수 있을 정도의 힘을 가지지 못하므로 언제든 본인이 보유한 권리를 오·남용할 가능성이 높다. 그렇기 때문에 자율성에 기초한 가치관이 삶의 질을 증진시켜줄 것이라는 신뢰는 그리 오래가지 못하는 것이다. 따라서 사람들은 본인의 행위로 인하여 타인의 삶에 부정적인 영향을 끼치지 않도록 주의하기도 하지만, 그것이 여의치 않을 때를 대비하여 타율적인 시스템을 구축하는 것이 적절하다는 사회적 합의에 입각하여 자아실현본능의 폭주를 제어하기에 이르렀다. 그러나 인류의 역사 전반을 살펴보면, 이와 같은 관념이 처음부터 적절히 형성되었던 것은 아니다. 사람들이 규범성이 가미된 생활양식에 대한 이해가 부족하였기 때문인데, 이는 자유민주주의에 기초한 사회질서에 따라 규율되는 공동체가 창설되지 않았다는 사실에 기인한다. 소위 말하는 엘리트주의에 입각한 규범이 사회전반에 걸쳐 적용되고 있었고, 사람들은 그러한 규범에 순응하는 삶을 고수하고 있었다. 그러던 중 공적의사결정의 최전방에 위치한 엘리트들이 자신에게 주어진 본분을 망각하여 권력의 늪에 깊숙하게 빠져들게 되었고, 결국 모든 이들에게 골고루 부여되었어야만 할 혜택이 집권층에게 집중되는 상황이 초래되었으며, 특정인에게 혜택이 집중된 만큼 그에 상응하는 의무들은 일반인들에게 떠넘겨졌다. 과도할 정도로 무거워진 의무들로 말미암아 인간다운 생활을 영위하기 힘들어진 이들은 급기야 부당한 사회적 분위기를 전환시켜야 한다는 데에 의견일치를 보았고, 급기야 혁명 혹은 개혁의 주체로 급부상하였다.

이때부터 누군가로부터 간섭을 받지 않는다는 내용을 핵심으로 상정한

'소극적 자유'와 범죄인에게 가하는 위하를 목적으로 하는 '소극적 일반예방'이 근대적인 형태의 인권모델로 설정되었고, 이러한 모델은 훗날 근대입헌주의(近代立憲主義)의 근간을 구성하는 뿌리를 자리를 잡았으며, 이윽고 헌법으로 성문화되기에 이르렀다. 그러나 앞에서도 언급하였듯이 자유의지와 이성에 따라 자율적인 형태의 생활을 한다고 할지라도 본인의 욕구가 일정부분 충족이 되고나면 더 큰 차원의 욕구만족이라는 목적을 희구하기 마련이다. 그때부터 근대입헌주의의 인권모델에 정면으로 위배되진 않지만 우회적인 방식(소위 말하는 탈법적 방식)으로 보호울타리로부터 탈출하여 타인에게 귀속되어야 할 정당한 몫을 편취 내지는 탈취하려는 태도를 갖는다. 외견상으로 인권모델의 본질을 훼손한 것이 아니므로 이론적·논리적으로는 이러한 행위에 대하여 제재를 가하는 것이 불가능하다. 권리를 제한하기 위한 명분이 뚜렷하지 않기 때문에 사회적으로 확산되어야 할 공공의 혜택은 혁명이나 개혁이 일어나기 이전과 같이 특정인에게 집중되기에 이르렀는데, 이러한 현상은 부익부빈익빈이라는 표현으로 점철된 자유방임주의 시대에 극명하게 나타났다.

위와 같이 특정인 내지 특정계층이 가지는 비정상적 권리를 과도하게 보호하는 법제도 상의 문제를 시정해야 한다는 논의들이 잇달아 등장하게 된 것도 바로 이 때문이다. 대표적인 사상가를 든다면, 사회주의의 대가라고 불리는 칼 마르크스(Karl Marx)와 프리드리히 엥겔스(Friedrich Engels) 및 존 케인즈(John Maynard Keynes)를 꼽을 수 있겠다. 마르크스와 엥겔스는 유물론적 사회이론에 토대를 두어 초기인권모델의 첨병이었던 자본주의의 모순점을 지적하면서 이러한 체제가 곧 무너질 것이라고 예견하였다. 형평의 원리에 기초한 부의 분배와 이를 통한 삶의 안정화가 뒷받침되어야만 사회질서의 평화상태가 도래하게 될 것이라는 사실은 누구나 인식할 수 있는 것임에도 불구하고 자신이 가지고 있는 욕구를 자발적으로 제한하는 것에 지극히 반감을 가지고 있는 유산계급들의 비인간적 권리관념과 그러한 관념에 옹호적인 자세를 견지한 국가의 태도로 말미암아 비정상적인 사회구조가 지속적으로 유지되고 있음을 강력하게 지적한 것이다. 더불어 왜곡된 가치관에 기초하여 형성된 무분별한 권리보호정책의 상존은 결국 자체내부에서 생겨난 모순으로 인하여 무너지게 될 것이고, 그로 인하여 발전된 형태의 사회질서가 도래할 수밖에 없음을 강변하였다. 다시 말해서 보존의 법칙이 가지는 진정한 의미를 무색하게 만든 요소에 대한 파괴가 시작될 예정이라는 의미이다. 본고의 첫 부분에서 언급한 바와 같이 불합리한 보존의 법칙에 대한 반작용으로 파괴의 법칙이 등장한 셈이다. 주지하다시피 자본주의는 붕괴되진 않았지만, 그들의 사고가 전 세계의 유산·무산계급들에게 경종을 울린 것만큼은 사실이고 그 종소리는 지금까지도 여전히 생생하게 울려 퍼지고 있다. 이러한 종소리는 자본주의의 병폐에 대해 심각한 고민을 해왔던 경제학자들에게 커다란 영향을 주었고, 존 케인즈는 아담 스미스(Adam Smith)식의 자유방임주의에 기초한 체제를 대대적으로 수정할 필요가 있음을 강변하여 수정자본주의를 사회질서에 장착시킬 필요가 있다고 주장하기에 이르렀다. 수정자본주의는 기본적으로 인간의 탐욕스러움에 대해 한계선을 그을 수 있는 기관의 강력한 영향력이 수반되어야 하는 것으로 참된 의미의 보존의 법칙에 근거한 권리관의 왜곡을 파괴함으로써 보다 바람직한 질서의 창조를 가져와야 함을 핵심으로 삼고 있다. 그리하여 대부분의 사회에서는 헌법 혹은 초월적 법률에 내재한 원리로서 수정자본주의를 규정하게 되었고, 우리나라는 '대한민국 헌법 제9장 경제'를 비롯하여 경제법제과 노동법제 및 사회기본법제에 그러한 내용을 담아두었다. 이때부터 근대입헌주의는 현대입헌주의로 진화의 과정을 거치게 되었다. 이른바 상생의 법칙에 기초한 '자아실현본능의 조건적 통제'가 시작된 셈이다.

자연권이 근대입헌주의와 현대입헌주의라는 거대한 인류사의 흐름을 거치면서 시대에 적합한 또 다른 이름을 부여받게 되었는데, 그것이 바로 인권이다. 인권은 (ⅰ) 무엇이 자신에게 이익이 되는지 만을 염두에 두지 않는다는 점, 그리고 (ⅱ) 다른 이와 권리분쟁을 일으키지 않으면서 최대한의 이익을 도모하고 이를 구체적으로 향유할 수 있는 기회를 보유할 수 있도록 만든다는 점에서 상생의 법칙에 기초한 권리의식을 전제로 하고 있다. 여기에서 말하는 기회는 마땅히 주어져야 할 이익을 결과적으로 부당히 박탈되지 않도록 일련의 조치가 취해질 때에 한하여 그 가치를 상실하지 않는다. 이것이 바로 자연권의 핵심이라고 하겠다. 이러한 논의를 통해 우리는 본 권리가 공화주의적 자유주의와 상생의 법칙 및 정의론에 맥이 닿아 있음을 알 수 있다. 따라서 자연권은 '권리'이기도 하지만 그 자체로서 '원리'의 속성을 가지고 있기도 하다. 원리는 사회적으로 희소가치가 있는 유·무형의 재화를 상생의 법칙에 근거하여 사람들에게 분배하거나 혹은 공유할 수 있도록 촉구하는 이론 내지 사조로서 구체화된 사고를 통해 하나의 구체적인 지침으로서 전환된다. 사람들은 이러한 지침에 부합하는 식으로 자아를 실현하거나 보호하는 본능을 외적으로 표현하게 되고, 그러한 표현상의 정당성을 확보하기 위하여 권리라는 개념을 적극적으로 활용하기에 이르렀다. 그러나 권리의 모(母)가 언제나 원리인 것은 아니다. 경우에 따라선 권리가 원리를 만들어내는 하나의 계기이자 원천이 되기도 하기 때문이다. 만약 사회정의에 입각하여 정당한 것으로 여겨지는 권리가 시대정신에 위반되는 패러다임으로 말미암아 부당하게 왜곡될 가능성이 있다면, 인류는 이에 대항할 수 있는 또 다른 패러다임을 만들어야 한다는 요청에 직면하게 될 것이다. 여기서 말하는 대항마로서의 패러다임은 바람직하다고 생각한 권리관념을 보호하기 위한 목적으로 형성된 것이므로, 권리를 모체로 하는 것이라고 보아야 한다. 따라서 자연권은 인간이 평화롭게 살아가야만 한다는 상생의 법칙이라는 원리에 기초하여 형성된 것이기도 하지만, 그 위상이 정립된 이후부터는 사회전체를 유지하기 위한 구체적 원리들을 만들어내는 기능을 수행하기에 이른다.

자연권에 근거한 구체적 원리들은 주관적 공권과 객관적 가치질서 사이에서 이루어지는 교차통제를 통해 형성되는 권리에 정당성을 부여한다. 권리가 권리로서의 입지를 굳힐 수 있도록 근거가 되는 정당성은 권리보호의 수준을 정하는 하나의 기준이 되는데, 그 수준의 강도는 상황에 따라 달리

결정될 수 있다. 수준의 강도는 권리를 '절대적인 권리'(절대권)와 '상대적인 권리'(상대권)로 구분하는 '형식적인 계기'로 작용한다. 그러나 형식적인 계기라 함은 편의상 이용되는 분류기준으로서의 역할을 수행한다는 것을 의미하기 때문에 그 자체가 절대적인 판별원칙으로 여겨지진 않는다. 반면 형식적인 계기에 대응하는 실질적인 계기는 사회 속에서 규칙을 형성하며 살아가는 인간의 공감대에 기초하여 형성되는 권리준별기준으로서, 그 외형이 구체적으로 만들어져 있진 않다. 결국 사람들이 공유해야 할 가치(공감대)가 어떠한가에 따라 그 외형을 이미지화시키는 것이 가능한 것이다. 그리고 이러한 논리구성의 결과로 만들어진 것이 상생의 법칙에 기초한 공화주의적 자유주의이다. 공화주의의 원리에 따라 인간의 존엄성을 수호하는 데에 있어 직접적으로 연관을 맺고 있는 것은 절대권, 존엄성의 보호에 직접적인 영향을 주진 않더라도 간접적인 차원에서 긴밀한 관련을 맺고 있는 권리를 상대권이라고 이야기할 수 있다.[32] 다소 추상적인 설명일 수 있겠으나, 이러한 추상성의 한계는 그 시대를 살아가는 사람들의 사회통념과 건전한 비판정신에 기초하여 극복될 수 있다. 그러기 위해선 특정인이나 특정계층만을 위한 규칙이 아니라 만인의 질 높은 삶을 형성시키기 위한 규칙을 만들어가야만 한다.

Ⅳ. 보이지 않는 규칙과 정의론

사람들은 가시적으로 혹은 물리적으로 느낄 수 있는 규칙만이 사회를 지배하는 실질적인 룰의 기능을 수행하는 것이라고 생각하는 경향

32) 필자는 전통적으로는 절대권과 상대권의 구분선이 비교적 뚜렷한 편이었으나, 현대사회에선 그렇지 않다고 생각한다. 상대권으로 여겨졌던 권리들이 상황에 따라선 절대권으로서의 대우를 받고, 절대권의 입지를 굳혔던 권리들이 때에 따라 상대권으로서의 지위에 선다는 것이다. 다시 말해서 사건에 직접적으로 관련되어 객관적인 관점에서 볼 때 반드시 보호되어야 할 권리로 인정받을 경우엔 절대권이지만, 그렇지 않더라도 주어진 문제를 해결하기 위해 간접적인 차원에서 주창가능한 권리는 상대권이라고 보아야 한다고 생각한다.

이 있는데, 그러한 관점은 인간정신과 자유가 가지는 철학적 의의를 몰각시키는 결과를 낳을 가능성이 높다. 눈에 보이는 규칙은 막강한 사회적 권력을 지니고 있거나 혹은 지니게 될 사람들에 의하여 언제든 자의적으로 변경될 가능성이 높고, 자의적 변경가능성의 상존은 커다란 사회적 파장을 불러일으키는 계기가 될 수밖에 없기 때문이다. 이는 우리의 인류사 속에서 쉽게 발견된 사안이었음을 염두에 두어야 한다. 우리는 새로운 사회질서를 만드는 원동력이 언제나 보이지 않는 규칙에 의하여 형성되곤 하였다는 사실을 깨달을 필요가 있다. 이러한 규칙은 평화로운 사회질서의 형성과 유지를 위한 근간으로서 사회적으로 인정받거나 인정받아야 할 권리에 정당성을 부여하는 역할을 수행하는 것으로서 형성적 법률유보(形成的 法律留保), 즉 법률을 통해 구체적인 외형이 만들어지는 권리에 대한 보호의 소홀함을 경계한다. 통상적으로 상대권은 법률에 의하여 규정된 바에 의해서만 적용되는 권리로 인식됨에 따라 보호장벽(保護障壁)이 비교적 낮은 편이다. 낮아진 장벽은 부당한 제한이 가해지도록 유인하는 계기가 되고, 이로 말미암아 사회적 혜택이 골고루 돌아가지 않는 결과를 초래하는 것이다. 물론 상대권이 절대권에 비하여 보호강도가 낮을 순 있겠지만, 그렇다고 하여 상황에 따라 자의적으로 제한가능한 객체라고 볼 순 없다. 따라서 법률을 통해 그 보호의 수준을 높일 수 없다면, 보이지 않는 규칙을 통해서라도 그 수준을 높이는 작업이 필요하다고 사료된다.

그러나 상기와 같이 권리가 보호되는 수준을 정비하는 과정에선 '권리충돌'이 발생할 가능성이 있기 때문에 이를 시정하기 위한 방안을 모색해두는 것이 중요하다. 사람들 각자가 보유하고 있는 권리들이 충돌하지 않도록 하기 위해선 '권리행사의 규칙'이 필요할 수밖에 없다는 상황을 감안해야 한다는 것이다. 규칙을 창안하기 위해선 절대권의 상대권화 내지는 상대권의 절대권화라는 기본적인 작업을 수행해야만 한다. 여기서 중요한 사실은 상대권의 외피를 두르게 된다고 할지라도 절대권의 지위가 지나칠 정도로 격하된다는 것이 아니라는 점이다. 어디까지나 절대권이란 권리가 그에 대치되는 상대권을 지나칠 정도로 격하시키지 않는 범위 안에서 적절하게 행사되기 위한 기본적 룰(권리행사의 수단)을 설정한다는 의미일 뿐, 결코 권리의 내용을 형성하는 것이 아님을 기억해두어야 할 것이다.[33] 이와 관련하여 간혹 '법률상의 권리'라는 표현이 법학에서 두루 쓰이곤 하는데, 이는 구체적인 외형을 갖추지 못한 절대권을 논리정연하게 행사하기 위한 목적에서 유래된 것이라고 할 수 있다. 따라서 부분적으로 대세적 권리의 속성이 있을 수밖에 없다. 만약 그러한 속성이 '과도하게 배제'되어[34] 사실상 유명무실해지는 것과 다를 바 없는 수준에 놓이게 된다면, 이는 중대한 헌법에 저촉되는 사항에 해당하므로 헌법재판이나 법률개정절차를 통하여 시정의 절차를 거치게 된다.

위와 같은 논리는 사람들이 '권리보호의 실질적 근거'를 제대로 인식하지 못한 까닭에 자신의 권리를 과도하게 지키거나 혹은 제대로 보유하지 못하는 상황을 해결하는 데에 도움이 된다. 실제로 절대권과 상대권을 칼로 무를 자르듯이 나누어 생각하여 '보호받는 경우'와 '그렇지 못한 경우'를 자의적으로 재단을 하는 경우가 많은 편이다. 물론 법치주의의 원리에 의거하여 그와 같은 식의 재단이 인정될 필요는 있지만, 무엇보다 중요한 것은 '권리보호의 가치'를 논리적으로 설명함으로써 자아존중감이 부당하게 훼손되지 않도록 하는 일이라고 하겠다. 그렇지 않다면 '당사자가 주장할

33) 절대권이 헌법적인 차원에서 불가침의 영역인 것은 분명하다. 그렇지만 인권을 침해 · 제한받은 당사자가 당면한 문제를 해결한다는 차원에서 여타의 조건을 전혀 고려하지 않은 상태에서 절대권만을 주장하는 태도는 자칫 권리보호의 잣대 그 자체의 훼손을 가져올 가능성이 높다고 사료된다. 문제의 권리가 어떻게 침해 · 제한받았는지를 구체적인 논리와 근거를 들어 주장할 수 있어야만 한다. 절대권이 다른 권리들에 비하여 수준 높은 보호를 받고 있는 것은 사실이지만, 이것을 갈등해결의 만능열쇠인 것처럼 사용하여 권리침해 · 제한의 합리적 이유 자체를 몰각시킨다면 사익과 공익의 상보적인 관계를 훼손하는 상황이 초래될 가능성이 매우 높다.

34) 여기서 말하는 '과도하게 배제된다'는 국가가 구체적인 법률에 의거하여 해당 권리를 보호해주어야 한다는 헌법적 작위의무를 현저한 수준으로 해태하는 행위를 말한다. '과소보호금지의 원칙'의 수준에 이르지 못한 조치로 말미암아 국민들이 응당 누려야 할 사회적 기본권이 유명무실해지는 경우를 생각해볼 수 있겠다.

수 있는 권리는 오로지 상대권인 까닭에 보호받을 가능성이 낮으므로 적극적인 권리주장을 할 필요가 없다'는 식의 사고가 만연하게 되어 엄청난 수준의 권리보호공백이 발생할 수밖에 없다. 쉽게 말하자면, 자발적인 수준의 권리포기를 유도하는 결과를 초래한다는 것이다. 따라서 권리를 보호수준에 맞추어 분류를 하는 것보다는 원리적인 차원에서 보호수준의 여부를 조정하는 작업이 요청된다고 생각한다. 그리고 여기서 말하는 원리라 함은 공화주의적 자유주의에 기초한 권리해석론이라고 하겠다. 이것이 바로 보이지 않는 규칙과 정의이다. 그리고 그 목적은 인간이 행복함이라는 주관적 감정을 느끼고 자아를 실현하는 데에 있어 객관적으로 용인될 수 있는 삶을 영위할 수 있도록 하기 위함이다.

사람들마다 다른 양태로 고양되는 행복이란 정서를 일의적인 표현으로 설명을 할 순 없겠지만, 적어도 공동체가 통념적으로 받아들일 수 있는 범위(공익수호의 범주) 안에서 자아를 실현하는 과정 속에서 느껴지는 긍정적인 형태의 감정이라고 볼 순 있겠다. 여기서 '통념적으로 받아들일 수 있는 범위'란 자신을 제외한 다른 이들이 인정할 수 있는 범주를 뜻한다. 주지하다시피 자아를 실현하는 것은 쉽지만, 실현하고자 하는 행위가 타인의 권리를 부당하게 침해하지 않도록 하는 데에는 세심한 주의가 요구된다. 인간을 행복하게 만드는 것은 '자기만족이라는 주관적 요소'와 '타인에 의한 존중이라는 객관적 요소'이기 때문이다. 후자와 관련하여 남들이 인정해주지 않는다고 해서 당사자가 중요하다고 생각하는 가치관의 의미가 무색해지는 것은 아니겠지만, 만약 타인에 의한 존중이라는 관점을 완벽하게 무시한다면 그것은 개인적 자유의 전횡을 가져올 개연성이 있다. 남의 시선에 지나칠 정도로 구속될 필요는 없지만, 그들의 생각을 감안할 줄 아는 자세를 갖는 것 또한 매우 중요하다. 여기서 반드시 주의하여야 할 사항은 존중이 엄격한 수준에서 이루어지는 심사라는 뜻으로 연결되어서는 안 된다는 사실이다. 본 개념은 특정인의 생활양식이 사회에 미치는 효과를 중심으로 한 영향평가와 유사한 것으로, 이른바 '공익침해성(共益侵害成)'의 부존재가 확인될 경우에 이루어지는 폭넓은 인정(認定)인 셈이다. 필자는 앞서 이익의 개념 속에 정당성이라는 요건이 구비되어 있어야 한다고 언급한 바 있다. 사익은 공익에 비하여 개인의 주관성이 가미되어 있기 때문에 다소 불완전한 성향을 가지고 있으므로 양자 사이의 구별경계에 대한 논의가 종종 이루어지곤 한다. 사익의 경계는 공익의 영역 침해선의 직전까지 확장되며, 권리주체가 그 경계선을 넘지 않는 한 비판가능성으로부터 자유로운 지위에 놓인다. 생각하기에 따라선 자유라는 범위를 지나칠 정도로 확대한 것이라는 비판이 제시될 수도 있다. 그러나 공익의 영역이 국가안전보장·공공복리·사회질서와 같이 거대한 명분을 실현하기 위한 망에 국한되는 것이 아니라 타인의 본질적 생활권역이라는 사회말단영역에 이르기까지 넓게 확산되어 있음을 염두에 두어야 한다. 특히 공공복리와 사회질서는 민법과 형법을 비롯하여 세부적인 형태의 명령을 통하여 모든 영역에서 적용되는 실질적 원리에 해당하므로, 위와 같이 자유를 넓게 해석한다고 할지라도 그것이 권리남용을 유도하는 근거가 되진 않는다. 더군다나 공공복리와 사회질서를 어떻게 해석하는가에 따라 자유의 전횡을 효과적으로 막아서는 근거로 작용할 수도 있음을 염두에 두어야 한다.

사람은 누구나 자아실현에 적합한 형태의 삶을 살아갈 권리를 가지지만, 그러한 목적을 달성하기 위하여 어떤 수단을 사용하는가에 따라 한계선이 그어지는 위치가 달라지고, 이 선을 긋는 근거는 위에서 언급한 국가안전보장과 공공복리 및 사회질서이다. 이와 같은 근거를 보다 인문학적인 관점에서 표현하자면 '상호존중의 윤리'라고 할 수도 있겠다. 통상적으로 윤리는 이중적인 지위를 가지고 있다고 볼 수 있다. 통상적으로 윤리는 이중적인 지위를 가지고 있다고 볼 수 있다. 다시 말해서 자율성과 타율성이라는 양면에 의하여 그 기본적인 외형이 유지된다는 것이다. 흔히 윤리는 인(仁), 의(義), 예(禮), 지(智)와 같은 사단(四端)의 총체로 명명되는데, 이와 같은 기본적인 덕목들은 끊임없는 자기수양을 통해 내면화되고, 내면화된 덕목은 생활의 준칙으로 자리를 잡게 된다. '수기치인수신제가치국평천하(修己治

人修身齊家治國平天下)'라는 말이 이를 잘 설명해주고 있다. 이는 막스 베버가 자신의 저서 『프로테스탄트 윤리와 자본주의 정신』에서 언급한 것처럼 신의 뜻을 받들기 위하여 최선의 노력을 다해 생을 살아가고 그러한 삶의 증거로 부(富)를 축적하게 되었다는 논리와 일맥상통하는 감이 있다. 그렇지만 시간이 지남에 따라 자기수양의 가치보다는 입신양명의 가치가 상대적으로 각광을 받기 시작했다. 본래는 스스로 수양을 쌓는 과정에서 사회적인 신분상승이라는 결과가 부수적으로 뒤따르는 것이지만, 어느 순간부터는 그와 같은 공식이 훼손되기에 이르렀다. 아무리 수양을 한다고 할지라도 생활형편이 나아지지 않았기 때문이다. 오히려 적극적으로 사회에 진출하여 고난과 역경과 맞서 싸워 이길 때에 비로소 질 높은 수준의 삶을 살 수 있다는 관념이 확산되기 시작했던 것이다. 그러나 그와 같은 과정에서 공정한 경쟁질서를 위반하는 사례가 늘어나고, 급기야 사회적 재화의 불평등한 재편이 이루어졌다. 이러한 배경하에 법과 제도는 처벌과 제재의 성격을 띠게 되었고, 윤리 역시 그와 같은 시대적 조류에 따라 자율성 이외에 타율성이라는 속성이 가미된 것이다.

타인에 의하여 비판받을 가능성이 농후하다고 생각한다면 사람들은 자신의 행위가 사회적으로 어떠한 영향을 미칠 것인지에 대해 선행적으로 숙고의 과정을 거치고 그를 통해 본인의 행동을 통제하려는 자세를 취하게 된다. 남의 이목(耳目)에 신경을 쓴다는 것은 표면적으로는 다른 사람들로부터 날아오는 비난의 화살로부터 자유롭고 싶다는 자아보호본능의 일환이라고 할 수 있는데, 공동체라는 거대무리로부터 이탈함으로써 다른 외부세계로부터 위협을 받을 수 있다는 두려움이 사로잡힌 결과이기도 하다. 그러나 이러한 세태가 지속될수록 타율적인 성격의 윤리는 법제도의 모습으로 변모하게 될 것이다. 다시 말해서 불완전한 자율성에 기초한 윤리는 더 이상 생활전반을 다루는 준칙으로서의 힘을 잃게 된다는 것이다. 자연스레 법에 저촉되지 않는 한 무엇이든 할 수 있다는 관념이 널리 확산될 가능성이 농후해지고, 자신의 행위를 객관적으로 바라볼 수 있는 능력은 사라지고 말 것이다. 따라서 자율성이 강화된 형태의 윤리규범을 재정립하는 일은 법제도의 불완전함을 메울 수 있는 유일한 방안으로서 반드시 달성해야 하는 목적이라고 할 수 있다. 윤리의 자율적 성격은 앞서 언급한 보이지 않는 규칙과 정의가 온전하게 자리를 잡을 수 있도록 만들어주는 자양분이 된다. 다시 말해서 자율성은 자유의 전횡이 이루어지지 않도록 자신을 통제함과 동시에 사회라는 커다란 규모의 집합체가 안정적으로 존속할 수 있도록 하는 효과들을 가져온다는 것이다. 그러므로 공익관념이 개인생활의 영역에 일정부분 침투하는 것이 우리가 생각만큼 광범위한 자유침해라는 회의적 결과를 만들어내지 않을 가능성이 높다고 사료된다. 전체적 차원의 침투는 일원적 공화주의를, 침투의 전면적 불허(不許)는 일원적 자유주의를 지향하므로 사회적 부작용을 초래하겠지만 부분적인 침투는 일변도의 패러다임이 아니라 일관적 복합성에 기초한 정의를 만들어낸다. 즉 타인과의 원만한 관계유지라는 공공덕목을 실현하는 가운데 개성을 발현시켜 주관적인 행복감을 누림으로써 자신을 비롯한 사회전반의 통념상 바람직하다고 인정받는 삶을 영위하게 된다고 할 것이다.

Ⅴ. 자연법과 정의론

보이지 않는 규칙과 윤리의 자율성은 신뢰와 공감에 기초한 사회적 분위기를 만들고, 천부인권적인 속성을 띤 자연권의 정신이 훼손되지 않도록 하는 데에 있어 일조하는 바가 매우 크다고 사료된다. 자연권은 상기와 같은 철학적 숙고의 과정을 거쳐 다양하게 분화되었으며, 분화된 권리들이 모여 하나의 권리장전을 형성하게 되었다. 사람들은 이를 자연법이라고 명명하였다. 자연법은 상생의 법칙에 따라 삶을 영위하여야 한다는 기본원리를 담은 법으로서 세상에 존재하는 모든 법들 중에서도 최상위의 지위에 서있다. 그렇기 때문에 사람들은 사회생활을 하면서 부당하게 피해를 입었음에도 불구하고, 이를 시정해주기 위한 법체계가 적절히 구비되어 있지 않아 아무런 구제를 받을 수 없는 상황에 봉착하게 되면 자연법에 기초한 원리를 피해구제의 논거로 사용하여 험난한 권리의 수렁 속에서 벗어나곤 하였다. 신의성실의 원칙이나 권리남용금지의 원칙 또는 조리(條理) 등이 대표적인 논거라고 할 수 있는데, 이들은 모두 자연법이 상정한 기본원리에서 파생된 준칙들에 해당한다. 특히 법관들도 사건을 해결함에 있어 이들을 논거로 삼아 판결을 내리기도 한다. 제 아무리 법에 대하여 해박한 지식을 가지고 있는 법관이라고 할지라도 세상에 존재하는 모든 사건들을 소송당사자들에 의한 불만제기 없이 종결을 지을 수는 없기 때문이다.

이처럼 갈등상태를 해소시킬 수 있는 강력한 권능을 가지고 있는 자연법에 대해서 그 효능상의 의문을 가지는 학자들도 더러 있는 편이다. 물론 그들이 자연법 그 자체의 존재가치를 부정하진 않지만, 이현령비현령(耳懸鈴鼻懸鈴)식으로 법리가 구성되는 우가 발생할 수도 있다는 점을 지적하고 있는 것이다. 이 부분이 자연법을 사용하는 사람들이 흔히 겪는 고민거리이다. 상기에서 논한 바와 같이 자연법은 만능열쇠로서의 성향을 가지고 있지만, 시도 때도 없이 거론되어서도 안 된다고 사료된다. 진통제에 길들여진 환자가 통증을 이겨내기 위한 의지를 상실한 채 약에 의존하는 경향을 보이듯, 권리문제해결을 위하여 자연법이 가지고 있는 가치를 지나칠 정도로 빈도 높게 거론하는 습관은 자신이 피해를 입게 된 원인이 무엇인지에 대해 깊은 숙고의 과정을 거치지 않고 불편한 상황을 신속하게 해결하는 것만이 능사라고 생각하도록 유도하기 마련이다. 타인과의 분쟁상태에서 최대한 빨리 벗어나려는 마음을 갖는 것은 당연하다. 그러나 이와 같은 문제가 재차 반복되지 않도록 하기 위해선 갈등의 원인이 무엇인지 그리고 대화를 통하여 풀어낼 수 있는지에 대해 진지하게 검토할 수 있는 역량이 구비되어야만 한다. 다시 말해서 문제해결이라는 과제 못지않게 중요한 것이 해결과정이기도 하다는 뜻이다. 이것이 자연법이 가지는 가치를 퇴색시키지 않게 하는 첩경임을 염두에 둘 필요가 있다.

적절한 빈도로 사용되는 자연법은 사람들로 하여금 법치주의와 민주주의 의식을 함양할 수 있도록 만들어주는 특별한 효능을 가지고 있다. 통념적으로는 피해자의 권리구제를 위한 주요도구로 사용할 수 있다는 식으로 이해하는 경우가 많지만, 이는 어디까지나 본 법을 협의의 관점에서만 바라보았을 따름이다. 피해자를 구제한다는 소극적인 차원의 법제는 근대입헌주의에 기초한 산물이지만, 정당하게 보유한 권리를 적극적으로 향유할 수 있다는 차원의 법제는 현대입헌주의에 기초를 두고 있다. 과거와 달리 지금의 사회에선 주어진 권리를 시의적절하게 사용하지 않는 행위가 도리어 바람직하지 않은 것일 수도 있다는 인식이 널리 확산되고 있는 실정이다. 특히 "권리 위에 잠자는 자는 보호받지 못한다"는 법언(法言)은 바로 이를 두고 하는 이야기이다. 권리를 적극적으로 행사하고자 하는 사람들은 본인이 가지고 있는 소신을 외부적으로 피력하고자 하는 경우가 많다. 좁게는 마을의 문제에서부터 크게는 국가운영에 대한 문제에 이르기까지 정치적인 견해를 유감없이 드러내곤 한다. 주지하다시피 대외적으로 정치적인 의사를 표명하는 것은 민주주의가 형성되기 위한 핵심이다. 정치의사가 존재하지 않는 사회에선 정치사상이라는 것이 있을 수 없으며, 정치사상이 없는 곳에선 국가와 같은 거대단체를 운영할 수 있는 지침이 없음을 의미한다. 그래서 요즘의 권리관념 논의는 자유의 소극적 보호보다는 적극적 행사에 대해 역점을 두고 있고, 이로 말미암아 생겨날 수 있는 긍정적 효과와 부정적 효과가 무엇인지를 중심으로 한 연구가 그 어느 때보다 활기를 띠고 있다.

협의로는 생활관계에서 광의로는 대국가적(對國家的) 관계에서 나타나는 의사표현은 공동체를 구성하는 중요한 요소로 작용한다. 문제는 자연법에 기초하여 향유되는 의사표현의 자유가 가지고 있는 부분적 폐해라고 할 것이다. 사람들마다 달성하고자 하는 목적이 주관적인 성격을 가지고 있기 때문에 자신의 생각을 공적으로 표명하고자 하는 이들은 필연적으로 특정인이나 집단에게 유리한 결과가 도출될 수 있도록 심혈을 기울이는 경우가 많을 뿐만 아니라, 선거철이 되면 내면적으로 짙게 농축된 이념적인 성향을 외부적으로 강력히 내세우곤 한다. 그러므로 상생의 법칙이나 정의론 그리고 공화주의적 자유주의가 가지고 있는 진의가 완벽한 수준에서 발현되기란 상황에 따라 어려울 수밖에 없는 것이다. 따라서 권리를 행사하기 위한 규칙을 제정함으로써 사람들로 하여금 이를 준수하도록 유도하는 일이 시급한 일이라고 사료된다. 이러한 과정 중에서 만들어진 원리가 법치주의이다. 따라서 법치주의와 민주주의는 독립적인 개념을 가지고 있는 산물이기도 하지만 사회 안에서 그 기능을 가동할 때에는 별개로 움직이지 않는다. 오히려 상호보완적인 차원에서 동시에 거론된다고 봄이 타당하다.

법치주의는 한 마디로 '바람직한 권리행사를 위한 국가와 국민의 의식'을 의미하는 것으로서 사회가 다툼과 투쟁이라는 일탈상황에 심각한 수준으로 돌입하지 않도록 막아주는 방파제로서의 역할을 수행한다. 통상적으로는 입법부에 의하여 제정되는 다양한 실정법(實定法)을 통하여 현실적으로 구현되는데, 이는 법이 일반성과 객관성 및 추상성을 바탕으로 하여 모든 국민들에게 공히 적용되는 한편 보편적 정의와 구체적 정의에 기초한 사회분위기의 형성을 목적으로 하고 있기 때문이다. 사회는 각종 실정법을 통하여 정의의 원칙에 기초한 분위기를 조성하고 사람들은 이러한 환경 아래에서 권리를 향유하면서 살아가지만, 이러한 이상적인 구도가 훼손되는 때가 종종 발생하기도 한다. 그래서 실정법은 시대의 변화에 민감하게 반응할 수 있어야만 한다는 융통성이라는 성격을 갖추어야만 한다. 일반적으로는 법적 안정성이라는 요소가 각광을 받는 순간도 있지만, 언제나 그런 것만은 아니다. 도랑에 고인 물은 지나치게 오랫동안 방치될 경우엔 부패되기 시작하듯이 법적 안정성도 마찬가지이다. 따라서 사회적 분위기에 부합하여 본질이 훼손되지 않는 범위 안에서 적절히 보장될 필요가 있는 것이다. 이에 필자는 시대적 요청에 부응하여 국민들의 생활에 긍정적인 영향을 줄 수 있는 법제를 기여적(寄與的) 법제, 그렇지 않는 법제를 파괴적(破壞的) 법제라고 명명하고자 한다. 전자는 자유와 평등이라는 가치가 비교적 적정선을 이룸에 따라 사람들 사이의 이견이 발생할 가능성이 극히 적은 편이지만, 후자의 경우 짙은 가능성을 가지고 있다. 그러므로 법치주의에서 논란이 되는 부분은 바로 파괴적 법제라고 할 것이다. 이와 같은 문제를 해소시키기 위한 방법으로 헌법재판, 입법평가(立法評價), 법률의 개정, 언론을 통한 비판과 선거를 통한 행정부·입법부 구성원의 변경을 들 수 있다. 이것은 사람들 사이에 존재하는 이해관계의 편향화를 제거하기 위한 기본적인 방법들이라고 할 수 있는데, 모두 자연법에서 유래한 사항들에 해당한다. 자연법은 애초부터 사람 간, 집단 간, 사람과 집단 간의 부정적인 형태의 이익추구행위로 인하여 생기는 병폐를 해결하기 위한 것이라고 할 수 있는데, 보다 근원적인 차원에서 접근하자면 주관적 공권과 객관적 가치질서의 균형을 도출해내기 위함이라고 하겠다. 이와 같은 균형성에 대해 충분히 인식하고 있는 사회구성원들은 자연법을 통해 자신이 원하는 바를 외부적으로 표현함으로써 바람직하다고 생각하는 방향으로 사회를 움직이게 만드는 원동력을 창설하는 능력을 보유하고 있다.

원하는 바에 대해 혹은 생각하는 바에 대해 일정한 견해를 내지 않으면 사회는 결코 움직이지 않는 법이다. 그 이유는 사회가 사람들의 입을 통하여 생명을 얻고, 구체적인 활동을 통하여 활력을 얻기 때문이다. 어떠한 사회적 산물도 외부적인 혹은 내부적인 자극 없이는 아무런 반응을 보이지 않는다. 물론 사회가 구성원들이 준수하는 법질서에 의하여 가지런히 정제된다는 점을 감안한다면, 통상적으로는 변화보단 안정성의 강화라는 측면에 초점을 두고 있다고 하여도 과언이 아니라고 생각한다. 그러나 안정성의 지나친 강화는 유동성(流動性)의 둔화를 강화시키고, 궁극적으로는 정체(停滯)된 현상을 가속화시키는 요인으로 작용할 개연성이 있다. 만약 무분별한 권리투쟁으로 인하여 사회적으로 막강한 힘을 가진 사람을 중심으로 하여 권리질서가 확고하게 재편된 상태라면, 권리의 현대적 신장을 더더욱 기대할 순 없을 것이다. 사회의 정체는 자연법을 통해 움직임으로 변하고, 사회의 혼란은 자연법을 통해 안정화로 접어든다. 전자는 자아실현본능의 고양으로 말미암아 이루어지는 것이라면 후자는 상생의 법칙에 따른 자아실현본능의 자발적 억제라고 할 수 있는데, 이를 통하여 균질성을 갖춘 권리구조의 형성이 가능해진다.

Ⅵ. 실정법과 정의론

다시 한번 실정법에 대한 논의를 해보자. 실정법은 헌법의 수족(手足)으로서의 역할을 하는 하위의 법률이라고 생각하는 경우가 많은 까닭에 자연권이나 인권과 같은 거대한 담론을 하는 데에 있어 거론되기엔 그 규모가 작다고 착각을 하는 경향이 있다. 물론 헌법으로부터 유래된 권한을 위임받아 제정된 것이라고 할지라도, 어느 사회에서든 질서를 안정화시키는 데에 있어서 실질적인 역할을 수행하고 있는 것이 바로 실정법이라는 사실을 기억해야만 할 것이다. 국회에서 제정된 법령의 수는 무려 4,000개 이상으로서 사회 도처에서 발생하는 사건들을 법적으로 관리하는 데에 있어 부족함이 없을 정도이다. 다만, 관련 법령을 주어진 사건에 어떠한 식으로 적용할 것인지의 문제가 남아있을 뿐이다. 다시 말해서 적용하고자 하는 법령의 실질적 인적효력범위 내지는 실효적(實效的) 해결능력 등에 대해선 논란의 여지가 있다는 것이다. 그렇기 때문에 법령을 제정하는 주체인 입법자들의 역할은 그만큼 중요할 수밖에 없다. 갈등과 분쟁을 해결하기 위한 방법으로 민간자율규제 등과 같이 국민들의 순수한 힘 혹은 정부의 조력을 받고 있는 국민들의 힘을 이용할 수도 있겠지만, 사회병리현상이 극단적 수준에 미칠 경우엔 법령에 기초한 공권력의 사용이 요청된다. 더군다나 헌법과 같이 거대한 규모의 법이 국민의 삶에 공히 적용된다고 할지라도, 세부적인 생활영역에까지 직접적인 영향을 주는 데에는 어려움이 수반되므로 헌법이 가지고 있는 핵심기능들을 부분적으로 대신 이행해줄 수 있는 법령의 존재는 중요하다 못해 필수적일 수밖에 없는 것이다.

헌법정신을 담은 법령들은 법치국가의 원리에 따라 제정되고 적용되는데, 그와 같은 정신을 외적으로 반영하기 위해선 포괄입법금지의 원칙과 소급입법금지의 원칙 및 명확성의 원칙을 포함한 일반원칙들을 준수해야만 하지만, 가장 중요한 요건은 그것이 사회적 공감대에 기초한 정의의 원칙에 부합하고 이를 증진시키는 데에 기여하여야 한다는 점이다. 공감을 얻지 못하는 법령으로 말미암아 침해를 받은 권리가 시간이 경과함에 따라 조금씩 나아지고 회복세에 놓여 아무는 것도 중요하지만, 이러한 소극적인 태도로 말미암아 그것(비공감대에 기초한 법령)이 하나의 악질적인 사회요소가 되어 국민의 삶에 부당한 영향을 준다면 문제는 더욱 심각해진다.[35] 법령은 입법자의 의지에 의하여 제정되기도 하지만, 개별 입법자를 지지하는 이해관계자 내지는 집단의 의사가 반영된 것이기도 함을 고려한다면 문제의 법령을 폐기하는 것 또한 결코 쉬운 일은 아니다. 결과적으로는 사회파괴적인 영향을 가지고 있는 법제가 기여적인 역할을 하고 있는 법제를 압도하는 상황이 발생할 수도 있는 것이다. 환언하자면, 강력한 사회적 권력을 가진 이들의 이익을 증진시키기 위한 법령의 존속력이 강해진다는 의미이다. 민주주의와 반(反)민주주의 그리고 법치주의와 반(反)법치주의의 차이는 바로 여기서 나타난다. 일견 국민의 권리를 증진하고 안정적인 사회환경을 조성한다는 명분을 담은 듯한 법제도가 형성되었다고 할지라도, 기여적 속성이 발현될 가능성이 본질적으로 훼손된다면 반민주·반(反)법치주의에 기초한 인권유린국(人權蹂躪國)으로 전락할 수밖에 없다는 의미이다.

모든 국가에 존재하는 헌법은 공통적으로 평화와 인권에 대한 내용을 강도 높게 담아내고 있다. 그러나 이와 같은 정신을 담을 수 있는 그릇을 빚어내야 하는 입법자들도 욕구충족의 본능에서 완벽히 자유로울 수는 없기 때문에 기여적 법제를 제정해야만 한다는 헌법적 작위의무에 앞서 '자

---

35) 헌법재판소는 197년 11월 27일에 선고한 94헌마60 결정에서 "헌법소원은 주관적 권리구제뿐만 아니라 객관적인 헌법질서보장의 기능도 겸하고 있으므로 가사 청구인의 주관적 권리구제에는 도움이 되지 아니한다 하더라도 같은 유형의 침해행위가 앞으로도 반복될 위험이 있고, 헌법질서의 수호 유지를 위하여 그에 대한 헌법적 해명이 긴요한 사항에 대하여는 심판청구의 이익을 인정하여야 할 것이다(헌법재판소 1991. 7. 8. 선고, 89헌마181 결정; 1992. 1. 28. 선고. 91헌마111 결정 등 참조)"이라 설시하여, 권리보호이익에 대해 두텁게 고려하여야 함을 강조한 바 있다.

신이 특정한 이익을 추구하는 데에 있어 장애사유가 될 만한 부분'이 있는지를 선행적으로 검토할 수밖에 없다. 따라서 위원회에서 본회의에 이르기까지 복잡한 입법절차 과정에서 본인이 향후 자아실현본능을 발현시키기는 데에 있어 부적합한 법률이 만들어질 가능성이 높을 경우, 법률안에 대한 심의가 적절히 이루어질 수 있도록 기여하기보다는 시종일관 비(非)협조적인 자세로 일관하게 된다. 더군다나 자신을 입법자의 지위에 앉을 수 있도록 해준 유권자들과 맺은 정서적 유대관계 혹은 권력적 이해관계를 고려한 까닭에 특정한 목적을 달성하는 데에 방해가 될만한 안건에 대하여 회의적인 반응을 보이거나 불충분한 수준의 기여적 법제 혹은 파괴적 법제를 제정하고자 총력을 기울이기도 한다. 반면, 본인의 이해관계를 중요시하기에 앞서 향후에 제정될 법이 사회에 현실적으로 기여하는 바는 무엇이며 결과적으로 국민 전체의 복리증진에 어떠한 영향을 줄 것인지에 대해 고민하는 이들도 존재한다. 여러 가지 환경적 요소가 헌법정신에 부합하는 법제와 그렇지 않은 법제를 형성하는 데에 영향을 미치지만, 가장 영향력이 큰 요인은 입법자가 어떠한 의지를 가지고 있는지의 문제라고 할 것이다.

이러한 의지에 대한 관념 이외에 파괴적 법제의 상승세와 관련하여 사람들의 인권의식에 대해서도 고려를 할 필요가 있다. 객관적인 견지에서 볼 때 사회적으로 인권이 유린되는 실태가 빈번하게 발생하고 있음에도 불구하고 주관적인 견지에선 그렇지 않다고 생각하는, 이른바 '착오적 인권관념'이 성행하기 때문이다. 만약 누군가에겐 득(得)이 되지만 다른 사람들에게는 실(失)이 될 수밖에 없는 법제가 존재한다고 여기는 경향이 강해지고 있음을 감안한다면, 오래 전에 한 시대를 풍미했던 마르크스주의(Marxism)가 현대사회에 재림할 가능성이 크다. 물론 자본주의의 전복이 이루어지진 않겠지만, 적어도 권력의 불평등한 분배로 말미암아 파괴적 법제의 형성조류에 대해 반감을 가지는 주체들이 늘어나기 시작하고 결과적으로는 보이지 않는 권력전쟁의 서막이 시작될 여지는 충분하다. 주지하다시피 마르크스주의는 공동체를 지배하고 있는 모든 유형의 패러다임이 지배계급을 위한 것이며, 국법을 제정하는 이들 역시 그들의 이익을 증진시키기 위한 위원회에 불과하다는 내용을 담고 있다. 그리하여 그와 같은 이데올로기를 신뢰하는 사람들은 이것이 피지배계급들의 단결을 가능케 하는 심리적 동인을 형성하고, 결과적으로는 국가 전체가 새로운 질서로 재편될 것이라고 전망하였다. 물론 우리가 살고 있는 이 시대에 그들이 주장한 바와 일맥상통하는 사태가 발생하지 않을 것이고 발생해서도 안 되겠지만, 적어도 편중성을 띤 이익체계에 대해 강제적으로 순응할 수밖에 없다고 생각하는 이들로 하여금 자신의 권리를 적극적으로 찾도록 유인하는 데에는 시사하는 바가 있다는 점에선 높이 평가할만한 하다고 사료된다. 한국사회를 비롯하여 전 세계적으로 인권이라는 보편적인 가치가 적절히 고양되지 못한 채 유명무실해지는 것을 막기 위한 다각적인 논의가 지속적으로 이어지는 것 또한 이에 영향을 받은 것이라고 할 수 있겠다. 우리나라에선 甲과 乙의 관계에서 전자가 후자에 비해 지나칠 정도로 우위에 섬에 따라 불균등한 권력관계가 형성되어 사회적으로 파장이 일어나고 있으므로 이를 근절하기 위한 제도적인 장치가 구비되어야 한다는 논의가 거세게 일어나기 시작하였고, 미국의 뉴스채널 CNN에선 프리덤 프로젝트(Freedom Project)라는 이름으로 전 세계에서 발생한 인권유린의 실태를 보도한 바 있다. 그리고 여타의 나라에서 보도하는 각종 매체에서도 파괴적 법제로 인한 영향과 초국가적 권력을 향유하는 이들에 대한 제재 문제를 다루기도 한다. 결과적으로 현대 사회에서 뜨거운 감자로 부각된 이유는 국가에 의한 혹은 사회에 의한 건설적 의제설정과 문제해결의지의 존재 때문이라고 할 수 있겠다. 그러나 위와 같은 노력이 꾸준하게 이루어지지 않아 결과적으로 문제를 해결하지 못하거나, 갈등이 해소되지 않았음에도 불구하고 해소된 것과 다르지 않다고 생각한 까닭에 인권유린의 실태와 이를 근절하기 위한 대안에 대한 논의가 어느 순간부턴 사라지는 경우 또한 더러 발생함을 인식할 필요가 있다. 다시 말해서 인권이라는 가치가 전 세계적으로 적절히 확산되었다고 보는 것은 현대사회인들의 뇌리 속에 자리 잡고 있는 거대한 착각일 수도 있다는 것이다. 필자는 이를 '착오적 인권'이라고 부르고자 한다. 인권이 적정한 수준에서 보호되고 있지 않음에도 불구하고 보호되고 있다고 믿고자 하는 강력한 심리적 기제로 인하여 사회를 객관적으로 조망하지 못하는 상황이 자아낸 또 하나의 풍조이다.

누구든 자신이 사회적 약자에 해당하는 사람으로서 존중받지 못하고 있다는 상황을 받아들이지 않는 경향이 있는데, 이는 스스로가 가지고 있는 비합리적 자존감에 사로잡혀 있다는 데에서 비롯되기도 한다. 이와 같은 착오적 인권이 정당한 것으로 추정되는 까닭은 파괴적 법제가 사회전반에 만연함에 따라 사람들의 인식체계를 뒤흔들었기 때문이라고 할 수 있다. 상황에 따라선 그와 같은 현실에 대처하기 위하여 범민주적 차원의 사회운동이 발발할 가능성이 없다고 할 수는 없겠지만, 부정의한 인권패러다임이 오랜 시간 동안 한 장소에서 광범위하게 고착화된 상태에 놓여있었다면 해당공동체의 구성원들은 그것이 가지고 있는 부당함을 인식하기보단 수인하는 태도를 견지할 개연성이 있다. 이른바 세뇌효과가 고착화된 결과라고 하겠다. 특히 개별인과 집단에 유리한 방면으로 인권적용의 룰을 재편하고자 하는 이들은 기여적 법제 '내부'에 파괴적 요소를 '보이지 않도록' 혹은 '우회적으로' 삽입하는 방법을 취하곤 한다. 법치주의와 민주주의에 담겨있는 정신을 정면으로 위반할 경우엔 대내적 · 대외적 차원의 제제가 가해질 가능성이 있고, 그로 말미암아 실각의 위험을 감수해야만 하므로 권력의 끈을 지속적으로 잡고자 하는 이들은 파괴적 법제를 직접적으로 제정하는 것을 꺼릴 수밖에 없기 때문이다. 이와 같이 기여적 법제 속에 삽입된 파괴적 요소를 제거하는 것은 독립된 파괴적 법제를 없애는 것보다 더욱 어렵다. 물론 헌법재판을 담당하는 기관에서 부분적으로 위헌성을 인정하여 오염된 부분만을 제거해낼 있겠지만, 법제는 그 속에 존재하는 내부 규정들 사이에 형성된 유기적 관계에 따라 만들어진 것이기도 하기 때문에 자칫 기여적 효과를 가지고 있는 부분까지도 삭제될 가능성이 있기 때문이다. 따라서 실질적 정의관이 배재된 외형적 정당성만이 탑재된 제정목적

규정과 이를 달성하기 위한 수단에 대한 규정 사이의 관련성 그리고 그로 인하여 생길 수 있는 법익침해 등을 고루 고찰함으로써 기여적 법제 속에 들어있는 악질적인 부분만을 잘라 내거나, 그럴 수 없다면 해당법제의 전면개정 혹은 신법 제정(구법 폐지)이 이루어질 수 있도록 하는 것이 중요하다.

전 세계에 존재하는 대부분의 법률들은 제1조에 제정목적을 담고 있고, 그 이하의 규정에선 이러한 목적을 달성한다는 명분하에 일견 합리적인 것으로 여겨질 만한 용어들이 일목요연하게 배치되어 있다. 특히 법적 · 정치적 · 행정적 · 사회적 전문가라고 불리는 사람들에 의하여 핵심적인 내용과 목차가 형성되었기 때문에 법문언의 외형에는 아무런 하자가 없는 것으로 보인다. 따라서 법제에 의하여 부당하게 피해를 입었다고 주장하는 사람들은 단순히 억울하다는 주장을 제외하곤 합리적 이유가 수반된 어떠한 반론도 제시할 수 없는 입장에 처하게 됨에 따라 주어진 상황을 하릴없이 받아들이는 체념적인 자세를 보이게 된다. 특히 그와 같은 상황에 놓여있던 사람들이 많으면 많을수록 파괴적 법제에 담겨있는 부당한 의도는 하나의 패러다임이 되어 강력한 사회침투력을 갖게 되고, 심지어 정의의 원칙에 부합하는 법제라는 평가를 받기에 이르며, 설령 이후에 폐지 · 개정된다고 할지라도 그것이 정당하지 못하기 때문이 아니라 사회적 상황에 능동적으로 대처하기 위한 목적에 의한 것이라는 명분으로 개폐되는 것이라는 어설픈 논리가 제시된다. 물론 결과적으로 폐기되었으면 문제는 해결된 것이라고 생각해볼 여지가 없진 않지만, 반성적인 고찰이 수반되지 않은 상태에서 이루어지는 결정은 추후에 제2의 파괴적 법제를 양산해낼 가능성이 있음을 고려하여야 한다. 따라서 무엇이 어떻게 잘못되었는가에 대하여 명확하게 인식할 수 있는 기회가 주어지는 것이 민주주의와 법치주의가 적절히 운용되기 위한 기본사항임을 염두에 두어야만 할 것이다.

물론 전 세계의 법제가 파괴적인 법제로만 구성되진 않는다. 실제로 사회전반에 긍정적인 영향을 미침으로써 인권이라는 개념이 적절한 토대 위에 구축될 수 있도록 한 법제들도 상당 수 존재하고 있다. 다만 그러한 법제들이 가지고 있는 참된 의미가 파괴적 법제에 의하여 퇴색되는 현상 자체가 부정적으로 평가될 따름이라고 할 것이다. 기여적 법제가 가지고 있는 특징은 (ⅰ) 국가이념이라는 가치 이외에 어느 한 편에게만 편중된 결정을 내리도록 만드는 이데올로기적 성향이 부재하고, (ⅱ) 특정한 사회문제를 해결하기 위한 방법으로 강력한 공권력의 적용을 상정하더라도, (ⅲ) 적정성의 원칙에 따라 적용될 공권력의 대소강약(大小强弱)이 합리적으로 조정될 수 있을 뿐만 아니라, (ⅳ) 법률의 제정 · 적용이 건전하게 형성된 사회통념을 훼손하지 않는 방식으로 이루어진다는 것이다. 여기서 중요한 점은 같은 기여적 법제라고 할지라도 '국가가 바람직하다고 생각하는 법관념'과 '사회가 정의의 원칙에 부합한다고 여기는 법관념'이 상충될 때에 어떠한 방법을 선택할 것인지에 대한 것이다. 환언하자면 법제가 어느 수준까지의 현실적합성을 띠고 있어야하는지를 둘러싼 사항이라고 할 수 있겠다. 이와 같은 문제는 실정법상 인정되는 권리를 어떻게 설정할 것인지에 대한 물음과 직결된다.

법률상의 권리라고도 불리는 실정법상의 권리는 헌법전에 규정된 추상적 성격의 기본권을 구체화시켜 사회에 적용시키기 위한 수단으로 형성된 것이다. 다른 말로 표현하자면, '구체화된 기본권'이라고 할 수도 있겠다. 실정법상의 권리의 근간을 이루는 이 거대한 권리는 자유와 평등에 기초한 정의를 추구한다는 목적을 달성하기 위하여 철학적 사고를 거쳐 법적인 외형을 갖춘 것이기 때문에 그 함의가 깊은데다 그 내용을 해석함에 있어 많은 어려움이 수반된다. 그리고 자유와 평등을 구현하기 위하여 도입된 불확정개념도 다수이다. 사회통념에 기초하여 각 이념적 용어가 의미하는 바에 대해 어렴풋하게나마 윤곽선을 그릴 수야 있겠으나, 그것들이 법이라는 옷을 입고 사회에 적용될 때에는 희미한 선이 아니라 굵고 명확한 선을 가져야만 한다. 대강의 내용만을 파악하면 족하다는 식의 법해석은 자아실현 본능을 강하게 현실화시킬 수 있는 사람 위주로 이루어질 개연성이 있을 뿐만 아니라, 결과적으로는 그들을 중심으로 한 권리체계를 형성함으로써 불합리한 질서를 자리 잡게 할 수 있도록 환경을 조성할 가능성이 농후하다. 그 이유는 법제도의 운용에 대해 지대한 관심을 가지고 있는 이들이 본인의 욕구충족의식이 강한 사람들로서 되도록이면 자신들의 삶에 영향을 줄 수 있는 여타의 환경적 요소들의 역학관계를 파악하기 위하여 최선을 다함과 동시에 그를 통해 주어진 법제도가 자신에게 어떠한 식으로 적용될 것인지를 신속하게 파악함으로써 그렇지 못한 이들에 비해 상대적으로 권력적 우위에 서기 때문이다. 그리고 권력적 우위에 선 집단 내지 개인들은 그와 같은 유리한 입장을 지속적으로 고수하여 불균등한 사회정의를 고착화시키기 위한 방안을 모색하기에 이른다는 사실 또한 염두에 두어야 한다. 이는 정의·합목적성·법적 안정성이라는 법의 3요소들 중 어느 하나도 충족시키지 못하는 장식적 의미의 법질서를 만들어내는 주요한 원인으로 작용한다.

실정법상의 권리는 기본권의 자의적 해석과 적용으로 말미암아 생길 수 있는 사회병리현상을 줄여주는 데에 있어 필수적으로 요청되는 것일 뿐만 아니라 기여적 법제를 만들어내기 위한 핵심적인 재료에 해당한다. 모권(母權)에 해당하는 기본권을 행사하기 위해선 어떠한 절차를 거쳐야 하는지와 이러한 절차에 부합한 행위가 자신의 삶에 어떠한 득을 가져다주는지 및 그와 같은 득이 사회적으로 미칠 수 있는 영향이 어떠한지 등을 객관적으로 알 수 있게 해주는 주요척도라는 점에서 보면 더욱 그러하다. 이 권리는 크게 세 가지의 특징을 가진다고 할 수 있는데, 첫째는 구체적이고 명료한 용어로 표현가능하다는 점이고, 둘째는 기본권이 하위적(下位的) 성격을 띠고 있다는 점이며, 세 번째는 개별 기본권의 본질적 내용을 구현해내기 위한 명분으로 만들어진 것인 만큼 불가침의 성격이 일정부분 내포되어 있다는 점이다. 통상적으로 대부분의 법률은 제2조의 개념규정과 그 이하에 설시되어 있는 절차규정을 통하여 명확성을 띠게 되는데, 이 규정들에 담긴 내용은 주로 국가나 개인에 의하여 행해지는 일정한 행위에 대한 정의(定義) 그리고 권한 · 권리가 행사되기 위한 조건 등이라고 하겠다. 여기서 중요하게 생각해야 할 사항은 법제에 규정된 '용어를 어떻게 정의하였는지'에 있다기보다는 '절차를 어떻게 규정하였는지'이다. 특정인이 일정한 권리를 향유하지 못하도록 제재를 가할 수 있을만한 권한을 가진 기관이 아님에도 불구하고 부당하게 공권력을 적용시킬 수 있도록 하는 경우도 있고, 적정성의 원칙에 따라 약간의 제한만을 가해도 충분할 사항임에도 불구하고 그 한도를 초과하는 수준의 처분 내지는 처벌을 내리는 경우도 있기 때문이다. 관련하여 행정법계에서는 이를 재량의 하자(瑕疵)라고 명명함과 더불어 무하자재량행사청구권(無瑕疵裁量行使請求權) 등과 같은 권리구제방법론을 제시하기도 한다. 이러한 권리구제에 대한 논의가 이어지는 까닭은 기본권에서 비롯된 것으로 여겨지는 실정법상의 권리가 인권이라는 가치를 고취시키기 위한 매개물로서 중요한 지위를 차지하고 있기 때문이다. 기본권은 인간이라면 누구나 가지고 있는 본능과 욕구를 충족시켜주기 위한 것으로 자연법의 경우와 마찬가지로 그 자체로서 권리이자 원리로서의 성격을 갖추고 있고, 이와 같이 확고한 성격은 절대권적 · 대세권적 속성의 내포로 이어진다. 그리고 이것의 구체적 외연(外緣)이 실정법상의 권리인 것이다. 따라서 비록 상대권적인 속성을 띠고 있기 때문에 절대권적 성향을 띤 기본권에 비하여 하위의 지위에 있다고 할지라도, 그것이 가지고 있는 법적 가치는 그에 못지않을 정도로 중요하다고 단언할 수 있다. 현행의 소송법제가 높은 법적 위상을 보일 수 있는 것 또한 바로 이에 기인한 것이다. 분쟁을 해소시키기 위한 기본규칙은 기본권은 물론 법률상의 권리에 부분적으로 내재한 절대적 속성들이 조정절차를 통하여 충돌하지 않도록 규율할 뿐만 아니라, 설령 충돌한다고 할지라도 그로 인한 부정적 파급효과가 지나칠 정도로 확산되지 않도록 기여하는 바가 있기 때문이다.

이처럼 실정법상의 권리 안에 내재한 절대적 속성을 도외시한 법률들이 제정됨에 따라 피해를 입는 국민들이 생겨났을 때 어떠한 방식으로 구제책을 제시하는지의 문제 역시 매우 중요하지 않을 수 없다. 『공화주의적 자유주의와 법치주의(Ⅱ)』에서 이미 언급한 부분이긴 하지만, 이해를 돕기 위해 다시 한번 설명하자면, 피해유형은 두 가지의 유형으로 나타나는데, 첫째는 권리를 정당하게 향유하지 못하도록 과도한 제한을 가하는 것이고, 둘째는 권리를 행사할 수 있는 환경적 토대가 마련되지 않음에 따라 권리 자체가 유명무실해지는 결과가 초래된 것이라고 할 수 있겠다. 결론적인 차원에서 보자면 양자 모두 인권의 불완전한 확보로 인하여 생기는 병폐라는 점에선 동일한 편이라고 하겠지만, 통상적으로 학자들이나 실무진들은 다른 관점에서 이들을 조망하고 있다. 전자는 법률유보에 따라 사회에 적용되는 공권력이란 수단과 달성하고자 하는 목적 사이의 관계를 중점적으로 바라보는 관점에 따라 정당성 여부가 판가름된다. 이에 헌법재판소는 입법부나 행정부가 견문발검(見蚊拔劍)의 우를 범하여 누군가의 권리를 과도할 정도로 제한하였는지에 역점을 두어 사법심사를 하는데, 그와 같은 심사기준을 '과잉금지(過剩禁止)의 원칙'이라고 부른다.[36] 이 원칙은 독일의 연방헌법재판소에서 유래된 것으로 법관들은 (ⅰ) 수단적 적합성, (ⅱ) 피해의 최소성, (ⅲ) 법익의 균형성이라는 세분화된 렌즈를 통해 법률의 위헌성 여부를 판단한다. 한국에서는 목적의 정당성이라는 요건을 추가하여 보다 위헌심사를 하고 있는데, 추가적인 요건이 필요한지에 대해선 학계에서도 논란의 여지가 있다. 우선 수단적 적합성은 법률유보에 의거하여 행정부가 발동한 공권력이 당해법제의 목적을 달성하는 데에 있어 기여하는 바가 있는지를 기준으로 하여 이루어진다. 이와 같은 기준을 위반하는 경우는 실

36) 헌법재판소는 1996년 4월 25일 92헌바47 사건에서 "국민의 기본권은 국가안전보장·질서유지 또는 공공복리를 위하여 제한할 수 있지만, 권리의 본질적인 내용을 침해할 수 없는 바(헌법 제37조 제2항), 위 제한의 한계로 '과잉금지의 원칙'을 적용할 수 있다. 즉, 국민의 기본권을 제한하는 입법의 목적이 헌법 및 법률의 체제상 그 정당성이 인정되어야 하고(목적의 정당성), 그 목적의 달성을 위하여 그 방법이 효과적이고 적절하여야 하며(방법의 적절성), 입법권자가 선택한 방법이 설사 적절하다고 하더라도 보다 완화된 형태나 방법을 모색함으로써 기본권의 제한은 필요한 최소한도에 그치도록 하여야 하며(피해의 최소성), 그 입법에 의하여 보호하려는 공익과 침해되는 사익을 비교형량할 때 보호되는 공익이 더 커여 한다(법익의 균형성)"라고 선고한 바 있다.

제로 찾기가 드문 편이다. 오히려 헌법재판소로부터 위헌결정이 내려지는 까닭은 세 번째와 네 번째 항목을 준수하지 못하였기 때문이다. 피해의 최소성은 공권력을 발동함으로써 생겨날 수밖에 없는 피해가 불가피한 것인지의 여부를 중점을 두는 관점이고, 법익의 균형성은 달성하고자 하는 공익을 지나치게 앞세운 나머지 사익의 본질적인 내용을 침해하여서는 안 된다는 데에 역점을 두고 있는 시각이다. 요컨대 과잉금지의 원칙은 공권력에 실정법상의 권리에 내재한 기본권의 속성이 어느 정도로 침해되었는지를 살펴봄으로써 위헌적인 성격의 공권력을 제거하는 데에 역점을 둔 심사기준이라고 하겠다.

그리고 위에서 언급한 두 번째 피해유형에 대한 구제, 즉 권리의 유명무실화를 가져오는 불완전한 법적 보호로 말미암아 생기는 피해를 구제해주기 위한 사법심사기준은 '과소보호금지(過少保護禁止)의 원칙'이다. 앞서 설명한 과잉금지의 원칙은 '국가로부터의 자유'라는 속성을 중요시한 반면에 과소보호금지의 원칙은 '국가에 의한 자유'라는 속성에 강조점을 두고 있다고 할 수 있다. 국가가 사회적 약자들이 인간다운 삶을 누리지 못하는 현실 속에서 탈피할 수 있도록 그들의 권리를 적극적으로 보호해주어야 한다는 의식이 확산됨에 따라 사회적 기본권이라는 권리가 헌법의 권리장전에 삽입되었다. 유럽에서는 자유방임주의으로 말미암아 경제적으로 열악한 삶을 영위하는 이들이 엄청난 속도로 늘어가고 있다는 폐해를 인식하고, 이를 시정하기 위하여 그와 같은 조치를 취하게 되었다. 비단 유럽뿐만 아니라 대부분의 국가에서도 동일한 경험을 토대로 하여 사회적 기본권을 적극적으로 받아들이고 있다. 물론 미국에서는 이 권리가 상대적으로 덜 강조된 편이긴 하지만 정치 · 경제 · 문화적 조류에 힘입어 지지를 받기 시작하였고, 최근에는 이를 구체적으로 보장하기 위하여 전보다 강력해진 사회보장법제가 형성되는 움직임이 포착되고 있다. 한국사회에서는 그 어느 때보다 사회보장법제와 정책을 어떠한 식으로 꾸려나가야 할 것인지에 대해 분분한 논란이 일고 있다. 전면적인 의미의 복지인지 혹은 선별적인 의미의 복지인지에 대한 문제가 대표적이라고 할 수 있는데, 이는 그만큼 사회적 기본권이 가지고 있는 중요성이 널리 확산된 결과라고 사료된다. 그러나 중요한 것은 사회적 기본권의 속성을 띤 권리들이 법률에 의하여 비로소 형성되는 것이므로 국가의 입법재량에 따라 행사될 수 있는 정도가 달라진다는 기존의 인식이 전환되어야 한다는 사실이다. 물론 사회적 기본권에 기초한 실정법상의 권리를 보호하기 위해선 국가의 재정적 지원이 필요하고, 그러한 재원은 국민의 세금이기 때문에 어려움이 따른다는 것은 사실이다. 그리고 모든 사람이 이상적이라고 여길만한 수준의 복지체제를 도입하는 것 역시 쉬운 일이 아니다. 그렇지만 "제3장－제1절－Ⅶ"의 말미에서 논한 것처럼 국가가 전 국민의 복지를 위하여 할 수 있는 최선의 노력을 다했음을 객관적으로 보여주고, 향후의 계획을 어떻게 세웠는지를 공표함으로써 열악한 삶을 살아가는 이들에게 희망을 안겨줄 수 있어야만 한다. 다시 말해서 권리의 형성과 보호가 경제적 지원을 둘러싼 입법재량에 따라 이루어진다는 논리가 아니라 사회적 기본권의 온전한 발현을 위한 실정법상의 권리를 직접적으로 행사할 수 있도록 하는 식으로 정책방향을 세운 뒤, 그러한 과제를 달성하기 위하여 노력을 경주하는 태도를 견지하는 것이 바람직하다는 의미이다. 일종의 '자기과제, 자기수행'인 셈인데, 이를 통해 사회적 기본권이 추상적 권리가 구체적인 권리로 자리를 잡을 수 있도록 해야만 한다.

이처럼 과잉금지의 원칙과 과소보호금지의 원칙과 같이 기여적 법제에 내재한 파괴적 속성을 제거하기 위한 법리들이 존재함에 따라 사회정의가 가지는 실질적 가치가 비교적 온전하게 보존된다고 할 수 있다. 그러나 기여적 법제를 형성하고 이를 보존하는 것도 중요하지만, 가장 중요한 것은 상생의 법칙에 기초한 공화주의적 자유주의의 원리를 구체적인 형태의 법원리로서 구현하고 더 나아가 국민의 삶에 긍정적인 영향을 줄 수 있도록 공적인 자세를 가지는 것이다. 그 이유는 사람들에게 공히 도움을 줄 수 있는 도구를 보유하고 있다고 할지라도 그것을 사용하는 주체가 악의적인 심리를 가지고 있다면 결과적으론 장식적 정의에 기초한 권위주의의 도래를 이끌어내는 상황을 초래할 수밖에 없기 때문이다. 따라서 자신에게 자아실현본능 실현을 위하여 필요한 이상적인 것이 무엇인지에 대해 몰두한 나머지 현실적인 환경을 고려하지 않는다면 권리분쟁은 결코 수그러들지 않을 것이다.

Ⅶ. 공화주의적 자유주의와 정의론

공화주의적 자유주의는 보기에 따라선 지극히 상식적인 원리에 해당하지만 사회구성원들의 권리에 대한 인식전환이 수반되지 않는다면 달성되기 어려운 이념이다. 이기적으로 행동하긴 용이한 반면, 자신의 욕구충족을 일정부분 유보시키는 행위를 하기 위해선 당사자가 수많은 번뇌와 고민의 시간을 겪어야 할 뿐만 아니라 공익이라는 관념에 자신을 부분적으로 침전(沈澱)시키도록 하기 위해 추가적으로 노력을 해야만 하기 때문이다. 목적달성의 지연은 경우에 따라선 아쉬움 내지는 좌절감을 불러오는 요인으로 여겨지는데, 심각하게는 자기혐오와 사회혐오를 비정상적인 수준으로 증폭시키는 원인으로 작용할 가능성이 농후하다고 사료된다. 자괴감이라는 심리에 기초한 자기혐오란 극단적으로 고취된 자기애를 가지고 있는 사람들이 통상적으로 겪거나 겪게 될 가능성이 높은 스트레스성 과민반응의 일종이라고 할 수 있다. 환언하자면, 스스로가 이상적이라고 생각하는 삶을 영위하지 못함에 따라 자존감을 회복하기 어려울 정도로 상실한 결과로 나타나는 심리적 현상을 뜻한다. 물론 모든 사람들이 저마다 추구하고자 하는 목적을 내적인 혹은 외적인 장애사유로 말미암아 달성하지 못하였다고 할지라도 그와 같은 상태에 곧바로 돌입하진 않는다. 다만, 최선책을 포기하고 차선책을 선택해야 하는 빈도가 높을 뿐만 아니라, 차선책에 대한 만족도가 지극히 낮은 까닭에 자신이 영위하는 삶의 본질을 잃은 것과 다르지 않다고 인식할 때 발생할 가능성이 유난히 높아진다고 말할 수 있겠다.

사회혐오도 기본적으론 자기애가 강한 사람들의 외적행동에서 발견할 수 있는 병리적 현상에 해당하지만, 자기혐오와는 차이가 있다. 자기혐오가 원하는 바를 달성하지 못하는 상황을 자기 탓이라고 생각하는 과정에서 나타나는 반면, 사회혐오는 외부세계에 대해 부정적인 관점을 견지하는 이들이 정서적 위안을 위하여 주어진 환경에 대해 지극히 비관적인 태도를 외부적으로 발현시키는 과정에서 발생한다. 외부환경에 대해 불신감과 증오심을 갖고 있는 사람들은 사회를 파괴하기 위한 행위를 과감하게 자행하기도 하지만 사회로부터 자신을 지키겠다는 명목으로 목숨을 끊기도 한다. 지키기 위해 죽음을 선택한다는 사실은 그 자체만으로는 아이러니 해보이지만, 본인의 입장에선 스스로의 존귀함이 더 이상 훼손되지 않도록 하기 위하여 내리는 결단인 셈이다. 자기혐오감 내지는 사회혐오감에 함몰되어 있다시피 한 사람들이 일탈적인 모습을 견지하게 되었다는 사실에 대해선 안타까움을 금할 수 없지만, 그렇다고 하여 그와 같은 자세를 정당한 것이라고 말하기엔 많은 어려움이 따른다. 주관적인 의미에선 자신의 사망과 사회파괴를 통하여 훼손된 자존감을 회복시키거나 혹은 두텁게 보호할 수 있다고 여겨질 순 있을지라도, 객관적인 차원에서 보자면 타인과 공동체의 심리적 안정성의 균열을 가속화시키는 촉매제로서의 역할을 수행한 것으로 여겨질 개연성이 있기 때문이다. 상황에 따라선 사회개혁의 필요성이 대두되는 요인이 될 수도 있겠으나, 그와 같은 효과는 일시적인 데서 그치는 경우 또한 적지 않다. 이처럼 자아실현본능에 기초한 자기권리의식은 목적달성가능성의 여부에 따라 사람을 극단적인 상황으로 내몰아 붙일 수도 혹은 그렇지 않을 수도 있는 힘을 가지고 있는 정신상태로서 상생의 법칙에 기초한 사회정의의 기본적 틀의 바람직한 형성여부와도 깊은 관련성을 맺고 있다고 할 것이다.

통상적으로 자아실현본능의 불완전한 발현으로 인하여 생기는 것이 권리분쟁이라고 할 수 있는데, 이로 말미암아 발생한 심리적 안정성의 훼손이 당사자로 하여금 위와 같은 혐오심리로부터 벗어나기 위한 불합리한 방법을 강구하도록 촉구함과 동시에 갈등의 원인을 자신을 비롯한 누군가의 탓으로 돌리도록 유도한다. 원인을 발견함으로써 사회병리적 현상의 재발을 막는다는 취지 그 자체는 일견 합리적인 것으로 바라볼 여지가 있지만, 이를 사람(人)에 초점을 맞춤으로써 '대인적(對人的) 비난가능성'의 도출만을 염두에 둔다면, 자기혐오와 사회혐오는 어떤 식으로든 나타날 수밖에 없다. 자신이 잠재적 피해자 내지는 가해자가 되어버리는 상황은 궁극적으로 보존의 법칙과 파괴의 법칙에만 역점을 두는 사회분위기를 조장하는 데에 일조할 따름이다. 비난(非難)이라는 것은 기본적으로 누군가의 과실을 문책하는 행위로서 기(旣) 발생한 문제를 시정하기 위한 목적으로 이루어지지만, 현실적으론 인신모독과 같이 모욕적인 언동으로 말미암아 상대방으로 하여금 정상적인 사회생활의 궤도로 복귀할 수 없도록 만든다는 점에서 심각성이 짙다고 판단된다. 따라서 우리는 시비(是非)를 가림으로써 누가 귀책사유를 가지고 있는지를 파악하는 과정을 거치되, 인격을 훼손할 수 있을 만한 언사를 보이는 것이 아니라 되도록이면 합리적인 근거를 제시하면서 원인을 찾도록 해야만 할 것이다. 이것이 바로 합리화된 비난, 즉 비판(批判)이 된다. 그러나 합리적 근거를 제시함으로써 갈등의 근원을 찾는 것만을 가장 바람직한 것이라고 볼 수는 없는데, 그 까닭은 그와 같은 행동에는 보존의 법칙과 파괴의 법칙이라는 두 요소가 내재해있지만, 나머지 두 요소인 창조의 법칙과 상생의 법칙이 부재하기 때문이다.

사람들은 일반적으로 중요한 사회적 쟁점에 직면할 때 이중적인 태도를 보이는 경향이 있다. 다시 말해서 '누군가'를 비판할 때 강한 공격적 성향을 보이지만 '무엇인가'를 비판할 때에는 비교적 객관성을 유지하고 있다는 것이다. 양자의 차이는 '객체에 대한 감정의 이입(移入)과 전이(轉移) 가능성'이다. 비판이라는 것은 통상적으로 '인적 비판'과 '물적(사건) 비판'이라는 두 가지의 유형으로 분류될 수 있지만, 그러한 행위를 하는 주체가 인간이기 때문에 자연스레 자신의 생각과 마음이 전달되어 일정한 반응을 유도해낼 수 있는 전자에 역점을 두는 경향이 있다. 아무리 합리적인 근거를 제시하면서 시비를 가리고 더 나아가 갈등의 근원을 찾는다고 할지라도 전자에만 초점을 맞추는 태도를 변화시키지 못한다면 격한 논쟁이 발생할 가능성이 결코 낮다고 단언할 수는 없다. 그러므로 근원을 찾은 후에는 곧바로 갈등해결을 위한 대안모색, 즉 대화의 대상을 후자로 이동시킴으로써 피해자와 가해자 모두가 건설적인 해결책을 마련할 수 있도록 최선의 노력을 다할 필요가 있다. 감정을 부분적으로 통제한 상태에서 진행되는 객체에 대한 논의는 자연스레 논의주체가 이성적으로 사고하고 발언할 수 있도록 함으로써 객관적인 결과를 도출할 수 있도록 도와주는 핵심이 된다. 물론 감정을 일정부분 드러냄으로써 상대방의 진의를 파악할 수 있다는 점에선 긍정적으로 생각할 여지가 있지만, 분쟁이 확대되지 않도록 주의할 필요가 있다.

적절한 수준의 감정의 이입과 전이를 통한 문제해결은 사람들 사이의 공감대를 이끌어 낸다는 점에선 긍정적이다. 파괴와 보존의 법칙의 발현 후에는 이를 통하여 건설적인 방법을 모색함으로써 권리분쟁을 권리조화로 위상이동 시키려는 일련의 과정들이 창조와 상생의 법칙을 이끌어내기 위해 필수불가결하다. 합리적인 근거를 뒷받침함으로써 비난을 비판으로 발전시키고, 이를 토대로 하여 객관성이 있는 대안을 도출하는 주관적 객관화의 사고를 할 때에 비로소 사람들은 자기·사회혐오를 일으키는 귀인의 오류로부터 벗어나게 된다. 주관적 사고의 농도가 인간으로 하여금 오류와 정당성 중 어느 궤도로 가게 할 것인지를 결정하게 만드는 원인이라고 할 수 있다. 그리고 그러한 원인이 법과 결부가 된 때부터 사회는 정당화와 교란화의 길 중 어느 하나를 걷게 되는 운명에 직면하게 될 것이다. 자신을 중요시하는 사고의 농도를 줄이는 것은 공화주의적인 속성을 띤 것이지만, 그것이 일정한 수준을 넘어 개인의 사고를 전적으로 지배를 하게 되면 자아를 실현하는 본능을 발현시킬 수 있는 사고환경을 마련하는 데에 있어 어려움을 겪게 된다. 이러한 사고체계를 가진 이들에 의하여 제정된 일련의 법들은 사회균열을 막는 데에 혁혁한 공을 세울지라도 사람들의 창의적인 사고를 저해하고 그를 통한 자기계발의 기회를 박탈하는 기이한 결과를 초래하게 된다. 이때부터는 상생의 법칙이라는 표현은 타인중심적 인권발현이라는 목적이 달성될 때에 한해서만 적용되는 것에 불과해지므로 각별한 주의가 요청된다. 요컨대 주관적 사고의 농도가 짙으면 감정의 이입과 전이를 통한 공감능력이 떨어지게 되고, 너무 옅으면 개인이 느끼는 삶의 질이 현저히 낮아질 수밖에 없으므로 공화주의적 자유주의에 기초한 정의감의 균형을 회복하는 것이 중요하다고 할 것이다.

第4章 사회붕괴의 나침반

무엇이 기존의 사회를 무너뜨리는가?

第1節 범죄사회의 본질과 회복적 정의구현을 통한 사회파괴현상 억제

Ⅰ. 범죄사회로 인한 안온상태의 파괴

그렇다면 이와 같은 정의감의 균형을 훼손시키는 요인이 무엇인지에 대해 살펴보도록 하자. 그동안 논의를 통해서 공화주의적 자유주의에 기초한 정의감과 존중사회는 불가분의 관계에 있음을 알 수 있었다. 존중사회는 사람이 자신을 비롯하여 타인에 이르기까지 일정한 신뢰감을 가질 수 있도록 하기 위하여 마땅히 형성되어야 할 기본적 유형의 사회이다. 그리고 이를 위하여 자신이 보유하고 있는 감정과 이성 및 신념을 변증법적 절차를 통해 일반이성에 부합하는 형식으로 재조정함으로써 궁극적으로는 자신만의 행복추구권(幸福追求權)을 향유하여 개성(個性)을 자유롭게 발현시키되 누군가의 권리를 부당하게 제한하거나 침해하는 일이 없도록 하는 것이 필요함을 강조한 바 있다. 그럼에도 불구하고, 현대사회에서 발생하는 범죄율은 크게 줄어들었다고 보기엔 어려운 감이 있으며, 이에 신종범죄까지 득세함에 따라 사회적 안정성의 유지를 통한 안락한 생활환경 조성이 어려워지고 있는 실정이다. 범죄는 아무런 법적권한을 갖지 않는 자가 타인이 보유한 생명, 신체, 재산, 명예에 결부된 권리를 부당하게 박탈함으로써 피해자의 안온상태(安穩狀態)를 심각하게 훼손하는 행위의 총체를 일컫는 것이다.

안온상태라 함은 평안하고 안정적인 삶을 유지할 수 있는 환경에서 느끼는 정서를 느끼고 있는 긍정적인 상황이라고 할 수 있다. 평안하고 안정적인 생활을 하기 위해선 자신이 점유하고 있는 영역이 누군가에 의하여 자행되는 부당한 간섭 없이 안전하게 보호되어야 하고, 더불어 자신 또한 누군가의 영역을 함부로 훼손시키지 않을 때에 비로소 달성되는 것이라고 하겠다. 전통사회에서부터 현대사회에 이르기까지 '영역'이라는 것은 곧 자신이 사회에서 점하는 지위와 상통하는 개념으로 받아들여져 왔다. 이와 같은 지위에는 정치적 · 경제적 · 사회적 · 문화적 차원의 세속적인 속성의 입장들이 있을 수 있지만, 필자가 의도하는 바는 그보다 정신적인 의미의 것으로, 자신의 인격이 커다란 변화를 맞이하지 않고 안정적으로 유지될 수 있도록 함으로써 얻어지는 상태를 뜻한다. 범죄는 바로 이러한 안온상태를 심각한 수준으로 훼손시키는 행위로서 자칫 피해자의 인격을 붕괴시킬 수도 있는 결과를 초래할 수 있다. 뿐만 아니라 피해를 입지 않은 다른 사람들도 이로 인하여 정신적인 충격을 받음으로써 사회를 각박하고 흉흉하게 만드는 데에 일조하게 된다.

이와 같은 범죄는 아무런 사전적 예고를 발하지 않고 일어나는 것으로서 피해자가 어떤 의사와 의지를 가지고 있는지의 여부를 묻지 않는다. 더군다나 피해자 입장에서는 범죄로 인하여 입은 손해를 회복하기 위한 구제수단이 제대로 구비되어 있지 않기 때문에 피해를 입기 전의 기존생활로 복귀하는 데에 많은 어려움을 겪을 수밖에 없다. 이러한 관점에서 볼 때

범죄는 사회의 기본형이라고 불리는 존중사회의 가치를 심각하게 훼손하는 반사회적 행위로서 반드시 근절되어야만 하는 병폐에 해당한다. 그러나 범죄의 근절이라는 사회적 목표를 달성하기 위하여 장시간 동안 시민적 차원의 노력이 수반되어 왔으나 그 결과가 완벽한 수준에 이를 정도로 긍정적이었다고 판단하기엔 어려운 감이 있다. 범죄로 인하여 입은 신체적 · 물리적 피해를 회복하지 못하는 이들이 많다는 것도 그러하지만, '외상 후 스트레스 장애(Post Traumatic Stress Disorder, PTSD)'로 인하여 고통스러운 삶을 영위하는 이들 또한 늘어나고 있다는 점을 감안해본다면 더욱 그러하다. 범죄 그 자체를 단기간에 근절한다는 것은 물리적으로 불가능하지만, 적어도 범죄가 발생하는 원인을 찾아보고 이미 발생한 범죄피해자를 어떠한 식으로 구제해야 할 것인지에 대한 청사진을 그린다면, 범죄예방과 대처에 대한 구체적인 방안을 모색하는 데에 큰 도움이 될 것이라고 사료된다. 이러한 논의를 하기에 앞서 우리는 우선적으로 '범죄를 어떠한 시각으로 바라보아야 하는지'에 대해 먼저 생각해야 할 필요가 있다.

Ⅱ. 범죄사회를 바라보는 관점과 발생원인

죄와 형을 어떻게 바라볼 것인지 그리고 범죄사회가 도래된 배경이 무엇인지에 대한 물음에 대한 답을 구하기 위해선 다양한 학문적 성격의 시선들을 교차시켜야만 하는데, 이는 범죄라는 개념 자체가 기본적으로 사회심리학을 비롯한 사회학적 측면과 정책적 측면 및 법적 측면과 관계 깊은 것이기 때문이다. 이외에도 문제의 본질을 파악하기 위해선 수많은 영역의 관점에서 조망해야만 할 것이다. 물론 생각하기에 따라선 법적인 관점에서 범죄를 바라보는 편이 가장 직접적이고 효과적이라고 여길 수 있겠지만, 본 개념이 가지고 있는 다중복합적 속성을 고려한다면, 다(多)초점 렌즈를 통한 입체적 조망이 필수적으로 요청된다고 사료된다.

존중사회와 대치되는 범죄사회가 나타나게 된 이유는 범죄 자체가 합리적인 의사결정을 통해 이루어진 것이라기보다는 도덕률에 반하는 심리의 확산으로 인하여 법사회적(法社會的) 보호울타리의 공백이 형성되었기 때문이라고 할 수 있는데, 이와 같은 보호공백을 제거하기 위하여 법정책적(法政策的)인 차원에서 '회복적 정의'와 진화된 방식을 동원하여 범죄자와 피해자가 겪은 심리적 문제를 해소시키는 노력을 진행시키는 중에 있다. 제 아무리 사회통념상 정상적인 생활을 하던 사람이라고 평가를 받아왔다고 할지라도 개인적 혹은 사회적 이유로 인하여 심리체계에 이상징후(異常徵候)를 겪게 되면 범죄자로 돌변하는 경우가 다수 발견되고 있는 실정이다. 특히 법을 지키면 손해를 본다는 식의 사고가 만연해 있다는 점으로 미루어보아 개인적 심리에 그치는 것이 아니라 사회적 심리에 이르기까지 부정적인 여파가 미치고 있다는 점을 짐작할 수 있다. 이에 따라 현행의 법정책체제는 이상심리(異常心理)의 현실적 구현과 확산을 방지하기 위하여 정교하게 구성되어왔다. 범죄의 세부유형을 설시하였고 이를 뒷받침하기 위한 법이론들을 제시하였으며 더 나아가 특별형법(特別刑法)의 제정을 통해 범죄사회라는 바이러스가 존중사회의 가치를 파괴하는 것을 예방 혹은 방지하도록 세밀한 범죄억제그물망을 구축하기에 이르렀다는 것이다. 그리고 최근에는 가해자에 대한 처벌을 통한 응보감의 형성이라는 범주를 초월하여 피해자가 입은 손해를 회복시키기 위한 다양한 방법들을 모색하고 적용하는 중에 있기도 하다.

우리가 이상의 내용을 구체적으로 이해하기 위해선 범죄를 어떻게 바라보고, 규제는 어떤 성향을 가지고 있는지에 대하여 알아야 할 필요가 있다. 범죄발생의 원인에 대한 '기존의 논의'는 오랜 시간에 걸쳐 많은 학자들에 의하여 논의가 되어 왔고, 이론적으로도 단단하게 정착되어 있으므로, 이 부분에 대한 설명은 앤서니 기든스(Anthony Giddens)가 저술한 『현대 사회학』(미숙과 김용학 그리고 박길성 외 4인이 공역, 을유문화사, 2009) 중 551~557면에 기재되어 있는 부분으로 대신하고자 한다. 그 내용을 정리해보면 다음과 같다.

〈표 5〉 기능주의 이론, 상호작용론, 갈등이론, 통제이론에서 바라본 범죄

이론의 유형	이론의 핵심내용
기능주의 이론	사람들은 사회화를 통해 사회규범을 준수하게 되는데, 이 규범은 순응을 촉진하고 순응하지 않는 것을 방지하기 위해 제재를 수반한다. 여기서 말하는 제재란 주어진 규범에 순응하도록 개인이나 집단의 행위에 대한 다른 사람들의 반응이라고 할 수 있다.
상호작용론	범죄성을 이해하는 데 가장 중요한 접근 가운데 하나로 낙인이론(labelling theory)을 꼽고 있다. 이와 같은 이론적 시각을 견지하고 있는 학자들은 일탈을 개인이나 집단의 특성으로 해석하지 않고 일탈자와 비(非)일탈자 간의 상호 작용 과정으로 본다.
갈등이론	갈등이론의 대표적인 학자라고 할 수 있는 테일러(I. Taylor), 폴 월턴(Paul Walton), 조크 영(Jock Young)이 쓴 『새로운 범죄학(The New Criminology)』은 이전의 일탈 이론과 중요한 단절을 보여주었는데, 그들은 마르크스주의 사상에서 여러 요소를 끌어들여 일탈이 정교하게 선택된 것이고 또한 성격상 정치적이라고 주장하면서, 생물학적 · 인성 · 아노미 · 사회적 해체 혹은 낙인과 같은 요소에 의해서 일탈이 결정된다는 것을 부인함과 더불어, 사람들이 적극적으로 자본주의 체제의 불평등에 대한 대응으로 일탈행위에 가담한다고 주장한 바 있다.
통제이론	범죄 행위에 대한 충동과 그것을 저지하는 사회적 혹은 물리적 통제 간의 불균형의 결과에서 범죄가 발생한다고 본다. 범죄를 저지르는 개인들의 동기에 관심을 가지는 것이 아니라 사람들이 합리적으로 행동한다고 가정하고 기회가 있으면 모든 사람들은 일탈적인 행동을 할 수 있다고 가정하는데, 많은 유형의 범죄는 개인이 기회로 인식하고 행동하도록 동기를 부여한 '상황적 결정'의 결과라고 주장한다.

기든스의 글에서 설시된 바와 같이 기능주의 이론, 상호작용론, 갈등이론, 통제이론들은 범죄를 유발시키는 후천적 요인에 초점을 둔 원인론과 이에 대한 규제론이라고 할 수 있다. 상기의 사항들은 범세계적으로도 널리 알려진 바가 있는 이론들로서, 각국의 정부들도 이들을 토대로 하여 범죄정책과 형사정책을 입안 · 시행하고 있다. 주지하다시피 상기의 이론들은 관련학자들만의 고유한 생각이 담겨져 있고 학술적 가치가 상당히 높은 것이 사실이지만, 한 가지의 이론만으로 다양하게 이루어지는 현대 범죄의 원인을 파악하기 힘들고, 이로 말미암아 원인파악과정에서 만나게 되는 대

안제시상의 난점은 잠재적인 피해자의 발생을 억제하는 방법을 도출하는 데에 있어 커다란 한계를 만들어내는 요인이 될 수 있다는 점을 감안할 때, 기존의 이론들을 종합적으로 이해하는 작업이 반드시 수반되어야 한다고 판단된다. 이하부터는 필자가 생각하는 범죄를 유발시키는 원인들에 대해 설명하고자 한다.

Ⅲ. 범죄사회 도래의 원인

함께 접촉하며 살아가는 사람이 어떠한 마인드를 가지고 삶을 영위하는지, 제도사회에서 만들어 낸 규율에 맞추어 살아가는 이들이 주어진 삶과 앞으로 펼쳐질 삶에 대해 어떠한 생각을 하고 있는지, 거대한 이익을 얻기 위한 기회가 주어졌을 때에 사람들이 어떻게 반응을 할 것인지 등 우리가 생각해야 할 있는 요소들은 그야말로 무궁무진하다. 뛰어난 두뇌회전을 통해 다음에 발생가능한 사건을 미리 짐작할 수 있지만, 사회 속에서 삶을 영위하는 사람들의 행위는 변수(變數, variations)를 거쳐 새로운 국면을 형성시키기 때문이다. 그러므로 우리는 기존의 데이터들을 한 가지의 관점에서만 바라보는 것이 아니라 '심리적인 원인'과 '환경적 원인'을 함께 바라봄으로써 총체적인 사고를 해야 할 것이라 사료된다. 이 중 사람들로 하여금 범죄의 길로 접어들게 하는 환경적 요인에 대한 부분은 이하의 장(章)들에서도 더욱 자세하게 상술되어 있으므로, 본장에서는 짧게 언급하고 넘어가기로 한다.

심리적인 원인으로는 '선천성 정신장애'와 '후천성 정신장애'를 들 수 있다. 전자의 경우 흔히들 사이코패시(psychopathy)라고 부르는데, 이러한 성향을 가진 사람들이 최근에 사회적으로 경천동지(驚天動地)할만한 범행들을 자행함에 따라 심각한 문제로 대두되고 있다. 특히 최근 들어 많은 범죄학자들이 정신장애에 대해 깊은 관심을 가지고 있는데 그중에서 대표적인 학자를 꼽는다면, 마이클 스톤(Michael Stone) 교수를 꼽을 수 있다. 컬럼비아 의과

대학 임상정신의학 교수인 마이클 스톤(Michael Stone)은 『범죄의 해부학(The Anatomy Of Evil)』(허형은 옮김, 다산초당, 2012)에서 흉악범죄인들의 심리를 낱낱이 해부함과 동시에 내면의 마음상태를 면밀하게 고찰한 바 있다. 그는 저서 29면에서 악(惡)을 구성하는 네 가지의 요소를 "(ⅰ) 기가 막힐 정도로 끔찍해야 한다. (ⅱ) 사전의 악의(악한 의도)가 행위에 앞서야 한다. (ⅲ) 희생자에게 가한 고통의 정도에 극도의 과함이 있어야 한다. (ⅳ) 범행의 성질이 이해불가능하고 당혹스러우며 평범한 사람들의 상상을 초월하는 수준이어야 한다"고 설명하였다. 그리고 스톤 교수는 저서의 여러 곳에서 이들이 어린시절에 '방화', '동물학대', '야뇨증'을 겪은 경우가 많다고 언급하였다. 더불어 '선천성 정신질환' 혹은 '후천성 정신질환'으로 인하여 끔찍한 범죄를 저지른 케이스도 있지만, 지속적인 교화과정을 통해 평범한 사람으로 돌아온 경우도 있음을 덧붙였다. 다만, 회복이 되었다는 기준점을 명확하게 설시해내지는 못했는데, 이에 대해선 보다 면밀한 연구가 지속되어야 할 것이다.

우선 선천적인 심리장애는 타인의 감정을 읽어내지 못하거나, 읽는다고 할지라도 이를 자신에게 이입(移入)을 시키는 능력이 현격하게 떨어짐에 따라 자신의 감정에 부합하는 행동만을 하게 만드는 정신질환의 일종이라고 볼 수 있다. 이는 감정흡입력이 결여된 '감정전달력 위주의 불완전 감정해석력'을 만들어냄으로써 연쇄적으로 신념과 이성의 불완전성을 유발시키는 원인으로 작용하게 된다. 그러나 이는 단순히 개인의 내부적 심리세계의 붕괴를 가져오는 데에서 그치는 것이 아니라 건전한 정신을 함양해 온 타인의 영역을 침범하게 만든다는 점에서 그 위험성이 매우 높다고 사료된다. 범죄는 계획적으로 이루어지기도 하지만, 충동적인 정서로부터 비롯되는 경우도 많다. 그리고 누군가의 감정을 적절히 해석하지 못함에 따라 발생한 오해로 인하여 자신이 누군가에게 위해를 가하는 상황이 발생할 수도 있지만, 역으로 자신이 피해를 입게 되는 상황도 초래될 수 있다. 사람은 호모사피엔스(Homo Sapiens)적인 이성적 동물이기 이전에 원초적 감정에 순응하여 행위의 방향을 설정하는 본능적 동물이기도 함을 인식해야만 할 것이다.

이와 같은 선천성 정신질환과 더불어 염두에 두어야 할 또 다른 증상이 있다면 후천성 정신질환(sociopath)에 대한 부분이다. 소시오패스는 반사회적 정신질환의 일종으로 자신만의 생활을 영위하던 중 바람직하지 않은 외부환경에 의하여 형성된 불법의식이라고 할 수 있다. 이러한 개념정의에 따르면, 본 정신질환은 사회적 원인의 목록에 해당되어야 하는 것이 타당하다. 그럼에도 불구하고 심리적 원인의 목록에 넣은 이유는 외부적으로 형성된 불법의식을 지속적으로 함양하는 과정 중에서 그러한 성향이 자신의 성격으로 뿌리 깊게 자리매김하는 현상이 종종 발생하기 때문이다. 즉, '저 사람은 사회적으로 물의를 일으키는 나쁜 사람이다'라는 식의 이야기를 끊임없이 듣고 있는 사람은 자신의 정체성을 그러한 발언에 부합하는 식으로 변경해가기 시작한다는 것이다. 위에서 잠시 언급한 낙인이론(烙印理論, labelling theory)과도 유사하다. 2012년 9월 3일 인터넷 동아일보는 한국인의 5~10만명이 심각한 인격장애를 앓고 있는 것으로 추정된다고 보도한 바 있다. 그와 더불어 해당신문사는 아래와 같은 형식으로 인격장애 · 충동조절장애의 특징을 일목요연하게 정리하였다.

[A] **인격장애의 유형와 그 특징** – (i) 편집성 인격장애 : 다른 사람을 근거없이 의심하고 불신한다. 자신의 잘못을 지적하면 극도로 예민해진다. (ii) 분열성 인격장애 : 다른 사람에게 냉담하다. 인간과 관계없는 주제를 찾아 혼자 활동하려는 경향이 강하다. (iii) 분열형 인격장애 : 대인관계를 기피하고 엉뚱하고 괴이한 방식으로 생각한다. (iv) 히스테리성 인격장애 : 주변의 관심을 끌기 위해 모든 것이 과도하다. 변덕과 과시가 심하다. 여성에게 많다. (v) 자기애적 인격장애 : 자신이 중요한 존재라고 믿는다. 특별대우를 기대한다. 무관심을 못 견딘다. 자신에 대한 비판을 모욕으로 보고 분노한다. (vi) 반사회적 인격장애 : 사회적 규범을 따르지 않는다. 반사회적인 범죄를 일으킨다. 타인의 고통에 공감하지 않는다. (vii) 경계성 인격장애 : 혼자 남

겨지는 것을 두려워한다. 자해를 반복하고 성적으로 문란해진다. 충동행동도 나타난다. 감정기복이 아주 심하다. 의존과 증오심을 동시에 갖고 있다. (viii) 회피성 인격장애 : 다른 사람이 거절할 것을 두려워하여 미리부터 사회에서 스스로를 격리해 은둔생활을 한다. 속으로는 많은 친구를 열망한다. (ix) 강박성 인격장애 : 정리정돈을 지나치게 많이 한다. 감정 표현에 인색하고 완고하다. (x) 충동조절장애 : 공격적 충동을 억제하지 못한다. 폭력과 파괴 행동이 나타난다. 습관적으로 자해한다. 도박 · 인터넷 · 쇼핑 중독자나 방화광이 여기에 해당한다.

[B] **편집성 인격장애**(4개 이상이면 상담필요) – (i) 타인들이 나를 속이고 착취한다고 생각한다. (ii) 친구와 동료들이 불성실하다고 생각한다. (iii) 나중에 해가 될 것을 염려해 말을 꺼린다. (iv) 많은 사건에 음모가 숨어있다고 생각한다. (v) 원한이 생기면 잘 풀지 않고 용서하지 않는다. (vi) 나 혼자만 부당하게 공격받았다고 화를 낸다. (vii) 배우자나 애인을 성(性)적으로 의심한다.

[C] **강박성 인격장애** – (i) 사소한 것에 집착하다 큰 흐름을 놓친다. (ii) 완벽하게 하려다 일을 제대로 못 끝낸다. (iii) 여가보다는 일, 생산성을 중요하게 여긴다. (iv) 지나치게 양심적이로 고지식한 편이다. (v) 쓸모없는 물건을 버리지 못하고 보관한다. (vi) 내 방식을 안 따르는 사람과 일을 안 한다. (vii) 자신과 다른 사람 모두에게 인색한 편이다. (viii) 일상생활이 경직되어 있고 완고한 편이다.

[D] **반사회적 인격장애**(3개 이상이면 위험) – (i) 체포될 수 있을 만큼 사회 규범을 못 지킨다. (ii) 거짓말과 사기를 반복하며 쾌락을 느낀다. (iii) 충동적이며 미리 계획을 세우지 못한다. (iv) 싸움을 반복하며 불안정하고 공격적이다. (v) 타인뿐 아니라 자신의 안전도 무시한다. (vi) 일에 자주 실패하며 무책임으로 일관한다. (vii) 타인에게 해를 가해도 양심의 가책을 못 느낀다.

[E] **충동조절장애**(4가지 모두 해당하면 장애 판정) – (i) 문제행동 가운데 한 가지를 충동적으로 자주 한다. (ii) 문제행동을 하기 전에 긴장감이 고조된다. (iii) 그 행동 도중이나 후에 성취감이나 만족감을 느낀다. (iv) 행동이 후회되지만 일단 욕구가 생기면 참을 수 없다. * 문제행동 : 도박, 방화, 절도, 충동적으로 화내기, 머리카락 뽑기

위와 같은 증상들에 대해 보도한 동아일보 기사 이외에 송지영 교수는 자신이 저술한 『정신병리학 입문』(집문당, 2012) 중 90~91면을 통해 슈나이더의 10가지 인격 유형을 다음과 같이 설명하였다.

(i) 기분 고양형(幾分高揚型, hyperthymic)의 범주에 속하는 사람들은 다혈질로서 쾌활하여 활동적이다. 명랑하고 낙천적인 반면, 철저하거나 신중하지 못하고 경솔하여 주위와 마찰을 일으키기 쉽다. 곧 화해를 하지만 반복된다. 범죄 후에도 반성이 부족하고 의지가 부족하다.

(ii) 우울형(depressive)에 속하는 사람들은 끊임없이 고민하고 인생이 고뇌에 차 있다. 외견상 활발해 보이기도 하나 마음이 여리고 주눅 들기 쉽다. 시기심이 강한 형도 있다.

(iii) 자신 결핍형(self unconfident)에 해당하는 이들은 소심하고 자신감이 부족하다. 도덕적 양심과 책임감에 사로잡히기 쉽고, 끊임없이 자신에게 잘못은 없는지 반성하고 고민한다. 크레치머의 민감자(敏感者)가 이에 해당하며 민감 관계 망상으로 발전하기도 한다. 이 인격에서는 강박 관념이 생기기 쉬워서 작은 일에 쉽게 두려워한다. 대인 공포, 사춘기 망상증도 이 인격과 관계가 깊다.

(iv) 열중형(fanatic)의 범위에 해당하는 사람들은 개인, 이념(종교, 사상, 생활신조 등)에서 우세(優勢) 관념에 지배되고, 열성적이다. 전체를 생각하지 않고 오직 한 가지만을 관철시키려는 사람이다. 소송광(訴訟狂)처럼 권리와 배상을 요구하거나 투쟁을 일삼으며 종교나 공상적인 이념에 완고하게 매달리는 별난 사람이다. 일부는 자신의 이러한 점을 알고 비교적 얌전하고 온화하게 행동하기도 한다.

(v) 과시형(egotistic)의 성향을 보이는 사람들은 자신을 실제 이상(以上)으로 평가하고, 자신을 보다 높게 보이려는 현시욕(顯示欲, carving for recognition)이 크다. DSM-IV와 ICD-10의 히스테리 성격, 연기성(演技性) 인격장애(histrionic personality disorder)에 해당한다. 거짓말쟁이나 사기꾼, 허위성 장애(ICD-10), 뮌하우젠 증후군(Münchausen syndrome)의 일부도 포함된다.

(vi) 기분 가변형(mood labile)의 영역에 포섭되는 사람들은 보통의 정도로 기분이 변하는 것이 아니라 급격히 기분이 추락하듯 떨어져 조바심으로 우울해

지고 두려움을 갖는다. 기분이 저조해지면 길거리에서 술이나 약을 먹거나 물건을 훔치기도 한다. 반복되면 주기성 기분 변화로 된다. 욕동인(欲動人, Kraepelin E.)의 대다수는 이것에 포함된다. 경계선인격 장애자, 음주벽, 섭식 장애, 뇌염 후유증에서 보인다.

(vii) 폭발형 인격(explosive personality)의 성향을 띤 사람들은 사소한 일로 흥분하고, 격분하기 쉬운 사람이다. 술에 취한 때 자주 보이고, 원시 반응의 형태를 취한다.

(viii) 정서 결여형(affectless)에 해당하는 사람들은 동정심(同情心)이나 수치심, 후회, 양심, 도덕심이 없는 냉혈한(冷血漢)이다. 거칠고 잔혹하며 충동적인 행동을 거침없이 한다. 교정은 불가능하지만 사회에 적응해가는 사람도 있다. 정신분열병의 회복 시나 유(類)파괴병에서 이와 비슷한 경우가 있다.

(ix) 의지(意志) 결여형(lack of will)에 속하는 사람들은 어떠한 주위 자극에도 쉽게 영향을 받고 유혹되기 쉬운 사람이다. 경범죄자인 경우에, 이들은 쉽게 감화를 받지만 오래가지는 않고 주위 사람의 말에 곧 현혹된다. 좀도둑의 많은 경우에 이에 해당한다(Kraepelin E.).

(x) 무기력형(無氣力型, asthenic)의 범위에 놓인 사람들은 두 종류의 성향을 보인다. 하나는 자신의 정신기능이 부족한 점을 지각하는 사람으로, 기억력 저하나 집중력 저하를 걱정하고 때로 이인증을 호소한다. 둘째는 성격상 신체의 이상을 일으키기 쉬운 사람이다. 끊임없이 자신의 몸을 주의 깊게 살피고 사소한 이상(異常)을 확대 · 과장하며 쉬 피로, 불면, 두통, 생리(生理) 불순을 호소한다. 건강염려증, 신경쇠약, 히스테리가 이에 해당한다.

인터넷 동아일보에 보도된 그리고 송지영 교수가 위와 같이 설명한 인격장애는 사람들 모두가 조금씩은 앓고 있는 병적 질환에 해당한다. 사회의 복잡성으로 인하여 자신이 부담해야 할 지위와 역할이 둘 이상으로 설정됨에 따라 얻게 되는 스트레스가 주요 원인이라고 생각해볼 수 있겠다. 스트레스는 행동의 과민성을 조장하는 심리적 기제로서 사람들의 행동영역을 급격한 수준으로 변경시키는 부정적 기능을 수행한다. 물론 적정한 수준의 자극은 사람들에게 활력소를 불러일으킨다는 점에서 긍정적으로 평가할 수 있겠지만, 최근의 사회적 조류는 스트레스의 질(質)을 단순 자극의 수준을 넘어 파멸에 이르게 할 수준으로 변질시킴에 따라 사회인들의 정상적 생활을 방해하고 있는 실정이다. 특히 이러한 증세를 지속적으로 앓아왔던 경우라면 심인성 정신질환(心因性 精神疾患, psychogenic psychosis)의 고착화라는 결과가 생겨날 수도 있고, 급기야 후세에 태어날 자녀에게 선천성 정신장애를 안겨주는 심대한 부작용을 초래할 가능성이 존재한다. 따라서 선천성 정신장애와 후천성 정신장애는 사회적 분위기와 밀접한 관계를 맺고 있다고 사료된다.

그리고 사회적 원인으로 필자가 제시하고자 하는 바는 '사회적인 무관심', '인정(인간미)없는 사회', '고소우선주의 사회'이다. 사람을 두렵고 외롭게 만드는 요인은 질타와 비난보다 무관심이라고들 한다. 자신의 행동에 대해 제재를 가하려는 사람이나 집단이 존재한다는 사실은 궁극적으로 그가 정상적인 사회생활의 궤도로 복귀할 것을 바라는 사람이 존재한다는 사실과 다르지 않다. 그렇지만 무관심의 경우는 그렇지 않다. 곤경에 처한 사람이 어떻게 생활을 하든지 간에 관여할 생각이 없으며, 더 나아가 그 사람이 최악의 선택지를 고른다고 할지라도 상관이 없다는 방관자(傍觀者)의 심리가 내포되어 있는 것이기 때문이다. 이른바 사회적 감시망의 부재로 인해 특정인의 생활상의 좌표가 사라지게 된 셈이다. 좌표를 찾고자 하는 사람은 사회통념상 받아들이기 힘든 악행을 저지름에 따라 사람들의 관심을 받고, 그 관심의 빛줄기를 따라 정상궤도에 재진입하기를 희망하는 심각한 오류를 저지르게 된다.

사회적 원인들 중 두 번째는 '인정(인간미)없는 사회'이다. 이는 사회적인 무관심과도 일정부분 일맥상통하는 경향이 있지만, 그 행위의 양태가 다르다. 최근 들어 인터넷 포털 사이트에 다양한 동영상들이 올라오고 있는데, 대부분 사회적으로 용인되기 힘든 행위를 한 사람들을 고발한다는 내용이 많은 편이다. 특히 'ㅇㅇ녀', 'ㅇㅇ남' 등으로 이름 붙여진 동영상들이 엄청난 인기몰이를 하고 있다. 물론 윤리와 도덕에 반하는 행동을 하는 사람들을 고발함으로써 우리 사회가 나아가야 할 길을 찾아야 한다는 내용의 메시지를 전달하는 것도 매우 중요하다. 그와 같은 영상을 보면서, 그러한 행동을 한 사람은 물론 이를 시청하는 사람들에게 반성의 기회를 제공하여 이러한 일이 재발되지 않도록 하는 기능을 하고 있기 때문이다. 그러나 문제의 비디오를 촬영하기 전에 잘못된 행동을 하는 사람을 바로잡아주기 위한 노력을 하는 이들을 찾기란 좀처럼 쉽지 않다. 경우에 따라선 누리꾼들의 지지를 얻어 조회 수를 높이기 위한 방편으로 사용되는 것 같은 인상을 주기도 한다. 그에 따라 영상 속의 주인공은 사회 어디를 가든 지탄을 받을 가능성이 높아지고, 결과적으로는 사회의 정상궤도로부터 멀어지고자 하는 마음가짐을 가질 수 있다. 인간적인 마음가짐으로 그릇된 행동을 하는 사람을 교정시키기보다는 '사회적 고발'에 초점을 두는 이러한 세태는 장기적으로 볼 때, 인간을 극단적으로 소외시키는 형벌이 될 가능성이 있고, 그에 따라 반항성에 기초한 제2차 반사회적 행동을 야기할 수 있으므로 많은 이들의 세심한 관심이 요청된다고 사료된다.

사회적 원인들에 대한 목록 중 마지막에 해당하는 것은 바로 '고소(告訴) 우선주의 사회'에서 나타나는 세태라고 판단된다. 특정한 권리분쟁 사건에 임하는 당사자들은 어떻게 해서든 승자와 패자를 가리려는 듯한 태도를 보이는 경향이 있다. 양보를 하는 것은 곧 지는 것과 다르지 않다는 왜곡된 형태의 임전무퇴(臨戰無退) 정신을 지나칠 정도로 투철하게 가지고 있다는 것이다. '어떻게 해서든지 끝장을 봐야한다'는 결과지향적인 태도 타협과 협상의 가능성을 원천적으로 봉쇄시키는 결과를 초래한다. 더군다나 제3자에 해당하는 사법부에게만 의존한 나머지, 결자해지(結者解之)할 수 있는 능력을 점차적으로 상실해버리고 만다. 물론 논쟁의 사안이 갖는 심각성이 심대하여 민간차원에서는 해결할 수 없는 경우엔 반드시 사법부의 도움이 필요하지만, 그렇지 않은 경우엔 되도록이면 당사자들 사이의 대화를 통한 문제해결이 요구된다. '패자'로 남고자 사람은 없다. 더군다나 패배의식이 지배적으로 한 사람의 심리를 지배하게 될 경우, 잠재적으로 불법행위를 하도록 만드는 동인이 된다. 따라서 '고소우선주의적인 태도'보다는 '협상우선주의적인 태도'를 함양함으로써 동의에 기초한 규제책을 강구하는 것이 보다 바람직하다고 사료된다.

이상의 범죄 원인들과 관련하여 필자는 몇 가지 신문기사들에 대해 주목하고 있다. 첫 번째는 개인적 원인과 관련된 기사로서 2012년 9월 4일자 인터넷 한국일보에서 보도된 바 있다. "묻지마 범죄는 늘어나는데 반사회적 인격장애 치료는 줄어"라는 제목이었는데, 이 기사에 의하면 "국민건강보험공단에 따르면 반사회적 인격장애로 진단 받은 환자의 수는 2007년 317명에서 2008년 234명으로 떨어졌으며 지난해에는 304명이 치료를 받았다. 환자의 80~90%가 남성이었고 연령별로는 20대가 35~40%였으며 30대와 40대가 그 뒤를 이었다. 환자 수가 감소한 것은 대부분 자발적으로 병원을 찾지 않는 인격장애 환자의 성향 때문인 것으로 추정된다"고 한다. 그리고 2012년 8월 29일 인터넷 한겨레신문에 "한국의 증오범죄는 '나를 함께 있게 해 달라'는 요구"라는 제목의 기사 역시 눈 여겨 볼 필요가 있다. 사회적 약자들에 대한 뿌리 깊은 편견과 차별이 그들로 하여금 극단적인 형태의 범죄를 저지르게 만드는 요인으로 작용하는데, 특히 한겨레 신문은 박순진 대구대 경찰행정학과 교수의 연구물을 인용하여 "최근 심화되는 경제위기 상황이 점차 더 많은 사람들을 사회적 · 경제적으로 무능한 상태로 내몰면서 결국은 극단적인 선택을 하게 된다"고 보도하였다. 박 교수는 인터뷰를 통해 사회적 안전망이 부족하기 때문에 편견 · 차별이 심해지는 것이고, 사회적 지위가 낮은 사람들은 여러 형태의 실패와 차별을 거듭 경험하게 되며, 이 과정에서 겪는 스트레스가 자기 책망이 아니라 사회 전체에 대한 공격성을 유발하게 되는 것이라고 언급함과 더불어 이런 공격성이 사회적 약자의 융화 · 정착을 어렵게 만들고, 결과적으로 사회적 고립의 심화를 불러오며 급기야 '절망형 은둔'을 가속화시키는 원인이 된다고 덧붙였다.

Ⅳ. 범죄발생원인에 대한 사회학적 논리

이처럼 범죄가 발생하게 되는 원인은 개인적 관점에서 사회적 관점에 이르기까지 보는 시각에 따라 다양하게 제시될 수 있다. 불법을 저지르고자 하는 원인 그 자체가 사회의 급진적 발전 속도에 맞추어 지속적으로 분화의 과정을 거치기 때문이다. 따라서 사회가 엄청난 속도로 진화하는 것도 바람직하지만, 그와 더불어 사회 속에서 살아가고 있는 사람의 정신 역시 진화하고 있는지에 대해 관심어린 눈으로 지켜보아야 할 필요가 있다. 이처럼 범죄는 심리적 문제에 해당하는 것이기도 하지만 사람들에 의하여 어떠한 평가를 받는지의 문제(사회적 평판의 문제)와도 결부된 것이라는 점을 감안한다면, 설령 자신에게 범죄를 행할 수밖에 없었던 정당한 이유가 있다고 여길지라도 심각한 수준의 일탈행위(逸脫行爲)를 한 사람이라는 평판이 낳은 비공식적 비판으로부터 자유로울 수 없을 뿐만 아니라 국가와 사회로부터의 공식적 제재를 받아야만 하는 입장에 놓이게 된다. 이처럼 범죄의 원인과 그로 인한 해결방법에 대한 논의는 결코 간단하지 않는다. 관련하여 우리는 두 가지의 관념, 하나는 구조기능주의(構造機能主義)에 기초한 사고관이고, 다른 하나는 갈등주의(葛藤主義)에 역점을 둔 사고관을 생각해보아야 한다. 물론 앞에서 앤서니 기든스(Anthony Giddens)의 글을 통해 간단하게 설명하긴 했지만, 아래에서는 보다 자세한 설명을 하고자 한다.

구조기능주의적 시각을 견지하는 사람들은 거대한 집단을 이루는 구성요소들이 주어진 기능에 따라 유기적(有機的)인 관계를 맺음으로써 비로소 온전한 사회라는 체계를 형성하는 것이 가능해진다고 판단한다. 만약 이들 중 하나가 제 기능을 하지 못함으로써 다른 요소가 행해야 할 역할수행에 방해를 준다면, 이는 사회전체의 안정성을 해하는 것으로서 마땅히 시정되어야만 한다고 생각한다. 그렇기 때문에 갈등이라는 것 자체를 사회의 암(癌)적 존재로 간주하여 반드시 제거해야할 대상으로 상정하기에 이른다. 특히 범죄에 대한 것이라면 더욱 단호한 태도를 보이는 경향이 있다. 여기서 잠시 앤서니 기든스(Anthony Giddens)가 저술한 『현대사회학』(김미숙 외 7인 옮김, 을유문화사, 2009) 중 551면에서 언급한 구조기능주의에 기초한 범죄론에 관한 설명을 살펴보도록 하자. 그는 "우리는 대체로 사회 규범을 따른다. 사회화의 결과, 그렇게 하는 것에 익숙해졌기 때문이다. 모든 사회 규범은 순응을 촉진하고 순응하지 않는 것을 방지하려고 제재를 수반한다. 제재는 주어진 규범에 순응하도록 개인이나 집단의 행위에 대한 다른 사람들의 반응이다. 제재는 긍정적일 수도 있고(순응에 대한 보상의 제공), 부정적일 수도 있다(순응하지 않는 것에 대한 처벌). 제재는 공식적으로 혹은 비공식적으로 이루어진다. 공식적 제재는 특정한 규범을 따르도록 특정한 사람이나 기관이 통제하게 된다. 현대 사회에서 공식적인 제재의 주된 형태는 법원과 교도소에 의해 대표되는 제재이다. 법은 시민들이 지켜야 하는 규칙과 원칙으로 정부가 정한 공식적인 제재이다. 법은 법을 지키지 않은 사람들에게 행사된다. 비공식적 제재는 덜 조직되어 있고, 순응하지 않는 것에 대해서는 더 자발적인 반응이다. 너무 공부를 열심히 한다고 놀림을 당하는 우등생이나 밤에 밖에 나가기를 거부해서 '얼간이'로 비난을 받는 사람들은 비공식적인 제재를 경험한다. 예를 들어 성차별적이거나 인종차별적인 발언을 한 사람에게 친구나 동료가 반대하는 반응을 보일 때도 비공식적인 제재가 일어날 수 있다"라고 언급한 바 있다.

이처럼 구조기능주의는 사람들이 스스로가 형성한 규범에 순응함으로써 이루어지는 법적 안정성을 중요시하고 있다. 순응이라 함은 주어진 체제에 저항하지 않고 적극적으로 이를 받아들임을 의미한다. 이 용어는 전통적으로 법규범을 준수하고 따라야 하는 일반 국민을 대상으로 하여 사용되어 왔지만, 현대에 들어선 그 대상의 범주가 규범을 제정한 주체들에게까지 미친다는 식으로 재해석되고 있다. 더 나아가 순응의 인적범주만이 확대에서 그치지 않고, 순응의 대상물에 대한 확장까지 이루어지고 있는 것이 최근의 추세라고 할 수 있다. 예컨대 성문의 법으로 규정되진 않았지만, 해당 공동체에서 중요시하는 규약이나 누구에게나 적용되는 도덕률 등을 생각해볼 수 있겠다. 이들은 사회의 안정성을 유지하기 위한 목적으로 형성된 것으로서 '바람직하다고 생각한 바를 받아들였다면, 이에 역행하는 행위를 하지 않도록 스스로 규율해야 할 필요가 있음'을 핵심적인 내용으로 상정하고 있다. 일종의 자기구속성(自己拘束性)의 원칙 혹은 금반언(禁反言)의 원칙이 적용된 것이라고 할 수 있겠다. 자기구속성의 원칙이란 기존의 행위에 역행하는 모습을 보임으로써 상대방이 가지고 있는 정당한 신뢰를 훼손시켜서는 안 된다는 것인데, 금반언의 원칙 역시 이와 유사한 성격을 띠고 있다. 즉 자신이 외부적으로 드러낸 견해 및 행동을 합리적이고 정당한 이유를 제시하지 않고서 철회하는 것을 바람직하지 않은 것으로 보아야 한다는 준칙을 의미한다. 이는 자신이 행한 특정한 행위에 대해 정당한 신뢰를 가지고 있는 타인이 불측의 손해를 입어서는 안 된다는 가치관에 기초한 것으로, 주로 민법 제2조에 규정되어 있는 신의성실의 원칙과 권리남용금지의 원칙에 그 근거를 두고 있다. 이처럼 사람이 인간다운 삶을 살기 위해선 준수해야 할 기본적인 준칙, 다시 말해서 도의(道義)라는 것이 존재한다. 이와 같은 준칙의 원초적 형태는 '내가 당신에게 피해를 주지 않는 대신, 당신 역시 나에게 피해를 주어선 안 된다'라는 묵시적인 약속이라고 할 수 있다. 약속은 반드시 지켜져야 한다는 규칙의 전통은 라틴어 법의 한 문장인 "Pacta Sunt Servanda"에서도 찾아볼 수 있는데, 그만큼 사람들이 자발적으로 창설한 계약의 외피는 상황에 따라 변화될 수 있을지언정 그 본질만큼은 무슨 일이 있다고 할지라도 반드시 준수되어야만 함을 보여주는 문구라고 할 수 있겠다. 계약의 파기는 물적인 차원에선 '원상회복청구권'과 '부당이득반환청구권 내지 손해배상청구권'을 수반하여 재산적인 손해를 발생시키지만, 인적인 차원에선 '신뢰감의 저하'로 인한 인간관계의 손상을 시켜 사회적 평판의 훼손을 가져온다. 특히 범죄는 위와 같은 차원의 문제를 상회할만한 수준의 부정적 결과를 가져올 뿐만 아니라 관계당사자가 아닌 이들에게도 정신적인 충격을 줌과 동시에 모방심리를 자아내는 부정적 기능을 하고 있으므로 마땅히 근절해야 할 대상으로 여겨진다.

범죄가 바람직하지 못한 사회적 현상이라는 점에 대해선 갈등주의자들도 동의하는 바이지만, 범죄를 바라보는 시각이 다르다는 점에서 그 차이점이 나타난다. 이와 관련하여 로널드 L. 에이커스(Ronald L. Akers)와 크리스틴 S. 셀러스(Christine S. Sellers)가 공동으로 저술한 『범죄학 이론』(민수홍 외 5인 옮김, 나남출판, 2008)에선 범죄를 둘러싼 다양한 이론들을 제시되고 있는데, 318면에서 "갈등이론은 우리를 사회 내에서 근본적인 구조적 변화 없이는 범죄에 관하여 많은 개혁이 이루어질 수 없다고 결론짓도록 이끈다. 범죄행위가 집단이익의 충돌로부터 발생하고 갈등의 축소만이 범죄를 감소시킬 수 있기 때문이라는 것이다"라고 언급하면서, 이에 대하여 "이 이론은 또한 갈등을 사회 내의 필요하고 보편적인 측면으로 보기 때문에 집단갈등을 감소시키기 위한 어떠한 노력도 쓸데없거나 이 이론과 모순되는 것으로 간주한다"라고 비판한 바 있다. 우리는 일련의 이론서들을 통하여 갈등주의를 채택한 사람들이 범죄 그 자체를 무조건적으로 나쁜 것이라고 바라보기보다는 '이를 양산해내는 원인이 무엇인지'를 파악하는 것이 급선무로 상정하고 있음을 알 수 있다. 물론 모든 갈등주의자들이 그렇게 생각하고 있는지에 대해선 단언하여 말할 수는 없겠으나, 기본적으로 갈등의 발생과 해소를 통해 사회가 발전한다는 시각을 견지하고 있다는 점으로 미루어보아 분쟁의 원천이 무엇인지를 분석하고 해소하는 과정을 거쳐 긍정적인 형태의 사회분위기를 조성하는 것이 중요함을 강변하고 있다고 할 수 있겠다. 특히 많은 사람들에 의하여 회자되고 있는 "비가 온 뒤에 땅이 굳는다"는 표현은 바로 갈등주의가 가지고 있는 긍정적인 기능이 스며든 격언으로 은연중에 사람들의 심리에 자리 잡기 시작했다. 즉 사람들이 공통으로 생각하고 있는 심각한 문제의 원인을 찾아 건설적인 방식으로 해결한다면, 더욱 바람직한 공동체 문화를 형성할 수 있다는 인식이 형성되었다는 뜻이다. 그러나 에이커스와 샐러스가 지적한 바와 같이 갈등주의에서 채택한 이론은 범죄가 가지고 있는 부정적 측면을 자칫 합리화시키는 결론을 초래할 수 있기 때문에 위험성을 내포하고 있다고 사료된다. 따라서 본 이론을 범죄의 원인과 그에 대한 해결방법을 논함에 있어 상당한 주의가 필요하다고 할 것이다.

필자가 이상의 설명을 통해 궁극적으로 하고자 하는 바는 (ⅰ) 갈등주의의 입장에서 범죄를 양산시킨 원인이 무엇인지를 명료하게 분석하고 찾아낸 후, (ⅱ) 이를 해결하기 위한 대안이 구조기능주의에서 강조하는 사회 전체의 유기적 안정성을 해하는지의 여부를 검토하여 갈등과 분쟁이 재발하지 않도록 노력하는 것이라고 하겠다. 범죄와 같은 갈등을 건설적으로 해소함으로써 사회 전체의 유기적 안정성을 형성하려는 현대의 정의는 피해의 감소를 통한 '피해자 옹호적 측면'과 건전한 성품의 함양이라는 '잠재적 가해자의 건설적 통제의 측면'에 기초한 형태로 구체화되고 있다. 이러한 과정을 거쳐 만들어진 신(新)개념이 바로 회복적 정의이다. 하워드 제어(Howard Zehr) 교수에 의하여 만들어진 본 개념은 한국사회의 형사정책 혹은 범죄정책에 많은 영향을 주고 있으나, 본 정의에 대한 정밀한 논의가 양적인 측면에서 적절히 수반되지 못함에 따라 실행상의 구체성이 다소 떨어지는 감이 있다. 물론 뛰어난 학자들이 회복적 정의를 교정학(校正學, penology)과 결부시켜 훌륭하게 설명을 하고 있는 것은 사실이지만, 필자는 본 개념이 더 많은 관련 저서들을 통하여 대중적인 차원에서 적절히 이해될 수 있도록 하는 작업이 이루어져야 한다고 생각한다. 따라서 감정흡입력과 감정전달력 및 감정해석력을 중심으로 한 제1차적 변증법을 통해 건전한 감정을 정립시키고 이에 신념과 이성이라는 요소를 부가하여 제2차적 변증법을 거쳐 일반이성에 접근하기 위한 노력이 필수적으로 요청된다. 이처럼 자신의 의사와 상대방의 의사를 이해하고, 진의를 파악하며, 그를 통해 서로가 받아들일 수 있는 수준의 합의점을 도출함으로써 궁극적으로는 갈등과 분쟁의 여지를 사라지게 만드는 것이 존중사회의 근원적인 과제에 해당한다.

V. 범죄와 인간의 공격성

범죄는 사회구성원들이 사회를 경영함에 있어서 지켜야 할 준칙을 고의(故意) 혹은 과실(過失)에 기초하여 어김으로써 발생하는 사회병리적인 현상들의 한 조각이라고 할 수 있는데, 비록 조각이라고 할지라도 그것이 사회에 미치는 영향은 그야말로 막대하기 그지없기 때문에 많은 학자들은 가해자가 보유하고 있는 '공격성'에 대해 지대한 관심을 가지고 바라보고 있다. 이것은 곧 '사람은 왜 다른 사람을 공격하는가?'에 관한 물음으로 환언될 수 있다. 필자는 이 질문의 답안으로 크게 세 가지를 지적하고자 한다. 하나는 문제의 원인을 잘못 파악함으로써 발생하는 오류이다. 다시 말해서 상대방의 진의를 곡해 또는 오해하여 '사실파악의 오류'를 저지르는 것이다. 이에 따라 가해자는 훼손된 명예와 감정의 원상회복을 위하여 혹은 단순한 응보심으로 말미암아 상대방을 물리적 · 정신적으로 공격하기에 이른다. 다른 하나는 문제의 해결을 위한 방법론을 잘못 선택한 경우로, 충분히 대화로 해결할 수 있는 문제임에도 불구하고 물리력이나 혹은 공권력의 힘을 빌리지 않으면 종식시킬 수 없는 문제라고 오해를 하였기 때문에 발생하는 사회병리적 세태이다. 대부분 작은 사안을 침소봉대(針小棒大)함으로써 혹은 지나친 피해의식을 가짐으로써 문제해결방법을 선택하는 데에 있어 장애를 겪게 된 것이라 하겠다. 마지막으로 남은 하나는 문제의 존부(存否)와 관계없이 생기는 반사회적 정신상태에 해당한다. 소위 말하는 정신질환에 기초한 카오스(chaos)형 불법행위라고 명명할 수 있겠다. 이와 같은 경우는 본능을 인위적으로 제어할 수 있는 능력이 결여되어 있을 때에 발생하는 것으로서, 사회적 보호 틀 속에서 지속적인 치료를 요하는 상태이다. 이상에서 언급한 내용들은 주로 사실파악과 가치파악상의 오류 그리고 내면적인 불안정성으로 인하여 가해자의 심리 속에 내제되어 있는 공격성이 현실적인 형태의 공격으로 전환될 수 있다는 것을 핵심으로 삼고 있다. 한규석은 『사회심리학의 이해』(학지사, 2009) 362면에서 공격성이 나타나는 이유와 이를 감소시키기 위한 방안을 다음과 같이 정리하였다.

(ⅰ) 공격행위가 획득되는 기제에는 강화의 원리가 작용한다. 그러나 공격행위의 탈학습을 위한 처벌은 잘 적용되지 않는다. 처벌은 처벌자에 대한 증오감을 싹틔우고 복수심을 가져오기 때문이다. (ⅱ) 공격행위의 획득기제에는 관찰, 모방 등의 사회학습이 크게 작용한다. 폭력영화는 이 기제를 통해 시청자에게 폭력을 학습시킬 수 있다. 폭력영화에 반복적으로 노출되면 공격적 사고가 잘 활성화되고, 폭력을 정당한 상황대처 수단으로 여기게 된다. (ⅲ) 가정에서 아동은 종종 부모가 겪은 좌절과 분노의 화풀이 대상으로 취급되어 학대를 받는다. 이렇게 학대받은 아동이 폭력적 행위를 보일 가능성이 높다. (ⅳ) 사회의 폭력을 감소하기 위하여 비폭력적 문제해결의 학습이 필요하다. 갈등상황에서 적절한 대처훈련을 시키는 것이 효과적일 수 있다. (ⅴ) 공격행위에 의한 정화효과는 행위자의 기대의식에 의존한다. 정화효과를 믿는 사람들은 자신의 기분을 풀기 위하여 공격적 행위를 보이게 된다. (ⅵ) 생활에서 불합리한 규범과 제도의 정비를 통해 사람들이 경험하는 좌절을 줄이는 것이 폭력의 감소에 도움이 되며, 폭력행위에 대한 처벌이 제대로 이루어진다면 폭력을 감소하는 데 도움이 된다. (ⅶ) 잘못을 저질렀을 때 사과를 하는 것은 도발상황에 대한 적개적 귀인을 막음으로써 폭력으로 이어지는 것을 방지한다. (ⅷ) 폭력물의 해악을 방지하기 위하여 대중매체의 폭력성을 규제하고, 폭력에 대한 대안적 해결을 모색하는 논의를 진행하는 것은 아동의 폭력을 낮추는 효과를 가져온다. (ⅸ) 사람들이 처한 물리적 환경을 늘 밝게 하는 경우에 사람들은 각광효과의 자기지각으로, 환경을 깨끗하게 유지하는 것은 생활규범의 부각('깨진 창문 이론')으로 사회적 비행 행위를 감소시킬 수 있다.

한편 오세진 외 11인은 『인간행동과 심리학』(학지사, 2001)의 410~411면에서 다음과 분노와 공격성의 관계를 다음과 같이 설명하고 있다.

스트레스에 대한 또 다른 공통적인 반응은 분노인데, 이것은 공격성을 유발하기도 한다. 실험실 연구에서도 일부 동물들이 과밀, 전기 충격 그리고 기대한 음식 보상을 받지 못했을 때와 같은 여러 가지 스트레스 요인에 대한 반응으로

> 매우 공격적인 행동을 보인다는 사실이 밝혀졌다. (중략) 아이들은 좌절을 경험할 때 화를 내고 공격적인 행동을 나타낸다. 좌절-공격 가설에서는 목표에 도달하려는 개인의 노력이 차단될 때마다 좌절을 일으킨 그 대상 혹은 사람에게 상해를 입히려는 행동을 동기화시키는 공격적인 충동이 유발된다고 보고 있다. 일부 연구에서 공격성이 좌절에 대한 불가피한 반응이 아니라는 사실을 보여주고 있긴 하지만, 공격성이 좌절 반응 중의 하나라는 사실은 분명한 것 같다. (중략) 좌절원에 대해서 매번 직접적인 공격을 가한다는 것은 가능하지도 않으며 현명하지 못할 때도 있다. 때때로 좌절원이 모호하거나 막연할 경우도 있다. 이때 사람들은 분노를 느끼지만 공격 대상을 알지 못하기 때문에 이와 같은 감정(분노)을 발산할 대상을 찾는다. (중략) 공격적인 행동이 좌절의 실질적인 원인에 대해서라기보다는 좌절과 관련이 없는 다른 대상이나 사람에 대해서 행해질 수 있다.

인간의 공격성은 개인적 이유도 있지만 사회적인 문제로 인하여 증폭되는 경향이 있다. 특히 사회가 복잡해짐에 따라 그 적응상의 어려움을 느끼는 이들이 현저한 수준으로 늘어나고 있는 세태에선 그와 같은 성향은 더욱 거세질 것으로 예상된다. 범죄의 감소를 위해 생각해야 할 쟁점은 공격적 성향을 어떠한 식으로 가라앉힐 수 있는지에 대한 방안모색이라고 할 것이다. 이러한 상황 속에서 나타나는 공격은 감정의 폭풍으로 인하여 이성을 잃은 자력구제(自力救濟)의 일환이라고 사료된다. 법과 사회는 내가 가지고 있는 권리와 자유를 지켜주기엔 적절치 못하고, 설령 지켜준다고 할지라도 적시(適時)에 도움을 줄 수는 없기 때문에 직접 나서서 물리적인 해결을 해야 한다는 마음가짐이 발현된 것이라고 할 수 있겠다. 물론 자력구제 그 자체가 바람직하지 못하다는 것은 아니다. 경우에 따라선 원만한 결자해지의 효과를 창출할 수도 있기 때문이다. 문제는 타인과의 합의를 통한 종식이 아니라, 손해를 전보하기 위한 목적에 지나친 역점을 둔 방법론이다. 그렇기 때문에 제도적인 법과 사회적인 법을 준수함으로써 평화로운 문제해결을 해야만 한다는 준법정신(遵法精神)이 함양되어야 한다는 주장이 지속적으로 대두되는 것이라고 하겠다.

Ⅵ. 준법정신과 법의 해석 · 적용

준법정신은 법을 준수해야 한다는 인식과 의지를 의미하는 것으로 법사회를 유지 · 존속시키는 데에 있어 핵심이 되는 정신적 소산이다. 법을 인식하는 것과 인식한 바에 따라 실천에 옮기기 위한 의지는 불가분의 관계에 놓여있기 때문에 지행합일(知行合一)의 태도가 구체적으로 드러날 때에 한하여 그 가치가 퇴색되지 않는 것이라 하겠다. '앎'은 자신이 보고 들은 바가 어떠한 의미를 가지는지를 지각(知覺)하는 행위를 의미한다. 그러므로 앎의 반대라고 할 수 있는 무지(無知)는 지각이 전제되어 있는 것이 아니기 때문에 의지가 반영되지 않는 행위의 전제가 되므로 자신도 모르게 누군가에게 불측의 피해를 주는 경우가 생긴다고 할지라도 이를 범죄라고 부르진 않는다. 물론 무지로 인하여 생긴 불법행위를 과실범(過失犯)의 범주에 넣을 수 있다는 반론이 제시될 수 있겠으나, 과실이라 함은 주의의무를 태만히 함으로써 나타나는 것으로서 이미 인식에 기초한 지각이 내포된 것이므로 이(무지에 기초한 불법행위)를 사회적으로 비난받아 마땅한 행위로 판단하기엔 어려움이 따른다. 다만 자신으로 하여금 고의적으로 명정(酩酊)상태를 빠뜨림으로써 지각능력을 훼손시킨 후 자행하는 범행은 범죄에 해당한다고 보아야할 것이다. 이는 형법 제10조 제3항에서 "위험의 발생을 예견하고 자의로 심신장애를 야기한 자의 행위에는 전2항[37]의 규정을 적용하지 아니한다"라고 규정된 바와 같이 처벌받는 행위의 범주에 해당한다.

사회통념상 올바르다고 인정되는 바를 인식하고 이에 벗어나지 않는 행동을 하며 삶을 영위하겠다는 의지는 준법정신이 훼손되지 않도록 만들어

37) 여기서 말하는 전2항이라 함은 형법 제10조 제1항과 제2항을 의미하는데, 제1항에서는 "심신장애로 인하여 사물을 변별할 능력이 없거나 의사를 결정할 능력이 없는 자의 행위는 벌하지 아니한다", 2항에서는 "심신장애로 인하여 전항의 능력이 미약한 자의 행위는 형을 감경한다"라고 규정되어 있다.

주는 역할을 수행하기도 하지만, 그 자체가 곧 준법정신으로 발현되기도 한다. 이러한 내면의 세계는 존중사회를 구성하는 요체로서 감정과 신념 및 이성의 상호교환적 차원의 반성과정을 거쳐 형성되는 것이라고 할 수 있다. 그 이유는 준법정신이 변증법의 최종목적지인 일반이성과 동치관계(同値關係)에 있는 것이기 때문이다. 물론 전자의 개념이 법을 준수해야 한다는 인식과 의지를 뜻한다는 점에서 볼 때 일반이성보다 하위단계에 있는 것으로 볼 수 있겠지만, 일반이성 역시 응당 바람직하다고 널리 인정받는 법의 굴레 안에서 존속가능한 것이다. 즉 국가에 의하여 제정된 성문법(成文法)만을 법이라고 부를 것이 아니라, 인간이라면 누구나 지켜야 할 도덕률 또한 '률(律)'로서의 성격을 띠고 있는 것이므로 마땅히 법의 일환으로 해석하는 것이 타당하다고 할 것이다. 그러나 문제는 그와 같은 광의(廣義)의 성격을 띤 법이 가지는 진의를 자신의 가치관에 부합하는 방식으로 '자의적인 재단'을 할 때에 나타난다. 따라서 이때부터는 재단의 근거가 되는 법해석관(法解釋觀)이 중요한 쟁점으로 부각된다.

성문법을 포함하여 관습법(慣習法) 및 조리(條理)에 이르기까지 총괄적인 의미의 법을 해석하는 데에는 몇 가지 방법이 존재한다. 일반적으로 헌법과 그 하위의 법령을 해석하는 데에 있어서 통상적으로 사용되는 것은 문언적(文言的), 논리적(論理的), 역사적(歷史的), 입법목적적(立法目的的) 해석이다. (ⅰ) 문언적 해석은 성문법에 기재되어 있는 법문장의 뜻을 초월하지 않는 범위 내에서 이루어지는 기계적 해석을 뜻하고 (ⅱ) 논리적 해석은 내용상 모순이 생기지 않도록 체계적으로 해석하는 것을 의미하며, (ⅲ) 역사적 해석은 해당법령이 제정된 역사적 배경을 살피는 해석을 일컫는다. 마지막으로 (ⅳ) 입법목적적 해석은 입법자가 해당법령을 통해 달성하고자 하는 목적을 염두에 둔 해석을 말한다. 이것이 바로 독일의 법학자 사비니에 의해 제창된 해석법으로서 한국의 법해석학에도 많은 영향을 준 바 있는데, 위의 해석법들은 한 가지만 사용되는 것이 아니라, 네 가지가 모두 동시에 사용되어야만 적절한 효과를 창출하게 된다. 즉 사람들은 법문장에 담겨있는 내부적 혹은 외부적 여건들을 고루 고찰함으로써 현실적합성이 높은 해석을 하게 된다고 할 것이다. 물론 이와 같은 해석학에 대하여 반론이 제기되기도 한다. 상기의 해석법은 판덱텐 법학과 불가분의 관계에 있는 것으로서 사람들의 자유로운 법관념(法觀念) 형성에 저해되는 효과를 만들어낸다는 것이다. 이와 같은 주장을 한 학자는 헤르만 칸토로비츠(Hermann Kantorowicz)와 루돌프 폰 예링(Rudolf von Jhering)이다. 이들은 각각 『법학을 위한 투쟁(Der Kampf um die Rechtswissenschaft)』과 『권리를 위한 투쟁(Der Kampf um das Recht)』을 통하여 자유법 운동(Freirechtsbewegung)을 전개하기에 이르렀다. 사비니가 제시한 네 가지 해석론은 판덱텐 법학에서 중요시하는 개념법학(概念法學)적 성격이 강하게 반영된 것으로서 법관과 같은 법전문가의 해석에 무게중심이 쏠리게 되고, 이에 따라 국민의 일반적 정서와 이성에 기초한 해석이 무시될 수 있다는 점을 염두에 두어 그러한 문제가 발생하지 않도록 조치를 취해야 한다는 것이다.

물론 위와 같은 사비니의 해석 그리고 칸토로비츠와 예링의 반론 모두 충분한 타당성이 있다고 판단된다. 입체적인 해석을 통해 법을 이해하는 태도도 중요하지만, 국민적 정서에 부합하는 해석을 하기 위해선 민간차원에서 들려오는 목소리에도 귀를 기울여야만 하기 때문이다. 그러므로 법을 해석하는 데에 있어서 가장 중요한 것은 특별한 해석기술이라기보다는 오랫동안 지극히 당연한 것으로 간주되어 온 상식이라고 할 수 있다. 사람들은 법이 상식에 기초한 것이라기보다는 매우 난해한 전문적 지식인들에 의하여 형성된 것이라고 바라보는 경향이 있다. 그러나 법전을 살펴보면 문장 자체가 어렵게 기재되어 있을 뿐, 그 내용은 일반상식에 맞추어 구성되어 있음을 알 수 있다. 우리가 통상적으로 알고 있는 '남에게 피해를 주지 말 것', '내 욕심만을 추구하지 말 것', '양보하는 삶을 살 것' 등과 같이 추상적이지만 이해하는 데에 어려움이 없는 준칙들이 기재되어 있을 따름이다. 이처럼 당연한 문장들이 법문언상으로는 어렵게 형성되어 있는 이유는 많은 상식들을 함축적으로 그리고 명확하게 표현을 해내야만 하는 기술적 어려움이 존재하기 때문이다. 그러므로 우리가 배워왔던 대로 상식에 부합하는 행동만을 한다면 범죄와 같은 심각한 갈등이 발생할 소지는 존재하지 않는다. 그리고 상식에 부합하는 말의 의미는 자신이 하는 행위의 의미를 파악하고 이러한 인식을 토대로 한 행동이 다른 사람의 권리를 부당하게 침해하지 않도록 통제하는 자율적 태도를 의미한다.

이처럼 범죄는 자신이 가지고 있는 인식과 의지를 어떠한 식으로 구현하는가에 따라 결정되는 내면적 속성이 강한 행위라고 할 수 있겠다. 한국의 형법학에서는 이러한 내면적 속성을 '구성요건'과 '위법성' 및 '책임'이라는 범주로 나누어 범죄를 자행한 사람의 처벌가능성에 대해 논의하고 있는데, (ⅰ) 구성요건이라 함은 형법전에 규정되어 있는 범죄의 요건을 의미하고, (ⅱ) 위법성이란 형법전상의 범죄요건을 구비하여 행한 행동에 부여되는 반사회적 성격을 의미하며, (ⅲ) 책임은 그러한 행동을 한 사람에게 가해질 수 있는 비난가능성을 의미한다.[38] 이상의 세 가지 조건을 충족한 때

38) 보다 분명한 이해를 돕기 위하여 박상기 교수가 저술한 『형법강의』(법문사, 2010)에 기재된 설명을 인용(40면의 구성요건, 81면의 위법성, 138면의 책임)하고자 한다 : (ⅰ) "구성요건이란 살인이나 절도와 같이 입법자가 가벌적 행위라고 판단한 행위를 처벌하기 위하여 범죄의 성리요건을 기술한 것이다. 그리고 이러한 법익침해적 또는 법익위태화적 행위를 처벌하기 위한 구성요건의 총체가 형법규정이다. 그러므로 행위의 불법성을 인정하기 위한 기본적 전제조건은 구성요건해당성이며 구성요건에 해당하는 행위는 위법성조각사유에 해당하지 않는 한 위법한 행위라고 할 수 있다(구성요건의 위법성 징표적 기능)". 그리고 (ⅱ) "위법성이란 법질서를 위반하는 것을 의미한다. 그런데 법질서란 적법행위와 위법행위를 파악하고 이에 반하는 경우 위법성을 인정하는 것을 객관적 위법성론으로서의 기능을 하며 이처럼 형법을 평가규범으로서 파악하고 이에 반하는 경우 위법성을 인정하는 것을 객관적 위법성론이라고 한다. 이에 반해 주관적 위법성론은 평가규범 이외에 의사결정규범으로서의 기능을 인정하는 입장이다. 이에 따르면 의사결정능력이 없는 자의 행위는 위법성도 인정되지 않는다고 본다". 마지막으로 (ⅲ) "책임영역에서는 당위성의 문제가 아니라 행위자가 다른 적법행위를 하는 것이 가능함에도 불구하고 위법한 행위를 한 데 대한 비난가능성을 묻는다. 책임주의 원칙은 행위의 불법성이 인정되어도 행위자의 책임이 전제되지 않는 한 형벌을 부과할 수 없다는 현대 형법의 기본원칙을 말한다("책임이 없으면 형벌도 없다"). 이러한 의미에서 책임은 형벌부과의 목적과 관련되어 있으며 개인에 대한 국가의 과도한 형벌부과를 통제하는 법치국가적 방어기능을 한다".

에 한하여 법에 규정된 바에 따른 처벌을 받을 뿐만 아니라 준법정신을 적절히 함양하지 못한 사람이라는 평가로부터 자유로울 수 없는 입장에 서게 된다. 특히 형법에는 반성의 여지를 갖지 않고서 지속적으로 범행을 일삼는 경우와 위험한 물건을 휴대하거나 다수가 합동하여 누군가의 재물이나 재산상의 이익을 탐하는 경우, 기본범죄의 유형을 넘어 더욱 큰 법익을 침해하는 경우(예를 들어 형법 제301조의2【강간등 살인 · 치사 등】) 등과 같이 가중처벌을 받는 행위의 유형들이 규정되어 있다. 더욱이 폭력행위 등 처벌에 관한 법률, 특정범죄 가중처벌 등에 관한 법률, 특정강력범죄 처벌에 관한 특례법, 특정경제범죄 가중처벌 등에 관한 법률과 같은 특수형법의 제정을 통하여 사회에서 준수되어야 할 준법정신에 심대하게 악영향을 주는 행위를 한 자에게 강력한 처벌을 가하고 있다.

그러나 형법은 범죄를 자행한 사람이라고 할지라도 준법정신의 회복을 위한 갱생(更生)의 기회를 주기도 한다. 비록 형법전에 규정되어 있는 범죄의 요건을 갖춘다고 할지라도, 행위자가 착오에 의하여 의도하지 않았던 일을 하였을 경우엔 예외가 인정된다. 착오는 행위자가 인식한 바와는 다른 결과가 초래되는 상황이 발생하였을 때를 일컫는 법률용어에 해당한다. 형법 제13조에서는 "죄의 성립요소인 사실을 인식하지 못한 행위는 벌하지 아니한다. 단, 법률에 특별한 규정이 있는 경우에는 예외로 한다"고 규정하였고, 제15조에서는 "특별히 중한 죄가 되는 사실을 인식하지 못한 행위는 중한 죄로 벌하지 아니한다"라고 규정하고 있다. 뿐만 아니라 설령 구성요건에 해당하는 범죄를 자행하였다고 할지라도 형법 제20조의 정당행위, 제21조의 정당방위, 제22조의 긴급피난, 제23조의 자력구제, 제24조의 피해자의 승낙이라는 규정에 설시된 조건을 만족하였다면 위법성이 배제된 행위를 한 것으로 간주되어 처벌을 받지 않게 된다. 마지막으로 책임의 경우 미성년자 · 심신상실자 · 심신미약자 · 농아자는 형의 감면이라는 혜택을 받을 수 있으며, 누군가로부터 강요를 받아 행한 범죄도 처벌의 대상에서 제된다. 단, 강요의 경우에는 자신이나 친족의 생명과 신체를 지키기 위한 사항에 국한된다. 뿐만 아니라 형법 제2장(죄) 제1절(죄의 성립과 형의 감면)과 제2절(미수범)의 규정에서는 법에 저촉된 행위를 하더라도 정상을 참작해주기 위한 조치를 마련하고 있고, 제3장(형) 제1절(형의 종류와 경중)에 설시된 규정들 중 형법 제51조에서는 형을 정함에 있어 "(ⅰ) 범인의 연령, 성행, 지능과 환경, (ⅱ) 피해자에 대한 관계, (ⅲ) 범행의 동기, 수단과 결과, (ⅳ) 범행후의 정황"을 고려하고 있고, 제52조에서는 자수(自首)·자복(自服)한 자에게 형을 감경 또는 면제를 선고할 수 있다고 성문화하였다. 뿐만 아니라 제53조의 작량감경(酌量減輕), 제54조의 선택형(選擇刑)과 작량감경(酌量減輕), 제55조의 법률상의 감경을 규정하고 있고, 더 나아가 제3절(제59조~제61조)과 제4절(제62조~제65조) 및 제6절(제72조~제76조)에서는 선고유예(宣告猶豫)와 집행유예(執行猶豫) 및 가석방(假釋放)에 대한 규정을 담고 있으며, 제8절에서는 형의 실효와 복권(復權)을 규정하고 있다. 뿐만 형법 제2편(각칙)에서는 각 범죄마다 처벌의 정도를 조정할 수 있는 여지를 마련해두어 탄력적인 법적용을 명하고 있다. 이를 통해 범죄를 행한 자에 대한 처벌이 피해자를 대신한 응보에만 역점을 두었다기보다는 정상궤도상의 행위를 재개함으로써 사회통념상 바람직하다고 여겨지는 삶을 영위할 수 있도록 가해자를 보호해주는 역할을 수행함으로써 '행위의 자유'와 '행위의 자유로 말미암아 부담해야 할 책임' 사이의 균형을 형성하기 위한 함축적 기능이 내포되어 있음을 알 수 있다.

그러나 우리가 한 가지 염두에 두어야 할 부분이 있다면 제16조의 법률의 착오규정을 중심으로 한 '법률의 부지' '위법성의 착오'에 대한 규정해석론일 것이다. 형법 제16조는 "자기의 행위가 법령에 의하여 죄가 되지 아니하는 것으로 오인한 행위는 그 오인에 정당한 이유가 있는 때에 한하여 벌하지 아니한다"라고 규정하고 있다. 법률의 착오에 대한 개념정의는 이미 많은 형법학자들에 의하여 일률적으로 정리가 되어 있다. 법률의 착오는 크게 법률의 부지, 효력의 착오, 포섭의 착오로 나누어 설명해볼 수 있는데, (ⅰ) 법률의 부지는 해당법규범의 존재를 알지 못하는 것을 의미하고,

(ⅱ) 효력의 착오는 해당법규범의 효력이 실제로 존재함에도 불구하고 자신의 생각에는 그렇지 않다고 생각하는 것이며, (ⅲ) 포섭의 착오는 설령 해당법규범에 효력이 존재한다고 할지라도 자신은 법에 저촉하는 행위를 하지 않았으므로 어떠한 영향도 받지 않을 것이라고 생각하는 태도를 의미한다. 그러나 강학상(講學上)으로는 법률의 착오라는 범주 안에 '법률의 부지'를 삽입할 수 있지만, 현실세계에선 법률의 존재를 알지 못하였다고 할지라도 처벌의 칼날을 피할 순 없기 때문에 많은 형법학자들 사이에서 논란이 되고 있는 부분에 해당한다. 물론 범죄를 저지른 사람이 이를 행하기 전에 법질서에 저촉되는 일을 범하지 않기 위하여 '권한을 가진 법률기관'에 '문의 혹은 조회의 의무'를 이행했다면 정상참작의 여지가 있다는 점에선 의견의 일치가 이루어지고 있지만, 이것만으로는 부족하다고 판단된다.

엄청난 속도로 분화일로를 걷고 있는 사회가 안정적으로 존속하기 위해선 각 분야를 관장할 수 있는 법령들이 제정되어야 한다는 것은 피할 수 없는 사항이다. 물론 우후죽순 제정되는 법령들로 인하여 사회적 가치들이 충돌하거나 정렬되지 못할 만한 수준으로 늘어나선 안 되겠지만, 적어도 해당 분야를 관장하고 해당 목적을 달성할 수 있는 정도의 양적 증대는 이루어져야만 할 것이다. 그러나 문제는 그와 같은 양적 증대로 인하여 생기는 전문성의 공백이라고 할 것이다. 제 아무리 국가행정을 담당하는 이들이 그와 같은 전문성을 겸비하고 있다고 할지라도, 법에 규정된 바에 적확(的確)히 들어맞는 사건과 사고들만을 관장하진 않을뿐더러, 때로는 막중하게 주어지는 행정업무로 인하여 법에 규정된 바를 정확하게 숙지할 수 있는 시간이 부족할 때도 있다. 그리고 국민들의 입장에서도 생각해볼 때, 사회의 다원화로 인하여 제정되는 법령들을 어렴풋하게라도 숙지할 것을 요청하는 것은 그들의 객관적 예측가능성을 현저히 상회하는 의무를 부과하는 것과 다르지 않다. 물론 과거에 비하여 높아진 교육수준으로 인하여 법령들에 대한 이해도가 높아진 것은 부인할 수 없는 사실이지만, 그렇다고 하여 복잡해 질대로 복잡해진 행정영역의 법령에서 요청하는 바를 제대로 인식하고 있으리라고 여기는 것은 합리적이지 않다고 사료된다. 공무원이든 국민이든 초전문적인 지식을 갖춘 법관이 아니다. 법관이 아니기 때문에 '법률의 무지'를 이유로 그들을 강력하게 처벌하는 것은 바람직하다고 볼 순 없다. 물론 행정법령에 대한 무지로 인하여 누군가에게 심각한 수준의 피해를 주었을 경우엔 처벌을 받겠지만, 그 처벌의 수준은 행위자가 처해 있었던 상황을 종합적으로 고려하여 객관적으로 상식이 있는 사람이 인식할 수 있는 범주에서 결정하는 것이 타당하다고 사료된다.

Ⅶ. 준법정신의 부분적 파손행위로서의 경범죄

이상과 같은 중범죄를 중심으로 한 형법 이외에 우리가 염두에 두어야 할 또 다른 분야가 있다면 경범죄(輕犯罪)라고 할 수 있는데, 일종의 주의력 결핍으로 인하여 발생하는 경우가 많다. 다시 말해서 자신의 행위가 법에 저촉되는 것임을 인식하고 있으면서도 당장의 득(得)을 위해 욕구를 충족시킬 수 있는 행위를 한다는 것이다. 특히 경범죄로 인하여 피해를 입는 사람들이 늘어나고 있는 추세를 보이고 있는 실정임을 감안해 본다면, 그만큼 한국사회가 속도사회(速度社會)가 되어가고 있음을 단적으로 알 수 있다. 이는 불편함을 견디지 못하는 병적(病的)인 반응일 수도 있다. 물론 이러한 정서가 건설적인 차원에서 사용된다면 바람직하지만, 통상적으로는 그렇지 않은 경우가 압도적으로 많은 편이어서 문제가 되고 있다. 사소한 불편을 감수해내지 못할 정도의 인내력 부족이 집단적으로 나타나면 '사회적 차원의 무질서'로 비화될 수 있음을 주의하여야 할 뿐만 아니라, '국민성'을 평가하기 위한 주요척도가 되기도 함을 인식할 필요가 있다. 필자가 이와 같은 내용을 언급하는 이유는 작은 법익이라고 할지라도 이를 지켜주기 위한 상호존중의 자세가 사회적 안정성을 유지하는 비결임을 강변하고자 하였기 때문이다. 경범죄에 붙어있는 경(輕)이라는 말은 '매우 가벼워 빈도 높게 일어나는 행위를 경계해야 한다'는 의미이지 단순히 '가벼운 범죄'라는 식으로 치부해서는 안 될 것임에도 불구하고 지금을 살고 있는 현대인들은 이를 단순히 '도덕적으로 훈계를 받을 만한 수준의 잘못'이라는 식으로 이해할 따름이다.[39)]

과거에는 경범죄의 유형을 정하는 것이 매우 어려운 작업으로 분류되었다. 누구나 쉽게 자행할 수 있는 수준의 불법행위이기 때문에 행위의 형태를 법정화(法定化)시키는 것이 용이하지 않았으나, 지속적인 논의 끝에 적절한 법령들이 제정되기에 이르렀다. 그 대표적인 예가 경범죄처벌법이다. 경범죄처벌법 제1조를 보면 무려 54개에 달하는 경범죄가 법전에 규정되어 있음을 알 수 있는데, 이는 사회가 다채로운 모습으로 발전함에 따라 사람들의 욕구도 다양해져가고 있음을 보여주는 단적인 예라고 할 수 있다. 문제는 그러한 욕구를 스스로 제어하기 힘들다는 점이다. 특히 중범죄가 아닌 경범죄에 해당하는 것인 만큼 자신의 행동을 절제하기보다는 용인하는 추세가 강해지고 있다. '이 정도 잘못은 누구나 저지르는 것이므로, 충분히 수인될 수 있는 사안에 해당한다'라는 생각으로 자신의 행동을 불합리하게 합리화하는 것이다. 특히 단속의 시각이 미치지 않는 사각지대에서는 이러한 문제가 더욱 크게 나타나고 있는 실정이다. 따라서 궁극적으로는 자신이 자신의 행동이 낳은 부정적 효과를 인식하고 반성하는 것이 필요하고, 더 나아가 주민(국민) 상호존중에 기초한 감시와 감독을 통하여 교화를 위한 지도가 자연스럽게 이루어질 수 있도록 하는 것이 중요하다. 감독은 대상의 반응을 관찰함과 더불어 바람직한 방향으로 나아갈 수 있도록 조치를 취하는 적극적 행동인 반면, 감시는 반응을 면밀하게 관찰함과 동시에 합리적인 해결방안을 이끌어내기 위한 단계로 감독의 개념과 유사

39) 이에 대한민국은 경범죄처벌법(1983년 12월 20일 전개법률 제3680호)을 제정하여 그와 같은 폐단을 줄이기 위한 노력을 기울이게 되었고, 행여 공권력의 부당한 적용이 이루어질 것을 염두에 둔 결과 질서위반행위규제법(2007년 12월 21일 제정, 법률 제8725호)을 제정함으로써 공정한 처벌이 이루어질 수 있도록 조치를 취한 바 있는데, 본법 제1조에는 본 법률이 "법률상 의무의 효율적인 이행을 확보하고 국민의 권리와 이익을 보호하기 위하여 질서위반행위의 성립요건과 과태료의 부과 · 징수 및 재판 등에 관한 사항을 규정하는 것"을 목적으로 하고 있다는 내용을 담고 있다.

하지만 그것보다 상대적으로 소극적인 행동인 것이라 할 수 있겠다. 비록 양자의 개념은 다르지만, 독립적으로 존속하는 경우는 발견하기 힘들다. 그러므로 두 개의 용어를 하나로 묶어서 생각하는 것이 타당하다고 판단된다. 그렇다면 이상의 개념은 어떤 성립요건과 효력요건이 구비되어야만 존재할 수 있는 것인가?

성립요건으로는 '(i) 대상이 되는 사건이 사회통념상 바람직하지 않은 것으로 여겨짐에 따라 일반적인 도덕률로 관장하기엔 어려움이 따른다는 객관적인 상황이 인정되어야 한다, (ii) 국가가 고소 · 고발과 같은 조건이 구비되어 있지 않아도 사적 영역에 개입할 정도의 공익적 명분을 갖추어야 한다, (iii) 감시와 감독을 하기 위한 합리적인 수단이 존재해야만 한다, (iv) 합리적인 수단에 맞추어 이루어진 감시와 감독을 마친 후 대상사건을 처리하기 위한 후속조치가 마련되어 있어야만 한다'는 것을 들 수 있다. 그리고 효력요건으로는 '(i) 제재 차원에서 사용한 수단이 목적을 달성하는 데에 적합해야 한다, (ii) 그 수단이 사회통념상 허용가능한 것으로 적정성의 원칙에 부합하여야 한다, (iii) 제재를 받은 자에게 법 위반의 정당한 사유가 없어야만 한다'는 것을 들 수 있다. 특히 효력요건에 해당하는 소(小)요건은 '수단(조치)의 적합성'과 '피해의 최소성' 및 '법익의 균형성'이라는 세부적 기준들에 부합하는 것인지를 의미한다. 즉 '수단(조치)이 목적을 달성하는 데에 기여하는 바가 있는지(수단(조치)의 적합성), 필요이상으로 불법행위자에게 제재 혹은 규제를 하하는 것인지(피해의 최소성), 제재와 규제를 통하여 얻고자 하는 공익이 불법행위자가 잃게 될 이익보다 큰 것인지(법익의 균형성)'를 면밀하게 심사해야 한다는 것이다. 이상의 성립요건과 효력요건에 기초하여 감시와 감독의 적합성을 판단하게 된다.

Ⅷ. 감시 · 감독에 대한 일반적 오해

통상적으로 감시와 감독은 개인의 자유로운 활동을 저해하는 것으로서 부정적인 의미를 가진 것으로 여겨지는 경우가 많지만, 허용가능한 범위를 적절하게 설정하는 작업을 우선적으로 시행한다면 오히려 범죄를 포함한 각종 불법행위들을 근절함으로써 사람들로 하여금 인간다운 삶을 영위할 수 있도록 해주는 훌륭한 촉진제로서의 기능을 할 수 있을 것이라고 사료된다. 그럼에도 불구하고 감시와 감독이라는 말에 대하여 사람들이 부정적인 시선으로 바라보는 이유는 전근대적인 의미로 받아들이고 있는 경향이 있기 때문이다.

게마인샤프트(Gemeinschaft)의 시대에 있었을 법한 전근대적인 의미의 감시와 감독은 왕권과 같은 권력의 안정화를 위하여 이루어진 것으로, 주로 혁명세력을 감시하기 위한 방편으로 존재해왔다. 특히 당시 강한 권력을 가진 위정자들에 의하여 이루어진 것이기 때문에 그와 같은 행동의 근거가 자의적(恣意的)인 성격을 가질 수밖에 없고, 이러한 성향을 내포한 감시 · 감독은 강력한 물리적인 규제수단으로 이어지는 경우가 다반사였다. 그러다 보니 자연스레 규제를 받는 사람들은 아래를 향하여 내려온 명령에 불복할 수 있는 방법이 없었던 것이다. 그러나 그와 같은 시대와 정반대의 속성을 띤 게젤샤프트(Gesellschaft)의 시대, 즉 현대적인 의미의 감시 · 감독은 전근대에 존재했던 그것과는 목적부터가 다르다. 전근대사회에서는 권력의 존속을 위한 억압이 목적이었다면, 현대사회에서는 선량한 국민들을 악(惡)으로부터 보호하기 위한 것이 목표에 해당한다. 목적은 그것을 달성하기 위한 수단의 적절성을 결정하는 핵심적인 근거에 해당한다. 보호를 목적으로 하면서 억압적인 수단을 사용하는 것은 결코 어울릴 수가 없는 조합에 해당하기 때문이다. 따라서 수단의 적합성에서 벗어나는 경우는 매우 드문 편이라고 할 수 있다. 그러나 인간은 오류를 범하는 존재에 해당하므로, 제 아무리 목적달성을 위한 방법을 신중하게 선택했다고 할지라도 국민들의 기본권을 과도하게 제한하거나 침해하는 경우가 없으리라는 보장을 할 수가 없다. 그러므로 행정소송(行政訴訟), 행정심판(行政審判), 헌법소송(憲法訴訟) 등과 같이 세부적인 법적 절차를 마련해둔 것이다. 법의 적용문제를 둘러싼 갈등문제를 해결하기 위하여 사법부는 비례의 원칙이라는 엄격한 심사기준과 자의금지의 원칙이라는 완화된 심사기준을 고루 사용함으로써 국가의 감시 · 감독이 수인한도를 벗어났는지를 판단하고 있다. 뿐만 아니라 의회유보(議會留保)의 원칙, 법률유보(法律留保)의 원칙 등이 헌법질서의 주축으로 자리 잡고 있다는 사실 또한 염두에 두어야 한다. 의회유보의 원칙이라 함은 국민이 향유하는 기본권의 핵심적인 내용은 그들의 대표자인 의회에서 심의를 통해 정해야 한다는 준칙이고 법률유보의 원칙은 국가가 누군가의 기본권을 제한하거나 침해함에 있어 의회가 정한 법률의 규정을 벗어나서는 안 된다는 것이다. 이처럼 국민은 의회가 정한 법령이 부당하다고 생각할 경우 행정소송과 헌법소송을 통해 충분히 구제받을 수 있는 기회를 보유하고 있고, 이러한 점을 감안한다면 현대적 의미의 감시 · 감독은 전근대적인 의미의 그것과 상당한 차이를 보이고 있음을 알 수 있다.

특히 현대적 의미의 감시 · 감독은 국가가 사회를 대상으로 시행하는 것이기도 하지만, 국민 상호 간에 이루어지는 것이기도 함을 염두에 두어야 한다. 사실 감시와 감독이라는 말을 들으면 흔히 제러미 벤담(Jeremy Bentham)이 언급한 파놉티콘(Panoptique)을 떠올리는 경우가 많다. 주지하다시피 파놉티콘은 죄수들을 원활하게 관리하기 위하여 벤담이 만들어낸 감옥설계안이다. 그는 자신의 저서인 『파놉티콘』(신건수 옮김, 책세상, 2011) 중 22~23면에서 "여러분에게 제안하는 감옥은 원형 건물이다. 어쩌면 이것은 한 건물 안에 다른 하나를 넣은 두 채의 건물이라고 말하는 것이 나을지도 모르겠다. 감옥 둘레에는 둥근 모양의 6층짜리 바깥 건물이 있다. 이곳에 죄수들의 수용실이 배치된다. 수용실 내부는 두껍지 않은 쇠창살로 되어 있어 한눈에 (안을) 볼 수 있으며, 수용실은 문이 안쪽으로 열린다. 각 층에는 좁은 복도가 있으며, 이 복도는 하나로 통해 있다. 각 수용실의 문은 이 복도로

나 있다. 중앙에는 탑이 하나 있다. 그곳에 감독관들이 머문다. 이 탑은 3층으로 나뉘어 있다. 각 층은 수감자 수용실들을 2층씩 내려다보도록 구성되어 있다. 또한 감시탑은 바깥을 훤히 내다볼 수 있는 발로 가려진 복도로 둘러싸여 있다. 이 장치(발)로 인해 감독관들은 (수감자들에게) 잘 보이지 않으면서 수용실 전체를 구석구석 감시할 수 있다. 결과적으로 좁은 공간에서 3분의 1의 수감자를 한눈에 볼 수 있어 쉽게 전체를 살필 수 있다. 이러한 경우 감독관이 자리에 없더라도 (이를 확인할 수 없는 수감자들은 감독관이) 있다고 여겨 실제로 자리에 있는 것 같은 효과를 낸다. (중략) 이 건물은 중앙의 한 점에서 각 수용실을 볼 수 있는 형태로 하나의 벌집과 같다. 자신을 드러내지 않는 감독관은 마치 유령처럼 군림한다. 이 유령은 필요할 때는 곧바로 자신이 존재한다는 증거를 드러낼 수 있다. 이 감옥의 본질적인 장점을 한 단어로 표현하기 위해, 진행되는 모든 것을 한눈에 파악할 수 있는 능력을 의미하는 파놉티콘이라고 부를 것이다"라고 말한 바 있다. 이러한 감시 · 감독 능력은 기술의 발전과 더불어 현대사회에서도 그대로 적용되고 있는데, 통상적으로 많은 학자들은 파놉티콘에 담긴 벤담의 생각을 해석하는 과정에서 학교를 비롯하여 대다수의 공공기관들이 사람들을 규율에 종속하게 만드는 대표적인 예라고 설명함과 더불어 각자 비판적인 견해를 제시하고 있다. 이와 같은 감시 · 감독체계는 많은 비용과 노력이 들뿐만 아니라 사람들이 자율적인 삶을 영위하는 데에 있어 일정부분 폐해를 가져다주는 것 또한 사실이다. 물론 이와 같은 장치가 존재해야겠지만, 종국적으로는 스스로가 누군가로부터 존중받기 위하여 그리고 상대방을 존중하기 위하여 행하는 일련의 관심어린 눈길을 통해 기존의 감시 · 감독체계가 달성하고자 하는 목적을 이루어낼 수 있어야만 할 것이다. 다만 문제는 이러한 형태의 체계를 어떠한 방법을 통해 구체적으로 만들어낼 수 있는지의 여부라고 할 것이다.

Ⅸ. 피해자학과 회복적 정의

필자는 제도적인 방법론을 창설하는 것도 바람직하지만 그보다는 인간적인 차원의 관리가 이루어질 수 있도록 하는 것이 보다 효과적이며 존중사회의 기본원리에 가장 부합할 가능성이 높다고 생각한다. 법에 의거하여 형성된 제도는 안정적이고 규범적인 성격을 가지고 있기에 사회 내에 존재하는 질서를 공고히 하는 데에 있어 효과적일 수 있지만, 상황에 맞추어 인간미를 갖춘 변화를 모색하기엔 어려움이 따를 수밖에 없기 때문이다. 이러한 점을 고려해 볼 때, 제도적인 방법론을 통해 달성할 수 없는 공백을 메우기 위한 가장 훌륭한 방법은 중첩적 인간관계의 형성을 통한 자기관리의 역량강화라고 판단된다. 겉보기에는 추상적이고 모호해보일지라도, 현실세계에서는 이와 같은 논리가 범죄를 예방하는 데에 있어 적절하게 수행되는 경우가 많다. 중첩적인 인간관계는 통상적으로 자신이 둘 이상의 집단에 소속함으로써 많은 이들과 유대관계를 맺음으로써 형성된다. 이를 통해 자신이 누군가로부터 존중받고 혹은 누군가를 존중함에 따라 인간이 가지는 존엄성을 깨닫게 되며, 더 나아가 그들로부터 받아온 성원과 기대에 부응하고자 자신의 행동양식에 대한 자기통제를 실시하게 되는 것이다. 사람들은 누구든 스스로의 가치를 알아준 이들에게 실망감을 주고 싶어 하지 않는다. 실망감을 안겨주는 행위는 행위자로 하여금 '죄책감'과 더불어 스스로에 대한 사회적 평가절하로 말미암아 '자괴감'을 불러일으키는 부정적 요인에 해당하는 것이기 때문에 인간이라면 누구나 이로부터 회피하고 싶은 마음을 갖기 마련인 것이다. 실제로 범죄를 자행하는 사람들의 대부분은 사회적으로 인정을 받지 못하거나 자신의 행동양식을 제대로 통제하지 못하기 때문에 발생한 것이라는 점을 고려한다면, 중첩적 인간관계의 형성을 통해 자신을 외부를 향하여 건설적으로 노출시키는 것이 장기적인 관점에서 볼 때 가장 큰 효과를 낼 수 있을 것이라고 사료된다. 특히 이와 같은 방법은 자신이 범죄로 빠져들지 않도록 만들어주는 요인이 되기도 하지만, 한편으로는 공동체 자체가 유지 · 존속하도록 만들어 주는 기능을 수행하기도 한다. 그 이유는 자신이 집단 속의 누군가가 범죄의 길로 빠져들지 않도록 도움을 줄 수 있는 멘토(mentor)가 될 수도 있기 때문이다. 물론 자신이 속해 있는 집단이 어떠한 성향을 가지고 있는가에 따라 도리어 범죄를 촉진시키는 계기가 될 수 있다는 반론이 있음직하다. 사실 중첩적 인간관계가 모든 범죄현상의 도래를 방지하진 못한다. 다만, 그러한 가능성 자체를 줄이는 데에 있어선 효과적이며, 장기적으로는 법제도와 결부하여 운용됨으로써 보다 바람직한 결과를 창출할 수 있도록 해야 할 필요가 있다. 상기와 같은 방법은 자발성에 기초한 것이므로 '제한의 타당성'을 둘러싼 논란이 발생할 가능성이 상대적으로 적고, 그에 따라 자치적 감시체계가 적절히 작동된다는 점에서 긍정적으로 평가할만하다. 이를 통해 타인의 불법적 성향을 바로잡고, 그 과정에서 자신의 행동을 보다 면밀하게 단속할 수 있는 기회를 가질 수도 있다. 결과적으로 중범죄에서 경범죄에 이르기까지 범죄억제의 효과를 기대해봄직 하다고 판단된다.

범죄는 살인, 강도, 절도 등과 같이 무거운 범죄에서부터 고성방가와 노상방뇨 등과 같이 상대적으로 가벼운 범죄에 이르기까지 다양한 형태로 존재할 수 있다. 물론 이 중에서는 사회가 발전하기 이전부터 존재해왔던 것도 있지만, 시간의 흐름에 따라 자연스레 형성된 것들도 있다. 다시 말해서 범죄로 치부하지 않았던 행위들의 부정적 파급력과 확산력이 커짐에 따라 제재를 받아야 할 정당성이 부여된 것이라고 할 수 있겠다. 이처럼 공식적 혹은 비공식적 제재를 통해 시정되어야 할 사항들이 많아졌다는 사실은 시간이 갈수록 상호존중의 미덕이 훼손됨에 따라 이기주의적 세태가 기승을 부리게 되었음을 증명하는 것이라고 판단된다. 생각하기에 따라선, 과거에 용인되던 행동들을 금지된 행위범주로 산입시키는 것을 두고 '사회가 인정머리가 없을 정도로 각박해지고 있는 것이다'라고 볼 수도 있겠지만, 사회가 그렇게 변모하도록 만든 것도 바로 개인이다. 그리하여 공동체는 그와 같은 개인의 무절제한 행위를 규제하기 위하여 촘촘한 법률망을 형성하기에 이르렀다. 그런데 아직까지는 범죄를 자행한 개인에게만, 즉 가해자를 중심으로 한 제재의 수준에 대해서만 생각하고 있을 뿐, 피해자가 어떻게 권리를 회복하여 정상적인 사회생활을 영위할 수 있도록 해줄 것인지에 대해선 상대적으로 낮은 수준의 고민을 하고 있는 것으로 보인다. 이 시점에서 우리는 피해자학(被害者學)을 중심으로 한 피해구조의 측면에 대해 숙고할 필요가 있다.

이처럼 사회가 발전하면 발전할수록 질서관에 대한 패러다임도 그에 발맞추어 혁신을 거치게 된다. 예전에는 범법자를 처벌하는 위주의 제재 혹은 규제적인 성향의 범죄처벌법이 성행하였으나, 요즘엔 범죄피해자를 어떤 식으로 구제할 것인지, 그리고 제2차적 범죄피해를 입지 않도록 하기 위해선 무엇이 필요한지에 대한 형사정책적 논의가 가열차게 이루어지고 있다. 우리는 이를 '회복적 정의(回復的 正義, restorative justice)'에 대한 논의라고 부른다. 그리고 그 한 가운데에는 피해자의 권익을 원래의 상태로 돌려놓기 위한 피해자학이 존재한다.

피해자학은 범죄로 인하여 불측의 법익침해를 입은 사람으로 하여금 기존과 동일한 수준의 일상생활로 복귀할 수 있도록 도움을 주기 위한 방법을 논의한 신(新)학문이라는 점에서 그 의의가 있다고 할 수 있다. 현재 우리나라에는 2010년 5월 14일, 범죄피해자 보호법(전부개정법률 제10283호)을 마련함하여 피해자보호의 취지에 맞게 이를 시행하고 있다. 총 50개조로 구성된 이 법률은 "범죄피해자 보호 · 자원의 기본정책 등을 정하고 타인의 범죄행위로 인하여 생명 · 신체에 피해를 받은 사람을 구조함으로써 범죄피해자의 복지 증진에 기여함을 목적으로"(제1조) 삼고 있는데, 세부적으로는 제1장 총칙, 제2장 범죄피해자 보호 · 지원의 기본 정책, 제3장 구조대상 범죄피해에 대한 구조, 제4장 구조대상 범죄피해에 대한 구조, 제5장 범죄피해자 지원법인, 제6장 형사조정, 제7장 벌칙, 부칙으로 구성되어 있다. 이러한 법률은 헌법 제30조에 명시된 범죄행위로 인한 피해구조의무에 기인한 것이다. 제30조는 "타인의 범죄행위로 인하여 생명 · 신체에 대한 피해를 받은 국민은 법률이 정하는 바에 의하여 국가로부터 보조를 받을 수 있다"고 규정함으로써 피해자들에게 급부청구권(給付請求權)을 부여하였다. 그리고 이와 같은 청구권은 주관적 공권(主觀的 公權)의 속성을 띠고 있는 것으로서 국가는 최대한 이들의 생활안정을 위하여 노력해야 할 헌법적 작위의무(憲法的 作爲義務)를 이행해야만 한다. 물론 피해자가 만족할 수 있을만한 수준으로 보조를 해줄 수 있을지에 대해선 논란이 있다. 재정적 문제가 수반되는 것이므로 국가의 입장에서도 예산을 적절히 관리해야만 하는 의무를 이행해야만 하는 상황이기 때문이다. 이와 같은 경우엔 앞서 사회적 기본권의 상황과 마찬가지로 사회통념상 적어도 '국가가 최선의 노력을 다한 것이다'라는 사항이 객관적으로 증명될 수 있도록 만반의 조치를 취해야 할 것이라고 사료된다.

가해자에게 제재를 가하고 피해자를 구제해주어야 한다는 인식은 매우 당연한 것으로 여겨지지만, 이를 구체적으로 실행에 옮기는 과정에선 문제가 발생할 수 있다. 가해자는 가해자 나름대로의, 피해자는 피해자 나름대로의 사정에 대해 언급을 하는 과정 중에서 서로 양립할 수 없는 주장들이 대치되는 경우가 생기기 때문이다. 그리고 이를 중재하는 사람 역시 이렇다할만한 중재안을 제시하기 힘든 상황이기에 해결해야 할 갈등문제는 점차적으로 요원한 과제로 남게 된다. 이러한 과정에서 우리가 가장 염두에 두어야 할 사항은 갈등을 어떻게 풀 것인지에 대한 논의보다 그러한 갈등을 해결하려는 목적이 무엇인지 그리고 갈등을 불러일으킨 원인이 무엇인지에 대한 원초적 차원의 접근을 통해 문제를 근원적으로 풀어낼 수 있도록 노력하는 것이라 하겠다. 이것이 회복적 정의의 기본원칙이다.

회복적 정의는 가해자와 피해자 사이의 간격을 좁히고, 양자 사이의 대화를 통한 소통을 가능케 함으로써 궁극적인 갈등인자를 제거하여 기존의 파괴상태를 평화의 상태로 되돌리기 위한 유무형의 노력체계에 해당한다. 한마디로 표현하자면, 대승적(大乘的) 차원의 화합을 위한 것이라고 할 수도 있다. 앞서 잠시 언급한 로널드 L. 에이커스(Ronald L. Akers)와 크리스틴 S. 셀

러스(Christine S. Sellers)의 저술 225~226면에 회복적 사법의 구체적인 형태에 대해서 논한 부분을 찾아볼 수 있는데, 그들은 다른 학자들의 견해들을 적극 수렴하여 "그 목표는 범죄자로 하여금 자신의 잘못에 대해 진심으로 뉘우치게 하여 이들을 지역사회로 재통합하기 위한 수치방법을 발견하는 것이다. (중략) 청소년과 성인을 위한 일련의 시설 · 사회 내 프로그램은 회복적 사법으로 파악되었다. 여기에는 범죄자와 사회봉사, 피해자에 대한 직접적 사과, 손해배상, 갈등관리 · 해결훈련 참여, 친척집단과의 연계, 피해자와 지역사회에 대한 원상회복(restitution)이나 배상(reparations) 프로그램 등이 포함된다. 여기에는 또한 피해자 옹호, 피해자－가해자 조정(victim-offender mediation, VOM), 배상적(reparative) 보호관찰, 피해자 감정이입 집단, 중재법원(peacemaker courts), 양형 서클(sentecing cirlcles), 그리고 피해자 가족과 범죄자 가족의 협의와 같은 다양한 형태의 회복적 화합이 포함된다"라고 설명한 바 있다.

어떠한 범죄든 그 발생이 있어서 까닭은 반드시 존재한다. 제 아무리 정신질환으로 인하여 우발적으로 일으킨 범죄 역시 그 밑바탕에는 후견인의 주의의무가 상당한 수준으로 결여되어 있었다는 사실이 존재하고 있고, 그 결과 어떠한 식으로든 그 책임으로부터 벗어날 순 없는 것이다. 누군가에게 피해를 주기로 결심하고 이를 결행한 데에는 그만한 연유가 존재하기 마련이기 때문이다. 그럼에도 불구하고 이와 같은 사항은 가해자의 내면세계에 깊숙이 자리매김하고 있기 때문에 특별한 경우를 제외하고는 명시적으로 표명되지 않는다. 오히려 속내를 숨기고서 자신의 원한 혹은 얻고자 하는 이익을 위해 함축적 의미가 담겨있는 행동을 할 따름이다. 모든 범죄에는 목적과 동기가 존재하기 마련이고, 이를 파악할 수 있을 때에 한하여 가해자가 불법의 세계에서 복귀할 수 있도록 조치를 취하는 것이 가능하다. 뿐만 아니라 가해자의 복귀가능성은 피해자가 부당하게 부담해야만 했던 피해의식을 내려놓도록 하는 것과 관계가 깊다. 누군가를 처벌함으로써 문제를 종식한다면 피해자의 응보감(應報感)을 가라앉히는 데에는 일정한 기여를 하겠지만, 응보감의 해소자체가 외상 후 스트레스 장애와 같은 심리적 문제까지 해결해주진 않는다. 실제로 범죄피해를 입은 사람들의 대부분은 가해자가 법에 의거하여 처벌을 받았음에도 불구하고 여전히 트라우마(trauma)에 시달리고 있는 실정이라는 점이 이를 뒷받침해준다. 이는 제2차적 범죄피해에 해당하는 것으로서 피해자의 인격세계를 붕괴시킬 위험성이 농후한 것으로 여겨진다. 따라서 회복적 정의는 이와 같은 후속피해까지 다룸으로써 문제를 종국적으로 종식시키는 데에 기여하는 바가 클 것이라고 사료된다.

이와 관련하여 하워드 제어 교수의 정의관이 담겨있는 인터넷 국민일보 기사(2011. 08. 11. 16:08)에 의하면, “정의가 죄에 대한 응보로 해결되는 것이 아닙니다. 처벌의 단계를 넘어 회복까지 이르러야 합니다. 갈등을 해결하는 가장 보편적인 방식이 죄와 벌이라는 렌즈라면, 회복적 정의는 용서와 화해의 렌즈로 전환하는 겁니다”라고 설명함과 더불어 “모든 사람은 별개이지만 서로 연결돼 있습니다. 관계성을 유지하고 있기 때문에 근원적 문제를 해결하지 않으면 사회는 각박해질 수밖에 없어요”라고 강변하였다고 한다. 그리고 제어 교수는 담당기자와의 인터뷰에서 3R을 강조하였는데, 그 내용은 존중(Respect), 책임(Responsibility), 관계(Relationships)가 조화롭게 구성되어야만 한다는 것이었다. 그러므로 회복적 정의의 성격은 화합과 이해 그리고 용서라고 할 수 있다. 이는 사람이 사람에게 보내는 존중의사를 내포하고 있다. 무엇이 문제였는지, 그리고 문제를 일으킨 과정이 어떠하였는지 등에 대한 정보를 공유함으로써 가해자는 피해자의 입장을 이해하고 피해자는 가해자의 심리를 파악함으로써 양자의 굳게 닫힌 마음을 열게 하는 것이 회복적 정의의 주요 목적이자 사명에 해당한다. 문제는 어떻게 그렇게 할 수 있도록 유도해야 하는가이다.

회복적 정의는 ‘물질중심형(物質中心型)’, ‘정서중심형(情緖中心型)’, ‘명예중심형(名譽中心型)’으로 나누어 생각해볼 수 있다. 물질중심형 회복적 정의는 금전적인 배상 내지 보상으로도 충분히 해소시킬 수 있는 범주의 문제해결에 사용된다. 감정과 명예 등과 같이 정서적인 혹은 평판과 관련된 문제처럼 정신적 삶에 큰 충격을 주지 않는 경우에 흔히 이용되는 방식이다. 물론 대화를 통한 소통에 기초하여 가해자가 스스로의 잘못을 인정하고 피해자 역시 이를 받아들이고자 하는 자세의 존재가 전제조건이다. 이에 반하여 정서중심형 회복적 정의는 가해자가 행한 행위가 피해자의 정서에 악영향을 줆으로써 정상적인 사회생활을 영위하는 데에 커다란 장애를 안겨준 경우에 사용되는 방식이다. 이 방법은 가해자가 피해자에게 직접 사과를 하고 더불어 피해자로부터 용서를 구해내는 방식에 기초하여 행해진다. 다만, 그것이 용이치 않을 경우에 한하여 해당분야의 상담센터 요원의 도움을 받아 양자의 소통이 원활하게 이루어질 수 있도록 할 수도 있다. 마지막으로 명예중심형 회복적 정의는 가해자가 피해자의 사회적 평판을 극도로 실추시킴으로써 물질적 혹은 정신적인 피해를 주었을 때에 주로 사용된다. 물론 정서중심형 회복적 정의와 일정부분 중첩이 되는 측면이 있으나, 전자는 심리적 측면에 초점을 맞춘 반면 후자는 외부로부터 들어오는 정서적인 공격을 방어해냄과 동시에 자신의 견해를 표명해낼 수 있도록 도움을 주기 위한다는 점에서 다르다. 주로 언론중재위원회에서 이와 같은 기능을 수행하고 있다. 이와 같은 세 가지 유형의 회복적 정의는 단일한 모습으로 존재하기도 하지만, 복합적으로도 존재가능한데, 이는 범죄로 인한 피해가 물질적인 영역 이외에 정서적 혹은 명예적인 영역과 중첩될 수도 있기 때문이다.

위에서 설시한 내용들은 우리가 평상시에 인간관계를 맺고, 그 속에서 피해를 입거나 입혔을 때에 생각할 수 있는 것들이다. 그럼에도 불구하고 위와 같이 유형화한 이유는 마치 훌륭한 물건이라도 용도에서 벗어난 방법으로 사용하면 불필요한 잡동사니로 전락하듯, 회복적 정의도 주어진 상황에 적절한 방식으로 이용되어야만 그 가치를 향유할 수 있는 것이기 때문이다. 다시 말해서 '(i) 누가 누구로부터 피해를 받았는지, (ii) 그 피해는 어떤 것이었는지, (iii) 피해자는 어떤 생활을 하는 사람인지, (iv) 가해자는 어떤 생활을 하는 사람인지, (v) 가해자는 왜 피해를 주었는지, (vi) 가해자는 피해자를 공격함으로써 어떤 이익을 취하였는지, (vii) 가해자는 피해자의 손해를 전보해주기 위하여 무엇을 해주어야 하는지, (viii) 가해자는 손해를 전보해주기 위한 자격요건을 갖추고 있는지, (ix) 가해자와 피해자는 서로 합의를 할 의사를 가지고 있는지'를 고려해야만 한다. 그리고 그와 더불어 '(ⅰ) 지키고자 하는 정의가 무엇인지, (ⅱ) 지켜야 한다고 주장하는 정의는 타당한지, (iii) 정의를 실현하기 위한 방법은 타당한지, (iv) 부진정한 회복적 정의에 대해 불복할 수 있는 방법이 마련되어 있는지'와 같이 위에서 언급한 회복적 정의를 둘러싼 아홉 가지의 상황적 조건 이외에 이를 구성하는 요건 역시 염두에 두어야만 보다 현명한 화해방안을 만들어낼 수 있다.

'지키고자 하는 정의'는 사회 속에서 삶을 영위하고 있는 사람들이 가지고 있는 윤리관과 세계관으로 대부분의 이들이 공유하고 있는 가치체계라고 할 수 있다. 소위 말하는 사회통념상 보호되어야만 한다고 생각하는 정신적·물질적 소산들이라고 정리해볼 수 있겠다. 광범위하게 말하자면 민주주의와 법치주의 등과 같은 이데올로기적인 것이 있고, 좁은 범위에서 말하자면 타인의 생명과 신체 및 재산과 같은 자연권적인 측면 그리고 사회권적 기본권의 한 부분이라고 할 수 있는 급부청구권의 합법적 청구와 같은 것들을 생각해볼 수 있다. 정의의 타당성과 관련한 문제는 상대적으로 복잡한 편이지만, 대한민국 헌법재판소에서 사용하고 있는 가치판단의 틀을 이용한다면 비교적 손쉽게 설명할 수 있다. 그것은 바로 비례의 원칙이라고 명명되는 것으로서 '(ⅰ) 정의의 실현을 통해 얻고자 하는 목표가 사회통념상 받아들일 수 있는 것인지, (ⅱ) 정의의 실현을 위해 사용한 수단이 목표를 달성하는 데에 있어 기여하는 바가 있는지, (iii) 사용한 수단이 타인의 권리를 침해하는 것이 불가피한 것인지, (iv) 달성하고자 하는 이익이 타인의 권리를 침해하는 정도가 심대한 것인지'를 기준으로 정당성과 타당성을 파악하는 기술이다. 이를 통해 정의가 어느 한 측에게만 유리하게 형성되지 않도록 조정하는 것이 가능하다.

마지막으로 '부진정한 회복적 정의에 대해 불복할 수 있는 방법이 마련되어 있는가?'라는 문제가 남아있다. 아무리 훌륭하게 만들어진 정의창출절차(正義創出節次)가 존재한다고 할지라도, 그것을 사용하는 것은 언제든 오류를 범할 수 있는 인간이기 때문에 잘 다듬어진 시스템을 사용함에 있어 실수를 범할 수도 있다. 그러나 이미 다 끝난 절차이므로 돌이킬 수 없다는 식으로 사건을 종결지으면, 제2의 범행을 일으킬 수 있는 소지를 남겨두는 것과 다르지 않으므로 사후변경(事後變更)의 원칙을 유추적용 하여 타당성을 담보할 수 있도록 하는 것이 보다 합리적이라고 사료된다. 혹은 소송제도의 한 부분인 재심(再審)절차도 구비되어 있다면 더욱 유용하게 사용될 수 있다. 사실 회복적 정의를 실현하기 위하여 형성된 위원회나 단체의 경우 정형화된 소송제도에 구속을 받지 않기 때문에 보다 유연하게 문제에 대처하는 것이 가능하다. 다만, 불복의 절차를 지나치게 간소화시키거나 복잡하게 만든다면 만들지 않는 것만도 못한 결과가 나올 수 있다. 따라서 '(ⅰ) 예기치 못한 상황이 발생한 경우, (ⅱ) 그 상황이 불가항력적으로 발생한 것인 경우, (ⅲ) 합의의 내용을 변경하지 않을 경우 불합리한 결과가 도출될 수밖에 없는 경우'와 같은 요건이 구비되었을 때에 한하여 다시 한 번 회복적 정의에 대한 재심이 이루어질 수 있는 것으로 인정하여야만 할 것이다.

이와 같은 요건들을 종합적으로 파악하면, 문제를 해결하기 위한 대강의 구도를 설정하는 것이 가능해진다. 회복적 정의는 파괴된 인간관계를 회복시키는 데에 있어 처벌과 배상액 조정에만 역점을 두는 현실 속에서 단순히 가해자의 행위를 일방적으로 규제만하는 것보다도 더욱 큰 효과를 낼 수 있다는 점에서 볼 때 앞으로도 연구가치와 적용가치가 매우 높은 분야라고 생각한다. 범죄로 인하여 생명이나 신체 및 재산상의 침해를 받은 당사자 혹은 유가족들은 정신적인 질환, 즉 트라우마를 가지며 평생을 살아갈 수도 있기 때문이다. '외상 후 스트레스', '불안장애', '강박장애', '기분장애', '신체형 장애' 등과 같은 다양한 정신질환을 앓고 있는 사람들이 많다는 사실이 이와 같은 견해의 타당성을 뒷받침 해준다. 이와 관련하여 정주진 박사는 『갈등해결과 한국사회』(아르케, 2010) 156~157면에서 회복적 정의가 가지고 있는 가치를 "사법절차는 가해자와 피해자는 물론 그들이 속한 공동체의 실질적 필요를 충족시키지 못한다. 변호사라는 대변인을 통해 자신의 권리를 주장해야 하는 피해자는 범죄에 대한 자세한 정보, 진실, 물질적 보상은 물론 심리적·정서적 필요를 충족시킬 수 없다. 대결적인 사법절차에서 가해자는 처벌이 두려워 자신의 잘못을 인정하고 책임을 질 기회를 얻지 못함은 물론 자신의 변화를 통해 공동체로 복귀할 수 있는 기회도 잃게 된다. 범죄에 의해 간접적으로 피해를 입는 공동체는 피해자와 가해자 모두의 진심을 확인하고 공동체의 의식의 회복과 건강한 공동체를 만들 수 있는 기회를 얻지 못한다. 회복적 정의는 사법절차의 이러한 한계를 인식하고 피해자, 가해자, 공동체 모두의 필요 충족과 변화에 초점을 맞춘다"라고 설명하고 있는데, 필자도 그녀의 견해에 찬동하는 바이다.

물론 사법적 절차를 통해서 가해자와 피해자 사이의 진한 앙금을 회복시킬 수도 있겠지만, 갈등과 분쟁을 자체적으로 해결하지 않고 소송제도를 통해 해결하려는 의지는 한국사회에서 '인간관계의 절단'을 의미하는 때가 많다. 물론 서구사회에서는 소송을 합리적 문제해결의 방법으로 생각하는 경우가 있지만, 동양에서는 그렇지 않다. 따라서 회복적 정의가 가지는 효과는 기존의 인간관계를 유지시킴과 동시에 문제를 원만하게 해결할 수 있도록 만들어주는 갈등해결지침으로서 그 역할을 충분히 할 것이라고 사료된다. 뿐만 아니라, 숙의사회 혹은 심의사회라는 새로운 형식의 사회문화를 창출하는 데에 있어서도 일정한 기여를 할 가능성이 높다. 한국사회는 여느 때와는 달리 감정사회(感情社會)의 형태를 보다 강하게 띠고 있다고 생각한다. 집단적인 시위와 집회 그리고 충동적인 심리에 기초한 불법행위의 여파가 사회전반에 미치고 있다는 점을 고려한다면 더욱 그러하다. 이 시점에 필요한 것은 회복적 정의를 개인의 차원을 넘어 사회의 차원으로 격상시키는 것이다. 범사회적 수준의 정의는 제도에 의하여 형성된 정의가 가지고 있는 경직성이라는 한계점을 보완해주는 역할을 수행할 뿐만 아니라, 합의과정에서 부당하게 배제되는 사람들의 존재율을 최저로 낮추어줌으로써 진정한 의미의 심의가 이루어지는 데에 큰 기여를 할 것이라고 전망된다.

第2節 지나친 경쟁의식이 불러일으킨 갈등사회

Ⅰ. 공동체의식의 파괴와 사회의 분열

결과적으로 우리에게 필요한 것은 합의문화(合意文化)의 정착이라고 할 수 있겠다. 합의라는 것은 기본적으로 '합'치된 '의'사를 뜻한다. 전통적인 사회에서는 생활방식 자체가 단순한 형태로 구성되어 있었으므로 갈등과 경쟁이라는 가치가 중요한 것으로 여겨지지 않았는데, 이는 그만큼 사회분화(社會分化)가 진행되지 않았거나 진행되었다고 할지라도 더딘 속도로 이루어지고 있었음을 의미한다. 특히 경제의 규모도 의사다원화에 영향을 주는 주요한 요소로서 사회가 보다 급격한 속도로 분화되도록 만들어주고 있다. 수요와 공급이 커다란 굴곡을 그리고 있다기보다는 비교적 일정하게 유지되다시피 한 소규모의 지역공동체에서는 경쟁과 갈등이 현대와 같이 치열하게 발생할 여지가 상대적으로 적은 편에 속한다. 이와 같은 전통사회에서 경제활동을 하는 시민들이 공통적으로 가지고 있는 관심사는 공동체 내에서 들려오는 자신에 대한 사회적 평판이었다. 작은 단위의 지역사회에서 덕을 쌓지 못한 경제인이라는 낙인이 찍히면, 당장 금전적으로 커다란 문제를 겪게 될 것이고, 그로 인하여 더 이상 이윤을 추구할 수 없는 입장에 놓이기 때문이다. 그러나 전근대적인 형태의 소규모 단위의 사회가 현대적 형태의 대규모 단위의 사회로 전환되면서, 사람들의 생활양식이 바뀌기 시작하였다. 많은 고전 사회학자들이 지적하였듯이, 분업(分業)이

성행하게 되면서 사람들이 사회에서 점하는 지위와 역할이 달라졌다는 것을 뜻한다. 주지하다시피 분업은 한 개의 거대한 전체를 유지하기 위한 기능과 구조들을 세분화하는 것을 의미하는 것이기에 전체를 구성하기 위한 요소들 중 단 하나라도 제 구실을 하지 못하게 될 경우 그것이 미치는 파급효과는 사회의 존속과 유지를 어렵게 만드는 결과를 초래한다.

특히 에밀 뒤르켕(E. Durkheim)은 '유기적 연대성(有機的 連帶性)'이 현대사회에 만연한 지배적 성향임을 강조한 바 있다. 유기적 연대성이라는 함은 사회 속에서 삶을 영위하고 있는 사람들이 각자 자신이 맡은 소임을 이행해야 한다는 의무를 부담하고 있고, 이에 의거하여 서로가 서로에게 필요한 것을 주고받는 관계에 놓이게 됨에 따라 '상호의존성이 높아짐'을 일컫는다. 그러나 사람들의 협력체계는 그리 오래가지 못하였다. 보다 많은 이익을 차지하려고 하는 사람들이 생길수록 불측의 피해를 입는 사람 또한 많아지게 되었던 셈이다. 따라서 '이익을 최대한으로, 피해를 최소한으로'라는 자기중심적 행복이라는 목적을 가지고 살아가는 이들이 증가할 수밖에 없는 사회구조가 만들어진다. 소위 말하는 선진국들에서는 성과에 중심을 둔 가치평가론이 대세를 이룸에 따라 그 사람의 능력은 물론 더 나아가 인격까지 판단하는 준거기준으로 사용되고 있기 때문에 이와 같은 본인중심적인 사고의 틀 속에 매몰되어 버리는 상황이 나타나고 있다. 물론 자신이 혼신의 힘을 다하여 특별한 결과를 도출하고 이에 상응하는 혜택을 누리는 것은 정당한 것이겠으나, 제 아무리 노력을 한다고 할지라도 열악한 가정환경 등으로 말미암아 통상적으로 충분히 달성할 수 있는 목적을 성취할 수 없게 되었을 때에 형성되는 사고관념은 개인적 차원에선 열등감과 자괴감을 그리고 사회적 차원에서는 불공평한 현실에 대한 노여움을 자아내기에 적합하다.

이러한 형태의 공동체에선 경쟁으로 인한 갈등이 잠재성을 띠고 미(未)발현상태에 있다가 한계점에 도달하게 되면 외부적으로 새어나오기 시작하면서 결과적으로는 손을 쓸 수 없을 정도로 범람하기 마련이다. 갈등은 통상적으로 둘 이상의 당사자들이 서로 다른 주장을 제시함으로써 자신에게 더욱 많은 이익이 돌아가게끔 만드는 이른바 영합 게임의 일환이라고 할 수 있다. 특히 양측이 제시하는 주장들이 양립할 수 없을 정도로 첨예하게 대립각을 세우게 된다면, 갈등의 정도는 '사회를 건설적으로 만들기 위한 적당한 긴장상태'라는 범위를 넘어 사회의 분열과 파괴를 가져다주는 심각한 수준으로 돌입하게 될 것이다. 따라서 합의도출이라는 것은 세월이 흘러도 항상 중요한 과제로 손꼽히는 시대적 과제에 해당할 수밖에 없다. 그러나 일치된 의사를 구성하는 것 자체만으로도 상당히 정신적인 스트레스를 요하는 일이다보니, 많은 이들이 고통을 겪고 있다. 이에 따라 사람들은 자신에 대한 존중감보다는 비하감 내지 자괴감에 빠지게 되는 사례가 급증하고 있는 실정이고, 경우에 따라선 지나친 노여움에 사로잡혀 극단적인 형태의 사회적 물의를 일으키기도 한다.

Ⅱ. 경쟁사회가 초래한 개인적 자부심의 추락

자신에 대한 존중감은 자부심 내지 자긍심으로 표현되는데, 스스로의 인격적 가치를 도야시키는 데에 있어서 필수적으로 요청되는 정서를 의미한다. 사람들은 경쟁사회의 도래로 인하여 누군가와의 경합(競合)에서 우위를 점하지 못한다면 적자생존의 법칙에 의해 도태될 수 있다는 불안감에 사로잡힌 채 삶을 영위하고 있다. 이 시점에서 토마스 홉스가 언급한 인간론을 언급하고 싶다. 홉스는 『리바이어던』(최공웅 · 최진원 옮김, 동서문화사, 2009) 129면에서 "인간의 분별력은 경험에서 생기므로 같은 시간 동안 똑같이 몰두한 일에 대해서는 모든 사람에게 똑같이 이루어진다. 이런 평등성을 부정하는 것은 사람이 자신의 지혜에 대해서 갖는 자만일 뿐이다. 거의 모든 사람들이 이런 자만에 빠져 자신이 보통사람들보다 더 현명하다고 생각한다. 특별히 이름난 사람이나 경쟁에 의해 뛰어남을 인정받은 소수의 사람들에 대해서만 예외를 인정할 뿐이다. 즉 자기보다 더 아는 것이 많고

웅변에 능하여, 학식이 뛰어난 사람들이 많다는 사실은 인정하면서도, 남들도 모두 자기 못지않게 현명하다는 사실은 좀처럼 믿으려 하지 않는 것이 인간의 본성이다. 자기의 지혜는 가까이서 보고, 남의 재주는 멀리서 보기 때문이다"라고 하였다. 이는 누구나 동등한 지위에 있음에도 불구하고, 남들보다 우위에 서고 싶어 하는 인간의 어리석음을 단적으로 꼬집은 부분에 해당한다. 사람은 모두들 평등한 지성을 가지고 있음에도 불구하고 동등함에 대해 막연한 거부감을 가지는 경우가 많다. 그러다보니 자연스레 주변사람들이 자신을 어떻게 바라보고 있을지에 대해 필요이상으로 신경을 쓰게 되고, 결과적으로는 이른바 '보여지는 자아'가 자신의 참모습으로 변함에 따라 주관적 가치관을 통한 삶의 형성 자체가 어려워지게 된다. 다시 말해 삶의 주인이 자신을 바라보는 타인들이 되어버리는 본말전도(本末顚倒)의 현상이 발생하게 된다는 의미이다. 스스로를 위하여 최선을 다하는 생활태도로 말미암아 사람들로부터 자연스럽게 인정을 받게 되는 것이지, 인정을 받기 위한 목적으로 타율성에 기초한 삶을 살아가는 것은 자신의 인생을 누군가에게 헌납하는 일과 결코 다르지 않다고 할 것이다.

이와 같은 현상은 경쟁사회가 낳은 부작용이라고 할 수 있겠다. 현대사회에서는 전통사회와 달리 누군가에게 지나치게 감시당하는 듯한 느낌을 받게 도는 경우가 흔히 발생한다. 자신에 대한 평판이 어떠한가에 따라 사회적 지위가 상승하게 될 것인지 하강하게 될 것인지의 여부가 가려진다는 점을 감안한다면, 이에 대한 '개인적 민감도' 역시 커질 것이라고 사료된다. 이에 따라 사람들이 개별적으로 갖고 있어야 할 개성적인 의식세계는 타율성에 기초하여 그 폭이 증감한다. 그러나 타율적 의식세계가 지속적으로 발현되고 있는 상황은 사람들로 하여금 지나치게 성과지상주의적 사회조류에서 빠져나올 수 없도록 만든다는 부작용을 초래한다. 이에 따라 사회구성원들은 자신들이 소속한 사회에서 뛰어난 결과를 도출하여 더 높은 지위로 올라가기 위하여 자신을 가혹하게 채찍질하는, 즉 주마가편(走馬加鞭)의 우를 범하도록 만든다. 물론 건설적 발전을 목적으로 한다면 비교적 긍정적인 시선으로 바라볼 수 있겠지만, 시간이 지날수록 그러한 목적은 자기만족을 넘어 타인지배를 위한 수단으로 변모하기에 이른다. 다시 말해서 사회적 지위의 상승은 필연적으로 부와 명예를 수반하게 되어 있고, 그 결과 안락한 삶을 보장받는 것이기 때문에 경쟁의 장에 있는 사람들은 자연스럽게 동일한 입장에 놓인 이들을 신뢰하지 못할 뿐만 아니라, 오히려 기망상태(欺罔狀態)에 빠뜨리고자 하는 노력을 시도하기에 이른다는 것이다. 그리고 자신 역시 누군가로부터 백안시(白眼視)되는 존재로 전락하기도 한다.

이처럼 사람이 누군가를 믿을 수 없게 된 까닭은 스스로에 대한 자부심(自負心) 혹은 자긍심(自矜心)이 빈약하게 형성되어 있기 때문이다. 누군가를 경쟁사회에서 도태시키는 행위가 자신이 그만큼 막강한 사회적 지위를 가지게 되었다는 것을 보여주는 단적인 증거가 된다고 생각하는 경향이 있다. 더욱 안타까운 것은 이를 통해 후천적으로 부진정한 의미의 자부심을 형성해가는 우를 범하곤 한다는 사실이다. 더욱이 이러한 정서는 누군가의 희생이 아니라 자기희생으로 만들어지는 것임을 간과하게 만드는 대규모 사회적 조류를 형성시키는 요인으로 작용한다. 존중감이라는 정서는 부분적으로는 타인의 노고(勞苦)가 지닌 가치를 인정한다는 내용을 담고 있는 것이기 때문에 고통의 시간을 겪어보지 않았던 사람으로서는 결코 이해할 수 없는 것이라고 할 수 있다. 따라서 자신이 가지고 있는 노력과 열정을 투자함으로써 개인적 혹은 사회적으로 유의미한 무언가를 창출하는 행위를 통하여 비로소 형성되는 것이 존중감이라는 정서임에도 불구하고, 이러한 사고방식은 간혹 융통성이 결여된 고지식한 발상이라고 치부되는 경향이 있다. 그야말로 토마스 홉스(Thomas Hobbes)가 언급한 바와 같이 '만인에 대한 만인의 투쟁상태'인 셈이다. 사회는 홉스식의 자연상태와 다르지 않은 모습으로 변질되어 가고 있는데, 이는 곧 경쟁사회의 심각성이 사회의 퇴보를 불러온다는 것을 의미한다.

사회가 퇴보하면 그 속에서 삶을 영위하는 사람들의 마음가짐도 진일보하기보다는 뒷걸음치기 마련이다. 사회적 안정성의 부재는 구성원들의 생활이 안전하게 보장받을 수 없음을 의미하고, 이에 따라 안전한 생활을 보장받지 못한 구성원들은 다른 사람들의 권익을 해함으로써 자신의 입지를 공고히 하려고 한다. 누군가의 권리를 부당하게 침해하지 않고선 자신의 이익을 확보할 수 없다는 식의 사고는 자신이 그만큼 나약한 존재에 해당하는 것을 증명하는 것과 다르지 않을 뿐만 아니라, 스스로에 대한 자부심이 결여되어있음을 보여주는 단적인 예에 해당한다. 이는 자신감과는 다른 차원의 문제이다. 자신감은 무엇이든 해낼 수 있다는 자기믿음이지만, 자부심은 부단한 노력 끝에 얻어지는 만족감과 성취감이 자신감이라는 기본 정서 위에 덧붙여진 특별한 자기애정적(自己愛情的) 정서이다. 그리고 이와 같은 특별한 감정적 상태가 전개될 때에 한하여 곤경에 처해있는 누군가를 도와줄 수 있는 여력이 생기는 것이다. 물론 자기애정적 정서가 이기주의로 변모하지 않는다는 조건이 필요하다. 이와 같은 조건이 충족되어 있는 상태에서 현실적으로 구체화되는 자부심은 자신을 비롯하여 상대방이 보다 적극적으로 생을 영위할 수 있도록 만들어주는 동기가 될 수 있다. 동기의 확산을 통하여 사람들은 당장은 아니라 할지라도, 장기적인 시각에서 볼 때 '쟁취형(爭取型) 경쟁'이라기보다는 '상생형(相生型) 경쟁'을 통해 더불어 살아가는 사회, 즉 진정한 의미의 경쟁사회를 만드는 계기를 획득하게 될 것이다.

그렇지만 아직까지는 진정한 의미의 경쟁사회는커녕 약육강식의 분위기가 물씬 풍기는 속성의 사회가 상대적으로 더욱 강한 면모를 보이고 있는 실정이라고 사료된다. 이처럼 경쟁과 갈등에 대한 스트레스 지수가 높은 상태에서 이루어지는 생활은 사람으로 하여금 극단적인 행동을 하게끔 만드는 요인으로 작용하기 마련이다. 더욱 안타까운 사실은 정당하지 못한 방법을 이용함으로써 자신이 실제로 빼앗긴 혹은 빼앗겼다고 착각한 이익을 환수하는 것이 가능해지거나 스스로를 좌절시키는 박탈감으로부터 벗어나는 경우가 종종 발생하고 있다는 점이다. 일시적인 현상임에도 불구하고 사람들은 이러한 방법이 효용을 가진다는 착오를 범하게 되고, 존중감과 거리가 먼 적대적 행위양식을 공고히 견지하게 만드는 요인이 된다.

한국사회가 과거에 비하여 눈부신 성장을 거둠에 따라 절대적 차원의 빈곤 속에서 살아가는 사람들의 수가 줄어든 것은 사실이다. 그러나 사람들은 그 속에서 저마다 상대적 차원의 고통을 겪는다. 더욱이 최근 들어 경제난까지 부가됨에 따라 사회적 약자들은 '상대적 박탈감'보다는 사실상 '절대적 박탈감'을 느끼며 살아가는 것 같은 사고를 하게 되었다. 콩도르세(Marquis de Condorcet)는 『인간 정신의 진보에 관한 역사적 개요』(장세룡 옮김, 책세상, 2007) 중 78면에서 "사회의 역사를 살펴보면서 우리는 법률에 의해 인정된 시민의 권리와 시민들이 실제로 향유할 수 있는 권리 사이에, 그리고 정치적 제도를 통해 설정된 평등과 개인들 간에 존재하는 평등 사이에 매우 큰 간격이 있다는 것을 보여줄 수 있을 것이다. 우리는 이런 차이가 고대 공화국들의 자유를 파괴하는 주요 원인들 가운데 하나였으며, 그 공화국을 뒤흔드는 격동과 다른 나라 압제자에게 공화국을 내주는 취약함의 원인이 되었다는 사실에 주목하게 될 것이다"라고 언급한 바 있다. 콩도르세가 바라본 세계는 18세기에 존재했음에도 불구하고, 그가 설명하고 있는 사회는 지금의 모습과 크게 다르지 않다고 사료된다. 그만큼 상대적 박탈감의 정도가 통상적으로 용인할 수 있는 범위의 수준을 초월하였음을 의미한다고 하여도 과언이 아닐 것이다. 따라서 비존중적 행위를 자행한 사람은 스스로가 외부적으로 저지른 행동이 부당하다기보다는 오히려 '정당한 이유에 근거한 것'이라고 바라보는, 즉 진정한 의미가 결여된 자기합리화를 주장하게 된다.

주지하다시피 사람들 사이에는 보이지 않는 차별의식이 깊숙하게 자리잡고 있다. 만약 차별의식이 '같은 것은 같게, 다른 것은 다르게'라는 원칙에 입각하여 사회적 약자의 재기(再起) 내지 재활(再活)을 돕는 식으로 이루어진다면 더할 나위 없이 바람직한 것이라고 하겠으나, 현실적으로는 차별의식에 대해 부정적인 감정을 가지고 있으면서도 무의식적으로는 본인이 차별의 범주에 들어가 있지 않다는 사실에 안도감을 느끼며 이와 같은 상태를 타개하기 위한 자세를 취하고 있지 않다. 이와 같은 징후는 사회적으로 약한 지위에 놓여있다고 평가받는 사람으로 하여금 상대적 박탈감이라는 소외정서에 함몰되게 함으로써 자아존중감을 상실하게 만드는 결과를 초래한다. 절대적 박탈감이 제도화되어 어떤 수단을 강구한다고 할지라도 변화될 가능성이 전무(全無)하다고 여겨지는 환경에선 체념을 통하여 자신의 운명을 순순히 받아들이지만 상대적 박탈감의 경우는 다르다. 그러나 요즘과 같은 추세에선 상대적 박탈감이라는 감정으로부터 벗어날 수 있는 변화의 가능성이 주어져있지만 실제로는 달성의 길이 요원하기에 마치 언덕 너머의 무지개를 잡아야 하는 것과 결코 다르지 않다. 그보다도 더 큰 문제는 무지개에 가장 가까운 거리에 있는 사람들이 그렇지 않은 사람들을 바라보는 시선이라고 할 것이다. 물론 그들이 열악한 삶을 영위하는 이들을 위하여 무조건적으로 베풀어야만 하는 이유는 존재하지 않지만, 적어도 그들을 바라보는 시선만큼은 반드시 시정되어야 할 필요가 있다고 사료된다.

우열관계에 있어서의 우성에 해당한다는 식의 사고가 가장 큰 문제일 것이다. 그리고 그 이면에는 우성과 열성을 나누는 기준으로 '부(富)'를 상정하는 태도가 사회 깊숙이 자리 잡고 있다. 최근 대한민국에서는 소위 말하는 상류층과 중류층 및 하류층을 나누는 기준으로 재산의 소유 정도를 설정하는 경향이 강하게 나타나고 있다. 이에 따르면 일정기간 동안 벌어들이는 수입이 어느 수준인지, 사용가능한 지출액의 한도가 어느 수준인지가 계층을 나누는 척도가 된다. 물론 재산을 중심으로 하여 사회적 신분을 잠정적으로 분류하는 태도가 반드시 바람직하지 못한 것으로 여겨지진 않는다. 단지, 경제력의 강약에 기초하여 등급을 형성시키는 행위가 사람들로 하여금 우월감과 열등감을 가지도록 만든다는 것이 문제일 따름이라 하겠다. 전자와 같은 감정은 지나친 자기존엄의식을 만들어내는 동인이 되어 감정흡입력을 통한 타인의 감정수용을 둔화시키고, 감정전달력 일변도의 정서발현 태도를 공고화시키며, 더 나아가 자신을 비롯한 타인의 감정을 해석하는 데에 어려움을 겪게 만든다. 반면 열등감이라는 정서에 매몰된 후자와 같은 경우는 감정흡입력만이 두드러지게 나타남에 따라 자신의 의사를 전달하는 데에 있어 소극적이 되거나, 자신의 처지를 비관한 나머지 무분별한 감정전달력을 현실화시켜 불특정다수를 대상으로 마찰을 빚기 시작할 가능성이 농후하다. 이처럼 상대적 박탈감은 어떠한 식으로든 일변도의 사회로 가려고 하는 서로 다른 진영들이 형성됨에 따라 상호 간에 존중보다는 갈등관계에 놓이게 만드는 요인이 되므로, 부를 중심으로 하여 사회적 지위를 나누는 현재의 세태는 필연적으로 문화의 퇴보를 불러올 것이라고 사료된다. 사람들은 누구나 사회에서 인정받는 평균 혹은 그 이상의 삶을 살기를 강력하게 희구함에 따라 삶의 목적 자체도 자연스레 부의 증진을 통한 자아실현에 초점을 맞추어 설정되는 결과를 가져온다.

부 그 자체는 어떠한 문화적 속성도 부여되어 있지 않은 중립적 산물에 해당한다. 그리고 중립적이기 때문에 이를 축적하고 사용하는 사람이 어떠한 환경에 놓여있는지를 판단하는 것이 중요하지 않을 수 없다. 부가 삶의 목적으로 상정되는 경우에는 중립성을 띤 금전이 약탈성이라는 성격으로 변모하기에 이르는데, 이때 약탈이라는 함은 타인의 재화를 필요이상으로 빼앗아 가는 행위를 뜻한다. 더 많은 부를 창출하는 경제기술을 아는 사람들은 이를 기초로 하여 축적된 부를 끊임없이 늘려가는 반면, 그러한 기술을 체득하지 못한 사람들은 점차적으로 곤궁한 삶 속에 빠져들기 시작한다. 설상가상으로 경제적으로 열악한 환경에 노출된 이들이 획득해야 할 경제적 기회는 이를 운용할 수 있는 사람에 의하여 회수되기에 이른다. 결국 기존의 불평등한 상태를 고착화시키는 것을 뛰어넘어 이러한 현실을 심각한 수준으로 끌어내리는 약탈적 성격의 경제활동이 활성화되는 셈이다. 물론 자유주의를 토대로 한 현대사회에서 이러한 점을 두고 일의적으로 나쁘다는 평가만을 내릴 순 없을 것이다. 다만 이로 인하여 통상적 수준을 상회한 부의 독점이 일어나고, 상대적 박탈감을 중심으로 한 '불만사회' 내지는 '갈등사회'가 발생하기 마련이라는 점을 감안한다면, 이와 같은 문제를 방지할 수 있는 인식의 전환이 시급히 필요하다고 여겨진다.

특히 상대적 박탈감이라는 요소는 절대적 박탈감에 비하여 그 해결 상 난점이 존재한다는 점을 인식해야 한다. 절대적 박탈감은 고정적 · 정체적인 속성을 가지고 있기 때문에 이해관계인들의 구도가 비교적 단순하여 법과 제도의 의하여 시정될 수 있는 여지가 있는 반면, 상대적 박탈감의 경우는 다양한 이해관계인들에 의해 형성된 유동적 · 가변적 성격을 가지는 까닭에 이를 해소함에 있어 난관에 봉착할 수밖에 없다. 더군다나 상대적 박탈감이 가져다 준 유무형의 피해로 말미암아 인간다운 삶을 영위하기 어려운 사람들은 동일한 입장에 처해 있는 이들끼리 모여 공감대적 가치를 공유하기 위한 집단을 형성하게 되지만, 이윽고 이 집단들 역시 소속단체의 이익을 극대화시키고자 하는 열망을 이겨내지 못하여 불협화음을 내는 경우가 많다. 이러한 과정을 거쳐 형성된 집단들 사이의 반목과 갈등이 발생함에 따라 대규모의 사회갈등을 불러일으키곤 한다. 더욱이 다음과 같은 사회문제가 초래한 부정적 열기를 식히기 위해선 천문학적인 비용투입과 인적자원의 소모가 이루어질 수밖에 없음을 아울러 감안해야만 한다. 아무리 훌륭한 법과 제도가 구비되어 있다고 할지라도 모든 국민의 불편함을 해소해줄 수는 없다. 오히려 그들의 문제를 스스로 풀 수 있도록 유도하여야 하고 이에 발맞추어 사회적 사고를 지배하는 가치관의 확산, 다시 말해서 새로운 패러다임의 도래가 필요하다. 설령 그와 같은 패러다임이 존재하지 않는다고 할지라도 조금씩이나마 변할 수 있도록 유도하는 그 무언가의 존재가 필요함은 재론의 여지가 없다.

이와 관련하여 외국의 사례를 살펴보자. 아래의 내용은 인터넷 내일신문 2012년 9월 10일 오후 2시 51분에 올라온 김학순(언론인, 고려대 초빙교수, 미디어학부)의 칼럼이다. 김학순 교수는 이 칼럼에서 "최근 한국, 영국, 미국, 프랑스의 중산층 기준을 비교하는 인터넷 사이트의 글이 화제다. 직장인 대상 설문결과를 토대로 한국의 중산층 기준은 5가지다. 부채없는 아파트 30평이상 소유, 월 급여 500만 원 이상, 2,000cc급 중형차 소유, 예금 잔액 1억 원 이상, 1년에 한 차례 이상 해외여행을 다닐 수 있을 것. 옥스퍼드대가 제시한 영국의 중산층 기준도 5가지다. 자신의 주장과 신념을 가질 것, 독선적으로 행동하지 말 것, 약자를 두둔하고 강자에 당당히 대응할 것, 불의 · 불평 · 불법에 의연히 대처할 것. 미국 공립학교에서 가르치는 중산층의 기준은 4가지다. 자신의 주장에 떳떳하고, 사회적인 약자를 도와야 하며, 부정과 불법에 저항할 줄 알 것, 그 밖에 테이블 위에 정기적으로 받아보는 비평지가 놓여 있을 것. 조르주 퐁피두 전 대통령이 '삶의 질' 향상 공약으로 천명했다는 프랑스 중산층의 기준은 누군가가 잘못 옮겨놓았다. 외국어를 하나 정도는 할 수 있어야 하고, 직접 즐기는 스포츠가 하나, 다룰 줄 아는 악기 하나, 자기 집 나름의 전승요리 솜씨 하나, 공분(公憤)에 의연히 참여할 줄 알고, 약자를 도우며, 봉사활동을 꾸준히 할 수 있어야 한다는 것이다. 1969년부터 5년가량 대통령을 지낸 퐁피두는 원래 '정치란 한마디로 삶의 질을 높이는 것'이라며 제시한 8가지가 있었다. 인터넷 사이트에 쓴 앞의 4가지는 맞지만, 뒤의 2가지는 아니다. 주급을 절약해 매주 이틀간 검소하게 즐길 수 있을 것, 일주일에 한번 가족 외식을 할 수 있을 것, 자녀들이 고등학교를 졸업하면 자립시킬 것, 환경문제에 자기 집일 이상으로 민감할 것 등 4가지가 대신 들어가야 한다. 중산층의 기준을 명확하게 정하는 건 매우 어렵지만 선진국일수록 경제적인 차원을 넘어 문화적 · 도덕적 삶의 질까지 추구하는 여유를 방증하는 사례들이다. 한국 사회의 중산층 기준이 '얼마만큼 재산이 있어야 하는가'라면, 선진국에선 '어떻게 살아야 하는가'가 기준이 되고 있음을 보여준다"라고 언급하여 한국사회의 경제중심적 사고관의 폐해를 설명하고 있다. 물론 미국과 일부유럽 국가를 예로 든 것이긴 하지만, 이 칼럼에서 다룬 내용은 시사하는 바가 크다고 사료되는데, 그 이유는 사람들의 가치관이 문화를 바꾼 것에 해당하기 때문이다. 공적 이성과 무형의 가치를 중요시하는 생활양식이 사회적 신분에 대한 사고의 전환을 가능하게 하고, 계층에 대한 사고의 전환은 사람이 사람을 보는 시선에 변화를 주며, 시선의 변화는 계층 상호 간의 유대관계에 유의미한 영향을 주는 요인이라고 할 수 있다. 대다수의 사람들은 이러한 과정을 통해 갈등의 지속보다는 화합과 조화에 기초한 사회적 안정성을 마련함으로써 인격적으로 존중을 받을 수 있는 환경 속에서 살 수 있게 된 것이다. 그러나 이와 같은 환경은 아무런 대가없이 주어지지 않는다. 그렇다면 무엇이 충족되어야 하는가?

Ⅲ. 상대적 박탈감의 해소를 위한 사회 분위기의 전환

위와 같은 사회적 분위기를 확산시키는 데 있어서 필요한 것은 선입견이나 편견을 가지지 않고 타인의 생각을 경청(傾聽)하는 자세이다. 경청은 '단순하게 듣는다'는 의미가 아니다. 경청은 '傾(기울 경)'과 '聽(들을 청)'의 합성어로서 '귀를 기울여 듣는다'는 뜻이다. 경청의 기술이란 말처럼 그리 쉽지만은 않다. 따라서 간단해 보이는 기술이라고 할지라도 적절하게 사용할 줄 모른다면 이에 대해 전혀 모르고 있는 것과 다르지 않다. 따라서 필자는 표창원 교수가 2012년에 저술한 『숨겨진 심리학』(토네이도) 중 221~224면에 서술한 부분을 인용하고자 한다. 그는 총10단계에 걸쳐 경청의 기술을 설명하고 있다. 1단계는 '마주보기'이다. 상대방을 정면으로 보고 앉아서 몸을 약간 앞으로 숙여 '진지하게 경청'하고 있음을 보여주는 자세라고 할 수 있다. 이는 매우 쉬워 보이면서도 실행하기 어려운 일이다. 특히 자녀나 부하직원, 고객 등을 등 뒤나 옆에 둔 채 "듣고 있어요, 말씀하세요"라는 김빠지는 태도를 보이는 사람이 의외로 많은데 상대의 등이나 옆을 바라보며 할까 말까 망설여지는, 속에 있는 말을 꺼낼 수 있는 사람은 흔치 않을 것이라고 한다. 2단계는 '시선 접촉하기'이다. 상대와 시선을 마주쳐 상대가 편안함을 느끼도록 해야 한다는 것이다. 서로 마주보고 앉았음에도 시선을 다른 곳에 둔다면 상대방은 무시당하는 느낌을 갖게 될 것이고, 그렇다고 하여 부담을 느낄 정도로 뚫어져라 쳐다보아서는 안 되는데, 즉 부드러운 시선으로 상대방을 바라보며 이야기를 경청하는 자세가 중요하다고 한다. 3단계는 '대화의 방해요인 제거하기'이다. 서류나 컴퓨터 등을 한쪽으로 치우는 행위는 적극적으로 상대방과의 대화에 집중한다는 강력한 의사표시라고 한다. 4단계는 '적절한 반응보이기'이다. 고개를 끄덕이기, 눈썹 모으기 등의 몸짓과 "그래서요?", "저런!", "정말요?" 등의 적극적인 추임새를 활용하여 상대방이 주저하고 망설이던 이야기를 꺼낼 수 있도록 하는 것이 중요하다고 한다. 5단계는 '상대의 이야기에 집중하기'이다. '내가 하고 싶은 말'은 잊어버리고, 상대의 이야기에 자연스럽게 이어지는 이야기로 답하는 것이 중요한데, 내 뜻을 전달하기 위한 대화가 아니라 상대의 이야기를 듣기 위한 대화라는 점을 잊어서는 안 된다고 한다. 6단계는 '내면의 방해요소 없애기'이다. 자신의 주장이나 경험 등 '하고 싶은 이야기'를 떨쳐버리고 상대방의 말에 계속 집중하는 것으로 제5단계의 연장선상에 있는 부분이라고 사료된다. 7단계는 '오픈 마인드 유지하기'이다. 상대방이 완전히 이야기를 끝날 때까지 찬반이나 자신의 견해에 대해 말하기를 참아야 하고, 결코 상대방의 생각이나 의도를 짐작해서는 안 된다고 한다. 8단계 '끝까지 듣기'이다. 상대방이 조언을 구하거나 나의 의견을 묻기 직전까지 '저 사람은 그저 자신이 하고 싶은 이야기를 내게 털어놓고 싶을 뿐이야'라는 생각을 유지해야 한다고 한다. 9단계 '적절한 질문하기'이다. 상대방이 주저할 때 혹은 할 말을 다한 뒤, 진의와 요지를 확실히 하기 위한 질문을 던져야 한다고 한다. 10단계 '상대방의 이야기를 요약하기, 그리고 맞는지 확인하기'이다. "제가 제대로 이해했는지 한번 들어봐 주세요. 그러니까 지금 하신 말씀의 요지는 …란 거죠?" 정도면 충분하다고 한다. 그러나 이처럼 손쉬워 보이는 자세를 견지하기 어려운 이유는 직관(直觀)에 기초한 휴리스틱(heuristic) 사고관념 때문인데, 심리학에서는 이를 두고 '인지적 구두쇠(혹은 절약자)'라고 한다. 아래의 내용은 강영걸이 쓴 『사회심리의 이해』(대구대학교 출판부, 2009)의 13면에 기재된 부분이다. 강영걸은 사람들이 사회현상을 합리적으로 추론하고 판단하기 위해선 관련된 수많은 정보를 수집 · 분석한 후 판단해야 한다는 점에서 많은 어려움, 즉 인지능력의 한계를 느끼게 됨에 따라 되도록이면 쉽고도 간단한 방법으로 추론하여 보다 효율적으로 사고하려는 경향을 보이게 된다고 한다. 그는 이러한 태도를 보이는 사람들을 인지적 절약자(cognitive miser)라고 칭한 바 있다. 도식을 사용하게 되면 인지적으로 적게 노력하고도 매우 쉽고 간단하게 추론 · 판단할 수가 있다고 언급하였는데, 사람이 도식을 활용하는 인지적 절약자라는 사실은 그들이 가능한 한 최소한의 정신적 작업을 하기를 원한다는 것을 의미하는 것으로서 가급적 정보의 과부하를 줄여 인지적 노력을 아끼려고 하는 태도에서 비롯된 것이라고 덧붙였다. 여기서 강영걸은 테일러(Tayor)와 그의 동료들이 1997년에 저술한 서적을 인용하여 "(i) 사람은 대체로 도식과 일치하는 정보를 더 잘 기억하는 경향을 가지고 있다. (ii) 도식과 일치하는 정보는 처리 시간이 상대적으로 짧다. 즉, 도식과 일치하는 정보는 그렇지 않은 정보에 비해서 처리속도가 빠르다는 것이다"라고 하였다.

이것이 대규모의 인적범위로 확산되면 고정관념이 되어버린다. 이때부터는 기존과는 다른 문화와 가치관의 전파가 어려워지고, 이에 따라 사회가 정체상태에 머무르게 된다는 점에 유의하여야 한다. 다시 말해서 관념의 불융통성(不融通性)으로 말미암아 경직된 사고가 만연하게 되고, 그로 인하여 새로운 사고를 할 수 있는 역량을 심대하게 감소시킨다는 것이다. 한규석은 『사회심리학의 이해』(학지사, 2009) 485면에서 "상대방이 지닌 사회적 범주(성, 인종, 직업, 소속 등)가 두드러지게 인식되는 경우에 그 범주에 대하여 사회적으로 통용되고 있는 고정관념이나 편견이 자동적 처리기제에 의해 활성화되어 상대와의 교류행위에 영향을 미치게 된다. 대상 범주집단에 대하여 그 집단성원들의 공통된 특징이라고 사회에서 널리 수용되고 있는 인식이 고정관념이다. 편견은 상대방이 특정 집단의 성원이라는 이유만으로 상대방을 평가하여 지니고 있는 태도이며 대체로 부정적인 특성을 지닌다"라고 설명한 바 있다. 특히 시간이 지날수록 이러한 태도는 공고해지는데, 그로 말미암아 사회적으로 소수에 해당하는 사람들이 제시한 건설적 혹은 유의미한 견해가 그대로 사장되는 경우도 흔히 발생한다. 유의미한 견해라 함은 과거에서부터 현재까지 내려온 혹은 장래에 생길 수 있는 문제나 사안에 대처하기 위한 창의적인 성격의 의견을 뜻한다. 그리고 이러한 견해들이 사회적으로 확산되면 하나의 유행이 되고, 유행이 지속되면 사조(思潮) 혹은 패러다임으로서의 지위를 겸비하게 된다. 설혹 소수의 생각이라고 할지라도 그들의 견해가 사회발전을 위한 가치를 지닌 것으로 여겨질 경우, 우리는 그들의 사고를 적극적으로 수렴함으로써 보다 건설적인 패러다임이 사회전반에 흐를 수 있도록 노력해야 할 필요가 있다. 따라서 이를 위한 첫 번째 과제는 다수가 발하는 말이나 사고에 천착(舛錯)하지 않는 태도라고 할 것이다. 그러나 사람들은 어느 순간부터 자신만의 주관 내지는 가치관이라는 것을 망각하며 살아가기 시작했다. 특히 이러한 성향을 가진 개인은 '다수의 사람들이 특정한 문제에 대해서 어떠한 시각으로 바라보고 있는지'에 대해선 민감하게 반응하지만 정작 '자신은 이를 어떠한 관점에서 바라보고 있는지'에 대해 둔감함을 보이는 경우가 많다고 사료된다. 설령 '소속집단이 바람직하지 않은 일들을 한다고 할지라도' 또는 '그들의 행위가 자신의 양심에 배치된다고 하더라도' 그는 스스로가 무리 속에서 이탈되지 않았음에 대해 깊은 안도감을 갖는다는 사실은 삶의 중심축을 상실한 이들의 타인종속성(他人從屬性)에 기초한 성향이 점차적으로 강해지고 있음을 보여주는 단적인 예라고 할 수 있겠다. 그러한 생황 속에선 몇몇의 사람들이 소속집단의 목표에 반(反)하는 견해를 낼 경우, 이를 합리적이고 타당하다고 인식할지라도 현실적으로 그에 대한 당위성을 인정하고 적극적으로 수용하는 사람들은 지극히 소수에 불과할 뿐이다.

상기의 문제를 해결하기 위해선 '사람을 이해하는 사람의 존재'가 필수적으로 요청된다. 기존의 가치에 반하는 것으로 여겨질 만한 행동, 즉 일탈행동을 하는 사람을 백안시하는 것보다는 그렇게 처신할 수밖에 없었던 까닭이 무엇이었는지에 대해 진지하게 생각하는 것이 필요하다는 의미이다. 그렇다면 특정한 행동을 하는 사람의 심리를 이해하기에 앞서, '정상행동'

과 '일탈행동'을 구분하는 기준은 무엇인가? 일도양단의 기준을 마련하여 이를 규명한다는 것은 어렵지만, 적어도 사회통념상 인정될 수 있을만한 통상적인 기준선만큼은 존재하고 있다. 그것은 바로 '교육'이다. 교육을 받은 사람과 교육을 받지 않은 사람이 보여주는 행위양태는 매우 다르다. 여기서 교육에 대한 내용은 학력이 어느 수준에 달하였는지를 중심으로 하는 것이 아니라, 일반적으로 이루어졌어야 할 인성교육을 뜻한다. 주지하다시피 동양의 사회에서 중요시하는 교육덕목은 '인(仁)', '의(義)', '예(禮)', '지(智)'에 해당한다. '자그마한 일에 성을 내지 않고 너그러이 용서해줄 수 있는 마음', '불의에 대하여 분노를 느끼는 정의감', '자신의 행동을 통제함과 더불어 사람을 존중하는 마음', '자신이 배운 바를 이해하고 실천하는 능력'들이 바로 그것이다. 그러나 이상의 교육덕목이 사회발전에 커다란 영향을 주는 열쇠임에도 불구하고 그 위상은 날이 갈수록 격하되고 있는 것이 작금의 세태인데, 이는 성과중심주의적 사회조류로 말미암아 내적성숙보다는 외적인 평판에 역점을 둔 입신양명(立身揚名)과 관계된 사항만이 각광을 받음에 따라 사회적 지위의 격상만을 중요시하는 '절름발이 자아실현본능'에 기인한 것이라 하겠다.

사람들은 이와 같은 내적 성숙도를 등한시하는 세태에 대하여 우려의 시선을 보내고 있음에도 불구하고 정작 위의 문제가 가지는 심각함에 대해선 진지하게 고려하지 않고 있는데, 그러한 현상을 자아내는 여러 가지 이유들 중 대표적인 것을 꼽는다면 서양적 가치관이 한국사회에 존재하는 가치세계를 지나칠 정도로 잠식해 들어가고 있는 현상을 들 수 있겠다. 물론 서구식 가치관과 사상이 무조건적으로 동양의 내면적 세계를 파괴하려고 드는 부정적 요소라는 식으로 단언할 수는 없을 것이다. 실제로 우리는 그러한 서양정신을 통하여 자연을 이용하고 자신의 이성을 적극적으로 활용하는 방법에 대해 깨우친 바 있기 때문이다. 뿐만 아니라 세계질서를 형성하고 지키며 움직이는 주체가 미국과 유럽임을 감안한다면 더욱 그러하다. 다만, 서양에서는 물질의 이용과 같은 경제기술의 운용을 중심으로 한 실용적 조류를 중시하되 정신적 가치에 대한 측면을 간과하지 않은 데에 반하여, 동양에서는 자신의 중심축을 상대적으로 지키지 못했다는 점에서 차이가 있었을 따름이다. 사실 역사적인 차원에서 동양이 서양에 의해 지속적으로 영토적 · 문화적 영역에 대한 침해를 받아왔음을 감안한다면, 현대와 같이 성과중심주의에 기반을 둔 사고방식의 도래는 예견된 결과일 수밖에 없었던 것이라고 사료된다. 서구열강이 득세했을 당시에 중체서용(中體西用)이나 동도서기론(東道西器論)이 강력하게 제시되어 아시아의 정신문화가 늘 훼손일로만을 걸은 것은 아니었다고 주장을 할 수도 있겠지만, 종국적으로는 그러한 무형의 문화적 소산에 대한 적극적 수호라는 목적이 제대로 달성되었다고 하기엔 어려움이 따른다는 것 또한 부인할 수 없는 사실이다. 한국사회는 상기와 같은 과정을 거쳐 '일본에 의한 식민지배'와 '해방 후의 미군정의 주둔' 그리고 '한국전쟁'이라는 역사적 소용돌이를 거쳐 현재는 비교적 안정적인 모습으로 정착하였으나, 그 내면을 들여다보면 정신문화와 물질문화의 균형감의 훼손으로 말미암아 후자를 중심으로 한 패러다임 속으로 깊숙이 빠져들기 시작하였다고 사료된다. 먹고 사는 문제가 해결해야 할 당면의 과제였을 뿐만 아니라, 굶주림 앞에서 정신문화라는 것은 그야말로 사치에 불과한 것이었으며, 더 나아가 이처럼 암울한 시대를 살아가는 이들에겐 서양의 문화가 마치 좇아가고 싶은 환상의 세계에서 내려온 산물처럼 보였을 가능성이 높기 때문이다.

그러나 아이러니하게도 서양에서는 동양과는 달리 기존에 유지해오던 가치관이 가지고 있는 문제점을 직시하고, 이를 시정하기 위한 노력을 하기 시작했다. 사람들은 물적소유량(物的所有量)을 증진시키는 과정에서 정작 그것을 모으기 시작하게 된 진정한 목적을 간과함에 따라 '눈에 보이는 득(得)'이 풍요로운 삶의 원천이 된다고 착오를 일으킨 나머지 무형의 가치를 등한시하였고, 이로 말미암아 도덕적 해이를 비롯하여 수많은 유형의 사회적 문제가 발생하였기 때문이다. 이를 보다 확장시켜서 해석해본다면, 제국주의(帝國主義)와도 깊은 관련이 있음을 알 수 있다. 어느 국가가 더 많은 식민지를 개척하여 전 세계적인 패권을 장악하고, 그러한 권력하에 최고의 부를 누릴 수 있는지가 20세기의 관심사였다. 급기야 더욱 많은 이익을 쟁취하려는 국가들의 욕망으로 말미암아 제1 · 2차 세계대전이 발생하게 되었고, 우리는 그 속에서 물질을 향한 인간의 잔혹함을 알 수 있었다. 그렇기 때문에 전쟁의 당사자였던 서양의 국가들은 이와 같은 현실이 재발하지 않도록 단속을 하기 시작하였고, 결과적으론 물욕의 제어를 통한 평화적 분위기의 형성이 얼마나 소중한 것인지를 깨달을 수 있었던 것이다. 이때부터 해당 국가들은 파괴되었던 문화재를 재건 및 복원하면서 찬란했던 당시의 문화들이 지니고 있었던 무형의 가치를 부활시키고자 하였고, 그와 같은 과정에서 물질문화에 대한 지나친 희구가 초래할 정신의 파괴에 대하여 깊은 우려의 시각을 형성하게 되었다고 사료된다. 이때부터 물질을 바라보는 관점을 재정립할 필요가 있다는 요청이 거세게 일었고, 그에 따라 고전학자들의 저서(사회학, 정치학, 경제학 등)들에 대한 탐독열기가 확산되기에 이르렀다. 막스 베버(Max Weber)가 『프로테스탄트 윤리와 자본주의 정신』을 통해 언급한 것처럼, 신(神)으로부터 구원을 받기 위해선 자신이 금욕적인 생활을 함과 동시에 최선을 다해 생(生)을 영위하였음을 증명할 수 있어야 하는데, 그 증명은 얼마나 많은 부(富)를 축적하였는지를 중심으로 하여 이루어진다. 그리고 칼 마르크스(Karl Marx) 역시 부가 가지는 역할과 역기능에 대해 심도있게 논의한 바 있는데, 그는 『자본론』과 『공산당 선언』 등과 같은 저서 속에서 사람은 자신의 존재가치를 파악하기 위한 수단에 해당하는 노동과 노동을 통해 얻는 이익의 가치를 자신의 가치관에 비추어 설명하였다. 물론 두 학자들의 견해의 타당성에 대해선 학자들 사이의 이견이 존재하는 것은 사실이나, 이들이 전 세계의 물질문화관과 정신문화관에 미친 영향은 막대하기 그지없다. 또한 게오르그 짐멜(Georg Simmel)은 『돈의 철학』이라는 저술을 통해 인간이 윤택한 삶의 양식을 꾸려나가기 위하여 창안해 낸 경제제도가 도리어 그들을 소외시키고 있음을 논리적으로 설명함에 따라 물질을 바라보는 시선의 재정립이 필요함을 강변한 바 있다.

물질문화는 정신문화를 바탕으로 하여 그 빛을 발할 수 있는 소산에 해당한다. 혹자는 먹고 사는 문제가 우선적으로 해결되어야만 인간으로서의 존엄을 지킬 수 있다는 식으로 언급할 수 있겠지만, 금전을 위시한 물질을 존엄의 가치에 부합하는 방향으로 사용할 수 없다면 이는 더욱 커다란 사회적 문제를 일으킬 수밖에 없다. 아무리 굶주림에 지쳐있다고 하여 적절한 조리법을 사용하지 않은 채 주어진 음식을 식도로 넘길 경우 삶과 죽음의 거리를 좁히기만 할 뿐 그 어떠한 긍정적인 결과를 만들어낼 수는 없을 것이다. 그동안 사람들은 칼 마르크스와 같은 인물이 유물론적 세계관에 입각하여 물질의 공평한 배분을 중점적으로 언급하였다고 생각하였고, 필자 역시 그렇게 받아들여왔던 측면이 있었다. 그러나 마르크스가 이러한 논리를 펼치기 이전에 무형적인 속성을 띤 인간정신을 완벽하게 무시한 것은 아니었다고 사료된다. 그 이유는 부의 불공정한 분배에 대해 노여워한 근본적인 사고관 때문이다. 만인에게 적절히 분배되어야 할 자본이 소수에게 집중되는 현상으로 말미암아 인간이라면 응당 가져야 할 존엄성이 몰각되었다는 현실을 보고 느낀 안타까움, 즉 인간정신에 대한 측면이 이미 전제되어 있었기에 그와 같은 주장을 할 수 있었던 것이라고 여겨진다. 정신이 배제된 물질은 인간을 해하는 도구로서 천민자본주의를 확산시키는 주범이 된다. 따라서 정신이 정착한 이후엔, 양자가 일정한 속도로 상호교환적인 체제 속에서 상응하는 관계에 놓여있어야만 한다. 이와 같은 논의를 함에 있어 가장 유감스럽게 생각하는 부분은 물질세계가 엄청난 속도로 발전해가고 있음에도 불구하고, 인간정신은 이에 부합하는 속도로 진화하지 못하였다는 점이다. 이 점에 대하여 앨빈 토플러(Alvin Toffler)와 하이디 토플러(Heidi Toffler)가 저술한 『부의 미래』(김중웅 옮김, 청림출판, 2007)는 '부의 개념과 성격'(37~39면) 그리고 '동시화와 안정화'(59~61면)를 다음과 같이 설명하고 있다.

[부의 개념과 성격] "욕망이란 절대적인 필요에서 일시적인 욕구까지 모든 경

우를 의미할 수 있다. 어떤 경우이건 부란 갈망을 만족시키는 그 무엇을 의미한다. 부는 참을 수 없는 갈망을 해소해 준다. 한 번에 한 가지 이상의 욕망을 만족시킬 수도 있다. (중략) 사실 부를 대략적으로 정의해 보면 그 형태가 공유든 아니든 일종의 소유라고 말할 수 있다. 경제학자들은 이를 효용(utility)이라고 부른다. 즉 부는 우리에게 어떤 형태의 웰빙(well-being)을 제공하거나 다른 형태의 부로 교환할 수 있게 만든다. 물론 어떤 경우에건 부는 욕망의 소산이다. 그렇기 때문에 부에 관한 생각 자체를 혐오하는 사람들이 생겨나기도 하는 것이다. (중략) 요약하면, 모든 사회의 지도층은 금욕주의와 이데올로기, 종교, 광고, 기타 다른 수단을 통해서 의식적이든 무의식적이든 사회 전반의 욕망을 관리해 왔으며, 그것이 바로 부 창출의 출발점이었다. 단순하게 욕망을 자극하거나 탐욕을 찬양한다고 해서 모든 사람이 꼭 부자가 되는 것은 아니다. 욕망을 선동하고 부를 추구하는 문화가 필연적으로 부를 창출하는 것도 아니다. 하지만 가난의 미덕을 강조하는 문화에서는 그들이 추구하는 가치대로 머물 수밖에 없다."

[동시화와 안정화] "미국, 일본, 중국, EU 등 오늘날의 주요 경제국들은 그들 누구도 원치 않는 위기를 향해 달리고 있다. 정치 지도자들은 그것을 미처 대비하지 못해서 미래의 경제적인 진보를 제한하게 될 것이다. 서서히 모습을 드러내고 있는 이 위기는 비동시적 효과(de-synchronization effect)의 직접적인 결과로 심층 기반 중에서도 가장 중요한 기반인 시간(time)을 생각 없이 다뤄서 생겨난 문제이다. 오늘날 세계 각국은 선진 경제를 건설하기 위해 각기 다른 속도로 고군분투하고 있다. 그런데 대부분의 정치, 경제, 사회, 지도자들은 간단한 사실 하나를 명확하게 이해하지 못하고 있다. 그것은 선진 경제를 건설하기 위해서는 선진사회가 필요하다는 사실이다. 모든 경제는 그것이 속한 사회의 산물이고 사회의 주요 제도들에 의해 영향을 받는다. 경제발전의 속도를 높여 가는 나라의 주요 제도들이 뒤처져 있다면, 부를 창출하는 잠재력이 제한될 수밖에 없다. 이를 적합성의 법칙(Law of Congruence)이라 부른다. 세계 어디서나 봉선기대의 제도들은 산업발전을 가로막았다. (중략) 어느 곳에서든 산업시대의 조직을 대체하거나 혁신하려는 시도들은 기존 조직의 수혜자와 그 지지자들로부터 저항을 야기한다. 이 저항은 변화의 속도를 불규칙하게 만들기도 하고, 적어도 그에 영향을 미친다. 주요 기관들이 지식 경제가 요구하는 가속도에 동시화되지 못하고 기능장애를 일으키는 이유가 이것 때문이다. 이처럼 오늘날의 정부는 시간을 제

대로 못해 생겨나는 심각한 문제를 안고 있다. (중략) 안정화와 동시화는 사회집단과 경제체제 내에서 우리가 개인으로서 어떻게 기능해야 하는지에 대해 예측할 수 있게 해준다. 어느 정도의 안정성과 시간 조절 기능이 없다면 삶은 무질서나 우연이라는 억압에 짓눌리게 될 것이다."

앨빈 토플러와 하이디 토플러가 언급한 바와 같이 물질사회와 정신사회가 동일한 속도로 발전하지 않는다면 두 가지 사회 모두 종국적으로는 혼란에 빠지게 될 가능성이 농후한데, 특히 사람들이 건설적인 변화의 바람을 인위적으로 거부하려는 태도를 견지할 경우 혼란에 접어드는 속도는 더욱 가속화될 것이라고 사료된다. 그러므로 사회구성원들이 적극적으로 존중의 원칙에 입각하여 어떠한 식으로 위의 문제를 해결할 것인지에 대해 강구하는 것이 필수적으로 요청되는 것이라 하겠다. 필자는 그 방법론으로 인간교육(人間教育)이라는 목적을 달성하기 위한 교육풍토의 신(新)조류의 중요성을 강변하고자 한다. 다시 말해서 물질문화가 정신문화에 걸맞도록 재조정되고, 더 나아가 양자가 균형감을 가지고 존재하기 위해선 물(物)에 대한 사람들의 시선이 바뀌어야 한다는 것이다. 물론 정신문화도 물질문화의 변화를 존중하여야 하겠지만, 기본적으로는 전자가 후자보다 상대적으로 우선시되어야 할 필요가 있다. 물질을 다루는 주체는 어디까지나 사람이기 때문이다.

사람들이 물(物)에 대해 지각한다는 말은 '주어진 것이 무엇인지' 그리고 '어떠한 목적으로 사용되는 것인지'에 대해 깨달음을 의미하지만, 우리는 그들이 사물에 대해 왜곡된 관념을 형성한 나머지 이를 바람직하지 않는 방법으로 이용하려는 혹은 이용하고 있는 모습을 때때로 목격하게 된다. 사회통념상 옳다고 인정받지 못하는 방식을 통한 사물의 이용은 물의 목적에 위반하여 사용함을 뜻하는 것으로서 궁극적으로는 자신의 사사로운 욕구충족에 그 기반을 두고 있다는 점에서 볼 때, 종국에 이르러선 타인의 권리를 부당하게 침해하는 결과를 창출할 수밖에 없으므로 존중사회의 파괴를 야기하는 원인들 중 하나로 손꼽힌다고 할지라도 과언이 아니다.

Ⅳ. 문화교육을 통한 사회정의의 발현

특히 이와 같은 현상은 사회구성원들이 개인적으로 보유하고 있는 물의 량(量)에 따라 그 심각성의 농도를 달리한다. '풍족함'은 더 큰 만족을 위한 욕심의 기반이 되지만, '청빈함'은 자신의 무분별한 삶의 양식을 저지하려는 자기관리본능에 그 터를 두고 있다. 물욕(物慾)에 의하여 지배를 받는 인간은 더 많은 재산을 차지하려는 욕구의 노비가 됨에 따라 가진 자의 만족감을 넘어 타인의 재산에 대한 질시감(嫉視感)을 느낀다. 반면 가진 것에 만족하고, 더 많은 것을 탐하려는 태도를 경계하는 자세는 타인으로부터 그 어떠한 원망을 사지 않을 뿐만 아니라 오히려 존경을 받는 지위에 서게 된다. 이른바 단사표음(簞食瓢飮)의 미덕이 사람을 사람답게 만드는 것이라 하겠다. 따라서 물질적 풍요로움을 어떠한 시각에서 바라볼 것인지를 정하는 것 역시 중요한 관건이다. 물질은 사용자의 인적 성숙성에 따라 사회의 안정도를 높일 수 있는 훌륭한 도구가 되기도 하지만, 한편으로는 심각한 수준의 불안정화를 야기하는 독이 되기도 하는 법이다. 역으로 성숙한 인간들이 모여 있는 사회라고 할지라도 생존본능의 폭주를 제어할 수 있을 정도로 극빈함이 만연하게 된다면 누구든 무법자 혹은 범법자로 퇴락할 가능성이 상존한다. '배고픔을 이길 수 있는 사람'은 없기 때문이다. 필자는 양자의 간극을 좁혀줄 수 있는 최고의 방안이 바로 '문화교육(文化教育)'이라고 생각한다.

문화교육은 '사회문화에 적합한 인간'과 '인간에게 적합한 사회문화형성'이라는 두 가지 관점의 조화를 통해 토플러 부부가 언급한 동시화와 안정화를 도출해내기 위한 교육론이라고 할 수 있다. 문화는 인간이 감성과 신념의 및 이성의 단계를 거쳐 일반이성이라는 형태로 진화한 변증법적 산물에 해당하므로 많은 이들이 공유하는 정신영역이 구체화된 형태라고 말할 수 있겠다. 경우에 따라선 문화존속의 운명이 인간에 의하여 결정되는 것처럼 여겨질 수 있지만, 실상은 그렇게 단선적이지만은 않다. 문화를 만드는 것은 인간이지만, 문화에 의하여 지배되는 것 또한 인간임을 부인할 순 없기 때문이다. 문화는 패러다임이며 인류가 영위하는 삶의 중앙에서 가장 자리에 이르기까지 확산되어 있는 무형의 정신적 산물로서 사람들의 운명을 좌우할 수 있는 강력한 힘을 가지고 있다. 뿐만 아니라 그러한 패러다임이 선용(善用)될 경우 이는 사람들이 타인들의 삶을 객관적으로 바라볼 수 있도록 동기를 부여해줄 수도 있고, 더 나아가 바람직한 삶을 영위할 수 있도록 강한 열망을 갖게 만들며, 상황에 따라선 사회 속에 존재하는 자신의 정체성을 판단하기 위한 노력을 기울이도록 유인하기도 한다. 여기서 말하는 '정체성 판단'이란 '스스로가 다른 사람을 바라보는 관점' 그리고 '다른 사람이 자신을 바라보는 관점'이라는 상이한 시점들을 중지에 모아 본인의 성향과 인격적 성숙성을 가늠하는 행위를 뜻한다.

그러나 긍정적이라고 평가받는 패러다임도 이를 받아들이는 사람의 사고방식에 하자가 존재한다면, 자기비하감에 강하게 사로잡힌 나머지 남아있는 자신의 인생을 부정적인 방향으로 형성하게 만드는 결과를 초래할 수 있으므로, 이를 예방하기 위한 교육은 필수적으로 요청되는 사항이라고 하겠다. 패러다임의 수용과정에서 나타난 하자는 스스로를 비하함과 더불어 '인간으로서의 존엄성과 그 가치'를 폄하하게 만들고, 자아폄하가 이루어지는 순간부터 인격적 존재로서의 지위를 포기하도록 유도하며, 더 나아가 타인과 상호작용을 하기 위한 심리적 원동력을 상실하는 결과를 불러올 뿐만 아니라, 자기비하의식으로 말미암아 자신의 삶이 덧없는 것이라는 착오를 유발하여 목숨을 끊거나 자기혐오로부터 벗어나기 위해 타인의 인격적 가치를 허물기 위한 범법행위를 자행하도록 조종하는 요인으로 작용한다. 그 중에서 타인의 인격적 가치를 훼손시키는 행위가 발생하는 까닭은 자신만이 수렁 속에 빠져있다는 사실을 견디지 못하여 다른 사람들 역시 본인과 같은 입장에 처하도록 함으로써 심리적인 위안을 얻기 위함이라고 하겠다. 정체성을 판단하는 행위는 자신이 사회통념상 올바르다고 평가받는 길목에 서있는지 혹은 그렇지 않은지를 준별하기 위한 목적으로 이루어지는 것이지, 스스로가 가치있는 존재인지 아닌지를 파악하기 위함이 아니다. 그러나 사람들은 원하든 원치 않든 자연스럽게 후자의 방향으로 이동하는 경향이 있다. 그렇다면 이러한 결과가 나타나게 된 연유는 무엇이라고 보아야 하는가? 그것은 자신이 보유하는 사회적 지위가 높은지 낮은지를 중심으로 하여 자신에 대한 가치를 판단하는 경향이 강하기 때문이다. 물론 사회에서 점하고 있는 위치가 높은 사람이라고 할지라도 그 나름의 번뇌가 없다고 할 수는 없지만, 대체로 자신이 다른 사람들로부터 충분히 인정받지 못하고 있다는 사실에 기인하여 스스로를 '가치없는 사람'이라는 식으로 자평(自評)하는 경우가 많은 편이라고 사료된다. 그렇다면 이와 같은 가치의 존재여부는 무엇을 기준으로 하여 판단되는 것인가? 일반적으로 가장 많이 제시되는 것은 바로 '축적된 부의 량'이라고 할 수 있겠다.

그래서 이와 같은 폐해를 시정하기 위하여 문화교육이 강조될 수밖에 없는 것이다. 문화교육은 인간이 정체성 판단이라는 과정을 거쳐 사회 속에서 살아가는 방법 그리고 더 나은 사회를 만들 수 있는 지혜와 지식을 주는 것이라고 하겠다. 그러나 최근 문사철(文史哲)이라고 불리는 문학(文學), 사학(史學), 철학(哲學)을 필두로 한 인문학의 위상이 낮아지고 있는데, 이와 같은 학문을 공부하는 사람들의 수가 급감하는 이유들 중 하나는 '돈을 버는 것과 거리가 멀다'라는 인식이 뿌리 깊게 자리를 잡고 있기 때문이라고 생각한다. 흔히 법학, 의학, 경영학, 경제학처럼 정치사회 · 경제사회의 운영과 관계 깊은 학문을 해야만 소위 말하듯, '먹고 사는 걱정을 덜 수 있다'라고 여기는 것이다. 이에 따라 학문적 다양성(多樣性)은 소수성(少數性)으로 전락하고 있고, 급기야 문사철 전공자의 수가 급감하다 못해 이제는 존폐론 마저 대두될 정도에 이르게 되었다. 인문학이 사람의 인지구조를 다루는 원초적인 접근을 하는 학문으로서 사회전체의 움직임과 방향성을 파악하는 데에 있어서 매우 긴요한 역할을 수행하고 있음에 틀림없음에도 불구하고 물질문화의 향유에 대한 희구가 그러한 학문의 영역을 빼앗아 정신문화의 발전과 퇴보를 좌우할 정도로 엄청난 효과를 발휘하고 있다는 사실이 가장 큰 문제라 할 수 있다. 따라서 이를 염려한 많은 지성인들은 인문학을 접근하는 새로운 방식을 제시하기 위하여 많은 노력을 기울이고 있다. 그들이 생각하는 학문은 창의적인 생각을 도출해내기 위한 저장소에 해당할 뿐만 아니라 이에 기초하여 사람들이 공존할 수 있도록 이끄는 정신적 유도체(誘導體)이기도 하다. 사람들은 문학을 통해 이성중심적인 사고의 폐단을 시정하고, 역사학을 통해 과거의 오류를 깨닫고, 철학을 통해 상호존중에 기초한 삶을 깨달을 수 있다. 최근 유수의 대학에서는 인문학 강좌를 통해 배운 내용을 적극적으로 활용할 수 있도록 계기를 마련하고 있다는 사실은 무척이나 고무적이라고 하겠다. 이는 가시적인 현상에만 몰두하는 협소한 사회관을 전환시키는 데에 그 목적을 두고 있는 것이라 사료된다.

교육 자체가 물질중심주의적 성향으로 치우치면, 이는 인간정신의 진보가 아니라 퇴보라는 결과를 초래할 수밖에 없다. 인간이 정신적으로 성숙했는지의 여부는 상대방을 얼마나 존중할 수 있는가에 따라 판단가능하다. 자신이 보유하고 있는 사회적 신분에 기초하여 약자라고 불리는 사람들이 보유하는 인격적 가치를 무시하거나, 혹은 풍족한 물적 자원을 남용하여 누군가의 권리를 해하는 행위를 보이는 사람들은 정신박약(精神薄弱)이라는 증세를 가지고 있는 실질적 환자군으로서 정신적 퇴보일로를 걷는 이들이라고 할 수 있겠다. 이러한 사람들은 흔히 사회가 권력을 중심으로 한 질서에 의하여 형성되고, 이에 기초하여 개인들의 삶 역시 그러한 권력의 등급에 맞추어 재편된다고 생각하는 듯한 경향이 강하다. 설령 과거에는 이와 같은 사고관념에 대해 부정적인 인식을 견지해왔던 이들도 자신이 그러한 집단 속 편입됨에 따라 기존의 가치를 그대로 답습하는 한편 심지어는 더욱 강하게 고수하려는 성향을 내면화하게 된다는 점에서 존중의식을 한층 진보시키기보다는 오히려 퇴락시키는 결과를 초래하고 있다. 권력을 탐하는 것은 인간의 본능적인 습성의 발로에 해당한다.

누군가의 머리 위에서 군림하지는 못할지언정 그보다 아래의 지위에 정주하고자 하는 사람은 단 한 명도 존재하지 않을뿐더러 최소한 자신이 경쟁의 상대로 삼는 이들과 동등한 지위에 서있길 희구한다. 알렉시스 드 토크빌(Alexis de Tocqueville)은 바로 이러한 심리상태가 자유의 하향평준화를 가져오는 요인으로서 점진적으로는 사회전체의 발전을 저해하는 상황을 만들어낸다고 지적한 바 있다. 여기서 토크빌이 저술한 『미국의 민주주의(Ⅱ)』(임효선 · 박지동 옮김, 한길사, 2008)의 대목들을 살펴보도록 하자. 그는 579면에서 "평등의 시대에 사는 사람의 대부분은 간절하면서도 노력은 하지 않는 야심으로 가득 차 있다. 즉 이들은 즉각 거대한 성공을 거두고 싶어하면서도, 힘든 노력은 피하고 싶어 한다"고, 666면에서 "평등에 대한 열정은 모든 면에서 인간의 가슴 속으로 파고들고 거기서 확대되며 마침내는 인간을 완전히 사로잡는다. 이처럼 배타적인 열정에 사로잡힘으로써 그들은 가장 귀중한 이익을 손상하고 있다고 그들에게 말해줄 필요가 없다. 왜냐하면 이미 그들은 귀가 멀어 있기 때문이다"라고 언급함과 더불어, 667면에서는 "평등에 대한 그들의 열정은 열렬하고 탐욕스러우며 지칠 줄 모르고 제어할 수 없다. 그들은 자유 속에서의 평등을 요구한다. 그러나 그것을 획득할 수 없을 때는 노예상태에서의 평등을 요구한다"가 말하였다. 다시 말해서 자신보다 상대적으로 나은 삶을 영위하고 있는 누군가의 존재에 대해 불편한 감정을 느낌에 따라 그를 자신과 비슷한 수준으로 격하시킴으로써 심리적인 만족감을 느끼게 된다는 것이다.

누군가가 자신보다 우위에 서있는지 혹은 열등한 지위에 위치해있는지 등을 명확하게 준별할 수 있는 기준은 존재하지 않는다. 더군다나 정치적 · 경제적 · 사회적 · 문화적 지위는 질량(質量)과 같은 물리적 척도로 측정할 수는 없는 것으로 이러한 무형적 무게감은 사람마다 느끼는 바가 천차만별에 해당한다. 교육은 바로 물질문화에 터 잡은 욕구충족의 관념에 대한 지나친 애착을 끊어내고, 인간이 나아가야 할 길에 대한 이정표를 제시하는 역할을 수행해야 한다. 보다 구체적으로 설명하자면 감정전달력에만 치중하는 것이 아니라 이를 제어할 수 있는 감정흡입력을 길러낼 수 있도록 만들어 주어야 한다는 것이다. 감정흡입력의 증진은 상대방의 마음을 이해하고 자신의 일처럼 받아들일 수 있는 역량에 해당한다. 만약 흡입력이 아닌 전달력에만 역점을 둔다면, 자신의 견해를 상대가 받아들일 것만을 요구하게 되고, 더 나아가 이런 심리가 악화된다면 '요구'에서 '강요'의 단계로 넘어가게 된다. 강요를 받는다는 말의 의미는 누군가가 특정한 행동을 할 자유를 침해당한다는 것으로서 궁극적으로는 행복추구권이라는 천부적 인권을 발현할 수 없도록 방해받았음을 뜻한다. 행복을 추구할 권리에 대한 침해는 곧 개성을 자유롭게 발현시키지 못함으로써 자아의 폐쇄화를 불러오는 결과를 초래하므로 궁극적으로는 인격의 파괴를 일으키기 마련이다. 특히 행동의 자유를 제약받는 사람이 인내심의 한계를 극복해내지 못하게 될 경우, 이들은 동일한 고통을 받는 사람과 연대하여 기존의 제한에 대한 반작용을 일으킬 계기를 만들어간다. 이와 같은 계기로 인하여 발생하는 반작용이란 상황을 자신들에게 유리한 방면으로 전환시키기 위한 일련의 사건들을 일으키는 것으로서 그 파급효과는 사용한 수단에 따라 달리 평가된다. 만약 폭력과 같은 물리력을 이용함으로써 원하는 이익을 획득하였다고 할지라도 누군가의 권리에 내재된 가지는 본질적인 내용을 침해한다면 이는 결코 도의적·법적인 차원에서 인정받을 순 없을 것이다. 특히 이는 반작용으로 인하여 피해를 입은 사람들의 감정과 그에 기초한 행동의 정당성을 조금도 고려하지 않은 행동에 해당하는 것이기 때문에 해당상황에서 맺은 합의는 결코 오랜 시간 동안 효력을 발휘하지 못할 것이라고 사료된다. 효력을 발휘하지 못하는 합의는 결렬될 것이 예정된 한시적 성격의 의사합치에 해당하는 것으로 불확정기한부(不確定期限附) 계약에 불과할 따름이다. 따라서 이와 같은 계약을 사회통념상 인정받는 적법한 계약으로 전환시키기 위해선 감정전달력과 감정흡입력에 기초한 감정해석력의 적절한 발현이 우선적으로 요구된다고 할 것이다.

감정전달력은 인간감성이 신념과 이성 그리고 문화로 진화하게 만드는 중요한 요건들 중 하나임에는 분명하다. 타인의 생각을 무비판적으로 받아들이는 일을 막음과 동시에 보다 건설적인 견해를 제시함으로써 상대방으로 하여금 타당하다고 생각하는 길을 걷도록 만드는 역할을 수행하고 있기 때문이다. 그러나 전달력이 너무 강하여 사회분열이 이루어지고 있는 시점에서는 흡입력이, 무비판적으로 타인의 견해를 받아들임으로써 사회정체 현상이 이루어지고 있는 시점에서는 전달력을 강화시키는 지혜가 요청된다. 현재 한국사회에서는 자신의 생각만을 전달하려고 하고, 상대방의 마음을 이해하고자 하는 노력이 부족하다. 따라서 존중과 믿음이라는 가치가 제대로 빛을 발하지 못하고 있는 실정이므로, 흡입력에 초점을 맞춘 교육이 필요한 시점이라고 판단된다.

상대방의 마음을 이해하고 받아들이는 심리(흡입력)를 갖추기 위해선 시간과 노력이 필요하다. 일정부분 '의사능력'과 '책임능력'에 대해 충분히 인지하는 시점에서는 다른 사람들과의 접촉을 통하여 그러한 능력을 내면화시키지만, 인지력이 상대적으로 낮은 유년시절이나 청소년시절에는 그와 같은 역량을 기르기엔 어려움이 따르는 것이 사실이다. 이타적으로 행동할 것을 기대하진 않지만, 이기적으로 행동을 하지 않도록 스스로를 단속할 필요가 있으며, 이를 가능하게 만드는 최초의 단계는 가정에서 이루어진다고 보아야 한다. 주지하다시피 가정은 가장 작은 단위의 사회로서 사람이 출생함과 더불어 구성원들과 지속적인 의사·감정교환을 함에 따라 유지되고 존속되는 결집체에 해당한다. 이때부터 아이의 태도를 바로잡아주지 않는다면, 불안정한 심리가 형성되고 급기야는 범법행위자로 나아가게 하는 동인이 되어버리고 만다. 주지하다시피 한국사회는 최근 몇 년 동안 청소년범죄의 심각성으로 말미암아 이들을 적절하게 계도시키기 위한 방법을 모색하기 위하여 많은 노력을 기울여왔으나, 안타깝게도 이러한 현상은 지속적으로 발생하고 있는 실정인데다 청소년의 일탈행위는 급기야 흉흉한 범죄행위로 이어지기에 이르렀으며, 종국적으로는 공교육의 붕괴를 가져왔다. 물론 공교육이 그 기능을 다하지 못하게 된 이유를 청소년의 일탈적 행위와 그 속에 담겨있는 심리에만 국한시켜 설명할 수는 없다. 단지 이러한 결과를 불러온 여러 가지 원인들 중에 하나라고 말할 수 있을 따름이다.

청소년의 일탈행위가 일어나는 이유로 여러 가지를 제시할 수 있다. (ⅰ) 불우한 가정환경에 대한 반작용, (ⅱ) 성적우선주의적 학교사회에 대한 심리적 염증, (ⅲ) 교우관계 속에서 일어난 불화, (ⅳ) 폭력적이고 선정적인 대중매체 프로그램 시청, (ⅴ) 심리적 불안감과 분노감을 해소시킬 방법의 부족, (ⅵ) 사춘기에 생기는 방황을 잠재워 줄 수 있는 도우미의 부재 등 청소년으로 하여금 정상적인 노선을 걷지 못하도록 만드는 요인이 다수 존재한다. 이상의 상황과 같이 청소년들이 교내외에서 마주하게 되는 총체적인 난국을 해결하기엔 우리 사회의 힘이 너무나도 미약하기 그지없다. 이에 대하여 에이커스(Ronald L. Akers)는 『범죄학 이론』(민수홍 외 5인 옮김, 나남출판, 2008)을 통해 자신이 견지하고 있는 사회학습이론에 대해 설명하였다. 특히 그는 138~142면에서 차별적 교제, 정의(definitions), 차별적 강화, 모방이라는 네 가지의 요인을 들어 다음과 같이 청소년 범죄의 원인을 규명하고자 하였다.

(ⅰ) 차별적 교제는 행태적 상호작용과 규범적 영역을 지니고 있는데 전자는 특정유형의 행동을 하는 사람과의 직접적 교제와 상호작용뿐만 아니라, 간접적 교제와 준거집단에 대한 동일시를 포함한다. 규범적 영역은 이러한 교제를 통하여 노출되는 다양한 규범과 가치유형을 의미한다. 차별적 교제가 이루어지는 집단은 사회학습기제가 작용하는 주된 사회적 맥락을 제공한다. 그들은 구성원에게 범죄나 순응행위를 위한 정의에 노출시키거나, 모방할 모형과 차별적 강화(자원, 일정, 가치, 크기)를 제공한다.

(ⅱ) 사회학습이론에서 정의는 일반정의와 특수정의로 구분된다. 일반적 신념(정의)은 순응적 행위를 옹호하고, 범죄나 일탈행위를 거부하는 종교적 · 도덕적 · 인습적 가치와 규범을 포함한다. 특수정의는 개인의 구체적 행위들에 대한

태도이다. 그러므로 사람들은 물건을 훔치는 것은 도덕적으로 나쁘고, 절도를 금하는 법을 지켜야 한다고 믿지만, 동시에 마리화나를 피우는 것은 나쁘지 않다고 생각하며, 약물소지를 금하는 법을 위반하는 것에 대해서는 괜찮다고 합리화할 수 있다. (중략) 범죄나 일탈행위에 대한 우호적 정의를 받아들이는 것은 그와 같은 행동에 대해 긍정적(positive)이거나 중화적(neutralizing)이라고 할 수 있다. 긍정적 정의는 그 행위가 도덕적으로 바람직하거나 전적으로 허용될 수 있다는 태도나 신념이다. 중화적 정의는 범죄를 정당화하거나 변명을 통하여 범죄에 대해 우호적 태도를 가지는 것이다. (중략) 이와 같이 범죄행위나 비행에 대한 우호적 · 비우호적 정의는 모방이나 차별적 강화를 통하여 발전한다. 인지적 측면에서 이러한 정의는 기회가 주어질 때 그러한 행위를 할 것인지에 대한 마음자세를 형성한다. 행동적 측면에서 이러한 정의는 차별적인 내적 자극으로써 범죄행위나 일탈을 저지르는 데 영향을 미친다.

(iii) 차별적 강화는 행위의 결과로 나타나는 예상되거나 실제적인 보상과 처벌 간의 균형이라고 할 수 있다. (중략) 행위가 저질러지고 반복될 가능성은 승인, 돈, 음식, 그리고 즐거운 감정 등의 보상이 있을 때 높아진다(적극적 강화). 또한 행위의 가능성은 그 행위가 고통이나 불쾌한 사건 등을 피하게 해줄 때 높아진다(소극적 강화). (중략) 타인의 말, 반응, 존재, 행동은 개인의 행위를 직접적으로 강화하고, 강화의 환경(차별적 자극)을 제공하고, 다른 사회적 강화와 처벌을 전달하거나 유용하게 하는 통로의 역할을 한다.

(iv) 마지막으로 모방은 다른 사람의 행동을 관찰한 후에 그것과 유사하게 행동하는 것을 의미한다. (중략) 이는 이전 행위의 지속이나 중단보다는 새로운 행위의 시도나 수행에서 중요한 역할을 한다. 그러나 행위의 지속에도 어느 정도 영향을 미치기도 한다.

물론 이외에도 청소년의 일탈행위가 범죄로 이어지는 원인을 설명하는 수많은 이론들이 존재하는데, 대체적으로 주로 청소년이 처해있는 환경과 그들을 대하는 방법을 중심으로 구성되어 있다. 그 중에서도 우리가 가장 염두에 두어야 할 사항은 청소년들이 어린시절부터 바람직한 인격을 형성해올 수 있도록 하는 방법이 가장 중요하다는 점이다. 마이클 스톤 교수가 저술한 『범죄해부학』에서도 범죄의 원인들 중 하나로 가족간의 유대관계 단절로 인한 범죄의 양산이라는 문제점이 적나라하게 나타난 바 있다. 비단 스톤 교수가 쓴 저서에서만 나오는 이야기가 아니다. 실제로 해외의 대중매체 등에서도 관련 사건이 자주 보도되고 있으며, 한국사회에서도 텔레비전만 틀면 너무나도 쉽게 볼 수 있는 내용이다. 일탈과 범죄는 특단의 경우를 제외하고는 대부분 후천적인 영향을 통해 발생하는 것으로서, 이를 근절하기 위해선 그들에게 바람직한 교육환경을 제공함으로써 자신이 추구하고자 하는 바가 다른 타인들에게 어떠한 영향을 주는지에 대해 객관적으로 사고할 수 있도록 유인하는 작업이 지속적으로 이루어져야만 할 것이다. 더 나아가 비행을 자행한 청소년들이 향후 스스로의 행동을 어떤 식으로 교정시켜야 할 것인지에 대해 개괄적으로나마 생각할 수 있도록 도움을 줄 수 있도록 해야만 한다고 생각한다. 이들은 감정흡입력과 감정전달력에 기초한 감정해석력과 신념 및 이성이 사회통념상 이미 인정받고 있는 일반이성과 문화에 부합하는 식으로 해석함으로써 존중사회를 구현하기 위한 핵심적인 교육론이자 교육원칙이라고 할 수 있다.

가장 중요한 것은 가정에서 자녀가 보이지 않는 곳에서 어떠한 행동양식을 습득하고 이행하는지 그리고 어떠한 고민을 하고 있는지에 대해 파악하기 위하여 보여주는 노력이라고 할 것이다. 청소년들은 누군가로부터 받아온 애정과 관심이 철회되는 것에 대해 심각한 심리적 부담을 느끼기 때문에 일탈과 범죄행위로 접어들고자 하는 자신의 심리를 조절하려는 노력을 하게 된다. 물론 청소년들이 항상 그와 같은 조절의 전제조건들을 진지하게 고려한다고 단언할 수는 없겠지만, 그들이 행위통제를 하는 데에 있어 일말의 효과가 없다고 할 수도 없다. 이와 같은 가정의 노력이 필요한 또 다른 이유는 세간의 주목을 받고자 하는 청소년들은 대부분 애정결핍 등으로 인하여 심리적 곤궁함을 느끼고 있다는 점 때문이다. 누구도 자신이 하고자 하는 일에 대해 동조하기보다는 '바람직하지 않다', '해서는 안

되는 일이다', '성인이 되면 할 수 있는 일이니 무조건 참아라'라는 식으로 인내와 수인을 요구하는 경우가 많은 편이다. 아무리 합리적인 이유를 제시한다고 할지라도 이것이 청소년 범죄를 방지하는 대책이라기보다는 조장요인으로 여겨지는 까닭은 부모를 비롯한 기성세대들이 자신의 말을 받아들이기만을 요구할 뿐 정작 그들이 표현하고자 하는 바에 대해선 경청하지 않았기 때문이다. 이는 청소년의 감정을 이해하려는 것이기보다는 이를 억누름과 동시에 자신의 의사만을 온전하게 그리고 강력하게 전달하려는 오류를 범하는 것으로서, 궁극적으로는 감정해석력에 기초한 감정통제의 원칙에 어긋나는 것이라고 할 수 있다.

안타깝게도 우리의 교육은 기성세대가 바람직하다고 생각하는 바에 따라 디자인되고 운용될 뿐, 이를 직접적으로 수용해야할 청소년이 어떻게 바람직한 심성을 갖출 수 있도록 할 것인지에 대해선 등한시하고 있는 것이 현실이다. '좋은 대학을 가야 행복한 인생을 살 수 있다'는 불합리한 사고체계의 만연함이 심리적 안정보다는 경쟁심리만을 갖게끔 만들고 있다. 남들보다 앞서가야 한다는 마음 때문에 사교육기관의 선생을 진정한 스승으로 삼고, 공교육기관은 좋은 대학을 가기 위한 수단으로만 전락하게 된다. 이러한 성장과정을 거친 자녀가 대학에 입학하고 성인이 되었다고 할지라도, 처음부터 안정적인 심리적·정신적 소양을 겸비하지 못했기 때문에 누군가를 존중하고 이해하는 삶을 영위할 것을 기대하기란 어려울 것이다. 더군다나 수단으로서의 공부만을 했을 뿐, 인간으로서 가져야 할 품성을 갖추는 법에 대해 학습했을 것이라 생각하기도 곤란한 것이 사실이다. 결국 본인이 어떠한 정체성을 가지고 있는지를 파악할 수 없을뿐더러, 설령 파악하였다고 할지라도 그러한 성향을 어떠한 식으로 견지하거나 건설적으로 변화시켜야 할 것인지에 대해 속수무책일 수밖에 없다.

다소 고리타분한 이야기처럼 들릴 수도 있지만, 현재의 문제를 풀기 위해선 선인(先人)들이 제시한 답변을 고려하는 것이 유용할 수 있다. 자신을 어떻게 갈고 닦을 것인지, 자신이 알고 싶은 것이 무엇인지, 알게 된 지식의 가치가 사회적으로 어떻게 사용될 수 있을 것인지 등에 대해 생각하는 자세가 필요하다. 이와 관련하여 한국사상연구회에서 저술한 『조선유학의 개념들』(예문서원, 2011)에 기재되어 있는 선인들의 사고에 대해 잠시 살펴보도록 하자. 『조선유학의 개념들』의 한 부분을 맡은 손병욱은 325~326면을 통해 "조선의 유학자들 특히 사림파 성리학자들은, 물론 제도의 개혁도 중요시했지만 그 제도를 운용하고 그에 의해 행동을 규제당하는 인간의 도덕의식 함양을 더 근본적인 것으로 생각했다. 수기(修己)가 치인(治人)보다 더 근본적이라는 것이다. 그런데 '수기'란 다름 아닌 자신의 마음을 다스리는 것이며, 이것이 바로 함양성찰(涵養省察)의 공부이다"라고 언급함과 더불어 "함양성찰 공부에는 많은 영역이 포괄되는데, 외계 사물에 접해 어떤 생각이 발동한 후와 발동 이전의 공부로 크게 나눌 수 있다"고 설명하면서, "먼저 정좌(靜坐) 공부는 생각이 발동하기 전의 미발(未發) 상태에서 몸과 마음을 차분히 안정시켜 우리의 의식을 고도로 각성시켜 준다. 떠들썩한 분위기나 흥분한 상태에서는 잘못된 판단을 내리거나 적절치 못한 반응을 보이기 쉽다. 반면 항상 맑고 고요한 상태로 마음이 유지된다면, 그에게 어떤 상황이 닥치더라도 적절히 대응할 수 있다. 그러나 모든 사람이 이런 마음을 항상 유지하고 살 수 있는 것은 아니기 때문에 성인(聖人)이 아닌 보통 사람에게는 이 마음을 함양하기 위한 공부가 별도로 필요한 것이다. (중략) 다음으로 마음이 발동한 이발의 단계에서 도덕적으로 올바르게 행위하기 위해서는 자신을 반성하여 살피는 성찰이 필요하다. 이 단계에서는 우선 정좌 공부와 소학 공부를 통해 함양된 경의 마음을 바탕으로 책을 읽고 토론하는 가운데 의리(義理) 내지 천리(天理)를 헤아리게 된다. 이때 제대로 의리를 궁구하기 위해서는 끊임없이 내 마음을 살펴 잡념의 침투를 경계해야 할 것이다. 이것이 궁리(窮理) 공부이다. (중략) 이렇게 발동한 자신의 감정과 의식을 반성하는 것이 또 하나의 공부로, 조선 유학자들은 이를 성의(誠意) 공부라 불렀다"라고 덧붙였다.

더불어 그는 349면에서 상당히 의미심장한 말을 하였는데, "현대인의 망

가진 모습, 비틀거림의 원인은 무엇을 어떻게 함양하고 성찰할 것인지 망각한 데 있다. 그저 찰나적 쾌락의 추구만을 유일한 인생의 낙으로 삼고 사는 이들은, 가치있는 것일수록 지키고 추구하는 데 고통이 따르지만 그 고통이 결국 더 큰 성취의 희열과 보람으로 연결되는 것임을 모른다. 이것을 알려줄 수 있는 사람들이 입 다물고 있는 사이에, 알려줄 자격을 가진 이는 차츰 줄어들고 반대의 사람들이 이 사회의 다수를 차지해 가고 있다" 라고 지적함으로써 현대인들이 바람직한 인간정신을 갖추지 못하고, 눈에 보이는 이익만을 추구하는 세태를 강력하게 비판하였다. 뿐만 아니라 김용헌도 같은 책 373면에서 비슷한 논조로 "근대 과학에서처럼 자연을 수학화하고 인과론적으로 파악하는 것은 자연에 대한 예측 가능성을 높여주고, 결과적으로 자연에 대한 통제력을 극대화한다는 강점이 있다. 그러나 있는 것을 있는 그대로 안다는 건 또 하나의 신화에 불과하다. 자연에 대한 투명한 인식이라는 것은 실제로 자연을 통제하고 정복하고자 하는 의지의 또 다른 얼굴이기 때문이다. 근대는 투명한 안경을 통해 이 세계를 본 것이 아니라 '정복'이라는 색안경을 쓰고 본 것이다. 근대 과학은 자연에 대한, 나아가 인간에 대한, 민족에 대한 정복의지의 산물이다. 그럼에도 그 정복의 의지는 보이지 않는다. '객관'이라는 이름과 '과학'이라는 이름만 보일 뿐. 새로운 격물치지설이 필요한 것은 이러한 이유에서이다. 그 새로운 격물치지설이 정복의 의지로부터 벗어나 새로운 가치로 이 세계를 바라보는 것이어야 함은 물론이다. 그리고 그 새로운 가치는 곧 인간의 삶을 어떻게 설계하느냐에 달려 있으며, 그것은 끊임없는 자기반성과 현재로부터의 탈출을 요구한다. 그래서 전통은 의미가 있다"라고 말하면서 자신의 견해를 표명하였다. 물론 자연과학적인 차원에서 언급한 뉘앙스가 강하게 나타나는 부분이긴 하지만, 이는 사회 전체 분야에 걸쳐 의미가 있는 언급이라고 할 수 있다. 자연과학 분야 이외에도 한국사회에서는 일상적으로 보다 높은 수준의 자기이익을 획득하기 위하여 '이성'과 '관찰' 그리고 '객관'이라는 말을 오용하는 경향이 짙게 나타나고 있는 실정이다. 그 이유는 외부적으로 드러나는 대의명분이 공고하게 존재해야만, 특정이익을 추구한다고 할지라도 정당성을 부여받을 수 있기 때문이다. 이성과 관찰 그리고 객관이라는 요소를 자기반성의 결여라는 문제점을 은폐시키는 데 사용하고 있다는 것이 가장 큰 문제이다. 이는 상대방의 마음을 이해하려는 정서적이고 감정적인 측면을 배제하고, 인간의 이기적 탐욕이 정당하고 타당한 것으로 위장시키는 것일 따름이다. 이는 한국의 문화교육이 제대로 이루어지고 있지 않음을 증명하는 안타까운 사실이라고 할 수 있겠다.

이와 같은 교육상의 문제는 비단 청소년에게만 미치는 것이라고 할 순 없다. 정규교육을 마친 성인들 역시 사회에서 생을 영위하는 과정에서 재사회화 혹은 보다 나은 생활을 위한 지혜를 습득하는 차원에서 꾸준히 공부를 해야만 한다는 사실은 다를 바 없기 때문이다. 오히려 전통사회에서 각광을 받았던 공부법을 필요로 하는 주체는 성인일 수도 있다. 대부분의 현대인들은 선인들이 수양의 방법으로 사용했던 학습법을 답습하기보다는 자신의 외적(外的) 자아실현을 현실적으로 구현해내기 위한 차원에서 그 외피(外皮)만을 체득하여 내면화시키는 데에 열중하였다. 이러한 현상은 정신세계보다는 물질세계의 실용성에 강한 역점을 두는 과정에서 지적진보만이 비정상적으로 부각됨에 따라 나타난다. 설상가상으로 우리는 우리가 가지고 있는 정신세계관을 보다 공고하게 하는 방식의 공부를 하기보다는 남들보다 더 나은 이익을 획득하고자 하고, 이를 통해 차지하게 된 사회적 지위를 자아와 일치시키려고 하고 있다. '사회적 지위=자아'라는 등식은 정신의 물질화를 지향하는 것으로서 살아가는 수단이 곧 목적으로 전환되는 우를 범하는 것이라고 할 수 있겠다.

상기에서 언급한 것처럼 과거식의 자기수양적 측면의 교육이 가지는 중요성이 쇠퇴함에 따라 바람직한 인격형성상의 어려움이 나타나고 있다. '바람직한 인격이란 …이다'라는 식으로 간단히 설명할 수는 없겠지만, 분명하게 말할 수 있는 것은 '타인을 존중하는 자세에 담긴 배려심'이다. 물론 스스로의 존재가치를 몰각시키면서까지 누군가의 생활에 도움을 줄 필요는 없다. 경우에 따라선 희생정신이라는 정서도 이러한 논리하에선 결코 허용될 수 없는 것이라는 견해와 다르지 않다는 반론이 제시될 수도 있을 것이다. 그러나 희생정신을 무조건적으로 자신의 존재가치를 허무는 행위에 내재된 정서라는 식으로 해석하는 것은 결코 바람직하지 않다고 사료된다. 그 이유는 타인의 인격과 이에 상응하는 다른 가치들을 고양시키는 것 자체에서 자신의 존재가치를 찾을 수 있는 것이기 때문이다. 누군가를 돕는 행위가 외관상으로는 본인과 아무런 관련이 없는 것으로 보일 수 있을지라도 그의 내면세계의 안정화와 각성화를 이끌어낼 수 있는 것이라면 상당히 깊은 연관을 맺고 있는 것이라 볼 수 있다. 따라서 누군가의 삶에 유·무형의 윤택함을 가져다주는 행위는 확장된 존중의식의 한 일환이라고 할 수 있고, 설령 사람들이 존중의식의 확장형에 따른 행위를 하지 못한다고 할지라도 자신의 이익에만 열중한 나머지 타인의 삶에 부당한 영향을 주지 않도록 자기행동을 통제하는 노력을 기울일 필요가 있으며, 사회는 이에 상응하여 사람들의 가치관(자기편향적 사고)에 전환점을 부여할 수 있도록 계기와 환경을 마련해주어야만 한다. 그러나 이러한 조건들이 적기에 마련되고 배양되지 않다보니 사회갈등은 점점 더 그 농도를 옅게 만들지 못하고 있는 실정이다.

Ⅴ. 다양한 정의관의 중첩적 활용을 통한 갈등문제의 해결

물론 사회갈등을 조장하는 요인들은 다양하게 존재한다. 공동체의식의 약화, 자유에 대한 왜곡된 인식, 천민자본주의의 득세 등이 대표적인 예라고 할 수 있다. 그러나 우리는 가장 근본적인 원인을 찾아내야만 한다. 복잡하고 풀기 어려운 실타래라고 할지라도 결국은 한 오라기의 실을 잡는 것부터 시작해야 한다. 엉킨 부분이 여럿 보인다고 하여 진지한 숙고를 거치지 않고 그 부분들 만에 초점을 맞추는 행위는 문제를 심화시키는 오류를 범하는 것과 다르지 않다. 그렇다면 우리는 갈등을 해결하기 위한 한 오라기의 실을 어떻게 잡아야만 하는 것인지에 대하여 생각해보지 않을 수 없다.

심각한 사회문제를 풀어내는 단서는 사람들의 정서이자 감정에서 찾아야만 한다. 주지하다시피 현대사회의 성원들은 주어진 것에 만족하지 않는 사람들의 심리로 인하여 안정보다는 불안을, 통합보다는 갈등을 지향함으로써 기존의 환경을 대대적으로 개량하려는 태도를 보이고 있다. 변화가 없는 사회는 오랜 시간의 정체상태로 말미암아 만들어진 부조리함으로 인하여 병들어가기 시작하고, 병든 사회 속에선 많은 구성원들이 자아를 실현하기 힘들어짐에 따라 상호 간에 갈등과 분쟁을 빚어내기에 이른다. 그러나 앞서 언급한 바와 같이 문제의 근원을 파악한 후에 이를 시정하기 위한 방안을 세우는 것이 중요함에도 불구하고, 실타래를 풀기 전부터 가위부터 들이대는 태도는 엉켜버린 실을 다시 사용할 수 없도록 만드는 결과를 만들어낼 뿐이다. 그렇기 때문에 장기화된 갈등과 분쟁으로 인하여 장점보다는 단점만이 초래되고 있는 상황이라고 판단될 경우엔 사람들이 누구나 자신의 생각과 관념을 외부적으로 표현할 수 있도록 하고, 설혹 그러한 표현이 설령 청자의 관점에선 받아들이기 힘든 부분이 있다고 할지라도 경청하는 관용문화가 널리 확산되어야만 한다. 주지하다시피 일원화는 사회의 안정성만을 지나치게 추구하는 과정에서 기존의 규칙성을 훼손할 우려가 있는 누군가의 목소리를 자의적으로 배제함과 동시에 옹호적인 성향의 주장만을 수렴하는 경향을 의미한다. 물론 안정성이라는 덕목도 중요한 것이지만, 합목적성이라는 측면도 충분히 고려되지 않는다면 잠재적 갈등의 축적으로 말미암아 사회발전을 위한 원동력 자체를 상실하게 될 개연성이 상존한다.

그러나 다원화도 그 정도가 지나치게 될 경우는 고착된 일원화에 버금가는 수준의 사회적 평지풍파를 일으킬 높은 가능성을 가지고 있다. 목소리를 내는 사람이 많을수록 다양한 견해가 공론장에서 살아 숨쉬게 되고,

살아 숨쉬는 견해들끼리 마찰을 빚는 경우가 많아지기 마련이다. 다양한 견해가 '해결되어야 할 특정한 문제'에 접근하는 방법의 다양화를 가져온다는 점에서 긍정적으로 판단해볼 여지가 있음은 부인할 수 없는 사실이지만, 최근의 한국사회의 모습을 보면 단순한 의미의 분열을 넘어 극단적 대립상태를 조장하고 있는 것 같다는 느낌을 지우기가 힘들다. 따라서 전체주의와 같은 통합을 지양하고, '함께 살아가는 사회'의 진정한 가치를 도출해내기 위해선 공적정신(公的情神)의 함양이 필수적으로 요구되는 바이다. 공적정신은 타인의 권리를 부당하게 침해하는 등과 같은 공감대적 가치를 벗어나지 않는 범위에서 자유를 향유하여야 한다는 마인드를 의미한다. 본 개념은 상당히 모호하고 추상적인 개념이기 때문에 학자들마다 제시하는 해석이 다를 수 있다고 본다. 그러나 공익을 해하지 않는 범주에서 이루어지는 행동만이 타당성을 인정받는다는 점에선 의견의 일치를 보고 있는 것으로 판단된다. 문제는 공감대를 전제로 한 행동상의 한계를 설정하는 방법을 찾는 것이다.

공감(共感)이라는 용어는 共(함께할 공)과 感(느낄 감)으로 구성된 단어로서 '많은 사람들이 공유할 수 있는 정서'를 의미한다. 여기서 공유한다는 말의 의미는 자신의 견해만을 고집하고, 누군가로 하여금 이를 받아들이도록 강요하는 것과는 거리가 멀다. 다만 본인이 가지고 있는 생각을 따르도록 타인을 설득하는 것까지 허용될 따름이다. 보다 현실적인 이해를 위하여 민법을 예로 들도록 하자. 민법전에 따르면, '진의아닌 의사표시'(민법 제107조), '통정한 허위의 의사표시'(민법 제108조), '착오로 인한 의사표시'(민법 제109조), '사기 · 강박에 의한 의사표시'(민법 제110조)와 같이 하자있는 의사를 교환할 경우, 이는 기본적인 공감대의 부재를 이유로 무효 또는 취소사유가 된다. 공감대의 기반이 되는 의사표시는 '표시의사(表示意思)'와 '효과의사(效果意思)'로 구분된다. 표시의사는 자신이 상대방에게 보여준 외부적인 언동에 해당하고, 효과의사는 자신이 욕구하는 바에 해당한다. 물론 효과의사가 진의(眞意)에 해당하는 경우가 많지만, 그렇지 않은 경우도 존재한다. 대법원에서는 진의를 “비진의 의사표시에 있어서의 진의란 특정한 내용의 의사표시를 하고자 하는 표의자의 생각을 말하는 것이지 표의자가 진정으로 마음 속에서 바라는 사항을 뜻하는 것은 아니므로, 표의자가 의사표시의 내용을 진정으로 마음 속에서 바라지는 아니하였다고 하더라도 당시의 상황에서는 그것을 최선이라고 판단하여 그 의사표시를 하였을 경우에는 이를 내심의 효과의사가 결여되었다고 할 수 없다”(대법원 1996. 12. 20 선고 95누16059)라고 판시한 바 있다.

그러나 이상의 내용을 ‘사회적 의미의 공감대’에 그대로 적용시켜서 생각할 수는 없다. ‘법적인 의미의 진의’는 사회적인 그것에 비하여 상대적으로 협소하기 때문이다. 따라서 법적인 의미의 공감대를 해치는 행위는 사회적 의미의 공감대를 파괴하는 행위로 간주될 수 있으나, 그 역은 성립하지 않는다. 물론 민법에 의하여 보호되어야 하는 계약안정성(契約安定性, 계약은 지켜져야 한다는 의미의 ‘Pacta Sunt Servanda’)을 염두에 둔 것이기 때문에 대법원의 견해도 일정부분 타당한 것은 사실이다. 그러나 모든 류의 공감대가 민법상의 계약의 형태로만 존재하는 것은 아니다. 소송사건이 되지는 않는다고 할지라도 사회 속에는 여러 가지 형태의 갈등이 존재하고 있고, 이를 해결하기 위해선 당사자가 진정으로 원하는 것이 무엇인지를 파악하는 것이 가장 중요한 것이기 때문이다. 갈등 그 자체를 봉합시키는 것도 중요하지만, 봉합된 상처 속에서 존재하는 고름 그 자체를 제거하지 않는다면, 사회는 물 위에 떠있는 빙산처럼 불안정한 상태로 유지 · 존속될 개연성이 높아진다. 특히 현대사회를 갈등사회라고 명명해도 무색할 정도로 빈도 높은 분쟁이 연일 지속되고 있는 상태를 감안한다면 더욱 그러하다.

그만큼 상대방의 속내를 파악하기 위해선 사회적 의미의 진의를 파악하는 것이 매우 중요하다. 항상 그렇다고 할 수는 없지만 경우에 따라선 ‘언성을 높여가며 감정을 주고받는 싸움’이 ‘차분하고 냉정하게 주고받는 말다툼’을 하는 때보다 쉽게 종식되는 경향이 있다. 물론 외부적으로 볼 때에는 전자보다는 후자가 교양과 품위가 있어 보이긴 하지만, 이를 통하여 획득하게 된 결과가 반드시 바람직하다고 단언할 수는 없다. 겉으로 보이는 자신의 이미지를 부정적으로 판단하는 이들이 생기지 않도록, 자신이 가지고 있는 속내를 드러내지 않기 때문이다. 결국 무엇이 갈등의 핵심인지를 알지 못하고서 소모적인 분쟁을 초래한 셈이다. 반면 전자와 같은 경우, 교양과 품위가 없어 보이지만 당사자들은 상대가 원하는 것이 무엇인지에 대해 실질적으로 포착할 수 있는 기회를 갖게 된다. 그렇기 때문에 시간이 지나고 난 후에 갈등이 급격하게 완화되는 경향이 있다. 이는 '감정싸움의 심각성'이 어느 수준까지 진전되었는가에 따라 다르지만, '상대방의 인격 자체가 허물어지는 정도에 이르지 않는다는 조건하에서' 전자가 후자에 비해 경우에 따라선 보다 효과적이라고 볼 수 있다. 그러므로 상대방의 감정을 해석하는 데에 있어 필수적으로 요청되는 유무형의 자료가 발견되지 않음으로써 문제를 해결하는 방법론을 설정할 수 없는 상황에 봉착하게 될 경우에는 감정의 발현을 가시적으로 드러낼 수 있도록 공식적으로 다툴 수 있는 장을 마련해주는 편이 더욱 합리적일 수도 있다. 물론 되도록이면 언성을 높이지 않고, 상호 간의 존중의식에 기초한 합의도출이 이루어질 수 있도록 하는 것이 가장 이상적이라고 할 수 없지만, 때에 따라선 고육지책(苦肉之策)이 요청될 수도 있다. 따라서 감정다툼은 권장할만한 사항은 아니라고 하더라도 언제나 부정적인 것으로 상정할 필요는 없다고 사료된다. 감정을 어떤 식으로든 표출하는 것은 분쟁의 원인을 찾는 단서가 된다. 그리고 이후에 남겨진 일은 공감대를 형성할 수 있는 공통분모를 찾아내는 것으로 전환된다. 이것이 바로 건설적인 형태의 분쟁해결 초기단계라고 할 수 있다.

사람은 내면에 있는 말을 외부적으로 표명함으로써 자신의 지위가 외부환경에 의하여 부당하게 위협받지 않고자 하는 심리를 가지고 있다. 다시 말해서 소극적인 자세로 말미암아 자신이 원하는 어떠한 권리를 획득할 자격을 상실하게 되는 경우에 대해 막연한 공포심을 가지고 있기도 하지만, 한편으로는 기존에 보유하고 있는 권리를 조금 더 안전하게 보호하고자 하는 의도를 가지고 있다는 것이다. 특히 사람들은 자신과 내적 혹은 외적으로 아무런 관련이 없는 사안에 대해선 크게 반응하지 않는 경우가 많은데, 예외적으로 특정한 사안이 향후에 자신의 삶을 향하여 어떤 식으로든 영향을 줄 수 있는 것이라고 여겨질 때에는 '현재관련성(現在關聯性)'이라는 조건이 엄격하게 구비되지 않는다고 할지라도 적극적으로 나서서 견해를 표명하는 경우가 많다. 이는 특히 권리라는 개념이 결부되어 있을 때 더욱 극명하게 나타나는 경향이 짙다. 가깝게는 이웃과 이웃의 다툼이 있을 수도 있을 것이다. 특히 이와 같은 상황은 민사소송(民事訴訟)의 경우에 종종 나타나는 편이다. 때로는 단순한 양자관계(兩者關係)에만 국한되는 것이 아니라 다자관계(多者關係)로 넘어가는 경우가 있을 수 있다. 여기서 말하는 '다자관계'란 사회라는 거대한 집단과 자신의 관계를 말하는데, 이는 사회에 흐르고 있는 대규모의 조류가 자신의 입지에 영향을 미칠 수도 있지만, 역으로 자신이 사회 전체에 영향을 준다.

특히 주관적인 관점에서 질 높은 삶을 영위하고자 하는 이들은 권리의 행사여부에 대해 높은 수준의 민감도를 가지고 있고, 그에 따라 그리고 주변과의 관계를 고려하는 등 다른 사람들이 어떠한 식으로 삶을 꾸려나가는지를 관찰하면서 자신의 입장과 나아가야할 길을 감안하기에 이른다. 이러한 태도들이 모여 거대한 사회적 조류를 형성하는 것이라고 하겠다. 물론 정부와 같은 대규모의 공적기관에서 조류를 만들 수도 있겠지만, 사회 내부에서 그러한 패러다임이 실질적으로 발현되기 위해선 개인들의 집합적 차원의 의식전환이 이루어져야 한다고 사료된다. 이러한 규칙성으로 말미암아 사회의 변화가 시작된다. 크게는 정치구조와 경제구조에 혁신의 바람이 불어오게 되는데, 정치구조의 경우에는 민주주의가 발흥된 것이라고 할 수 있고, 경제구조의 경우에는 산업형태의 변화가 일어난 것이라고 할 수 있겠다. 여기서 잠시 산업구조의 변화와 전망에 대해 깊은 논의를 한 토플러 부부의 관점을 생각해보도록 하자.

그들은 『부의 미래』(김중웅 옮김, 청림출판, 2007) 48면에서 "이런 3가지 부의 물결은 세계 여러 나라에서 각각 서로 다르게 전개된다. 예를 들어, 중국, 브라질, 인도 같은 나라에서는 3가지 부의 물결이 동시에 중첩되어 전개되고 있다. 제1물결의 주체인 농민들이 토지를 인계하면서 수렵 채집하는 사람들이 사라져 가고, 농민들은 제2물결인 공장이 있는 도시로 일자리를 찾아 이동한다. 그리고 제3물결이 도래하여 인터넷 카페와 소프트웨어 관련 창업이 늘어나고 있다. 이런 물결의 이동은 쇠퇴와 혁신, 실험이 상호 결합되어 일어난다. 즉 구제도가 역기능을 일으켜 사람들이 새로운 생활양식, 새로운 가치관, 새로운 신뢰체계, 새로운 가족구조, 새로운 정치 형태 그리고 새로운 형식의 예술, 문학, 음악, 새로운 남녀 관계의 형성 등이 시도될 때 물결이동이 전개된다. 부 창출 시스템은 그것이 일어나는 사회와 문화 없이는 지속될 수 없다. 또한 2개 이상의 부 창출 시스템이 맞부딪치면 사회와 문화 자체도 혼란을 겪는다"라고 언급함으로써 현대사회가 그동안 거쳐 왔던 그리고 앞으로 거치게 될 조류가 무엇인지에 대해 설명한 바 있다.

이처럼 토플러 부부 역시 제1물결로 인하여 생기는 갈등과 분쟁상황을 인정하고 있다. 그러나 어느 사회에서든 사람과 사람 사이에 마찰이 생기지 않을 수는 없고, 과거에 비하여 현대로 넘어갈수록 그러한 부딪힘의 빈도가 높아져가며, 빈발하는 상호 간의 마찰은 점차적으로 사회적 안정성을 갉아먹는 악영향을 주기 마련이다. 물론 변증법적인 차원에서 볼 때, 보다 건설적인 사회를 만들기 위한 진통이라고 볼 수도 있겠으나, 진통이 오래가면 사회전체가 위험에 빠지기 마련이다. 이처럼 장기진통의 위험성을 인식하고 있음에도 불구하고 해당상황으로부터 타개하기 위한 공감대가 형성될 만한 지점을 찾는 것은 여간 어려운 일이 아닐 수 없는데, 그 이유는 무엇인가? 위에서 언급한 바와 같이 상대방의 감정을 파악하는 것 자체가 어렵다는 것도 중요한 원인이 되지만, 그 이외에 우리가 생각해볼 수 있는 것은 현대사회가 가진 다양한 얼굴들 때문이다. '법사회', '일반사회', '정치사회', '언론사회' 등 사회를 일컫는 별칭들이 다채롭게 자리 잡고 있고, 위의 사회들이 생각하는 공감대 그리고 이에 기초한 정의관은 상이하다.

이들 정의관들이 지향하는 바는 건강한 사회를 이룩하는 것이긴 하지만, 그것을 도출하는 프로세스가 엄연히 다른 편이라고 할 수 있다. 바로 그러한 과정들 중에서 생겨나는 충돌로 인하여 공통으로 추구하고자 하는 결론을 만들어내기가 어려워지는 것이다. 그러나 독립적으로 존재하는 정의들이라고 할지라도, 이를 어떠한 맥락에서 해석하는가에 따라 유기적인 연결구조를 형성하는 것이 가능해진다. 이러한 연결구조는 다차원적 정의의 일원화, 즉 복합적 일관성이라는 속성에 따라 보다 견고해진다. 우선 법사회의 정의에 대해서 생각해보자. 전통적인 관점에서 본 법적 정의는 불법적인 상태에 대한 적개심을 바탕으로 한다. 따라서 법에 규정된 바와 배치되는 행동양식을 보여주는 사람들을 강력하게 처벌하거나 제재를 가하는 응징적인 속성이 강한 편이다. 흔히 말하는 일벌백계(一罰百戒)와도 같다. 이를 형법계에서는 소극적 일반예방(消極的 一般豫防)이라고 표현을 하고 있다. 이는 '누군가가 법규정을 준수하지 않았을 경우에 수용하게 될 공식적 규제를 받게 될 수밖에 없음'을 일반국민들에게 보여줌으로써 공포감을 심어주는 것이다. 조선시대에는 극악무도한 죄인을 머리를 베어 궁궐 밖에 걸어두는 형벌이 존재했고, 이를 통해 백성들로 하여금 자신의 행동을 법규정에 부합하게 자체단속 하도록 유도하는 효과를 거두고자 했던 것이다. 이것이 바로 소극적 일반예방의 대표적인 사례에 해당한다. 그러나 조선후기에 이르러 실학과 천주교리를 바탕으로 한 '인간의 존엄성을 지켜내야 한다는 일반원칙'이 대두되기에 이르렀다. 그리고 일본에 의한 식민지배의 시기를 거쳐 '미국식 자유주의와 민주주의 등이 들어오면서'(정치적 정의의 개입) 어느새 영원히 존재할 수 있을 것만 같았던 소극적 일반예방론이 수그러들기에 이른 것이다. 결국 처벌과 규제를 통해 공포감을 조장하는 방법 이외에 교육을 통한 교화방법을 통하여 '정의사회를 구현해내야 한다는 방향으로 국론'(언론적 정의의 개입)이 모이기 시작했고, 이때부터 적극적 일반예방론이 사회 속에서 점차적으로 자리매김을 하게 되었으며, 더 나아가 법적정의의 기능변화에 대한 재론이 필요하다는 인식이 득세하게 된 것이다. 소위 말하는 '사형제도의 폐지문제'와 '간통죄의 비(非)범죄화' 등이 바로 그 대표적인 예라고 할 수 있겠다. 특히 복잡해져가는 사회구조에서 발생하는 범죄를 강력한 힘으로만 막아내는 것보다 '그 원인(개인적 원인과 사회적 원인)이 무엇인지를 찾아내는 작업'(사회적 정의의 개입)이 우선적으로 요청된다는 것이다. 이때부터 법적 정의는 사회적 정의와 정치적 정의 및 언론적 정의에 의하여 그 기능자체에 변화의 바람을 맞이하게 되었다.

정의라고 하는 것 자체가 가변적인 속성을 가지고 있는 것으로서 사람들의 가치관의 변화에 따라 그 존재양식 자체가 좌우된다고 할 수 있다. 따라서 법적 정의가 가지고 있는 상대적으로 고정된 기능에 대하여 비판적인 반응을 보일 수밖에 없는 것이다. 법은 기본적으로 '법적안정성'이라는 요소에 의하여 안정적으로 존속가능하다. 만약 시대에 따라 혹은 상황에 따라 계속하여 개정된다면, 사람들은 자신의 행동이 제재와 처벌의 대상이 되는지에 대해 객관적으로 예측하는 것이 어려워질 뿐만 아니라 법률의 부지(혹은 무지)를 이유로 불측의 피해를 입게 되는 경우가 생기게 될 것이므로 결과적으로는 법전문가들만이 법의 영향권에서 벗어나게 되는 차별적 효과가 발생할 가능성이 농후하다. 특히 입법과 정책수립을 담당하는 전문가들이 사회구성원들이 요구하는 상황적합론에 대하여 지나치게 역점을 두게 될 경우 졸속입법과 불완전한 정책을 다수 양산해내게 되는 요인으로 작용할 수 있다는 사실 또한 고려해야만 할 것이라고 판단된다. 궁극적으로 이와 같은 상황종속적 입법·정책수립문화는 광범위한 수준의 사법불신풍조를 조장하는 위험요소로 작용할 개연성이 높아질 수밖에 없으므로 법적 정의는 사회적 정의에 비하여 변화에 대한 민감도가 상대적 차원에서 부득이하게 낮아지게 되는 것이다. 설명 민감하게 반응한다고 할지라도 자신(법적 정의)이 점유하고 있는 기존의 입장(법적안정성의 수호자)에서 쉽게 위치이동을 할 수도 없는 상황이다. 그러므로 사회적 정의의 구체화를 통하여 법적 정의가 가지고 있는 보호공백(保護空白)을 매움으로써 법적 정의가 안정적으로 위치이동을 할 수 있도록 유도하는 것이 필요한 것이다. 이 때문에 사회학자들이 정의를 수립하는 데에 있어 매우 중요한 위치를 차지한다고 볼 수 있겠다.

사회적 정의는 본고의 앞에서 이미 논의했듯이 정의를 구현해내기 위해선 불법을 조장하는 원인이 무엇인지에 대해 살펴보고, 이를 해결할 수 있는 근본적 방안을 마련해야 한다는 내용을 핵심으로 삼고 있다. 그렇기 때문에 사회학계에서는 통계와 같은 거시적 자료를 통해 문제의 원인을 분석하는 '양적조사'와 면접을 통해 개인의 내면적 행동양식을 관찰하여 원인을 찾는 '질적조사'를 사용하는 것이다. 다시 말해서 '(i) 다양하게 나타나는 개개인의 행동양식을 분석하는 것은 어렵지만, 사회를 전체적으로 조망하다보면 '통계적 규칙성'을 발견할 수 있고, 이를 통해 국가가 시행해야 할 최적의 정책이 무엇인지를 찾아낼 수 있다는 것, (ii) 특정한 장소적 · 시간적 범위 안에서 이루어진 사건의 원인을 탐색하기 위한 방법론으로 면접과 같은 기술을 이용함으로써 그와 같은 문제가 발생한 미시적 원인을 찾아낼 수 있다'는 것이다.

이러한 두 가지의 조사방법을 사용하여 사회문제의 근원을 제거하여 건강한 사회를 만들어야 한다는 것이 사회적 정의의 핵심이라고 할 수 있겠다. 여기서 잠시 베르트 다네마르크(Berth Danermark) 외 3인이 저술한 『새로운 사회과학방법론』(이기홍 옮김, 한울아카데미, 2009) 260~262면에 기재된 한 대목을 살펴보도록 하자.

> [260~261면] 실증주의에 의해 고무된 분석적 모델에서, 수학(통계와 수학적 모델)은 중요한 역할을 수행한다. 수학은 연구에서 효과적인 도구로 간주된다. 실증주의자들에 따르면 이론 발전에는 일반성, 정확성, 단순성이 필요한데, 이것은 바로 수학과 통계학에서 찾을 수 있는 특성이기 때문이다. 우리는 수학이 적용되는 두 가지 주요한 영역을 구별할 수 있다. 하나는 표본추출과 관련된 문제이고, 다른 하나는 이론 개발 및 모델화의 쟁점에 관련된 문제이다. 첫째 영역은 선택적 문제, 무응답과 같은 여러 종류의 측정문제, 우련의 영향을 배제할

수 있는 확실성 정도(유의도)의 문제를 다루는 데 필요한 도구들과 관련되어 있다. (중략) 흔히 전체조사를 수행하는 것이 불가능하기 때문에, 통계적 도구들은 예컨대 국민보건, 정치적 찬반 등에 관해 알려진 정도의 확실성을 가지고 진술하게 해주는 필수불가결한 것이다. (중략) 양적방법은 또한 단위들의 합계를 가지고 작업한다. 이 방법을 사용할 때 연구자는 단일한 사례—예컨대 어떤 개인—만을 연구하는 것이 아니라 개인들의 합계로 연구한다(군대와 군인의 합계를 비교할 것). 그 결과 연구자는 서로에 대한 한 가지 또는 그 이상의 공통적인 성질—탐구에서 관심의 초점이 되는—을 갖는 것 이외에는 아무런 관계도 갖지 않는 개인의 집합들을 묶게 된다. 종종 개인들은 어떤 이론적 의미에서 집단을 구성하는 것이 아니라, 분류학적인 집단 속의 형식적 관계에 의해 통합된다.

[262면] 질적 연구에서 중요한 점은 개별 사례—한 개 또는 여러 개의—에 초점을 맞추는 것이다. 예컨대 이것은 연구자가 한 사람이나 여러 사람의 일대기, 어떤 제도 또는 전체 공동체를 연구한다는 것을 의미한다. 사건이나 과정도 그러한 사례일 수 있다. 사례는 그것의 자연적 맥락 속에서 연구되어야 한다는 점이 종종 강조된다. 왜냐하면 각 사례는 그러한 맥락의 일부로서 그것의 특정한 의미를 지니기 때문이다. (중략) 메리엄에 따르면 사례 연구는 가능한 한 많은 변수들을 포함해야 하며, 변수들 사이의 오랜 시간에 걸친 상호작용을 서술해야 한다. 이것이 이른바 '두꺼운(thick)' 서술이다. 발견적 요소는 독자에게 사례에 대한 더 심층적인 이해를 얻게 하는 결과를 낳는다. 귀납적 요소는, 사례에 대한 경험으로부터 특정한 결론에 이를 수 있으며 때로는 이 결론이 이론 산출로 나타난다는 것을 의미한다.

사회학계에서는 이상의 조사방법론을 학생들에게 가르침으로써, 그들이 주어진 사회현실을 객관적 · 주관적으로 통찰할 수 있도록 유도한다. 상기와 같은 양면적인 속성을 띤 방법론은 특정한 문제를 둘러싼 환경을 '있는 그대로' 볼 수 있게 함과 더불어 그 속에 담겨진 이면의 상황을 직접적으로 느낄 수 있게 한다는 점에서 여타의 학문들에 비해 현실에 적합한 정의를 도출하는 데에 매우 효과적이라고 할 수 있다. 특히 최근에는 고급통계기술을 이용한 미래사회의 동향을 예측할 수 있는 수준에 이를 정도이다. 물론 조사를 실행하는 사람의 자의적 성향 혹은 예상치 못한 변수의 존재들로 인하여 결과상의 오류가 발생하는 경우가 전혀 없다고는 할 수 없지만, 이와 같은 부분은 점진적인 수정을 통해 충분히 개선될 여지가 있다고 사료된다. 위와 같은 과정을 거쳐 도출된 사회적 정의는 법적 정의가 가지고 있는 한계를 충실히 보완해주는 파트너로서 그 위상은 날이 갈수록 커져가고 있다. 다시 말해서 이상적인 차원의 정의가 아니라 현실적인 차원의 정의가 자리를 잡을 수 있도록 하는 데에 중추적인 역할을 수행하고 있다는 것이다.

그러나 이와 같은 사회적 정의도 정치적 의미의 정의와 언론적 의미의 정의가 뒷받침해주지 않는다면, 그 토대의 견고함이 충족될 수 없다. 인간의 삶은 미시적인 수준에서부터 거시적 수준에 이르기까지 '정치'로 점철된다는 사실을 염두에 두어야만 한다. 흔히들 정치를 '국가운영을 위한 전문기술'이라고 생각하지만, 이것은 거대한 관점에서 바라본 것에 불과할 뿐이다. 실제로 누군가를 자신의 의지대로 설득시켜 움직이도록 만드는 것 혹은 대립이 없는 원만한 인간관계를 형성하는 것 또한 협의의 정치활동이라고 할 수 있다. 정치는 자신을 포함한 상대방들을 고르게 다스린다는 의미가 강한 것이기 때문이다. 가지런하게 다스리기 위해선 사람들이 자신의 견해를 사회 전체의 안전이라는 틀 자체를 훼손하지 않는 범위 내에서 자연스럽게 표명할 수 있도록 장(場)을 마련해주어야만 한다. 뿐만 아니라 그와 같은 견해가 심의를 거치지 않고 묵살되는 것이 아니라 존중되어야만 한다. 물론 존중된다고 해서 그것이 사회에 적극적으로 반영되어야만 한다는 것을 의미하진 않는다. 다만, 심의의 대상으로 삽입시키고 더 나아가 그것이 가지고 있는 정당성을 논의하는 최소한의 성의를 보여주어야 한다는 것이다. 이러한 요건이 전제되어야만 '국민이 주인이다'라는 이념을 담은 민주주의가 제대로 정립된다. 자신이 생각한 바를 표명할 수 자유와 권리가 존재하지 않는다면, 그리고 이에 대해 고민해주는 사회적 풍토가 존재하지 않는다면 정치는 문자 그대로 권리투쟁의 장이라는 부정적 함의를 띤

격투장으로 전락하기 마련이다. 역사적으로 민란과 반정 등이 발생했던 것도 바로 이러한 환경이 사람들에게 주는 부정적 감정의 폭발적 촉진 때문이었다. 물론 교육의 혜택이 전 국민에게 돌아가지 않았던 전근대적인 시기에는 의사를 표명할 자유를 보유했다고 할지라도 이를 외부적으로 표현할 수는 없었을 것이다. '사공이 많으면 배가 산으로 간다'는 식의 중우정치(衆愚政治)의 폐해에 대한 인식이 널리 확산되었던 시기였기 때문이다.

그러나 시대가 바뀌었다. 개별 국민들이 다양한 매체의 도움을 통하여 전문가에 준하는 지위에 서게 된 시점에서 고급정보를 획득함과 더불어 이를 상황에 맞게 가공하여 외부적으로 적합하게 표명할 수 있는 능력을 보유하게 되었다. '지식의 독점'은 '지식의 공유'로 이어지고, 지식의 공유는 '지식보유 주체'의 '단독성'에서 '공동성'으로 확장시켜주는 기능을 수행하고 있다. 따라서 국가는 과거와 달리 특정한 목적을 달성하기 위하여 입법과 정책수립을 함에 있어 민간전문가들과 관계자들을 초빙하여 의사교환을 충실히 해야 한다는 사실에 대해 동의하기 시작하였다. 물론 아직까지는 그와 같은 공동작업이 완벽한 수준에서 이루어지고 있지는 않는 실정이지만, 민(民)이 관(官)과 함께 공무를 수행하는 파트너로서의 지위를 점하게 되었다는 점은 상당히 고무적인 일이 아니라 할 수 없다. 더욱이 최근에는 국책사업을 시행하는 정부와 사업시행지역의 주민들의 갈등문제를 해결하기 위하여 파견된 민간전문가들의 역할의 중요성이 점차적으로 증대되고 있는 실정임을 감안한다면, 한국의 민주주의는 계속하여 진화하고 있는 것으로 판단된다. 설령 문제가 해결되지 않는다고 할지라도, 이러한 과정이 지속적으로 이루어질 수 있도록 보장된다면 민주주의의 선진화에도 가속도가 붙을 것이라고 사료된다.

이처럼 가속도가 붙은 선진화행 민주주의의 열차가 안정적으로 달릴 수 있도록 하기 위해선 언론적 정의가 필수적으로 수반되어야만 한다. 언론사의 역할은 사회에 발생하고 있는 모든 사건을 객관적으로 전달함으로써 관과 민이 사용할 수 있는 유용한 고급정보를 제공하는 것이다. 뿐만 아니라 그들이 특정한 입법과 정책을 수립하는 데에 있어 해결해야 하는 전제문제 그리고 갖추어야 할 전제조건이 무엇인지를 판단할 수 있는 자료를 제공해 주어야만 한다. 세상의 정보들은 그 양태가 매우 다양하기 때문에 유의미한 맥락을 갖춘 자료로 전환시키기 위해선 이를 가지런하게 정리할 수 있는 능력이 강력하게 요청된다. 그렇기 때문에 언론사는 자사(自社)가 보유하는 보도의 자유를 향유하기 전에 그것이 공론(公論)을 왜곡시킬 가능성이 있는지의 여부에 대하여 철저하게 '자기조사'와 '자기검열'을 해두어야만 하는 것이다. 물론 어떤 사건을 보도할 것인지에 대하여 선택하는 것은 그들이 보유한 기본권의 본질적인 내용에 해당하므로 이에는 아무런 제한이 따르지 않는다고 할지라도, 해당사안을 외부적으로 표명함에 있어선 위와 같은 세심한 주의가 필요하고, 우리는 이를 '사회적 책임성'이라고 부른다.

이와 같은 사회적 책임성은 언론사의 역할이 가지는 기존의 중요성에 더욱 큰 무게감을 실어준다. 다시 말해서 언론사는 (ⅰ) 특정한 공적 문제를 처리하고 있는 당사자들 이외의 사람들에게 '현재의 상황이 어떻게 진행되고 있는지'를 공정하게 알려줌으로써 그들이 응당 향유해야 할 알권리(right to know)를 충족시켜주고, 더불어 (ⅱ) 감시인으로서의 역할을 수행해야만 한다는 것이다. 그러나 현대의 언론사가 자체검열을 통하여 보다 사실에 가까운 보도를 할 수 있게 되었던 것은 언론중재 및 피해구제에 관한 법률(법률 제7370호)을 충실히 이행하고자 하는 자기노력이 충족되었기 때문이다. 본 법은 "언론사 등의 언론보도 또는 그 매개로 인하여 침해되는 명예 또는 권리나 그 밖의 법익에 관한 다툼이 있는 경우 이를 조정하고 중재하는 등의 실효성 있는 구제제도를 확립함으로써 언론의 자유와 공적 책임을 조화함을 목적으로 한다"(제1조). 뿐만 아니라 언론의 자유와 독립을 규정한 제3조와 언론의 사회적 책임 등을 규정한 제4조 및 본법 제3장에 규정되어 있는 구제절차 등을 마련함으로써 언론사의 자유를 보장함과 더불어 이에 상응하는 의무를 지우고 있다. 이 법률은 다음과 같은 구조로 설계되어 있다.

≪제1장 총칙≫ 제1조 【목적】, 제2조 【정의】, 제3조 【언론의 자유와 독립】, 제4조 【언론의 사회적 책임 등】, 제5조 【언론 등에 의한 피해구제의 원칙】, 제5조의2 【사망자의 인격권 보호】, 제6조 【고충처리인】

≪제2장 언론중재위원회≫ 제7조 【언론중재위원회의 설치】, 제8조 【중재위원의 직무상 독립과 결격사유】, 제9조 【중재부】, 제10조 【중재위원의 체적 등】, 제11조 【사무처】, 제11조의2 【중재위원회의 활동 보고】, 제12조 【중재위원회의 운영 재원】, 제13조 【벌칙 적용시의 공무원의 의제】

≪제3장 침해에 대한 구제≫ 제1절 언론사 등에 대한 정정보도 청구 등 ▶▶ 제14조 【정정보도 청구의 요건】, 제15조 【정정보도청구권의 행사】, 제16조 【반론보도청구권】, 제17조 【추후보도청구권】, 제2절 조정 ▶▶ 제18조 【조정신청】, 제19조 【조정】, 제20조 【증거조사】, 제21조 【결정】, 제22조 【직권조정결정】, 제23조 【조정에 의한 합의 등의 효력】, 제3절 중재 ▶▶ 제24조 【중재】, 제25조 【중재결정의 효력 등】, 제4절 소송 ▶▶ 제26조 【정정보도청구 등의 소송】, 제27조 【재판】, 제28조 【불복절차】, 제29조 【언론보도 등 관련 소송의 우선 처리】, 제30조 【손해의 배상】, 제31조 【명예훼손의 경우의 특칙】

≪제4장 벌칙≫ 제34조 【과태료】

≪부칙≫

물론 위의 법률이 언론사의 자유와 사회적 책임성을 완벽한 수준으로 보장해주지는 않는다. 어떠한 법과 제도든 그것을 사용하는 주체가 어떠한 신념과 관점을 가지고 있는지가 관건인 셈이다. 현재 한국사회에서는 대중매체의 민중적 활성화에 힘입어 언론적 정의가 제대로 설 수 있는 토대가 굳건하게 마련되고 있는 중이라고 할 수 있고, 사회의 문제를 해결하기 위한 참여의식은 그 어느 때보다 높은 수준에 달하고 있다. 과거에는 방송사와 신문사가 일방적으로 사회에 소식을 전달해주는 기능을 하였으나, 최근에는 트위터(twitter)와 페이스북(facebook) 등과 같은 시스템들이 마치 1인 방송사와 같은 역할을 수행하고 있다는 점이 우리 사회가 맞이한 거대한 변화라고 할 것이다. 따라서 언론적 정의는 그 자체가 독립적인 지위를 가진 것이기도 하지만, 한편으로는 법적 정의와 사회적 정의 및 정치적 정의가 맡은 바 소임을 다할 수 있도록 만들어주는 충실한 조력자에 해당한다고 판단된다.

이상의 정의가 안정적으로 존속하기 위해서 필요한 조건은 바로 범국민적 차원의 공감이므로 특정한 계층과 집단을 위한 정의는 존재하지 않는다. 만약 이와 같은 이익체계가 공고히 자리를 잡게 되면, 불측의 피해를 입는 사람은 여전히 열악한 삶의 질을 개선할 수 있는 방법을 상실하기 마련이다. 집회와 시위 등과 같이 권리회복을 위한 집단적 움직임이 지속적으로 일어나는 것도 이에 기인한 것이라 할 수 있겠다. 최근 들어 한국사회에서는 그 어느 때보다도 이와 같은 징후가 지속적으로 나타나고 있는 실정이다. 이러한 문제를 해결하기 위하여 국가와 국민이 머리를 맞대고 해결하려고 노력하고 있는 것은 사실이지만, 여전히 난항에 빠져있는 부분도 아울러 존재하고 있음이 감지되고 있다. 사실 아무런 사회문제가 존재하지 않는 국가는 없다. 오히려 갈등과 분쟁 자체가 전무하다는 것은 그 내부에 보이지 않는 부정적인 병리요소가 깊숙하게 자리매김하고 있는 것으로 보아도 무방하다.

사회를 병들게 하는 병리적 요소의 존재가 있는지를 파악하는 능력의 존부는 사회구성원들의 '선진적 차원의 감각'이 어느 정도로 형성되어 있는가에 의하여 결정된다고 볼 수 있다. 감각은 과거와 현재 그리고 미래의 문제가 어떠한 식으로 작용했고, 작용하고, 작용할 것인지의 문제를 지각할 수 있도록 만들어주는 요소에 해당한다. 감각을 통해 문제의 존부를 지각하게 되면, 이에 맞추어 해결해야 할 사항의 근원이 무엇인지를 탐색하게 되고, 탐색한 후에는 그에 적합한 방안을 모색하기에 이른다. 이는 일견 쉬워 보이는 절차에 해당하지만, 실제로 문제에 접하게 되면 가장 기본적인 절차의 '내용'과 '중요성'을 간과하는 경향이 나타난다. 이와 같은 경향은 자연스레 포괄적인 형태의 정의관을 가지도록 만든다. 광범위한 스케일의 정의에 대한 사고는 구체적인 형태의 정의가 구현하는 평화상태 형성능력보다도 덜 한 수준의 결과물밖에 만들어내지 못한다. 경우에 따라선 이현령비현령(耳懸鈴鼻懸鈴)식의 도덕담론에 빠져들게 함으로써 문제를 해결하기 위한 실효적 대안을 제시하는 데에 어려움을 주는 요소로 작용할 수도 있음을 유의하여야 할 것이다. 물론 해결해야하는 갈등과 분쟁의 문제는 거시적인 원론의 시각에서 바라보는 것이 타당하다. 그러나 원론적 시각이 깊은 숙고의 과정을 거치지 않음으로써 구체화될 수 없다면 단지 형이상학적인 내용을 담은 평범한 도덕론에 국한될 개연성이 있다고 판단된다. 그렇기 때문에 우리는 위에서 언급한 문제를 지각하고 해석하며 대안을 제시해내기 위하여 감각을 보다 구체화 과정을 거쳐 사회에 적합한 형태로 진화시켜야 한다. 그리고 이러한 진화형태가 곧 법적 정의, 사회적 정의, 정치적 정의, 언론적 정의가 최적의 상태로 존재할 수 있도록 만들어주는 원동력으로 작용하기에 이른다.

Ⅵ. 공감의식의 형성을 위한 당사자들의 의사교환법

이러한 정의들은 기본적으로 사람들이 상호 간의 존중의식에 기반을 두어 원활한 의사소통을 하게 만들고, 이를 통해 궁극적으로 바람직하다고 여겨지는 공동체를 형성하도록 만드는 것을 그 목적으로 삼고 있다. 그리고 이와 같은 공동체는 그 구성원들이 자유롭게 개성을 발현시킴으로써 행복추구권을 향유하도록 도움을 주는 역할을 하고, 구성원들은 이러한 집단체가 안정적으로 존속할 수 있도록 일정수준의 공익수호의무를 부담하여야만 한다. 이러한 공익보호의무는 사람들이 누군가에게 불측의 손해를 입히지 않고 존중관계를 형성하도록 최선을 다함으로써 이행되는 것이라 하겠다. 이를 위해선 누군가가 다른 사람보다 우위에 서있다 혹은 서있어야 한다고 생각하기보다는 자신과 동등한 지위에 놓여있는 주체로 바라보는 시각을 견지하는 것이 중요하다. 타인을 인정하지 않는 사람은 타인으로부터 존중받을 수 없는 것이 불문의 사회규칙에 해당하는 것인 만큼, 자유를 누리기 위해선 타인의 권리를 존중해야 한다. 그리고 이것이 공화주의적 자유주의의 관점에서 바라본 '평등론(平等論)'이라고 하겠다.

따라서 법적, 사회적, 정치적, 언론적 정의가 굳건하게 서기 위해서는 '평등에 기초한 공감대적 가치'를 적절히 공유하는 풍토조성이 절실하다. 물론 평등의 속성을 띤 가치가 발현되기 위해선, 사람들이 향유할 수 있는 자유가 우선적으로 보장될 수 있어야함은 재론(再論)할 여지가 없이 당연하다. 자유가 없는 곳에선 평등도 있을 수 없고, 평등에 대한 열망이 수그러든 곳에서는 공감대라는 것이 존재할 수 있는 여지도 없다. 여기서 말하는 평등은 '결과의 균등'이 아니라 '기회의 균등'이다. 누구나 자신이 보유하고 있는 잠재력을 자유의지에 따라 성실하게 발현시킬 수 있는 기회가 보유되어야만 하고, 이는 사람들에 의하여 널리 존중되어야만 한다. 이것이 전제되어야만 비록 사람들과의 경쟁에서 진다고 할지라도 떳떳하게 수긍할 수 있는 자세를 견지할 수 있게 된다. 전 세계적으로 일어나고 있는 대부분의 집회 및 시위도 기회의 균등을 둘러싼 형평성에 대한 논란으로 인하여 발생한 것이다. 문제는 그와 같은 사건들에 대하여 관계당사자들 이외의 이들이 가지고 있는 견해가 다르다는 점이다. 어떤 이들은 그와 같은 집단행동을 우호적으로 바라보지만, 또 다른 이들은 부정적인 시각으로 행동의 정당성 자체를 인정하려고 하지 않는다. 이는 '(ⅰ) 이를 사회문제에 해당한다고 보아야 할 것인가?, (ⅱ) 설령 사회문제에 해당한다고 할지라도 행동의 목적이 단순한 이익추구에 국한된 것이 아닌가?, (ⅲ) 문제를 해결함으로써 얻는 이익이 단순히 단체행동을 한 이들에게만 돌아가는 것인가?, (ⅳ) 목적을 추구하고자 하는 방법론이 타당하다고 보아야할 것인가?' 등에 대하여 서로 다른 견해를 가지고 있음을 의미하는 것이다.

같은 생각을 하는 사람들은 내면적으로 동질감을, 다른 생각을 하는 사람들은 이질감을 형성하고 있는 셈이다. 전자의 집단은 통합을 강조하나, 후자의 집단은 갈등을 강조한다. 여기서 갈등을 강조한다는 말의 의미는 이해관계의 고른 분포가 이루어질 수 있도록 변화를 이끌어 내야한다는 조류를 형성해야만 한다는 것과 같다. 결과적으로 대승적(大乘的) 차원의 공감대를 형성하기 위해선 양자가 수긍할 수 있는 범주 내의 쟁점을 찾아 함께 해결방안을 모색하는 자세가 필요하다. 이런 의미에서 볼 때, 공감대 형성을 둘러싼 쟁점은 '통합의 타당성 여부에 대한 한계선'에서 이루어지는 논의라고 할 수 있다. 한계선 상에 있는 공감대 논의 속에서 존재하는 통합과 갈등은 백지 한 장의 차이와도 같다. 그렇기 때문에 관계자와 이들을 바라보는 시선이 첨예하게 대립하게 되는 것이다. 이와 같은 대립은 비단 사회 내부적으로만 발생하는 예라고 바라볼 순 없다. 오히려 국가가 바라보는 이익관(利益觀)과 사회가 바라보는 이익관이 충돌하면서 초래되는 갈등을 대중매체를 통해 상대적으로 더욱 많이 목격하게 되고, 시간이 지나도 해결책이 제시되지 않을 경우엔 시민불복종의 모습을 한 집회 및 시위가 발발하게 이른다.

시민불복종이란 주어진 (ⅰ) 법과 제도의 정당성에 회의를 품고, (ⅱ) 국가를 향해 이를 시정해달라는 요청을 담아, (iii) 의도적으로 법을 위반하는 행위이다. 이러한 사회운동이 정당성을 인정받을 수 있는 것으로 보아야할 것인지에 대해선 논란의 여지가 있다. 부정적인 시각을 가진 측에서는 이와 같은 집단행동이 사회전체에 혼란을 가져다 줄 소지가 있고, 자칫 정당한 법제도의 존재가치를 몰각시킬 위험성이 초래될 수 있으며, 청원권(請願權)과 소송제도 등을 이용하여 문제를 해결하고자 노력하는 것이 중요하다고 주장한다. 반면, 우호적으로 바라보는 측에서는 상반되는 근거를 제시하고 있다. 그것은 시민불복종 운동이 일어날 수 있는 근거와 관련성이 깊은데, 법과 제도가 헌법상의 권리 혹은 법률상의 권리를 적절히 보호해주는 데에 일정한 한계를 보이고 있기 때문에 공권력에 의한 권리구제가 사실상 어려운 상황이라는 것이다. 소송제도를 이용하거나 청원권을 행사한다고 할지라도 이를 이용하기엔 전문적인 지식을 갖춘 이들의 도움이 필요할 뿐만 아니라 많은 비용이 들어 경제적인 부담을 감당하기 어렵다. 또한 시민불복종 운동은 사회의 혼란을 초래하는 것이 아니라 사회의 건전한 발전을 위하여 이루어지는 민주적 운동의 일환으로 받아들여야 한다는 것이다. 양측이 제시한 의견들 일정부분 타당성이 인정된다고 판단되지만, 문제는 양립하는 것이 불가능해 보일 정도로 달라도 너무 다르다는 점이다. 이는 결국 '공감대의 분열'을 가져다주는 요인으로 작용하게 된다. 그렇기 때문에 법적 · 사회적 · 정치적 · 언론적 정의의 융합을 통한 새로운 형태의 정의관을 함양하는 사회적 조류의 형성이 시급히 필요한 실정이라고 사료된다.

여기서 주의할 점이 있다면 공감대라는 용어가 '모든 이들이 공유할 수 있는 감정과 정서'만을 의미하진 않는다는 사실이다. 굳이 '모든 이들'이 아니라 '일정한 다수'로 구성된 이들이 동일하게 가지고 있는 감정과 정서 역시 공감대의 일종으로 포섭가능함을 고려할 필요가 있다. 바라보는 관점에 따라선 '모든 이들이 수긍하는 상태'를 이끌어내는 것이 이상할 수도 있다. 의사표시를 함에 있어 강압과 강제 및 기망(欺罔)이 수반되지 않는 한, 어느 곳에서든 '만장일치'의 결론을 도출해내는 것은 매우 어려운 일이기 때문이다. 따라서 공감대는 '절대다수'가 아닌 '상대다수'를 기준으로 한 개념으로 봄이 타당하다고 생각한다. 다만 상대다수의 축에 끼지 못한 소수가 권리를 부당하게 침해받지 않도록 예비조치를 취해둔다면, 보다 선진적인 가치를 품은 공감대로 평가가능하다고 사료된다. 그리고 한국사회는 궁극적으로 이를 지향해야 할 것이다.

문제는 상대다수라고 할 수 있는 집단이 둘 이상일 경우인데, 그 유형으로는 '(ⅰ) 사회적 공감대와 국가적 공감대 사이의 마찰, (ⅱ) 사회 내부적 공감대들 사이의 마찰, (ⅲ) 정부 내부적 공감대들 사이의 마찰'을 들 수 있다. 이때부터 마찰의 쟁점은 '공익과 사익', '공익과 공익', '사익과 사익'의 충돌문제를 어떻게 해결할 것인지로 이동하여 이익형량의 논쟁에 이르게 된다. 충돌하는 이익문제를 가라앉히기 위해선 공감대와 공감대 사이의 균형과 조화가 핵심적이다. 이에 필자가 제시하고자 하는 것은 본고의 서두에서 말했던 감정과 신념 및 이성의 안정적인 피드백이다. 내부적으로만 이루어지는 피드백은 아무런 소용이 없다. 오히려 외부에서 들어오는 비판을 적극적으로 받아들여 심의대상으로 삼은 후, 객관적 타당성을 기준으로 당·부당을 판단해야 할 것이다. 그러나 사회구성원들은 이와 같은 태도가 중요하다는 것을 내면적으로 인식하고 있음에도 불구하고, 이를 현실로 옮기는 과정에선 내부지향적인 경향을 보이기도 한다. 다시 말해서 주관적인 관점에서 공감대를 이루는 사람들 사이에서만 자신들의 행동이 가지는 정당성을 강화시키기 위한 논거생산(論據生產)에 역점을 둘 뿐이라는 점이다. 내부적 논거생산은 소속집단의 결집력을 과도하게 강화시킴과 더불어 외부집단과의 다툼에서 이길 생각만을 고취시키는 자가당착의 독(毒)일 따름이고, 더 나아가 존중사회의 훼손이라는 결과를 일으키는 원인으로 작용할 개연성이 있다고 여겨진다. 그렇기 때문에 공감대 전쟁을 종식시키기 위해선 감정의 구성요소 중 감정흡입력이 필수적이 요청된다.

감정전달력에만 치중한 신념의 형성과 이를 통한 이성의 발현은 그 자체로 상당히 불완전할 뿐만 아니라, 사회여론을 왜곡시키는 부정적 효과를 초래할 수 있기 때문에 소속집단의 문제의식과 관련한 자기고찰자체에 주의를 기울이기 힘들어진다. 물론 감정전달력이 중요하지 않다는 의미는 아니다. 다만, 소속집단의 견해를 피력하기에 앞서 상대집단이 제시하는 견해가 '무엇을 목적으로 삼고 있는가?', '목적을 실현하기 위하여 선택한 수단이 무엇인가?', '그 수단을 실행함에 있어 예상되는 피해의 규모는 어느 정도인가?', '불가피한 수단이라면, 그를 통해 획득되는 권리와 침해되는 권리의 형량이 적절히 이루어지고 있는가?' 등의 내용을 충실히 담고 있는지를 파악해야 한다는 것이다. 그리고 이를 바탕으로 하여 자신이 몸담고 있는 집단의 견해와 최대한 양립가능한 범위 내의 새로운 대안을 도출해낼 수 있도록 할 필요가 있다. 자신의 감정은 다른 집단이, 다른 집단의 감정은 자신이 소속한 집단이 고려함으로써 상부상조의 효과를 볼 수 있다. 이러한 '교환적(交換的) 감정흡입력'은 감정전달력의 극대화를 통해 얻는 이익보다 상당히 건설적인 결과를 도출해내는 데에 유용하게 쓰일 것이라고 사료된다. 단지 대립하는 당사자가 어느 수준까지 성실하게 이러한 의무를 이행해 줄 것인지가 의문사항일 따름이다. 마치 죄수의 딜레마와 같은 상황이라고 볼 수도 있다. 서로에 대한 믿음을 견지한다면 최대한의 이익을 획득할 수 있으나, 한쪽만이 그와 같은 존중감을 가지고 있다면 다른 한쪽만이 전체 파이를 차지하는 불합리한 상황이 초래된다. 그렇기 때문에 양측 모두 '믿지 않는다'라는 선택지를 선택하는 것이다.

그렇다면 상대의 감정을 흡입하는 것 자체가 쓸모없는 행위라고 보아야 하는가? 다시 말해서 상대방이 자신의 의사를 존중해주지 않을 가능성이 높음에도 불구하고, 무조건적으로 그들의 견해에 존중감만을 보여야만 한다는 것인가라는 의문이 제기될 수 있다는 것이다. 기본적으로는 그들에게 존중감을 표명해주어야겠지만, 만약 자신이 추구하는 권리의 본질적 내용이 훼손될 우려가 있다면 이는 예외에 해당한다. 여기서 예외에 해당한다는 것이 존중의식의 철회를 의미하진 않는다. 즉 존중의식이라는 것은 타인존중을 포함하여 자기존중도 함축하고 있는 고차원적 정신상태를 의미한다. 따라서 타인이 부당하게 권리를 침해하고자 한다면 이는 존중사회의 원칙에 위배되는 것이라고 할 수 있다. 그리고 피해를 입을 가능성이 농후한 자는 그와 같은 행위에 대해 적극적으로 반격할 기회를 부여받는다. 그러나 적극적으로 반격하는 과정에서 생겨나게 될 후속적 피해를 고려한다면, 가능한 한 원활하게 문제를 해결하는 방법을 선택하는 것이 보다 현명할 것이라고 사료된다. 이와 관련하여 필자는 바트나(BATNA, Best Alternative To Negotiated Agreement)의 형성을 언급하고자 한다. 바트나는 처음에 제시한 대안이 적용불가능한 것이라고 판단될 경우, 이를 대비하여 고안한 두 번째 대안을 의미한다. 만약 A집단이 B집단의 견해를 충분히 검토하지 않고서 본인들이 견지하고 있는 견해만을 제시한다면, B집단은 A집단의 불공정한 행위에 대해 대처할 수 있는 또 다른 방안을 마련해두어야 한다는 것이다. 상대방을 성실히 배려했음에도 불구하고, 그들이 배신행위를 하여 불측의 피해를 안겨줄 경우를 대비한다면 오히려 역공을 가할 수 있는 기회를 겸비하게 된다. 그 이유는 배신행위를 하지 않은 집단은 외부적으로 그런 행위를 할만한 정당성을 가지고 있다는, 이른바 '대의명분'을 취득하는 셈이기 때문이다. 그리고 배신행위를 한 집단은 명분을 잃고서 자신의 이익만을 추구하는 악덕집단이라는 오명을 씻어낼 수 없게 되고, 궁극적으로는 외부적으로도 어떠한 지지를 받을 수 없게 될 것이다.

그리고 이상의 배신행위자의 제재를 가할 수 있도록 공식적인 수단이 마련되어야만 한다. 통상적으로 그와 같은 수단을 행사할 수 있는 주체로는 법적 권위를 가지고 있는 공공기관이 거론된다. 혹은 공공기관이 아니라고 할지라도 법적인 권위를 위임받은 공무수탁사인(公務受託私人) 집단일 수도 있다. 이들은 주로 '중재자'로서의 역할을 수행하지만, 아울러 '심판자'로서의 지위를 갖는데, 이러한 지위는 공식적으로 규정된 법과 제도를 통하여 공고히 된다. 그러나 혹자는 '법과 제도'를 어느 정도까지 신뢰할 수 있는가에 대하여 회의감을 제시하기도 한다. 환언하자면 '실효적(實效的)인 법의 지배'가 이루어지고 있지 않을 것이라는 불신감을 가지고 있다는 셈이다. 물론 대한민국에 존재하는 법령이 모든 사회문제를 해결하는 데에 있어 완전무결할 정도로 유효하게 사용되진 않는다. 입법과 정책수립을 하는 주체도 어디까지나 인간이고, 인간이기 때문에 예상치 못한 변수를 고려하지 못할 까닭에 오류를 범할 가능성이 존재한다. 그러나 이와 같은 오류를 지나치게 고려의 대상으로 넣은 나머지, 실효적으로 운용되고 있는 법령의 가치마저 몰각시키는 식의 사고는 지양의 대상이 되어야 한다.

현재 갈등상황을 종식시키기 위하여 사용되는 법령은 보다 정교하게 발전되고 있을 뿐만 아니라 학계에서도 지속적으로 더욱 사회문제해결에 적합한 형태로 본 법령들이 적용될 수 있도록 고급이론들을 고안해내고 있다. 보기에 따라선 법령들의 수가 지나치게 많아지고 있다는 비판이 제기될 수도 있지만, 사회가 복잡해질수록 수가 늘어나는 것은 당연한 것이라는 점을 고려할 필요가 있다. 최근에는 법원에서도 가능한 조정과 중재처럼 당사자들이 원활한 합의를 이끌어낼 수 있도록 유도하고 있을 뿐만 아니라, 당사자의 요청에 의거하여 다수의 민간전문가들을 초빙해 합당한 판결을 내리고자 노력하는 측면이 엿보인다. 더군다나 법원에서 처리하는 사건의 수가 기하급수적으로 증가하고 있다는 사실이 법령을 통한 문제해결의 장점을 단적으로 보여주고 있다. 그러나 앞서 언급한 바와 같이 법적 정의가 모든 류의 문제를 해결하는 데에 있어 만병통치약이 될 수는 없다. 사회적 정의와 정치적 정의 그리고 언론적 정의가 수반될 때에 한하여 완벽에 가까운 문제해결법이 도출되는 것이라고 보아야 할 것이다.

따라서 위와 같은 공식적인 제재수단 이외에 필요한 것은 희소가치가 있는 혹은 한정되어 있는 이익을 공정하게 향유하기 위한 바람직한 경쟁의 장에서 도출되는 안정적 공감대로, 이는 언론적·사회적·정치적 정의에 기초하여 형성된다. 언론적 정의는 현재 논란이 되고 있는 쟁점이 무엇인지를 찾을 수 있도록 도움을 주고, 사회적 정의는 그러한 문제의 원인이 무엇인지를 규명할 수 있도록 도움을 주며, 정치적 정의는 문제해결을 위한 대안들이 사람들에게 불측의 피해를 주지 않도록 가지런히 정리할 수 있게 도움을 준다. 이러한 과정을 통해서 만들어지는 것이 바로 바람직한 경쟁의 장 속에 존재하는 공감대라고 할 수 있다. 공감대는 합당한 논리와 견해에 승복하고 이를 받아들일 때에 한하여 더욱 공고해지는 감정적·정서적 상태에 해당한다. 이를 통해 사람들은 주어진 결정을 존중하고 이를 준수하기 위하여 자신의 태도를 스스로 교정하게 된다.

그러나 간혹 공정한 경쟁에서 진 경우라면 겸허히 승복해야 함에도 불구하고, 자신의 처지에 대해 너무 깊이 생각함에 따라 타인의 성공에 부당한 술수(術數)가 작용했다는 의심이나 어깃장을 놓는 경우가 많은 편이다. 이것이 바로 감정흡입력이 결여된 결과로 발생한 '귀인의 오류'라고 할 수 있다. 자신이 원하는 결과를 얻지 못한 정신적 차원의 부정적 자극을 해소시키기 위한 '비합리적인 합리화'인 셈이다. 그러나 더욱 당혹스러운 점은 '그들을 미워하지만, 그들에게 인정받고 싶다는 마음가짐'을 가지고 있다는 사실이다. 인정을 받는 순간 '적에서 아군'으로 급격한 수준의 지위이동이 발생한다. 적이었던 아군의 집단에 들어가게 되는 순간 사람은 스스로 부당하다고 여겼던 기존의 틀에 묻혀버리고 만다. 그 뒤부터는 축출당하지 않기 위하여 최선을 다한다. 이는 자신도 승자의 권위를 지속적으로 누리고자 하는 심리가 작용했기 때문이라고 판단된다. 그러나 어째서 '패자의 권위'는 존재하지 않는지에 대해 의문스럽지 않을 수 없다. 승자독식주의라는 일도양단의 사고방식으로 말미암아 경쟁 혹은 분쟁에서 물러난 사람에겐 그 어떠한 혜택이 주어지지 않는다. 그리고 애초부터 '패자'라는 용어 자체가 존재하는 것 또한 문제라고 사료된다. "Winner takes all"이라는 '갈등조장적 규칙'을 내면화시키는 경향이 있기 때문이다. 사회 속에서 영위되는 생활양식은 승과 패로 구성되는 게임이 아니다. 누구나 아는 명제이지만 지켜지는 경우는 드문 실정 속에서 '노력한 바를 가시적으로 보여주는 메커니즘'이 절실히 요청된다. 결과가 좋든 나쁘든 그것은 문제가 아니다. 소위 말하는 실패를 경험한 자들은 좌절감에 빠지기 마련이다. 이 좌절의 장막을 걷어내도록 도와주는 것이 핵심적인 과제이다. 예를 들면 재사회화를 통한 능력과 노력의 배양을 생각해볼 수 있다. 그리고 자신 혹은 소속집단이 지향해왔던 진로를 탄력적으로 전환시킬 수 있도록 도움을 주는 것이다.

그리고 이와 같은 환경이 제도적으로 구축될 수 있도록 법령이 뒷받침되어야만 한다. 예를 들면 헌법적 가치를 적절하게 담은 기본법의 존재라고 할 수 있다. 최근 들어 기본법이 지나치게 많이 제정되고 있다는 비판이 제시되고 있는 실정이다. 아래에 있는 내용은 기본법이라는 이름이 붙은 현행의 법률들이다.

행정규제기본법(법률 제5368호) : 이 법은 행정규제에 관한 기본적인 사항을 규정하여 불필요한 행정규제를 폐지하고 비효율적인 행정규제의 신설을 억제함으로써 사회 · 경제활동의 자율과 창의를 촉진하여 국민의 삶을 질을 높이고 국

가경쟁력이 지속적으로 향상되도록 함을 목적으로 한다(제1조)

교육기본법(법률 제5437호) : 이 법은 교육에 관한 국민의 권리 · 의무 및 국가 · 지방자치단체의 책임을 정하고 교육제도와 그 운영에 관한 기본적 사항을 규정함을 목적으로 한다(제1조)

환경정책기본법(전부개정법률 제10893호) : 이 법은 환경보전에 관한 국민의 권리 · 의무와 국가의 책무를 명확히 하고 환경정책의 기본 사항을 정하여 환경오염과 환경훼손을 예방하고 환경을 적정하고 지속가능하게 관리 · 보전함으로써 모든 국민이 건강하고 쾌적한 삶을 누릴 수 있도록 함을 목적으로 한다(제1조)

사회보장기본법(법률 제5134호) : 이 법은 사회보장에 관한 국민의 권리와 국가 및 지방자치단체의 책임을 정하고 사회보장제도에 관한 기본적인 사항을 규정함으로써 국민의 복지증진에 기여함을 목적으로 한다(제1조)

토지이용규제기본법(법률 제7715호) : 이 법은 토지이용과 관련된 지역 · 지구 등의 지정과 관리에 관한 기본적인 사항을 규정함으로써 토지이용규제의 투명성을 확보하여 국민의 토지이용상의 불편을 줄이고 국민경제의 발전에 이바지함을 목적으로 한다(제1조)

소비자기본법(전부개정법률 제7988호) : 이 법은 소비자의 권익을 증진하기 위하여 소비자의 권리와 책무, 국가 · 지방자치단체 및 사업자의 책무, 소비자단체의 역할 및 자유시장경제에서 소비자와 사업자 사이의 관계를 규정함과 아울러 소비자정책의 종합적 추진을 위한 기본적인 사항을 규정함으로써 소비생활의 향상과 국민경제의 발전에 이바지함을 목적으로 한다(제1조)

그러나 우리가 염두에 두어야 할 사항은 법률의 수(數)가 아니라 내용적 측면의 질(質)과 논리성이다. 다시 말해서 지나치게 광범위해서도 안 되지만, 결코 협소해서도 안 된다. 논의의 범위가 넓으면 다른 영역의 기본법과 충돌하거나 구체적인 내용이 결여된 철학적 명제로만 구성되는 상황이 초래될 수 있고, 지나치게 좁으면 빠르게 변하는 사회변화에 속도를 따라잡지 못함에 따라 상황적합성이라는 조건을 충족시킬 수 없게 되기 때문이다. 따라서 중도적 입장을 적절히 견지할 수 있는지의 여부가 관건인 셈이다. 기본법들(행정규제기본법, 교육기본법, 환경정책기본법, 사회보장기본법, 토지이용규제기본법, 소비자기본법)의 제1조 목적규정들을 보면, 대체적으로 정부와 사회 사이의 갈등을 최소화시킴과 더불어 양자간의 원만한 관계를 형성하는 것을 주요목적으로 하는 것으로서 헌법적 가치를 담고 있다. 즉 (i) 국민이라면 누구나 향유할 수 있는 그리고 향유하는 것이 당연한 '주관적 공권'이라는 속성과 (ii) 무분별한 이익추구행위를 금지하는 '객관적 가치질서'라는 속성을 포함하고 있는 것이다. 이를 통해 한정된 사회적 자원을 두고 투쟁이 발생하게 될 소지를 없앰으로써 공감대에 기반을 둔 정의가 온전히 자리매김할 수 있도록 바람직한 경쟁의 환경을 만들고, 더 나아가 단순히 경쟁뿐만 아니라 이익획득의 정당성을 판가름하는 준칙을 세우는 것이 중요하다. 이처럼 공감대를 형성하기 위한 환경은 조성되어 있다는 점에서 갈등사회를 통합사회로 전환시킬 수 있는 조건이 충분하게 구비되어 있다고 판단된다. 그러나 이와 같은 메커니즘만으로 모든 문제가 해결되진 않는다. 법과 제도가 국민들의 세부생활에 적용되어 갈등을 해결할 수 있는 기준점으로서의 역할을 수행하는 것은 사실이지만, 발생하는 모든 갈등이 법과 제도가 적용될 수 있도록 정형화되어 있진 않기 때문이다. 그리하여 기본법을 포함한 여타의 법령들이 다수 존재한다고 할지라도 이에 대한 실효성 논쟁이 이어지는 것도 이에 기인한 것이다. 타당한 지적일 수도 있다. 그렇지만 위에서 언급한 바와 같이 법적 정의만이 갈등을 해결하는 유일한 방책이 아니다. 사회적 · 정치적 · 언론적 정의가 뒷받침되어야 하고, 이들은 성숙한 시민사회가 보유한 능력과도 깊은 관련을 가지고 있다. 그리고 이러한 정의는 합의사회를 형성하기 위한 중추적인 역할을 수행한다. 이는 합의사회가 어떠한 식으로 형성되어야 하는지에 대한 자세한 내용은 후술할 예정이다.

第2部

「사회재건」과 「권리의식의 재형성」을 위한 나침반

第5章 사회재건의 나침반

어떠한 지침들이 무너진 사회를 바로잡는가?

第1節 법이론적 지침

Ⅰ. 법해석관(法解釋觀)의 필요성

주지하다시피 한국에는 수많은 법령들이 제정되어 시행 중에 있고, 시행을 앞두고 있는 예비법령들까지 존재하고 있기 때문에 (ⅰ) 사회가 그만큼 정교한 법질서에 의하여 운영되고 있다는 견해 내지는 (ⅱ) 법령의 포화상태로 인해 일반인들이 숙지하고 이를 내면화할 수 있는 사회분위기가 훼손되었거나 훼손될 위험성이 있다는 견해가 상반된 논리가 제시되고 있는 실정이다. 전문분야가 지속적으로 형성되어 가는 현실은 그만큼 엄청난 속도로 진행되고 있는 사회분화현상에 신속하게 대처하기 위한 목적으로 도래한 것이라는 점에선 매우 긍정적인 것이라고 평가받을만한 여지가 있지만, 적정하다고 여겨지는 양적수준을 초과함에 따라 '법령의 무지'라는 상황을 초래할 수밖에 없다는 점은 비판적으로 생각해야 할 사항이라고 생각한다. 법령에 대해서 알지 못한다는 사실이 오랜 세월 동안 축적되었을 때, 사람들은 '알고 싶어도 알 수 없는 것이므로 차라리 모르는 편이 나을 수 있다'는 식으로 사고할 가능성 또한 농후해질 수밖에 없다고 사료된다. 그러나 그에 대해 숙지할 수 있는 인식능력의 초과현상이 일어났다고 할지라도, 제정법제의 분화속도를 둔화시킬 수는 없는 노릇이다. 사회의 변화는 구성원들의 생활양식의 변화를 이끌어내고, 생활양식의 변화는 이를 규율할 수 있는 메커니즘의 변화를 일구어내는 동인이 되기 때문이다. 따라서 법령을 양적으로 확대시키는 방법을 포기할 수 없다면, 그로 인하여 생길 수 있는 문제를 어떻게 시정할 것인지에 대한 논의가 후속적으로 이루어져야만 한다. 다시 말해서 양적 · 질적조화를 꾀하기 위한 대안이 수립되어야 한다는 것이다. 그리하여 필자가 생각한 방법은 법령을 바라보는 기본적인 시각을 형성함으로써 설령 알지 못하는 법제가 있다고 할지라도 그것이 의미하는 바가 무엇인지를 객관적으로 짐작할 수 있도록 유도하는 것이다. 환언하자면, 셀 수 없을 정도로 많은 법령에 공히 적용될 수 있는 해석법을 알고 있다면, 법령의 무지 속에서도 마치 그에 대해 알고 있는 것과 같은 효과를 기대할 수 있다는 것이다.

지금까지 언급했던 상생의 법칙과 공화주의적 자유주의 그리고 정의론에 담겨있는 핵심이 바로 자연법을 이해하기 위한 관점으로 이어지며, 이와 같은 관점은 법령을 객관적으로 이해하기 위한 주요렌즈가 된다. 보다 쉬운 말로 설명하자면, 자신의 욕심을 추구하되 남에게 피해를 끼치지 않도록 하는 깊은 숙고의 과정을 거칠 때에 한하여 자유가 가지는 진정한 가치를 인식함과 더불어 향유할 수 있는 것이므로 이러한 관점에 따라 법령을 살펴보면 본인이 합법적으로 움직일 수 있는 행동반경에 대해 짐작할 수 있게 된다는 것이다. 사람들은 상투적인 표현에 대해 식상함을 느끼지만, 정작 자신의 삶을 영위할 때에는 진부함을 느껴왔던 덕목들 자체를 간과하는 경향이 있다. 다시 말해서 기존에는 알지 못했던 새로운 것만을 추구하고, 그에 대해 강한 관심을 가지며, 자신이 원하는 수준만큼 이를 이해하고 난 후엔 망각의 세계로 그것들을 집어던지곤 한다. 간단한 예를 들자면, 어린아이들은 자신이 소속해 있는 사회에서 살아남기 위하여 기본적인 생활규칙을 습득하고 이에 위배되지 않는 생활을 영위하지만, 나이가 들고 나면 규칙을 어기더라도 큰 피해를 입지 않는 방법에 대해 골몰한다. 결국 이들은 규칙이라는 것이 가지는 사회적 가치에 대한 차원을 등한시하는 단계를 지나 망각의 단계를 거쳐 자의적인 법적 사고를 하기에 이른다. 사람이 무엇인가를 배운다는 것은 언젠가 그것을 버리기 위함으로 이어진다는 점에서 아이러니하지 않을 수 없다. 주요렌즈의 중요성에 대하여 장황하게 언급하는 이유는 일견 단순한 것이라고 치부될 수 있는 관점이라고 할지라도 이를 내면화할 수 있는 자세가 수반되지 않는다면 법령이해력(法令理解力)의 증진은 결코 달성될 수 없는 목적으로 남을 뿐만 아니라, 권리분쟁이라는 사회병폐를 해소시킬 수 있는 원동력의 생성을 기대할 수 없다고 생각했기 때문이다.

여기서는 상기와 같은 논리를 설명함에 있어 헌법전에 담겨있는 내용들을 최대한 이용할 예정이다. 헌법규정들은 인간이라면 누구나 향유할 수 있는 권리들을 담고 있는데, 이를 어떻게 해석하는가에 따라서 파괴사회가 될지 혹은 공존사회가 될지가 결정된다고 보아도 무방하다. 이미 위에서 충분히 살펴보았듯이 권리는 사람을 살리는 칼이 되기도 하지만 죽이는 칼이 되기도 한다. 모든 문제의 시작은 사람이다. 다시 말해서 특정한 가치관에 기초하여 권리의 개념과 본질을 파악한 사람들에 의하여 공동체의 운명이 결정지어진다는 것이다. 그러나 안타깝게도 자연에서 유래한 상생의 법칙을 자신만을 위한 안하무인(眼下無人)식 법가치관으로 삼아 살아가는 이들이 결코 적다고 볼 수 없다. 상호배려의 미덕보다는 찰스 다윈의 적자생존의 법칙이 오히려 각광을 받고 있을 따름이다. 협상에서 이기는 법, 자신의 주장을 관철시키기 위한 묘책 등에 대한 가치론들에 대해 주의를 기울이는 이들이 많은 시점에서 상호존중에 기초한 미덕을 논의함으로써 정의롭지 못한 사회분위기를 시정시킨다는 노력은 마치 계란으로 바위를 치는 것과 다르지 않아 보인다. 그렇지만 공존을 위한 정의담론은 한 시대가 저물어간다고 할지라도 인간이 살아있는 한 끊임없이 논의될 성질의 사안이고, 이러한 논의들이 십시일반의 형식으로 축적되다보면 언젠가 많은 이들이 추구하는 사회를 구성하는 데에 필요한 주요소로 자리를 잡게 될 것이다. 이를 위해선 현재 우리 사회의 말단에 이르기까지 적용되고 있는 다양한 법령들을 개별적으로 분석하는 것도 타당한 방법이라고 생각하지만, 그보다는 이들을 아우르는 최상위의 법에 대해 생각해야만 한다. 누구나 알다시피 그 최상위의 성문법은 곧 헌법을 일컫는다. 아래에서는 헌법을 공화주의적 자유주의에 기초하여 바라보는 눈, 즉 헌법해석을 중심으로 하여 논의를 진행하고자 한다.

Ⅱ. 법적 사고에 기초한 권리관

민법과 형법 등을 포함한 모든 법률들의 상위에 놓여있는 법으로서 하위의 법제들에 존재의 정당성을 부여한 헌법은 공화주의적 자유주의에 기초한 권리관과 법의 관계를 설명하기 위하여 우선적으로 거론되어야 할 대상에 해당한다. 헌법을 영어로 표현하자면 'Constitutional Law'라고 한다. 여기서 말하는 Constitution이란 무엇인가를 만들거나 구성한다는 것을 뜻하는데, 여기에 법을 의미하는 Law가 뒤따름에 따라 '무엇인가를 만들거나 구성하는 법'이라는 식으로 해석된다. 그렇다면 여기서 만들어지거나 구성되는 것은 바로 '국가'이다. 미국의 필라델피아에서 헌법의 어버이라고 불리는 제헌의원들이 본법을 제정하기 위하여 한 장소에 집결했을 때부터 골몰해왔던 것은 정부를 구성함으로써 독립국가로 발돋움하기 위해선 어떠한 규정들을 필요로 하는가에 대한 물음의 답을 찾는 일이었다. 연방정부와 입법부 그리고 사법부를 구성하는 방법부터 시작하여 이들 사이에 존재하여야 할 위상관계에 이르기까지 그 내용이 광범위하고 포괄적인 관계로 의원들은 제헌회의 시작부터 난항에 빠질 수밖에 없었다. 특히 커다란 주와 소규모의 주들 사이에선 권한의 배분설정문제를 중심으로 한 논쟁이 오랜 시간 동안 지속되었고, 그로 인하여 제헌회의를 통해 헌법을 제정하고자 하였던 노력이 무위로 돌아갈 수도 있는 상황이 초래되기도 하였다. 그러나 이들은 선거권에 대한 규정을 조정하고 더 나아가 권리장전에 해당하는 부분을 새롭게 삽입함으로써 이른바 거대한 타협을 이끌어냈다. 이는 비단 미국에서만 나타났던 사건이 아니다. 전 세계에 존재하는 국가들은 대체로 상기와 같은 역사적 경험을 바탕으로 하여 헌법을 제정하는 과정을 거쳤다. 물론 영국의 경우는 성문의 헌법을 찾아볼 수 없지만, 실질적 법치국가의 구현을 위한 다양한 법제들과 정치사상을 통하여 사실상 고유한 의미의 헌법을 가지고 있는 것과 다르지 않다고 볼 수 있다. 결과적으로 우리는 헌법을 (ⅰ) 국가의 핵심기관을 어떻게 구성하고 운영할 것인지와 (ⅱ) 국민이 가지고 있는 기본적 인권을 어떠한 방식으로 보호 내지 보장해줄 것인지를 중심으로 하여 국가를 형성하는 최상위의 성문법이라고 명명할 수 있겠다. 여기서 발생할 수 있는 오해의 가능성을 없애기 위하여 부연하자면, 여기서 최상위의 성문법이라고 명명한 이유는 필자가 최상위의 법이라고 생각한 자연법은 성문의 형태가 아니라 통상적으로 불문의 형태를 띠고 있기 때문이다. 따라서 성문의 법에선 헌법이 가장 높은 지위에 있을 수밖에 없다.

여기서 (ⅰ)에 해당하는 내용은 통상적으로 민주주의이고, (ⅱ)에 상응하는 내용은 일반적으로 법치주의로 해석된다. 물론 지구상의 모든 국가들이 외형적으로는 민주주의와 법치주의에 기초를 둔 법질서를 형성하였을지라도, 이를 장식적인 명분으로만 설정한 경우도 많다. 혹은 이해관계의 대립으로 말미암아 두 원리가 권위주의 내지는 자유방임주의에 기초한 사고관에 기초하여 헌법관을 형성하고, 이에 맞추어 사익과 공익 사이의 관계를 적대적으로 전환시키는 사례 또한 쉽게 발견할 수 있다. 그와 같은 상황에선 권리를 행사하는 주체들은 그들의 자아실현통로가 차단되었다는 사실에 대하여 강하게 반발하거나 그러한 반발로 인하여 얻을 수 있는 효과가 극히 미미하여 사실상 없는 것과 다르지 않다고 생각하는 순간엔 체념하고 만다. 더군다나 불만을 가지고 있는 국민들이 폭주하는 현상에 대해 적절히 대처하지 못하는 대내적 여건은 분쟁의 불씨를 커다란 화염으로 확장시키는 촉매제로서 작용한다. 갈등의 화염에 휩싸인 국가는 결국 붕괴를 맞이하는 운명에 처하기 마련이다. 바라보는 시각에 따라선 상기에서 언급한 (ⅰ)과 (ⅱ)를 독립적인 관계에 놓여있는 것이라고 판단하거나 (ⅰ)이 있기에 (ⅱ)가 존재할 수 있는 것이라고 여길 수도 있을 것이다. 물론 양자의 위상을 어떻게 설정한다고 할지라도 그 나름대로의 타당성이 인정된다. 법사상과 정치사상에 대한 담론에선 무엇이 옳고 그르다는 식으로 언급할 수 없는 부분이 존재하기 때문이다. 그러나 이러한 논리들이 국가가 사람들의 권리를 어느 수준까지 보호하고 보장하였는지를 그리고 공동체 구성원들의 공공복리를 위하여 어떠한 기여를 하였는지를 중심으로 하여 조망된다면 타당성 논쟁의 필요성이 대두되지 않을 수 없다.

민주주의와 법치주의는 국가의 근간을 구성하는 원리로 오랜 시간 동안 공고한 지위를 누려왔고, 앞으로도 그러해야 한다는 점에 대해선 재론의 여지가 없다. 일반적으로 민주주의는 정치의 질서이고 법치주의는 법질서의 핵심이라고 설명되지만, 경우에 따라선 양자가 서로의 지위를 대신할 수도 있다. 정무직 공무원을 비롯한 모든 국민들은 특정한 정치적 의사를 외부적으로 발함에 있어 타인의 명예를 포함한 제반 권리를 부당하게 훼손하거나 더 나아가 국가안전보장과 사회질서 및 공공복리에 심대한 위해를 가해선 안 된다. 다시 말해서 법에 규정된 절차, 즉 적법절차를 거친 의사표현에 한해서만 보호가치가 주어진다는 것이다. 여기서 중요한 사실은 의사를 표현하기 위한 요건들이 엄격하게 규정되어 있진 않다는 점이다. 다만, 불법요소를 포함한 표현만이 제재의 영역 안에 들어 있을 따름이다. 물론 여기서 불법요소가 무엇인지에 대해선 논란의 여지가 있는데, 관련 내용은 후술하도록 할 예정이다. 따라서 이와 같은 경우는 법치주의가 민주주의의 영역에 발을 들임으로써 정치의 질서가 법이라는 보호자에 의하여 안정적으로 존속하는 예라고 할 수 있다. 반면, 민주주의가 법치주의의 영역에 들어서는 경우도 있다. 통상적으로는 입법자에 의하여 제정된 법률이나 법령이 현재의 사회적 분위기에 걸맞지 않기 때문에 다수의 국민들이 그로 인하여 피해를 입거나 혹은 상호 간의 다툼을 빚어낼 수도 있다. 이러한 상황에선 입법평가 내지는 정책평가의 과정을 거쳐 정치적 의사결정을 통해 관련 법령을 개정 내지 폐지하게 된다. 그렇기 때문에 (ⅰ)과 (ⅱ)의 위상관계는 독립성과 우열성에 기초하여 형성되는 것이 아니라 독자적 성격을 가지고 있는 대상들 사이의 상보성에 토대를 두어 만들어지는 것이라고 봄이 타당하다.

상보성이라는 말은 상호보완성을 의미하는 것으로서 각기 다른 대상들이 가지고 있는 강점을 공유하여 노출된 약점을 보완하는 기능에 초점을 맞춘 개념이다. (ⅰ)의 핵심인 민주주의와 (ⅱ)의 핵심인 법치주의는 겉보기엔 차원이 다른 대상이기 때문에 같이 논하기에 어색한 감이 있을 수 있겠지만, 위에서 설시한 바와 같이 독립적인 동시에 의존적인 성격을 띤다는 점을 유념해야 한다. 더군다나 양자는 비단 그 기능상의 보완관계를 형성하는 것만이 아니다. 조금 더 깊숙한 논의를 하자면, 민주주의와 법치주의는 본질상의 보완관계에 놓여있기도 하다. 이들은 그 안에 자유주의와 공화주의라는 속성을 내포하고 있다. 주지하다시피 자유주의와 공화주의는 현실적으로 융화된 모습보단 대립적인 모습으로 구현되어 있는 경우가 다반사이다. '자유주의형 민주주의와 공화주의형 민주주의' 그리고 '자유주의형 법치주의와 공화주의형 법치주의의' 형태가 바로 그것이라고 하겠다. 국정을 운영하는 메커니즘을 개인들의 자유에 역점을 두어야 한다는 견해와 공동체의 존속·발전을 위한 공익수호에 초점을 두어야 한다는 견해들이 제각각 주목을 받음에 따라 나타난 이데올로기이다. 물론 자유주의형과 공화주의형으로 나뉜다고 할지라도 궁극적으로는 국민에 의한 국민의 정치를 지향한다는 점에선 동일한 결과를 이끌어낸다는 점에서 공통점을 보이고 있지만, 문제는 과정에서 나타나는 갈등관계의 형성이라고 할 것이다.

민주주의와 법치주의 중 어느 것이 선순위에 해당하는 것인지 혹은 양자 중 어느 것이 먼저 형성되어 있었는지에 대해 단언할 수는 없지만, 인류사의 눈부신 발전과정에 있어 상대적으로 분명하게 그 윤곽을 나타냈던 것은 민주주의였다. 물론 법치주의도 그러한 발전을 논의함에 있어 결코 간과해서는 안 되겠지만, 적어도 인간에 의한 인간의 지배방법 모색이라는 정치에 직·간접적으로 참여할 수 있는 주체를 공정하게 설정해야 한다는 기본과제는 선사시대에서부터 지금까지 줄곧 제시되어 왔던 논제였고 그로 인하여 심각한 갈등상태와 괄목할만한 성장의 변증법을 거쳐 현재의 정치질서를 형성한 직접적인 계기였다는 점을 감안한다면, 민주주의가 법치주의에 비하여 상대적인 측면에서 빈도 높게 거론되었을 뿐만 아니라 역사의 전면을 장식한 원리였다고 볼 수 있다고 사료된다. 전통적으로는 참정권을 향유할 수 있는 주체의 범위를 어느 수준으로 상정할 것인지에 대한 논의에서부터 현대적으로는 국민소환제도와 같이 국민의 대표자가 민의에 상치되는 언동을 하였을 경우 그를 뽑아준 이들에 의하여 직접적으로 제재를 받을 수 있도록 하는 시스템의 적극적 도입에 대한 논의에 이르기까지 그 양상은 다양하다. 개인의 자유에 초점을 둔다면 참정권은 공동체의 구성원 모두에게 주어져야 하고, 그들의 대표자는 구성원들의 공공복리를 위하여 행위를 하지 않은 것으로 평가받을 경우 제재로부터 벗어날 수 없게 된다. 반면 사회적 안정성에 초점을 둔다면 참정권은 구성원 모두에게 주어지는 것이 아니라 공익에 대해 소양을 가지고 있는 주체들에 한하여 차등적으로 부여되어야만 하고, 대표자들 역시 민의에는 반한다고 할지라도 공동체의 안위와 복지를 위하여 공무를 수행하였다면 결코 제재를 받아선 안 된다는 논리가 도출된다. 양자 모두 일응 타당성이 있는 반면에 부당함도 아울러 내포하고 있다. 따라서 합리적인 사고를 할 수 있는 나이대의 사람들에게 참정권을 부여하고, 대표자가 민의에 반하는 행위를 한다고 할지라도 그것이 불법행위를 통하여 사회전체에 심각한 수준의 위해를 가한 경우엔 강력한 제재를 받아야 함이 마땅하지만, 그것이 공익을 위한 행위인 것으로 여겨질 수 있을만한 합리적인 사유가 있다고 인정될 경우엔 그 사실이 참작되어야 한다는 공화주의적 자유주의에 기초한 논리가 보다 타당하다고 사료된다.

위의 논리는 법치주의의 경우에도 그대로 적용된다. 자유주의에 지나치게 역점을 둔 법치주의의 경우 국가가 특정한 행위를 한 개인에게 제재를 가하는 주체가 아니라 역으로 국민에 의해 감시 · 감독의 대상이 된다. 감시와 감독의 주체가 아닌 대상으로서의 국가는 기본적으로 그 운신의 폭이 좁고, 더 나아가 사회 내에서 발생하는 사건들이 국방 · 치안에 관계된 것이 아닌 한 이에 적극적으로 개입할 수 없다. 사적영역에 대한 불개입의 원칙은 사회문제와 갈등에 대한 국가의 묵인을 정당화하는 근거가 되고, 더 나아가 공식적 · 사실적인 권력을 가진 자의 전횡에 대한 국가의 방조를 본의 아니게 승인하는 결과를 초래할 수도 있다. 이와 같은 체제는 국민들이 국가를 향해 무엇인가를 해주길 요청하는 급부청구권보다는 국가의 불간섭에 기초한 소극적 권리를 상대적으로 강력하게 중요시하는 사조에 해당하기 때문에 헌법적 견지에서 볼 때 사회적 기본권을 온전하게 향유하기 위하여 일정한 급부를 청구한다고 할지라도 그것이 권리주체의 주관적 만족감을 성취시켜 주기엔 턱없이 부족할 수 없을뿐더러, 민법적인 차원에서도 사적자치의 원칙이 지나치게 강조된 나머지 거래관행이 거래의 공공성을 압도하게 되는 현상이 발생할 우려가 있다. 혹자는 필자가 자유주의를 자유방임주의와 동치관계에 있는 것으로 바라본 나머지 이와 같은 설명을 하는 우를 범한 것이라 비판을 할 수도 있겠지만, 그와 같은 견해는 어디까지나 이론적인 차원에서만 타당성을 인정받을 따름이라고 생각한다. 물론 사람들이 보유하고 있는 자유의 기본가치에 대한 인식이 확고하게 자리를 잡고 있다면 이러한 상황이 발생하지 않거나 설령 발생한다고 할지라도 그 수준이 심대하진 않을 것이라는 반론이 제기되겠지만, 인류사에 기재된 발자취들을 살펴보면 국가의 영향권이 배제된 상태에서의 자유가 그 진정한 가치를 오랫동안 보유한 사례는 지극히 적다는 점을 기억할 필요가 있다. 제동장치가 없는 자유주의는 언제든 자유방임주의에 기초한 권리전쟁의 불씨가 되고, 더 나아가 무능력한 국가를 만들어내는 요인이 된다. 공화주의에 치우친 법치주의의 원리도 마찬가지이다. 자유주의의 속성을 띤 법치주의가 가져오는 폐단과 상반되는 형식의 부정적인 상황을 초래할 가능성이 높다. 공화주의는 공익을 안전하게 보장함으로써 공존공영의 덕을 실현시키기 위한 이데올로기이지만 현실적으로는 사회정의를 수호한다는 명분 아래 권위주의로 전락되는 경우를 쉽게 발견할 수 있었다. 따라서 순수한 의미의 자유주의와 공화주의는 그 자체만으로는 불완전하며, 사실상 제대로 그 기능을 다할 가능성은 매우 희박하다고 사료된다.

결과적으로 민주주의와 법치주의는 국가구성과 권리를 근간으로 하는 헌법이 제 모습을 갖출 수 있도록 만들어주는 핵심요소임에는 틀림없지만 그것이 어떠한 식으로 운용되는가에 따라 헌법을 파괴하는 요인으로 작용할 수 있다는 사실에 대해 주목해야 할 필요가 있을 것이다. 실제로 우리가 바람직하다고 생각하는 원리들은 그것들이 가지고 있는 장점에 의하여 발현되는 것이 아니라 단점들을 보완함으로써 구체화된 것이라고 보아야 한다. 사람들은 자신이 필요한 것을 쟁취하기 위하여 유용한 무언가를 찾고 환희에 젖지만, 그와 동시에 그것이 자신에게 어떠한 피해를 줄 것인지에 대해 무의식적으로 탐색하는 성향을 가지고 있다. 일종의 자기보호본능에 해당하는 셈이다. 그렇기 때문에 본인이 입을 수 있는 피해를 줄이기 위하여 주어진 무언가를 가공하고 다듬는 과정을 수없이 되풀이하는 것이다. 원리도 이와 다르지 않다. 원리는 자신을 비롯한 공동체의 기본정신을 형성하는 재료에 해당하는 것이기 때문에 사용하기 전부터 이를 적절히 다듬지 않는다면 득(得)보다는 실(失)을 볼 가능성이 높다. 따라서 폐해를 중화시키기 위한 또 다른 무언가를 찾아야만 하고 이러한 과정에서 상보성이라는 관념이 생성되는 것이라고 하겠다.

Ⅲ. 법에 나타난 상호보완성의 덕

위와 같은 사고에 기초하여 대한민국의 헌법관은 상보성을 적절히 보여주고 있다고 사료된다. 헌법전에 규정되어 있는 모든 사항들이 균형성을 이루고 있다는 의미가 될 수도 있지만, 그보다는 규정들을 해석하기 위한 도구로서의 이론적 · 해석적 관점에 힘입어 자유주의와 공화주의가 조화롭게 공존할 수 있도록 그 여지가 적절히 마련되어 있다는 의미이다. 특히 통설로서 받아들여지고 있는 기본권의 이중성에 기초한 관점이 대표적인 예라고 할 수 있는데, 이 견해에 따르면 사람들이 응당 향유하고 있는 권리는 주관적 공권과 객관적 가치질서라는 두 축으로 세워진 것으로 여겨진다. 일견 당연하게 받아들여질 수 있는 바이지만, 통념이 상식으로 자리를 잡는 것은 생각보다 쉬운 일이 아니다. 상식이 진정한 의미의 상식이 되기 위해선 의식의 실질적인 전환이 필수적으로 요청됨에도 불구하고, 인식과 의지가 별개의 형식으로 내면화되어 있기 때문에 바람직하다고 생각하는 권리상태가 제대로 정착하지 못하는 사태가 발생하는 경우가 많은 편이고, 법의식의 내용이 사회에 확산되어 긍정적인 영향을 주기보다는 공동체 내에 만연한 분위기에 의하여 결정되는 것 같은 인상마저 남기고 있는 것이 현재의 실정이라고 하겠다. 특히 법을 준수하지 않는 이유로 '법을 지키면 손해를 본다'는 이유를 제시한 사람들이 많다는 언론보도(2011년 4월 25일 인터넷 국민일보 기사)는 '법문화가 퇴보하였다'는 사실을 단적으로 보여주는 예라고 하겠다. 문화의 퇴보가 법 자체에 내재한 하자로 인한 것인지 혹은 국민의 성숙성이 낮아진 결과로 일어난 것인지에 대해선 일의적으로 말을 할 순 없겠지만, 법을 둘러싼 사람들의 공감의식이 부정적으로 변화하고 있다는 점은 매우 심각한 문제이다.

공감의식의 부재가 만들어낸 대표적인 사례가 있다면 그것은 단연 시민불복종운동[40]일 것이다. 우리나라에선 시민불복종운동이라는 형태의 시위문화가 자주 일어난다고 할 수는 없지만, 그 파급효과는 매우 상당한 편이

40) 시민불복종에 대한 명확한 이해를 돕기 위하여 이상돈 교수가 저술한 『기초법학』(법문사, 2008)의 165~169면의 내용을 살펴보도록 하자. 그는 한국사회에서 일어난 시민불복종의 대표적인 예로 “KBS시청료거부운동”과 “분당시민통행료거부운동” 및 “의사들의 약사법거부운동”를 거론함과 더불어 이와 같은 상황에 내재한 “성찰의 빈곤”을 문제라고 지적하면서, 이를 해결하기 위한 “성찰의 기획”을 언급하였다. 이를 정리하면 다음과 같다.

〈성찰의 빈곤과 기획〉

성찰의 빈곤과 기획		빈곤의 유형과 기획의 내용
성찰의 빈곤	빈곤(1)	‘현상인식의 빈곤’이다. 실정법에 대한 불복종을 시민불복종으로 표제화는 것은 궁극적으로는 시민사회와 정치체계에서 펼쳐지는 의사소통적 흐름에 근거해야 한다. 예를 들어 시민단체가 개정약사법에 대한 의사단체의 불복종행위(집단폐업)를 일종의 ‘집단적 범죄’로 규정짓는 행위를 보면 시민단체가 어떤 실정법의 위반행위를 ‘시민불복종운동’으로 표제화할 권한을 (사실상) 독점하는 것이 얼마나 위험한 일인지를 엿볼 수 있게 한다. 여기서 도대체 누가 어떤 개인이나 집단의 실정법불복종행위를 시민불족종으로 표제화할 권한을 누려야 하는지에 관한 깊은 이론적 성찰의 필요성이 등장한다.
	빈곤(2)	‘이론적인 빈곤’이다. 우리 사회에서 펼쳐지고 있는 불복종행위들을 분석하는 태도에서는 두 가지 편협한 반응양식이 있다. 즉, 한편으로 특정한 실정법불복종행위에 세심한 분석없이 단숨에 ‘정당성’을 부여하는 반면 그 실정법은 악법으로 낙인찍는 태도와, 다른 한편으로 불복종행위를 국가의 법 또는 사회의 ‘기강’을 흔들어 놓는 불법행위로 단죄하는 국가권력의 경직된 태도가 있다. 이 이론의 성찰적 빈곤은 궁극적으로는 자연법적 사고와 실증주의적 사고의 안티노미를 변증시키지 못한 데에서 비롯된 것이 아닌가 한다.
	빈곤(3)	‘실천적 빈곤’이다. 시민불복종운동에 대한 최근의 성찰은 서구사회의 대표적인 철학자들이나 법학자들을 중심으로 이루어진다. 이들을 중심으로 한 성찰은 물론 시민불복종운동의 이론화에 많은 기여를 할 수 있다. 그러나 이들의 이론을 한국사회의 역사적 지평 속에서 반추해 보고, 그 이론들을 한국사회에서도 적용가능한 형태로 수정할 필요가 있다.
성찰의 기획	기획(1)	‘시민단체의 권력화’를 방지하여야 한다. 시민사회와 정치체계 그리고 정치체계와 법체계 사이에 펼쳐지는 광범위한 대화적 의사소통의 흐름은 이 제도화된 절차에 갇혀서는 안된다.
	기획(2)	현상인식의 전환은 실정법에 대한 불복종행위를 자연법적 정당화와 실증주의적 불법화의 안티노미로부터 구출할 수 있는 이론적 성찰로 이어져야 한다.
	기획(3)	시민불복종에 대한 이해가 한국사회라는 특정한 역사적 맥락 속에 적합한 형태로 자리를 잡아야 한다.

다. 영토의 영역이 여타의 국가들에 비하여 좁은 편이므로 주어진 법령에 대해 적극적으로 반발하는 태도가 주는 영향력이 상대적으로 크다는 이유도 있을 수 있겠으나 아직까지는 국가가 사회에 비하여 권력적 차원에서 상대적 우위를 점하고 있는 상황에서 벌어지는 반항 내지는 저항운동이 주는 감정적 호소력이 상당했기 때문이라는 이유가 더욱 설득력이 있어 보인다. 감정과 이성은 상호작용을 통해 조절이 되는 산물이긴 하지만, 사회문화적 조류가 어떻게 형성되어 있는가에 따라 그 우위가 결정되다시피 한다. 특히 불합리한 결과로 인하여 피해를 받은 횟수가 잦을수록 그리고 피해를 복구하기 위한 대대적 차원의 노력이 좌절상태에 접어드는 빈도가 높을수록, 부정적인 형태의 감정은 이성이 위치한 자리를 강탈하여 사람들로 하여금 시위를 하도록 만드는 적극적인 원인으로 작용한다. 그렇다면 문제의 요인이라고 할 수 있는 법제도를 바꿈으로써 갈등을 종식시키면 된다는 견해가 제시될 수 있을 것이다. 보기에 따라선 가장 쉽고 효과적인 방법이겠지만, 공권력이 가지는 효력이 특정 개인이나 집단에게만 미치는 것이 아니라 전 국민에게 미치는 것임을 감안할 필요가 있다. 다시 말해서 A라는 법제도를 B라는 법제도로 변경하였을 때에 'A를 신뢰한 이들'은 불측의 피해를 얻음으로써 'B를 따를 수 없다'는 제2차 시민불복종운동이 발생할 개연성이 있다는 것이다. 따라서 법제도를 변경하는 것보다는 주어진 대상을 바라보는 시각을 전환하여 최대한 모든 상황에 들어맞을 수 있도록 노력하는 편이 오히려 합리적이라고 사료된다. 필자는 그 방법의 시작을 '기본권의 이중성'에서 찾으려고 한다.

이상돈 교수는 그 이하의 내용에서 시민불복종운동에 대한 이해가 어떠한 식으로 진행되어야 하는지에 대해 자세히 설명을 하고 있다. 그의 이론을 통해서도 알 수 있듯이 시민불복종운동은 단순히 특정한 법제도로 인하여 생기는 이해득실(利害得失)을 기초로 하여 이루어져서는 안 된다. 그럼에도 불구하고 법제도를 통해서 얻고자 하는 목적이 무엇인지를 중심으로 하여 고찰하기보다는 물질적인 차원의 득과 실이 무엇인지를 파악하는 데에 역점을 두는 태도로 말미암아 시민불복종운동의 진의가 퇴색하고 있는 실정이다. 따라서 법을 바라보는 시각을 전환하여 보다 객관적인 관점에서 조망할 수 있는 능력을 겸비할 필요성이 요청된다.

기본권의 이중성은 기본적 인권 안에 존재하는 두 축을 주관적 공권과 객관적 가치질서로 상정해야 한다는 이론적 사조를 말하는데, 이를 통해 달성하고자 하는 목적은 권리주체의 무분별한 자유권의 향유를 근절함과 동시에 최소한 법에서 정하는 바에 위배되지 않도록 행동반경을 자발적으로 조절할 수 있도록 유도하는 것이라고 하겠다. 사람들로 하여금 특정한 행동을 하도록 촉발하는 요인은 '무의식에 의한 조종'이기도 하지만, 대부분은 '명료한 의식에 기초한 계획적인 의도'이기도 하다. 다시 말해서 사람의 행위엔 목적성이라는 것이 장착되어 있다는 것이다. '목적성을 갖춘 명료한 의식'은 주로 경험이나 학습을 통하여 몸에 스며드는, 이른바 체화(體化)의 과정을 거친 후에 형성되는 것으로, 이 부분이 내면화되지 않을 경우에 일탈행동이나 불법행위 등을 자행하도록 만드는 비중 높은 요인이 된다. 일탈행동이나 불법행동이 충동적 내지는 본능적으로 일어난 경우는 주로 '자신의 신변에 위협이 가해짐에 따라 이를 방어할 필요가 있다'는 보호의식에 기초한 것으로 정당한 것으로 여겨지지만, 특정한 목적을 달성하기 위하여 사회통념상 허용되지 않는 수단을 사용하는 행위는 현재의 불만족스러움을 견디지 못한 까닭에 현명한 방법을 선택할 수 있도록 심사숙고할 여지를 자발적으로 포기한 것이다. 숙고의 여지를 의도적으로 무시하는 태도는 자신의 비뚤어진 행위를 바르게 조정하지 않고 심정적으로 기분 좋게 받아들일 수 있는 부분만을 채택하고자 하는 욕망에 기인한다. 따라서 이와 같은 경우는 사회적으로 타당하다고 여겨지는 명료한 의식이 일시적인 감정에 의해 훼손된 상항이라고 정리해볼 수 있겠다. 자신의 내부에서 벌어지고 있는 감정과 이성 사이의 권력전쟁을 어떠한 식으로 다스릴 수 있는가가 현실세계에서 일어나고 있는 권리분쟁을 조금이라도 종식시킬 수 있는 핵심이며, 이를 위한 도구가 기본권의 이중성에 기초한 사고관념을 주입함으로써 이성이 부당한 감정상태에 대항하여 승리를 거둘 수 있도록 지원해주는 것이다.

주관적 공권은 이미 앞에서 설명하였듯이 개인의 자유에 초점을 맞춘 개념이다. 조금 더 자세하게 말하자면 대외적으로 향유할 수 있는 정당한 권리로서 자신에게 부여되는 법적 산물을 뜻한다고 하겠다. 여기서 말하는 '대외적으로 향유할 수 있는'이라는 말은 통상적으로 국가를 향하여 '나의 자유를 제한하지 말 것을 요청할 수 있는'이라는 식으로 서술할 수 있다. 그리고 '자신에게 부여되는'이란 표현은 '누군가를 위한 권리옹호가 아니라 스스로가 가지는 권리를 보존하기 위한' 이란 말로 대체하는 것이 가능하다. 그러나 특히 여기서 주의하여야 할 부분은 '공권'이라는 대목이다. 공권을 한문으로 풀이하자면 공(公)과 권(權)의 조합이 만들어낸 '공적인 권리'를 말하는데, 공적이라는 속성을 가지기 위해선 일반적으로 '국가와 국민 사이의 관계'에서만 거론되어야 한다는 요건이 수반된다. 그럼에도 불구하고 필자는 이를 주관적 공권을 개념정의 함에 있어 '국가'라는 표현을 빈도 높게 사용하지 않았는데, 그 까닭은 권리가 현재 사회에서 어떠한 식으로 향유되고 있는지를 고려하였기 때문이다. 물론 사인 간의 관계처럼 권리와 의무의 교환범위가 좁고 일상생활에서 흔히 발견할 수 있는 단순한 의사합치에 기초하여 형성된 경우라고 한다면 굳이 공권이라고 명명할 필요가 상대적으로 적을 것이다. 그러나 누군가가 향유하는 자유권이 다른 사람을 비롯하여 공동체의 안온을 방해하거나 긍정적으로든 부정적으로든 영향을 줄 수 있는 개연성이 있다면 이를 단순한 사권(私權)에 해당한다고 치부할 순 없다고 사료된다. 단지 정부를 비롯한 여타의 행정기관과의 관계에서 형성되지 않았으므로 공권이라는 이름이 붙지 않았을 따름이지, 사실상 공권으로서의 성격을 일정부분 함유하고 있는 사권인 셈이다. 이러한 연유로 주관적 공권의 범위를 국가와 국민간의 관계에 국한시키는 것이 아니라 때로는 국민들 간의 관계에까지 미치는 것으로 해석할 여지가 충분히 있다고 생각한다.[41][42] 한 가지 주의할 점은 이러한 논리가 성립하기 위해선 객관

41) 필자가 이러한 논의를 한 이유는 '기본권의 대사인적 효력'에 대해 고려를 해야 할 필요가 있다고 생각했기 때문이다. 이해를 돕기 위하여 장영수 교수의 『기본권론』(홍문사, 2003) 109~110면을 살펴보도록 하자. 그는 기본권의 대사인적 효력과 관련하여 "오늘날 기본권은 국가권력 이외에 거대한 사회적 · 경제적 단체나 사인(私人)

에 의해서 침해되는 경우도 점차 증가하고 있기 때문에, 국가가 아닌 이러한 사회적 세력 또는 사인에 대해서도 기본권을 보호해야 할 필요성이 증대되었다. (중략) 소위 기본권의 대사인적 효력(제3자적 효력)의 문제가 제기된 것이다. 기본권을 전통적인 이해에 따라 국가와 개인의 관계에서만 국한시켜서 국민이 국가에 대하여 갖는 주관적 공권으로만 이해하는 경우에는 기본권의 대사인적 효력의 문제는 인정될 여지가 없다 기본권의 본질상 사인은 그 대상이 될 수 없기 때문이다. 그러나 기본권을 국가공동체의 전체 질서를 형성하는 기준 내지 지침으로서의 측면도 갖는 것으로 인정할 때에는 사정이 달라진다. 이 경우 기본권은 헌법의 중심적 가치로서 사법질서의 형성에 대해서도 영향을 미칠 수 있기 때문이다"라고 언급한 바 있다. 현대 대한민국의 법학계에서는 대사인적 효력을 적극적으로 인정하고 있다. 다시 말해서 기본권이 순수하게 권리적 속성만을 갖는 것이 아님을 인정하고 있다는 것이다.

42) 여기서 미국과 독일에서는 대사인적 효력과 관련한 부분을 어떠한 식으로 바라보고 있는지를 살펴보도록 하자. 아래의 내용은 장영수 교수의 『기본권론』(홍문사, 2003) 중 114~118면의 내용을 정리한 것이다.

〈미국과 독일의 대사인적 효력에 대한 학설〉

국가	이론의 유형	이론의 내용
미국	국가재산의 이론 (state of property theory)	국가의 재산을 임차한 사인이 그 시설에서 기본권을 침해하였을 경우에는 그러한 사인의 행위를 국가의 행위와 동일시하여 기본권을 적용시킬 수 있다는 이론이다.
	국가원조의 이론 (state assistance theory)	국가에서 재정적 원조나 조세감면 등의 혜택을 받는 사인(예컨대 버스회와 등과 같은 공익사업체)이 기본권을 침해한 경우에는 이를 국가에 의한 기본권침해와 동일시하여 헌법상의 기본권규정을 적용시킬 수 있다고 인정하는 것이다.
	통치기능의 이론 (governmental function theory)	성질상 통치기능을 행사하는 사인(예컨대 정당, 사립대학)이 기본권을 침해한 경우에는 이를 국가의 행위와 동일시하여 헌법상의 기본권규정이 적용된다고 보는 이론이다.
	사법적 집행의 이론 (judicial enforcement theory)	사인에 의한 기본권의 침해가 재판상 문제가 된 경우에 그것을 법원이 합법적인 것으로 인정하여 사법적으로 집행하게 되면, 그러한 법원의 행위가 위헌적인 기본권침해행위가 된다는 것이다.
	특권부여의 이론 (governmental regulation theory)	국가에 의해 특별한 권한을 부여받고 있으며, 그에 따라 국가의 규제를 받으면서 국가와 밀접한 관계 속에 있는 사인(예컨대 전차회사나 버스회사 등)의 기본권침해를 국가의 행위와 동일시하는 것이다.
독일	효력 부인설 (적용부인설)	전통적인 기본권이론의 입장에서 기본권은 국가에 대해서만 효력을 가질 수 있으며, 사인 상호 간의 법률관계에서는 원칙적으로 효력이 미치지 않는다고 보는 이론이다.
	직접적 효력설 (직접적용설)	니퍼다이(H. C. Nipperdey), 라이스너(W. Leisner) 등에 의해 대표되는 직접효력설은 공법과 사법의 구별보다는 전체법질서의 통일성이라는 관점을 더 강조한다. 즉 모든 법은 오로지 헌법을 정점으로 하는 통일된 법질서를 구성하며, 따라서 최고법인 헌법의 구속력은 사법을 포함한 모든 법에 미친다는 것이다.

적 가치질서라는 개념의 존재가 이론적 · 현실적인 차원에서 반드시 요청된다는 것이다.

바람직한 권리관념의 한 축을 이루는 또 다른 요소는 객관적 가치질서이다. 위에서 언급한 주관적 공권이 주로 권리의 보존이라는 차원에 역점을 두었다면, 본 개념은 권리행사의 제한에 초점을 맞춘 것이라고 할 수 있겠다.[43] 앞에서 잠시나마 설명한 바 있지만, 객관적 가치질서는 누군가가 자신이 보유하고 있는 자유를 외적으로 발현하는 과정에서 타인의 자유를 부당하게 침해하는 일이 없도록 주의하여야 한다는 준칙으로서 그 속에는 궁극적으로는 공화주의적 자유주의의 법질서의 테두리에서 벗어나지 않아야만 한다는 내용이 담겨있다. 한 때는 객관적 가치질서가 주관적 공권에 비하여 우월한 지위에 놓여지기도 하였는데, 그 까닭은 법질서의 문란함으로 인하여 발생가능한 사회적 혼란상태가 법적 안정성을 해함으로써 아노미(anomie)가 일어나지 않도록 하기 위함이었다. 아노미라는 개념은 에밀 뒤르켕(Emile Durkheim)이라는 학자가 창안한 개념으로 질서가 부재한 상태에서 나타나는 혼란사회를 지칭하는 표현이다. 공동체 내의 어수선함으로 인해 피해를 받는 사람들이 느끼는 체감 정도가 다르기 때문에 바라보는 사람에 따라선 현재의 한국사회가 사실상 아노미에 접어들고 있다고 생각할 수도 있고, 그렇지 않다고 여길 수도 있다. 그러나 분명한 사실은

	간접적 효력설 (간접적용설)	뒤리히(G. Dürig) 등에 의해 대표되는 간접효력설은 헌법의 최고성을 강조하는 직접효력설보다 사법(私法)의 독자성에 좀 더 큰 비중을 두는 이론이며, 오늘날 독일과 우리나라의 다수설이라고 할 수 있다. 간접효력설에 따르면 사인 상호 간의 법률관계를 규율하는 것은 일차적으로 사법(私法)이며, 사법은 공법인 헌법과는 구별되는 독자성을 갖고 있기 때문에 헌법상의 기본권규정을 사법질서에서 직접적으로 적용하는 것은 바람직하지 않다고 한다. 그렇기 때문에 간접효력설은 헌법상의 기본권이 사인의 상호관계(즉 사법상의 계약)에 직접 적용되는 것보다는 신의성실, 공서양속 규정 등과 같은 사법(私法)의 일반조항을 매개로 하여 간접적으로 적용되는 것이 바람직하다고 본다.

43) 보다 분명하게 말하자면, 객관적 가치질서는 권리의 무제한적 발현을 제한함으로써 '권리의 진정한 보호 및 발현'이 이루어지도록 하는 역할을 수행한다는 것이다. '제한을 통한 보호'라는 역설적인 기능을 가지고 있다고 볼 수 있겠다.

지금의 상황이 정의관념에 입각한 권리사회에서 상당부분 일탈하였다는 점이다. 권리가 자아실현본능을 발현시킨다는 점에선 천부인권적 혹은 불가침의 속성을 가지고 있음은 부인할 수 없지만, 그렇다고 하여 누군가의 생활영역을 근거 없이 좁히는 행위가 결코 정당하다고 단언할 수도 없다. 그렇기 때문에 주관적 공권이라는 속성 이외에 객관적 가치질서라는 또 다른 수레바퀴가 규범적·당위적으로 존재해야만 한다. 객관적 가치질서라는 용어에서 '객관적'이라는 말은 자신에게만 국한된 것이라 아니라 일반적으로 널리 적용될 수 있는 속성을 의미하는 것으로 법이 가지고 있는 기본적 속성에 기인한다. 앞에서도 말한 바 있지만, 일반성과 객관성 그리고 추상성이라는 세 가지의 요소로 구성되는 법은 개별인 내지는 개별집단에게만 적용되는 편파성으로부터 벗어나 되도록이면 적용상의 중립성을 유지하는 것이 존재의 요건이 된다. 자의적인 법은 주관적 공권력의 발동에 실질적 합리성이 배제된 형식적 의미의 정당성만을 부여함으로써 국민 전체를 지배할 수 있도록 지원사격을 해주는 무기로 변모하기 마련이다. 따라서 편파성과 자의성을 지양하고 보편성의 도입·확산이 본 개념의 핵심일 수밖에 없다. 그리고 가치질서란 특정한 이념이나 원리에 기초한 준칙을 의미하는 것인데, 여기서 주의하여야 할 사항은 특정이념과 원리가 비(非)보편적인 속성을 띠지 않는다는 사실이다. 그보다는 '민주주의'와 '법치주의'처럼 현대사회의 구성원들이 반감 없이 받아들일 수 있는 공감대적인 성격을 띤다. 그리고 이러한 공감대적인 성격을 지닌 가치질서가 적정한 수단을 통하여 사람들의 권리관계를 안정화시키고, 그와 더불어 합리적인 수준의 득(得)을 창출할 수 있다면 그때부터는 보편성이라는 속성을 가지게 된다. 사람들은 '합리적 수준의 득'을 금전적 혹은 정서적 차원의 혜택 내지는 안온감이라고 받아들이는 경향이 있지만, 본인이 소속한 사회가 카오스의 세계로 접어들지 않고 현재의 상태를 유지하는 것 또한 보이지 않는 형태의 득이라고 보아야 한다(다만 지금의 사회현실이 무분별한 권리전쟁으로 인하여 안정성을 상실하였다는 점이기 때문에 객관적 가치질서를 통한 안정사회에 대한 공감대를 형성하기 위한 노력을 경주할 필요가 있다). 결과적으로 객관적 가치질서란 모든 사람들이 민주주의와 법치주의에 기초한 법질서를 준수함으로써 자신의 자의적 권리행사를 통해 사회적 불안정성을 야기하지 않도록 주의하여야 한다는 기본정신을 뜻한다고 요약할 수 있겠다.

이와 같이 주관적 공권과 객관적 가치질서는 권리를 구성하는 중요한 요소들로서 양자가 상보적인 관계에 놓여있을 때에 한하여 상식이 상식으로서의 지위에 앉아있을 수 있도록, 자유가 자유라는 자리에 머물 수 있도록, 상생의 법칙과 공화주의적 자유주의 및 정의론이 그 가치를 온전히 보유할 수 있도록 해주는 요인에 해당한다. 양자 중 어느 한 가지가 심도할 정도로 우월한 입장에 놓이는 순간부터 아노미의 전조가 나타나게 된다. 객관적 가치질서를 압도하는 주관적 공권은 개인의 자유가 지나칠 정도로 강조됨에 따라 국민 상호 간의 불신과 반목을 키워줌에 따라 권리안정보다는 권리분쟁이 당연시되는 사회적 분위기를 창출하고, 주관적 공권을 압도하는 객관적 가치질서는 법적 안정성을 유별나게 중요시함에 따라 사회전체의 정체를 야기하며 더 나아가 개인의 자아실현이라는 덕목을 외적으로 발현할 수 있는 기회가 사라지게 된다. 권리현실은 특정한 이데올로기의 양자택일적인 태도로 인하여 만들어지는 것이 아니라 다양한 원리들을 상호조율하는 과정을 통하여 그 모습을 드러낸다. 문제는 어떻게 상호조율을 할 것인지에 대한 물음에 답하는 것이다.

Ⅳ. 천칭 위의 주관적 공권과 객관적 가치

지금까지 주관적 공권과 객관적 가치질서의 기본개념과 그 의의에 대하여 살펴본 바와 같이, 우리는 기본권이라는 원초적인 속성의 권리 안에 이상의 두 가지가 공존하는데 이들 중 어느 일방이 사실상 부재하는 것과 다르지 않을 정도로 다른 하나가 절대적인 우위에 서는 일이 존재해서는 안 된다는 사실을 알 수 있었다. 다만 이들이 서로를 보완하는 역할을 함과 동시에 한편으로는 제어하는 기능을 수행하기 때문에 상호마찰 내지는 충돌이 생길 수 있는 가능성이 있음을 고려한다면, 이들의 위상관계에 대해서 일정부분 언급하지 않을 수 없다고 생각한다. 실제로 주관적 공권을 '권리'로 객관적 가치질서를 '의무'로 연결지어 사고하는 경우가 통상적이다. 그리고 개념과 구조 및 성격에 대해 복잡하게 생각하여 자칫 그 윤곽을 스스로 그리지 못하는 것보다는 오히려 단순하게 받아들임으로써 그 존재가치와 기능이 어떠한지에 대해 인식하는 것이 훨씬 효과적이다. 그러나 이에 대하여 분명하게 인식을 한 이후, 주관적 공권과 객관적 가치질서의 진의와 관계를 심도 있게 이해하기 위해선 전자를 권리로 후자를 의무로 해석하는 단순구조를 뛰어넘기 위한 $+\alpha$ 란 요소가 필요하다. 양자를 대치하는 관계로만 상정한 나머지 자아실현본능을 현실화시키는 과정에서 전자는 촉매제이고 후자는 억제제라는 식으로 간주하다시피 하고 있어, '보완적(補完的) 공존'이 아니라 '적대적(敵對的) 공존'에 가까운 관념을 가지고 있는 것이다. 적대적 공존은 형식상의 공존을 의미하는 것이지 실질적인 의미의 공존을 뜻하진 않으므로 사실상 독립적인 관계를 전제로 하는 개념이다. 독립적이기 때문에 양자 중 어느 하나가 폭주하는 상태에 돌입하게 되었을 때 신속히 제어할 수 있다는 논리구성이 가능할 수도 있겠지만, 만약 제어가 아닌 충돌이라는 상황이 발생하여 일방이 타방을 강제적으로 제어하는 결과를 초래할 수 있다는 점을 감안해볼 때, 상기의 두 개념을 완전독립적인 산물로 바라보는 견해가 우리 사회에 내재한 권리분쟁을 종식시키기 위한 궁극적인 해결방안을 가져다주지는 않을 것이라는 점에서 큰 효과를 거두긴 어려울 것이라고 사료된다. 독립성은 독자적인 존재근거를 가지고 있다는 점에서 볼 때 자신의 기능을 최대한으로 발휘시키는 데에 있어선 매우 유용할 수 있겠지만, 현실세계에선 다른 대상에 대한 통제 내지는 견제 메커니즘의 근거로 사용되는 경우가 많기 때문에 적절한 분쟁해결의 도구로서 사용하기엔 어려움이 따른다는 점에 유의할 필요가 있다. 그러므로 독립성을 갖추고 있는 두 개의 산물이 상호의존성과 보완성에 기초하여 공존할 수 있도록 부분적인 변용을 가해야만 한다. 다시 말해서 일방이 다른 일방의 폭주를 제어하더라도 본래의 원형에 손상을 가하지 않거나 오히려 더 바람직하다고 인정되는 방향으로 증진할 수 있도록 운용방향을 재설정하는 것이 중요하다는 것이다.

보완적 공존을 이루고 있는 주관적 공권과 객관적 가치질서에는 우열관계가 성립하지 않는다. 그와 같은 관계를 인정한 직후부터 자유와 평등이라는 두 가지의 가치가 충돌하기 시작하고, 그와 같은 충돌은 자유주의와 공화주의의 격돌로 이어지며, 궁극적으로는 권리분쟁의 가속화를 불러올 개연성이 있음을 염두에 두어야 할 것이다. 주지하다시피 필자는 주관적 공권과 객관적 가치질서라는 두 요소를 공화주의적 자유주의라는 이름 아래 정리시킨 바 있다. 보기에 따라선 전자를 후자에 비하여 우월한 것으로 상정한 것이라고 오해할 수도 있겠지만, 그렇다고 볼 수는 없는 까닭은 자유주의와 공화주의가 가지고 있는 외부적 효과발현의 정도의 차이가 존재하기 때문이다. 자아를 실현하겠다는 본능은 누구에게나 주어진 것이지만, 이를 건설적인 차원에서 제어함과 동시에 강력한 자기관리의식에 의거하여 통제하고자 하는 의지는 본능에 역행하는 것이라는 점에서 볼 때 자유주의는 보편적인 속성을 가지고 있는 반면 공화주의는 특수한 속성을 가지고 있다고 말할 수 있다. 보편적이라는 것은 널리 확산되어 있음을 의미하므로 법적 · 사회적 농도가 옅은 편이지만, 특수하다는 것은 예외적인 경우에 한하여 강력하게 적용됨을 뜻하기 때문에 농도가 상대적으로 짙은 편이다. 이를 풀어서 설명하자면, 자유주의에서 중요시하는 주관적 공권은 일반적인 성향을 보유하고 있기 때문에 사람들이 특별한 숙고의 과정을 거치지 않더라도 당연한 것으로 상정하는 반면, 공화주의의 핵심이라고 할 수 있는 객관적 가치질서는 권리가 오 · 남용되는 예외적인 상황을 강력하게 통제할 수 있는 후견적인 힘을 가지고 있으므로, 양자가 구체적으로 발현됨에 있어서 나타나는 효력의 차이는 매우 크다는 것이다. 비유하자면 혼탁해지고 있는 다량의 맑은 물에 강력한 중화제를 한 숟가락 넣음으로써 본래의 수질로 돌려놓는 것과 같다고 할 수도 있겠다. 그러므로 공화주의적 자유주의라는 이름하에 '주관적 공권에 기초한 자유의식을 널리 확산시키되, 그것이 권리분쟁을 야기할 일탈경로로 빠져들지 않도록 하기 위해선 적정한 농도의 객관적 가치질서의 발현이 중요하다'는 식으로 이해하여야 한다.

그러나 공화주의적 자유주의라는 원칙이 갖는 중요성과 가치를 설파한다고 하여 언제나 자유주의가 공화주의보다 전면에 위치해야만 함을 무조건적으로 강변할 수는 없는데, 그 까닭은 융통성에 입각한 변칙적(變則的)인 적용이 가능해야만 사회의 변화 속에서 살아남을 수 있다는 점을 인식하지 않을 수 없기 때문이다. 여기서 말하는 '변칙'이란 특정한 대상이 가지고 있는 기본적인 틀을 전면적으로 뜯어고치는 것과 같은 대대적인 수정이 아니라 수용자의 관점에서 바라볼 때 거부감을 주지 않고 받아들일 수 있도록 하는 외형의 변화를 의미한다. 외형의 변화를 강조하는 것이 보기에 따라선 눈 가리고 아웅하는 식의 꼼수로 여겨질 수도 있다. 그러나 아무리 훌륭한 기능을 가진 제품도 혐오감을 주거나 호감을 주지 못하는 디자인으로 설계되어 있다면 그 누구도 구매의사를 표명하지 않는다. 이론이나 원리도 마찬가지이다. 아무리 혁신적인 효과를 불러올만한 힘을 가진 학설이라고 할지라도 사회의 분위기에 맞게 외관을 갖추지 못한다면 사람들로부터 외면받기만 할 따름이다. 구별되는 개념으로는 편법(便法)을 들 수 있다. 편법은 사회통념 내지는 법에 위배되어 규범적으로 달성될 수 없는 개인의 목적을 적법한 수단을 악용하여 불법성을 가림으로써 현실적으로 달성된 것과 다름없는 상황을 만들어내기 위한 방법을 뜻한다. 따라서 변칙은 정당한 목적을 달성하기 위한 수단을 사회적으로 용인될 수 있는 기준에 적합하게 수정하여 사회 내에 적용시키는 방법을 의미하지만, 편법은 이에 비하여 목적의 정당성과 수단의 적합성이라는 기본준칙으로부터 현저하게 벗어난 방법을 일컫는다고 정리해볼 수 있겠다. 여기서 필자가 의도하는 것은 편법이 아니라 변칙이다.

전통사회에는 민주주의와 법치주의에 기초한 자유주의와 공화주의가 적절히 사회에 젖어들 수 있도록 하는 것이 중요하다는 사상들이 주창되었으나 사회적으로 받아들이기 힘들다는 부정적 분위기가 만연함에 따라 공동체에 뿌리를 내리지 못했던 것이다. 만약 그러한 원리가 변칙적으로 적용될 수 있도록 함으로써 사회적 토대를 형성하기 시작하였다면, 인류의 역사는 지금과는 판이하게 바뀌어 있었을 것이다. 그만큼 원리와 사상을 사회에 체화 내지는 이식시키기 위해선 그만큼 사회적 분위기를 고려하는 범위 내에서 동질성을 유지한 채 변칙적으로 적용됨으로써 '고도의 현실적합성'이란 과제를 실현하는 것이 중요하다는 사실을 염두에 두어야 한다고 사료된다. 주지하다시피 사람들은 자신이 처해있는 상황을 부정적이라고 생각할수록 그러한 상태로부터 탈피하고자 하는 심리를 강하게 견지하기 때문에 주변의 여건에 대하여 상당한 수준으로 민감한 반응을 보이는 경우가 많다. 민감함은 환경적 영향에 따라 과민함으로 변질되고, 과민함으로 변질된 심리상태는 권리의식의 폭주를 가져온다. 그리고 권리의식의 폭주는 자연스레 다른 사람이 가지고 있는 권리영역에 부당하게 침입함으로써 분쟁을 야기하고, 야기된 분쟁이 적기에 가라앉지 않는다면 커다란 사회문제를 불러오는 결과를 초래하게 될 것이다. 그렇기 때문에 이와 같은 상황에선 공화주의라는 속성이 자유주의에 앞서는 말(馬)로 설정하되, 그러한 운용이 공화주의적 자유주의라는 거대한 규칙을 부수지 않는 방식으로 '한시적 · 잠정적'으로만 이루어져야만 할 것이다.

사람들이 자신이 가지고 있는 권리를 오 · 남용하는 가장 대표적인 예를 들자면 경제적 빈곤으로 인하여 스스로가 욕구하는 바를 현실적으로 행할 수 없다는 상황이 발생함에 따라 이를 어떠한 식으로든 달성하기 위해 자신의 입장을 옹호하는 과정에서 합리성이라는 기본적 범주로부터 현저히 일탈하는 것을 생각해볼 수 있겠다. 이와 같은 일탈이 단순한 개인적 주장의 피력에서 그치는 것이라면 사회적인 문제가 발생할 가능성이 농후하진 않겠지만, 이를 구체적인 행위로 변형시키게 된다면 권리분쟁이라는 현상을 초래하기에 충분하다고 판단된다. 특히 자신이 추구하는 바를 이미 달성하였음에도 불구하고, 사람들은 미래를 대비하여 잉여(剩餘)산물을 축적하고자 하는 성향을 가지고 있기 때문에 권리를 오·남용하는 행위를 멈추지 않고 지속적으로 유지한다. 뿐만 아니라 잉여물의 축적 정도가 정치적·사회적 권력을 획득하기 위한 경로를 만들어준다는 비합리적인 사고방식이 그와 같은 현상의 가속화에 한 몫하고 있다. 만약 이와 같은 관념이 광범위하게 확산되어 많은 사람들이 그러한 행위를 하도록 유인하게 된다면 그 결과가 어떠할지는 명약관화하다. 따라서 공화주의적 시각이 앞서야 한다는 논리는 상기와 같은 현상이 객관적으로 발생할 것이 분명하거나 이미 발생하여 아노미를 형성하였을 때에 한하여 그 정당성이 인정된다. 물론 그렇다고 하여 '공화주의적 자유주의'가 '자유주의적 공화주의'로 변형된다고 할 수는 없는데, 그 까닭은 자유주의로 인하여 발생한 화마(火魔)를 공화주의를 통해 소화(消火)시킴으로써 원형을 회복시켜야 한다는 명분이 궁극적인 것이기 때문이다. 그리고 여기서 우리가 반드시 기억하고 있어야 할 사항은 공화주의라는 소화기제가 권리에 내재한 객관적 가치질서라는 요소라는 점이다.

Ⅴ. 실질적 합의에 기초한 법정의의 형성

공화주의에 기초한 객관적 가치질서가 공화주의적 자유주의를 바람직한 모습으로 유지시키기 위해 시정하기 위한 수단을 어떻게 설정하는가에 따라서 사회적인 병폐가 악화되는지의 여부가 달라진다. 만약 철권(鐵拳)과 같은 수단을 수반한 강공에 역점을 두어 객관적 가치질서를 구현하고자 한다면 공화주의가 가지고 있는 진의를 권위주의가 가지고 있는 그것으로 변모시키는 결과를 초래하게 될 것이므로 신중하여야 할 필요가 있다. 권위주의와 공화주의는 하나의 연장선상에 있는 원리에 해당하는 것이기 때문에 적용농도를 어느 수준으로 조정할 것인지가 중요하지 않을 수 없다.

비유를 하자면 간이 잘 배인 음식과 염분덩어리에 해당하는 음식 사이의 차이인 셈이다. 앞에서도 언급한 바 있지만 공화주의는 짙은 농도를 가지고 있는 원리에 해당하기 때문에 사회에 응당 만연해야 할 패러다임의 함량성분을 극단적으로 변형시킬 수 있는 힘을 가지고 있다. 그러므로 파괴된 자유주의가 그 원형을 되찾을 수 있도록 하는 범위에서 공화주의의 힘을 현현(顯現)시켜야만 할 것이고, 이는 법정의의 정립으로 이어진다. 법정의의 가시적인 기본요소는 성문화된 형태의 법이다(정신적인 요소는 위에서 언급한 공화주의적 자유주의이다). 법에 기초하여 정의를 형성한다는 것은 과거에서부터 지금까지 줄기차게 강조된 바임에도 불구하고, 이에 대하여 사람들이 회의적인 반응을 보이는 까닭은 법을 제정하는 주체가 가지고 있는 기본관념에 대해 동의를 하지 않기 때문이다. 이른바 법제정자와 법적용자 및 법수용자 사이의 견해불일치가 있었던 것이다. 아울러 입법기술상의 한계로 인하여 부득이하게 불충분한 형태의 입법을 하는 경우도 있음을 감안할 필요가 있다. 그리고 법이론적인 차원에선 상황에 따른 법적용의 엄격성이 실질적 평등의 구현이라는 헌법적 덕목을 일정부분 훼손시킬 가능성이 있기 때문에 이상과는 달리 현실 속에선 제대로 이루어지기 힘들다는 점도 고려의 대상이 된다. 그럼에도 불구하고 필자가 공화주의적 속성을 띤 법률의 존재에 대하여 생각하는 까닭은 권리를 오·남용하고자 하는 사람들의 심리상태에 대한 교정이 필요하다고 생각하기 때문이다. 또한 그 방법으로 '법률'을 철권의 형태로 사용하는 것이 아니라, 민간자율규제(民間自律規制, civil self-regulation)의 실효성을 증진시키는 데에 초점을 맞추고자 한다.

민간자율규제는 사람들이 개인적인 혹은 사회적인 생활을 영위함에 있어서 타인 내지는 타집단들과 권리의 존부와 그 행사를 대상으로 하여 제시한 견해들이 마찰을 빚음에 따라 생기는 갈등문제를 해결하기 위해 자치적(自治的)인 역량을 발휘하는 것을 의미한다.[44] 자치적 역량의 근본은 자유

---

44) 자율규제에 대해선 필자가 『공화주의적 자유주의와 법치주의 I』에서 언급한 바 있지만, 보다 자세한 이해를 돕기 위하여 다시 한번 설명하고자 한다. 자율규제는 국

로운 의사개진과 타인의 사고를 받아들일 수 있는 높은 수준의 내적 관용성이라고 할 수 있다. 사람들은 관용이라는 말을 곧 수용과 유사하다고 보는 경향이 있다. 물론 수용이라는 측면이 없다고 할 수는 없지만, '단순히 받아들이는 것'과 '생각하고 받아들이는 것' 사이에는 엄연한 차이가 존재한다. 전자는 '수용에 바탕을 둔 합의'이고, 후자는 '설득적 의사교환에 바탕을 둔 합의'라는 점이 그것이다. 비판적 고찰이 없는 수용은 향후에 불가피한 장애사실이 발생하였을 경우에 기존의 합의사항을 폐지하는 결과를 낳지만, 자유로운 의사교환에 기초한 합의는 기존의 결정사항에 위해를 가할 수 있는 사건들이 발생한다고 할지라도 갈등의 당사자들로 하여금 신축

가가 행하는 규제가 아니라 사적 영역에서 이루어지는 자치적 결정에 의하여 이루어지는 법적 · 사실적 행위에 대한 감독을 의미한다. 그러나 어떤 이들은 이를 국가의 손길을 배제한 유형의, 즉 자유지상주의적 차원의 소산이라고 오해하기도 한다. 그러한 오해를 줄이기 위하여 최병선 교수의『정부규제론 －규제와 규제조화의 정치경제－』(법문사, 2008)의 내용을 살펴보도록 하자. 그의 저서 396~397면을 보면 최병선 교수는 "첫째, 가장 단순하고 순수한 형태의 자율규제는 업계가 해당산업 내 모든 기업을 구속하는 일정한 산업기준(industry standards)을 정하여 이를 스스로 집행하는 방법이다. 예를 들면 영화업계가 신규로 제작된 영화의 등급을 정하는 것과 같다. 둘째, 정부가 개입하되 개입의 수준이 비교적 낮은 자율규제 방법으로서, 민간업계가 자발적으로 산업기준을 제정하도록 하되 규제기관 또는 관련 행정기관이 기술정보 등을 제공해 주는 형태로 이루어지는 자율규제가 있다. 셋째, 이보다 정부개입이 정도가 약간 더 높은 자율규제로서 업계 스스로가 자발적인 규제를 보완하는 형태로 이루어지는 자율규제가 있다. 예를 들면 증권업계의 자율규제와 같이 산업기준은 민간업계에서 정하되 그 기준에 위반하는 기만적인 행위(deceptive practices)를 규제기관이 직접 감시하고 처벌하게 하는 경우이다. 넷째, 이보다 약간 더 정부개입이 강하게 이루어지는 자율규제의 유형은 업계의 자율규제와는 별도로 규제기관이 규칙제정(rule making)을 통하여 업계의 행동을 통제해 나가는 방법이다. 광고에 대한 자율규제는 이것의 좋은 예이다. 즉 업계 나름대로 광고활동에 대한 규칙이나 기준을 제정할 수도 있겠으나 규제기관은 이에 관계없이 별도의 준칙을 제정하고 이를 집행한다. 다섯째, 규제기관이 관련 법령에 업계의 자율규제를 규정함으로써 자율규제의 강력한 집행력을 보장하는 형태로 이루어지는 자율규제가 있다. 예를 들면 직업면허와 公認(certification)이 바로 그러한 경우이다. 이 경우에는 관련업계가 정한 기준과 준칙에 강제력이 부여되어 사업자가 이를 준수해야만 한다"라고 설명함으로써 자율규제가 반드시 국가의 힘을 원천적으로 배제한 상태에서 이루어지는 것이 아님을 보여주고 있다. 물론 이상의 내용은 행정적 · 경제적인 내용과 관계가 깊지만, 자율규제는 그와 같은 영역을 떠나 정치적 · 사회적 · 문화적 차원에서도 충분히 적용될 수 있는 자치법적 규제에 해당한다.

성 있는 수정 · 개량을 통해 충분히 해결할 수 있도록 하는 결과를 만들어 낸다. 필자가 말한 높은 수준의 관용성이란 바로 후자를 일컫는 것으로, 합리적 수준의 자율성과 자발성을 핵심으로 삼는다. 타율성 내지는 강제성이 수반되지 않은 문제해결책에 해당하므로 제3자에 의하여 강압적으로 분쟁을 해소시키는 것에 비하여 차후에 남는 심리적 · 물질적인 앙금이 상대적으로 덜한 편이라고 할 수 있겠다. 이른바 존 밀턴이 『아레오파지티카』에서 언급한 '사상의 자유시장'과 '자동조정의 원리'가 적절히 배합된 형태의 합의가 만들어 낸 최적의 상태인 셈이다. 정상적인 의사능력을 보유한 사람들이라면 누구나 공론장에서 자신이 생각한 바를 자유롭게 표현할 수 있고, 한편으론 다른 이들의 생각을 경청할 권리를 가진다. 서로가 동일한 생각을 하고 있을 경우엔 상호 간에 협력을 통하여 더 높은 수준의 개인 · 사회발전을 위한 안(案)을 제시할 수 있고, 상이한 생각을 하고 있을 때에는 자동조정의 원리, 즉 자유의지와 이성에 기초한 사람들의 사고를 통하여 부정적인 영향을 줄 수 있는 의사를 폐기하게 된다. 이러한 관념에 기초한 합의의 도출법이 가장 이상적인 형태의 민간자율규제의 유형이라고 할 것이다.

그러나 문제는 당사자들 사이에 존재할 수 있는 권력의 질적 · 양적 수준의 격차이다. 이로 말미암아 상대적으로 강한 권력을 가지고 있는 사람들은 본인들의 의사를 충분히 관철시킬 수 있는 능력을 보유하고 있지만, 그렇지 않은 이들은 상대방이 제시하는 견해에 대하여 반론이나 이의를 제기할 수는 있을지언정 결과적으로는 실효적인 구제를 받을 수 없다는 한계가 노정된다.[45] 특히 스스로가 추구하고자 하는 이익이 비단 자신에게만 국한

45) 그리하여 때로는 존 롤즈(John Rawls)가 제시한 "공정으로서의 정의"(Justice as Fairness)를 이끌어내기 위한 방법론이 거론되는 경우가 많다. 원초적 입장(original position)에서 무지의 베일(veil of ignorance)을 쓰고 있는 공론장 속의 당사자들은 상대방이 어떠한 지위에 있는지 그리고 얼마나 강한 권력을 보유하고 있는지를 모른다. 뿐만 아니라 자신이 점유하고 있는 사회적 지위와 권력 등에 대한 정보마저도 가지고 있지 않다. 이와 같이 자신을 비롯하여 타인에 대한 정보까지 철저히 감춰진 상황을 설정하여 최대한 공정한 합의안을 구축할 수 있고, 이것이 가장 형평의 원칙에 부합

된 것이 아니라 본인이 소속한 집단에 영향을 줄 수 있는 것이라고 여겨질 경우엔 당사자의 입장에서는 합의의 장에서 조금이라도 뒤로 물러서선 안 된다고 생각할 개연성이 있다. 이에 따라 민간자율규제가 어느 정도의 실효성을 거둘 수 있는지에 대해선 예전부터 논의가 분분하여 왔던 것이다. 따라서 민간자율규제를 존 밀턴이 언급한 식으로 자유의지와 이성에 기초한 형태의 합의체제를 원형 그대로 사용하는 것은 시대적으로 문제가 있다고 생각한다. 주지하다시피 자유주의라는 바퀴만으로는 거대한 마차를 움직이게 하는 데에 어려움이 따른다. 공동체에 속해 있는 모든 사람들이 어떻게 생각하는지를 일일이 파악할 수 없고, 각자가 어느 수준의 권력적 지위에 서있는지를 파악한다는 것도 사실상 불가능할 뿐만 아니라 이상적인 형태의 민간자율규제는 자유로운 의사개진과 의사결정의 주체를 주로 개인들로 상정하고 있기 때문에 공동체의 역할을 등한시하기 마련이다. 공동체를 등한시하는 태도가 확산일로에 있을 경우엔, 사회 그 자체가 가지는 고유가치를 하락시키고, 하락된 고유가치는 점진적으로 국가존립의 정당성에도 부분적으로 위해를 가할 가능성이 있다. 국가는 외관만이 존재하게 되는데, 결과적으로는 아나키스트(Anarchist)적인 성향의 자치시스템만이 남을 뿐이다. 따라서 민간자율규제가 순수한 개인결사체에 의하여 운용되는 산물이라고만 생각하는 것은 자유주의에 대한 지나친 신뢰에 기반을 둔 것이므로 이를 현실적으로 적절히 구동하기 위해선 기능적 제한사유를 설정할 필요가 있다. 다시 말해서 공화주의를 자유주의의 건전한 활성화를 위한 배경으로 삼아야 한다는 것이다. 그리고 이 논의는 배제되어 버렸던 공동체의 위상을 재정립하는 것에서부터 시작한다.

통상적으로 자율적으로 규제한다는 것은 곧 국가와 같은 거대공동체에

한다는 것이 롤즈의 견해이다. 물론 그의 이론을 두고 많은 이들의 비판적 견해가 따르긴 하였으나, 정의가 권력에 따라 재편되는 것을 막을 수 있는 효과적인 방안을 제시하고자 하였다는 점에서 우리 사회에 커다란 영향을 주었다고 사료된다. 롤즈의 정의론에 대한 의의와 다른 학자들에 의한 비판 등에 대한 사항은 필자가 쓴 『공화주의적 자유주의와 법치주의(Ⅰ)』을 참조하길 바란다.

의한 사적인 개입이 배제된 상태에서 이루어지는 질서교정의 효과를 창출함을 뜻한다고 생각하는 경향이 강하지만, 현실적인 견지에서 볼 때 국가가 항상 배제된다고 볼 수는 없다. 한국사회를 비롯하여 외국에서도 나타나는 예를 생각해본다면, 당사자들이 자발적으로 권리분쟁을 해결하기 위한 노력을 경주하되 국가가 그러한 갈등해결의 장에서 이루어지는 합의가 공정하게 이루어질 수 있도록 후견적인 역할을 한다는 것을 고려해볼 수 있다. 뿐만 아니라 합의를 통해 도출한 대안이 효과적 · 효율적으로 이행될 수 있도록 당사자들이 계약한 바를 위반하지 않게 감시 · 감독함으로써 자율규제의 실효성을 높일 수 있도록 도움을 줄 수도 있다고 사료된다. 이와 같은 과정들이 정당성을 띠기 위해선 법치주의에 근거하여 국가가 사적영역에 일정부분 개입할 수 있도록 여지를 만들어주는 법률의 제정이 필수적으로 요청된다. 물론 여기서 해당법률의 내용은 합의를 강압적으로 주도할 수 있는 권능을 정부나 행정기관에 부여하는 것이 아니라 부분적 개입을 통하여 후견적인 지위에 있을 수 있는 권능을 제공하는 것에 그친다고 하겠다. 만약 후견적인 지위를 넘어 갈등당사자들의 의사표현의 자유를 지나칠 정도로 억압한다면 이는 헌법소원(憲法訴願) 내지 행정소송(行政訴訟)의 대상이 될 수 있다.

그 이외에 우리가 고려해야할 사항이 있다면, 공화주의적 자유주의에 기초한 민간자율규제가 현실적으로 운용되기 위하여 필요한 제반조건들로 무엇을 상정할 것인지에 대한 사항이다. 위에서 언급한 내용은 민간자율규제가 사실적 · 규범적인 효과를 창출하기 위하여 가지고 있어야 할 내적 요건이다. 그러나 이러한 시스템 그 자체가 적절히 사용되기 위해선 외적인 환경토대 역시 구축되어 있어야 함은 지극히 당연하다. 우선 (ⅰ) 개인들에 의하여 형성된 결사체사회에 존재하고 있는 모든 사항들을 관장할 수 없기 때문에 대다수의 국민들로부터 민주적 정당성을 획득한 이들에 의한 보조 내지는 도움이 필요하다는 사실을 인식하고 더 나아가 (ⅱ) 그와 같은 도움이 주어진 사회문제를 해결하는 데에 있어 실질적 정의관에 입각한 기준을 내포하고 있었는지에 대한 검증력을 제고시키기 위한 노력이 경주되어야만 할 것이다.

(ⅰ)과 관련한 요건은 사회적 갈등을 야기한 원인의 윤곽을 그려주고 아울러 이에 대한 해결책을 담고 있는 총체적 법령의 존재이다. 여기서 말하는 총체적 법령이란 헌법정신에 기초한 하위의 법령으로서 민법과 형법 및 행정법과 같은 법률부터 시작하여 명령과 규칙과 같은 명령에 이르기까지 사회전반의 문제를 관장하는 기준책을 일컫는다. 그 중에서도 필자는 특히 행정입법을 통한 법령의 형성에 주안점을 두고자 한다. 형법과 민법 등은 오랜 시간에 걸쳐 형성된 것으로서 비교적 안정적인 구조를 취하고 있는 반면, 행정법과 그 뒤를 따르는 부수적인 명령들은 사회변화에 조응하여 지속적인 변화를 꾀하여야 하는 산물이기 때문에 앞선 두 법률에 비하여 상대적으로 강한 유동성을 가지고 있다. 민간자율규제의 환경적 여건으로 법령을 들었다는 것은 앞뒤가 맞지 않는 것처럼 여겨질 것이다. 그럼에도 불구하고 일견 모순적인 요건을 상정한 이유는 개인의 자발적 규제가 상시적으로 가동되는 체계가 아니기 때문이다. 현실적으로 생업(生業)에 종사하는 이들이 자신의 일을 뒷전으로 하고 사회전반의 문제를 해결하기 위하여 헌신을 다한다는 것을 기대하기란 어렵다. 또한 개인과 국가의 정보력에도 커다란 차이가 있음을 아울러 고려할 필요가 있다. 국가는 사회병리현상의 원인과 해결에 대한 정보를 수집하여 최적의 결과를 도출할 수 있도록 함을 주업(主業)으로 삼는 반면, 개인은 그렇지 않다. 그리고 한 걸음 더 나아가, 생업에 종사하던 이들의 간헐적인 수준의 사회참여가 그들이 참여하지 않았던 시기 동안 짙은 농도로 누적되어 왔던 문제를 일거에 해결하는 결과를 가져올 것이라고 기대할 수도 없다. 따라서 민간자율규제가 이루어지고 있지 않는 시기, 즉 공백기를 적절하게 메워줄 수 있는 법령의 존재가 필요할 수밖에 없다. 그리고 국가가 법령의 제정 · 시행 · 결과에 대한 실질적 정보를 민간자율기구와 공유함으로써 국민들이 최적의 결론을 내릴 수 있도록 지원사격을 해주어야 한다. 이에 대하여 자율기구는 국가가 제시한

정보와 견해를 정의관념에 비추어 해석할 수 있는 역량을 지속적으로 강화시킴으로써 거버넌스(governance)의 한 축을 이루는 주체가 될 수 있도록 최선의 노력을 경주해야만 하는 책무를 부담해야 함은 당연하다.

위와 같은 책무는 바로 (ii)로 이어진다. 민간자율규제가 헌법정신에 기초하여 운용되기 위해선 구성원들이 당면한 문제의 원인과 그 해결책을 객관적으로 바라볼 수 있는 시선을 견지하여야 한다. 비록 전문가에 필적할 만한 수준은 아니라고 할지라도 기본적인 소양을 갖추지 못하고 있다면, 민간자율규제가 사회의 안정성보다는 혼란성을 가중시키는 주범이 될 수 있다는 사실을 인식할 필요가 있다. 따라서 필자는 이러한 기본조건으로서 '법에 대한 적정한 수준의 교육과 그 내용의 함양'을 제시하고자 한다. 교육은 사람들에게 사회생활을 영위함에 있어 필요한 기술적인 측면의 지식을 전달하는 데에 역점을 두기도 하지만 이를 위해선 해당기술이 사용되어야만 하는 근원적인 이유를 전달하고 더 나아가 이를 내면화시킬 수 있도록 하는 작업이 전제되어야 한다. 기술중심의 교육을 통하여 자신이 어떠한 권리를 행사한다면 본인이 의도한 결과물을 얻을 수 있다는 식으로 기계적인 논리만을 견지하고 있다면 자기관리(自己管理)보다는 타인통제(他人統制)에 신경을 쓸 수밖에 없고, 타인의 입장에서는 누군가에 의한 간섭에 대해 불만족스러움을 느낌에 따라 자연스럽게 다툼의 장을 형성하기에 이른다. 따라서 당초부터 그와 같은 장을 만들지 않기 위해선 권리사용기술에 담겨있는 진의가 무엇인지를 파악하고, 그것이 자신을 비롯한 타인에게 어떠한 영향을 줄 수 있는지에 대해서 한번쯤 고려하는 배려의 자세가 요구된다. 물론 스스로의 자아를 실현하는 과정에서 타인의 입장을 고려한다고 할지라도 언제나 갈등상황으로부터 안전한 지역에서만 머무른다는 것은 불가능하다. 그러나 권리에 내재한 기본요소들(주관적 공권, 객관적 가치질서)이 무엇인지에 대해 생각하고, 그것들 중 어느 한 가지가 지나칠 정도로 부각되어 있었는지를 확인한 후에 자신을 비롯한 상대방의 권리행사과정에 미처 발견하지 못했던 오류가 존재하였는지의 여부를 파악하며, 파악된 오류를 시정하기 위한 합리적 대화를 할 수 있다면 위에서 언급한 방안들이 그 실효성을 거둘 것이라고 사료된다. 여기서 말하는 합리적 대화란 단연 '상생의 법칙에 기초한 공화주의적 자유주의식 정의관'에 따른 대화를 일컫는다.

법적 정의가 모든 문제를 해결해주는 최고의 방법이라고 단언할 수는 없지만 상당한 효과를 창출하는 힘을 가지고 있는 것은 사실이다. 뿐만 아니라 법적 정의는 과거와 달리 성문화된 법전의 내용만을 근거로 하여 형성되는 것이 아니라 정치 · 사회 · 경제 · 문화적 시각에 의하여 끊임없는 재창조와 재정립의 과정을 거친다. 규범과 사실은 엄연히 다른 차원의 논리에 해당한다는 이원론적인 사고가 각광을 받는 순간도 있지만, 하루가 다르게 변하는 시대의 모습은 그러한 이분법적인 관념이 한계에 다다르고 있음을 보여주며, 그 한계를 초월하지 못한다면 정의는 실질화라는 범주에서 퇴보한 형식화의 길로 접어들게 된다. 따라서 정의가 무엇이고 어떻게 형성되며 더 나아가 어떠한 효과를 낳을 수 있는지에 대한 다각적으로 이해하고 해석하기 위해선 국민과 국가의 상호조응이 필수적으로 요청된다. 그리고 그 조응을 이루게 하는 주요 징검다리를 형성하는 기제로서의 공화주의적 자유주의는 양자가 타당하다고 생각하는 정의 판단의 현실적 지침을 발견 내지 고안하는 데에 있어서 핵심적인 역할을 수행한다.

第2節 사회이론적 지침

Ⅰ. 공감대의 안정적 형성과 합의사회

위와 같은 과제를 수행하기 위한 조건으로 우리에게 가장 필요한 것은 대립되는 견해충돌로 인하여 발생할 수 있는 분쟁을 종식시킬 수 있는 '합의도출법'이라고 사료된다. 합의는 상대다수(A집단)가 공유하고 있는 공감대와 다른 상대다수(B집단)가 형성한 또 다른 유형의 공감대가 외견상 양립하기 힘든 내용을 핵심으로 상정함에 따라 마찰을 빚음으로써 생길 수 있는 여러 형태의 사회적 충돌을 없애기 위한 것이기도 하지만, 한편으로는 공감대의 수준에 미치지 못한 개별의견들 상호 간의 충돌로 발생하는 상호투쟁적(相互鬪爭的) 성격의 폐해를 시정하기 위한 것으로, 광의로는 대규모로 나타나는 분쟁에서부터 협의로는 이웃간의 다툼에서 발생하는 소교모의 분쟁에 이르기까지 갈등의 전(全)분야에 두루 사용되는 평화적 의사합치 형성이라고 하겠다. 사람들은 분쟁과 갈등이라는 용어를 들을 때 노사갈등이나 지역갈등처럼 심대한 사회적 파장을 불러일으킬만한 예시를 떠올리는 경향이 있는데, 반드시 대규모의 충돌상황만이 사회에 악영향을 주는 요소라고 볼 수는 없다. 비록 소규모의 지엽적 측면의 성격이 강한 논쟁이라고 할지라도 그것이 외부적으로 확산될 경우 사회 전체의 안정성을 훼손시키는 부정적 효과를 안겨줄 개연성이 있다고 판단된다. 따라서 우리가 합의가 이루어지기 위한 전제조건에 해당하는 갈등과 분쟁을 단순히 커다란 사건에 해당하는 것으로만 볼 것이 아니라, 지역주민들 사이의 다툼에 이르기까지 폭넓은 시각으로 관망해야 할 필요가 있음을 기억해둘 필요가 있다. 대표적으로는 '범죄'를 예로 들 수 있다. 우리는 충동적 범죄에서부터 계획적 범죄에 이르기까지, 대부분의 범죄들이 개인 사이의 갈등문제에서 비롯되지만, 결과적으로 사회 속에서 살고 있는 많은 국민들에게 정신적 충격을 준다는 사실을 익히 알고 있다. 이처럼 범죄라는 영역에서도 합의는 조금 전에 언급한 바와 같이 상대다수를 형성하고 있는 집단들의 다툼 이외에 개인들 사이에서 일어나는 분쟁에 이르기까지 폭넓은 범위의 사안들을 대상으로 하는 정의실현의 전통적 방법론이라고 할 수 있는데, 최근에는 이러한 전통적인 방법론을 이용하여 소송제도 이외에 ADR(Alternative Dispute Resolution)과 같은 비교적 새로운 공공갈등관리기법까지 갈등연구의 대상이 되고 있는 추세를 감안할 때, 합의의 기술은 시간이 갈수록 그 중요성이 점증되어 가고 있다고 할 것이다.

이와 같은 가치를 지닌 합의는 '정책' 혹은 '협상'과 비슷한 감이 있다. 정책은 국민들에게 복지와 같은 긍정적인 혜택을 수혜하기 위한 목적으로 행하기도 하지만 통상적으로는 특정한 사회문제가 초래하는 폐단을 일축시키기 위한 공적의사결정이라고 할 수 있고, 협상은 한정된 자원을 두고 더 많은 이익을 획득하기 위한 목적으로 투쟁의 상태에 돌입하려는 이들로 하여금 평화적인 이익조정을 할 수 있도록 유도하는 전략적 타협이라고 할 수 있다. 두 개념을 살펴보면, 양자는 '대립되는 당사자들의 존재'와 '특정한 목적을 달성하기 위한 분쟁'이라는 두 가지의 요소를 공통적으로 가지고 있음을 알 수 있다. 합의도 이와 다르지 않다. 이 역시 상반된 견해를 가지고 있는 사람들이 자신에게 보다 유리한 방향으로 의사결정을 하기 위하여 벌이는 갈등을 '상대적 평등원칙'에 기초해 해결하고자 하는 과정에 해당하는 것이기 때문이다. 합의가 가지는 의의와 목표 및 가치에 대해 살펴보기 위해선 우선적으로 그 대상이 되는 '갈등'의 본질에 대해서 정확하게 이해하는 작업이 전제되어야만 한다.

Ⅱ. 갈등의 본질에 대한 합의에 대한 이해

갈등은 둘 이상의 당사자 혹은 집단이 유형적이거나 비유형적 자원을 획득하고 배분함에 있어 자신과 그를 포함한 소속집단에게 보다 유리한 쪽으로 의사진행방향을 이끌어가는 과정 중에 생긴 의견교환상의 충돌상태를 일컫는 말이라고 할 수 있다. 특히 이때의 충돌상태는 상호 간에 제시한 의견들이 양립할 수 없는 것으로 여겨짐에 따라 이를 해결하기 위해선 힘의 전쟁이 필요하다는 불합리한 의식이 전제되는 경우가 많다. 물론 상호존중의 목적을 달성하겠다는 기치 아래에서 평화적인 수단을 통해 문제를 해결하려는 경우도 많지만, 우리는 현실사회에서 언어적 폭력에서부터 물리적 폭력에 이르기까지 부정적인 형태로 간주되는 의사결정법이 종종 사용되고 있음을 쉽게 찾아볼 수 있다. 그리고 이는 균형적인 이익조정을 염두에 둔 것이 아니라 이익획득에만 열중하게 된 나머지 감정을 조건적으로 통제할 수 있는 능력을 상실한 결과가 빚어난 부작용이라고 하겠다. 여기서 우리가 주의해야 할 점은 갈등을 '물질적 자원을 더 많이 가져가기 위한 다툼'으로만 생각하지만, 반드시 그 대상이 유형적 자원에만 국한되는 것으로 해석해서는 안 된다는 것이다. 실제로 벌어지는 갈등의 양상을 보면 금전을 포함한 물질적인 문제뿐만 아니라 정신적인 문제로 인하여 더욱 큰 사회문제로 비화되는 경우를 흔히 발견할 수 있기 때문이다. 특히 헌법 제10조와 제34조 및 제35조에서 규정한 바와 같이 인간의 존엄성과 인간다운 생활을 할 권리 및 환경권과 관련된 분쟁(예 : 고층빌딩의 건축으로 인한 조망권의 침해 혹은 인격모독으로 인한 정신적 충격 등과 같이 비금전적인 문제)은 그 해결에 있어 세심한 주의가 요구된다.

오로지 금전만이 결부되어 있는 사안의 경우는 배상 혹은 보상액의 조정이라는 단일과제를 수행하는 것만으로도 충분히 종식시킬 수 있는 문제이지만, 후자와 같은 사건은 해결방법을 선택하는 것이 상대적으로 어려운 편이다. 조망권과 같은 환경권적 차원의 분쟁과 인격권과 같은 인간의 존엄성에 관련된 분쟁은 금전배상보다는 '합리성에 기초한 해결방법'을 추구하기보다는 '감정흡입력에 바탕을 둔 관계회복'에 역점을 둘 때에 가능하다고 사료된다. 정주진 박사도 비물질적 갈등을 해결하는 것이 중요하다는 것을 인식하여 『갈등해결과 한국사회』(아르케, 2010)라는 연구문헌 87면에서 존 버튼(John Burton)의 견해를 인용해 "인간의 기본적 필요가 충족되지 않을 때 갈등이 발생한다고 보기도 한다. 존 버튼(John Burton)에 의해 체계화된 인간필요(human needs) 이론에 따르면 세상에는 정체성(identity), 안전(security), 인정(recognition), 자율(autonomy) 같은 사회 제도나 규범에 구속되지 않는 보편적 인간필요가 있다. 이런 인간필요는 인간의 존재 이유를 결정짓는 것이므로 절대 협상의 대상이 될 수 없으며 억압되거나 통제될 수도 없다. 개인과 집단은 자신이 생활하는 환경 속에서 인간필요를 충족시킬 수 없을 때 절망하게 된다. 특별히 자신의 필요를 충족시킬 다른 선택이 없다고 판단한 때는 사회 제도와 규범에 맞서는 대결을 선택하고 그에 대한 비용을 기꺼이 치를 준비를 한다. 협상의 대상이 될 수 없는 인간필요가 충족되지 않아 발생하는 갈등은 장기화되거나 폭력화되는 경향이 있다"라고 갈등발생의 원인을 논한 바 있다.

인간필요는 사실상 자연권(自然權)이라는 용어로 대체될 수 있는 개념으로 인간이 가지는 기본적 인권의 본질적인 내용을 이루고 있다. 따라서 이것이 합의의 대상에서 제외될 경우, 기본권을 박탈당하는 것과 같은 효과가 발생하므로 공익을 심대하게 훼손시키는 경우를 제외한 나머지의 영역에선 반드시 보호받아야 하는 부분에 해당한다고 할 것이다. 그렇기 때문에 갈등분쟁해결의 대표적인 방법인 소송에서도 이 부분을 심각하게 고민하는 흔적이 나타나는 것이다. 그리하여 고안된 것이 헌법 제37조 제2항과 법치주의의 원리를 통해 도출한 과잉금지의 원칙인데, 이는 '목적의 정당성', '수단의 적합성', '피해의 최소성', '법익의 균형성'이라는 네 가지의 기준에 부합하는지의 여부를 중심으로 하여 분쟁을 종식시켜야 한다는 준칙을 뜻한다. 만약 이러한 기준을 보다 구체화시켜 민간차원에서 사용할 수 있도록 개량한다면, 갈등문제를 해결하는 데에 있어 기여하는 바가 있을 것이고, 더 나아가 이를 합의의 도출과 집행 및 평가단계에서 적용할 수 있게 단계별로 구분하여 적용시킬 수 있다면 그 효과는 매우 클 것이라고 사료된다.

이상의 과제를 실현시키기 위해선 '정책학'과 '협상학'의 의사결정론을 이용하는 것이 적절하다고 판단된다. 우선 전자를 중심으로 하여 합의도출을 위한 의사결정법에 대해 살펴보도록 하자. 신형균은 『현대 행정학의 이해』(선학사, 2008) 199면에서 정책에 대해 "정책이란 가장 일반적으로 정의하면 어떤 행동노선이나 대안(course of action or alternatives)이라고 할 수 있으며, 이를 정부의 정책에 적용하면 정부의 중요한 활동(지침)을 의미하는 것으로 볼 수 있다. 이러한 정책(결정)은 많은 이질적 이해관계의 대립을 조정하고 타협시켜 나가면서 정부가 해결하려는 어떤 문제를 해결하려는 과정이다. 즉 국가사회가 처한 문제를 해결하거나 정부가 추구하는 목표를 가장 합리적 또는 효율적으로 달성할 수 있는 방법을 판단하여 선택하는 행위인 것이다. 따라서 정책은 사회문제의 해결을 정책목표로 하여 이를 달성하기 위한 정책수단을 그 내용으로 하며, 정책학은 이와 같은 문제해결을 위한 바람직한 정책의 결정 · 집행 · 평가 등에 필요한 지식을 제공한다"라고 설명한 바 있다. 이와 같이 행정학에서 말하는 정책은 시민사회의 건전한 발전을 위하여 제시되는 공적의사결정을 핵심적인 내용으로 상정하고 있다.[46]

---

46) 정책의 개념에 대한 이해를 돕기 위하여 다른 학자의 설명도 살펴보도록 하자. 정정길 외 3인은 『정책학원론』(대명출판사, 2008) 중 54~56면에서 정책의 개념에 대해 "정책은 바람직한 사회상태를 이룩하려는 정책목표와 이를 달성하기 위해 필요한 정책수단에 대하여 권위있는 정부기관이 공식적으로 결정할 기본방침이다. 한편 정책이라는 용어와 비슷한 여러 가지 용어들이 상식적으로 사용되고 있다. 시책, 대책, 정부방침, 정부지침 등의 말들이 그것이다. 뿐만 아니라, 법률, 규칙, 기획, 계획 등도 정책과 혼용되고 있다. 이들은 이론적으로 엄격하게 정의하기가 극히 어렵다. 그러나 이들은 정책이라는 동일한 현상을 다른 각도에서 파악한 내용이 많아서 정책과 이질적인 것은 아니다. 이를 간단히 살펴보도록 한다. 우선 시책, 대책, 사업 등은 정책과 거의 같은 뜻으로 쓰이는 상식적 용어이다. 그러나 이들은 정책 중에서 하위정책을 의미할 때가 많다. 정책구조에서 보았을 때 상위목표의 구체화는 하위목표로 나타나게 되는데, 이것은 상위정책의 집행과정에서 발생하는 현상이다. 이때 상위정책의 집행을 위한 하위정책은 흔히 시책이라고 불린다. 이러한 목표-수단의 계층제적 구분은 정책(policy)과 프로그램(program) 그리고 프로젝트(project)의 구분과 유사하다. 즉 정책을 구체화하면 프로그램으로 구분되고, 또 프로그램은 프로젝트로 구체화되어 집행된다. 계획(plan)은 사회계획, 이보다 범위가 좁은 경제계획, 경제개발계획, 사회복지계획 뿐만 아니라 부문계획으로 볼 수 있는 자원계획(자원의 보존과 이용을 위한), 지역계획, 도시계획 등 무수히 많다. (중략) 법률은 일반적으로 정책과 본질적으로 동일하다. 즉 정책과 마찬가지로 법률에서도 목표가 있고 최후수단으로서 강제력이 보유되고 대상집단으로 규제될 인간이 있으며, 법의 내용을 실현할 정부의 강력한 의지가 있다. 원래 법률은 국민의 대표기관인 국회의 의결을 거친 것이며 국가의 중요한 정책은 반드시 국회의 의결을 거쳐야 하므로 법이 곧 정책이라는 생각에 틀린 것이 없다. (중략) 하지만 모든 정책이 법률의 형태를 띠는 것은 아니다. 예컨대 배분정책의 경우에는 법의 형식을 취하지 않고 행정부에서 결정되는 것도 많은데 이는 행정부가 전문기술과 권한을 모두 장악하고 있기 때문에 더욱 그렇다. 요컨대 법률은 정책의 한 형태로서 주로 규제정책이 이러한 형식을 띠고 있는 경우가 많다"라고 설명한 바 있다. 비록 법률이 정책의 한 분야인 듯하게 기술한 부분에 대해선 이론의 여지가 있을 수 있지만, 정책의 개념과 그 구성요소를 적절하게 설명하고 있다고 사료된다. 관련하여 최근에는 법정책학이라는 융합형 학문에 대해 많은 관심이 몰리고 있다. 홍준형 교수는 자신의 저서인 『법정책의 이론과 실제』(법문사, 2008) 중 8~11면에서 "법정책학은 법학과 정책학 두 가지 방향에서 추구될 수 있다. 첫째, 법학의 진영에서 법의 정책적 측면에 초점을

이처럼 여타의 학문에 비하여 상대적으로 공적인 속성을 지닌 학문, 이른바 국가학이라고 불리는 이러한 영역은 과거와는 달리 기본적으로 하향식 의사결정을 함에 있어서 그것이 지나치게 시민사회의 자율성을 억압시키지 않도록 하는 데에 역점을 두고 있는데, 그 이유는 정책이라는 속성 자체가 규율과 규제를 중심으로 한 성격을 띠고 있기 때문이라고 할 것이다. 이에 기초하여 자칫 국가가 사회에 지나치게 개입을 하여 국민들이 응당 향유하여야 하는 기본권의 본질적인 내용을 침해하거나 혹은 최소한의 보호수준에 미치지 못하는 불완전보호를 하는 일이 없도록 하는 데에 세심한 주의를 기울여야 한다는 논의가 지속적으로 이어지고 있는 중이다. 예전에는 엘리트주의에 기초하여 전문적인 소양을 겸비한 이들이 국론을 결정하는 데에 있어 핵심적인 역할을 수행하였으나, 지금은 민간전문가들이 다수 양성되고 있고 더 나아가 시민들의 사회정세에 대한 안목이 높아짐에 따라 자율성에 기초한 자체규율을 형성할 수 있는 능력을 갖추고 있어 민간자율규제(民間自律規制)라는 시스템이 구축될 수 있는 환경이 조성되고 있다.

둘 경우 법정책학은 넓은 의미에서의 법학의 한 분야로서 법 또는 법현상의 정책적 배경과 원인, 결과 등을 인식하고 설명하는 학문적 접근으로 귀결된다(정책학적 법학 : policy-oriented approach to legal study). (중략) 둘째, 정책학에서 법현상에 대한 관심을 기울일 경우, 법정책학은 정책의 考案 또는 설계(policy design), 정책의 형성, 정책결정, 정책집행 등 정책과정에 있어 법이 수행하는/수행할 수 있는 역할을 사회과학적 방법에 의해 인식하고, 이를 토대로 정책과제에 대한 법적 처방을 모색·제시하려는 학문적 접근(법의 정책학 : legal perspective approach to policy science of law)이 된다. (중략) 그러나 법정책학은 이와 같은 두 가지 방향 중 어느 한쪽에서만 수행되어야 하는 것은 아니다. 법정책학에 이르는 두 가지 길 사이의 관계는 택일적이라기보다는 상호보완적·순환적이며, 법정책학의 영역은 위에서 살펴본 두 가지 방향과 그것이 만나는 지점에 의해 설정된다고 볼 수 있다. 가령 정책학적 법학이 법의 해석·적용에 변화를 초래하게 되면 법적 정책학은 이를 법현실적 여건으로 하거나 비판함으로써 그 결과를 정책과제에 대한 법적 처방 또는 법정책에 반영한다. 여기서 법적 정책학은 그것이 추구하는 법정책적 처방과 관련하여 법학의 논의와 성과에 의존한다. (중략) 반면 법적 정책학이 특정 법제도의 사회적 효과에 대한 분석을 바탕으로 그에 대한 개선방안을 강구하고 이를 관철시키면, 정책학적 법학은 개선된 법제도를 그 정책취지를 고려하여 적용하게 된다. 이와 같은 양자의 상호작용을 통한 순환계를 통하여 법정책학은 현실사회의 문제해결에 기여하게 되는 것이다"라고 언급하면서 법정책학의 개념과 방향 등을 설명한 바 있다.

그러나 민간자율규제가 적극적으로 보장되어 실행가능해진다고 할지라도, 사회가 변화하는 속도에 맞추어 갈등을 관리하는 고난도의 기술을 습득하여 이를 발현시키지 못한다면 이는 더욱 큰 혼란을 초래시키는 요인으로 작용할 개연성이 있다는 점에서 볼 때, 일정부분 실행상의 한계를 내포하고 있는 것 또한 사실이라고 할 수 있다. 특히 다원화된 사회에서는 분화된 속도에 맞추어 늘어나고 있는 다양한 견해가 존재한다. 물론 그러한 견해들이 상호보완적인 성격을 띠고 있다면 문제될 여지가 없으나, 사람들이 저마다 추구하는 삶의 목적이 다채로워짐에 따라 이를 달성하기 위해 채택하는 수단들 또한 가지각색이기 때문에 자연스레 서로 간의 마찰을 빚을 수밖에 없는 상황에 놓이게 된다. 이와 같은 상황에서는 민간자율규제를 이용하려는 사람들이 곧 '갈등의 당사자들'에 해당하기 때문에 객관적 시각을 가진 '조정자' 혹은 '중재자'로서의 지위를 온당하게 수행하기 쉽지 않다. 따라서 이미 발생한 분쟁을 조정 내지는 중재할 수 있는 제3의 인물 혹은 집단이 적극적으로 심판자의 역할을 수행해야만 하는 상황이 도래하였다. 조정과 중재를 맡은 사람은 정부 또는 이해관계인이 아닌 민간인이 될 수 있는데, 이들의 역할은 어디까지나 합의의 장(場)에서 이루어지는 논쟁이 '최소한의 규칙'에서 어긋나는지의 여부를 감시하고, 더 나아가 갈등을 풀어갈 수 있도록 길잡이를 하는 수준에서만 머물 뿐 구체적이고 강제적인 형태의 지시를 내리는 데에 까지는 미치지 않는다. 이를 통해 궁극적으로 민간자율규제에서 추구하는 바와 같이 '결자해지'가 가능하게끔 지원해주어야만 한다. 그리고 갈등의 당사자들은 위에서 언급한 정책의 목적, 즉 '추구하는 목표를 가장 합리적 또는 효율적으로 달성할 수 있는 방법을 판단하여 선택'하여 윈-윈(Win-Win)할 수 있는 결과를 도출하기 위하여 상호협조적 혹은 상호의존적인 태도를 견지하여야 한다.

그러나 이와 같이 정책의 수립 이외에 상호 간의 존중을 핵심으로 하는 분쟁해결방법을 중요시하는 영역이 있다면 그것은 '협상'이라고 할 것이다. 협상은 둘 이상의 당사자들이 의사를 교환하고, 교환된 의사를 통해 나타난 주장들 사이의 균형점을 찾아냄으로써 서로에게 최대한의 이익이 되는 방안을 모색하는 일련의 과정을 뜻한다. 과거에는 이와 같은 과정을 단순히 협상자의 연륜(年輪)과 전문적인 지식을 통해 구체화되는 식으로 이해하는 경향이 강했지만, 최근에는 갈등과 분쟁이 국민들이 일상적으로 영위하는 사회생활 속에서도 나타나고 있어 많은 관계당사자들이 이 분야에 대해 지대한 관심을 가지게 되었다. 특히 다른 국가와의 통상협정 등을 맺거나, 국내에서 정부가 일정지역과 공공계약을 맺는 과정에서 엄청난 수준의 마찰이 빚어짐에 따라 '협상이 가지는 중요성'과 '평화협상을 이끌어내는 방식과 그 절차'에 대한 관심이 지속적으로 높아지고 있는 실정이기도 하다.

그렇다면 협상학에서 언급하는 '협상'이란 무엇인가? 여기서 곽노성 교수가 『글로벌 경쟁시대의 국제협상론』(경문사, 2007)에서 언급한 개념을 잠시 살펴보도록 하자. 그는 자신이 저술한 저서 3면에서 "협상(negotiation)이란 '타결의사를 가진 2인 또는 그 이상의 당사자 간에 양방향 의사소통(communication)을 통하여 상호 만족할 만한 수준으로의 합의(agreement)에 이르는 과정이라고 할 수 있다. 이러한 협상은 협상당사자의 입장에서 보면 상대방과의 결합적 의사결정행위(jointly decided action)를 통한 자신의 본질적 이해를 증진시킬 수 있는 수단이라고 이해된다. 협상은 흥정(bargaining)과 구분하여 흥정은 개인간의 매매 등과 같은 상호작용을 가리키는 반면, 협상은 기업, 국가 등 복합적인 사회단위간의 다수 의제에 대한 상호작용이라고 하나 실제로 양자는 협상연구에서 별도의 구분없이 사용하고 있다"고 설명한 바 있다. 더불어 안세영 교수도 『협상사례중심 -글로벌 협상전략』(박영사, 2008)에서 협상의 개념을 다음과 같이 설명한 바 있다. 그는 12~13면에서 '리차드 쉘'과 '모란과 해리스'의 견해를 인용하여 협상의 개념을 제시하였는데, "협상이란 자신이 협상상대로부터 무엇을 얻고자 하거나 상대가 자신으로부터 무엇을 얻고자 할 때 발생하는 상호작용적인 의사소통과정이다(리차드 쉘의 견해)", "협상이란 상호이익이 되는 합의에 도달하기 위해 둘 또는 그 이상의 당사자가 서로 상호작용을 하여 갈등과 의견의 차이를 축소 또는 해소시키기 위한 과정이다(모란과 해리스의 견해)"라고 하였다. 우리는 짧은 개념설명 속에서 협상의 핵심요소로 '(ⅰ) 당사자의 복수성, (ⅱ) 달성하고자 하는 목적의 상이성, (ⅲ) 상이한 목적들의 충돌을 막기 위한 상호작용성, (ⅳ) 충돌의 최소화를 위한 참여성'이 공통적으로 거론되고 있음을 알 수 있다. 여기서 가장 문제가 되는 것은 (ⅲ)과 (ⅳ)이다. 불편한 관계를 우호적으로 바라보는 사람은 존재하지 않기 때문에 되도록이면 추구하는 이익이 합리적으로 쟁취하고자 하는 욕구를 가질 수밖에 없다. 그러나 대립되는 의사를 조정하는 과정 중에서 생겨난 이의(異意)를 어떻게 관리하고 받아들이는가에 따라서 단순한 대립이 첨예한 갈등으로 발전할 것인지의 여부가 결정된다. 그렇기 때문에 '정책'을 논의하는 과정에서 언급하였듯이 상호협조적 혹은 상호의존적인 태도가 요구되는 것이다.

Ⅲ. 원만한 합의과정도출과 관련한 이론들

우리가 궁극적으로 논의하고자 하는 합의도 이와 같은 방식에 기초하여 이해하여야 한다. 최근 한국사회에서 발생하는 분쟁과 갈등이 지속적으로 그리고 산발적으로 발생함에 따라 '합의'의 필요성에 대한 논의가 그 어느 때보다도 열기를 띠고 있는 실정이다. 그러다보니 이러한 용어를 지나칠 정도로 손쉽게 사용하는 듯한 인상을 주고 있기도 하다. 자주 거론된다는 것의 의미는 본 개념이 가지고 있는 중요성이 널리 인식되었음을 뜻하기도 하지만, 상황에 따라서는 무분별하게 거론되고 있음을 뜻하기도 한다. '합의를 본다'는 표현을 '단순히 대립되는 의사를 합치시키기만 하면 된다는 식'으로 추상적 혹은 피상적으로 이해하는 우를 범할 수 있다는 것이다. 이는 '결과지향적인 의사조정'에 초점을 맞춘 나머지 '과정지향적 의사조정'이 가지는 가치를 목각한 것으로, 제2차 분쟁을 일으키는 잠재요인으로 작용할 개연성이 있다고 판단된다. 과정을 지향한다는 말은 결과를 도외시한다는 것이 아니다. 당사자들이 자신의 견해를 표명하고 상대방의 의사를 경청하는 건설적인 과정을 통하여 양자가 수긍할 수 있는 최적의 결론을 도출할 수 있다는 차원에서 거론되는 것이다. 이처럼 합리적으로 '합의과정'을 이끌어가는 행위는 근본적으로 문제를 해결하기 위한 핵심요소라고 하겠다. 그럼에도 불구하고 만족스러운 결과부터 우선적으로 도출하려는 태도를 견지하고 있는 태도가 만연하고 있다는 점에서 현재의 상황은 다소 부정적이라고 사료된다. 이에 마이클 A 로베르토(Michael A. Roberto)는 『합의의 기술』(김원호 옮김, 럭스미디어, 2007)에서 의사결정과정의 중요성을 강력하게 주장한 바 있다. 그중에서도 우리 사회에 시사하는 바가 크다고 생각하는 부분은 그가 제시한 "다양한 의견 표출을 유도해내는 기법들"(113~123면)에 대한 설명이다. 그는 이 기법들을 (ⅰ) 롤 플레잉, (ⅱ) 시뮬레이션, (ⅲ) 개념 모델의 활용, (ⅳ) 반대 의견의 구조적 유도로 나누어 견해를 표명한 바 있다.

로베르토 교수는 자신의 저서 115~116면을 통해 롤 플레잉 기법을 설명함에 있어 미국 NFL 풋볼팀의 시합 전 연습방식을 인용한 바 있다. 풋볼팀들은 연습할 때 2진 선수들에게 다음 시합 상대팀 선수들의 역할을 맡긴 후 상대팀이 주로 구사하는 전략과 각 역할을 맡은 상대팀 선수의 플레이 방식을 그대로 흉내 내도록 하고, 이러한 2진을 상대로 1진에 속해 있는 선수들이 연습시합을 벌인다. 이를 통해 상대방의 전략을 이해하여 보다 효과적인 경기를 진행할 수 있게 되는 것이다. 로베르토는 이러한 방법을 기업의 운영전략에 맞추어 적용시켰는데, 기업 경쟁자들 역시 이 같은 롤 플레잉 기업을 통해 경쟁사를 더 잘 이해할 수 있게 된다고 하였다. 그들은 경쟁사 경영자들의 입장이 되어 경쟁사들이 추진할 수 있는 전략적 제휴관계에 대해 논의하기 시작하였고, 이러한 방식은 그들로 하여금 상황을 전혀 새로운 관점에서 볼 수 있도록 해주었다고 한다. 다시 말해 자신들이 추진하려는 조인트 벤처와 경쟁사들이 추진할 수 있는 전략적 제휴관계가 지니고 있는 강점과 약점을 더 정확하게 분석할 수 있게 되었다는 것이다. 만약 우리가 로베트트 교수의 롤 플레잉 기업을 합의도출을 위한 의사결정

방식에 도입하면 어떠한 결과가 나올 것인가? 상대방이 어떠한 목적을 달성하기 위하여, 어떠한 심리를 가지고, 어떠한 방법을 채택할 것인지를 예측할 수 있게 된다. 이는 상대를 전략적으로 공격하기 위함이 아니라 그들이 처해있는 상황을 충분히 이해함으로써 서로가 긍정적으로 여길 수 있을 만한 대안을 모색하는 데에 사용하기 위한 상호존중적 합의안 도출의 기본적 자료로 이용될 것이다.

더불어 로베트로는 117~118면에서 시뮬레이션 기법에 대해서도 언급한 바 있다. 이때 심리학자인 게리 클라인(Gary Klein)의 견해와 연구내용을 인용한 바 있는데, 우리 인간은 중요한 결정을 내릴 때 그러한 결정으로 인해 발생하는 미래의 일을 순식간에 시뮬레이션해본다고 한다. 의사결정 참여자들에게 시뮬레이션을 통해 미래에 일어날 일을 예측하도록 하고 그 결과에 대해 의견을 교환하도록 함으로써 건설적인 논쟁을 유도하는 한편 의사결정과정의 질을 높일 수 있다는 점에서 본 기법이 가지는 가치를 높이 평가하고 있다. 그리고 이러한 시뮬레이션 결과에 맞추어 효과적인 대응 전략을 마련할 수도 있다. 게리 클라인은 시뮬레이션 기법을 상황에 맞추어 변형시킨 방법으로 프리모텀(Pre-mortem)이라는 기술을 제안한 바 있다. 우선 의사결정 참여자들 모두 어떤 결정으로 인해 발생할 수 있는 완전한 실패를 상상하고 자신이 상상한 바를 다른 사람들과 공유한 후, 완전한 실패에 이르게 되는 여러 가지 경로를 예측함으로써 성공적인 의사결정이 이루어지기 위한 활로를 모색하는 것이다. 로베르토가 설명한 이와 같은 방법을 합의도출을 위한 의사결정방법에 이용한다면, 우리는 갈등의 상대방과 의사불일치로 인하여 발생할 수 있는 대립이 극한에 이르지 않도록 만반의 준비를 할 여유를 갖게 된다. 이는 롤 플레잉 기법이 아울러 적용될 때에 한하여 더욱 큰 효과를 창출해낼 수 있다고 판단되는데, 궁극적으로는 상대방이 상정한 목적과 수단 그리고 개인적 심리상태를 고려하여 최적의 결론을 내릴 수 있도록 하는 데에 좋은 도움이 될 것으로 보인다.

세 번째로 설명해야 할 부분은 개념 모델의 활용으로서 로베르토는 119~

121면을 통해 이에 대한 설명을 한 바 있다. 의사 결정권자들 중에는 의사결정 참여자들로 하여금 다양한 개념 모델을 통해 문제를 인식하도록 유도함으로써 의사결정과정에서 다양한 견해를 이끌어내는 이들이 있다고 한다. 서로 다른 개념 모델을 활용함으로써 의사결정 참여자들은 각기 다른 관점에서 상황을 인식하게 되고, 결국 그만큼 다양한 견해가 표출된다는 것이다. 따라서 의사결정과정에서 이 같은 방식을 활용하는 이들은 의사결정 참여자들로 하여금 특정 모델을 통해 상황을 인식하도록 유도하되 특정 모델 내에서는 문제 해결을 추구하는 방식에 제한을 두지 말아야 한다고 제안하였지만, 어떤 환경에서는 이렇게 개념 모델을 활용함으로써 의사결정 참여자들의 사고 범위를 제한하는 편이 더 효율적이기도 하다고 언급함으로써 기법의 융통적 사용을 주장하기도 하였다. 종국적으로 이러한 방식은 의사결정 참여자들이 갈피를 잡지 못하고 가치 있는 의견을 내지 못할 경우, 개념 모델을 제시함으로써 빠르고도 효과적으로 건설적인 논쟁을 유도할 수 있다는 점에서 효과적으로 사용되는 기법이라고 설명한 바 있다. 갈등을 해결하기 위한 합의도출을 함에 있어 중요한 것은 다양한 대안을 제시하여 문제해결의 가능성들을 탐색하는 일이라고 하겠다. 그러나 문제가 복잡해지면 이를 풀어내기 위한 방법을 창안하기 힘들어지는 데, 이와 같은 경우가 지속된다면 상대방이 요구하는 바가 무엇인지에 대해 선행적으로 예측하기 힘들어질 뿐만 아니라, 경우에 따라선 자신의 의견을 일방적으로 개진하게 되는 우를 범할 수 있게 된다고 사료된다. 따라서 로베르토 교수가 제안한 이 방법은 합의에 이르기 위한 유의미한 사고를 할 수 있도록 유도해준다는 점에서 볼 때 매우 유용한 것이라고 판단된다.

네 번째는 반대 의견의 구조적 유도로서 121~122면에서 설시된 유형이다. 의사결정 조직을 두 개의 하부 조직으로 나누어 상대편이 도출해낸 결론의 약점을 지적하도록 하고, 악마의 변호사를 활용하여 소수 반대 의견에 힘을 실어주는 방식이 활용된다고 한다. 보다 효과적인 설명을 위하여 로베르토는 변증법과 악마의 변호사를 부연 설명한 바 있다. 우선 변증법은 (i) 의사 결정조직을 두 개의 하부그룹으로 나눈다, (ii) 첫 번째 하부그룹에서 먼저 특정 문제에 대한 해결책을 찾는다, (iii) 첫 번째 하부 그룹에서 두 번째 하부그룹에 대해 해결책과 해당 해결책을 뒷받침하는 자료를 제시한다, (iv) 두 번째 하부 그룹에서 해당 해결책을 검토한 후 결점을 보완하여 새로운 해결책을 제안한다, (v) 두 개의 하부그룹들이 모여 각 해결책의 기반이 된 여러 가지 전제 조건들에 대해 의견을 나누며 전제 조건들을 좀 더 논리적으로 조정한다, (vi) 합의된 전제 조건들을 기반으로 전체 의사결정 참여자들 간의 논의를 통해 최종 해결책을 이끌어낸다는 여섯 가지의 절차를 통해 구체적으로 발현된다. 그리고 악마의 변호사도 변증법과 마찬가지로 (i) 의사결정 조직을 두 개의 하부 그룹으로 나눈다, (ii) 첫 번째 하부그룹에서 먼저 특정 문제에 대한 해결책을 찾는다, (iii) 첫 번째 하부그룹에서 두 번째 하부그룹에 대해 해결책과 해당 해결책을 뒷받침하는 자료를 제시한다, (iv) 두 번째 하부그룹에서 해당 해결책을 검토한 후 철저히 결점을 찾아내어 비판한다. 그리고 첫 번째 하부그룹에서는 그러한 비판을 참고하여 기존의 해결책을 수정 보완한다, (v) 두 개의 하부그룹이 해결책의 기반이 된 여러 가지 전제 조건들에 대한 합의를 이룰 때까지 제안 · 비판 · 검토 등으로 이어지는 일련의 과정을 되풀이한다, (vi) 합의된 전제 조건들을 기반으로 전체 의사결정 참여자들 간의 논의를 통해 최종 해결책을 이끌어낸다는 여섯 가지의 절차를 거쳐 그 기능이 활성화된다고 하였다. 이처럼 로베르토 교수가 제시한 변증법과 악마의 변호사는 자신이 주장하고자 하는 바에 치명적인 결함이 있는지 여부를 자가검토할 수 있도록 유도하는 역할을 수행한다는 점에서 볼 때, 합리적인 합의안을 도출하기 위한 도구로 사용될 수 있다. 특히 자신이 일방적으로 자기중심적 견해만을 주장하지 않도록 자기검열을 하게끔 만든다는 점도 이 방법이 가지고 있는 훌륭한 점이라고 사료된다.

로베르토 교수가 위에서 제시한 방법은 주로 기업에서 의사결정을 함에 있어 사용되는 것인데, 필자가 이를 합의도출법과 관련지어 설명하는 이유는 기업인들의 의사도출법만큼 정교한 기술도 없다고 생각했기 때문이다. 상행위를 통해 이윤을 추구하더라도 상도의(商道義) 역시 지켜져야 한다는 사고는 갈등상황에서 자신의 이익을 추구하되 상대방에게 불측의 피해를 주지 않기 위한 도의적 사고와 일맥상통하는 경향이 있다고 판단된다. 무조건적으로 자기를 중심으로 한 이해득실 여부를 따짐과 동시에 상대방의 입장을 생각하는 행위는 감정흡입력과 감정전달력에 기초한 감정해석력이 신념과 이성이라는 요소와 적절히 융합되어 사회적으로 바람직하다고 여겨지는 문화적 조류에 부합되는 것이다. 그럼에도 불구하고 현실세계에서는 이와 같은 기능이 적절히 수행되고 있지 않다는 징후가 포착되고 있어 이러한 덕목들이 제대로 준수되기 위한 환경을 만들어야 한다는 논의가 이어지고 있다.

Ⅳ. 갈등의 종결을 위한 국가개입을 둘러싼 문제

이와 관련하여 갈등과 분쟁의 공화국으로 전락하고 있는 요즘, 한국의 많은 지식인들은 합의의 과정과 이를 관리하기 위한 갈등관리기본법에 대하여 지대한 관심을 보이고 있다. 본 법률에 대한 제정논의는 사회 각 분야에서 발생하는 이익대립이 언쟁의 수준에서 발생하는 것이 아니라 유혈사태의 수준으로 확산됨에 따라 발생가능한 잠재적인 '사회적 정의의 파괴현상'에 대한 우려의 목소리가 지속적으로 표출되고 있는 상황 속에서 활발하게 이루어진 바 있다. 그리하여 2003년에 법률안을 마련되고, 2005년에 국회에 발의되었으나 현안문제에 밀려 제대로 심의가 이루어지지 못하고 자동적으로 폐기되었는데, 이처럼 기본법의 제정이 어려워진 상황 속에서 노무현 정부는 공공기관의 갈등 예방과 해결에 관한 규정(대통령령 제23966호)과 시행규칙(총리령 제892호)을 마련하였으나 그 기능을 완벽하게 활용하고 있다고 말하긴 어렵다. 총 29개조와 부칙 6개조로 구성된 대통령령은 기본적으로 민간자율규제의 원칙을 고수하고 있는 것으로 판단된다. 제2장에 규정된 갈등 예방 및 해결의 원칙을 보면, 제5조(자율해결과 신뢰확보), 제6조(참여와 절차적 정의), 제7조(이익의 비교형량), 제8조(정보공개 및 공유), 제9조(지속가능한 발전의 고려)로 구성되어 있음을 감안한다면 충분히 미루어 짐작할 수 있다.

자율과 참여를 강조했다는 점에서 갈등과 분쟁의 민주적 해결을 도모하기 위한 시도라고 판단되지만, 해결의 절차에 대한 규정이 미비하다는 한계가 나타나고 있다. 뿐만 아니라 국가가 직접 나서서 갈등을 해결하려고 하는 태도에 대해서도 비판적인 견해들이 제시되기도 하였다. 필자는 다양한 반론들 중 대표적인 예를 다음과 같이 꼽았다. 2011년 9월 22일자 서울신문 사설에서는 "사실 국책사업은 추진할 때마다 지역·계층 간 갈등이 반복돼 왔다. 이 때문에 참여정부 때인 2003년 갈등관리기본법 제정을 제안해 2005년 국회에 제출되었으나 통과되지 못했다. 그런 점에서 만시지탄이다. 다만 지금까지 관련 법이 없어서 갈등을 풀지 못한 것도 아니고 법만 제정되면 갈등이 절로 풀리는 것도 아니라는 점이다. 참여정부는 입법이 좌절되자 2007년 2월 '공공기관의 갈등예방과 해결에 관한 규정'을 대통령령으로 만들어 갈등 관리에 나섰지만 여의치 않았고, 이명박 정부에 들어서도 지난 3월 갈등 관리업무 추진 지침을 각 부처에 내려보냈지만 국책사업을 둘러싼 현장의 이해 관계자들에게는 이런 지침이 먹혀들지 않았다. 국제과학 비즈니스벨트 입지 선정을 비롯해 동남권 신공항 공약 철회, 한국토지주택공사(LH) 본사 이전 결정 등이 어려움을 겪은 대표적 사례들이다. 물론 관련 법 제정도 필요하다고 본다. 하지만 국책사업의 갈등조정을 위한 발상의 전환이 먼저다. 지금까지는 대형공공사업의 경우 공청회나 주민설명회 등 여론수렴 과정이 있었지만 정부의 사업계획이 확정된 뒤여서 요식행위에 불과했다. 따라서 투명한 정보공개, 철저한 중립성 유지 외에 현장과의 소통에 우선순위를 둬야 한다. 그래야 국민적 공감대와 이해 관계자들의 만족도를 높일 수 있다. 그것이 체계적 갈등관리 시스템의 작동이다"라고 언급한 바 있다. 뿐만 아니라 2004년 4월 26일자 경향신문 사설에서도 "현실에선 갈등해결이 간단하지 않다. 엄밀히 말해 갈등이 시 사회에 해악만 끼치는 것은 결코 아니다. 갈등은 집단의 결속을 가능하게 하기도 한다. 또 적대적 성향들을 자유롭게 표출함으로써, 그렇지 않으면 쌓였다 폭발할 수도 있는 원초적 분열을 막는 완충 역할도 갈등의 순기능이다. 갈등 중재의 선구자 다니엘 대너는 사람으로 태어난 이상 어차피 필연적인 인간관계를 맺으며 살아가야 하고, 그로 인해 맞는 갈등들은 너와 나없는 숙명적 인생과정이 된다고 갈파했다. 대너는 갈등을 선택적으로 맞이할 수 없는 까닭에 우리 스스로 생각하는 방식을 배우고 재조정함으로써 갈등을 해결해 나가야 한다고 강조했다. 복잡하고 시시각각 변하는 사회의 위기유형을 법안으로 담아 내기는 여간 어려운 작업이 아니다. 갈등을 힘과 권위로 풀어 가려한다면 시대착오적 발상이라 아니할 수 없다. 갈등이 불거질 때 상대방을 궤멸시킨다고 결코 해결되는 것은 아니다. 우리 모두는 아군과 적군의 관계가 아니라, 서로 함께 어우러져 협력해야만 할 삶의 동지이기 때문이다. (중략) 우리 사회 갈등을 푸는 최선책은 갈등관리 기본법의 제정이라는 갈등 통제전략이 아니라 정치개혁을 다시 추슬러 국민적 통합 정치를 이루어가는 것이지 않겠는가"와 같이 비슷한 논조의 견해가 제시되기도 하였다.

물론 위와 같이 갈등과 분쟁을 해결하는 가장 이상적인 방법은 시민사회의 역량을 강화시켜 결자해지를 할 수 있도록 유도하는 것이다. 이 점에 대해선 필자 역시 동의하는 바이다. 그러나 문제는 그와 같은 역량이 제대로 발휘되기 힘들게 만드는 사회적 분위기이다. 주지하다시피 사회는 셀 수 없이 많은 이익집단이 존재하고 있고 그들이 추구하는 사회정의 역시 각양각색이라는 사실을 유념해야 한다. 더불어 이타주의 성향보다는 자신의 권리가 향유될 수 있어야만 한다는 이기주의적인 세태가 만연함에 따라 문제를 풀어내기보다는 오히려 복잡하게 만들 위험성이 존재한다는 점 또한 고려해야 한다고 사료된다. 더욱이 강한 협상력을 가지고 있는 개인 혹은 집단을 중심으로 하여 정의가 불합리하게 재편되는 상황이 발생할 수 있는 가능성을 감안할 때 모든 문제를 오로지 민간자율규제에만 맡길 수는 없다고 판단되므로 국법에 의한 지원이 일정부분 수반될 필요성이 있다고 여겨진다. 물론 대부분의 갈등당사자들은 자신들만의 방식으로 분쟁을 해결하고자 하는 욕구로 인하여 제3자가 개입하는 것에 대해 불만족스러움을 느낄 뿐만 아니라, 제3자가 당사자들의 속내를 제대로 파악하지 못한 채 관계자 일방 혹은 쌍방이 만족함을 느낄 수 없는 대안을 제시하게 되었을 때에는 더욱 심각한 수준의 반감을 느끼게 된다는 반론에 대해 귀를 기울일 필요도 있을 것이다. 그럼에도 불구하고 국가의 지원이 이루어져야함을 언급하는 이유는 합의를 이끌어내기 위한 물적 그리고 정보적 차원의 지원과 도출된 합의가 적절히 준수되도록 감시하는 절차형성상의 도움이 요청되기 때문이다. 실제로 개인과 개인, 개인과 집단, 집단과 집단 사이에는 의사를 관철하고 실현시키는 데에 있어 각자 상이한 역량을 가지고 있다. 협상학에서 언급하는 '협상력의 차이'와도 같다고 할 것이다. 당사자들이 자발적으로 협상력의 균등함을 유지하기 위하여 양보하는 태도를 보이지 않는다면, 합의는 정의를 도출하기 위한 과정이라기보다 권력행사를 관철시키는 과정으로 여겨질 가능성이 농후하다. 이와 같은 폐단을 일축시키기 위해선 국가에게도 일정부분 분쟁해결을 위한 역할분담을 맡김으로써 '교정적 정의'와 '배분적 정의'가 적절히 이루어질 수 있도록 하는 것이 보다 합리적이라고 판단된다. 이런 차원에서 볼 때, 갈등관리기본법과 같은 헌법적 성격의 법률이 존재하는 편이 막강한 사회적 지위를 보유하는 사인이 행하는 민간권력(民間權力)의 전횡을 막는 적절한 방법이라고 사료된다.

이와 같은 연유로 가장 필요한 것은 국가와 사회의 갈등에 대한 공동관리체제를 구축하는 일이다. 분쟁을 해결하기 위한 핵심적인 주체는 사회이고, 이들이 그 능력을 제대로 발휘할 수 있도록 환경을 조성해주는 몫은 국가가 져야만 한다. 예를 들면 갈등을 해결하기 위한 민간주체가 해당문제를 풀어내기 위하여 국가에 대해 정보공개청구를 할 수 있도록 하는 것이다. 알권리(right to know)를 실현한다는 차원에서 본 권리가 법제도적으로 인정되고 있기는 하지만, 일반적인 사회문제와 달리 공공성을 띤 문제는 시간이 지체될 경우 상대적으로 원활하게 해결하기 어려워진다는 점을 고려할 때, 정보공개절차의 간소화를 예외적으로 인정하는 태도가 요청된다. 만약 국가가 문제해결의 핵심주체로 나서게 된다면, 갈등풀이는 '승'과 '패'의 문제로 귀결될 것이다. 정부는 최대한 신속하게 사회적 안정성이라는 거대한 목표를 달성해야만 하는 공적 주체에 해당하기에 문제를 확실하게 매듭짓고자 하는 성향이 강하고, 이에 따라서 장기전(長期戰)이라기보다는 단기전(短期戰)이라는 시각으로 상황을 파악하는 태도를 취하기 때문에 자연스레 갈등해결에 있어 승패를 나누는 식의 방안을 채택하게 되는 것이다. 실제로 시간이 지나칠 정도로 오래 소요될 경우, 갈등은 고착화되는 경향이 있기 때문에 한정된 기한 안에 위의 문제를 제대로 해결하지 못하게 될 경우엔 고착화된 갈등이 뿌리 깊은 갈등으로 전환되어 사회를 분열시키는 요인으로 작용할 개연성이 있다. 이러한 점을 감안한다면, 정부의 입장에서는 당연히 신속한 시간 안에 분쟁을 종료시키기 위한 방안을 고려할 수밖에 없는 것이다. 그러나 정부가 합리적인 이유를 들어 갈등의 당사자들 중 한 사람에게 유리한 결정을 신속하게 내리게 될 경우, 불리한 입장에 놓인 다른 일방은 감정적인 분노감을 느끼게 된다. 설령 정부가 객관적인 견지에서 정의에 부합하는 결정을 내린다고 할지라도 손해를 보는 당사자는 그러한 결정이 타당함을 인식하면서도 받아들일 수 없는 견해라고 여기는 경향이 강하다. 설상가상으로 '막강한 공권력을 보유한 국가가 다른 한쪽 당사자를 일방적으로 지지한 것이다'라는 식으로 오해를 하게 될 개연성이 있음을 감안해야만 한다. 이러한 오해가 적기에 해소되지 않는다면, 제2차적 분쟁이 일어날 수 있는 소지를 제공하는 셈이 된다. 아무리 절차가 공정하다고 할지라도, 개입주체가 누군가에 따라서 절차의 공정성이 준수되었는지의 여부가 논쟁의 대상이 될 수도 혹은 그렇지 않을 수도 있다.

Ⅴ. 합의의 장에서 벌어지는 적대적 태도의 표출

그러므로 우리는 자칫 난투극으로 변질될 가능성이 있는 대화의 장에서 국가가 어떤 식으로 역할조정을 해야 할 것인지에 대해서 논의하는 것도 중요하지만, 그와 더불어 이 장(場)에서 당사자들이 어떠한 심리를 가지고 발언을 하는지에 대해서도 생각해볼 필요가 있다. 자신이 추구하고자 하는 목적과 이를 달성하기 위한 수단이 사람들의 수만큼 각양각색이기 때문에 사람들이 자행하는 오류들은 일일이 열거할 수 없을 정도로 많은 편이다. 본인이 알고 있는 부분과 모르고 있는 부분들이 무엇인지를 정확히 인식하여 사실관계를 명확히 하고, 그러한 사실관계에 기반을 둔 가치판단의 공유를 통해 최적의 결정을 내리는 것이 합의의 본질임에도 불구하고 실상은 이에서 어긋난 형태의 다툼이 일어나곤 한다. 이는 감정전달력에만 역점을 둔 개인의 생활태도 및 목적달성을 위한 절박한 심정에 기초를 두었기 때문이라고 판단된다. 그렇지만 감정흡입력이 배제된 감정해석력과 이에 기초를 둔 신념과 이성의 피드백은 그 자체로 불완전할 수밖에 없으며, 이러한 불완전성은 결국 합의절차의 붕괴를 가져오는 상황을 초래하고 만다. 통상적으로 합의의 장에 임하는 사람들은 자신의 견해가 객관적으로 타당하지 못하다고 할지라도 본인을 지원해줄 수 있는 전문가의 힘을 입어 상대방을 강력하게 공격할 수 있어야 한다고 생각하는 경우가 많고, 급기야 상대방의 입장을 고려하여야 한다는 기본적인 준칙을 삼가야 할 주의사항으로 전락시킨다.[47] 한규석 교수는 『사회심리학의 이해』

47) 합의의 장에 발을 딛게 된 이들은 대체적으로 오랜 시간 동안 이루어진 갈등으로 말미암아 심각한 수준의 스트레스성 질환을 앓는 경우가 많다. 그러다보니 자연스럽게 주어진 규칙에 맞추어 합리적인 결정을 이끌어내는 데에 열정을 쏟기보다는 보다 빠르고 비합리적인 방법에 대해 더욱 호감을 갖는 태도를 보인다. 합의과정의 진행을 방해하는 요인 중 하나는 스트레스일 것이다. 스트레스의 발생요인과 그 효과에 대해 연구한 오세진 외 11인의 교수는 그들의 저서인 『인간행동과 심리학』(학지사, 2001) 399면과 412~413면에서 경쟁적인 사회에서 우리는 여러 번의 실패를 경험할 수밖에 없는데, 실패가 가장 큰 좌절감을 유발하는 이유는 우리가 어떤 식으로

(학지사, 2009) 401면에서 사람들이 갈등을 심화시키는 요인에 대하여 다음과 같이 설명하고 있다.

> 사람들은 갈등을 심화시키는 인지요소들을 지니고 있어 갈등을 실제보다 더 악화시키는 경우가 많다. 서로의 이해가 양립할 수 없다는 비양립성 오류, 자신의 의도를 상대가 잘 알고 있다는 투명성 과장 오류, 자신이 상대보다 객관적이고, 공평하며, 현실을 직시하고 있다는 소박한 현실론, 사회정체감에 의한 행동을 개인적 정체감에 의한 것으로 파악하는 사회적 자아중심성 등이 그러한 인지요소들이다. 뿐만 아니라 갈등상황에선 현안 해결을 위하여 투입된 노력이 커진 경우에 이를 헛된 것으로 만들지 않으려는 침몰비용효과가 나타나 종종 현안의 해결을 더 어렵게 만든다.

이처럼 합의의 장에 들어서는 이들이 비이성적으로 행동하는 까닭은 자신이 추구하고자 하는 목적이 좌절될 수 있다는 두려움과 그로 인해 발생하는 고농축 스트레스 때문일 것이다. 이와 같은 상황에서 Win-Lose 형 합의가 아니라 Win-Win 형 합의가 이루어질 수 있도록 하는 환경개선과 그러한 개선에 대한 당사자들의 믿음체계가 형성되어야 한다. 다시 말해서 일견 양립할 수 없는 것으로 보이는 갈등이라고 할지라도 중재 내지는 조

든 그 실패에 책임을 져야만 하기 때문이라고 한다. 더불어 '이 방법 대신 다른 방법을 사용했더라면, 이러한 결과는 나타나지 않았을 텐데!'라는 생각은 현실적인 것이든 비현실적인 것이든 좌절을 가중시키는 요인이라고 설명하였다. 그리고 더 나아가 이와 같은 스트레스는 자연스럽게 인지적인 차원의 문제를 일으킨다고 언급하면서 "사람들은 스트레스에 대해서 정서적 반응을 보일 뿐만 아니라 심각한 스트레스 요인에 직면했을 때 상당한 인지적 손상을 보이기도 한다. 이들은 주의를 집중하기가 힘들고 자신들의 생각을 논리적으로 조직화하기 어렵다는 사실을 깨닫게 된다. 이들은 쉽게 주의가 산만해진다. 결과적으로 이들의 과제 수행은 특히 복잡한 과제의 경우 현저히 저하된다. 이와 같은 인지적 손상은 두 가지 원인에서 생겨난다. 높은 수준의 정서적 각성은 정보 처리를 방해할 수 있다. 따라서 스트레스에 뒤이어서 우리가 불안해하거나 화를 내거나 우울해 하면 할수록 인지적 손상을 경험할 가능성은 커진다. 인지적 손상은 우리가 스트레스 요인에 직면했을 때 겪게 되는 사고의 주의산만으로 인해서 나타날 수 있다. 우리는 가능한 행동원을 찬찬히 살피고, 자신의 행위 결과에 근심하기도 하고 그 상황을 보다 잘 처리할 수 없었다는 사실에 대해 자책하기도 한다"라고 서술하였다.

정이 불가능한 것이라는 식으로 단순하게 생각해서는 안 된다는 것이다. A의 권리를 지키기 위해선 B가 희생되어야 한다는 식의 논리구성은 지극히 시대착오적이다. 누군가가 타인의 생명과 신체 및 재산 그리고 명예 등 유형적·무형적 성격의 권리를 해할 우려가 있을 경우, 그리고 그것이 사회통념상 인정되기 어려운 수준의 갈등은 분쟁이 아니라 그 자체로 범죄에 해당한다. 범죄와 같은 초갈등적 수준의 문제를 제외하고 일반적으로 우리가 생각하는 갈등은 사회적 그리고 법적 정의에 부합하는 둘 이상의 권리들이 충돌할 때에 발생하는 것으로, 이 중 어떠한 권리가 정의의 원칙에 부합함에도 불구하고 합리적 이유를 제시하지 않은 채 형식적인 근거에 기초하여 제대로 된 숙고의 과정을 거치지 않은 갈등당사자들의 행동은 상호존중이란 준칙에 위반된, 이른바 주관적 시각에 매몰된 권리의식의 발로라고 할 수 있겠다. 뿐만 아니라 타인의 주관적 공권을 제한하거나 침해하는 행위를 해서는 안 된다는 '객관적 가치질서'라는 권리의 속성과도 부합하지 않는다. 그리고 민간의 중재(조정)자에 의하여 해결하려고 했음에도 위와 같은 결과를 초래했다면, 이는 중재(조정)이 가지는 목적에 배치되는 것이라고 보아야 한다. 물론 절대적인 산술치에 따라 완벽한 공평성을 기할 수는 없다. 특히 사회적 가치는 산술적이라기보다는 정서적이고 감정적인 차원에서 받아들여지는 것임을 염두에 두어야 한다. 그러므로 갈등의 당사자들은 합의를 도출하는 과정에서 누군가의 권리에 대한 보호공백을 만드는 것이 아니라 상생할 수 있는 대안을 건설적으로 논의할 필요가 있다.

주지하다시피 갈등과 합의는 상호의존적이다. 한쪽의 의사와 다른 쪽의 의사가 합치하여 형성되는 자율적 계약(自律的 契約)에 해당함을 의미하는 것으로, 타방이 받아들이지 않으면 결국은 갈등의 해결이 미궁으로 빠져들고 만다. 설령 우격다짐으로 밀어붙여 특정한 이익을 쟁취하여도, 이를 위해 들인 비용과 노력을 고려한다면 도리어 손해를 본 것이나 다르지 않을 것이다. 그리고 여기엔 비용문제를 고려한 금전적 측면 이외에 정신적 스트레스라는 요소도 포함되어 있다. 뿐만 아니라 패배를 맛본 다른 일방은 자신이 불공정하게 생각한 합의절차로 인하여 입은 손해를 전보하기 위하여 자력구제 혹은 소송을 하려고 할 것이다. 누군가와의 갈등을 풀어내기 위해선 그만큼 이기고 지는 문제에 연연해선 안 된다. 이러한 필자의 생각을 보다 적절히 이해하기 위하여 표창원 교수가 2012년에 저술한 『숨겨진 심리학』(토네이도) 165~166면을 살펴볼 필요가 있다. 그는 '협상'에 초점을 맞추어 자신의 견해를 개진한 바 있는데, 이는 합의를 도출하기 위한 갈등상황에서도 적용될 수 있는 부분이라고 사료된다. 표창원 교수는 설득이란 상대강과 나 사이에 이견이 있거나 서로 같은 것을 얻고자 할 때 생기는 갈등상황을 조정해 나가는 과정이라고 설명하면서 협상을 통해 서로 만족할 만한 수준에서 나눠 갖기 위해선 상대방의 입장을 고려할 줄 아는 아량과 적절한 대안을 제시할 줄 아는 지혜가 필요하다고 언급하였다. 특히 진정한 설득, 이기는 협상이란 무조건 상대방을 꺾고 우위를 점하는 것이 아니라 서로가 만족할 만한 결과를 얻는 것이라고 하였는데, 이는 일방적 이익이 아니라 호혜적 이익이 곧 승리를 의미하는 것이라는 사고에 기초한 것이라고 생각된다. 그리고 이러한 과정은 공정성이라는 요소가 담보되어야만 한다.

공정성에 기한 절차는 권리를 온전하게 향유하지 못하게 된 당사자에게 제2차 갈등을 초래하게 만드는 불만족스러움을 스스로 상쇄시키도록 만드는 동인으로서 궁극적으로는 자기 의사에 기한 자기구속력을 현실화시켜 갈등의 평화적 해결을 가능하게 한다. 이에 대하여 문용갑은 『갈등조정의 심리학』(학지사, 2012) 219면에서 "공정성(justice) 개념은 다양한 의미로 사용되기 때문에 간단히 정의하기 어렵다. 공정성 정의의 핵심 요소는, '규범적 기준(normative standard)'이 목적합리적 명령이 아니라 수단이나 조건을 내세우지 않고 무조건적으로 해야 하는 '정언적 명령(categorical imperative)'이라는 것이다"라고 설명하였다. 그가 생각하는 공정성은 다음과 같은 유형으로 세분화된다. 우선 226~230면에서는 평등을, 230면에서는 분배공정성을, 236~238면에서는 교환관계 공정성을, 241면에서는 평가공정성을, 마지막으로 246

면에서는 절차공정성에 대해 언급한 바 있다. 다음의 내용은 이를 간략하게 설명한 것이다.

〈표 6〉 문용갑의 공정성의 핵심요소

핵심요소	핵심요소에 담긴 내용
평등	평등은 항상 공정성의 핵심으로 거론되지만 그 의미는 다양한 편인데, 절대적 평등 · 상대적 평등 · 다원적 평등 · 기회평등 · 호혜평등 · 교환균형 원칙 · 비례원칙 · 의사결정절차의 평등 등이 있다. 이러한 종류의 평등을 고려할 때에 한하여 비균등한 결과가 발생하지 않음을 주장하고 있는 것이다.
분배공정성	두 번째는 분배공정성에 대한 것이다. 분배는 성과적 분배와 자생적 분배로 구분되는데, 전자는 정해진 기준에 따른 자원의 배분과 회수의 결과를 의미하는 것으로 구체적인 배분과 회수 기준의 공정성이 평가 대상이 되는 반면, 자생적 분배는 배분과 회수 이외에 사람, 개인적 · 사회적 · 역사적 환경, 법질서, 운명, 우연 등에 따른 모든 배분 과정을 의미한다고 설명하였다. 특히 성과적 분배가 불공정하다면, 당사자들은 그 결과가 부당하다고 생각하여 담당자가 불공정한 행위와 과실에 책임을 져야한다는 견해가 제시되기에 이르고, 더 나아가 불공정한 법질서에 의해 복지 · 건강 · 교육 등이 불평등할 때에는 해당 정책담당자를 비난하게 된다고 언급한 바 있다.
교환관계 공정성	세 번째는 교환관계의 공정성이다. 여기서 말하는 교환관계는 타인과 공동체 및 조직 그리고 행정기관과 결부되는 관계를 넘어 집단 간 · 정부기관 · 기업 · 협회 · 국가 간에서도 형성되는 관계를 의미한다. 이러한 성격의 관계는 상황에 따라 긍정적일 수도 있고 부정적일 수도 있는데, 전자의 목적을 달성하기 위해선 호혜성과 형평성이라는 조건을 충족시켜야만 한다고 설명하였다.
평가공정성	네 번째는 평가공정성에 대한 것이다. 문용갑은 “무엇이 공정한가?”라는 질문에 대해 실질적이고 ‘객관적인’ 답을 할 수 있다고 믿는 것은, 곧 개인의 주관적인 확신을 객관적인 진리로 관철시키는 것과 같으므로 공정성과 그 기준의 합의 및 의사결정절차에 대한 의문을 유발할 수 있다고 하였다.
절차공정성	절차공정성의 문제는 ‘절차에 대한 정당성’과 ‘담론윤리(discourse ethics)’ 등으로 정의되어 지속적으로 논의되고 있는 것으로 공정성에 대한 의견이 불일치할 경우 항상 결정절차에 대한 이의가 제기된다고 덧붙였다.

이상과 같이 문용갑은 자신의 저서에서 공정성을 판단하는 기준에 대해

자세한 설명을 하고 있다. 자칫 추상적인 개념으로만 이해될 수 있는 공정성 개념을 구체적으로 인식할 수 있게 해주었다는 점에서 그의 설명이 가지는 가치는 매우 크다고 생각한다. 이러한 공정성에 기초한 의사교환이 이루어질 때에 한하여 합의를 통해 도출한 결과도 그 가치가 부여된다고 할 것이다. 그리고 공정성에 기초한 합의형성은 상호존중이라는 원칙에 기반한 것이므로 갈등관계의 상대방을 반드시 이겨야만 한다는 식의 사고를 지양하도록 만드는 데에 큰 역할을 할 것이라고 기대된다. 따라서 갈등을 해결하는 것을 영합게임과 같이 '모 아니면 도'라는 식으로 생각하는 것은 결코 바람직하다고 볼 수 없다. 그러나 실제로는 합의를 민간적 차원의 권력쟁탈전이라고 생각한 나머지, 전투적으로 임하는 태도를 견지하는 경우가 많다. 전투적으로 임한다는 것은 감정을 필요이상으로 증폭시킴으로써 자신의 의사를 강력하게 표현하려는 자세를 의미한다.

마이클 A, 로베르토(Michael A. Roberto)는 『합의의 기술』(김원호 옮김, 럭스미디어, 2007) 152면에서 다음과 같이 올바른 방식의 질문에 대해 설명하였다. 우선 반발을 유도할 수 있는 질문의 예시로 "왜 그렇다는 것입니까?", "왜 그렇게 믿고 있는지 알고 싶습니다", "왜 그렇게 하지 않는 것입니까?", "왜 그 방법이 최선이라는 것입니까?", "만약에 그 주장이 틀렸다면 어떻게 하시겠습니까?"를 들고 있다. 이상과 같은 질문들은 갈등관계에 놓여있는 당사자들 중 일방이 자신이 원하는 질문에 대한 답을 듣고자 하는 심리가 강하게 작용하여 상대방의 감정을 상하게 할 수 있는 요인이 된다. 따라서 로베르토 교수는 이상과 같은 질문을 "꼭 그렇게 해야겠습니까?", "당신이 제 입장에 있어도 그렇게 하시겠습니까?", "다른 대안에 대해서도 고려해보는 게 어떻겠습니까?", "물론 그 방법이 최선이라고 판단하게 된 이유가 있을 거라고 생각합니다. 그 이유에 대해 들어볼 수 있겠습니까?"라는 식으로 질문의 방식을 변경시킬 필요가 있다고 주장하고 있다. 그리고 비슷한 사안으로, 안세영 교수는 『협상사례중심 —글로벌 협상전략』(박영사, 2008) 91면에서 피셔(Fisher)의 6대 감정통제방법에 대해 (ⅰ) 협상 중 감정이 생긴다는 것 자체를 백안시하지 마라. 협상자도 인간인 이상 감정이 생기는 것은 당연하다, (ii) 이때 자신의 감정뿐만 아니라 상대의 감정도 같이 관찰해라, (iii) 적절한 범위 내에서 적절한 방법으로 감정을 표현해라. 때론 이것이 협상자의 솔직함과 진지함을 알리는 계기가 될 수 있다, (iv) 상대방이 감정을 격하게 노출하면 실컷 다 표출하도록 내버려둬라, (v) 양자 간에 너무 감정이 격화되면 이를 냉각시키기 위한 공백기를 가져라, (vi) 협상 중 아무리 감정이 격해지더라도 상대방을 부드럽게 대해야 한다고 설명한 바 있다.

이와 같은 태도는 '감정흡입력'이 사실상 제로상태에 머무르고, 감정전달력만이 충만해짐에 따라 나타난다. 전달력은 자신의 의사를 표현하는 데에 있어선 긍정적인 효과를 거둘 수 있지만, 흡입력이 전제되지 않은 상태에선 공격적인 성향으로 변모하는 경우가 많다. 이에 따라 상대방의 입장에선 자신이 공격을 당하고 있는 생각을 가지기 쉽고 이에 맞추어 맞대응을 해야 한다는 마음을 가지기에 이르게 되며, 결과적으로는 감정충돌로 이어지기 마련이다. 그렇기 때문에 로베르토 교수와 안세영 교수는 합의를 함에 있어 감정통제력에 대해 힘주어 말한 것이라고 할 수 있겠다. 이처럼 감정을 어떻게 통제하는가에 따라 의사를 전달하는 방법이 달라지기 마련이다. 최근에는 사람들이 자신들의 견해를 관철시키기 위한 목적으로 집단을 형성하여 상대방을 향해 의사를 표현하고 있다. 그러나 집단적인 의사표현은 경우에 따라 상대에게 위협을 가하는 것으로 여겨질 가능성이 농후하기 때문에 매우 세심한 주의가 필요하다. 특히 의사전달과정에서 공격성이 노출될 경우 상대 역시 집단을 형성하여 맞대응하도록 만드는 계기를 만드는 결과를 초래할 수 있다는 점 또한 고려대상이 되어야 한다. 집단과 집단 사이의 충돌이 발생하여 사회적 문제로 비화될 수 있기 때문이다. 사회적 문제로 변화하게 될 경우, 지켜보는 사람들이 자연스레 많아짐에 따라 갈등의 주체들은 이에 편승하여 더욱 더 강한 어조로 상대방에게 위협을 가하려는 태도를 보이는 경우가 많다. 특히 많은 사람들이 보고 있는 장소에서 조금이라도 양보를 하는 태도를 보이는 것은 곧 나약한 집단으로 평가받을 소지를 만드는 행위와 직결된다는 식으로 오해함에 따라 더욱 호전적인 자세를 보이고자 하는 경우도 나타난다. 물론 대한민국 헌법 제21조의 규정에 따라 단체를 결성하여 다른 집단을 향해 자신들의 의사를 표명하는 행위는 헌법 제21조의 기본권에 의하여 보호받을만한 행위에 해당한다. 그러나 무력시위의 건너편에 서 있는 집단 역시 자기보호본능에 기초하여 동일한 기본권을 향유하고 또한 이를 주장하고 있다. 이처럼 기본권의 충돌을 해결하기 위해선 법익을 조정하는 과정을 거치는데, 무력이라는 수단을 사용한 측은 일반적으로 보호받지 못한다. 목적을 달성하기 위한 수단으로서의 무력을 피해의 최소성이라는 조건을 충족시키지 못할 뿐만 아니라, 설령 무력만이 유일한 방법이었다고 할지라도 물리적 힘의 논리는 법치주의의 원칙에 의하여 정당화될 수 없다. 그러므로 제 아무리 다수의 세력이 가지는 위압감 혹은 개인의 폭력적 성향을 이용하여 자신의 권리를 보전한다고 할지라도 결코 바람직한 것으로 승인될 수 없다.

그리고 갈등관계에 놓여있는 당사자들은 결과를 중요시하는 경향이 있다. 특히 갈등으로 인하여 합의의 장이라는 길목에 들어서는 순간부터 '결과내기'라는 강박관념에 사로잡히게 되는데, 이는 실적중심적(實積中心的)인 사회분위기가 만들어낸 부작용이라고 할 수 있겠다. 더군다나 자신이 이익단체 혹은 집단의 대표로서 이익형량의 장소에 온 것이라면, 이러한 증상이 갖는 심각성은 점증되기에 이른다. 이러한 지위가 주는 무게감은 매우 클 수밖에 없다. 여기서 말하는 무게감을 달리 표현하자면 책임감이라고 할 수 있는데, 이는 곧 자신이 하고 있는 일의 성패로 인하여 향유하거나 부담하게 될 이익 혹은 문책에 대한 감정상태를 의미한다. 대부분의 사람들은 중요한 문제를 해결함에 있어서 대체로 이 일이 잘못될 때에 발생할 수 있는 경우의 수들을 염두에 두고 임하는 경우가 많다. 물론 경우의 수를 생각하는 것도 좋지만, 대체로 부정적인 결과를 맞이하게 될 때를 지나치게 염두에 둔 나머지 탄력적인 사고를 하지 못하게 된다. 본인이 어떻게 처신하는가에 따라 소속집단의 손익(損益)이 결정되고, 이에 따라 전쟁에서 패배위기에 몰린 장수처럼 결사항전의 자세를 견지하게 되는 것이다. 그러나 어떻게 해서든지 긍정적인 상황을 만들어야 한다는 일념을 가지고 지나치게 신경을 쓰다보면, 주어진 일을 그르치는 경우가 다반사이다. 다시 말해서 합의가 이루어지고 있는 전체의 상황을 일목요연하게 파악할 수 있는 인지능력의 저하를 가져올 수 있기 때문이다. 흔히들 무거운 책임감으로 인하여 부담을 느낀 나머지 단기(短期)에 문제를 해결해야 한다는 강박증을 앓는 이들은 자신이 전달해야 하는 말에만 촉각을 곤두세울 뿐, 상대방이 어떠한 견해를 피력하고 있는지를 객관적으로 고찰할 수 있는 심리적 여지를 상실하기도 한다. 이는 합의의 장에 참여한 경험이 많은 사람이라고 할지라도 마찬가지이다. 반면 합의의 장 밖에서 의사교환이 이루어지는 것을 객관적으로 보는 사람들은 '저 사람이 어째서 저런 식으로 합의를 하는 것인가?'라는 생각을 떠올리며 의아하게 생각하는 경향이 있다. 물론 합의장에 있는 사람도 어떻게 대화를 이끌어가야 하는지에 대해선 잘 알고 있다. 그러나 대화는 상대방의 반응을 요하는 상호의존적인 것이기 때문에 자신이 당초에 의도했던 대로 흘러갈 수만은 없다. 또한 사회적 분위기와 같은 합의 외적인 요소도 일정부분 작용했을 가능성도 존재한다. 따라서 합의를 통해 '무조건 결론을 내야만 한다'는 식의 사고는 진정한 의미의 합의를 도출하는 데에 있어 도리어 역효과를 초래할 개연성이 있다고 사료된다.

또한 실익을 획득하지 못하는 한이 있더라도 자신에게 협상권한을 위임한 이들에게 면목 없어지는 상황을 모면하기 위하여 그럴듯한 결과라도 가져가려는 경향을 보임에 따라 불합리한 협상이라도 일견 보기 좋아 보이는 결과만을 찾기 위하여 노력한 대가로 실질적인 득을 상대방에게 헌납하는 우(愚)를 범하게 되는 것이다. 이는 궁극적으로 손해를 입은 집단이 권리를 회복한다는 명분을 내세워 제2차 협상을 해야 한다는 제안을 하게 만드는 동인이 되는데, 이러한 협상이 재조정되기 위한 자리가 다시 마련되는 경우는 드물다. 합의는 쌍방의 의사합치의 결과로 형성되는 자기구속적(自己拘束的) 계약에 해당하기 때문이다. 물론 상대방이 적극적으로 사술(詐術)을 사용한 경우라면 예외적으로 허용되지만, 자신들이 선정한 대표가 부주의하여 얻지 못한 이익을 되찾는다는 목적의 재합의는 불가능하다. 안세영 교수는 이를 Poor Deal이라고 부른다. 안세영 교수는 『협상사례중심 –글로벌 협상전략』(박영사, 2008) 42면에서 BATNA의 역할을 설명하면서 Poor Deal에 대해 "협상성과에 가장 나쁜 영향을 미치는 것은 '이번에 꼭 협상을 성사시켜야 한다'는 강박관념이다. 이렇게 되면 협상자는 합의에 도달하기 위해 많은 양보를 하는 Poor Deal을 하게 된다. 이 같은 Poor Deal은 차라리 협상 자체를 결렬시키는 No Deal만 못하다. 만약 BATNA가 있으면 이 같은 Poor Deal을 피할 수 있다. 협상자는 BATNA가 가져다주는 협상성과와 진행중인 협상에서 얻을 것으로 기대되는 성과를 비교하여(그림: 협상의 기대성과와 BATNA, 본 인용문에선 그림을 생략함) 협상의 기대성과가 BATNA보다 크면 협상을 타결하고, 기대성과가 BATNA보다 작으면 협상을 결렬(No Deal)하고 BATNA를 선택하는 것이 낫다"와 같이 언급한 바 있다. 따라서 합의안을 형성해야 한다는 이유로 어떠한 결과든 무조건 도출해내야만 한다는 태도를 견지하는 것은 바람직하다고 할 수 없다.

불완전하게 해결된 갈등은 언제나 또 다른 갈등을 초래하는 주원인이 된다. 더욱이 권리의식이 그 어느 때보다 강해지고 있는 상황 속에선 갈등해결에 있어 보다 신중한 자세가 필요하다. 물론 자신의 이익을 지나치게 생각하는 자세 또한 지양해야 함은 당연하다. 다시 말해서 감정흡입력과 감정전달력에 기초한 감정, 신념, 이성의 피드백을 통하여 상대방과 공존을 모색하는 자세가 요구된다는 의미이다. 자신과 자신의 소속집단이 추구하는 본질적 이익이 무엇인지, 그러한 이익이 어느 수준으로 획득되어 있는지, 분쟁이 발생한 원인이 무엇인지, 이를 해결하기 위해선 무엇이 필요한지에 대해 정확하게 이해하고 더불어 상대방이 원하는 바에 대해서도 위의 사항을 역으로 적용시킬 수도 있어야 할 것이다. 이때 자신과 소속집단을 중심으로 이루어지는 검토는 감정전달력에 기초한 것이고 상대방을 중심으로 한 것은 감정흡입력에 기초한 것이라 하겠다. 그리고 신념합치성과 이성합치성에 부합하는지의 여부를 검토한 뒤 사회통념에 기초한 일반이성에 위배되는지를 확인하는 절차가 요청되는데, 이를 통해 자신의 의사와 타인의 의사에 기초하여 형성된 합의안이 가지는 타당성을 검증할 수 있기 때문이다. 이상의 과정을 통하여 당사자들은 결과만을 지향하는 합의를 찾는 오류를 범할 가능성을 상당 폭으로 줄일 수 있게 된다고 할 것이다.

Ⅵ. 합의의 장 속의 영합게임으로부터의 탈피

그렇기 때문에 과정지향적인 합의를 도출하는 태도가 매우 중요하게 여겨진다. 의사과정론에 대한 연구가 끊임없이 이어지고 있는 것도 이에 기인한 것이라 할 수 있겠다. 공정한 절차가 언제나 공정한 결과를 창출해낸다고 단언할 수는 없지만, 사람들로 하여금 정해진 결정을 준수하고 따르도록 하는 자기구속력을 가지고 있다는 것만은 사실이다. 그렇기 때문에 합의를 도출해내기 위한 과정에서 신중함을 기할 수 있게 되는 효과를 창출해내는 것이라고 하겠다. 한 입으로 두 말을 해서는 안 된다는 금반언(禁反言)의 원칙이 사회적으로 중요한 합의원칙들 중 하나로 상정되어 있다. 물론 합의 당시에 거론되지 않았던 사항이 당사자들의 귀책사유(歸責事由)없이 추후에 발견된 경우, 그리고 이것이 양자 혹은 일방에게 묵인할 수 없는 수준의 피해를 주는 것이 객관적으로 분명하다면 합의사항을 번복하는 것이 인정된다. 이와 같이 의사결정과정으로 인하여 도출된 결과의 존중과 예기치 못한 사정에 대한 양해가 공존하여 더욱 나은 결론을 창출하려는 노력을 시도한다면, 갈등당사자들은 서로가 만족할만한 수준의 유리함을 확보하게 될 것이라고 사료된다. 여기서 필자는 한규석 교수가 언급한 친사회적 행위에 주목하였다. 친사회적 행위는 주어진 자원을 더 많이 획득하기 위한 전쟁이 아니라 상호협조에 바탕을 두어 보다 긍정적인 결과를 도출하기 위한 요인이 된다고 판단하였기 때문이다. 한 교수가 『사회심리학의 이해』(학지사, 2009) 415면에서 논한 부분을 잠시 살펴보도록 하자.

(ⅰ) 획득된 자원의 정의로운 분배를 위해 형평, 균등, 피륭의 규범이 수용되고 있다. 자원획득에 불확실성이 많이 작용하는 경우에는 균등 규범이, 그렇지 않은 경우에는 형평 규범이 채택되는 양상을 보인다. (ⅱ) 분배에 대한 만족감은 다른 사람의 몫과 비교에 의해서 크게 영향을 받는다. 이 비교에서 상대적 박탈감을 느끼게 되면 불만이 높게 된다. (ⅲ) 분배에 대한 불만족은 절차정의에 대한 의구심을 가져온다. 절차정의의 판단은 절차수립의 중립성, 지도자에 대한 신뢰, 자신에 대한 집단에서의 인정에 의해서 영향을 받는다. (ⅳ) 분배정의와 절차정의가 위배되는 상황에서 사람들은 회복적 정의에 관심을 보인다. 체제정당화의 심리를 보이면서 흔들리던 공정한 세상에 대한 믿음을 견지하게 된다. (ⅴ) 피해자에 대한 보상, 가해자에 대한 용서, 가해자의 진심어린 사과는 당사자들의 화해를 가져와 사회정의를 회복시키는 기재로 작용한다.

주지하다시피 합의의 목적은 의사의 합치를 통한 상호존중의 미덕실현이고, 여기서 의미하는 의사란 타의(他意)에 의하여 강요된 것이 아니라 자의(自意)에 의하여 발현되는 것이다. 타의는 누군가의 의지가 자신의 의지에 변화를 일으킴에 따라 궁극적으로는 자신의 의사가 아닌 다른 사람의 의사에 맞추어 행동하게 되는 마음상태를 의미하는 반면, 자의는 자신이 보유한 자유의지와 이성에 기초하여 행동하는 마음상태를 뜻한다. 여기서 타의와 자의의 구별이 중요하다. 만약 상대방의 의사에 설득되어 자신이 기존에 견지하던 의사를 변경하였다면, 이는 자의인가 혹은 타의인가? 이는 의사를 발한 상대방의 의도에 따라 달라진다. 만약 기망이나 사술과 같은 언동을 통하여 의사변경이 이루어진 것이라면 이는 결코 자의라고 볼 수 없다. 더군다나 상대가 마땅히 공유해야 할 정보를 제대로 알고 있지 못하거나 왜곡하여 알고 있음이 객관적으로 분명함에도 불구하고, 이에 대해 함구하는 것 또한 옳다고 할 수는 없다. 물론 1차적인 책임은 정보를 왜곡하여 인식한 또는 불완전하게 이해한 당사자이지만, 합의를 도출하기 위한 중요한 정보임에도 묵인한 상대방에게도 책임은 있다. 이는 형법학에서 언급하는 '부작위에 의한 기망'의 불법성과 일맥상통하는 개념이라고 하겠다. 부작위라고 할지라도 그로 인하여 발생한 상황이 마치 작위로 인하여 발생한 피해에 수준에 버금가는 평가받을 경우, 이는 고의적으로 상대방에게 위해를 가한 것과 다르지 않다.

합의는 상호존중의 원칙을 중요시하는 의사조정·결정의 장에 해당한다. 따라서 '자신은 상대방의 의사가 어떠한가'에 따라 '상대방은 자신의 견해가 어떠한가'에 따라 견지하던 생각을 조정하게 되는, 이른바 상호의존적 성격을 띠는 것도 이 때문이라고 하겠다. 이와 같은 상호의존적 성향이 어느 수준에 달하는가에 따라 성공적인 합의가 될 수도 있고, 더 큰 분쟁을 일으키는 불완전 합의가 될 수도 있으며, 합의라는 명칭 자체를 붙일 수 없는 싸움으로 전락할 수도 있음에 주의하여야 할 것이다. 이처럼 서로를 존중해야한다는 기본적 원칙에 입각한 합의는 의사교환의 양(量)도 중요하지만 그 질(質)이 핵심이라고 할 수 있다. 질적합의는 최적의 합의를 위한 핵심이며, 양적합의는 보다 양질의 합의형성을 위한 주요토대에 해당한다. 이 두 가지의 요소가 적정한 수준의 비율로 공존할 수 있도록 하는 것이 성공적 합의의 비결이라고 사료된다. 질적합의와 양적합의는 기본적으로 서로가 어느 수준의 대화를 얼마나 주고받는가에 따라 그 진가가 발휘되는지의 여부가 달라진다. 일상생활 속에서 의사를 주고받는 행위는 사람들이 욕구하는 바가 무엇인지를 알 수 있도록 하는 단서(端緖)를 창출하는 기능을 수행함으로써 향후에 생길 가능성이 있는 마찰의 밀도와 강도를 조정하게 만드는 역할을 한다고 할 수 있다. 이와 같은 역할은 질적합의의 측면에선 얼마나 유의미한 대화가 오가는지, 양적합의의 측면에선 유의미한 대화를 주고받기에 충분한 시간이 존재하는지에 따라 그 가치의 경중이 나타나는 것이다. 이 두 가지 요소들 중 어느 한 가지라도 결여된다면 대화가 가지는 참된 기능은 현실적으로 나타나지 않는다. 무의미한 대화만을 길게 하는 것은 자칫 시간의 낭비만을 불러올 수 있고, 지나치게 짧은 시간 동안 이루어진 유의미한 대화는 서로 간의 마음을 이해하기 위한 기회를 빼앗아갈 뿐이기 때문이다. 따라서 양자가 구비되어 있는 형태의 대화만이 마찰의 밀도와 강도를 조절함으로써 갈등과 분쟁이라는 문제를 효과적으로 신속히 해결하는 것이라고 하겠다. 그러나 이와 같은 대화는 기본적으로 상대방이 하고자 하는 의사를 충실하게 경청하고 이를 자신의 입장에서 헤아려보는 노력을 요하기 때문에 각박한 현대를 살아가는 사회구성원들이 현실적으로 이를 행하는 데에 있어선 많은 어려움을 겪곤 한다.

실제로 사람은 이성과 신념처럼 객관적 · 반(半)객관적인 사유나 정서에 기초하여 행위를 하지만, 때로는 상황이 만들어낸 일시적 감정에 부합하는 형식으로 행위를 하는 경우도 많다. 대체로 사회생활을 영위하는 과정에서 심각한 수준의 스트레스에 오랫동안 노출된 이들은 전자보다는 상대적으로 후자에 가까운 모습을 띤다. 따라서 상대방의 처지를 이해하고 받아들이면서 존중하는 모습을 가지고 합의에 임하기보다는 도리어 자신이 주관적으로 바람직하다고 생각하는 사회의 모습을 그린 후 이에 부합하는 식으로 상황을 조정하려는 경향을 강하게 보이게 된다. 이는 질적대화와 양적대화의 축적량이 지극히 적은 까닭에 자신의 처지만을 고려하는 우를 범하게 되는 것으로, 자연스럽게 타협하기 힘든 주관성에 치우친 가치관을 내세우게 되는 결과를 초래한다. 주관성에 함몰된 가치관은 자기우선적 차원에서 이루어지는 밀폐된 사고의 일환으로 외부에서 들어오는 관념을 받아들일 수 있는 여지와 역량을 심대하게 축소시키는 작용을 한다. 물론 본인이 가지는 주체성을 확립시키는 데에는 긍정적인 효과를 가져오겠지만 상대방과의 공존을 어렵게 만든다는 점에서 볼 때, 이미 촉발된 갈등을 심화시키는 요인이 된다고 본다. 이와 같은 환경에선 보다 많은 이익을 획득하기 위한 목적으로 당사자들이 대립상태에 빠져들게 되고, 더 나아가 정체(停滯)된 분쟁전선을 형성하기 마련이다. 그리고 이러한 분쟁은 대규모의 사회갈등을 촉발시키는 방아쇠 역할을 할 뿐만 아니라, 끊임없는 다툼을 양산하는 심지가 될 개연성이 있다.

갈등관리 메커니즘의 빈약함은 사람들이 진지한 대화에 참여하기 위한 심리적 여유의 상실을 의미한다. 보기에 따라선 개인적 차원의 이유 이외에 제도적 차원의 문제 등을 제시하는 사람들도 있겠지만, 여기선 전자에 초점을 두고자 한다. 진지한 대화의 화제는 통상적으로 권리에 대한 의식의 문제이다. 득(得)은 사실적 혹은 법적 권리에 기초한 것으로 자신이 향유하고자 하는 물적·정신적 욕구로부터 비롯된다. 그리고 이를 어느 정도로 획득하는가에 따라 스스로가 원하는 바대로 행동할 수 있는 범위를 정해지기 마련이다. 안타깝게도 권리의 속성은 눈에 보이는 것이 아니기 때문에 그 범위가 얼마만큼 확산되어 있는지에 대해 깨닫기가 어렵고, 이로 말미암아 누군가의 권리를 어느 수준에 이르기까지 침해하였는지를 인지하는 것 또한 어려워진다. 특히 득에 대해 깊은 애착을 가지고 있는 사람일수록 이와 같은 지각능력은 현저하게 낮아지기 마련이다. 따라서 권리 안에 내재되어 있는 또 다른 속성인 객관적 가치질서에 대한 덕목을 적절히 인식하지 못하게 되는 것이라 하겠다. 다시 말해서 권리가 가지고 있는 주관적 공권성에 대한 속성을 지나칠 정도로 맹신한 나머지, 자신의 행위가 타인의 권리를 해하지 않도록 해야 한다는 객관적 가치질서를 도외시하고 있다는 것이다. 자신이 보유하는 권리를 남용하는 사태가 발생하는 것도 바로 이 때문이다. 우리는 이를 권리남용(權利濫用)이라고 하는데 이와 같은 오류는 다음과 같은 요건하에 인정되는 반사회적인 행위로서, 궁극적으로는 신의성실의 원칙에 의거해 사회통념상 받아들여질 수 있는 행위로 전환될 수 있도록 유도해야만 한다. 권리남용과 신의성실의 원칙은 민법 제2조에서 "민법 제2조 【신의성실】 ① 권리의 행사와 의무의 이행은 신의에 좇아 성실히 하여야 한다. ② 권리는 남용하지 못 한다"라고 규정하고 있다.

대법원에서는 이와 같은 원칙을 다음과 같이 해석하고 있다. 1991년 10월 25일에 선고한 91다27273 사건에서는 "권리남용이라 함은 권리자가 그 권리를 행사함으로 인하여 사회적·경제적으로 얻는 이익보다 상대방에게 과대한 손해를 입히는 결과가 됨에도 불구하고, 권리자가 권리행사라는 구실로 상대방에게 손해를 가할 것만을 목적으로 하거나 또는 객관적으로 우리의 통념상 도저히 용인될 수 없는 부당한 결과를 자아내는 등 공공복리를 위한 권리의 사회적 기능을 무시하고, 신의성실의 원칙과 국민의 건전한 권리의식에 반하는 행위를 하는 것을 뜻하므로 어느 권리행사가 권리남용이 되는가의 여부는 개별적이고 구체적인 사안에 따라 판단되어야 한다"라고, 1991년 12월 10일에 선고한 91다17181 사건에서는 "민법상 신의성실의 원칙은 법률관계의 당사자는 상대방의 이익을 배려하여 형평에 어긋나거나 신뢰를 저버리는 내용 또는 방법으로 권리를 행사하거나 의무를 이행하여서는 아니된다는 추상적 규범을 말하는 것으로서, 신의성실의 원칙에 위배되는 이유로 그 권리의 행사를 부정하기 위하여는 상대방에게 신의를 주었다거나 객관적으로 보아 상대방이 그러한 신의를 가짐이 정당한 상태에 이르러야 하고, 이와 같은 상대방의 신의에 반하여 권리를 행사하는 것이 정의 관념에 비추어 용인될 수 없는 정도의 상태에 이르러야 한다"라고 하였으며, 1998년 6월 26일에 선고한 97다42823 사건에서는 "권리행사가 권리의 남용에 해당한다고 할 수 있으려면, 주관적으로 그 권리행사의 목적이 오직 상대방에게 고통을 주고 손해를 입히려는 데 있을 뿐 행사하는 사람에게 아무런 이익이 없는 경우이어야 하고, 객관적으로는 그 권리행사가 사회질서에 위반된다고 볼 수 있어야 하는 것이며, 이와 같은 경우에 해당하지 않는 한 비록 그 권리의 행사에 의하여 권리행사자가 얻는 이익보다 상대방이 잃을 손해가 현저히 크다 하여도 그러한 사정만으로는 이를 권리남용이라고 할 수 없고, 다만 이러한 주관적 요건은 권리자의 정당한 이익을 결여한 권리행사로 보여지는 객관적인 사정에 의하여 추인할 수 있다"라고 판시하였다. 상기의 판례들은 비교적 과거에 형성된 것이긴 하지만, 권리남용금지의 원칙과 신의성실의 원칙의 개념과 요건 및 효과에 대해 적절히 설명한 사항들이라고 하겠다. 위와 같은 대법원의 견해가 사회생활의 절대적인 기준인 것은 아니지만, 적어도 그 속에 담긴 진의에 맞추어 방향을 잡는다면 사람들 사이의 마찰이 일어날 소지를 줄이고, 이미 일어난 갈등과 분쟁을 평화롭게 해결하기 위해선 타인의 감정을 이해하고 받아들이며 이를 긍정적으로 해석하해 최적의 대안을 형성하는 데에 있어 커다란 도움이 될 것이다. 그리고 이는 자신이 추구하고자 하는 욕구의 무분별함을 정제시키는 작업과 직결된다.

끊임없는 욕구의 도가니 속에서 할 수 있는 것은 마음가짐의 재정립이다. 감정 · 신념 · 이성의 피드백 이외에 우리가 염두에 둘 것은 공동체에 대한 관념이다. 현재 사회공동체가 훼손되고 있는 징후는 여러 곳에서 보인다. 정주진 박사는 『갈등해결과 한국사회』(아르케, 2010) 28면에서 "한국사회에서 20~30년 전보다 갈등이 증가한 이유로는 여러 가지를 생각해볼 수 있겠다. 그 첫째 이유로는 산업화와 도시화로 인한 공동체 정신의 희석 또는 상실이다. 한국사회는 비교적 짧은 시간에 산업화와 급속한 도시화를 겪었다. 이런 빠른 속도의 산업화와 도시화는 물리적으로 가까운 거리에서 농사일과 집안일을 서로 도우면서 구성원들 사이에 가족에 준하는 친밀한 관계를 형성했던 전통적 마을 공동체의 해체를 가져왔다. 한국의 전통적 공동체는 특별히 농업에 기반하고 있었기 때문에 공동체 의식이 강하고 구성원들 사이의 협력 수준도 높을 수밖에 없었다. 공동체의 조화를 깨는 갈등의 발생은 공동체 생활에 부정적인 영향을 가져오게 되므로 경계의 대상이었고 갈등 당사자들은 자의 또는 타의에 의해서 되도록 빠르게 화해하고 관계의 회복을 꾀해야 했다. 그러나 산업화된 도시에서는 전통적 공동체에서처럼 결집력과 조화를 강조하는 삶이 의미를 가지지 않게 되었다"라고 설명한 바 있다. 흔히들 관념에 대한 이야기는 자칫 추상적이고 피상적인 논의로 그칠 수 있다고 생각하지만, 이것보다 원초적이고 근본적인 접근도 없다고 생각한다. 공동체 관념의 핵심은 질서이다. 질서는 법과 제도에 의해서 형성된 것도 있지만, 관습과 불문의 규칙에 의하여 창설되기도 한다. 단, 국가의 승인을 받지 못하여 공식적 속성을 가지지 못했을 따름이다. 그리고 이것이 국민의 권리를 부당하게 제한하거나 침해할 때를 제외하곤 엄연히 규칙으로서 인정받는다. 조리(條理)도 마찬가지이다.

대법원은 2003년 7월 24일에 선고한 2001다48781 전원합의체 판결에서

"관습법이란 사회의 거듭된 관행으로 생성한 사회생활 규범이 사회의 법적 확신과 인식에 의하여 법적 규범으로 승인·강행되기에 이른 것을 말하고, 그러한 관습법은 법원으로서 법령에 저촉되지 아니하는 한 법칙으로서의 효력이 있는 것이며, 또 사회의 거듭된 관행으로 생성한 어떤 사회생활규범이 법적 규범으로 승인되기에 이르렀다고 하기 위하여는 헌법을 최상위 규범으로 하는 전체 법질서에 반하지 아니하는 것으로서 정당성과 합리성이 있다고 인정될 수 있는 것이어야 하고, 그렇지 아니한 사회생활규범은 비록 그것이 사회의 거듭된 관행으로 생성된 것이라고 할지라도 이를 법적 규범으로 삼아 관습법으로 삼아 관습법으로서의 효력을 인정할 수 없다"라고 판시한 바 있다. 이처럼 관습법은 사회공동체의 유지·존속을 위한 규율로서 사람들의 무분별한 권리실현을 억제하는 역할을 수행한다. 관습법뿐만 아니라 조리도 공동체의 안정화를 통해 사람들 사이의 권리전쟁을 막는 기능을 아울러 수행하고 있다고 할 수 있다. 특히 곽윤직 교수는 『민법총칙』(박영사, 2003) 22면에서 "사물의 본질적 법칙 또는 사물의 도리가 「條理」이며, 사람의 이성에 의하여 생각되는 규범이다. 바꾸어 말하면, 일반사회인이 보통 인정한다고 생각되는 객관적인 원리 또는 법칙이다. 이른바 「經驗則」이라는 것도, 이 속에 포함된다. 경우에 따라서는, 社會通念·社會的妥當性·信義誠實·社會秩序·衡平·正義·理性·法에 있어서의 體系的 調和·法의 一般原則 등의 이름으로 표현되기도 한다. 극히 추상적인 말이어서, 일정한 내용을 가진 것이 아니라, 법질서 전체 또는 그 속에 흐르는 정신에 비추어 가장 적절하다고 생각될 경우를 끌어 쓰는 말이며, 말하자면 그것은 일종의 自然法的 존재라고 할 수 있다. 무릇 우리의 사회생활관계를 조리에 맞는 것으로 하는 데에 있다고 할 수 있다. 법을 정하여 사회생활을 규율하는 것도, 결국은 위와 같은 이상을 실현하자는 데에 있는 것이다. 그러므로 성문법 내지 제정법은 조리를 구체화한 것으로서, 무엇이 조리이냐에 관한 하나의 형식적 기준이라고도 할 수 있다. 그 밖에도 조리가 법과 관련을 가지는 것은, 첫째로 實定法 및 契約의 해석에 있어서 표준이 된다는 점이고, 둘째로는 裁判의 기준이 될 만한 법원이 전혀 있지 않을 때에 재판의 기준이 된다는 점이다"라고 설명한 바 있다.

이와 같은 규율은 집단 속의 누군가에게 일방적으로 통제권력(統制權力)을 심어주기 위함이 아니라 갈등으로 인하여 공동체가 해체위기에 빠지는 것을 방지하기 위한 것이다. 그리고 국가는 이를 외부에서 그 집단이 붕괴되지 않도록 받쳐주는 역할을 할 따름이다. 모든 것은 자유의지와 이성에 기초한 더불어 공적책임성을 겸비한 사인(私人)에 의하여 관리된다. 규칙은 객관성과 공정성에 따라 구성원 모두에게 적용되는 것인 만큼 강한 강제력을 띠고 있기 때문이다. 헌법재판소에서는 2003년 10월 30일에 선고한 2002헌마518 사건에서 "우리 헌법질서가 예정하는 인간상은 "자신이 스스로 선택한 인생관·사회권을 바탕으로 사회공동체 안에서 각자의 생활을 자신의 책임 아래 스스로 결정하고 형성하는 성숙한 민주시민"인바, 이는 사회와 고립된 주관적 개인이나 공동체의 단순한 구성분자가 아니라, 공동체에 관련되고 공동체에 구속되어 있기는 하지만 그로 공동체의 상호연관 속에서 균형을 잡고 있는 인격체라 할 것이다"라고 판시함으로써 사회에서 삶을 영위하는 사람들이 가져야 할 인간상에 대해 논하였다. 헌법재판소는 자유주의에 기초한 의식을 우선시하고 더불어 공동체를 안정적으로 존속시키기 위한 사람들의 존중의식이 필요함을 피력하였다.

여기서 오해의 소지를 없애기 위하여 다시 한번 언급해두자면, 신의성실의 원칙·권리남용금지의 원칙·관습법·조리는 공동체가 평화롭게 존재하기 위하여 필요로 한 것으로서 그 기반에는 인간의 자유이성과 의지가 존재하고 있다. 개인이 누리는 자율성은 자신이 욕구하고자 하는 바가 무엇인지를 알게 해주고, 더 나아가 개성을 발현시킴으로써 궁극적으로는 행복함이라는 평화상태를 누릴 수 있도록 해주는 핵심적인 요소임에 분명하다. 다만, 무분별하게 욕구를 충족시킴으로써 타인의 권리를 부당하게 침해해서는 안 된다는 것이다. 그리고 부당하게 침해하지 않기 위해선 상대방의 감정과 처지를 이해하는 마음이 필요하다. 따라서 우리가 사회생활을 영위하면서 가장 중요한 점은 '자신이 자유롭다'는 것이 가지는 참된 의미를 깨닫고 이를 중심으로 하여 남들과 조화롭게 삶을 영위하기 위한 자기각성이라고 하겠다. 더불어 나의 자유는 타인의 자유가 시작되는 곳에서 멈춰야 한다는 인간사의 진리에 대해 깊은 고민을 해야 한다. 이처럼 공동체는 기본적으로 자유를 전제로 하여 인정되지만, 인정된 후에는 자유를 지키기 위하여 불합리한 자유를 제한하는 파수꾼으로서의 지위에 기초하여 존속하게 된다. 합의는 이런 점에서 볼 때 자유를 전제로 하는 공익의 수호, 다시 말해서 공화주의적 자유주의에 의해 태어난 갈등해결기제를 의미한다고 보아야 한다. 그리고 이와 같은 갈등해결의 기제는 보다 정제된 형태를 거쳐 하나의 기술로서의 면모를 아울러 지녀야 할 필요가 있다고 사료된다.

Ⅶ. 공동체의 안정적 존속을 위한 합의의 규칙

합의의 기술은 곧 쌍방이 원하는 바를 도출해내기 위하여 견지해야 할 태도와 동일하다. 그리고 이러한 태도는 자신이 스스로를 위해서 그리고 사회를 위해서 무엇을 할 수 있는지에 대한 사고가 내면세계에서 공고하게 자리매김할 때에 한하여 비로소 긍정적으로 구현될 수 있는 것이다. 이러한 사고는 존 롤즈(John Rawls)를 비롯한 절차적 자유주의를 표방한 일련의 학자들에 의하여 정교하게 마련된 바 있다. 물론 롤즈가 제시한 견해가 지나치게 자유주의적이라는 혹은 비현실적이라는 비판이 제시되고는 있지만 합의사회에 도달하기 위한 원론적 관점을 보여주었다는 점에선 매우 긍정적으로 평가받을 만한다고 사료된다. 그는 원초적 입장(original position)에서 무지의 베일(veil of ignorance)을 쓴 사람들이 올바른 정의를 도출해내기 위한 장(場)에서 자유권이 최대한으로 실현될 수 있도록 하되, 사회적 소수자들을 위한 측면을 아울러 고려함으로써 기존의 자원을 최적의 상태로 배분할 수 있도록 해야 한다고 주장한 바 있다. 원초적 입장에서 무지의 베일에 쓴 사람들이 의미하는 바는 합의의 장에 참여한 사람들이 자신을 비롯하여 상대방의 능력과 사회적 지위 및 재산 등과 관련한 기본적인 정보를 알지 못하는 이들을 일컫는다. 만약 참여자들이 이러한 정보를 숙지하게 된다면, 그 속에서 권력의 강약에 따른 부당한 정의론이 도출될 가능성이 농후하기 때문이다. 뿐만 아니라 자신이 무지의 베일 속에 가려진 사람들 중에서 가장 열악한 지위에 있을 수도 있음을 고려하여 특정인에게 지나치게 유리한 식으로 편파적 정의를 도출하게끔 행동패턴을 보이는 우를 범하지 않을 것이기 때문이기도 하다. 따라서 공정으로서의 정의를 도출해내기 위해선 그 어떠한 정보도 주어지지 않는 원초적인 상황이 마련되어 있어야만 한다고 주장하게 된 것이다. 물론 이와 같은 장이 형성되는 것이 현실적으로 가능한지에 대해선 의문의 여지가 있지만, 모든 이들이 공평한 상태에서 외부적인 압력에 구애받지 않고 소신있는 견해를 제시할 수 있도록 함이 중요함을 강변한 것으로 합의를 위한 이상적 원칙과 매우 깊은 관련을 맺고 있다고 사료된다.

물론 롤즈의 견해가 독창적인 사고에 기인한 것이기 때문에 충분히 그 학술적 가치가 인정받을만한 것이긴 하지만, 공동체의 안위를 염려하는 마음이 이해관계의 다발로부터 출발한 것 같은 인상을 주는 것 또한 사실이다. 존중사회로의 이행을 위한 합의사회는 자신과 상대방이 어떠한 이해관계에 놓여있는가를 전제로 하는 것이 아니라 상호 간의 믿음과 신뢰에 기초하여 형성되어야 하는 것이라는 점을 감안한다면, 롤즈의 정의론은 일정부분 한계가 있다고 사료된다. 따라서 우리가 지향해야 할 바는 스스로가 보유한 자유권을 지키면서 공동체의 존속과 유지를 위한 공익을 수호하기 위하여 자발적으로 나서는 태도라고 보아야 할 것이다. 그와 같은 목적과 이를 달성하기 위한 수단을 도출하기 위한 합의의 장에 들어서는 당사자들이 자신의 견해를 이에 걸맞은 방식으로 피력하게 전에 미리 고려해야 할 사항들이 있음에도 불구하고, 대다수의 사람들은 '상대방의 이야기를 어떻게 경청할 것인가?'에 대해선 주의를 기울이지 않는 경우가 많다. 얼마나 득(得)을 얻을 수 있는지를 중심으로 한 편향적 사고에 휩쓸려 있는 상태이기 때문이기도 하지만, 그에 못지않게 합의의 과정이 상대방에게만 유리하게 이루어질 가능성이 있는지의 여부에 대해 예민하게 받아들이고 있기 때문이라고 사료된다. 이 시점에서 여러 가지 합의 사례에 대해 연구를 진행하여 왔던 로베르토 교수의 견해(『합의의 기술』(김원호 옮김, 럭스미디어, 2007))를 살펴보도록 하자. 필자는 로베르토 교수의 저서 중 191 · 193 · 195 · 199~200면의 내용을 아래와 같이 정리하였다. 갈등의 당사자들이 합의에 임함에 있어 실수할 수 있을만한 부분들과 어떠한 자세를 취하여야 하는지에 대해 시사하는 바가 크다고 사료된다.

의사 결정 참여자들이 의사 결정 과정 자체에 대해 불만과 의구심을 갖고 적극적으로 참여하지 않으려 하는 바람에 의사 결정 과정은 좀처럼 진행되지 못했다. 기업 경영자들은 종종 전략적 판단의 결과에 대해서만 관심을 집중하는 경향을 보이는데, 전략적 판단을 내리는 과정에도 그만큼의 관심을 기울일 필요가 있다. 의사 결정 참여자들이 의사 결정 과정에 대해 불만을 가지게 되면 의사 결정 과정 자체가 더디게 진행될 뿐만 아니라 그로부터 나온 결론을 추진하는 일에 많은 이들의 참여를 이끌어낼 수 없다. (중략) 공정하고 정당한 방식의 의사 결정 과정은 조직 구성원들의 합의를 이끌어내고 합의된 바를 추진하는 일에 조직 구성원들의 높은 수준의 참여도를 이끌어내는 기본 토대로서의 의미를 지니고 있다.

존 티볼트(John Thibault)와 로렌스 워커(Laurens Walker)는, 소송에 참여하고 있는 직접적인 이해 관계자들은 자신에게 유리한 판결이 나오는지의 여부와 함께 재판 과정이 공정하고 정의롭게 진행되었는지의 여부도 매우 중요하게 여긴다는 연구 결과를 발표했다. 이는 소송 참여자들이 자신에게 유리한 판결이 나오는지의 여부만을 중요하게 생각할 거라던 기존의 통념과는 상당히 다른 연구결과였다. (중략) 톰 타일러(Tom Tyler)를 비롯한 많은 학자들의 연구 역시 티볼트와 워커의 연구 결과와 맥락을 같이하고 있다. 특히 타일러의 경우는, 재판 과정의 공정함이 높을수록 소송 참여자 자신에게 불리한 판결이 나왔을 때 재판장과 변호사에 대한 불만 정도가 낮아지는 '쿠션 효과'가 더 커진다고 했다.

의사 결정 참여자들은 다음과 같은 경우에 자신들이 참여한 의사 결정 과정이 공정했다고 여긴다. (ⅰ) 자신의 의견을 표출할 충분한 기회가 주어지고, 자신이 표출한 의견을 중심으로 어느 정도의 논의가 이루어질 때, (ⅱ) 의사 결정 과정이 투명하고 개방적으로 진행될 때(적어도 그렇게 진행된다고 믿을 때), (ⅲ) 의사 결정권자가 편향성을 보이지 않고 다양한 의견에 대해 관심을 보이고 충분히 검토할 때, (ⅳ) 최종 결정 사항에 자신의 의견이 반영되었었거나 어느 정도의 영향을 끼쳤다고 생각할 때, (ⅴ) 최종 결정 사항이 합리적인 근거를 지니고 있을 때.

여러분은 다른 사람들의 이야기를 얼마나 잘 들어주는가? (중략) 질문들에 대해 '그렇다'라는 답이 많이 나올수록 다른 사람들의 얘기를 잘 들어주는 사람이 아니라는 것을 의미한다. 만약 대부분의 질문에 대해 '그렇다'라고 답했다면, 이는 결코 가벼이 넘길 상황이 아니다. 1. 여러분은 대화 상대방과 눈을 맞추지 않고 대화를 나누는 편인가? 2. 여러분은 다른 사람과 대화를 하는 중에 서류를 정리하거나 자료를 훑어보는 등 다른 일을 동시에 하는 편인가? 3. 여러분은 대화 상대방의 말을 중간에서 자주 끊는 편인가? 4. 여러분은 대화 상대방에게 질문할 틈을 주지 않고 빠르게 말을 이어가는 편인가? 5. 여러분은 대화 상대방이 제시하는 의견으로 인해 자주 흥분하는 편인가? 6. 대화 상대방이 말하는 도중에 여러분이 제3자에게 말을 거는 일이 자주 발생하는가? 7. 그룹 토의를 하게 되면 대부분의 대답을 혼자서 하려고 하는 편인가? 8. 대화 상대방의 발언을 다시 되뇌면서 여러분이 제대로 이해했는지 대화 상대방에게 확인받는 과정은 대체로 생략하는 편인가?

로베르토 교수의 연구는 갈등을 '당사자들 사이에 생기는 이견으로 말미암아 각자의 상이한 목적을 추구하기 위하여 벌이는 분쟁'이라는 식으로 받아들이려는 현재의 세태가 가진 문제점을 명확하게 지적하고 있다고 사료된다. 추구하고자 하는 다른 목적을 달성하려는 마음이 강한 이들은 자연스럽게 합의의 장을 투쟁을 위한 장이라고 생각할 뿐 조정을 위한 장이라고 여기지 않는 경우가 많은데, 이러한 사고를 견지하고 있는 이상 원만한 결론을 도출하는 것은 사실상 불가능하다. 그렇기 때문에 당사자들을 중재하려는 조정인은 이러한 결과가 발생하는 것을 막기 위하여 최선의 노력을 다할 필요가 있다. 갈등조정 전문가 문용갑은 조정에 대한 이해를 돕기 위하여 자신의 저서 『갈등조정의 심리학』(학지사, 2012)의 420면에서 조정절차를 아래와 같이 도식화하였다. 절차는 아래와 같이 6단계로 구성되고, 각 단계별로 이행되어야 할 사항들이 존재한다.

〈표 7〉 조정 절차 도식

단계	단계별 논의사항
단계 Ⅰ (준비)	1. 갈등에 관한 사전정보, 2. 조정 참가자 소집, 3. 조정 목표 설정, 4. 법률교육(재판 가능한 갈등인 경우), 5. 조정 규칙 설명, 6. 형식적 조건에 대한 협정, 7. 조정계약체결
단계 Ⅱ (문제규명과 분석)	8. 문제규명, 9. 문제분석, 10. 갈등과 이해관계
단계 Ⅲ (갈등 분석)	11. 갈등대상 파악 및 구조화, 12. 갈등 심층심리 구조 탐색, 13. 책임귀인 명료화, 14. 갈등 조건 분석, 15. 갈등해결을 위한 동기부여
단계 Ⅳ (생산적인 갈등처리)	16. 가정 및 신념 규명, 17. 신념 차이 좁히기, 18. 승자-승자 결과 도출, 19. 해결책 선정
단계 Ⅴ (조정합의안 체결)	20. 합의안과 윤리원칙, 21. 해결책 이행 기준 합의, 22. 합의안 계약체결
단계 Ⅵ (조정 평가)	23. 해결책 이행 관리, 24. 조정 전체 평가

필자는 위에서 제시한 절차들 중에서 '단계 Ⅲ(갈등 분석)-12. 갈등 심층심리 구조 탐색'에서 이행되어야 할 "동기고백"이라는 부분이 중요하다고 생각한다. 실제로 합의에 임하는 이들은 격한 감정에 휩싸여 본인이 진정으로 원하는 바가 무엇인지를 밝히지 못하거나 혹은 비교적 안정적인 심리상태를 유지하고 있다고 할지라도 주변의 시선을 의식하여 제대로 설명하

지 못하는 경우가 많기 때문이다. 갈등조정전문가 문용갑은 자신의 저서 444~445면에서 동기와 요구사항의 고백을 가로막는 심리적 요소를 다음과 같이 정리한 바 있다.

(ⅰ) 물질적 이익추구 등에 관심이 있을 때는 윤리적 문제는 없는 것으로 애써 설명하려 한다. 피상속인의 유언이 없는 유산 갈등에서 상속인 자식들은 동등한 분배의 정당성만을 주장하고 피상속인 부모에 대한 효도 정도는 고려하지 않는다. (ⅱ) 단결, 호혜, 감사, 협력만이 강조되는 관계에서는 이기적인 행위를 실토하기보다는 애써 정당화하려 한다. 이를테면 직원해고가 사실은 이윤증대를 위한 것이지만 설명은 좋지 않은 경제 상황 때문이라고 한다. (iii) 자신의 권리를 위해 상사에 대해 험담하는 부하직원은 갈등을 솔직히 설명하기보다는 단시 사실갈등일 뿐이라고 말한다. (iv) 시기는 금기시되는 감정이다. 시기심으로 부유한 이웃이 경계선에 차고를 짓는 것을 반대하지만, 다른 이유를 들어 반대를 정당화하려 한다. (ⅴ) 이해관계자의 관심사를 대변하는 당사자는 법적 권한이 없으므로 상대방과의 갈등을 줄이기 위해 직접 표현하지 않는다. 가령, 이혼갈등에서 부부는 노부모의 관심사를 겉으로 드러내지 않고 암암리에 대변한다. (vi) 당사자는 이해관계자의 체면 유지를 위해 입장을 고수한다. (vii) 상대방으로부터 존중받지 못하는 경우 갈등의 실제 동기는 상대방의 모욕이지만, 수치심으로 실토하지 못하고 굳이 다른 이유를 들어 설명하고자 한다. (viii) 친한 상대방이 다른 사람을 배려하면 질투가 나고 모욕감이 들지만 자신의 약점과 패배를 염려하여 표현하지 않고 오히려 강경한 태도를 보이며 갈등한다.

그렇다면 상대방으로 하여금 갈등상태에 놓이도록 만든 실질적인 동기가 무엇인지를 파악하기 위한 방법을 모색할 필요가 있다. 이에 대하여 문용갑은 445~446면에서 "갈등당사자로 하여금 자신의 실제 동기와 기대를 고백하도록 하기 위해 조정인은 다음과 같은 방법으로 질문할 수 있다. "당신에게 이 갈등이 그렇게 중요한 이유를 우리가 정말 알고 있다고 생각하십니까? 우리는 그 중요한 동기와 이유를 간과해서는 안 됩니다.", "다른 사람들도 이 갈등을 보고 중요하다고 생각할까요? 당신에게만 그렇게 중요한 이유가 따로 있는지 생각해 보시겠습니까?". 여기서 적극적인 경청은 가장 좋은 방법이다. 적극적 경청으로 당사자는 인정받고 이해받는다고 느끼고, 조정인은 재진술을 통해 추측되는 심층 동기에 대해 말할 수 있다. 조정인은 추측되는 동기에 의해 야기될 수 있는 갈등 사례들을 제시한다. 사회적으로 용납되지 않는 동기에 의한 갈등 사례도 제시하여 당사자가 자신의 모든 관심사를 침묵하지 않고 말할 수 있도록 한다"라고 덧붙여 설명하였다.

이와는 달리 신형균은 자신의 저서인 『현대 행정학의 이해』(선학사, 2008) 163~164면에서 갈등을 유발하는 요인과 완화하는 방안에 대해 언급한 바 있다. 신형균 교수의 위의 학자들과는 달리 행정학적 관점에서 설명하고 있다. 그는 갈등유발원인으로 이해관계 및 목표의 차이, 지각 · 욕구 · 가치관 및 성격의 차이, 한정된 자원, 과업의 상호의존성과 공동결정의 필요성, 의사소통의 부적절 및 불완전, 평가기준과 보상체계의 차이, 조직의 높은 분화(전문화)와 낮은 공식화, 방대한 조직규모, 구성원의 이질성, 지위 · 신분의 불일치(status inconsistency or incongruity) · 불확실성(uncertainty) 등을 들고 있다. 위와 같은 요인들로 인하여 갈등이 발생하였을 경우엔 당사자들을 정면으로 대립하게 하여 어느 한쪽이 완전히 승리하게 하거나 관료제적인 규칙에 따라 상관의 지시로 처리하는 경우를 진정한 해결책으로 볼 순 없다고 강변하면서, Simon & March가 제시한 보다 일반적이며 바람직한 방법인 문제해결(problem-solving), 설득(persuasion), 협상(negotiation or bargaining) 그리고 정략(politics) 등을 그 해결방안으로 들었다. 그리고 개인적으론 행정학에서 정책결정을 하는 데에 있어 사용하는 이론들을 활용하는 것 또한 좋은 방법이라고 사료된다. 행정학은 정부비관에서 특정한 정책을 형성함에 있어서 고려해야 할 사항들을 비교 · 검토하여 최적의 의사결정을 할 수 있도록 하는 데에 역점을 두고 있다. 만약 이러한 방법론을 갈등해결을 위한 기법들 중의 하나로 활용할 수 있다면, 더욱 건설적인 결과를 가져올 수 있을 것이다.

그러나 합의안이 도출되었다고 하여 모든 상황이 종결되는 것은 아니다.

합의하기로 한 내용이 적절히 이행되지 않는다면 아무런 의미가 없기 때문이다. 합의안이 이행되지 않는 이유는 크게 두 가지로 생각해볼 수 있다. 하나는 합의사항과 관련하여 제2차적 불만감이 조성된 경우이고, 다른 하나는 합의사항을 이행하기 힘든 불가항력적인 상황이 초래되었을 경우이다. 그러므로 합의된 바가 준수되지 않을 때를 대비하여 합의서한에 미(未)준수시의 벌칙사항[48] 등을 삽입하고, 급격한 여건의 변화로 말미암아 사실상 의무를 이행하는 것이 사회통념과 공서양속에 반한다고 여겨지는 상황을 고려하여 민법상의 사정변경의 원칙[49]에 따른 대비책을 마련하는 것이 필수적으로 요청된다고 사료된다. 더불어 갈등상황이 완벽하게 마무리되기 전까진 합의안에 대한 사후평가가 지속적으로 이루어질 필요가 있다. 의사의 합치가 있을 당시엔 쌍방이 수긍할 수 있었을지라도, 시간이 지남에 따라 일방만이 불측의 피해를 입게 될 가능성을 고려하여야 하기 때문이다. 이는 마치 입법평가의 단계 중에서 가장 마지막에 이루어지는 사후입법평가와 같다.[50] 그만큼 의사교환을 통해 형성된 결과물이 제 기능을 다하기 위해선 꾸준한 관리가 필요하고, 이러한 관리를 통해 갈등의 재발이 발생하지 않도록 해야만 한다.

사실 많은 이들이 손쉽게 범하는 착오가 갈등을 해결하기 위해선 이론

48) 예컨대 민법 제398조를 생각해볼 수 있겠다. 민법 제398조의 제1항에선 "당사자는 채무불이행에 관한 손해배상액을 예정할 수 있다", 제2항에선 "손해배상의 예정액이 부당히 과다한 경우는 법원은 당연히 감액할 수 있다", 제3항에선 "손해배상액의 예정은 이행의 청구나 계약의 해제에 영향을 미치지 아니한다", 제4항에선 "위약금의 약정은 손해배상액의 예정으로 추정한다", 제5항에선 "당사자가 금전이 아닌 것으로써 손해의 배상에 충당할 것을 예정한 경우에도 전4항의 규정을 준용한다"고 규정하고 있다. 이러한 조문을 적절히 이용한다면, 합의안을 이행하여야 할 당사자가 정당한 이유를 밝히지 않고 의무를 해태하는 행위를 방지하는 데에 도움이 될 것이라고 사료된다.

49) 사정변경의 원칙은 불가항력적인 상황이 발생하여 채무자가 주어진 채무를 이행하지 못하게 될 경우, 계약의 내용을 합리적으로 변경할 수 있다는 원칙을 의미한다. 이때 채무자의 귀책사유는 없어야 한다.

50) 입법평가에 대한 내용은 『공화주의적 자유주의와 법치주의(Ⅰ)』의 489면 이하를 참조하길 바란다.

보다는 실전이 중요하다는 식으로 생각을 하는 것이다. 물론 합의를 이끌어내기 위한 장에 참여하는 당사자들은 저마다 처해있는 상황이 다르고, 가치관도 다르며, 추구하는 목적을 달성하는 데에 있어 사용하고자 하는 방법도 다르다. 더욱이 수많은 변수를 고려하여야 하는 조정인 혹은 중재인으로서는 특별한 이론에 기반을 둔 접근법을 생각해서는 안 된다는 식의 결론에 다다르게 된다. 그러나 이론이라는 것이 언제나 단선적이지만은 않다. 오히려 이론의 응용을 통하여 갈등해결을 위한 거시적인 로드맵(roadmap)을 설정하는 것이 가능하다고 사료된다. 상황에 이끌려만 가는 형국에선 합의도출을 위한 중심축이 없을 경우 당사자들 사이의 견해 사이에서 무게중심을 잡지 못하고 이리저리 흔들릴 수밖에 없음을 염두에 두어야 한다. 그러므로 합의를 도출하기 위해선 그에 합당한 규칙이라는 것을 설정할 필요가 있다. 프로토콜은 상황을 유연하게 흘러갈 수 있도록 하기 위한 세부지침으로서의 역할을 하여 결론에 합리성을 줄 순 있지만, 합목적성을 부여하진 않는다. 합목적성은 결론이 가지고 있는 사회적 타당성이다. 공평무사하지 못함은 갈등해결을 위한 장이 형성된 진의를 무색하게 만들며, 무색해진 진의는 그 자체로 아무런 의미를 지니지 못한다.

합의의 의미는 당사자 사이의 원만한 의사교환이 있을 때에 한하여 나타나는 것으로서 감정해석력과 신념 및 이성의 피드백이 다차원적으로 이루어져야만 그 빛을 발하게 된다. 다차원적인 피드백은 테니스와 탁구에서 이루어지는 랠리와 같다. 한번의 서브로 주어진 세트를 이기려는 욕심은 자칫 경기를 경기답게 만들지 못할뿐더러 자칫 공을 집어던지기만 하는 난투극으로 전락할 수도 있는 것이다. 따라서 피드백의 원활함이 갈등해결의 핵심키워드가 된다. 이와 같은 과정에서 상대방의 의중을 이해하게 되고, 그러한 이해는 곧 존중으로 이어지며, 존중은 서로가 영합게임으로부터 벗어나게 하는 열쇠로서의 역할을 수행하기에 이른다. 이와 같은 전 과정을 거치고 나서 도출되는 결론은 합리성뿐만 아니라 합목적성을 겸비하게 되고, 더 나아가 합목적성을 겸비한 결과물이 적절히 이행되어 긍정적인 효과를 외부적으로 발하면 공화주의적 자유주의에 기초한 권리의식을 공고하게 만들어주는 자양분이 제 기능을 하게 된다. 끝으로 공화주의적 자유주의가 공적인 힘을 얻으면 하나의 거시적 준칙이 되어 갈등과 분쟁을 종식시키기 위한 하나의 중요한 지침으로서 자리를 잡기에 이르고, 곧 제도론적 지침으로 이어진다.

第3節 제도론적 지침

Ⅰ. 자유와 평등 지향성

바로 위에서 언급한 '상생의 법칙에 기초한 공화주의적 자유주의식 정의관'이 그 가치를 유지하기 위해선 법질서의 운영지침이 우선적으로 확고히 성립되어 있어야만 한다. 여기서 말하는 운영지침이란 권리와 의무를 바라보는 시각의 설정, 즉 이들 사이의 가변적(可變的) 위상관계에 대한 개괄적 관점을 뜻한다. 주권재민의 원칙에 기초하여 형성된 헌법은 법질서들 가운데 최상위의 지위를 점하고 있고, 우리는 그 속에서 헌법전문(憲法前文)을 통해 자유와 평등이라는 두 가지 가치를 어떻게 조화로운 관계에 놓일 수 있도록 해야 할 것인지에 대한 물음에 답할 수 있게 된다. 1987년의 민주화 이후에 입법자들이 국민투표를 통하여 제정한 헌법규정들 중에서 전문은 "유구한 역사와 전통에 빛나는 우리 대한민국은 3·1운동으로 건립된 대한민국임시정부의 법통과 불의에 항거한 4·19민주이념을 계승하고, 조국의 민주개혁과 평화적 통일의 사명에 입각하여 정의·인도와 동포애로써 민족의 단결을 공고히 하고, 모든 사회적 폐습과 불의를 타파하며, 자율과 조화를 바탕으로 자유민주적 기본질서를 더욱 공고히 하여 정치·경제·사회·문화의 모든 영역에 있어서 각인의 기회를 균등히 하고, 능력을 최고도로 발휘하게 하며, 자유와 권리에 따르는 책임과 의무를 완수하게 하여, 안으로는 국민생활의 균등한 향상을 기하고, 밖으로는 항구적인 세계평화와 인류공영에 이바지함으로써 우리들과 자손의 안전과 자유와 행복을 영원히 확보할 것을 다짐하면서 1948년 7월 12일에 제정되고 8차에 걸쳐 개정된 헌법을 이제 국회의 의결을 거쳐 국민투표에 의하여 개정한다"라고 규정하였다.

바로 이 전문 속에 대한민국이 채택한 기본적인 이념들이 무엇인지를 파악할 수 있는데, 일제식민지배로부터 벗어나 자주독립국가로 발돋움하면서 견지해왔던 자유주의와 국민들 모두가 행복한 삶을 영위할 수 있기를 바라는 염원이 담긴 공화주의가 바로 그것이다. "각인의 기회를 균등히" 한다는 말의 의미는 실질적 평등을 통하여 누군가가 다른 이를 법적 · 사실적인 차원에서 직접적 · 간접적인 수단을 동원하여 억압하는 것을 금(禁)함을 뜻하고, "능력을 최고도로 발휘"하게 한다는 말은 자아실현본능의 건설적 구현을 의미하며, "자유와 권리에 따르는 책임과 의무를 완수하게" 한다는 말은 주관적 공권과 객관적 가치질서가 공존하여야 한다는 식으로 해석하는 것이 가능하다. 특히 전문에서는 "자율과 조화를 바탕으로 자유민주적 기본질서를 더욱 공고히 하여"라는 표현을 통해 헌법이 추구하는 바가 자유주의와 공화주의를 이루는 본질적 내용들이 공존할 수 있도록 하는 것임을 알 수 있다. 그럼에도 불구하고 오늘날의 사회는 국민들이 자발적으로 만든 규범에서 벗어난 행위를 함과 더불어 헌법질서에 반하는 결과를 초래함에 따라 형성된 각종 병폐 속에 휘말리고 있는 실정이다. 뿐만 아니라 자기입법에 대한 자기부정 내지는 자기왜곡이라는 우(愚)가 만든 현실은 전문에 설시된 "자손의 안전과 자유와 행복을 영원히 확보할 것을 다짐하면서"라는 중대목적을 간과하게끔 만들고 있다. 자유주의와 공화주의 중 무엇이 우선시되어야만 바람직한 헌법사회가 형성될 것인지에 대한 건설적 논의를 뒤로 한 채 공익수호를 위한 목적으로 설치된 방어선을 인위적으로 우회함으로써 자기중심적 이익을 향유하기 위한 노력을 경주하려는 의지들이 오염된 사회적 분위기를 형성하고, "정의 · 인도와 동포애로써 민족의 단결을 공고히 하고, 모든 사회적 폐습과 불의를 타파"하기는커녕 새로운 형태의 국론분열과 아노미를 조장함으로써 합리적 불의를 양산시키는 결과를 이끌어내고 있을 따름이다. 그러한 조류가 공동체를 에워싸면서 전문은 실효적인 규범력(規範力)을 갖추지 못한 선언문에 불과한 것으로 전락하다시피 하고 있을 뿐만 아니라, 마치 강력한 전염성을 함유한 질병처럼 헌법을 위시한 전(全)법률에까지 미치고 있다는 사실을 우리는 목도하고 있다. 필자가 주어진 현실에 대해 과도할 정도로 비판적인 시각을 가진 것이라고 생각하는 이들도 있을 것이겠지만, 권리분쟁이라는 병폐가 거시적으로는 사회주체들이 공적인 영역에서 교환하는 행위범주들에만 영향을 준 것이 아니라 미시적으로는 개인들이 향유하는 개별적인 생활영역에까지 확산되고 있다는 사실들을 고려할 필요가 있다. 실제로 여러 언론사들의 보도내용들을 보면 정치 · 경제 · 사회 · 문화권력을 가지고 있는 주체들 사이의 갈등은 개인들 사이에서 이루어지는 다툼에 비하여 양적으로 적은 편에 해당한다. 물론 전자의 경우가 양적 · 질적으로 더 강력한 폐해를 공동체에 안겨주고 있음은 부인할 수 없는 사실이지만, 후자로 인하여 생기는 폐해들의 누적량(累積量)을 고려한다면 전자에 비하여 결코 뒤쳐진다고 단언할 수도 없을 노릇이다.

상기와 같은 문제를 해결하기 위해선 운영지침에 강력한 규범력을 부여함으로써, 그 속에 담겨있는 자유민주주의 헌법정신이 사회전역에 완연하게 흐를 수 있도록 하는 것이 필수적으로 요청된다고 사료된다. 위에서 일독(一讀)하였듯이 전문에 있는 내용은 일반적인 법규정에 비하여 추상적이고 보기에 따라선 막연한 편이기 때문에 권리분쟁에 직접적으로 적용을 시키는 데에는 어려운 감이 있음은 사실이다.[51] 헌법전문이 재판규범으로서

51) 존재와 당위 그리고 사실과 규범 사이의 명확한 한계선을 긋는 법실증주의적 시각에선 헌법전문은 어디까지나 정치적인 의미의 선언문에 지나지 않는다고 평가할 가능성이 높다. 실제로 전문에선 헌법정신이 어떠한 식으로 발현되어야 한다는 지침 내지는 방침에 대해서 언급하고 있는 인상을 강하게 주고 있기 때문에 구체적인 형태의 권리와 의무에 대해선 언급하지 않고 있다. 그러므로 이처럼 모호한 듯한 느낌

의 효력을 가지고 있는지에 대해선 학자들마다 각기 상이한 견해를 제시하고 있는데, 긍정하는 견해와 절충적 견해로 나뉜다. 전면적으로 부정하는 견해는 없는 것으로 사료된다. 관련 내용을 간략하게 정리하면 다음과 같다.

〈표 8〉 헌법전문의 재판규범성에 대한 학자들의 견해

입장	학자	헌법전문의 재판규범성 여부에 대한 견해	근거로서 제시한 헌법재판소 결정례	출처
긍정	홍성방	우리 헌법 전문에는 헌법의 성립유래와 대한민국의 정통성, 헌법제정의 목적, 헌법이 정당한 절차를 밟아 개정되었다는 것 외에도 우리 헌법의 기본원리에 해당되는 사항들이 선언되어 있기 때문에 법적 효력을 갖는다. 따라서 우리 헌법전문은 헌법의 헌법으로서 헌법이나 법률의 해석기준이 되며, 구체적 사건에서 재판규범으로 기능하고, 헌법전문의 핵심내용은 헌법개정에서도 한계로 작용한다.	해석기준으로서의 헌법전문 헌법재판소 1989. 1. 25. 선고 88헌가7 결정 재판규범으로서의 헌법전문 헌법재판소 1990. 4. 2. 선고 89헌가113 결정 / 헌법재판소 1990. 6. 25 선고 90헌가11 결정 / 헌법재판소 1992. 1. 28. 선고 89헌가8 결정 / 헌법재판소 1992. 3. 13. 선고 92헌마 37등 병합결정	홍성방, 『헌법학』, 현암사, 2007, 82면
	허영	법실증주의헌법관이 극복된 오늘날 헌법전문의 법적 규범성이나 그 규범적 효력을 부인하기는 어렵다고 할 것이다. 따라서 오늘날에 와서는 헌법전문의 성격이나 그 효력을 둘러싼 논쟁은 이미 시대착오적인 것이라고 할 것이다. 결론적으로 헌법전문은 헌법의 이념 내지 가치지표를 제시하고 있는 헌법규범의 일부로서 헌법으로서의 규범적 효력을 나타내기 때문에 구체적으로 헌법소송에서의 재판규범인 동시에 법률해석에서의 해석기준이 된다고 할 것이다.	헌법재판소 1989. 9. 8 선거 88헌가6 결정 / 헌법재판소 1989. 1. 25 선고 88헌가7 결정 / 헌법재판소 1990. 4. 2. 선고 89헌가113 결정	허영, 『한국헌법론』, 박영사, 2005, 134~135면

을 주는 문언에 대해 규범력을 부여하는 것은 자칫 법질서의 문란함을 가져오는 결과를 가져올 수 있다고 강변할 것이라고 예상된다. 한편 헤르만 칸토로비츠(Herman Kantorowicz)나 루돌프 폰 예링(Rudolf von Jhering)과 같이 목적법학적 사고를 가진 학자들은 헌법전문이 일견 선언적인 형태의 문언으로 구성되어 있다고 할지라도 내재되어 있는 지침들은 사법심사의 과정에서 거론될 수 있는 중요한 심사기준으로 사용될 수 있으므로 규범력을 가지고 있다고 봄이 타당하다고 주장할 개연성이 있다고 판단된다.

	양건	좁은 의미의 재판규범성을 인정하느냐의 여부는 일률적으로 볼 것은 아니며, 전문의 규정 내용에 따라 개별적으로 판단해야 할 것이다. 헌법 전문은 ① 헌법전(헌법전)의 일부로서 원칙적으로 헌법 본문과 동일한 법적 성격을 지닌다. ② 헌법 본문 및 법령의 해석 기준과 입법의 지침이 된다. ③ 전문에 규정된 헌법의 기본원리를 변경하는 헌법개정은 인정되지 않는다. ④ 구체적 사건에서 판단 기준이 된다는 의미에서 재판규범성을 지니지만, 사법적 구제의 직접 근거가 되는지 여부는 전문 내용에 따라 판단해야 한다.	**긍정례** 헌법재판소 1990. 4. 2. 선고 89헌가 113 결정/ 헌법재판소 1990. 9. 3 선고 89헌가95 결정 **부정례** 헌법재판소 2001. 3. 21 선고 99헌마139등 사건	양건, 『헌법강의 Ⅰ』, 법문사, 2007, 94~95면
절충	성낙인	헌법의 기본원리를 천명하고 있는 헌법전문은 ㉠ 국가의 최고규범으로서 ㉡ 모든 법령 해석의 기준이 될 뿐만 아니라 ㉢ 그 기본원리는 헌법개정의 대상이 되지 아니한다. 그러나 헌법전문이 규범적 효력을 가진다는 의미와 헌법전문에 담고 있는 내용이 모두 구체적이고 현실적으로 규범적 효력을 가진다는 의미는 구별하여야 한다. (중략) 한편, 비록 헌법전문이 규범적 효력을 가진다고는 하지만 헌법제정 당시의 헌법탄생과 관련된 기본적인 상황을 반영한 선언적 성격도 동시에 담고 있다는 점을 부인할 수 없다.	**부정례** 헌법재판소 2001. 3. 21 선고 99헌마139등 사건 * 성낙인 교수는 긍정례로서 서울지법의 판결문을 수록한 바 있다. 서울지법 2001. 1. 26. 선고 99가합30782 판결	성낙인, 『헌법학』, 법문사, 2007, 118~119면
	정종섭	헌법전문의 성격을 둘러싼 이런 논의는 전문이 재판규범이나 헌법개정의 한계로 작용하는가 하는 문제와 관련하여 실익을 가진다. 전문의 내용이 이와 관련이 없는 때에는 전문의 법적 성격에 대한 논의는 실익이 없다. 따라서 헌법전문의 법적 성격에 대한 논의는 전문이 정하고 있는 내용과 밀접한 연관을 가진다. **(a) 역사적 배경의 단순 서술** : 전문의 내용이 헌법제정의 역사적 배경을 단순히 서술한 것에 그치면 이는 법적 성격을 가진다고 하기 어렵다. **(b) 헌법제정권력의 소재 등** : 전문에 헌법제정권력의 소재, 국호, 헌법제정이나 개정의 공포일과 시행일이 적시되어 있는 경우에는 이러한 것들은 법적인 효력을 가진다. 하위 법률이나 재판으로 이러한 것을 변경할 수 없다. **(c) 전문과 본문이 일치하는 경우** : 전문의 내용이 본문에서 정하고 있는 내용을 확인하거나 이를 추상적으	**재판규범으로서의 헌법전문** 헌법재판소 1989. 1. 25. 선고 88헌가7 / 헌법재판소 1989. 9. 8. 선고 88헌가6 결정 / 헌법재판소 1990. 4. 2. 89헌가 113 결정 / 헌법재판소 1992. 3. 13. 92헌마37 결정 **본문에는 없지만 전문에만 있는 내용에 대해 법적 효력을 인정한 사례** 헌법재판소 2005. 6. 30. 선고 2004헌마859 결정	정종섭, 『한국헌법론』, 박영사, 2007, 188~189면

		로 요약하거나 가치지향에서 동일한 것이면 본문이 법적 성격을 가지기 때문에 당연히 전문도 법적 성격을 가진다. 이런 경우 전문은 본문과 중첩적으로 판단의 기준과 근거로 인용되고 적용된다. **(d) 전문과 본문이 일치하지 않는 경우** : 헌법의 본문에는 규정되어 있지 아니한 내용으로서 전문에만 존재하는 내용이 있는 경우에 이러한 부분이 법적 효력을 가지는가 하는 점이 문제된다. 그 내용이 본문과 충돌되는 것이 아닌한 헌법전의 구성부분으로서 법적 효력을 가진다고 할 것이다. 즉 전문의 해당 내용이 법적 성격을 가지면 그 내용이 본문에 없더라도 이는 재판규범으로 작용하고, 그 성질에 따라 헌법개정의 한계로도 작용한다.		

위의 도표에서도 보았듯이 한국에서 유명한 헌법학자들은 헌법전문이 가지는 규범적 효력을 전면적으로 부인하진 않는다. 물론 긍정설과 절충설로 분류가 되어 있기는 하지만, 이들의 설명을 통해서 우리가 인식해야 할 사항은 헌법전문이 단지 정치적 선언이라고만 판단하기엔 어려움이 따른다는 점이다. 막연한 내용을 가지고 있다는 이유만으로 이를 규범의 영역에서 제외시킨다는 것을 합리적이라고 볼 수는 없는데, 그 까닭은 법이라는 규범적 산물이 언제나 구체적인 모습으로 존재하지는 않기 때문이다. 가령 민법에서 언급하는 신의성실의 원칙과 조리(條理) 및 권리남용 등과 같은 용어와 행정법에서 언급하는 불확정개념(不確定槪念) 그리고 여타의 법률에서 공히 사용하고 있는 사회통념(社會通念)이나 사회상규(社會相規) 모두 구체성이라는 영역에서 벗어난 것임을 염두에 둘 필요가 있다. 이와 같은 용어들은 사람들이 일반적으로 가지고 있는 상식의 범주 내에서 융통성을 가지고 권리분쟁에 적용되는 것들이다. 따라서 헌법전문이 선언적이고 다소 정치적인 느낌이 든다고 하여 이를 규범의 세계에서 배제시켜야 한다는 논리는 위에서 언급한 것들과 달리 취급해야 한다는 것을 의미하기 때문에 선뜻 납득하기가 어렵다. 사용하기 어려운 물건은 물건으로서의 가치를 가

지지 못한다는, 즉 사용가능성(使用可能性, availability)의 저하가 유용성(有用性, utility)의 존재를 부정하는 셈이다. 규범의 세계에서 주요한 역할을 하는 사람들은 특정한 이론이나 사상이 유용한 것이라고 판단한다면, 이를 가공하여 사용할 수 있는 최적의 상태로 만들어야 할 기본적인 의무를 가지고 있다. 이것이 이행될 때에 한하여 권리분쟁해결의 발전상이라는 결과를 가시적으로 창출해내는 것이 가능해진다고 사료된다.

전문에 있는 내용을 규범적인 것으로 전환시키기 위해선 그 안에 기재되어 있는 헌법의 기본정신이 상대적으로 극명하게 담겨있는 부분을 찾아내는 것이 우선되어야만 할 것이다. 필자는 그 부분이 (ⅰ) "자율과 조화를 바탕으로 자유민주적 기본질서를 더욱 공고히 하여", (ⅱ) "정치·경제·사회·문화의 모든 영역에 있어서 각인의 기회를 균등히 하고", (ⅲ) "능력을 최고도로 발휘하게 하며", (ⅳ) "자유와 권리에 따르는 책임과 의무를 완수하게 하여", (ⅴ) "안으로는 국민생활의 균등한 향상을 기하고, 밖으로는 항구적인 세계평화와 인류공영에 이바지함으로써 우리들과 자손의 안전과 자유와 행복을 영원히 확보할 것을 다짐하면서"와 같이 네 가지의 사항들이라고 본다. 물론 (ⅰ)에서 (ⅴ)에 이르는 내용들을 열거된 순서대로만 읽는다면, 이들이 의미하는 내용이 제대로 드러나지 않을 것이다. '(ⅰ)−(ⅲ)−(ⅱ)−(ⅳ)−(ⅴ)'의 순으로 배열을 해보면, 헌법이 추구하고자 하는 바가 무엇인지를 알 수 있게 된다. 다시 말해서 '(ⅰ) 자유민주적 기본질서가 가지고 있는 가치가 사회에 뿌리 깊게 자리를 잡기 위해선, (ⅲ) 국민들이 자아실현본능을 구체적으로 발현시킬 수 있도록 하되, (ⅱ) 그로 말미암아 각 모든 영역에서 타인의 권리를 부당하게 빼앗지 않도록 하는 것이 중요하므로, (ⅳ) 권리에 내재한 주관적 공권과 객관적 가치질서들 중 어느 하나가 다른 하나를 압도하지 않도록 주의함으로써, (ⅴ) 국민들의 생활향상과 세계평화 및 인류공영을 이끌어내어 모든 이들이 안전한 상태에서 자유와 행복을 추구할 수 있게 하는 것이 관건이라고 하겠다'는 식으로의 해석이 필요하다는 것이다. 그리고 이를 통하여 우리는 상생의 법칙에 근거한 공화주의적 자유주의식의 정의관이 헌법이 추구하는 이념에 해당함을 알 수 있게 된다. 아래에서는 이와 같은 인식하에 제1장 총강에서부터 제2장 국민의 권리와 의무에 이르는 헌법규정들을 해석하고자 한다.

Ⅱ. 민주공화국과 주권재민의 원칙

헌법 제1조 제1항에서는 "대한민국은 민주공화국이다" 그리고 제2항에서는 "대한민국의 주권은 국민에게 있고, 모든 권력은 국민으로부터 나온다"라고 규정한 바 있다. 사회가 사회다운 모습이 되기 위하여 필수적으로 요청되는 가장 기본적이고도 근본적인 규정이라고 할 수 있겠다. 과거에는 제1항을 해석함에 있어 국체론(國體論)과 정체론(政體論)을 사용하여 그것이 가지고 있는 진의를 규명하고자 하는 시도가 있었으나, 현대에 들어선 민주공화국 그 자체에 대한 학자들만의 해석방식이 이용되는 경우가 많은 편이다. 필자가 바라보는 민주공화국은 '국민이 주인이 되어'(민주, 民主) 많은 이들이 '평화롭게 살아가는 국가'(공화국, 共和國)를 의미한다. 물론 용어에 내재한 복잡하고 방대한 이념들을 고려해야만 보다 정확한 의미를 파악할 수 있을 것이겠지만, 때로는 '주어진 이념'을 면밀하게 해부하는 시도보다 '주어져야만 할 이념'이 무엇인지에 대하여 생각하면서 이를 자신만의 시각으로 재해석하는 것이 필요할 때가 있을 뿐만 아니라, 재해석의 결과로 나타난 주의(主義)가 사람들에게 공감을 얻을 수 있다면 그 가치는 더할 나위가 없을 정도로 사회발전에 기여하는 바가 있을 것이라 사료된다.

국민이 국가의 주인임을 일컫는 민주는 우리가 어린시절 공교육기관에서 교육을 받을 때부터 줄곧 들어본 말이었음에도 불구하고, 통상적으로 주권재민(主權在民)의 원칙을 교과서적으로 이해하기 위한 방편으로 거론되었을 뿐 용어 자체가 가지고 있는 뜻에 대해선 이렇다 할 노력이 상대적으로 기울여지진 않았다고 생각된다. 현대사회에선 당연하게 받아들여지는 것에 대해 굳이 재론하고자 하는 태도는 지극히 무용한 것이라고 판단하는 조류가 형성되어 있기 때문일 것이다. 그러나 현실 속에 깊숙하게 반영되어 있는 무언가를 들추어내는 것은 의식의 발전보다는 퇴행을 불러일으키는 것이 아니라, 우리가 망각하고 있던 것을 되새길 수 있도록 함으로써 궁극의 발전을 도모하기 위함이라는 사실에 대해 고려할 필요가 있다. 국민이 국가의 주인이 되기 위해서 전제조건이 필요한데, 그것은 개인이 자신의 삶을 행복하게 만들 수 있도록 할 수 있는 권능을 겸비하는 것이라고 하겠다. 스스로가 본인의 일상생활을 주도할 수 있는 능력을 부여받지 않고선 국가라는 거대한 공동체의 운명을 결정지을 수 있는 힘을 보유할리 만무하므로 외부세계로부터 부당한 간섭을 받지 않음과 동시에 자아실현 본능을 여실히 발현시킴으로써 생의 궁극적인 목적을 추구할 수 있는 자격을 온전히 갖추기 위한 불가침의 영역을 확보하여야만 한다.[52] 그와 같은

52) 여기서 영국의 철학자 로크의 생각을 살펴보도록 하자. 그는 "인간의 자유 그리고 주권과 관련하여 "인간은 태어나면서부터 다른 어떤 인간과도 평등하며 —즉 세계의 수많은 사람들과 평등하며 완전한 자유를 소유하고— 자연법이 정한 모든 권리와 특권을 제한받지 않고 누릴 자격이 부여된다. 따라서 인간은 자기 소유물—즉 생명, 자유, 자산—을 다른 사람의 침해와 공격으로부터 지키기 위한 권력뿐 아니라, 다른 사람이 자연법을 범했을 때에는 이것을 재판하고 또한 그 범죄에 상당하다고 믿어지는 벌을 가하고, 범행의 흉악함으로 인해 사형이 필요하다고 생각되는 죄에 대해서는 사형에 처할 수도 있는 권력을 태어나면서부터 가지고 있는 것이다. 그러나 정치사회는 그 자체 안에 소유물을 보전할 권력과 그것을 위해 사회의 모든 사람들의 범죄를 처벌할 권력을 갖지 않으면 존재할 수도, 존속할 수도 없다. 따라서 사회의 성원 한 사람 한 사람이 이와 같은 자연적인 권력을 포기하고 사회에 의해서 만들어진 법률의 보호를 받도록 호소할 수 있는 모든 사건에 관해 이것을 공동사회의 손에 위임하는 경우에만 비로소 정치적 사회는 성립되는 것이다. (중략) 일정한 수의 사람들이 서로 결합하여 하나의 사회를 구성하며 모든 사람이 자연법의 집행권을 포기하고 그것을 공공의 손에 맡기는 경우에 한해, 비로소 정치사회 또는 시민사회가 성립하게 된다. (중략) 그리고 이것으로 사람들은 모든 분쟁을 재결(裁決)하고 공동체의 어떤 구성원에게도 일어날 수 있는 침해를 구제해줄 권위를 갖춘 재판관을 지상에 세움으로써 자연 상태에서 벗어나 국가 상태로 들어가게 된다. 그 재판관은 입법부 또는 입법부가 임명한 위정자이다. (중략) 여기에서 분명한 것은 일부 사람들에게 지상에 존재하는 유일한 통치형태로 간주되는 절대군주제가 실제로는 시민사회와 모순되고 있어 시민적 통치 형태가 될 수 없다는 것이다. 왜냐하면 이것은 시민사회의 목적이 각 개인이 자기 자신의 사건에 관한 재판관이 됨으로써 필연적으로 발생하게 되는 자연 상태의 불합리를 피하고 또한 이것을 교정하는데 있기 때문이다"라고 언급하여 자유와 주권에 대해 설명한 바 있다. Thomas More ·

무형의 권리공간(權利空間)이 마련되었을 때에 한하여 정치적 표현의 자유를 비롯하여 국가기관구성권 및 국가의사결정권의 행사 등에 기여할 수 있는 여지를 가지게 된다. 다시 말해서 일상적 자유가 공공적 자유를 잉태하고, 공공적 자유는 국가를 창설한다는 것이다. 이와 같은 사실이 전제되지 않는다면 국가는 베버(Max Webber)가 언급한 전통적 권위 내지는 카리스마적 권위를 가진 자들에 의하여 구체적으로 형성되고, 시민억압적 성격의 지배적 법제들이 제정되며, 궁극적으로는 '민주(民主)'가 아니라 '민노(民奴)'에 기초한 정치질서와 패러다임이 통념화의 과정을 거쳐 공고한 이념으로 자리를 잡는 현상이 초래될 것이다. 그러므로 국민이 주인이 된다는 기본명제 해석의 시작이 어디까지나 개인주의와 자유주의에서부터 비롯된다는 사실을 인식하지 못한다면 민주라는 용어의 외피만을 지적으로 이해하기만 할 뿐, '그것의 진의가 무엇인지' 더 나아가 '그것이 어떻게 공동체의 세계로 확장되는지'에 대해 깊은 이해를 할 수 없을 것이다.

그러나 주지하다시피 하나의 원리와 원칙만이 존재하는 사회는 '안정성(安定性)'을 겸비할 수는 있을지라도 결코 '안전성(安全性)'을 보유한다고 할 수는 없다. 일견 바람직한 사상이라고 여겨지는 단일이념이라고 할지라도 이에 대항할 수 있는 교정적(矯正的) 사상이 없을 때에 폭주할 가능성이 존재하기 때문이다. 그로 인하여 만들어지는 사회는 권위주의적인 색조를 뒤덮임으로써 일정한 변화의 과정을 거치지 않고 안정적인 모습을 유지하지만, 그 안에서 살아가는 이들의 삶은 자아실현본능의 실현과는 멀어질 수밖에 없기 때문에 결코 안전하다고 할 수는 없다. 우리는 그동안의 논의를 통하여 자유주의와 개인주의가 가지고 있는 힘이 어떠한 폐해를 불러일으킬 수 있는지에 대해 살펴본 바 있다. 자아실현본능을 적절한 수준에서 발현시키지 못하고, 폭주하도록 방치함으로써 나타나는 폐해는 지역사회는 물론 국가 전체를 붕괴시킬 수 있다. 그렇기 때문에 제1항에서는 민주라는 표현

John Stuart Mill · John Locke, 『유토피아/자유론/통치론』(김현욱 옮김), 동서문화사, 2008, 345~347면.

이외에 공화국(共和國)이라는 표현을 삽입한 것이다. 통상적으로 거론되는 공화국이란 군주제를 지양함과 동시에 시민들이 자신들의 목소리를 외부로 발하여 국정에 반영되게 함으로써 운용되는 헌정(憲政)제도를 의미한다. 현재에도 몇몇 국가에서는 입헌군주제를 채택하고 있지만 실상은 민주공화제를 채택하고 있으며 군주제는 단지 명목상의 의미에 지나지 않는다. 그러나 공화국이라는 말이 가지고 있는 가치가 이와 같은 단순한 방식으로만 설명된다면, 그 진의를 파악하기란 어려울 수밖에 없다. 더군다나 헌법전문과 이렇다 할만한 연결점을 찾기도 힘들다는 점을 고려할 필요가 있다. 공화국의 공화란 '함께'를 의미하는 공과 '조화'를 의미하는 화의 합성어로서, 독단과 독선에 기초한 국정운영과 민간생활양식을 지양하고 궁극적으로는 거시적 단일성을 갖춘 모습을 일구어내어야 함을 뜻한다. 물론 사람들마다 저마다의 개성을 가지고 있기 때문에 단일한 모습을 갖는 것이 물리적으로는 불가능하지만, 앞서 자연의 법칙에 대해 논의한 바와 같이 '일관적 복합성'에 의거하여 다양하면서도 평화를 추구하는 형태의 태도를 갖는다는 것은 실현가능하다. 이러한 일관적 복합성을 훼손하는 것이 무엇인지를 파악할 수 있다면, 공화라는 가치가 파괴되는 것을 미연에 막을 수 있는 역량을 갖출 수 있다. 공화국이 제대로 된 가치를 발하지도 못할뿐더러 설상가상으로 이름값을 하지 못하게 되는 상황적 요인을 들자면, 그것은 여론을 수렴할 수 있는 능력과 권위를 가지고 있는 주체가 쌍방향식 의사소통이 아니라 하향식 의사소통체제에 대해 우호적인 관점을 견지하는 우를 범하는 때라고 할 것이다. 의사교환의 집합체라고 할 수 있는 공론장(公論場)은 사상의 자유시장으로서의 성격을 보유하고 있지만 자동조정의 원리에 따라 교정될 수 있는 여지가 존재하며, 기타 사회상규와 법제도에 따른 보호와 교정의 대상이 되기도 한다. 이와 같은 구조로 구성된 까닭은 단일인간이 가지고 있는 '인지의 한계'와 '인지한 바를 실행하기 위한 능력의 한계'로부터 완벽하게 자유로울 수 없기 때문이다. 따라서 일관적 복합성에 따라 형성되는 공화의 의미가 현대와 같은 사회에서는 더욱 더 중요한 지위를 차지할 수밖에 없는 것이다.

결과적으로 '민주'가 가지는 자유주의와 '공화'가 가지는 공화주의라는 두 가지의 색채가 융합될 때에 한하여 헌법에서 규정한 '민주공화국'이라는 참 뜻이 발현될 수 있는 것이라고 하겠다. 그리고 앞서 언급해왔던 논의했던 바와 같이 인격과 행복추구권에 기초한 자유로운 생활영역의 형성이 최우선 조건임에는 재론의 여지가 없다. 따라서 모든 국민들이 다양한 견해와 가치관을 가지고 이를 구체적으로 실현시킬 수 있도록 하되 타인과의 조화 가능성을 파괴함으로써 궁극적으로 공동체의 안위에 심대한 문제가 생기지 않도록 주의를 할 필요가 있으므로 헌법 제1조 제1항에 설시된 민주공화국은 공화주의적 자유주의를 표방한 헌정체제라고 봄이 타당하다. 그렇다면 민주공화국을 규정한 제1항과 주권재민(主權在民)이라는 제2항이 별개의 조문이 아니라 한 조문 안에 위치한 까닭에 대해서도 설명하는 것이 가능해진다. 일관적 복합성을 이루는 요소들, 즉 '자신의 가치관에 의거한 의사표현'과 '의사표현의 자유가 적절히 발현될 수 있도록 도움을 주는 공동체'는 국가와 사회의 쌍방향적 의사소통을 통한 합의에 기초한 지배를 가능케 한다. 국민의 대표자를 뽑는 것은 전자에 기초하며, 민주적 정당성을 가진 대표자가 국민들의 자유를 수호하기 위하여 기본규범과 정책을 형성하여 안정적인 공동체를 만들고자 하는 의지의 소산은 바로 후자에 기인한 것이다. 그러므로 결과적으로 국민에 의한 국민의 지배가 이루어지는 셈이므로 주권재민의 원칙과 궤를 같이하고 있다. 이러한 연유로 대한민국의 민주공화국이라는 규정과 주권재민이라는 규정이 한 조문 안에 같이 규정된 것이라고 할 수 있겠다.

Ⅲ. 보호받는 사람과 보호받아야 할 사람

그리고 이러한 권리가 실현되기 위한 기본적 조건을 규정한 것이 바로 제2조라고 할 수 있다. 본조 제1항에서는 "대한민국의 국민이 되는 요건은 법률로 정한다" 그리고 제2항에서는 "국가는 법률이 정하는 바에 의하여 재외국민을 보호할 의무를 진다"고 하였다. 따라서 민주공화국 안에서 주권을 가진 국민만이 온전한 형태의 기본권을 누릴 수 있는 자격을 부여받고, 외국국적을 보유하지 않은 혹은 무국적자(無國籍者)가 아닌 한국인으로서 해외에 체류하고 있는 사람들 역시 이와 동일한 자격을 보유함과 동시에 모국(母國)으로부터 충분한 보호를 받을 권리를 가지고 있다고 해석하는 것이 가능하다.[53] 물론 외국인이나 국적을 가지지 않은 자들이 기본적인 인권을 조금도 누릴 수 없다는 의미는 아니다. 다만, 국정의 운영에 필수불가결한 정치적 의사를 실현시키기 위한 또는 토지를 매입하기 위한 행위 등을 함에 있어 부분적으로 제약을 받을 따름이다. 그러나 이러한 부분적 제한의 존부가 기본권 향유능력의 범주를 설정함에 있어 매우 커다란 영향을 끼친다. 이상의 권리들이 대한민국의 국적을 가지지 않은 다른 사람들에 의하여 무제한적으로 향유될 경우 국민의 권리를 실현시킬 수 있도록 그리고 보호해야 할 국가의 헌법적 작위의무가 가지는 가치가 퇴색될 뿐만 아니라 그로 인하여 민주공화국을 운영하는 실질적 주체의 다중화(多衆化)를 가져옴으로써 제1조에 설시되어 있는 규정의 진의를 훼손시키는 결과를 초래할 것이다. 따라서 국민이라는 두 글자가 가지는 헌법적 의미는 실로 엄청나다고 할 수 있겠다. 그래서 제2조 제1항에서 국적법에 따라 국민의 자격을 상세하게 규정하도록 명한 것이다. 또한 외국에 있는 한국인들은 장소적으로 멀리 떨어져 있지만 대한민국의 국적을 가진 그리고 정치

53) 헌법재판소는 2011년 8월 30일에 선고한 2208헌마648 결정에서 "헌법 제2조 제2항은 '국가는 법률이 정하는 바에 의하여 재외국민을 보호할 의무를 진다'라고 규정하고 있는바, 이러한 재외국민 보호의무에 관하여 헌법재판소는 '헌법 제2조 제2항에서 규정한 재외국민을 보호할 국가의 의무에 의하여 재외국민이 거류국에 있는 동안 받는 보호는 조약 기타 일반적으로 승인된 국제법규와 당해 거류국의 법령에 의하여 누릴 수 있는 모든 분야에서의 정당한 대우를 받도록 거류국과의 관계에서 국가가 하는 외교적 보호와 국외거주 국민에 대하여 정치적인 고려에서 특별히 법률로써 정하여 베푸는 법률 · 문화 · 교육 기타 제반영역에서의 지원을 뜻하는 것이다'고 판시함으로써(헌재 1993. 12. 23. 89헌마189, 판례집 5-2, 646), 국가의 재외국민에 대한 보호의무가 헌법에서 도출되는 것임을 인정한 바 있다"고 판시하였다.

적 의사를 발현할 수 있는 자격을 가지고 있는 동포로서 응당 보호를 받아야 하는 주체에 해당하기 때문에 제2항과 같은 규정이 마련되었다. 그러나 이와 같이 중요한 사항들을 최상위의 성문법인 헌법에 따라 구체적으로 그리고 강력하게 보호하는 것이 아니라 국적법(國籍法)과 같은 하위의 단계에 있는 법률에 의거하여 보호하고자 하는 이유를 납득할 수 없다는 비판이 제시될 수도 있을 것이다.

그러나 국적법은 22개의 조문과 부칙(附則)으로 규정된 법률로서 그 내용을 보면 전문기술적(專門技術的)인 측면의 내용들을 담고 있음을 알 수 있다. 전문기술이라 함은 추상적인 헌법전의 내용이 구체적으로 사회에 적용될 수 있도록 하기 위하여 사용되는 고급테크닉을 뜻하는데, 통상적으로는 절차규정과 허가규정 등과 같이 행정작용을 발하기 위한 조건을 창설하는 기능을 수행한다. 국적법에는 국적을 부여하기 위한 기본원리와 취득절차 등에 대한 상세규정들이 존재하고 있다. 그리고 대부분은 정부의 외교적 능력을 근거하는 경우가 많은 편이긴 하지만, '재외동포의 출입국과 법적 지위에 관한 법률'을 포함하여 여러 법률을 통하여 제2조 제2항에 해당하는 헌법적 작위의무를 이행하고 있다. 만약 이와 같은 내용들을 재외동포에 대한 두터운 보호를 실현하든 이유로 헌법전에 한꺼번에 편입시키고자 한다면, 헌법은 공화주의적 자유주의의 원리의 발현을 위한 근원적 조건을 규정함으로써 국민생활의 전반을 관장하는 관리자로서의 기능이 아니라 마치 법령처럼 부분만을 집중적으로 관할하는 기술자로서의 기능을 수행해야만 하는 입장이 놓임에 따라 제 역할을 수행하기 위한 능력을 상실하게 될 것이다. 결과적으로는 대다수의 국민들은 자신이 응당 누려야 할 권리를 행사할 수 있는 이론적 · 사상적 토대를 잃을 뿐만 아니라 국가로부터 보호받을 수 있는 기회를 향유할 수도 없게 된다. 따라서 헌법이 헌법답기 위해선 공익을 수호하기 위한 지침을 포괄적으로 규정하고, 포괄성으로 말미암아 생겨난 구체적 보호공백을 메우기 위하여 하위의 법령들에 강력한 힘을 분할하여 배분함으로써 전체적으로 누수가 발생하는 곳이 없도록 함과 더불어 법령들이 오·남용되지 않도록 관리 내지는 감독하게 하는 것이며, 여타의 법령의 적용내역이 공화주의적 자유주의에 적합하였는지를 기준으로 하여 그 위헌성의 여부를 결정할 수 있는 힘을 보유하는 데에 그쳐야만 할 것이라고 사료된다.

물론 상기와 같은 견해에 대하여 대한민국의 국적을 가지지 않은 외국인 내지는 무국적자에 대한 보호가 지나칠 정도로 취약해질 수 있는 위험성을 내포하고 있다는 식의 비판이 제기될 수 있다. 타당한 지적이라고 생각한다. 그러나 위에서 언급한 사항들은 민주공화국으로서의 대한민국이 주권재민의 원칙에 따라 운영될 수 있도록 하기 위한 전제조건들에 해당할 뿐, 국민이 아닌 사람들에게 불합리하거나 불평등한 대우를 해도 무방하다는 것을 담고 있진 않다. 실제로 우리나라에는 시간이 갈수록 정주하는 외국인의 수가 늘어가고 있을뿐더러 장기거주가 아니라고 할지라도 실질적인 생활영역을 구성하고 있는 비율이 높아지고 있음을 감안하여야 한다. 뿐만 아니라 국제인권법(國際人權法)이 세계헌법의 중요한 축을 담당하고 있는 법으로서 공존공영의 목적을 실현하기 위하여 발동되고 있고, 이에 맞추어 인권이라는 가치도 특정한 국가의 내부에서 보존되어야 할 산물이 아니라 지구촌에 존재하는 모든 국가들이 깊은 관심을 가져야 할 사항으로 부각되었다는 사실 또한 주지하여야 할 것이다. 이처럼 세계규범적 관점 이외에 국내현실적 관점에서우리가 염두에 두어야 할 사항이 있다면, 그것은 국가 간에 형성되는 상호주의(相互主義) 내지는 호혜주의(互惠主義)이다. 현재 수많은 한국인들이 외국에서 터를 잡고 생활을 영위하고 있는 실정인데, 만약 우리가 이(異)문화권 출신의 사람들에게 적대적이거나 혹은 적절치 못한 언동을 취할 경우 재외동포들 역시 비슷한 처우를 받을 가능성이 결코 낮다고 볼 수는 없다. 실례로 소위 말하는 G20의 국가출신이 아닌 외국인들에 대해선 홀대하는 듯한 태도를 보이는 반면, 그렇지 않은 사람들에겐 상대적으로 관대한 태도를 견지하고 있음이 대중매체를 통하여 여러 차례 지적된 바 있다. 이와 같은 부정적인 사건들은 국가가 이들에 대한 적극적 보호를 하지 못하였거나 설령 시행하였다고 할지라도 과정상에 미진한 부분이 존재하였음을 단적으로 보여주며, 그 이외에 외국인들을 바라보는 국민적 시각이 범세계적인 차원의 인권보호의 중요성에 대한 인식확산 속도를 쫓아가고 있지 못했기 때문에 발발하였을 것이라 사료된다. 뒤에서 설명하겠지만, 헌법 제10조 이하에 설시된 기본권 규정들은 대한민국의 국적을 보유하지 않은 이들에게도 응당 적용될 수 있는 것으로 인간으로서의 기본적인 권리를 누릴 수 있도록 허용하고 있다. 물론 이는 헌법규정에 '외국인들도 국민과 동등한 권리를 누릴 수 있다'라는 식으로 성문화된 것이 아니라 헌법해석을 통하여 도출된 결과이긴 하지만, 헌법재판소의 결정문을 통해서 공식적으로 인정된 부분임을 고려하여야 한다.[54] 최근 한국에서는 다문화(多文化) 내지는 다문화주의(多文化主義)라는 말이 공공연하게 회자되고 있는데, 여기에는 외국인이라고 할지라도 사회공동체의 일원으로서 적극적으로 보호받아야 한다는 내용이 담겨있다. 그러다보니 자연스레 한민족의 혈통이 가지는 가치를 중요시하는 측에서는 그리 달갑지 않은 반응을 보이기도 한다. 물론 단일한 민족문화를 공유하고 이것이 가지고 있는 가치를 드높임으로써 민족적 자긍심을 고취하여야 한다는 점에서 볼 때 한국인의 정서에 부합하는 것이므로 그 타당성이 인정된다고 사료되지만, 다문화주의를 통하여 전통문화가 새로운 문화와의 공존을 통하여 더욱

---

54) 헌법재판소는 2011년 9월 29일에 선고한 2007헌마1083, 2009헌마230 · 352(병합) 결정에서 외국인의 기본권 주체성에 대해 "우리 재판소는 헌법재판소 제68조 제1항 소정의 헌법소원은 기본권의 주체이어야만 청구할 수 있다고 한 다음, '국민' 또는 국민과 유사한 지위에 있는 '외국인'은 기본권의 주체가 될 수 있다고 판단하였다(헌재 1994. 12. 29 93헌마120, 판례집 6-2, 477, 480). 즉 인간의 존엄과 가치 및 행복추구권 등과 같이 단순히 '국민의 권리'가 아닌 '인간의 권리'로 볼 수 있는 기본권에 대해서는 외국인도 기본권 주체가 될 수 있다고 하여 인간의 권리에 대하여는 원칙적으로 외국인의 기본권 주제성을 인정하였다(헌재 2001. 11. 29. 99헌마494, 판례집 13-2, 714, 724 참조). 이와 같이 외국인에게는 모든 기본권이 무한정 인정될 수 있는 것이 아니라 '인간의 권리'의 범위 내에서만 인정되는 것이므로, 먼저 이 사건 법률조항이 제한하고 있는 것이 어떤 기본권과 관련되는 것인지를 확정하고, 그 기본권이 권리성질상 외국인인 청구인에게 기본권 주체성을 인정할 수 있는 것인지 살펴야 할 것이다"라고 입장을 밝힌 바 있다.

큰 발전의 길을 걸을 수 있도록 모색할 수 있고 더 나아가 세계적인 차원의 협조체제 내지는 공조체제의 형성에도 기여하는 바가 크다는 사실에도 진지하게 생각해볼 필요가 있다. 따라서 이문화권에서 온 사람들의 존재가 한민족의 혈통을 훼손한다는 이유로 배타적인 자세를 견지하는 것보다는 포용적인 자세를 견지함으로써 상호주의에 기초한 국제질서를 만드는 데에 역점을 두는 것이 세계 속의 대한민국의 진가를 두드러지게 발현시키는 계기가 될 수 있다고 사료된다. 요컨대 한국만의 민족문화를 보존함과 동시에 이문화의 수용을 통한 국제문화의 형성의 중요한 축을 담당하는 것, 다소 모순적인 느낌이 들지만 상생의 법칙에 기초한 일관적 복합성이라는 이름 아래에 적절한 조화를 이루는 것이 중요하다.

이상과 같이 필자가 장황하게 외국인의 입장에 대해 논의를 한 이유는 헌법 제2조 제1항과 제2항에 나와 있는 문구를 지나칠 정도로 기계적인 해석을 할 경우 생길 수 있는 문제를 지적하고자 했기 때문이다. 그렇다고 하여 본 규정을 무시하라는 의미는 아니지만, 적어도 대한민국의 국민들이 적극적인 보호를 받아야 한다는 명분 아래에 정주하고 있는 외국인들에 대한 대우가 지나칠 정도로 소홀하거나 불합리해서는 안 된다는 사실을 강조하고자 한다. 주지하다시피 국민이라는 단어가 가지고 있는 힘은 우리들 사이에선 일상적인 성격을 띠지만 정주하고 있는 외국인한테는 엄청난 영향력의 원천으로 작용하기 마련이다. 우리에겐 통상적이라고 여겨지는 사항들이 그들에겐 불합리한 피해를 안겨주는 요인이 된다는 의미이다. 그리고 이러한 결과들이 응축되어 궁극적으로는 부정적인 평가로 확산된다면, 타국에 있는 한국인들에게도 나쁜 영향이 미치지 않을 것이라고 장담할 수도 없는 노릇이다. 물론 재외동포를 보호하기 위한 목적으로 외국인보호정책에 힘을 써야함을 강조하려는 의도는 아니지만, 이 부분에 대해서도 진지하게 생각해볼 필요는 있다고 사료된다. 따라서 궁극적으로 필자가 의도하는 바는 (ⅰ) 헌법규정에 설시되어 있는 바와 같이 재외동포를 포함한 국민으로서의 지위가 민주공화국과 주권재민의 원칙을 규정한 헌법 제1조의 가치를 발하기 위한 중요한 조건임을 인식함과 동시에 (ⅱ) 외국인이 인간으로서 응당 누려야 할 기본적인 인권을 적절히 보호해주고, 더 나아가 (ⅲ) 전통문화와 이문화의 공존을 통한 국제문화의 형성에 일조할 수 있도록 분위기를 형성하는 것이 헌법 제2조의 해석론이 나아가야 할 지향점이라고 할 것이다.[55]

Ⅳ. 권리 행사가능영역과 국가에 의한 보호권역 설정

헌법 제2조에 따라 기본권을 향유할 자격을 얻은 사람들은 한반도라는 범주 안에서 공익을 심대하게 훼손하지 않는 한 자신이 원하는 형태의 삶을 영위할 수 있다. 국토의 경계를 넘은 곳에서 이루어지는 '허용되지 않은 자아실현본능의 발현'은 그 자체로 불법성을 띠며 관할국가로부터 제재를 받을 수밖에 없다. 물론 인간이 존엄과 가치를 가진 존재로서 행복을 추구할 권리를 가지고 있는 것은 사실이고 시간과 장소를 초월하여 어느 순간에나 적극적으로 향유할 수 있어야 하지만, 현실과 이상 사이에는 간극이라는 것이 존재한다.[56] 그렇기 때문에 권리행사가능영역을 설정하

---

55) 물론 헌법 제2조가 외국인을 헌법적으로 보호해야 할 대상이라고 명시적으로 언급한 바 없으므로 본 규정을 '외국인 인권보호'의 근거규정으로 삼을 수는 없다. 그렇지만 자신의 인권이 중요한 만큼 타인의 인권도 중요하다는 점을 인식하는 태도를 견지하는 것이 세계헌법적 조류에 부합하는 사고이며, 더 나아가 공존공영을 꾀하는 국제인권법의 진의와도 부합한다고 판단된다. 더불어 공화주의적 자유주의는 단지 국민의 인권보장과 국내질서의 안정화만을 위하여 거론되는 것이 아니라 전 세계와 같이 확장된 장소적 범주에서도 적용될 수 있는 것임을 강조해두고자 한다.

56) 세계시민주의는 인류의 이상향을 반영하고 있지만, 정치적·사회적·역사적으로 다른 경로를 거쳐 온 국가들 사이에서 활발하게 적용되기엔 어려움이 따를 수밖에 없다. 그 사회에서 오랜 시간 동안 견지해왔던 기본질서라는 것을 무시하는 것은 보편성에 의한 특수성의 파괴 내지는 말살이라는 결과를 가져올 개연성이 있다. 따라서 공존공영이라는 가치에 바탕을 둔 세계시민주의는 점진적인 형태로 진행될 필요가 있다고 판단된다. 관련하여 칸트의 세계시민주의에 대한 해석론을 생각해보자. 황태연은 자신의 연구서적에서 "인간이 비이성적인 존재, 즉 단지 감각적인 존재이거나 미치광이라면 전쟁으로 인한 참화를 반성 없이 반복할 것이다. 그렇다면 자연의 보편사적 의도에 대한 칸트의 확신은 실은 인간의 아둔함과 비이성 속에서 이것

는 것은 매우 중요한 일일뿐더러 국가가 자국의 국민을 보호해줄 수 있는 영향권역이 어디까지인지를 알려주는 중요한 척도가 된다고 할 것이다. 헌법 제3조는 "대한민국의 영토는 한반도와 그 부속도서로 한다"고 규정한 바 있다. 영토에 대한 규정이 곧 기본권의 발현영역이며, 이 영역 안에서 사람들은 부당한 간섭으로부터 자유로운 지위를 보유한다.57) 최근에는 다국적기업의 출현과 더불어 시장경제의 국제화로 인해 국경이라는 개념이 희박해지고 있는 것은 사실이지만, 현실적으로는 국가 간의 경계가 허물어지는 경우는 발생하지 않는다. 세계시민주의와 같은 코스모폴리탄의 이념이 전 세계에 확산되고 있는 실정이긴 하지만, 그렇다고 하여 국경의 기초를 없앤다는 것은 지극히 급진적인 발상일 수밖에 없으며 자칫 국법(國法)의 안정성 자체가 심히 훼손될 수 있으므로 궁극적으로는 국제적 · 개인적 아노미를 형성하는 주요 원인으로 작용할 개연성이 있다. 지금으로서는 인

의 결과에 대한 고통스러운 수난 체험을 통해 결국 관철되는 자연적 역사이성에 대한 믿음의 객관적 표현인 셈이다. 자연법적 역사이성에 대한 이 이성적 믿음은 칸트 이후 전개된 세계사에서 계속된 살인적 군비경쟁, 무장 평화, 1 · 2차 세계대전의 천문학적 전화, 유럽 각국의 국내적 소진, 비극적 전쟁고, 전쟁의 만행, 재앙을 겪은 후 서유럽 국가와 인류가 달성한 국제연합UN과 유럽연합EU 체제의 출현과정에서 그대로 적중되고 있다. (중략) 칸트는 도처에서 전면적 폭력 행위와 이것에서 비롯된 고통이 마침내 인민을 이성적 공법에 굴복시켜 공민적 헌정 체제에 들어서게 만들 듯이 국제 관계에서도 주권 국가들 간의 전쟁의 고통이 세계 시민적 헌정체제에 들어서도록 강제할 것이라고 확신한다"라고 언급하였다. 황태연, "이마누엘 칸트 – '계몽의 계몽'과 비판적 근대 정치 기획", 『서양 근대 정치사상사 –마키아벨리에서 니체까지』(강정인 · 김용민 · 황태연 엮음), 책세상, 2008, 446~449면.

57) 헌법재판소는 2008년 11월 27일 2008헌마517 사건에서 "헌법 제3조는 '대한민국의 영토는 한반도와 그 부속도서로 한다'고 규정하여 대한민국의 주권이 미치는 공간적 범위를 명백히 선언하고 있다. 이 같은 영토조항은 우리나라의 공간적인 존립기반을 선언하는 것인바, 영토변경은 우리나라의 공간적인 존립기반에 변동을 가져오고, 또한 국가의 법질서에도 변화를 가져옴으로써, 필연적으로 국민의 주관적 기본권에도 영향을 미치지 않을 수 없다. 이러한 관점에서 살펴본다면, 국민의 개별적 기본권이 아니라 할지라도 기본권 보장의 실질화를 위하여서는, 영토조항만을 근거로 하여 독자적으로는 헌법소원을 청구할 수 없다고 할지라도, 모든 국가권능의 정당성의 근원인 국민의 기본권 침해에 대한 권리구제를 위하여 그 전제조건으로서 영토에 관한 권리를, 이를테면 영토권이라 구성하여 이를 헌법소원의 대상인 기본권의 하나로 간주하는 것은 가능하다(헌재 2001. 3. 21. 99헌마139, 판례집 13-1, 676, 677참조)"라고 판시하였다.

간애(人間愛)적인 차원에서 시공을 초월하여 인정될 수 있는 기본적인 인권만이 국경을 넘어 최소한의 보장을 받을 따름이라고 정리할 수 있겠다.

국가는 단순히 누군가의 손에 의하여 건설된 공동체를 일컫는 말 그 이상의 의미를 보유한다. 그 누구도 국가의 실체를 가시적으로 본 사람들은 없지만, 그것은 마치 유기체(有機體)와 같은 생물학적인 속성을 가지고 운영되는 무형의 거대 집단체에 해당한다. 인간이 천문학적인 수의 세포와 신경다발로 만들어졌듯이 국가 역시 동일한 구조를 가지고 있다. 다시 말해서 개별인들이 향유하는 소규모의 생활양식들이 유기적으로 연결됨에 따라 집단을 이루고, 그러한 집단들이 모여 상위의 조직을 창설하며, 창설된 조직들이 상호작용을 하여 거대한 공동체인 국가를 만든다. 토마스 홉스(Thomas Hobbes)가 저술한 『리바이어던(Leviathan)』의 표지를 보면 군주의 몸이 수많은 사람들로 구성되어 있음을 알 수 있다. 즉 사람들이 모여 국가의 표상인 군주를 만들어낸 것이다.[58] 이는 법학적으로는 국가유기체설(國家有機體說),

58) 토마스 홉스는 자신의 저서인 『리바이어던』에서 "다수의 사람이라 하더라도, 단일한 판단에 의해 통치되지 않는 한 안전은 보장할 수 없다. 그리고 아무리 다수의 사람들이 있더라도 저마다 개별적인 판단과 욕구에 따라 행동한다면 그들은 공동의 적에 대해서도, 서로의 침해에 대해서도 어떤 방위나 보호를 기대할 수 없다. 자신들의 힘을 최대한 발휘하는 방법에 대한 의견이 분분할 경우에는 서로 돕는 것이 아니라 오히려 방해가 되고, 상호 대립으로 말미암아 힘을 소진하기 때문이다. 따라서 극소수가 단결한 집단한테도 쉽게 제압당할 뿐만 아니라, 공동의 적이 없을 때에는 서로의 개별적인 이해관계 때문에 전쟁이 벌어진다. (중략) 공통 권력은 그들을 외적의 침입이나 서로의 침해로부터 방위함으로써 안전을 보장하고, 그들이 스스로의 노동과 대지의 산물로 일용할 양식을 마련하여 만족스런 삶을 살 수 있도록 하기 위한 것이다. (중략) 한 사람 또는 합의체를 임명하여 자신들의 인격을 위임하고, 그 위임받은 자가 공공의 평화와 안전을 위해 스스로 어떤 행위를 하든 또는 국민에게 어떤 행위를 하게 하든, 각자는 그 모든 행위의 당사자가 되고, 또한 당사자임을 인정함으로써 개개인의 의지를 그의 의지에, 개개인의 판단을 그의 단 하나의 판단에 맡기는 것이다. (중략) 이것이 실행되어 다수의 사람들이 하나의 인격으로 결합하여 통일되었을 때 그것을 코먼웰스(Common wealth), 라틴 어로는 키비타스(Civitas)라고 한다. 이리하여 위대한 리바이어던(Leviathan)이 탄생한다. (중략) 코먼웰스 안에 살고 있는 모든 개인이 부여한 권한으로 이 지상의 신은 강대한 권력과 힘을 사용하여 대내적으로는 국내의 평화를 유지하고, 대외적으로는 단결된 힘으로 외적을 물리치기 위해 사람들을 위협함으로써 모두의 의지를 하나의 의지로 만들어 낸다"고 언급하여, 국가가 안전하고 부강해짐과 동시에 사람들의 안전을 보장하기 위한

사회학적으로는 구조기능주의(構造機能主義)와 그 맥을 같이 한다고 볼 수도 있다. 물론 구조기능주의를 유기체적 국가관과 직결시키는 데에는 약간의 논란이 있을 수 있지만, 큰 그림에서 본다면 관련성을 가지고 있는 것만은 사실이다. 물론 이와 같은 류의 사회계약설적인 사고에 대해 회의적으로 반응을 보이는 학자들도 있다. 자연발생적인 수순을 거쳐서 공동체가 만들어진 것이지, 계약과 같은 특별한 형태의 의사합치과정이 실제로 있었다고 보기는 어렵다는 것이다. 물론 그와 같은 비판에도 타당성이 있다고 생각한다. 그럼에도 불구하고 필자가 기존에 견지해오던 사고를 철회하지 않는 까닭은 인간이 발하는 모든 언변에는 함축적인 의미가 담겨있다고 생각하기 때문이다. 하물며 본능적인 행위에도 의사가 부분적으로 내재되어 있다. 다만 지극히 당연한 행동양식이기 때문에 객관적으로 인식할 수 있는 부분인지에 대해 혼동이 오는 것뿐이다. 이처럼 사람들은 의미가 없는 의사를 통하여 모여서 사는 형태의 삶을 살겠다고 결정하진 않는다. 오히려 명시적이든 묵시적이든, 유무형의 의사교환을 하면서 특정한 형태의 삶이 자신에게 유리한 것인지 혹은 그렇지 않은지의 여부를 결정한 후에 합의점을 도출하는 것이 보통이다. 단지 그들이 현대에서 사용하고 있는 계약용어(契約用語)나 학술적인 언어 등을 사용하지 않았기 때문에 후대의 사람들이 당시의 상황을 객관적으로 설명하는 데에 있어서 난관에 봉착했을 따름이라고 생각한다. 인간은 상기와 같은 의사합치를 거쳐 사회질서를 만들어내고 이러한 질서에 힘입어 국가에 막강한 존속력(存續力)을 부여할 권한을 보유한다. 여기서 말하는 존속력은 인간에게 있어선 생명과 같고, 국가에 있어선 존립근거와도 같다. 강력한 존립근거에 기반하여 형성된 국가는 구성원의 자유를 수호하기 위한 하나의 유기체로서 그들과의 상호작용을 통하여 더욱 공고한 지위를 갖게 되고, 이러한 지위에 힘입어 리바이어던과 같은 힘을 지닌 국가는 구성원의 부당한 일탈행위에 대해 제한을 가함으로

방법을 자신만의 방식으로 설명한 바 있다. Thomas Hobbes, 『리바이어던』(최공웅·최진원 옮김), 동서문화사, 2009, 174~177면.

써 전체의 안정성을 꾀한다. 그와 같은 안정성은 국가의 장소적 범위가 구체적으로 설정될 때에 더욱 높은 수준으로 담보된다. 이러한 차원에서 헌법 제3조와 같은 규정은 그 의미가 매우 깊다고 할 것이다.

뿐만 아니라 대한민국의 장소적 범주를 한반도와 그 부속도서를 영토로 설정하는 태도는 역설적으로 재외동포를 적절히 보호해야 한다는 필요의식과 연결되기도 한다. 대한민국에 정주하는 모든 이들은 국가의 보호 아래에 자아를 실현할 수 있는 권리란 혜택을 누리고 살 수 있지만, 재외동포의 경우는 체류국이 외국인에 대하여 어떠한 태도를 갖는가에 따라 생활영역의 폭이 클 수도 혹은 좁을 수도 있다. 만약 자유민주주의라는 이념이 적절히 자리를 잡지 못한 경우라면, 그리고 자국민의 보호를 우선시한다면, 더 나아가 자국민들 역시 외국인에 대하여 호의적인 시선을 갖지 않는다면, 그들의 삶이 윤택해졌거나 윤택해질 것이라고 보장할 수 있는 근거는 존재하지 않는다. 그렇기 때문에 주한대사관과 영사관을 해당국가에 설치함으로써 한국인의 인권이 지나칠 정도로 훼손되지 않도록 하려는 조치를 취하게 된 것이고, 더 나아가 체류국의 정부에 대해 상호주의의 원칙에 입각하여 기본적 권리침해 현상들을 근절해줄 것을 강력히 촉구할 권한을 가지고 있다. 헌법 제3조라는 영토적 한계를 벗어난 상태에선 그들의 삶을 보호해줄 수는 없지만, 역설적으로 그럴 수 없기 때문에 더욱 더 지켜주기 위한 시도를 펼치는 것이라고 할 수 있겠다.[59)]

통상적으로 영토에 대한 규정을 설명함에 있어서 국가의 실효적 지배력

---

59) 물론 그와 같은 시도를 한다고 하여 재외동포가 국내에 거주하는 국민의 수준만큼 생활을 할 수 있는 것은 아니다. 경우에 따라선 기본적인 생활조건을 충족시키는 데에 국한될 수도 있다. 그나마 이와 같은 효과가 발휘되는 까닭은 국가와 국가 간에 맺은 조약 내지는 협정 그리고 널리 승인된 국제규약이 존재하기 때문이다. 주지하다시피 전자의 경우는 계약적인 속성이 강한 반면에, 후자의 경우는 세계헌법적인 속성을 가지고 있다. 따라서 조약이나 협약은 당사국들 중 일방이 의무이행을 고의 또는 과실에 기인하여 불이행하거나 해태(解慢)하였을 때에 상대국 또한 동시이행의 항변권(同時履行의 抗辯權)을 행사하여 아무런 조치를 취하지 않을 수 있음을 인정할 여지가 있으므로 재외동포를 보호하는 데에 있어 안정적이지 않은 편이다.

이 미치는 범위라고 설명하면서 북한과의 관계를 언급하는 것이 일반적이지만, 필자는 헌법 제3조가 가지는 의미는 그 이상일 것이라고 생각한다. 어떠한 헌법규정이라고 할지라도 그것을 해석하는 방법이 일의적일 수만은 없다. 물론 입법자들이 당초에 어떠한 의도를 가지고 법을 제정하였는지에 대한 입법목적적인 해석을 하는 것도 매우 타당한 방법이라는 점에선 의문의 여지가 없지만, 때로는 주어진 해석의 범주를 넘을 수 있는 또 다른 해석이 나올 수 있을 때에 한하여, 그리고 그 해석이 현실적합성을 겸비할 때에 한하여 새로운 관점에서 본 규정을 바라볼 수 있게 된다. 이러한 관점이 만들어내는 효과는 헌법이 가지는 효력이 보다 상황에 적합하도록 확장시킴으로써 궁극적으로는 국민의 생활을 보다 윤택하게 만들어내는 것이다. 필자는 영토라는 범위설정이 단순히 국경을 획정하고 그 안에서 국가의 실효적 지배가 가능해진다는 결론을 넘는 그 무언가가 있을 수 있다고 상정하였다. 그렇다고 해서 기존의 해석론을 뒤엎는 것은 아니지만, 모든 사건에는 보이는 면과 보이지 않는 면이 공존하듯이 본 규정에도 우리가 그동안 찾지 않았던 부분이 있을 수 있다. 다시 말해서 영토의 존재가 국가의 지배력을 한정하는 것이 아니라, 오히려 확장시킬 수 있는 이면적(裏面的) 효과의 존재에 역점을 둔 셈이다.

V. 자유민주적 기본질서에 기초한 평화적 통일

영토규정이 이와 같은 의미를 가지고 있는 가운데, 북한의 존재에 대해서 생각하지 않을 수 없다. 제3조에는 한반도와 부속도서를 대한민국의 영토라고 규정하고 있지만, 실질적으로 북한이라는 장소적 범주에 이르는 실효적 지배권을 가지고 있지는 않기 때문에 본조에서 말하는 내용이 사실상 북한을 제외한 잔여영역을 의미한다는 식으로 해석해야 한다는 견해가 제시되고 있기 때문이다. 반면 사법부에서는 북한을 반(反)국가단체에 해당하기 때문에 실질적으로는 대한민국 정부의 영향권하에 놓여있지만 현실적인 장애사유가 존재한다는 의미의 주장을 한 바 있어 양측의 의견이 첨예하게 대립하고 있는 상황이라고 할 수 있겠다. 주지하다시피 현재 우리나라에는 '국가보안법'과 '남북교류협력에관한법률'이라는 두 가지의 상반된 성격의 법률들이 존재하고 있는데, 이들에 대한 관계에 대한 논의가 제법 분분한 편이다. 전자는 북한을 반국가단체로 상정하여 적대적 성격을 강하게 가지고 있는 반면, 후자는 동반자로 설정하여 협력관계에 놓여있어야 한다는 것을 강조함에 따라 상대적으로 우호적인 성향을 가지고 있는 편이다. 그러다보니 두 법률들이 제정된 목적은 다르지만 북한을 바라보는 관점을 어떻게 설정해야 하는지에 대하여 혼선이 빚어지는 등 복잡한 형태의 미묘한 헌법적 문제가 발생하게 되었다. 이에 대하여 헌법재판소는 양자의 법률이 가지는 목적이 상이함을 인정함으로써 그러한 문제를 해결한 바 있다.[60)]

이러한 가운데 최근에는 북한의 군비확장으로 인하여 발생한 안보위기론 등이 대두되면서 그들을 어떻게 대하여야 할 것인지에 관하여 사람들마다 의견이 갈리고 있을 뿐만 아니라, 평화적 통일에 기초한 헌법적 과제이행이 이상적으로는 바람직할 수 있어도 현실적으로는 가능하지 않은 방안일 수도 있다는 견해가 사회전반에 확산되고 있는 실정이기도 하다. 그러나 한 가지 분명한 점이 있다면 '전쟁을 원하는 사람은 없다'는 점이다. 또한 대규모의 무력충돌로 인하여 국가적 위기를 맞이한 바 있었던 인류의 역사를 통해 형성된 국제기구들 역시 1차적으로는 대화를 통한 문제해결

60) 헌법재판소는 1997년 1월 16일 92헌바6등 사건에서 "현 단계에 있어서의 북한은 조국의 평화적 통일을 위한 대화와 협력의 동반자임과 동시에 대남적화노선을 고수하면서 우리 자유민주주의체제의 전복을 획책하고 있는 반국가단체라는 성격도 함께 갖고 있음이 엄연한 현실에 비추어, 헌법의 전문과 제4조가 천명하는 자유민주적 기본질서에 입각한 평화적 통일정책을 수립하고 이를 추진하는 법적 장치로서 남북교류협력에관한법률 등을 제정 · 시행하는 한편, 국가의 안전을 위태롭게 하는 반국가활동을 규제하기 위한 법적 장치로서 국가보안법을 제정 · 시행하고 있는 것으로서, 위 두 법률은 상호 그 입법목적과 규제대상을 달리하고 있는 것이므로 남북교류협력에관한법률 등이 공포 · 시행되었다고 하여 국가보안법의 필요성이 소멸되었다고는 할 수 없다(헌법재판소 1993. 7. 29. 선고, 92헌바48 결정 참조)"라고 한 바 있다.

의 원칙을 고수하고 있다는 점을 고려한다면 더욱 그러하다. 이러한 논란의 소용돌이 속에서 거론되고 있는 또 하나의 헌법규정이 있다면 그것은 제4조라고 할 것이다. 아래에서는 본 규정을 해석한 후, 제3조와 어떠한 유기적 관련성을 맺고 있는지에 대해 논하도록 하겠다.

제4조에서는 "대한민국은 통일을 지향하며, 자유민주적 기본질서에 입각한 평화적 통일 정책을 수립하고 이를 추진한다"고 규정하였다. 통일이라는 말이 가지고 있는 의미를 어떻게 해석하는가에 따라서 제3조를 둘러싼 견해의 충돌을 해소하는 것이 가능해진다. 통일은 분열되어 있는 둘 이상의 객체들이 하나의 기준 아래에 하나로 합쳐지는 것을 뜻하는 것으로, 본래적으로는 하나의 존재였음을 시사하는 표현에 해당한다. 만약 처음부터 별개의 존재들이 규범적 · 사회적 필요에 따라 하나로 뭉쳐져야만 하는 상황이 절실하다는 의도를 피력하고자 하였다면 '통합(統合)', '결합(結合)', '연합(聯合)', '연맹(聯盟)'이라는 표현을 사용하는 것이 적절하였을 것이라고 사료된다. 예를 들어 유럽을 생각해보자. 유럽이라는 장소적 범주에 놓여있는 국가들이 하나로 뭉쳐진 거대한 정치체(政治體)를 '유럽연합'이라고 명하지, 결코 '통일유럽'이라는 식으로 부르는 경우는 없다는 것을 염두에 두어야 한다. 반면 '통일한국'이라는 표현은 사람들에게 거부감 없이 사용되는 용어임을 기억하자. 실제로 유럽연합의 구성국들은 각자 주권을 행사함으로써 자국의 영토를 실효적으로 지배할 수 있는 힘을 가지고 있는 반면, 통일한국에서는 남한과 북한이 별개의 권능을 보유할 수 없다는 점도 주지해야 할 사항이다. 따라서 통일이라는 말의 의미는 둘 이상의 객체가 본래대로 하나가 되어 온전한 모습을 유지한다는 장점이 있지만, 기존에 가지고 있는 정치적 권능을 상실할 수 있다는 문제가 있다. 이러한 연유로 과거에 남한과 북한이 통일을 한다고 할지라도 정부를 어떻게 구성해야 할 것인지에 대해서 논란이 분분하기도 했다. 향후에 있을 정부구성이 상실할 권능을 어느 수준까지 회복할 수 있는가의 문제와 직결되기 때문이다.

주지하다시피 남한은 자유민주적 기본질서에 입각한 규범적 · 사회적 여건이 구비되어 있는 반면, 북한의 경우는 전혀 그렇지 않은 실정이다. 특히 이와 같은 여건은 공동체에서 삶을 영위하는 이들의 가치관에 심대한 영향을 주기 마련이고, 더 나아가 생활의 핵심준칙으로서 자리를 잡는다. 헌법계에서는 이와 같은 현상을 게오르그 옐리네크의 견해를 차용하여 '사실의 규범력설(事實의 規範力說)'이라고 명명하고 있다. 보다 쉬운 예를 들어보자. A라는 환경에서만 살아온 갑은 체험해 보지 못한 B라는 환경에 대해 두려움 내지는 반감을 가지기 마련이다. 그 이유는 갑이 A라는 곳에서 허용되는 사회문화적 가치에 물들었기 때문이다. 사람들은 자신이 알고 있고 익숙하다고 생각하는 그 무언가에 대해 호의를 보이기 마련이다. 물론 익숙하지 않은 새로운 것에 대해 호기심을 가질 수도 있다. 그렇지만 이는 B라는 환경에 있다가 A라는 환경으로 회귀할 수 있는 가능성이 있을 때에 한하여 이루어지는 심리적인 작용이라고 보아야 한다. 통일을 할 경우엔 북한에서의 삶의 양식은 완벽하게 사라진다. 이와 같은 상황에서 북한에 있는 주민들이 통일한국에서 적용되어야 할 자유민주주의의 삶의 양식이라는 것에 대해 막연한 두려움을 가질 수밖에 없다. 자발적 각성보다는 외부세계로부터 들어온 문화적 충격을 통하여 주어진 현실에 대해 재고하는 노력을 보이게 된다는 것이다. 그러나 그와 같은 충격이 일시에 밀물이 들어오듯이 밀려온다면 객관적인 사고를 통하여 문제를 해결하려는 의식보다는 자신이 견지해 온 가치체계가 무너지지 않도록 방어하려는 태도를 취하기 마련이다. 일종의 방어의식이라고 하겠다. 그렇기 때문에 남한과 북한의 통일로 인하여 자유민주주의에 기초한 질서를 제대로 향유할 기회를 갖지 못했던 사람들의 입장에서는 강력한 거부감을 가질 가능성이 높은 편이다. 그러므로 평화적 통일과 자유민주주의가 가지는 가치를 그들이 수용하기 쉽도록 전환시키는 노력이 수반되어야만 할 것이다. 이러한 연유로 남한과 북한 사이의 교류의 장(場)을 조금씩 넓히기 위한 작업을 이행하기 시작했던 것이고, 이를 통해 북한주민들로 하여금 일거의 문화적 충격보다 점진적인 인식전환을 통하여 남한에 대해 우호적인 감정을 갖게 함과 더불어,

자유민주주의가 가지고 있는 궁극적인 가치와 기능을 이해하도록 하고자 한 것이다. 물론 이에는 남한과 북한 사이에 발생가능한 무력충돌의 가능성을 줄이기 위한 목적도 아울러 포함되어 있다.

우리는 이상의 논의를 통하여 제3조에 설시된 규정과 제4조에 설시된 규정을 통하여 대한민국은 북한을 포함한 한반도 전역과 그 부속도서에 실효적인 지배권을 가지고 있으나 분단이라는 현실적 사유로 인하여 권능행사상의 장애를 가지고 있는 가운데, 평화적 통일을 이룰 수 있도록 정책을 마련하여 민족적 과업을 성취하되, 자유민주적 기본질서가 공고히 자리매김할 수 있도록 점진적인 조치를 취하여 궁극적으로는 헌법에 규정된 작위의무를 온전하게 이행해야만 한다는 식으로 해석하는 것이 타당하다고 사료된다. 물론 이 모든 과제가 남한과 북한 사이에만 국한된 사항이라고 할 수는 없다. 이러한 문제는 좁게는 민족적 차원의 사안이기는 하지만, 보기에 따라선 전 세계를 대상으로 한 안보의 확립과 아시아의 정치경제적 안정화 달성이라는 거시적인 차원의 사안이기도 하기 때문에 인접한 국가들과의 연계가 부분적으로 요청되는 측면도 있음을 고려할 필요가 있다. 그리고 이러한 연계는 국가들 사이에 체결된 조약이나 일반적으로 승인된 국제법규를 중심으로 하여 이루어진다.

Ⅵ. 국제법규의 적용문제를 둘러싼 법적 · 사회적 환경

여타의 국가들과 협조관계를 맺는 것은 남북한의 문제를 해결하는 데에 있어서도 필요하지만, 이를 제외한 여타의 국제적 사안을 다루는 데에 있어 필수적으로 요청되는 사항이기도 하다. 한국전쟁으로 말미암아 정치 · 경제 · 사회 · 문화적 발전지수가 상당히 낮았던 시기에는 대한민국이 국제사회의 한 자리를 차지한 국가라기보다는 원조를 받아야하는 상황이었으나, 눈부신 발전을 이룩한 지금에 이르러서는 전 세계의 공존공영이라는 목적달성을 위한 축들 중의 한 부분을 맡고 있다. 그렇기 때문에 조약이나 국제법규를 체결 · 확립하는 데에 있어 조금 더 기민한 움직임을 보여야 한다는 과제를 부담하게 되었다. 우리 헌법은 바로 이와 같은 과제를 제5조와 제6조에 담고 있다. 헌법 제5조 "대한민국은 국제평화의 유지에 노력하고 침략적 전쟁을 부인한다"는 제1항과 "국군은 국가의 안전보장과 국토방위의 신성한 의무를 수행함을 사명으로 하며, 그 정치적 중립성은 준수된다"는 제2항, 그리고 헌법 제6조는 "헌법에 의하여 체결 · 공포된 조약과 일반적으로 승인된 국제법규는 국내법과 같은 효력을 가진다"라고 규정한 제1항과 "외국인은 국제법과 조약이 정하는 바에 의하여 그 지위가 보장된다"라고 규정한 제2항으로 구성되어 있다. 제5조와 제6조는 외관상 독립된 규정처럼 보여질 수 있겠지만, 필자가 보기엔 하나의 쌍으로 묶여 있는 것으로 여겨진다. 그 까닭은 무력시위, 무력항쟁, 무력투쟁과 같이 군이 개입함으로써 발생하는 대규모의 인명사고를 일으킬 수 있는 일련의 사건들만큼 전 세계인의 시선을 한 곳에 모으게 하는 것도 없기 때문이다.

제5조와 제6조는 국제규범에 합당한 행위를 할 것을 국가에게 요청[61]하고 있고, 헌법 제60조와 제73조가 이를 위한 구체적인 규정이 된다.[62] 그러

61) 여기서 국제법학자인 김대순 교수의 설명을 살펴보도록 하자. 그는 자신의 저서 『국제법론』(삼영사, 2005) 126면을 통해 강행규범적 성격의 조약을 국제평화질서에 부합하도록 운용함으로써 세계평화의 상태를 유지하게 된 배경을 설명하였는데 "힘을 비난하기보다는 오히려 찬양하였던 전통국제법은 조약의 내용 혹은 객체에 관하여 결정할 수 있는 국가들의 자유를 제한하는 규칙을 알지 못하였다. 그러므로 국가들은 제3국의 영토를 공격하거나, 제3국의 영토를 분할하여 나누어 먹는 내용의 조약까지도 적어도 그 조약당사국 간에는 유효하게 체결할 수 있었다. 비엔나협약은 국제공동체의 헌법적 가치를 보호하기 위해 이른바 '일반국제법의 강행규범(jus cogens)' 개념을 도입하였다. 그러므로 이제 이에 위배되는 조약은 '(당연)무효(void)'이다. 또한, 강행규범에 위배되어 무효인 조약의 모든 당사국은 강행규범과 충돌하는 조약규정에 의존하여 이미 행하여진 행위의 諸結果를 '가능한 범위까지(as far as possible)' 제거하고 또한 그들 상호 간의 관계를 강행규범과 일치시킬 의무가 있다"라고 언급하였다.

62) 헌법 제60조 제1항에선 "국회는 상호원조 또는 안전보장에 관한 조약, 중요한 국제조직에 관한 조약, 우호통상항해조약, 주권의 제약에 관한 조약, 강화조약, 국가나 국민에게 중대한 재정적 부담을 지우는 조약 또는 입법사항에 관한 조약의 체결 · 비준에 대한 동의권을 가진다"고, 제2항에선 "국회는 선전포고, 국군의 외국에의 파견 또는 외국군수의 대한민국 영역 안에서의 주류에 대한 동의권을 가진다"고 규정

나 간혹 규범을 따른다고 할지라도 정치적 고려의 대상이 될만한 부분들이 존재하기도 한다. 다른 표현을 사용하자면, 특정한 국제적 목표를 달성한다는 명분으로 무력적인 수단을 사용하는 것이 허용되는지의 문제 등이 그것이다. 국제사회의 합의를 준수하여 진행한 일련의 행위들이 국제법규의 문언상의 한계를 넘지 않았다고 할지라도 세계인들의 공감을 사지 못하는 상황도 더러 발생하기 때문이다. 공감을 얻는다는 것은 사람들의 이성과 감성에 부합하는 견해 내지 정책을 제시함으로써 반대보다는 찬성을 획득하는 것을 뜻한다. 무력을 사용하여 얻는 평화는 상당히 민감한 사항이고, 개별 사건마다 상황의 악화정도가 다르기 때문에 권장의 수준이 달라질 수밖에 없다. 무력이 개입한 인권문제와 그 해결책은 일반적인 의미의 권리분쟁과 차원을 달리하는 측면이 있으므로 여기선 논외로 한다. 그렇다면 우리가 본고에서 생각해야 할 점은 한 가지이다. 바로 국제적으로 승인된 성문·불문의 규범들을 적절히 준수하는지의 여부이다. 위반사례가 있을 경우 사항의 경중에 따라 위반국가를 향하여 막강한 강제력을 부과하기도 하고 때로는 일종의 권고사항을 제시함으로써 자발적으로 수정해주길 촉구하긴 하지만, 안타까운 사실은 인권유린사건이 발생한지 한참 뒤에 위와 같은 조치가 이루어진다는 것이다. 그리하여 필자는 이러한 사건이 발생하지 않도록 함과 동시에 국제법규의 실효성을 강화시키기 위해선 규범준수를 둘러싼 법적 투명성의 수준을 강화시키는 조치가 필요하다고 생각한다. 투명성은 국제사회가 그 국가를 신뢰할 수 있는지의 여부를 판가름하기 위한 척도로서 향후 다른 국가들과의 교류가능성을 가능케 하는 열쇠이다. 그리고 그 교류는 조약에 의하여 형성되고, 일반적으로 승인된 국제법규에 의하여 견고함을 더해간다. 따라서 국가는 이 양자가 국내에서 시기적절하게 적용될 수 있도록 만반의 준비를 갖추어야 할 의무를 부담하여야만 할 것이다.

그 방법론으로 제시된 것이 헌법 제6조 제1항에서 언급하는 국내법화(國

하였다. 그리고 헌법 제73조에선 "대통령은 조약을 체결·비준하고, 외교사절을 신임·접수 또는 파견하며, 선전포고와 강화를 한다"고 규정하였다.

內法化)이다.[63] 국내법과 동일한 지위를 조약이나 국제법규에 부여하는 것은 그것이 국민들의 생활에 직접적으로 적용할 수 있는 여지를 주는 조치로서 국제사회의 신뢰와 연관성을 갖는다. 더군다나 국가 사이의 경제교류와 관련된 상황을 제외한 조약과 널리 인정된 바 있는 국제법규는 단순히 어느 한 나라의 입장이 강력하게 반영되어 특정이익을 강조한다기보다는 자연법적인 가치에 부합하는 내용을 실현하기 위한 목적으로 제정된 것이기 때문에 인권의식의 신장을 이끌어내는 좋은 도구로 활용가능하다. 인권이 신장되면 사람들이 자아실현본능을 무분별하게 실현시키려는 태도를 자제하고 타인과 공존할 수 있는 범위 내의 권리를 추구하는 중용적 성격의 태도를 견지하게 될 가능성이 높아진다고 판단된다. 다만, 이와 같은 효과를 도출하기 위한 국내법화가 어떻게 진행되는지가 관건일 따름이다. 필자는 국내법적 효력을 갖추는 조약·국제법규가 헌법에 위배되지 않는 한 절차규정을 만든 직후부터 곧바로 사회에 적용할 수 있도록 하는 편이 합리적이라고 생각한다. 국제법과 조약이 공고하게 서게 되면, 외국인의 권리보호수준이 달라진다. 권리를 어느 수준에서 보호해주는지의 여부는 당

---

63) 더불어 김대순 교수는 『국제법론』(삼영사, 2005) 127면에서 "교섭의 일방당사국이 자국의 헌법요건을 위반하여 행동하고 있음을 타방당사국이 알았거나 알 수 있었다면 예외를 인정하는 것이 좋을 것이다. 그러므로 비엔나협약 제46조 제1항은 '조약체결권한에 관한 국내법규정을 위반한 것이 명백하고 그리고 근본적으로 중요한 국내법규를 위반한 것이 아닌 한' 조약체결과정에서의 국내법위반을 조약의 무효사유로 '원용할(invoke)' 수 없다고 규정하고 있다. '명백한' 위반의 개념과 관련하여 동조 제2항은 '위반이 통상의 관행에 따라 성실하게 행동하는 그 어떤 국가에게도 객관적으로 명확한 경우에는 명백한 위반이 된다'고 규정하고 있다"고 설명한 바 있다. 김대순 교수가 여기서 말한 비엔나협약이란 "조약법에 관한 비엔나협약"을 의미한다. 법제처 국가법령정보센터에 본 협약에 대한 전문이 국문으로 번역되어 있으니 참조하길 바란다. 법제처에서 찾은 조약정보에 따르면, 제46조 제1항이 "조약 체결권에 관한 국내법 규정의 위반이 명백하며 또한 근본적으로 중요한 국내법 규칙에 관련되지 아니하는 한, 국가는 조약에 대한 그 기속적 동의를 부적법화하기 위한 것으로 그 동의가 그 국내법 규정에 위반하여 표시되었다는 사실을 원용할 수 없다"고, 제2항이 "통상의 관행에 의거하고 또한 성실하게 행동하는 어느 국가에 대해서도 위반이 객관적으로 분명한 경우에는 그 위반은 명백한 것이 된다"고 규정되어 있음을 확인할 수 있다.

사자인 방문외국인 내지는 정주외국인에게도 중요하지만, 그들의 국적국(國籍國)의 지대한 관심사일 뿐만 아니라 외교적 분쟁가능성과 직결되는 문제인 만큼 매우 민감한 사안임을 감안할 때 상당한 주의를 기울이는 자세가 요청된다. 이와 같은 의도를 담은 합헌적 성격의 국내법적 효력을 갖는 국제법 · 조약은 인권보호라는 근원적 권리보장이라는 자연법적인 속성으로부터 위배되지 않을뿐더러 국가 사이의 자발적 계약에 기초한 효과에 해당하는 것이므로 우리는 이를 통해 정치적 · 경제적 · 문화적 · 사회적으로 긍정적인 효과를 향유할 가능성이 높은 편이다.

Ⅶ. 안정적인 법제도의 운용을 위한 공무원의 헌법적 위상

위와 같은 효과를 누리기 위해선 사회가 일정부분 안정세에 접어들 수 있어야만 한다. 제 아무리 좋은 약이라고 할지라도 그것을 복용할 주체가 받아들일 수 없는 상태에 놓여있다면 어떠한 효능이 나타날 수 없듯이, 국가의 내부적 질서가 이상적인 수준으로 정리되어 있지 않을지언정 최소한 혼란스러움에서 벗어나 가지런한 형태로 구성되어 있을 때에 한하여 소기의 효과를 거둘 수 있을 것이다. 이와 같은 가지런함과 질서정연함이라는 과제를 달성하기 하는 데에 있어 중추적인 역할을 수행할 수 있는 집단이 바로 공무원이다. 물론 공무원 집단의 공무수행능력만이 사회적 질환을 앓고 있는 공동체의 병세에 차도를 보일 수 있게 하는 유일한 요소라고 할 수는 없을 것이다. 다만, 국가운영에 직접적으로 관여하는 주체에 해당하기 때문에 상대적으로 그들의 헌법적 기능에 대하여 신경을 쓸 필요가 있다고 사료된다. 우리 헌법은 이들의 안정적인 공무수행을 통해 국가와 국민의 쌍방향적 소통체계를 형성함과 더불어 정책의 시행에 있어 불합리하게 소외되는 이들이 없도록 할 것을 두 개의 항(項)에서 명하고 있는데, 이러한 과정을 거쳐 만들어진 것이 '공무원제도'이다. 제도(制度)는 국민들이 삶을 영위함에 있어 필수적으로 갖추어야 할 최소한의 유·무형적 산물을 보장해주기 위한 공적 시스템이라고 정의할 수 있다. 물론 사람들마다 제도를 바라보는 관점은 다르겠지만, 헌법이 국가조직의 규범임과 동시에 인권보호규범임을 감안한다면 이와 같은 개념에 논리비약이 있을 것이라고 생각진 않는다. 물론 제도가 기본권이라고 부를 순 없다. 기본권은 최대보호의 원칙하에 놓여있지만, 제도는 최소한의 보장이라는 논리하에 놓여있다는 점에서 다소 다른 감이 있다.[64)65)] 그 이유는 기본권이 자연권적인 속

64) 양건 교수는 『헌법강의 I』(법문사, 2007) 중 209~210면에서 기본권과 제도의 관계에 대하여 "헌법의 규정 가운데는 직업공무원제도, 지방자치제도, 복수정당제도, 혼인제도 등과 같이 기본권과 관련이 있으면서 기본권과는 개념적으로 구별될 수 있는 제도를 규정한 것들이 있다. 이처럼 객관적 제도를 헌법상 보장함으로써 그 제도의 본질을 유지하려는 것을 제도보장이라고 한다. (중략) 제도보장은 주관적 권리가 아니라 객관적 제도의 보장이며, 최대보장의 원칙이 아니라 최소보장의 원칙이 적용된다는 점에서 기본권 보장과는 구별된다. 최소보장된다는 것은 일정한 제도의 본질적 내용을 침해하지 않는 한, 입법자에게 그 제도의 내용에 관해 넓은 입법형성의 자유가 보장된다는 것을 의미한다. 제도보장은 일정한 제도를 헌법에 규정함으로써 그 제도의 핵심을 법률로 폐지 못하도록 하는 데 의의가 있다. 주의할 것은, 기본권 보장을 약화하는 방향에서 제도보장 이론을 남용하거나 확대해서는 안 된다는 것이다. 제도보장은 일정한 기본권 보장을 보완하는 의미를 지닌다고 이해하여야 할 것이다"라고 언급하였고, 근거로서 헌법재판소의 결정문(헌법재판소에서 1997년 4월 24일에 선고한 95헌바48 결정)을 인용하였다. 헌법재판소에서 1997년 4월 24일에 선고한 95헌바48 결정문에 따르면 "제도적 보장은 객관적 제도를 헌법에 규정하여 당해 제도의 본질을 유지하려는 것으로서 헌법제정권자가 특히 중요하고도 가치가 있다고 인정되고 헌법적으로도 보장할 필요가 있다고 생각하는 국가제도를 헌법에 규정함으로써 장래의 법발전, 법형성의 방침과 범주를 미리 규율하려는데 있다. 이러한 제도적 보장은 주관적 권리가 아닌 객관적 법규범이라는 점에서 기본권과 구별되기는 하지만 헌법에 의하여 일정한 제도가 보장되면 입법자는 그 제도를 설정하고 유지할 입법의무를 지게 될 뿐만 아니라 헌법에 규정되어 있기 때문에 법률로써 이를 폐지할 수 없고, 비록 내용을 제한하더라도 그 본질적 내용을 침해할 수 없다. 그러나 기본권 보장은 '최대한 보장의 원칙'이 적용됨에 반하여, 제도적 보장은 그 본질적 내용을 침해하지 아니하는 범위 안에서 입법자에게 제도의 구체적 내용과 형태의 형성권을 폭넓게 인정한다는 의미에서 '최소한 보장의 원칙'이 적용될 뿐이다"라는 내용이 담겨있는데, 이를 통해 기본권과 제도는 엄연히 구분되는 것이라는 결론이 도출가능하다.

65) 해벌레(P. Häberle)는 기본권을 제도와 같은 것으로 파악하는 견해를 제시한 바 있다. 장영수 교수는 『기본권론』(홍문사, 2003) 중 28~29면에서 이와 같이 급진적인 견해에 대하여 "해벌레의 견해에 따르면 기본권은 한편으로는 개인적 권리로서의 측

성을 가지는 것으로 헌법이 제정되기 이전부터 이론적 · 경험적으로 존재해왔던 것이라는 점에서 그리고 헌법제정능력의 바탕이 되었다는 점에서 그와 같은 수준의 두터운 보호막 안에 존재할 수 있는 반면에, 후자는 그 이후에 후천적으로 창설된 것이기 때문에 상대적으로 덜한 수준에 놓여있을 수밖에 없기 때문이다. 더군다나 기본권은 '보호'라는 용어와 친밀한 반면, 제도는 '보장'이라는 용어와 관련을 맺고 있다는 점이 특징적이다. 보호는 국가의 소극적이거나 적극적인 조치를 통하여 개인의 안위(安危)를 보살핀다는 의미를 가지지만, 보장은 개인의 안위를 둘러싼 외부조건들이 가지는 본질적 기능이 훼손되지 않도록 조치를 취한다는 것을 뜻한다.

상기의 내용을 바탕으로 공무원제도를 '공무원들이 입법과 사법 및 행정의 영역에서 헌법적 작위의무를 수행하여 국민들의 윤택한 삶의 여건을 조성하는 한편, 국가가 공무수행의 주체들이 자신의 역할을 온전하게 다할 수 있는 환경을 만들어주어야 한다'는 내용을 담은 공적 시스템이라고 명명할 수 있겠다. 현재 헌법 제7조 제1항은 "공무원은 국민전체에 대한 봉사자이며, 국민에 대하여 책임을 진다", 제2항은 "공무원의 신분과 정치적 중립성은 법률이 정하는 바에 의하여 보장된다"고 규정하고 있다. 그리고 이와 같은 사항들은 국가공무원법과 같은 행정법제에 의하여 구체적으로 이

면을 가지며, 다른 한편으로는 제도적 측면을 갖는다고 한다. 즉 기본권은 한편으로는 기본권주체에게 주관적 공권을 보장하는 개인적 권리를 의미하고 있지만, 다른 한편으로는 이미 특정 개인의 자유나 개인들 상호 간의 관계를 넘어서는 객관적 · 제도적인 측면을 보이고 있다는 것이다. 이러한 객관적 · 제도적 측면은 특정한 생활영역의 자유로운 형성과 유지 · 정서에 관한 헌법적 보장이라는 형태로 나타난다. 따라서 기본권은 기본권주체의 관점에서는 「개인적 권리(주관적 공권)」로서의 의미를 갖지만, 객관적 질서의 관점에서 보면 「제도」로서의 의미를 갖는다. 양자는 불가분적으로 결합되어 있고, 양자의 작용에 의하여 기본권의 올바른 실현이 강화될 수 있다. (중략) 이러한 해벌레의 기본권이론은, 기본권의 자연권성, 선국가성의 차원을 완전히 부정하고 제도적인 현상을 통하여 구체화되는 기본권에 초점을 맞춘 이론이라고 평가될 수 있다. 그의 이론은 제도의 메커니즘에 대한 철저한 신뢰에 기초하고 있는 것이기 때문에 그러한 전제가 결여된 곳에서는 —특히 민주주의와 법치주의를 통한 제도의 올바른 운용이 확립되지 않은 상황에서는— 많은 문제를 낳을 수 있으며, 자연권에 대한 호소를 다시금 불러일으키게 될 수 있다"라고 비판적인 의견을 내놓았다.

루어진다. 본법 제1조의 목적을 살펴보면, "이 법은 각급 기관에서 근무하는 모든 국가공무원에게 적용할 인사행정의 근본 기준을 확립하여 그 공정을 기함과 아울러 국가공무원에게 행정의 민주적이며 능률적인 운영을 기하게 하는 것을 목적으로 한다"라는 내용을 찾을 수 있다. 인사행정의 공정함과 민주적이고 능률적인 행정은 법치행정(法治行政)의 근간을 구성하는 것으로서 공무원제도의 목적과 의의를 충분히 설명해주는 부분이다. 그리고 제2조를 통하여 공무원조직이 어떻게 구성되어 있는가를 알 수 있는데, 이들은 크게 경력직 공무원과 특수경력직 공무원으로 나뉜다. 그리고 전자는 일반직 공무원과 특정직 공무원 및 기능직 공무원으로 세분화되고, 후자는 정무직 공무원과 별정직 공무원 및 계약직 공무원으로 세분화된다.[66]

66) 국가공무원법 제2조의 내용을 정리하면 다음과 같다.

〈국가공무원의 분류〉

대분류	소분류	개념정의
[경력직 공무원] 실적과 자격에 다라 임용되고 그 신분이 보장되며 평생토록 공무원으로 근무할 것이 예정되는 공무원	일반직 공무원	기술·연구 또는 행정 일반에 대한 업무를 담당하며, 직군·직렬별로 분류되는 공무원
	특정직 공무원	법관, 검사, 외무공무원, 경찰공무원, 소방공무원, 교육공무원, 군인, 군무원, 헌법재판소 헌법연구관, 국가정보원의 직원과 특수 분야의 업무를 담당하는 공무원으로서 다른 법률에서 특정직 공무원으로 지정하는 공무원
	기능직 공무원	기능적인 업무를 담당하며 그 기능별로 분류되는 공무원
[특수경력직 공무원] 경력직 공무원 외의 공무원	정무직 공무원	가. 선거로 취임하거나 임명할 때 국회의 동의가 필요한 공무원 나. 고도의 정책결정 업무를 담당하거나 이러한 업무를 보조하는 공무원으로서 법률이나 대통령령(대통령의 조직에 관한 대통령령에만 해당한다)에서 정무직 공무원으로 지정하는 공무원
	별정직 공무원	특정한 업무를 담당하기 위하여 별도의 자격 기준에 따라 임용되는 공무원으로서 법령에서 별정직으로 지정하는 공무원
	계약직 공무원	국가와의 채용 계약에 따라 전문지식·기술이 요구되거나 임용에 신축성 등이 요구되는 업무에 일정기간 종사하는 공무원

이처럼 분화된 유형의 직에 속하는 공무수행의 주체들은 각자가 맡은 소임을 다함으로써 전체국민의 의사가 정부와 국회 및 법원을 거쳐 다시 사회 말단까지 확산될 수 있도록 하는 데에 총력을 기울여야만 한다. 제1항에서 공무원을 국민전체에 대한 봉사자이자 국민에 대하여 책임을 져야한다고 규정한 것도 바로 이 때문이다.

그러나 이들이 자신의 직무를 적절히 이행한다고 할지라도 국민전체를 위한 봉사자로서의 직분을 해태할 경우엔 언제라도 문제가 발생할 수 있다. 전체에 대한 봉사자는 공정성을 기반으로 하여 중립적인 태도를 보여야 하지만, 이들이 개인적으로 정치의사를 외부에 공표하고 더 나아가 정치운동에 개입할 경우 공무수행으로 인하여 발생하는 효과가 어느 한 집단에게만 편중적으로 부여될 위험이 발생할 수 있다는 점을 유념하여야 할 것이다. 더군다나 공무원의 정치적 중립성이 적절히 지켜지지 않음에 따라 관(官)에 의한 부정선거가 발생했었던 역사적인 사건들이 발생한 바 있었으며, 그로 말미암아 민의(民意)가 국정에 반영되지 못하는 상황이 초래되었다. 물론 현재에는 그와 같은 부정선거가 노골적으로 발생하진 않겠지만, 공무원들의 선거개입으로 말미암아 국민들의 정치적 심리를 흔들어 놓을 수 있을 가능성이 있다는 점에서 볼 때 중립성은 반드시 지켜져야 할 덕목임을 몇 번씩 강조해도 지나치지 않는다. 그리고 여기엔 직무전념성이 핵심적인 근거로 거론된다. 선거가 원활하게 이루어질 수 있는 것은 공무(公務)이지만, 선거에 개인적으로 개입하는 것은 사무(私務)에 지나지 않는다. 사무가 공무에 앞서는 순간부터 공무원제도는 훼손일로를 걷게 될 것이다. 공무의 사무화라는 병폐가 발생하는 것을 사전적으로 예방하기 위해선 그들의 신분이 안정적으로 보장될 필요가 있다.[67]

---

67) 국가공무원법 제68조에서는 "공무원은 형의 선고, 징계처분 또는 이 법에서 정하는 사유에 따르지 아니하고는 본인의 의사에 반하여 휴직 · 강임 또는 면직을 당하지 아니한다. 다만, 1급 공무원과 제23조에 따라 배정된 직무등급이 가장 높은 등급의 직위에 임용된 고위공무원단에 속하는 공무원은 그러하지 아니하다"라고 규정하고 있다. 특히 제70조에서는 직권면직 의 일곱 가지 사유로, (ⅰ) 직제와 정원의 계패

공직에 몸을 담고 있는 사람들이 사무에 대해 신경을 쓰고 그를 통해 공익보다는 사익에 대해 지대한 관심을 갖게 되는 사건이 발생하는 까닭은 누구나 양적으로 높은 수준의 이익을 추구하는 본능을 가지고 있기 때문이다. 특히 공권력을 일반 사인이 가지고 있는 사적 권력에 비하여 적용범위가 넓고 적용농도가 짙기 때문에 보유주체에게 엄청난 이익을 안겨준다는 점에서 볼 때 보다 많은 사익을 추구하는 자에게 있어선 상당히 매력적인 상품일 수밖에 없다. 이러한 상황을 고려한다면 공직을 수행하는 자에게 종신직을 준다는 것은 불합리하다는 결론에 이른다. 그러나 문제의 행위를 하는 공무원의 직이 임기직이든 종신직이든 실제로는 큰 차이가 없다. 임기직일 경우 주어진 시간이 경과하고 나면 더 이상 권력의 한 가운데에 있을 수 없으므로 임기 중에 최대한의 이익을 획득하기 위한 노력을 하게 되고, 종신직일 경우엔 고인 물이 시간이 지나면 자연스럽게 썩기 시작하듯이 궁극적으로는 권력의 노예가 되어 헌법정신이 가지는 참된 의미에 무덤덤해지기 때문이다.[68] 따라서 가장 중요한 것은 그들이 주어진 직무에 전

또는 예산의 감소 등에 따라 폐직(廢職) 또는 과원(과(過)원(員))이 되었을 때, (ⅱ) 휴직 기간이 끝나거나 휴직 사유가 소멸된 후에도 직무에 복귀하지 아니하거나 직무를 감당할 수 없을 때, (ⅲ) 제73조의 3 제3항에 따라 대기 명령을 받은 자가 그 기간에 능력 또는 근무성적의 향상을 기대하기 어렵다고 인정된 때, (ⅳ) 전직시험에서 세 번 이상 불합격한 자로서 직무수행 능력이 부족하다고 인정될 때, (ⅴ) 징병검사 · 입영 또는 소집의 명령을 받고 정당한 사유없이 이를 기피하거나 군복무를 위하여 휴직 중에 있는 자가 군복무 중 군무(軍務)를 이탈하였을 때, (ⅵ) 해당 직급에서 직무를 수행하는데 필요한 자격증의 효력이 없어지거나 면허가 취소되어 담당 직무를 수행할 수 없게 된 때, (ⅶ) 고위공무원단에 속하는 공무원이 제70조의 2에 따른 적격심사 결과 부적격 결정을 받은 때를 들고 있다.

68) 여기서 필자는 알렉산더 해밀턴(Alexander Hamilton)이 대통령의 임기에 대해 갖고 있는 생각을 정리해보고자 한다. 국가공무원의 정치적 중립성과 청렴성을 언급하는 과정에서 대통령 직을 거론하는 것은 타당하지 않을 수 있겠지만, 그럼에도 불구하고 국가권력의 한 가운데에 서 있는 사람들이 가질 수 있는 사고를 정리해볼 기회를 가진다는 점에선 의미가 있을 것이다. 해밀턴은 『페더랄리스트 페이퍼』 중 488~429면에서 "정부의 행정이란 가장 커다란 의미로는 모든 정치기구 즉 입법, 행정 혹은 사법부의 운영을 포괄하지만, 보통은 그리고 정확한 의미에서는 행정부의 세부사항을 의미하며 보다 특별하게는 행정부에 국한된다. 외국과의 협상의 실제적인 행위, 재정을 위한 예비계획, 입법부의 적당한 자금충당에 의한 공공 자금의 신청과

념할 수 있도록 환경을 조성하는 일이다. 직무에 전념할 수 있도록 하는 방법은 크게 두 가지를 생각해볼 수 있다. 하나는 외부세력에 의한 강압으로부터 벗어나 소신껏 법에 규정된 의무를 수행할 수 있도록 그들의 신분을 정년까지 안정적으로 유지해주는 것이고,[69] 다른 하나는 안정적으로 유지되는 신분에 힘입어 불법을 자행하지 않도록 그들의 행위범주를 엄격하게 제한하는 것이라고 하겠다.[70]

지불, 육 · 해군의 배치, 전쟁의 작전지위—이런 모든 것들과 이와 유사한 여러 사항들이 정부의 행정을 가장 적절히 보여준다고 하겠다. (중략) 이러한 관리업무에 대한 견해는 대통령의 임기와 행정체계의 안정성 사이에 긴밀한 연관이 있다는 것을 추측하게 한다. 전임자에 의해 이루어진 것을 뒤집고 무효로 하는 것은 신임자가 정책을 바꾸는 데 자기 자신의 능력을 발휘할 수 있는 가장 좋은 증거이며, 이런 경향에 덧붙여서 이러한 변화는 대중의 선택의 결과이며, 이런 신임자로 하여금 전임자의 방식이 사람들의 마음에 들지 않았다고 생각하게끔 보장해 주며, 신임자는 자신이 전임자와는 다르다는 것을 많이 보여줄수록 선거인의 호감을 사게 될 것이다. 이런 사고방식과 개인적인 신뢰와 성향 때문에 모든 신임 대통령은 자신의 관료들을 새로운 인물들로 구성하며, 이러한 이유들이 바로 정부의 행정을 수치스럽고 파멸적인 변화로 이끄는 것이다. (중략) 처음에는 그럴듯하게 보이지만 자세히 조사해보면 매우 잘못된 것이 있는데 그것은 바로 대통령을 일정기간 동안만 관직에 허용하고 그 후에는 일정기간 동안 혹은 영원히 그를 그 직책에서 배제한다는 사실이다. 일시적이든 영원이든 이런 배제는 거의 유사한 결과를 초래하는데, 그 결과란 찬양할 만한 것이라기보다는 나쁜 것이 대부분이다"라고 언급하여 대통령의 종신제에 대해 찬성하는 견해를 가지고 있다. 자세한 내용은 Alexander Hamilton · James Madison · John Jay, 『페더랄리스트 페이퍼』(김동영 옮김), 한울아카데미, 2005, 488~489면을 참조하길 바란다. 해밀턴이 갖는 견해의 요지는 국가의 원수로서 제 역할을 적절히 수행하고 있는 사람은 그 능력을 지속적으로 보유하고 있는 한 대통령으로서의 지위에 계속해서 머무를 수 있다는 것이다. 그러나 인류의 역사에서 국가를 안정적으로 이끈 종신직의 원수는 불과 손에 꼽을 정도에 불과하다. 특히 사회가 변화함에 따라 국민의 요구는 다각화되고, 이러한 요구들을 충족시키기 위해선 공동체의 변화에 능동적으로 대처할 수 있는 주체가 필요하다. 그리고 이러한 주체가 될 수 있는 요건은 시대적 요청에 따라 달라지기 마련이고, 그에 따라 어느 한 개인이 종신적인 지위에 머무를 순 없다. 뿐만 아니라 권력구도의 편향성을 가져올 가능성이 높아지기 때문에 자칫 '언제나 보호받는 국민'과 '언제나 보호받지 못하는 국민'을 대량으로 양산시킬 개연성이 있음을 고려하여야 할 것이다.

69) 고위공무원 혹은 정치적으로 상당한 권력을 가진 집단에 의하여 영향을 받지 않고 주어진 직분에 충실해야만 한다는 의미에서 공무원의 정년보장을 언급한 것일 뿐이다. 임기직과 종신직의 정당성과 부당성에 바탕을 둔 부분이 아니므로, 이 점에 대해선 오해가 없길 바란다.

70) 국가공무원법 '제10장 징계'에는 제78조에서부터 제83조의 3에 이르기까지 공무원의

그럼에도 불구하고 공무원들은 정치적으로 중립적인 태도를 보유하여 안정된 신분 속에서 국민전체의 봉사자로서의 역할을 수행함에도 불구하고 국민들과 마찰을 빚는 경우를 종종 볼 수 있다. 이는 국민의 입장에서 바라보는 행정과 공무원의 입장에서 바라보는 행정의 관점이 다르기 때문이다. 민원을 제기한 개인은 자신의 이익이 부당하게 침해되지 않도록 하거나 최대한 보호받을 수 있도록 조치가 취해지기 바라지만, 공무원의 입장에서는 그와 같은 조치를 취하기 위해 필요한 법정의 조건들을 민원인에게 요청하지 않을 수 없다. 융통성을 가지고 처리할 수 있는 부분도 있겠지만, 그렇지 않은 사항들이 많을 뿐만 아니라 법에서 명시적으로 준수해야 할 절차를 규정(이른바 강행규정)하고 있기 때문이다.[71] 만약 이를 위반하

징계사유와 절차 및 그 효과에 대해 규정하고 있다.

71) 재량행위의 유형과 관련하여 거론되는 학설이 있다면, '자유재량과 기속재량'과 '요건재량설과 효과재량설'이 존재한다. 다음의 내용은 박균성 교수의 견해(박균성, 『행정법강의』, 박영사, 2005, 213면)와 김동희 교수의 견해(김동희, 『行政法 I』, 박영사, 2007, 265~266면)를 정리한 것이다. (ⅰ) 일부 학설 및 판례는 재량을 자유재량(自由裁量)과 기속재량(羈束裁量)으로 구분하고 있다. 이 견해에 의하면 무엇이 법인지를 판단하는 재량이 기속재량이고, 무엇이 합목적인가를 판단하는 재량이 자유재량이라고 양자를 구분한다. 이 구별은 재량에 대해여는 법원의 통제가 전적으로 배제되고 있던 과거에 있어서 재량행위 중 법원의 통제의 대상이 되는 것을 인정하기 위하여 자유재량과 같이 법원의 통제가 전적으로 배제되지는 않고 그렇다고 기속행위라고도 할 수 없는 기속재량이라는 개념을 인정할 실익이 있었다. (중략) 그러나, 양자의 구별은 이론적으로 타당하지 않다. 왜냐하면, 재량행위는 행정기관에게 선택의 자유가 인정되는 행위이며 그 한도 내에서는 사법심사가 배제되고 기속행위는 법에 엄격히 기속되는 행위이므로 전적으로 사법심사의 대상이 된다. 현재로서는 재량행위와 기속행위의 중간적인 행위(예를 들면 부당한 행위는 사법적 통제의 대상이 되지 않지만 재량권의 일탈 · 남용으로 위법한 경우뿐만 아니라 심히 부당한 행위도 사법적 통제의 대상으로 되는 행위)가 인정되지 않고 있으므로 이론상 기속재량행위를 인정할 수 없다. 또한 기속재량을 인정하면서 기속재량의 경우에 재량을 그르친 처분은 위법행위가 된다고 본다면 기속재량행위는 기속행위와 같은 행위가 된다. 박균성, 『행정법강의』, 박영사, 2005, 213면; (ⅱ) 종래 우리나라에서는 요건재량설과 효과재량설이 검토되고 있었다. 요건재량설은 행정법규가 요건규정과 효과규정으로 구분되는 것임을 전제로 하여, 행정행위에 관한 요건이 일의적이고 구체적으로 규정되어 있는 경우, 당해 행정행위를 기속행위로 보는 입장이다. (중략) 요건재량설이 법규상의 행위요건의 규정방식에 따라 재량행위 여부를 판단하려는 것인 데 대하여, 효과재량설은 당해 행위의 성질, 즉 그것이 국민의 권리 · 의무에 어떻게 작용하는가에 따라 재량행위 여부를 결정하는 것이다. 그에 따

게 되었을 경우 재량의 하자 내지는 유월을 이유로 혹은 법을 의도적으로 위반하였다는 이유로 인하여 징계처분을 받게 되고, 결과적으로는 법치행정이라는 목적에 위배되는 결과를 초래하게 된다. 이러한 원론적인 문제 이외에 봉사자로서의 공무원을 공복(公僕)으로 여긴다고 할지라도 그들을 자신이 원하는 바에 따라 이리저리 움직일 수 있는 사람처럼 여기는 세태가 발생하고 있다는 점이다. 국민의 세금으로 의식주와 같은 기본생활을 영위하므로 공무원의 주인은 국민이며, 따라서 하인은 무슨 일이 있더라도 주인의 요청을 받아주어야만 한다는 인식이 널리 퍼지고 있는 편이다. 그러나 공복이 노예를 의미하진 않는다. 다만 그들의 요구사항을 최대한 수렴하되 법정의 절차를 거쳐 발현될 수 있도록 최선의 노력을 다해야 하는 의무를 지닌 사회집단일 따름이다. 뿐만 아니라 공무원들도 민원을 제기하는 국민들의 입장을 충분히 헤아릴 수 있는 혜안을 가질 필요가 있다. 물론 법정의 절차를 위반해서는 안 되겠지만, 적어도 그들을 도울 수 있는 법적 방법이 없다면 상급기관에 적절한 조치를 취해줄 것을 요청하는 것과 같은 노력을 해야만 한다. 만약 그와 같은 움직임이 없이 정해진 프로토콜만을 주장하며 민원인의 합리적 불만사항을 접수하지 않는다면, 공무원은 단순한 법치를 위한 기계에 불과한 존재로 전락할 가능성이 높다. 요컨대 국민은 공무원의 입장을, 공무원은 국민의 입장을 진지하게 고려함으로써 원활한 국무가 수행될 수 있도록 해야 할 헌법적 의무를 분담하고 있다고 보아야 한다고 사료된다.

라, ① 개인의 자유 · 권리를 제한 · 침해하거나 의무를 부과하는 행위는, 법령상 재량을 인정하는 것으로 보이는 경우에도 그것은 기속행위이고, ② 개인에게 그 권리 · 이익을 요구할 수 있는 지위를 부여한 경우를 제외하고는 원칙적으로 자유재량행위이며, ③ 직접 개인의 권리 · 의무에 영향을 미치지 아니하는 행위는 법률이 특히 제한을 두고 있는 경우를 제외하고는 원칙적으로 자유재량행위로 본다. 김동희, 『行政法Ⅰ』, 박영사, 2007, 265~266면.

Ⅷ. 국민의 효과적인 상향식의사전달을 위한 조직구조

공무원과 국민 사이의 원활한 의사교환을 통하여 민의의 전달과 수렴이라는 과정이 이루어진다고 할지라도 그것이 '입법의 세계'에까지 실효적으로 도달하지 못한다면, 이는 절반의 민주주의 그칠 뿐이다. 물론 공무원이 우리가 생각하는 행정직 공무원에 그치지 않고 국회의원과 같은 정무직 공무원을 포함하는 광의의 개념임에는 분명하지만, 일반적으로 개인들이 직접적으로 접촉하여 스스로가 어떠한 생각을 하고 있는지에 전달할 수 있는 대상은 평상시에 쉽게 접할 수 있는 행정기관의 공무원인 경우가 많다. 모든 공무원들이 그렇다고 단언할 수는 없지만 적어도 민원인들의 입장을 자신의 입장처럼 받아들여 최소한의 혜택을 부여하고자 노력하는 공직자들이 있다는 점은 다행스러운 사실이겠으나, 민원인 개인에게 주어질 생활의 부분적 윤택함이 국민들의 삶에 양적 · 질적 풍요를 가져다주진 않는다. 세부적인 형태의 행정적 도움 이외에 삶의 전반에 긍정적인 영향을 줄 수 있을만한 수준의 정책이 필요하다는 것이다. 이와 같은 정책의 탄생과 소멸은 주로 고위 공무원 내지 정치인의 손에 의하여 이루어지는 것으로서 일반인들이 현실적으로 그러한 공무에 다가서는 데에는 한계가 있을 수밖에 없다. 직접민주주의에 기초한 이데올로기가 당연하게 여겨지는 사회적 분위기가 장시간에 걸쳐 이어져 내려왔다면, 자동조정의 원리에 따라 여과된 사상의 자유시장 속 견해들이 법적 · 사회적 정의에 위배되지 않는 범위에서 확정될 수 있으므로 굳이 위와 같은 고민을 해야 할 필요가 없겠지만 우리 현실은 그렇지 않다는 점을 잘 알고 있다. 헌법변천(憲法變遷)과 헌법해석(憲法解釋)을 통하여 그와 같은 사항을 직접민주주의의 방식으로 전환시키기도 어려울뿐더러, 설령 가능하다고 할지라도 사람들이 꾸준히 감정과 신념 및 이성의 피드백을 통하여 건설적인 의사를 제시할 것이라고 보장할 수도 없는 노릇이다. 사람들은 때때로 이성보다는 감성에 매몰되어 정당성을 상실한 채 본인이 하고자 하는 일을 추진하고자 하는 의욕을 보이고, 더 나아가 합리적이지 못한 일임에도 불구하고 과시적인 면모를 보이기 위하여 도를 넘는 행위를 하기도 한다. 그러다보면 자연스럽게 의사교환의 장(場)이 오염될 개연성이 있다. 만약 우리가 이와 같은 부정적인 상황의 발생을 애초부터 근절할 수 있는 최소한의 장벽을 세워둘 수 있다면, 이상적으로 생각하는 바를 달성할 수 있는 것은 가능하다. 이때부터 만들어진 것이 바로 정당(政黨)이다.

한국의 정당이 위와 같은 경험을 통해 일정한 의도를 가지고 설립되었다기보다는 상황적 조류에 부합하는 행동양식을 따르는 과정에 의하여 만들어진 산물이긴 하지만, 최근에는 민의의 전달과 수렴이 가지는 중요성에 대한 인식이 범국민적으로 확산됨에 따라 고위공직자와 일반인이 의사를 교환할 수 있는 채널이 조금씩 형성되어 가고 있다고 판단된다. 대화의 통로가 열려있다는 것은 국민이 원하는 이익과 공직자가 추구하는 목적이 부합할 수 있도록 유도할 수 있는 기회의 마련과 깊은 상관관계를 띠고 있다. 국민들이 언제나 사익만을 추구하는 것은 아니다. 때로는 헌법정신에 부합하는 진정한 의미의 공익을 좇기도 한다. 반면 공직자도 매순간마다 공익을 우선시하는 태도를 견지하진 않는다. 불가항력적인 착오 내지는 개인적인 이유로 사적인 형태의 이익에 대해 관심을 가지기도 한다. 양자가 사익만을 혹은 공익만을 염두에 둔다면 그 결과는 긍정적일 수도 있고 부정적일 수도 있다. 더 나아가 의사를 조율할 필요도 없을 정도로 동일한 견해만을 제시하게 된다면 사회가 발전보다는 정체상태에 머무르게 될 개연성도 존재한다. 그렇다고 하여 반목과 갈등이 존재하는 사회가 건강한 것이라고 볼 수는 없겠지만, 적어도 견해의 다양성과 다양한 견해의 조율 가능성이 전제되지 않는다면 해당 공동체는 변화에 적응하지 못하는 보수적인 성향을 가지게 될 위험성이 있다.

사익이 없는 곳은 발전이 있을 수 없고, 공익이 없는 곳은 안정이 있을 수 없다. 그러나 다행스럽게도 한국사회의 구성원들은 높은 수준의 교육을 통하여 자신만의 고유한 가치관을 가지고 있고, 온라인매체를 통하여 실시간으로 중요정보를 획득하고 있기 때문에 자신만의 생각을 건설적으로 표출할 수 있는 역량을 가지고 있다. 그리고 이러한 역량을 통해 달성하고자 하는 바는 개인의 영욕달성이기도 하지만, 부분적으로는 공익을 증진시키는 것과도 관련을 맺고 있다. 다만 수많은 사람들이 제시한 견해들이 마찰을 빚음에 따라 갈등이 양산되고, 양산된 갈등이 사회전반에 흘러야 할 발전의 흐름을 가로막는 결과를 초래한다는 점이 문제될 따름이다. 이러한 문제를 해결함과 동시에 그들의 욕구를 충족시켜줄 수 있는 또 다른 주체가 존재하여야 하는데, 그 대표적인 기관이 바로 정당인 셈이다. 정당은 예비대표자들을 키우는 곳으로서 유권자들의 목소리에 촉각을 곤두세울 수밖에 없는 단체에 해당한다. 그래서 여타의 공직자들에 비하여 막강한 정보력을 보유하는 경우가 많은 것이다. 그렇다면 우리가 생각해야 할 다음 단계는 정당이 어떠한 태도를 견지하여야만 위와 같은 과제를 해결할 수 있는지에 대한 것이다. 필자가 생각하는 것은 공화주의적 자유주의에 기반을 둔 태도이다. 지역대표자이기도 하지만 동시에 국민대표자를 배출해내는 정당[72]은 궁극적으로 국민 전체의 안위와 복지의 증진을 꾀하여야 하기 때문에 기본적으로는 공화주의에 기초한 공익을 우선적으로 추구하여야 하겠지만, 그러한 공익이 국민생활의 안정을 가져다 줄 수 있도록 하고

---

72) 앤드류 헤이우드는 그의 저서 『정치학 －현대정치의 이론과 실천』(조현수 옮김, 성균관대학교 출판부, 2007) 중 472면에서 "모든 종류의 정당은 국가에 정치적 지도자를 제공하는 책임이 있다. (중략) 훨씬 더 일반적으로 정치가는 자신이 가진 정당의 지위에 의해 직책을 획득한다. 대통령 선거에서 경쟁자들은 일반적으로 당의 지도자이다. 반면에 의원내각제에서 의회에 있는 가장 큰 당의 지도자가 일반적으로 수상(primeminister)이 된다. 정당에 소속되지 않은 장관을 임명하도록 허용하는 미국과 같은 대통령 제도에서는 예외가 있긴 하지만, 내각과 다른 행정직은 일반적으로 당의 고참자에 의해 충원된다. 따라서 대부분의 경우, 정당은 정치인에게 교육적인 토대와 숙련된 지식, 경험을 제공하며, 비록 당의 운명에 의존하는 구조라 할지라도, 정치가에게 어떤 형태의 경력구조를 제공한다"고 언급하여 정당의 기능 중 하나가 국민의 대표를 만들어내는 것임을 밝힌 바 있다. 더불어 우리나라 정당법 제44조 제1항 제3호에서는 "임기만료에 의한 국회의원선거에 참여하여 의석을 얻지 못하고 유효투표총수의 100분의 2 이상을 득표하지 못한 때" 당해 선거관리위원회가 정당의 등록을 취소할 수 있다고 규정하고 있음을 고려할 필요가 있다.

더 나아가 그들이 자유롭게 자신들의 삶을 평온하게 영위할 수 있도록 해주어야 한다. 따라서 이러한 준칙은 공화주의적 자유주의로 이어질 수밖에 없는 것이다. 이는 유권자들의 입장에서 보아도 동일한 결과를 가져온다. 그들은 기본권의 최대한 보장을 추구하며, 동시에 안정적인 사회 속에서 자신의 삶을 영위하길 바라기 때문이다.

이러한 공화주의적 자유주의에 기초한 견해가 국정에 반영될 수 있도록 하는 대표적인 헌법적 장치인 정당을 규율하는 헌법 제8조에서는 4개의 조항에 걸쳐 이에 대해 규정하기에 이르렀다. 제1항에서는 "정당의 설립은 자유이며, 복수정당제가 보장된다", 제2항에서는 "정당은 그 목적 · 조직과 활동이 민주적이어야 하며, 국민의 정치적 의사형성에 참여하는데 필요한 조직을 가져야 한다", 제3항에서는 "정당은 법률이 정하는 바에 의하여 국가의 보호를 받으며, 국가는 법률이 정하는 바에 의하여 정당운영에 필요한 자금을 보조할 수 있다", 제4항에서는 "정당의 목적이나 활동이 민주적 기본질서에 위배될 때에는 정부는 헌법재판소에 그 해산을 제소할 수 있고, 정당은 헌법재판소의 심판에 의하여 해산된다"고 규정한 바 있다. 이처럼 4개의 조항은 정당을 활성화시키는 의도와 행위영역을 제한하려는 의도가 동시에 담겨있는 것으로 정당민주주의의 현실적 발현을 도모하는 데에 있어서 근본적인 역할을 수행한다.[73)][74)] 우리는 헌법 제8조에 규정되어

73) 헌법재판소는 2009년 10월 29일에 선고한 2008헌바146 결정에서 "우리 헌법은 정당제 민주주의에 바탕을 두고 정당설립의 자유와 복수정당제를 보장하고(헌법 제8조 제1항), 정당의 목적 · 조직 · 활동이 민주적인 한 법률이 정하는 바에 의하여 국가가 이를 보호하며, 정당운영에 필요한 자금을 보조할 수 있도록 하는 등(헌법 제8조 제2항 내지 제4항), 정당을 일반결사에 비하여 특별히 두텁게 보호하고 있다. 헌법의 정당에 대한 위와 같은 보호는 정당이 국민의 이익을 위하여 책임있는 정치적 주장이나 정책을 추진하고 공직선거의 후보자를 추천 또는 지지함으로써 국민의 정치적 의사형성에 참여함을 목적으로 하는 국민의 자발적 조직으로서 다른 집단과는 달리 그 자유로운 지도력을 통하여 무정형적(無定型的)이고 무질서한 개개인의 정치적 의사를 집약하여 정리하고 구체적인 진로와 방향을 제시하며 국정을 책임지는 공권력으로까지 매개하는 중요한 공적 기능을 수행하기 때문인 것이며, 그와 같은 정당의 기능에 상응하는 지위와 권한을 보장하고자 하는 헌법정신의 표현이라고 할 수 있다(헌재 1991. 3. 11. 91헌마21, 판례집 3, 91 참조). 한편, 헌법 제8조 제2항은 헌법

있는 내용을 통해 달성하고자 하는 목적이 공화주의적 자유주의임을 다시 한번 확인할 수 있다. 정당법(政黨法)상의 제한이 다소 수반되긴 하지만, 누구든 정당을 만들 수 있는 자격을 보유하고 있고 이를 통해 정치적 의사를 마음껏 발현시킬 수 있는 권리를 보장한다는 점에서 자유주의에 기초한 헌법질서를 발견할 수 있을 뿐만 아니라 국가에서도 이들의 활동을 보조금을 통해 후원해준다는 사실은 자유의 신장과 관계가 매우 깊다. 다만 민주적인 조직구조를 가져야 하고, 만약 민주적 기본질서를 심각하게 훼손하는 행위를 할 때에는 해산됨을 언급함으로써 공화주의적 성격을 보이고 있다. 결과적으로 공익을 해하지 않는 한 정치적 의사의 발현을 보장한다는 의미이므로 공화주의적 자유주의의 원리를 따르고 있는 것이라 해석한다고 할지라도 이상할 것이 없다고 사료된다.

그러나 정당은 일반적인 의미의 결사(結社)와는 상당히 다른 성격을 보이

제8조 제1항에 의하여 정당의 자유가 보장됨을 전제로 하여, 그러한 자유를 누리는 정당의 목적 · 조직 · 활동이 민주적이어야 하고, 국민의 정치적 의사형성에 참여하는 데 필요한 조직이어야 한다는 요청을 내용으로 하는 것으로서, 정당에 대하여 정당의 자유의 한계를 부과하는 동시에 입법자에 대하여 그에 필요한 입법을 해야 할 의무를 부과하고 있는 것인바(헌재 2004. 12. 16. 2004헌마456, 판례집 16-2하, 618, 626), 정당은 국민 각자의 선거의 자유와 기회균등을 보장하는 민주사회의 기반 위에서 존립하는 것이므로 당내 민주주의가 확립되고 민의에 따라 정당이 구성되고 공천되는 것을 전제로 해야 한다(헌재 1989. 9. 8. 88헌가6, 판례집 1, 199, 211~212)" 라고 판시하였다.

74) 장영수 교수는 정당국가적 민주주의의 긍정적인 측면과 부정적인 측면을 고루 조망함과 더불어 균형감 있는 관점을 제시하고 있다. 『헌법총론』(홍문사, 2004) 중 363면에서 "긍정적인 측면으로는 정당을 통해 국민의 의사가 다양하게, 그리고 지속적으로 국가의사 형성과정에 반영될 수 있다는 점, 그리고 정당을 통해 의회 내의 의견이 사전적으로 조정될 수 있게 됨으로써 의회 내 의사결정의 효율성을 확보할 수 있게 되었다는 점이다. 그러나 부정적인 측면도 적지 않다. 정당(수뇌부)의 결정에 따라 일사분란하게 움직이는 정당조직의 성격 때문에 개개의 의원들이 소신에 따라 의정활동을 하는 것이 어려우며, 합리적인 대화와 토론을 통한 의사결정보다는 정당들의 막후협상을 통해 의회의 운영이 결정되는 것, 그리고 여당과 정부가 같은 정당에 의해 구성됨으로 인하여 의회가 정부에 대해 실질적인 통제를 제대로 하지 못하는 것 등은 중대한 문제점이라고 할 수 있다"고 언급하였다. 다시 말해서 의사결정과정이 어느 정도 보장되는가에 따라서 정당민주주의가 발전하거나 쇠락하게 되는 것이라고 할 수 있겠다.

고 있다.[75] 결사의 경우는 둘 이상의 구성원들이 추구하는 목적을 달성하기 위하여 하나의 집단을 형성하고, 그 집단이 보유하고 있는 힘을 외부적으로 발현함으로써 국가가 그들의 의사를 적극적으로 수렴해줄 것을 요청하고자 하는데, 이러한 과정을 통하여 목적을 달성하고나면 결사는 해체의 과정을 거친다. 물론 해체를 하지 않는 경우도 있지만, 장기적으로 조직적인 안정성을 가지고 지속되는 집단의 수는 그리 많다고 볼 수 없다. 따라서 결사는 보기에 따라선 공화주의보다는 자유주의의 속성을 상대적으로 강하게 가지고 있는 집단으로서 목적달성의 여부가 존속의 여부를 결정짓는 핵심적인 근거가 된다. 그러나 정당의 경우는 그렇지 않다. 그들이 추구하는 목적이 실현되었다고 할지라도, 이는 잠정적인 것에 불과하다. 실제로 특정한 정당을 지지하는 유권자들이 바라는 바가 단 하나일 수는 없는데, 어느 한 가지가 달성된다고 할지라도 사회변화에 따라 이미 충족되었던 바가 더 이상 상황적 적합성을 상실할 수도 있으므로 그들의 요구는 끊임없이 가변적인 속성을 가질 수밖에 없으며 정당의 입장에선 이에 상응하여 적절한 대응을 해야만 하기 때문이다. 만약 시대가 변하지 않는다면 정당의 수명은 대단히 짧을 것이겠지만, 사회는 마치 유기체와 같이 성장

75) 장영수 교수는 『헌법총론』(홍문사, 2004) 중 367~368면에서 정당의 헌법상 지위에 대해 설명하고 있다. 아래의 도표는 그의 설명을 토대로 하여 작성된 것이다.

〈정당의 헌법상 지위에 대한 학설〉

학설	학설의 내용
국가기관설 (헌법기관설)	오늘날 정당이 모든 국가기관에 사실상 영향력을 행사하고 있음을 고려할 때, 정당(특히 다수당)은 국가권력의 담당자처럼 인식될 수 있으며, 이에 따라 헌법규정을 근거로 정당이 국가기관으로서의 성격을 갖는다고 인정하는 견해이다.
사(법)적 결사설	정당이 국민의 정치적 의사형성에 참여한다는 헌법적 과제를 지고 있음은 인정되지만 정당은 본질적으로 자유로운 사적 결사라고 이해하는 견해이다.
중개체설 (매개체설)	오늘날의 지배적인 견해는 정당을 국가조직의 일부로는 보지 않으면서도 정당이 담당하고 있는 공적 기능 및 그에 따른 특수한 지위를 인정하려는 방향으로 나타나고 있다.

과 퇴화의 반복이라는 굴레 속에 존재하는 것임을 감안한다면 정당의 수명은 사회의 수명과 같은 셈이라고 할 수 있겠다.

사회가 변화하면서 우리가 겪은 가장 큰 경험적 충격이 있다면 그것은 가상의 공간에서 이루어지는 의사교환현상이 시간이 지날수록 가속화되고 있다는 점이다. 특히나 선거와 관련하여 SNS와 같은 무형적인 공론장의 힘이 가져다준 효과는 엄청났으며, 그로 인해 국정을 운영하는 실질적 주체들 혹은 운영하게 될 잠정적 주체들 모두 보이지 않는 공론장에 대해 많은 관심을 가지게 되었고, 오프라인 못지않게 적극적으로 활동해야 하는 주요 영역으로 삼기에 이르렀다.[76] 또한 그들은 자신의 일거수일투족이 일반민간인들에 의하여 감시·감독의 대상이 될 수 있다는 사실을 인식하여 처신에 각별한 주의를 기울이기도 하였다. 이러한 상황이 지속됨에 따라 발생할 수 있는 예견가능한 사실은 정당을 이끄는 내부구성원과 정당을 지지하는 외부구성원(유권자 등)을 구별하는 장벽 자체가 허물어질 수 있다는 것이다. 지금 당장 그와 같은 일이 발생하진 않겠지만, 의사를 전달하고 확산시키는 언론파워가 일반개인에 의하여 향유될 수 있다는 사실은 고전적인 의미의 정당제도 자체를 변혁시키는 계기가 될 것임에는 분명하다고 사료된다. 눈부신 기술의 발전은 괄목할만한 것이지만, 그것이 초래하는 결과가 긍정적인지 혹은 부정적인지에 대해 판단하기란 여간 어려운 일 아닐 수 없다. 사람들이 자아실현을 하기 위하여 표출하는 견해를 어느 정도로 확

---

76) 마누엘 카스텔(Manuel Castells)은 『정체성 권력』(정병순 옮김, 한울아카데미, 2008) 중 526면에서 "정치체계는 미디어의 보도, 유출과 역유출, 스캔들 제조와 같은 끝없는 소란 속에 휩쓸리게 된다. 확실히 일부 대담한 정치 전략가들은 미디어 사업에 자리를 잡고, 동맹을 결성하며, 정보 공격(informational strikes)을 겨냥하고 타이밍을 조정함으로써 호랑이 등에 올라타려고 하고 있다. 이것이 바로 베를루스코니가 했던 바이며, 첫 시도에서는 실패하고 나중에는 성공했지만, 결국에는 실패할 일이다. 하지만 반은 정치이고 반은 미디어 거물인 이 새로운 피조물의 운명은 예측이 불가능한 세계 금융시장에서 항해 노선을 아는 척하는 금융 투기꾼들의 운명과 흡사하다. 네트워크 사회의 다른 영역과 마찬가지로, 스캔들 정치에서도 흐름의 권력은 권력의 흐름을 압도하는 것이다"라고 언급하여 미디어가 정치체계에 미치는 영향이 심대함을 강변한 바 있다.

산시킬 수 있는지가 정당민주주의를 포함한 헌법질서의 핵심이라는 점은 당연하지만 그만큼 책임성이 전제되지 않은 언동은 사회적으로 물의를 일으키기 때문이다. 물의라는 것은 단순한 민폐를 뜻하는 것이 아니라 한 사람에 의한 여론조작, 여론조작으로 인한 선동, 선동으로 인한 불법행위 등으로 이어지는 총체를 의미한다. 그러므로 자아실현을 위한 자신의 견해를 표명하되, 그것이 초래할 부정적 일련의 사태발생가능성에 대해서도 일정 부분은 염두에 둘 필요가 있을 것이다. 이처럼 현재에서부터 미래에 이르는 정당민주주의의 운명은 정당구성원과 유권자에 의하여 결정되는 공화주의적 자유주의의 굴레에서 벗어날 수 없다고 하겠다.

Ⅸ. 원활한 의사교환을 통한 사회문화의 형성

물론 위와 같은 제도적인 여건들이 잘 갖추어진다고 하여 국민의 생활 그 자체가 곧바로 윤택해진다고 할 수는 없는데, 제도는 법에 의하여 후천적으로 형성된 것으로 최소한의 보장이라는 원칙에 따라 운용되기 때문이다. 오히려 가장 중요한 것은 사회문화가 자기 자신만의 삶을 양적·질적으로 풍요롭게 하는 데에 그치는 것이 아니라 자신을 포함한 만인의 생활에 긍정적인 영향을 줄 수 있을 때에 한하여 제도라는 가치 역시 그 빛을 발할 수 있는 것이라고 하겠다. 여기서 말하는 사회문화란 국민들이 장시간에 걸쳐 소중한 것이라고 여겨온 것들이 보존됨에 따라 앞으로도 계승 내지는 발전시켜야 한다고 할만한 유·무형의 산물을 의미한다. 그렇기 때문에 전통문화·민족문화를 구성하는 중요한 부분이라고 할 수 있다. 특히 헌법학계에서는 이처럼 문화를 중요시하는 사조를 문화국가의 원리라고 명명하고 있다.[77] 전통적·민족적 사회문화는 사람들의 가치관에 직

[77] 문화국가의 원리를 규정한 헌법 제9조와 관련하여 논의되는 헌법재판소의 결정례의 대표적인 예를 들자면 학교 정화구역 내에서의 극장시설 및 영업을 금지하는 법률에 대한 위헌심사(헌법재판소 2004. 5. 27. 선고 2003헌가1 결정)가 있다. 그러나 여기서는 통상적으로 거론되는 문화국가의 원리에 대한 내용을 언급하지 않고, 사회

접적으로 영향을 주고, 직접적으로 영향을 받아 만들어진 행동양식은 문화의 연속성과 확장성의 증진과 관련이 깊은 편이기 때문에 시대가 지나도 선대(先代)나 후대인(後代人)들의 생활문화에 커다란 변화가 발견되지 않는 것이 통설적으로 받아들여지던 견해였다. 그러나 최근에는 과거에서부터 이어져 내려오는 사회문화적 조류가 격동의 과정을 겪게 되면서 그 자취를 감추거나 왜곡되는 경우가 종종 발생하고 있다. 이는 사람들 사이의 유기적 연대성의 증진으로 인하여 전통적 사회분위기가 해체되기 시작하였다고 볼 수도 있고 혹은 기술사회의 도래로 인하여 기존의 전통기술이 가지는 가치가 낮아진 것이라고 여길 수도 있으며, 국경이 없는 사회의 도래로 말미암아 이문화(異文化)의 유입이 가속화되어 문화의 혼합이라는 현상으로 말미암아 기존의 사회문화영역이 좁아지고 있는 것이라고 판단할 수도 있다.

그러나 무엇보다도 사회적 이슈로 부각되어 고질적인 문화문제로 손꼽히고 있는 것이 바로 세대갈등이다. 세대를 나누는 기준을 일률적으로 정할 수는 없지만, 기성세대와 젊은 세대의 충돌로 인하여 발생하는 폐해는 심각한 수준에 달하고 있다. 기성세대는 우리 사회가 기존에 견지해왔던 전통적인 가치에 대해 애정을 보이고 더 나아가 지속적으로 변화를 거치지 않고 유지되길 바라는 반면, 젊은 세대는 이와 반대되는 성향을 보인다.[78]

문화적 차원에서 급속도로 확산되고 있는 현행의 문제에 상대적으로 강한 초점을 맞추고자 한다.

78) 이상호 교수는 "사회변동의 속도가 지나치게 빠를 경우 세대를 통한 계승은 문제를 발생시키게 된다. 즉, 세대 간 경험의 차이가 지나치게 벌어지면서 세대 간 계승이 순조롭게 이루어지지 못하게 되는 것이다. 이처럼 세대간에 경험과 사고방식, 선호행동에서의 현저한 차이가 벌어져 세대간 계승이 문제에 봉착하는 것을 세대 차이(generation gap)이라고 한다. 세대 차이가 나타나게 된 원인들은 학문영역이나 학자들에 따라 다양하게 규정될 수 있지만 여기서는 세대를 구분 짓는 몇 가지 특징적 요인에 따라 나누어볼 수 있다"고 언급하면서 네 가지를 언급하였다. 그중에서 필자가 중요하게 생각하는 것은 이상호 교수가 제시한 두 번째 원인이라고 할 수 있는데, 그는 "원인은 인간의 발달단계에 따라 각 단계에 포함된 특성에 기인한다고도 볼 수 있다. 즉 발달단계별로 나누어 볼 때 신세대로 볼 수 있는 청년 혹은 청소년기는 반항적이고 자유롭고자 하는 성향이 강하다. 반면에 기성세대에 해당하는 장

일각에서는 이들을 보수와 진보라는 이름으로 나누기도 하고 우익과 좌익으로 분류하기도 하는 등 대립의 수준을 넘어 분열의 수준에 접어들고 있다는 식으로 진단하기도 한다. 설상가상으로 이들 사이의 갈등을 중재해줄 수 있는 메커니즘은 그 어디에도 존재하지 않는다. 물론 두 세대를 대상으로 하여 공동교육을 실시함으로써 폐단을 일축시키기 위한 노력이 이루어져야 한다는 주장이 강력하게 대두되고 있는 것은 사실이나, 그것이 어느 정도의 효용성을 거둘지에 대해선 시간을 두고 지켜보아야만 하기 때문에 지금 당장 실효적인 성과를 거둘만한 방책은 없다고 하여도 과언이 아닐 것이다.

문화갈등의 원천은 '관용성의 정도에서 나타나는 차이'이다.[79] 다름이라는 존재를 어느 수준까지 인정할 수 있는가에 따라서 갈등의 지수가 높아질 것인지 혹은 낮아질 것인지가 결정될 수 있는 사안이다. 그러나 안타깝게도 다양한 문화의 소용돌이 속에서 살아가는 생활에 익숙하다고 평가받는 젊은 세대들도 관용성이라는 덕목에선 일정한 한계를 보여주고 있다.

년기에 접어들면서 보수적이고 통제하고자 하는 성향이 강화된 결과 이들 간에 발생하게 된다. 또한 발달단계에 따른 세상을 보는 시각의 차이도 중요하다. 청년 혹은 청소년기에 속한 사람들의 경우 시각은 현재의 자신의 위치에 편중된 경향을 보인다. 하지만 장년기 혹은 그 이상에 속한 사람들의 경우 현재 자신의 위치뿐 아니라 이제까지 거쳐 온 다양한 위치들과 관련된 시각이 동시에 작용하게 된다"라고 분석한 바 있다. 이창호, "세대 간 갈등의 원인과 해결방안", 한국청소년학회 · 한국노년학회 공동학술대회, 2002, 134~135면.

79) 여기서 정주진 박사의 견해를 살펴보도록 하자. 정주진 자신의 저서에서 한국인의 갈등대응방식에 대해 언급한 바 있는데, "관계의 중요도와 적극적 대응 수준의 반비례는 나이, 직급, 권위, 영향력, 정보와 같은 변수들의 영향을 받는다. 자신보다 나이가 많고, 조직 내에서 직급이 높고, 권위와 영향력이 있으며, 보다 많은 정보를 가지고 있는 사람과의 사이에서 갈등이 발생했을 때 사람들은 더욱더 소극적인 태도를 보인다. 이 경우엔 대화로 문제를 개혁할 시도조차 아지 않으며 자신의 정신적 · 심리적 · 육체적 상태를 조절함으로써 상황에 적응하려는 태도를 보인다. 이와 같은 변수들은 힘으로 작용한다. (중략) 수직적 문화의 성격이 강한 한국문화에서는 위의 요소들이 갈등 당사자들 사이의 심각한 힘의 불균형을 만드는 데 결정적인 역할을 한다. 힘의 불균형은 갈등을 악화시키고, 연장시키며, 갈등해결을 어렵게 만드는 주요인이 된다"라고 언급한 바 있다. 정주진, 『갈등해결과 한국사회 －대화와 협력을 통한 갈등해결은 가능한가?』, 아르케, 2010, 50~51면.

대다수가 받아들일만하다고 생각하는 주류 조류에 대해선 쉽게 편승하는 편이지만, 그렇지 않은 문화적 흐름에 대해선 인색한 모습을 보이는 경우가 많다. 설령 비(非)유행적 문화가 자신의 신념과 부합하는 측면이 있다고 할지라도 그것이 많은 이들에 의하여 지지받을 수 없다고 판단이 들면 이를 멀리하는 태도를 취하곤 한다. 이는 자신이 유행과 경향에서 이탈함에 따라 시대적 조류에서 멀어질 수밖에 없다는 소외의식에 대해 매우 부정적이기 때문이다. 오히려 시대를 앞서가는, 즉 일정부분 선도적인 자세를 취함으로써 느껴지는 희열에 대해 민감하게 반응할 따름이다. 그러나 본인이 우호적으로 받아들였던 선도문화가 유행이라는 큰 물결에 상존하기 힘들다고 생각할 때에는 과감하게 이탈해버린다. 이와 같은 상황에선 젊은 세대가 추구하는 문화라는 범주 안에 전통문화와 민족문화를 포함하기란 어려울 수밖에 없다. 관용보다는 변화에 민감하고, 변화라는 조류에 편승하더라도 또 다른 변화에 휩쓸리는 성향이 강한 것이 젊은 세대의 심리적 특성이라고 판단된다. 그렇기 때문에 현대의 한국사회에는 유행이란 개념은 있을지언정 문화라는 개념은 사실상 존재하지 않는다고 하여도 크게 틀린 말은 아니라고 사료된다. 반면 기성세대는 문화적인 관용성은 떨어지지만, 전통문화와 민족문화처럼 기존의 것들에 대한 수호의지가 강한 편에 속한다. 따라서 시대적인 변화에 둔감하여 새로운 기술에 대해 부정적이고 더 나아가 뚜렷한 주관을 갖지 않고서 유행에 표류하는 듯한 자세에 대해선 혐오적인 반응을 보이곤 한다. 물론 이들도 변화의 필요성을 느끼는 순간에는 정중동의 자세를 버리고 가시적인 움직임을 보인다. 다만 혁신적인 움직임이라기보다는 개량이라는 움직임에 그치기 때문에 젊은 세대들의 입장에서 볼 때에는 답답함을 느끼기에 충분하다. 그러나 이들은 지나친 변화로 인하여 더 큰 사회적 문제가 생길 것을 염려하여 부분적인 변화를 추구하고자 하는 의도를 가지고 있다. 따라서 기성세대는 문화를 형성하고 이를 수호할 수 있는 역량을 가지고 있지만 시대적 변화에 대처하지 못함에 따라 뒤쳐질 수 있는 위험성을 감수해야만 하는 입장에 놓여있다고 할 수 있겠다. 이와 같은 문화적 관점의 차이는 공공의 문제를 바라보는 관점에 영향을 주며, 결과적으론 세대분열을 넣어 사회분열을 가져올 소지가 다분하다고 사료된다.[80)]

위에서 언급한 바와 같이 각 세대는 그 나름대로의 장점과 단점을 갖추고 있다. 양자 사이의 타협점을 찾는 것이 곧 사회문화의 해체로 인하여 법질서 내지는 법제도가 활동의 근간을 잃어 표류하는 현상이 발생하지 않도록 하기 위한 궁극적인 방안이 될 것이라고 사료된다. 이와 같은 관점에서 우리 헌법 제9조를 살펴보도록 하자. 본조는 "국가는 전통문화의 계승 · 발전과 민족문화의 창달에 노력하여야 한다"라고 규정한 바 있다. 전통문화와 민족문화라는 두 용어는 과거에서부터 현재까지 이어져 내려온 사회문화를 의미하기 때문에 기성세대의 가치관에 부합하는 것임엔 틀림없다. 따라서 이와 같은 문구에 대해 젊은 세대들은 대부분 회의적인 반응을 가지고 바라볼 것이라고 생각된다. 그러나 전통문화와 민족문화란 목적어에 수반되는 서술어에 주안점을 둔다면, 굳이 부정적인 반응으로 일관해야 할 필요가 없음을 알 수 있게 된다. 계승 · 발전이라는 부분과 창달이라는 부분이 바로 그것이다. 전자가 폐습(弊習)이 아닌 기본권적 관점에서 가치가 있는 관습(慣習)을 찾아내어 현대적으로 응용시킬 수 있도록 노력해야 한다는 점을 고려하여 사용된 용어임을 고려한다면, 개량적이고 변화적인 성향이 부분적으로 내포되어 있음을 알 수 있다. 물론 가치 있는 부분이 무엇

---

80) 비교적 예전 연구문헌이지만, 필자는 전형준 교수가 2008년에 시행한 연구에 주목하였다. 전형준 교수는 2008년에 들어 갈등과 분쟁에 대한 인식 및 그에 기반한 행동에 있어서 어떠한 세대간 차이가 존재하는지 초점을 맞추어 연구를 진행하였는데, 분석결과 "우리나라의 전반적 갈등 상황에 대해서는 세대별로 차이가 발견되지 않았으나, 집회 및 시위의 빈도에 대한 인식에 있어서는 30대 이하는 과거에 비해 많았다고 인식한 반면, 40대 이상은 그와 같이 응답한 비율이 상대적으로 적었다. 집회 및 시위가 과거에 비해 더 격렬했는가에 대한 인식에 있어서는 또 다른 양상을 나타냈는데, 20대와 50대 이상이 동의하는 비율이 높았던데 비해, 30대와 40대는 동의하는 비율이 상대적으로 낮았다"고 결론을 도출하였다. 전형준, "공공갈등과 분쟁에 관한 세대 간 인식차이", 『분쟁해결연구』 제6권 제2호, 단국대학교 분쟁해결연구소, 2008, 139~140면.

인지에 대해선 보다 두 세대가 수긍할 수 있을만한 기준점을 만들어야겠지만, 양자가 각자 주장하고 있는 사고관의 본질적 내용이 무엇인지를 파악하고 해당쟁점이 공통분모에 해당하는지의 여부를 중심으로 하여 판단하고자 한다면 부분적으로는 공유할 수 있는 항목들이 도출될 가능성이 높다고 사료된다. 그리고 창달이라는 표현은 기존에는 존재하지 않았던 것들을 새롭게 만들어낸다는 의미가 강하다. 그러므로 계승과 발전이라는 문구에 비해선 상대적으로 개혁적인 성향을 가지고 있기 때문에 무엇보다도 젊은 세대들의 창의적인 사고가 뒷받침될 필요가 있다. 다만 그것이 양자가 인정할 수 있는 공유문화의 영역을 훼손시키지 않는 범위 내에서 이루어져야 한다는 측면에서 그 '한계선'이 존재하고 있지만, 이 한계선은 부정적인 의미를 가지고 있지 않다. 오히려 기성세대와 젊은 세대가 지켜야한다고 인정한 선에 해당하는 것이기 때문에 양자의 갈등과 대립을 막아주는 '방어선'이라고 명명할 수도 있겠다.

세대 갈등으로 인하여 생긴 균열을 막기 위한 주체는 비단 기성세대와 젊은 세대에 국한되는 것이 아니다. 헌법 제9조에서는 그와 같은 목적을 달성하기 위하여 국가가 노력해야 한다고 규정한 바 있기 때문이다. 국가는 기본적으로는 전체국민을 위하여 공무를 수행하는 법인격을 가진 산물에 해당하지만, 어떠한 성향을 가진 사람이 국정을 운영하는지에 따라서 사회 내의 특정한 집단에게 소외의식을 줄 수도 있고 그렇지 않을 수도 있는 것이 사실이다. 그러므로 이들이 취하여야 할 행동양식은 기성세대와 젊은 세대가 의견을 교환할 수 있는 환경을 마련해주고, 그러한 환경을 부당하게 훼손하려는 자에게 제재를 가하는 것이다. 보기에 따라선 단순한 의미의 심판자 혹은 조율자로 여겨질 수도 있겠지만, 문화를 형성하고 꾸려가는 주체는 어디까지나 국민에 해당하기 때문에 손쉽게 개입할 수 없다는 사실을 감안할 필요가 있다. 설령 국가가 적극적으로 개입하는 것이 허용된다고 할지라도 중립적인 태도를 갖추지 못한다면 공론장의 무게중심을 한쪽으로 집중시키는 우를 범할 수 있으므로 각별한 주의가 필요하다.

앞서 언급하였듯이 국정을 운영하는 주체가 형성하고 관리해야 할 것은 대화환경이라고 할 수 있는데, 이때의 환경은 의사교환의 규칙이 마련되어 있는 공론장이다. 문화와 가치관에 대해 대화를 하다보면 사람들은 오래지 않아 격앙된 반응을 보이며 상대방의 사고를 지나치게 폄하함에 따라 투쟁의 장으로 끌어가는 경향이 있다. 감정적인 반응을 객관적으로 해석하여 의사표현의 주체가 가지고 있는 진의를 미루어 짐작할 수 있다는 점에서 보면 그리 바람직하지 않은 것이라 볼 수는 없겠지만, 자칫 일방의 의사만이 관철되거나 상대방에 의하여 무시될 수 있다는 점에서 보면 합의결렬로 이어지는 첩경에 해당하는 것이므로 용인되기 힘들다. 따라서 공론장에서 이어지는 대화의 규칙을 어떻게 마련하여 이들의 의사교환을 원활하게 할 수 있는지는 국가의 역량에 달린 문제라고 하겠다. 최근에는 ADR(Alternative Disputes Resolution)이나 갈등조정전문가들의 역할이 가지는 중요성이 커지고 있는데, 이와 같은 전문적인 영역에 종사하는 직업군을 제도적으로 활성화시킴으로써 문화갈등이 낳은 복잡하게 엉킨 실타래를 풀어가는 것도 하나의 방법이라고 할 수 있다.

第6章 권리의 나침반

권리를 어떻게 향유하여야 하는가?

第1節 자아의 형성과 보호 및 실현을 위한 전제

이상과 같이 제도가 완비되고 나면 인간은 자신이 보유한 권리를 소극적인 측면에서 벗어나 적극적인 태도에서 관망하게 된다. 다시 말해서 불가침의 개인적 영역과 외부적으로 발현되어야 할 사회적 영역에 대하여 인식할 수 있는 이른바 안정적인 인식영역이 형성되기에 이른다는 것이다. 물론 불안정하긴 하지만 인식이라는 것은 제도가 만들어진 이전에도 만들어진다. 보존에서부터 상생의 법칙에 이르는 과정에서 형성된 자연권 개념은 현대적인 의미의 사회구조 이전부터 존재해 왔었다. 그리고 시간이 흐름에 따라 계몽주의가 도래하고 세계대전을 거쳐 인간의 권리에 대한 철학적·실용적 논의가 꾸준히 이어져 내려오면서 현대의 권리체계를 담은 인식영역이 완비될 수 있었던 것이다. 장시간에 걸쳐 명맥을 이어온 자연권은 제도가 가지고 있는 합리성을 포괄하면서 막강한 존속력(存在力)을 가지게 되었고, 헌법이 헌법다울 수 있게 만든 핵심이라고 할 수 있겠다. 이와 같은 능력을 단적으로 보여주는 예는 헌법 제10조이다. 본조에서는 "모든 국민은 인간으로서의 존엄과 가치를 가지며, 행복을 추구할 권리를 가진다. 국가는 개인이 가지는 불가침의 기본적 인권을 확인하고 이를 보장할 의무를 진다"라고 규정한 바 있다. 언뜻 보면 (ⅰ) 존엄과 가치, (ⅱ) 행복을 추구할 권리, (ⅲ) 불가침의 기본적 인권, (ⅳ) 확인하고 보장할 의무 등 난해하고 모호한 문구들로 구성된 비현실적 조문으로 여길 수도 있을 것이다. 이처럼 추상적인 성격을 띠고 있는 까닭은 이 규정을 최상위의 기본권, 즉 자연권을 한 마디로 고농도압축을 시킨 것이기 때문이다. 압축의 과정을 거치지 않으면 자연권을 수호 내지 옹호하기 위한 규정이 무한대의 수준으로 확장됨에 따라 형식적 의미의 법, 즉 법전화를 시키는 것이 현실적으로 불가능해질 수밖에 없다. 법전화되지 못한다고 하여 지나치게 형이상학적인 구성을 하는 것이 타당하다고 말할 수는 없지만, 그렇다고 해서 본조가 명확성의 원칙으로부터 현저히 일탈하는 것은 아니다. 명확성의 원칙은 문자 그대로 비교적 구체적인 표현을 통하여 규정이 의미하는 바를 명료하게 전달함으로써 자연권을 예측가능한 범주에서 향유할 수 있는 권리로 인정되게 해야 함을 천명한 규칙이다. 설령 단일의 규정이 일견 모호하다고 할지라도 다른 규정들과의 연계해석을 거쳐 그 윤곽이 나타난다면 명확성의 원칙에 위배된 것이라고 할 수 없다.[81]

현재 헌법 제11조에서 제39조에 이르기까지 다양한 기본권과 의무가 규정되어 있고, 이들을 구성하는 핵심요소들의 총체가 곧 제10조의 구체적 내용이다. 물론 "제2장 국민의 권리와 의무"를 제외한 나머지의 조문들에 담긴 요소들도 가미되어 있다. 이처럼 다른 규정들을 해석하면 충분히 도

81) 헌법재판소는 2013년 8월 29일 2011헌바176 사건에서 "모든 법규범의 문언을 순수하게 기술적 개념만으로 구성하는 것은 입법기술적으로 불가능하고, 다소 광범위하여 어느 정도의 범위 안에서는 법관의 보충적인 해석을 필요로 하는 개념을 사용하였다고 하더라도, 통상의 해석방법에 의하여 건전한 상식과 통상적인 법감정을 가진 사람이라면 당해 처벌법규의 보호법익과 금지된 행위 및 처벌의 종류를 알 수 있도록 규정하였다면 헌법이 요구하는 명확성의 원칙에 반한다고 할 수는 없다(헌재 2006. 7. 27. 2004헌바46, 판례집 18-2, 68, 73 등)"고 판시하였다.

출가능한 것임에도 불구하고 굳이 추상적인 문구들로 이루어진 조문을 제정하는 것이 다소 효용성이 떨어지는 것이라 비판할 여지도 있을 것이다. 그렇지만 다양하게 해석될 소지가 다분한 하위의 조문들을 하나의 목적 아래 집약시킬 수 있는 규정이 없다면, 체인이 존재하지 않는 진주목걸이에 불과할 것이다. 이념과 사상에 의하여 해석의 방향을 급격하게 선회할 수 있다면 권리는 정치적 자의성에 의하여 중심축을 상실하기 마련이다. 이러한 세태는 헌법제정자들 및 국민들이 진정으로 의도한 것이 아니므로 결코 바람직한 것이라고 할 수 없다.

현재 (ⅰ)에서 (ⅳ)에 해당하는 내용은 헌법해석관의 대대적인 혁신을 필요로 할 만큼 모호하지 않다. 오히려 군더더기 없이 깔끔한 편이라고 판단되는데, 문제는 제10조에 의하여 확인된 권리가 도를 넘어서 향유되지 않도록 하기 위한 법의식의 형성에 대한 점이다. 관련 사항은 주관적 공권과 객관적 가치질서의 위상관계를 설명하면서 이미 논의한 바 있으므로 이 부분은 앞에서 설명한 것으로 갈음하고자 한다. 따라서 공화주의적 자유주의에 토대를 둔 제10조의 자연권은 상생의 법칙에서 벗어나는 식으로 향유되어선 안 될 것이다. 특히 본조에 기초하여 헌법에 구체적으로 규정된 바 없는 기본권들도 도출되는데, 일반적인 행동의 자유권과 개성의 자유로운 발현권 및 자기결정권 등이 그것이다.[82)] 이들은 제10조에서 기초한 것으로

---

82) 헌법재판소는 2003년 10월 30일에 선고한 2002헌마518 결정에서 "일반적 행동자유권은 모든 행위를 할 자유와 행위를 하지 않을 자유로 가치있는 행동만 그 보호영역으로 하는 것은 아닌 것으로, 그 보호영역에는 개인의 생활방식과 취미에 관한 사항도 포함되며, 여기에는 위험한 스포츠를 즐길 권리와 같은 위험한 생활방식으로 살아갈 권리도 포함된다. 따라서 좌석안전띠를 매지 않을 자유는 헌법 제10조의 행복추구권에서 나오는 일반적 행동자유권의 보호영역에 속한다"라고 하였고, 2012년 4월 24일에 선고한 2011헌바40 결정에서 "우리 헌법 제10조는 행복추구권을 보장하고 있으며, 행복추구권은 그의 구체적인 표현으로서 일반적인 행동자유권과 개성의 자유로운 발현권을 포함하는데, 일반적 행동자유권은 개인이 행위를 할 것인가의 여부에 대하여 자유롭게 결단하는 것을 전제로 하여 이성적이고 책임감 있는 사람이라면 자기에 관한 사항은 스스로 처리할 수 있을 것이라는 생각에서 인정되는 포괄적인 의미의 자유권으로서 일반 조항적인 성격을 가지는 기본권이다(헌재 1991. 6. 3. 89헌마204, 판례집 3, 268, 276; 헌재 2000. 6. 1. 98헌마216, 판례집 12-1, 622, 648)"라

헌법에 의하여 보장되어야 할 권리로 공고히 인정받았다. 이 시점에서 제시될 수 있는 비판적 견해는 제10조만 있으면 모든 기본권이 형성되므로 여타의 기본권 규정이 필요하지 않을 수 있다는 사실이다.[83] 그러나 모든 권리를 포괄하는 최상위의 권리를 분쟁해결의 마스터키(master key)처럼 사용할 경우 자칫 보호가치가 없는 사이비(似而非) 권리의 득세로 진정한 의미의 권리가 부당하게 보호영역에서 이탈되는 결과가 발생할 수 있으므로 기존의 규정들을 통하여 보호받기 어렵다는 사실이 객관적으로 인정될 때에 한하여 제한적으로 이용하여야만 한다.

그리고 제10조의 말미에서 국가가 국민들이 향유하고 있는 권리를 확인하고 보장하여야 할 의무를 부담한다고 설시된 것으로 보아, 정부의 역할이 매우 중요함을 알 수 있다. 사실 정부의 기능을 거론하지 않고서 권리체계의 형성을 논한다는 것은 그 자체로 어불성설이다. 우리는 사람들이

고 판시하였다. 뿐만 아니라 1996년 12월 26일에 선고한 96헌가18 결정에서 "구입명령제도는 비록 직접적으로는 소주판매업자에게만 구입의무를 부과하고 있으나 실질적으로는 구입명령제도가 능력경쟁을 통한 시장의 점유를 억제함으로써 소주제조업자의 '기업의 자유' 및 '경쟁의 자유'를 제한하고, 소비자가 자신의 의사에 따라 자유롭게 상품을 선택하는 것을 제약함으로써 소비자의 행복추구권에서 파생되는 '자기결정권'도 제한하고 있다"고 언급함으로써 자기결정권의 근거가 헌법 제10조에서 규정한 행복추구권임을 명시적으로 표현한 바 있다.

83) 헌법재판소는 2012년 5월 31일에 선고한 2009헌마553 결정에서 "인격권은 헌법 제10조로부터 도출되는 인간의 본질과 고유한 가치에 관한 기본권으로서 개별 기본권에 대하여 보충성을 가지고(헌재 2000. 6. 1. 98헌마216, 판례집 12-1, 622, 648; 헌재 2001. 7. 19. 2000헌마546, 판례집 13-2, 103, 112 등 참조), 행복추구권 역시 포괄적 자유권적 기본권으로서 보충적 기본권에 불과하므로(헌재 2011. 5. 26. 2010헌마183, 공보 176, 836 등 참조) (이하 중략)"라고 판시하였다. 더불어 2009년 10월 29일에 선고한 2007헌마1359 결정문에서 "헌법소원에 있어서 대상이 되는 규범에 의하여 여러 기본권이 동시에 제약을 받는 기본권 경합의 경우에 기본권 침해를 주장하는 청구인의 의도 및 기본권을 제한하는 입법자의 객관적 동기 등을 참작하여 사안과 가장 밀접한 관계가 있고 또 침해의 정도가 큰 주된 기본권을 중심으로 해서 그 제한의 한계를 검토하면 족한 것이고 관련 기본권을 모두 심사할 필요는 없다(헌재 1998. 4. 30. 95헌가16, 판례집 10-1. 327, 336~337; 헌재 2008. 12. 26. 2006헌마462, 판례집 20-2하, 748, 755~756 참조)"라고 하였다. 헌법재판소는 구체적으로 지정할 수 있는 '침해된 기본권'이 있음에도 불구하고 헌법 제10조의 규정을 제시하였을 때에 이와 같이 태도를 취하는 경향이 있다.

타인의 시선이 미치지 않는 곳에선 자신의 이익이 최대한으로 증진될 수 있도록 조치를 취하기 위하여 스스로가 보유한 권리를 남용하는 경우가 많고, 이것이 자유주의의 비극을 초래하는 주요원인이 된다는 사실을 잘 알고 있다. 그렇기 때문에 감시와 감독을 할 수 있는 주체의 존재가 필수적으로 요청될 수밖에 없는데, 이러한 관점에서 나타난 개념이 제러미 벤담(Jeremy Bentham)이 설계한 파놉티콘(Panopticon)이다. 파놉티콘은 죄수들의 행동을 효과적 · 효율적으로 제어하기 위하여 설계된 감옥이라고 할 수 있는데, 원형의 수용시설 한 가운데에 컨트롤 타워가 존재한다. 컨트롤 타워에 있는 관리자는 죄수들의 모든 행위를 관찰할 수 있는데, 실제로 그는 타워 안에 존재하지 않는다. 그러나 죄수들은 자신의 일거수일투족이 감시의 대상이 된다고 생각한 나머지 규율을 준수하면서 모범적인 모습을 견지하려고 노력하기에 이른다. 이를 통해 감옥 내의 질서가 자리를 잡게 되는 것이라고 하겠다. 그러나 만약 국가가 파놉티콘에 나온 바와 같이 동일하게 보이지 않는 무서운 관리자의 모습을 견지하게 될 경우, 국민들이 기본권을 남용하지 않도록 하는 데에는 효과적일 수 있지만 그들의 권리를 신장시키는 데에는 별다른 도움이 되지 않을 개연성이 있다. 다만 사람들 사이의 분쟁이 발생하지 않도록 유도할 따름이다. 따라서 국가가 질서를 유지하는 의무 이외에 사람들이 가져야 할 권리의식이 어떠해야 하는지에 대해 인식할 수 있도록 환경을 조성해주어야 할 의무가 있다. 이러한 의무의 이행을 통하여 국민들은 기본권의 보호영역이 어디까지인지를 알게 되고, 그에 따라 발생할 수 있는 폐해가 무엇인지를 인지하게 되며, 이를 통하여 분쟁의 소지가 발생하지 않도록 자율적으로 공동체의 규칙을 준수하려는 태도를 견지하기에 이른다. 이것이 국가가 적극적으로 나섬에도 불구하고 사람들이 가지고 있는 고유의 가치관을 훼손시키지 않으면서 기본적 인권을 확인하고 보장하는 방법이라고 하겠다. 만약 국가의 이러한 노력이 있었음에도 규칙을 준수하지 않음으로써 타인의 권리를 부당하게 해치는 권리주체가 있을 경우 법의 의거하여 그에 상응하는 제재를 가할 수 있어야만 한다.

국가는 헌법을 원용하여 불법행위를 저지른 국민에게 직접적으로 제재를 가하는 것이 아니라, 헌법을 통해 정당성을 인정받은 법률에 의거하여 공권력을 행사한다.[84] 대표적으로는 행정법 · 형법과 민법을 생각할 수 있는데, 이들은 범죄와 같은 고(高)위험사회의 폐해와 사적분쟁으로 인한 정신적 · 금전적 피해가 낳은 분쟁사회의 폐단을 시정하는 데에 있어 혁혁한 공을 세운 바 있다. 헌법규정을 거론하여 직접적으로 범법행위를 한 사람에게 영향을 가하지 않는 까닭은 그것이 가지고 있는 추상적 성격의 구조 때문이기도 하다.[85] 헌법은 만인이 응당 누려야 할 권리, 즉 자연권 그 자

---

84) 이를 이해하기 위해선 기본권의 대사인적 효력 내지 제3자효를 언급하여야만 한다. 예전부터 자신이 보유하고 있는 기본권을 국가가 아닌 일반사인에게 주장하는 것이 허용되는지에 대해 논의가 있어왔다. 이러한 논의의 장에서 직접효력설(직접적용설)을 기초로 하여 이를 긍정하는 견해가 있었고, 간접효력설(간접적용설)을 통하여 일반 법률을 통해 본 문제를 해결해야 한다는 견해가 대립을 하고 있었다. 현재는 간접효력설이 학계의 다수설이라는 지위를 점하고 있다. 이와 관련하여 양건 교수는 이러한 학설이 가지고 있는 의의에 대하여 "기본권이 사인간에 효력을 갖는다는 것은 특히 계약과 같은 법률행위에 의한 기본권 침해의 경우에 특별한 의미를 지닌다. 사실행위에 의한 기본권 침해는 그 대부분이 형사법이나 민법의 불법행위 조항을 통해 이미 보호가 주어져 왔었던 것이고(예컨대 타인의 신체에 상해를 입히는 행위에 대한 형사처벌이나 손해배상), 반면 종래 사적자치에 맡겨져 국가권력이 개입하지 않던 사적 영역에 기본권 규정을 적용한다는 데에 특별한 의미를 지니는 것이다. 즉 사인간에서 기본권 효력을 인정하는 것은 사적자치의 원칙에 한계를 설정한다는 의미가 있다. 이때에 사법의 일반조항을 통해 간접적용하면 사적자치의 원칙과 조화를 기대할 수 있다. 다만 직접 적용한다고 하더라도 사적자치와의 조화를 인정한다면 직접적용설과 간접적용설의 실질적 차이는 없다고 할 것이다"라고 논평하였다. 양건, 『헌법강의 I』, 법문사, 2007, 224면; 더불어 홍성방 교수는 동일하진 않지만 유사한 논조로 "기본권을 침해받는 자가 개인이든 경제적 또는 사회적 권력이든을 불문하고 기본권을 침해받는 자와 동등한 입장에 있는 자인가 그렇지 않은 자인가에 따라 그것을 간접적용 또는 직접적용을 정하는 기준으로 삼는 것이 설득력 있다 할 것이다. 더 나아가서 기본권의 사인간의 적용은 사법질서의 독자성과 고유법칙성을 가능한 한 존중하는 것이어야 한다. 그러한 한에서 사인간의 관계에서 노동3권을 제외한 나머지 기본권은 원칙적으로 간접적용되지만 직접적용되는 예외가 있다고 이해하면 되겠다"라고 설명한 바 있다. 홍성방, 『헌법학』, 현암사, 2007, 301~302면.

85) 따라서 행정법이 그와 같은 추상적인 속성의 헌법을 구체적인 모습으로 전환시켜주는 징검다리로서의 역할을 하고 있다. 상위법인 헌법에 의하여 구체적으로 수권을

체의 속성을 법문장(法文章)으로 표현한 것으로서 고수준의 일반성과 객관성을 보유하여야 한다. 따라서 이를 개개인의 생활영역에 대한 구체적 제한도구로 사용된다면, 명확한 제재기준이 결여된 처분 내지 처벌을 가할 오류를 범할 가능성이 존재한다고 사료된다. 이것은 마치 모든 행정적 권한을 집약적으로 행사할 수 있는 대통령이 전천후의 태도를 견지함에 따라 사회문제에 뛰어들어 분쟁을 깔끔하게 해결하려고 하는 것과 다르지 않다. 또한 법률의 실효성 제고를 통하여 법률문제를 적시에 해소시키는 것이 중요하다는 것을 감안한다면 더욱 그러하다. 그러므로 국가는 헌법 제10조의

받은 행정법은 위임의 한계를 넘지 않는 범위에서 처분을 내리고, 이를 통해 '질서행정(秩序行政)'에 기초한 사회분위기를 조성하는 데에 있어 커다란 역할을 수행해왔다. 질서행정은 기본적으로 법적안정성을 추구하는 기본원리로서 공동체의 구성원들이 타인에게 해를 가하는 등의 행위가 이루어지지 않도록 제어하기 위한 지침이 된다. 이와 관련하여 언급되는 것이 행정행위의 공정력이다. 대법원은 2007년 3월 16일에 선고한 2006다83803 판결에서 "행정처분이 아무리 위법하다고 하여도 그 하자가 중대하고 명백하여 당연무효라고 보아야 할 사유가 있는 경우를 제외하고는 아무도 그 하자를 이유로 무단히 그 효과를 부정하지 못하는 것으로, 이러한 행정행위의 공정력은 판결의 기판력과 같은 효력은 아니지만 그 공정력의 객관적 범위에 속하는 행정행위의 하자가 취소사유에 불과할 때에는 그 처분이 취소되지 않는 한 처분의 효력을 부정하여 그로 인한 이득을 법률상 원인 없는 이득이라고 말할 수 없는 것이고(대법원 1994. 11. 11. 선고 94다28000 판결 등 참조), 또한 하자 있는 행정처분이 당연무효가 되기 위해서는 그 하자가 법규의 중요한 부분을 위반한 중대한 것으로서 객관적으로 명백한 것이어야 하며, 하자가 중대하고 어느 명백한지 여부를 판별함에 있어서는 그 법규의 목적, 의미, 기능 등을 목적론적으로 고찰함과 동시에 구체적 사인 자체의 특수성에 관하여도 합리적으로 고찰함을 요하는바, 행정청이 어느 법률관계나 사실관계에 대하여 어느 법률의 규정을 적용하여 행정처분을 한 경우에 그 법률관계나 사실관계에 대하여는 그 법률의 규정을 적용할 수 없다는 법리가 명백히 밝혀져 그 해석에 다툼의 여지가 없음에도 불구하고 행정청이 위 규정을 적용하여 처분을 한 때에는 그 하자가 중대하고도 명백하다고 할 것이나, 그 법률관계나 사실관계에 대하여 그 법률의 규정을 적용할 수 없다는 법리가 명백히 밝혀지지 아니하여 그 해석에 다툼의 여지가 있는 때에는 행정관청이 이를 잘못 해석하여 행정처분을 하였더라도 이는 그 처분 요건사실을 오인한 것에 불과하여 그 하자가 명백하다고 할 수 없는 것이고, 행정처분의 대상이 되지 아니하는 어떤 법률관계나 사실관계에 대하여 이를 처분의 대상이 되는 것으로 오인할 만한 객관적인 사정이 있는 경우로서 그것이 처분대상이 되는지의 여부가 그 사실관계를 정확히 조사하여야 비로소 밝혀질 수 있는 때에는 비록 이를 오인한 하자가 중대하다고 할지라도 외관상 명백하다고 할 수 없는 것이다(대법원 2004. 10. 15. 선고 2002다68485 판결, 2006. 10. 26. 선고 2005다31439 판결 등 참조)"라고 판시한 바 있다.

내용이 가지는 가치를 충분히 인지한 뒤, 이를 법률에 따라 공화주의적 자유주의의 원칙을 고려하여 문제를 해결함으로써 권리분쟁의 확산을 억제함과 동시에 기본권의 안정적 존속과 발전을 꾀하여야만 할 것이다.

위에서 살펴본 바와 같이 헌법 제10조는 자연권에 내재한 주관적 공권이라는 속성을 강하게 가지고 있는 권리를 규정한 조문으로서 인간의 자유가 가지고 있는 궁극적인 가치를 설명하고 있다. 그러나 자유의 이면에 존재하는 권리남용과 같은 부정적인 결과가 자연권의 보장을 통하여 형성되는 세계의 질서를 훼손시키고 있는데, 이러한 진행을 저지하기 위하여 필요한 것이 바로 평등이다. 평등은 자유의 대항마(對抗馬)와 같은 지위에 있는 것으로 상정하는 경우가 많은데, 이는 양자를 대립적인 관점에서 바라보았기 때문이다. 길항작용(拮抗作用)의 관계에 놓여있다고 보게 될 경우 자유와 평등은 상호억제를 목적으로 하여 존재하는 것으로 설명될 수밖에 없고, 그에 따라 궁극적으로는 그 전투에서 '자유'만이 살아남을 것이다. 평등은 자유를 전제로 하는 개념이라고 할 수 있는데. 만약 누구든 자신이 원하는 바를 이루지 못하고 획일화로 점철된 삶을 영위하게 된다면, 평등이라는 가치는 그저 선언적이거나 확인적일 뿐 독자적인 의미를 지닐 수 없기 때문이다.[86] 그러므로 자유의 폭주를 저지하고, 보다 상생의 법칙에 기초한 정의로 재해석될 수 있도록 유도하는 기능을 하는 일종의 교정제(矯正劑)라고 봄이 타당할 것이다. 이와 같은 역할이 명시적으로 보장받지 못한다면, 자유는 언제든지 오남용 될 가능성이 있다. 사람들은 저마다 가정 · 학교 ·

86) 실제로 이와 관련하여 거론되는 것이 있다면 '역차별(逆差別)'이다. 통상적으로 사회적으로 혜택을 받아야 함에도 불구하고 그러하지 못한 이들을 보호해주기 위한 조치를 취하는 과정에서 이루어진다. 역차별은 다른 이의 자유를 강도 높게 옹호하는 대신 다른 이의 자유를 부당하게 제한하는 효과를 가져온다. 다시 말해서 평등에 의한 자유의 심각한 훼손인 셈이다. 이렇듯 역풍을 맞은 이들은 다시 한번 전열을 정비하여 그들에게 불합리한 제재를 가한 정책에 대해 강력하게 반대하여 커다란 사회적 반향을 불러일으키기에 이른다. 다시 말해서 평등이 자유보다 지나치게 앞서게 될 경우, 다시 말해서 자유가 점유하고 있는 자리를 빼앗는다면, 이에 상응하는 저항이 일어난다는 것이다. 결국 빼앗긴 자유를 되찾고자 하는 이들은 평등이 불법적으로 점유한 지위를 빼앗아 원래의 상태로 되돌리려는 시도를 하게 된다.

사회 내에서 이루어진 학습을 통하여 자신의 행위를 제어할 수 있는 역량을 가지고 있지만, 찰나적인 유혹에 취약하다보니 그와 같은 행위가 기본적인 욕망에 반(反)한다는 결론을 내림으로써 당초에 추구하고자 하였던 일을 수행하곤 한다. 따라서 평등을 규칙화(規則化)하여 자유지상주의 내지는 자유우선주의적 조류가 사회 내에 흐르지 않게 해야 할 필요가 있다. 이러한 가치를 구체적으로 규정한 조문이 바로 헌법 제11조인데, 제1항에서는 "모든 국민은 법 앞에 평등하다. 누구든지 성별 · 종교 또는 사회적 신분에 의하여 정치적 · 경제적 · 사회적 · 문화적 생활의 모든 영역에 있어서 차별을 받지 아니한다", 제2항에서는 "사회적 특수계급의 제도는 인정되지 아니하며, 어떠한 형태로도 이를 창설할 수 없다", 제3항에서는 "훈장등의 영전은 이를 받은 자에게만 효력이 있고, 어떠한 특권도 이에 따르지 아니한다"고 규정한 바 있다. 본 규정은 자유의 무분별한 발현으로 말미암아 생길 수 있는 문제들을 사전적으로 차단하는 역할을 해야 한다는 중요성 때문에 권리장전(權利章典)이라 불리는 헌법 제2장의 첫 번째 조문인 제10조 바로 뒤에 설시되었다. 자유의 독주는 자유의 파멸을 알리는 전주곡이고, 이러한 전주곡으로 말미암아 사회는 해체일로를 걷게 되며, 해체일로에 있는 사회는 국가의 붕괴를 초래하기 때문에 제11조가 가지는 함의는 엄청나다고 할 수 있다. '평등에 기초한 정의'가 존재하기 때문에 민주공화국이라는 대한민국의 위상이 존속될 수 있다고 하여도 과언이 아닐 정도이다.

'평등에 기초한 정의'가 곧 공화주의의 핵심이다. 물론 이렇게 단언할 경우 반드시 그렇게 볼 수만은 없다는 반론이 제기될 수도 있겠지만, 공화(共和)라는 말이 가지는 의미를 감안한다면 필자의 이와 같은 설명이 불합리하지 않다고 사료된다. 공화는 여러 사람(共)이 조화(和)를 이루며 삶을 영위하는 모습을 함축적으로 표현한 용어라고 할 수 있는데, 이러한 현상이 파괴되지 않은 채 존속하기 위해선 상호 간의 존중이라는 의식이 사회전반에 확산되어 있어야만 하고, 이러한 존중의식은 상대방을 지나치게 높이 혹은 낮게 대우하는 것이 아니라 자신과 실질적으로 동등하게 대해야 한다는 의식이 내면적으로 자리를 잡을 때에 외부적으로 발현될 수 있는 조건을 구비하게 된다. 다시 말해서 같은 것은 같게, 다른 것은 다르게 처우해야 한다는 뜻이다. 형식적 평등이 아닌 실질적 평등의 지향, 즉 사람들이 외견상으로만 서로를 존중하는 데에 그치는 것이 아니라 현실적으로 적절한 대우를 주고받음으로써 사회적 일원으로서의 역할을 다할 수 있게 하는 데에 그 목적을 두고 있다. 이것이 곧 공화주의가 추구하는 정의의 원형인 셈이다. 그러나 공화주의가 헌법의 제1원칙이라기보다는 자유의 폐해를 시정하거나 예방하기 위한 방편으로만 받아들이는 세태가 나타나다보니 자연스레 그 가치를 자아실현의 뒷전에 두는 경우가 많다. 가치의 우선순위를 두는 것이 그릇된 것이라고 할 수는 없지만, 그렇다고 하여 등한시하는 것이 옳다고 볼 수도 없는 노릇이다. 다시 말해서 자유와 평등은 교정제로서의 기능을 교환함으로써 양자가 사회의 안정성에 기여할 수 있도록 해야 한다고 정리하는 것이 두 개념에 대한 정확한 입장설명이라고 할 수 있겠다.

제1항에서는 모든 국민은 법 앞에 평등한 존재로서 성별과 종교 및 사회적 신분에 의하여 차별을 받지 않는다고 규정한 바 있는데, "법 앞에 평등"하다는 말은 법이 지배하는 영역하에 존재하는 인간은 부당하게 특혜를 받거나 멸시받지 않음을 의미하는 것이다. 여기서 말하는 법은 법학에선 실질적 의미의 법을 의미하고, 인적(人的) 속성보다는 물적(物的) 속성을 가지고 있는 것으로 해석함이 타당하다. 여기서 인적 속성이 아니라 물적 속성이 강조되는 까닭은 전자에 의하여 형성되는 법이 인치(人治)를 위한 산물로 전환됨에 따라 자의적인 공권력 행사를 정당화시키는 기제로서 활용될 개연성이 존재하는 반면, 후자는 실질적 평등의 중요성이 대두되는 사회 속에선 비편중적 정의를 추구하기 때문이다.[87] 물이 개별인 혹은 개별집단

---

87) 이 부분에 대해선 필자가 쓴 『공화주의적 자유주의와 법치주의Ⅱ』(선인, 2011)의 제3장 "『법의 의한 지배』와 『법의 지배』에서 나타난 국가권력과 인권의 위상관계론"을 살펴보길 바란다.

을 우선시하는 태도를 견지할 수는 않는다. 공동체 전체가 위기에 빠지지 않도록 국가안전보장, 사회질서, 공공복리와 같은 거대한 공익을 수호해야만 한다는 일반적 가치를 보유할 따름이다.

이 시점에서 생각하여야 할 또 한 가지 사항은 성별, 종교, 사회적 신분이 거론되지 않는 영역에선 차별이 이루어진다고 할지라도 무방한 것인지에 대한 물음의 답변이다. 많은 학자들은 이를 예시적(例示的)인 것일 뿐 반드시 열거적(列擧的)인 것으로 보아선 안 된다는 견해를 제시하고 있다.[88] 물론 위의 세 가지 사항만으로도 개인적 · 사회적인 생활의 전 영역을 포괄할 수 있을 지라도 사회변화가 급격하게 이루어지고 있는 현실을 고려한다면 생활범위는 그보다 넓게 확장될 여지가 다분하다. 그러므로 이를 예시적인 측면에서 조망하는 것이 평등이라는 가치가 실질적으로 보장될 수 있도록 하는 데에 기여하는 바가 클 것이라고 사료된다. 제2항과 제3항에 대한 해석문제는 제1항에 내재된 취지에 부합하게 이루어진다면 쉽게 이해할 수 있는 부분에 해당한다.

더불어 제11조의 가치를 훼손시킬 우려가 있거나 훼손시킨 사항인지의 여부를 판별하는 기준에 대해서도 생각해볼 필요가 있다. 현재 법계에서 사용하고 있는 심사기준은 '자의금지의 원칙'과 '과잉금지의 원칙'이다.[89]

88) 헌법 제11조에 규정된 내용 중 '사회적 신분'에 대해서 논란이 있었다. 사회적 신분을 어떻게 규정할 것인지에 대한 점이 그 핵심이라고 할 수 있는데, 이 부분에 대해선 사회통념을 기준으로 파악하는 것이 합리적이다. 주지하다시피 헌법은 구성적인 차원에서는 논리정연한 모습을 보이지만 그 내용적인 차원에선 포괄성을 갖는다. 포괄성을 갖는다는 말의 의미는 공동체 내에서 어떠한 사건이 벌어진다고 할지라도 유연하게 대처할 수 있는 속성을 뜻한다. 다시 말해서 빠르게 변하는 사회현실에 부응하기 위함이라고 할 것이다. 만약 사회적 신분이 일정한 직업군에 종사하는 국민들의 지위만을 의미한다는 식으로 해석한다면, 국내에서 체류하는 외국인 근로자들이 평등하게 대우받을 권리는 보호영역에서 이탈되는 것과 다르지 않을뿐더러, 헌법 제10조에서 언급하는 인간의 존엄과 가치의 보호에 위반된다. 즉 헌법규정 상호 간의 충돌이 발생할 수도 있다는 것이다. 그러므로 사회적 신분을 일의적인 의미로 해석하여 제11조의 보호영역을 축소시키는 해석론을 타당하다고 받아들이기에는 무리가 따른다고 사료된다.

89) 헌법재판소는 2011년 4월 28일에 선고한 2009헌마610 사건에서 "평등위반 여부를 심사함에 있어 엄격한 심사척도에 의할 것인지 완화된 심사척도에 의할 것인지는 입

전자는 특정한 공권력이 합리적인 이유를 결(缺)하였는지를 중심으로 파악해야 한다는 준칙으로서, 만약 결하였다면 헌법에 위배되는 것으로 본다는 관점을 뜻한다. 반면 과잉금지의 원칙은 (ⅰ) 목적의 정당성, (ⅱ) 수단의 적합성, (ⅲ) 피해의 최소성, (ⅳ) 법익의 균형성이라는 네 가지 항목을 사용하여 공권력을 행사를 통해 특정한 목적을 달성하려는 태도가 견문발검(見蚊拔劍)의 우를 범하는 것과 동일한 평가를 받을만한 것인지를 중심으로 하여 파악해야 한다는 준칙을 뜻한다. 목적의 정당성은 공권력이 추구하는 바가 헌법에 위배되는지를, 수단의 적합성은 추구하는 목적을 달성하기 위한 수단이 기여하는 바가 있는지, 피해의 최소성이라는 그러한 수단을 채택하는 것이 불가피한 것인지, 법익의 균형성이란 달성하고자 하는 공익과 침해받는 사익 사이의 불균형이 심대한지에 대한 판단기준을 말한다. 과잉금지의 원칙은 광의의 비례성의 원칙이라고 불리는데 독일법계(獨逸法界)의 동향에서 유래한 것이다. 독일법에서는 목적과 수단의 관계에 중점을 두기 때문에 목적의 정당성을 거론하진 않지만, 우리는 이를 심사의 대상으로 상정한 바 있다. 자세한 내용은 『공화주의적 자유주의와 법치주의(Ⅱ)』를 참조하길 바란다. 과잉금지의 원칙은 통상적으로 권리의 본질적인 내용이 공권력에 의하여 침해되었는지의 여부를 판단하는 데에 주로 사용되지만, 평등권의 훼손여부와 관련하여 적용되기도 한다. 다시 말해서 헌법에 명시적으로 규정되어 있는 바를 준수하지 않거나 중대한 기본권 침해가 있다면, 필히 적용되어야 할 심사기준이라고 하겠다. 이러한 기준을 통하여 공화주의의 원리의 핵심을 담고 있는 평등권이 안정적으로 보장되고, 보장된

법자에게 인정되는 입법형성권의 정도에 따라 달라진다(헌재 2006. 6. 29. 2006헌마87, 판례집 18-1하, 510, 523). 헌법에서 특별히 평등을 요구하고 있는 경우 즉, 헌법이 스스로 차별의 근거로 삼아서는 아니 되는 기준을 제시하거나 차별을 특히 금지하고 있는 영역을 제시하고 있다면 그러한 기준을 근거로 한 차별이나 그러한 영역에서의 차별에 대하여 엄격하게 심사하는 것이 정당화된다. 또한 차별적 취급으로 인하여 관련 기본권에 대한 중대한 제한을 초래하게 된다면 입법형성권은 축소되어 보다 엄격한 심사척도가 적용되어야 할 것이다(헌재 2008. 12. 26, 2008헌마345, 판례집 20-2하, 945, 954)"라고 판시하였다.

평등권은 자유의 폭주를 제어함과 동시에 사회전반에 바람직한 영향을 줄 수 있도록 자유의 진화를 이끌어낸다. 다시 말해서 교정제로서의 평등권은 발전의 촉매제로서의 역할까지 아울러 수행하는 셈이다.

第2節 자아의 형성과 내부의 세계의 움직임

Ⅰ. 삶의 터전을 형성하여 살 자유

헌법은 국민들이 자유를 향유함에 있어서 부당하게 제한을 받지 않게 함으로써 법에 대한 신뢰를 견지하게 하고, 더 나아가 사회질서에 부합하는 생활을 영위할 수 있도록 하는 기능을 수행한다는 점에서 자유주의의 건설적 활성화를 위한 공화주의적 성격을 띤다고 보아야 할 것이다. 다시 말해서 자유주의의 고취라는 목적과 수단으로서의 공화주의가 하나로 엮이면서 공화주의적 자유주의의 가치가 발현되는 것이라고 하겠다. 그러나 삶의 터전이 형성되어 있지 않다면, 국민들은 디아스포라(Diaspora)의 삶을 영위하는 것과 다르지 않을뿐더러, 이동이 잦을수록 사람은 심리적인 불안정성에서 벗어나지 못하게 된다. 단순히 빈번하게 여행을 간다든지, 이사를 자주한다든지 하는 것과는 차원을 달리한다. 정주할 곳이 없다는 말은 일터를 제외한 생활영역이 없음을 의미하고, 생활영역이 없음은 사적인 삶의 정신적 · 물질적 중심이 부재함을 뜻하며, 이러한 부재는 곧 인간다운 생활을 할 수 있는 공간이 없다는 것으로 이어진다. 역사 속의 유목민들이 길 위에서의 삶을 포기하고 일정한 지역에서 거주하게 된 까닭은 생활중심의 형성을 통한 안정적인 삶을 구축하였기 때문인데, 이는 공동체의 안녕과 평화를 희구하는 정서에서 비롯된 것이라고 볼 여지도 있다.

대한민국에서는 '내 집 마련'이 사회인들의 꿈이자 희망인 시절이 있었다. 누구의 간섭을 받지 않은 채 '비 · 바람을 피하고, 몸 하나 편하게 누일

곳을 만드는 것'은 인생의 제1목표였던 셈이다. 물론 집을 마련한다고 하여 삶의 질이 획기적으로 변한다고 단언할 수는 없겠지만, 그 정도로 중요한 과제였다는 사실을 부인하기는 힘들다. 그러나 몇 년간 이어지고 있는 부동산 대란으로 말미암아 주택가격은 그야말로 천정부지로 급등하고 있고, 이러한 현상은 해가 갈수록 지속되고 있는 실정이다.[90] 물론 대중매체를 통해 주택가격의 상승세가 멈추기 시작하였다는 보도를 접한 바 있지만, 그러한 보도가 외부적으로 공표된 지 얼마 되지 않아 부동산시장은 다시 한번 요동치기에 이르렀다. 하우스푸어(the house poor)라는 신종용어까지 등장할 정도로 국민들의 삶은 궁핍화의 수렁에서 벗어나지 못하고 있을 뿐만 아니라, 때때로 집주인의 횡포로 말미암아 더 큰 목돈을 마련하여야 하는 어려움에 봉착하는 이들이 속출하고 있다. 이와 같은 상황에서 사람들은 가계경제에 커다란 타격을 입게 되고, 평상시에 누려왔던 취미부터 시작하

90) 필자는 최근의 부동산과 관련하여 저술된 연구문헌들을 찾아보면서, 이창선 연구위원이 2012년에 쓴 "가계자산 포트폴리오 −고령층일수록 부동산 변동 리스크에 노출"(LG Business Insight)에 주목하였다. 그는 대한민국의 실물자산과 금융자산의 변화에 대해 조사를 하였는데, 이 연구위원이 쓴 문헌의 2면에 따르면 "우리나라 가계는 자산의 76.8%(지난해 기준)를 실물자산으로 보유하고 있다. 특히 부동산 비중은 73.6%에 달한다. 금융자산의 비중은 23.2%에 불과하다. OECD 국가들 대부분 가계의 실물자산 비중이 60%대 이하인 것에 비견된다. 부동산 선호 현상으로 인해 미국과 달리 우리나라 가계는 가계자산 규모가 커질수록 실물자산 비중이 커지는 경향을 보인다. 소득 구간별로도 부동산 선호 현상은 크게 달라지지 않는다. 또한 고령층이 되어 실물자산 비중이 줄어드는 미국, 일본 가계와 달리 우리나라 가계는 오히려 고령층 가구에서 실물자산 비중이 높다. 자녀 교육 및 출가 부담 등으로 이미 50대 후반부터 금융자산을 많이 사용해버린 영향이 크다. 근로소득도 변변치 않은 고령층은 그만큼 부동산 가격 급락의 위험에 더 취약한 셈이다. 실업 및 의료비용 증가에 대한 노출도가 큰 노령층 가구의 주택 매물이 늘어날 경우 주택가격 하락을 부추길 수도 있다"고 하면서 이에 대한 제도적 조성과 지원이 필요함을 강변하였다. 이 문헌의 내용을 토대로 하여 생각해본다면, 부동산 가격이 폭등하여 주택의 매매가 제대로 이루어질 수 없고, 최근처럼 급락할 조짐이 보이는 과정에선 그 나름대로의 문제가 생길 수 있다. 특히 요즘과 같이 전세가가 매매가를 초월하는 기이한 현상이 발생하는 가운데, 주택시장의 안정성은 날이 갈수록 훼손될 여지가 크다. 결과적으론 매도인과 매수인 모두가 주택난에 빠지게 되는 최악의 상황이 발생할 수 있어 헌법 제14조의 거주·이전의 자유는 물론 제16조의 주거의 자유까지 심각하게 침해될 가능성이 높다고 사료된다.

여 인간관계까지 끊는 선택을 하기에 이르렀다. 그만큼 경제난에서 조금이라도 벗어나기 위한 고육지책(苦肉之策)인 셈이다. 이와 같은 상황에서 인간다운 삶을 영위할 가능성은 줄어들 수밖에 없다. 부익부빈익빈이란 현상은 부의 편중화를 불러오고, 부의 편중화는 빈곤한 삶을 살아가는 이들에게 좌절감과 불만감을 고취시키며, 좌절감과 불만감의 증폭은 급진적 사회운동 · 정치운동을 일으키는 원인으로 작용한다.

이와 같은 상황에서 우리는 헌법 제14조에서 언급한 거주 · 이전의 자유가 가지는 의미가 무엇이고, 이것이 실현되기 위해선 어떠한 사항들이 전제되어야 하는지에 대해서 생각해볼 필요가 있다. 제14조에서는 "모든 국민은 거주 · 이전의 자유를 가진다"고 규정한 바 있다. 여기서 말하는 거주(居住)란 일정한 장소에서 비교적 장시간 동안 생활을 영위하는 것을 의미하고, 이전(移轉)은 한 장소에서 다른 장소로 생활터전을 옮기는 행위를 일컫는다.[91] 요즘과 같은 세태에선 이전이 정주보다 훨씬 빈번하게 나타나고 있다. 직장의 이동이나 이민 등과 같이 자신이 원하는 삶을 영위하기 위하여 적극적인 태도를 보이고 있는 사람들이 많은데, 이는 사회가 변화의 물결에 접어들고 있다는 점을 고려한다면 그리 이상할 것도 없다. 산업화가 진전되던 시기의 이촌향도(移村向都)와 불황으로 인한 현 시점에서 이루어지는 도시빈민들의 귀촌(歸村)은 최소한의 인간다운 삶을 영위하기 위한 시도라고 할 수 있겠다. 이처럼 거주 · 이전의 자유는 누구나 응당 보유하여야 하는 권리로서 의식주와 같은 생활의 기본요소들 중 하나에 해당한다. 기본생활이 불가능해진 상황에선 개성을 자유롭게 발현시킬 수도 없고, 경제생활 일변도의 삶을 통하여 최소한의 생활양식만을 유지시키는 데에 급급하게 된다. 그러다보면 자연스럽게 정규시간을 넘어선 노동 혹은 제2의 직업수행에 몰두하게 됨으로써 경제력 향상에만 자신의 에너지를 집중시키

91) 통상적으로 거주 · 이전의 자유에 대해서 논의를 할 때에는 국외여행의 자유의 제한에 대한 위헌심사 내지는 지방자치단체의 관할구역 안에 주민등록이 되어 있어야 입후보의 요건이 충족된다는 공직선거법 규정을 대상으로 한 위헌심사에 대한 내용이 거론되지만, 여기선 그보다 넓은 관점에서 헌법 제14조를 논의하고자 한다.

기에 이른다. 이와 같은 상황이 지속되면 헌법 제2장에서 규정한 모든 기본권들은 각자의 가치를 보유하기보다는 오로지 제14조를 유지하기 위한 기본수단으로 전락하고 만다. 다시 말해서 한 장소에서 생활의 터전을 닦을 수 없다는 사회적 사실은 모든 기본권들을 연쇄적으로 파괴하는 부정적인 효과를 창출한다는 것이다.

특히 최근과 같이 부동산시장의 비정상화와 물가의 폭등으로 말미암아 위와 같은 형태의 삶을 영위하는 이들이 많아지고 있다는 사실을 감안한다면, 이제는 개인사에 국한되는 문제라고 치부할 수 없다. 오히려 사회권적 기본권과 같이 정부가 직접적으로 나서서 문제를 시정할 수 있도록 힘을 보태어주는 행위가 절실히 요구된다고 할 것이다. 혹자는 시장의 자동조정기능이 훼손된 것은 국가가 부당하게 사적 영역에 개입하였기 때문이라고 주장하기도 하지만, 훼손의 발단이 누구에게서 비롯되었는지를 파악하는 것도 중요할지라도 이는 동일한 문제가 재발하지 않도록 한다는 사후수습 차원에서 논의되어야 할 사항일 뿐, 문제를 해결하기 위한 방안모색과정에선 달리 기여하는 바가 없다고 사료된다. 물론 해결책을 고안하는 과정에서 정부가 나서게 된다면 가계경제의 부담을 가중시키는 부작용을 일으킬 수 있다는 재반론이 제시될 가능성을 배제할 수는 없다. 그러나 분명한 사실은 민간자율규제를 통하여 가라앉히기 힘든 문제라는 점이다. 현재 경제생활을 영위하는 이들의 행동패턴을 보면, 사회전체의 경제적 안정이라는 거대한 목적을 달성하기 위함이 아니라 불황의 소용돌이에서 벗어남으로써 가정의 안위를 지키는 것이 중요하다는 개인의식이 더욱 팽배해지고 있다. 사람의 몸에 난 상처는 그 심각성이 크지 않는 한 되도록이면 자연치유의 과정을 거칠 수 있도록 하는 것이 좋지만, 그렇지 않다면 상처가 깊이 곪아 신체의 기능 전체에 커다란 영향을 주게 된다. 경제문제도 마찬가지이다. 주관적인 이익이 객관적 이익을 압도할 정도로 크다는 인식이 확산되어 현재의 상황을 개선시킬 수 있는 가능성이 희박하다고 여겨질 경우엔 정부 내지는 공무수탁사인(公務受託私人)의 조언을 듣는 것이 중요하다.

안타깝게도 부동산시장의 비정상적인 움직임에 제재를 가함과 더불어 정상적인 궤도로 회귀하게 만들기 위한 지금까지의 시도는 별다른 효과를 거두지 못했던 것이 사실이다. 그렇다고 하여 그러한 노력을 한 정부의 노력을 무가치한 것이라고 치부해서는 안 된다. 오히려 개인적 이익확산에 대한 주관적 염원이 공적 제재의 장애물에 굴하지 않을 정도로 강했기 때문에 이를 시정하기 위해선 민(民)과 관(官)의 공조가 필요하다는 식으로 받아들여야 한다.[92] 여기서 말하는 공조는 관을 핵심적인 주체로 하는 것이 아니다. 민이 핵심적인 주체인 반면, 관은 그들이 견지하는 태도가 공화주의적 자유주의라는 원리에 부합하는지의 여부를 관리하는 역할에 그쳐야만

[92] 거버넌스라는 것은 국가와 사회가 특정한 공적 영역의 문제를 해결하기 위하여 일종의 파트너십을 체결하는 행위를 뜻한다. 사회 내에 존재하는 집단이나 개인들은 주어진 공적 문제의 당사자 내지는 이해관계인으로서 무엇이 핵심적인 쟁점사항인지를 명확히 파악하고 있는 반면, 이를 해결하기 위한 힘을 가지고 있지는 않다. 그리고 국가는 문제를 종식시키는 데에 있어 필수적으로 요청되는 권력을 보유하고 있지만. 이를 구체적으로 활용하기 위한 방향설정문제에 봉착하고 있다. 따라서 국가와 사회는 서로가 가지지 못한 차원의 힘을 공유함으로써 분쟁과 갈등을 해결할 필요를 느끼게 되어 파트너십을 체결하기에 이른다. 그렇다면 행정학자들은 이와 같은 문제를 어떻게 바라보고 있는지에 대해서 확인할 필요가 있다. 이에 필자는 한국행정연구원이 2008년에 발행한 연구총서 『새로운 시대의 공공성 연구』 중 거버넌스에 대한 부분을 살펴보았다. 이명석 교수는 행정학적 관점에서 거버넌스에 대해 "최근 들어 행정의 비효율성과 저생산성 등에 대한 회의와 정부에 대한 뿌리 깊은 불신으로 민간기업의 경영원리를 도입하여 행정의 효율성을 제고하려는 움직임이 전 세계적인 추세가 되었다. 이러한 현상이 나타나면서 행정과 경영을 뚜렷하게 구분하는 것이 더 이상 큰 의미가 없다는 주장이 제기되고 있다. (중략) 신공공관리론은 행정에서 공공성을 포기해야 한다는 것을 의미하는 것이라기보다는, 공공성을 보다 효율적으로 달성하기 위한 수단으로 경영의 원리를 도입해야 한다는 것을 의미한다는 점에서 신공공관리론에서 공공성의 문제는 일반적인 우려보다 심각하지 않을 수 있다. (중략) 사회문제해결과 관련된 정부와 민간의 경계가 모호해지고 특히 민간부문의 역할이 크게 증가하는 것을 주요한 특징으로 하는 신거버넌스의 경우, 민간부문에 대한 공공성 확보의 문제가 더욱 중요하기 때문이다. (중략) 그러나 공공문제의 해결은 공식적인 권한을 갖는 정부조직에 의해서만 독점되어야 하는 것이 아니다. 사회문제의 복잡성 증가와 민간부문이 역량 증대 등으로 정부의 독점적인 사회문제 해결 능력은 점차 약화되는 반면, 민간기업과 일반시민을 포함한 다양한 사회구성원들의 사회문제해결 역량은 급속도로 강화되는 추세이다"라고 언급한 바 있다. 이명석, "제5절 신거버넌스와 공공성", 『새로운 시대의 공공성 연구』(윤수재 · 이민호 · 채종헌 편저), 법문사, 2008, 488~490면.

한다. 정부는 공익의 수호라는 목적을 달성해야 하는 헌법적 작위의무를 부담하고 있기 때문에 사회에서 통용되는 기본적인 가치, 즉 사적자치(私的自治)를 상대적으로 덜 고려하는 편이다. 공무를 집행하는 주체는 국민에 의하여 수권을 받았다는 점을 고려하여야 하고, 그 수권은 자연스럽게 사회에 공(供)하는 방향으로 적용되어야 함이 당연하다. 여기선 정책의 내용이 구체적으로 어떠해야 하는지에 대해선 밝히지 않고, 다만 정책수립의 기본지침에 대해서만 언급하는 데에서 그치고자 한다. 이 분야에 대해선 추후의 연구가 수반되어야 할 것이다.

Ⅱ. 사적생활공간형성의 자유(Ⅰ)

위와 같은 경제생활만큼 중요한 사항이 있다면, 그것은 자신만의 생활공간을 어느 수준으로 유지할 수 있는가에 대한 점이라고 하겠다. 소위 말하는 생의 활력소는 외부세계로부터 얻어지기도 하지만, 자신이 꾸려나가고 있는 독립공간의 형성과 그 안에서 느끼는 안정감에서 비롯되기도 한다. 누구의 시선에 구애받지 않고, 다른 사람의 의견에 좌우되지 않으며, 오로지 자신이 주체가 되어 만들어가는 공간은 외부세계에서 받은 정신적 · 물리적인 자극으로부터 벗어나기 위한 도피처이자 안식처이다. 도피처와 안식처가 없는 사람은 마치 전쟁터에서 어깨에 무기를 걸친 채 쪽잠을 자는 이와 다르지 않다고 하여도 과언이 아니다. 이런 점에서 본다면 위에서 언급한 "삶의 터전을 형성하여 살 자유에 대하여" 부분과 유사한 감은 있지만, 여기선 보다 사람들이 통상적으로 느끼는 권리감정을 중심으로 하여 논하고자 한다. 이에 필자는 안식처에서 평온함을 누릴 수 있는 권리를 '사적생활공간형성의 자유'라고 명명하고자 하는데, 이러한 자유가 가지는 가치에 대해 원초적인 입장에서 생각할 수 있을 때에 본 권리가 실현될 수 있는 내적 토대가 형성되고, 이러한 내적 토대에 기초하여 외부적인 환경이 보다 건설적으로 창설될 수 있다고 할 것이다. 환경이라는 것은 자생적으로 형성되기도 하지만 무엇보다도 그 안에는 목적이 존재함을 인식해야만 한다. 자연환경은 태초부터 존재해왔던 것이므로 목적을 논할 필요는 없지만, 인류가 공동체를 꾸리고 사회를 만드는 과정에서 나타나는 인위적인 환경은 엄연히 목적성을 띠고 있다.

사람들은 본인이 보유하고 있는 자아실현의 본능을 안정적으로 발현시키기 위한 목적으로 집단을 형성하였다. 무소불위의 힘을 가지고 있는 자연력(自然力)에 대항하지는 못하더라도 이로부터 최소한의 생존력(生存力)을 겸비하기 위해선 개인의 힘을 넘어선 집단적인 힘이 필수적으로 요청될 수밖에 없었다. 이러한 역사적인 과정을 거쳐 부락에서 고대국가로, 고대국가에서 중세국가로, 중세국가에서 근현대국가로 진화를 거듭한 가운데 공동체로부터 독립한 자신만의 공간을 형성하고자 하는 욕망 또한 성장하여 왔다. 개인주의(個人主義)가 시간이 갈수록 그 정도를 더해가고 있다는 것이 그 단적인 증거라고 할 수 있겠다. 개인주의는 독립적인 개성을 온전하게 보유함으로써 자신만의 삶의 색깔을 유지하는 것이 인간의 존엄성이란 거대한 가치에 부합하는 것이라고 바라보는 사조를 의미한다. 그러나 본인이 가지고 있는 개성의 중요성을 지나치게 강조한 나머지 타인이 가지고 있는 고유한 가치관을 폄하하거나 이를 넘어 도를 넘는 수준으로 비난을 가하는 등의 행위가 자행됨에 따라 개인주의가 이기주의로 변모하기도 한다. 이기주의는 스스로가 가지고 있는 가치를 적절한 수준으로 고양시키는 것이 아니라 타인의 영역을 침범함과 동시에 그 사람에게 타율적으로 자신의 생각을 받아들이도록 한다는 점에서 그 폐해가 상당하다. 따라서 개인주의가 이기주의로 변이되지 않도록 사회문화가 조성될 필요가 있다. 개인주의의 이기주의화는 자신만의 영역이 적절한 수준으로 형성되지 않는 상황에 대한 불만감으로 말미암아 일어나는 사회현상이라고 볼 수도 있다. 공적인 생활공간에선 자신만을 위한 독립적인 영역보다는 타인을 비롯한 전체구성원들의 이익증진을 위한 영역이 지배적으로 존재하기 때문에 본인이 소유하고 있는 개성을 발현시킬 수 있는 기회가 적절하게 주어져있다고 할 순 없다. 발현시킨다고 할지라도 소속집단의 목적과 정관과 같은 규칙을 위반해서는 안 되기 때문에 현실적으론 '제한적 개성발현'만이 가능할 따름이라고 하겠다. 주변사람들과의 공조(共助)에 역점을 둔 외부생활을 하다보면 자연스럽게 심신에 가해지는 부정적 자극은 커지기 마련이므로, 이를 줄이기 위해선 본인이 어떠한 행동을 하더라도 외부로부터의 제한이 가해지지 않는 공간을 보유할 수 있어야만 한다. 이러한 의미에서 헌법 제16조의 의미는 매우 크다고 사료된다.

헌법 제16조는 "모든 국민은 주거의 자유를 침해받지 아니한다. 주거에 대한 압수나 수색을 할 때에는 검사의 신청에 의하여 법관이 발부한 영장을 제시하여야 한다"고 규정한 바 있다. 전단에 제시된 바와 같이 "주거의 자유"는 주소지 내지는 거주지를 법에서 위반되지 않는 한 자유롭게 선택할 수 있는 권리와 그 안에서 이루어지는 생활사에 대해 간섭받지 않을 권리를 포함하는 개념이라고 하겠다. 타인이나 특정한 집단에 의하여 일정한 생활양식을 견지하도록 강요받는다면, 사람에겐 그 어떠한 자유도 허용되지 않는 셈이다. 물론 바람직한 상린관계(相隣關係)의 형성을 위하여 요구되는 최소한의 규칙은 준수되어야 마땅하지만, 그러한 목적을 넘어선 규칙은 사생활의 속박(束縛)을 가져오는 것으로 궁극적으로는 자유로운 공간의 멸실을 가져오는 것이기 때문에 제16조에 해당하는 기본권을 제한함에 있어선 상당한 주의가 요청된다. 이와 같은 관점에서 본다면, 제16조 후단의 문구가 가지는 의미를 쉽게 파악할 수 있을 것이다. 주거에 대한 압수와 수색은 공적인 권한을 가진 자가 법률에 규정된 바에 의하여 행하는 주거침입승인권(住居侵入承認權)이다. 공적인 권한, 즉 공권은 국가에 의하여 발동되어 효력을 가지는 권한에 해당하기 때문에 사적 파괴력의 정도는 매우 심대하다. 그렇기 때문에 헌법에서는 허용된 주거침입이 되기 위한 조건을 설시한 바 있다. 다시 말해서 주거에 들어가는 주체는 "검사"이고, 검사는 침입하기 전에 "법관으로부터 영장을 발부받아야 한다"는 요건을 충족시켜야만 한다는 것이다. 영장은 사법시험과 같은 자격시험을 통하여 공인으로서의 지위를 인정받은 재판실무가로서 사회생활에서 이루어지는 권리의 오·남용으로 인한 문제들을 적법절차에 따라 실체적으로 해결할 수 있는 권한을 보유한 자에 의해 작성된 승인서(承認書)이다. 따라서 영장의 발부는 법률위반으로 인하여 발생한 피해가 공공의 위험을 초래할 정도로 심대하다는 객관적 판단 아래에 이루어져야만 한다. 사회통념상 심각하다고 인정되지 않을 만한 사건에 대해 영장을 발부하여 타인의 주거에 침입할 수 있는 권한을 검사에게 부여하는 행위는 과잉금지의 원칙, 즉 비례의 원칙에 위반되는 것이라고 하겠다. 법적 정의를 실현해야 한다는 목적과 그 목적을 달성하기 위하여 타인의 주거에 강제로 들어갈 수 있도록 허용한 수단 사이에 비례성이 존재하지 않는다면 이는 법치주의를 명목화시킬 뿐만 아니라 헌법에서 규정된 기본권의 핵심내용을 파괴하는 결과를 초래할 수밖에 없다. 검사가 법관으로부터 영장을 발부받아 누군가의 주거지에 들어갈 수 있도록 허용한다는 것 자체가 기본권을 제한할 수 있는 무소불위의 힘을 인정하는 것과 같다는 식으로 생각할 수 있지만, 위에서 살펴본 바와 같이 행사상 엄격한 조건이 첨부되어 있음을 감안한다면 오히려 정반대의 해석이 타당하다. 법에서 규정한 조건이 만족되지 않는다면 공권력 행사가 불가능해지고, 이를 통하여 개인의 기본권이 두텁게 보호될 수 있다는 점이다. 이러한 점에서 본다면, 제16조를 통하여 구체적으로 보호되어야 하는 주거의 자유는 공화주의적 자유주의의 원칙 안에서 최대한으로 보장받는 권리의 일환인 것으로 해석하는 것이 가능해진다.

헌법 제16조에서 주거의 자유를 보장함으로써 사람들이 공적생활 이외에 사적생활을 마음껏 영위할 수 있도록 해주긴 하지만, 그것만으로는 부족한 감이 있다. 다시 말해서 법의 적용여부를 떠나서 사회환경이 어떤 식으로 조성되어 있는가에 따라 사적생활공간형성의 자유가 실질적으로 영위될 수 있는 권리인지에 대해선 조금 더 생각해볼 여지가 있다는 것이다. 사적생활공간은 주거자의 아바타(Avatar)와 같다. 자신의 가치관과 취향이 반영된 흔적이 도처에 배여 있을 뿐만 아니라, 그 안에서 본인은 평온감을 느낀다. 주지하다시피 인간이 삶을 영위함에 있어서 가장 중요한 것은 평화로움이다. 평화로움 속에서 심리적 안정이 이루어지고, 심리적 안정은 건강한 생활양식을 가져오며, 이를 바탕으로 하여 외부적인 활동을 가능케 하는 원동력을 생산해낸다. 그렇기 때문에 행복한 삶의 원천은 주거지에서부터 시작된다고 하여도 과언이 아닌 것이다. 안타깝게도 사회인들은 외부세계에서 능력주의에 기초하여 일정한 성과를 거두고, 그러한 성과를 거두는 가운데 제한된 자유 속의 삶에 익숙해져간다. 보기에 따라선 이러한 형태의 생활이 긍정적으로 보일 수도 있겠지만, 새장 속의 새가 동물의 본성을 상실해가듯이 제한된 자유 속의 삶은 인간이 행복이 무엇인지에 대한 의미를 망각하게 만든다. 실적과 성과에 매몰된 나머지 일을 제외한 나머지의 생활에 대해선 그 어떠한 가치를 부여하지 않도록 유도한다. 물론 사회생활에 충실하는 것이 나쁘다고 할 순 없지만 생활영역의 협소화라는 현상으로 말미암아 인간미를 상실할 위험성이 전혀 없다고 단언할 수도 없다고 사료된다. 최근 전 세계적으로 근로시간의 장기화로 인하여 일 중독자, 즉 워커홀릭이 늘어나고 있다. 이러한 삶이 경제적인 부는 증진시킬 수 있을지라도 정신적인 부의 향상을 가져올 수 있을 지에 대해선 회의적이다.

Ⅲ. 사적생활공간형성의 자유(Ⅱ)

정신적인 부의 향상은 사적생활공간을 형성할 수 있는 자유가 어디까지 보장될 수 있는가에 따라 달라진다. 사람들은 누구나 두 가지 유형의 삶을 영위하기 마련이다. 하나는 공적생활이고, 다른 하나는 사적생활이다. 전자는 경제활동을 비롯한 모든 유형이 외부활동을 의미하는 반면, 후자는 은밀하고 내밀한 공간 안에서 이루어지는 모든 활동의 총체를 일컫는다. 단순하게 말하자면, 행위가 일어나고 있는 장소에 따라 분류된다고 볼 수도 있다. 그러나 만약 사적생활이 이루어지는 장소를 주거지에만 국한된 것으로 해석한다면 그에 뒤따르는 문제를 해결할 수 있는 방법이 없어지고 만다. 가령 갑(甲)이라는 사람이 스타벅스에서 커피를 마시며 무선인터넷망(WIFI)을 통해 여가시간을 느긋하게 즐기고 있다고 생각해보자. 때마침 그 옆을 지나가던 을(乙)이 갑의 행동을 예의주시하거나 혹은 별다른 이유도 없이 웹 서핑을 방해한다면, 이는 갑의 사적생활영위 권한을 침해하는 것이라고 할 수 있다. 갑은 커피 값에 포함된 일시적으로 해당 테이블을 점유할 권리를 가지고 있고, 그 범주 안에서 타인에게 부정적인 영향을 끼치지 않는다면 평온공연하게 자신의 생활을 즐길 수 있는 권한을 보유한다. 따라서 갑은 을에게 자신의 여가시간을 방해하지 말 것을 촉구하는 발언을 할 권한을 행사할 수 있는 자격을 가지고 있는 셈이다. 또 다른 예를 들자면, 본인이 사이버공간에 만들어 놓은 웹 페이지(webpage) 역시 경우에 따라선 사적생활공간으로 여겨질 수 있다. 웹 페이지는 사이버공간에서 자유롭게 이동하는 이용자들이 방문하여 의사교환을 할 수 있도록 만들어 놓은 가상의 장소를 의미한다. 물론 웹 페이지를 만든 목적에 부합하는 범위 안에서 의사교환의 내용이 정해지고, 정회원인지의 여부에 따라 글을 작성하거나 게시된 글을 읽을 수 있는 자격이 차등적으로 부여되지만, 적어도 일정한 조건을 만족하는 범위 안에선 특별한 제약을 받지 않고 행위 할 수는 있다. 웹 페이지에 게시되는 내용들은 공적 사안과 밀접하게 관련되어 있기도 하지만, 공간을 개설한 사람의 취미와 일상생활 관심사를 담고 있기도 하다. 전자의 경우는 공공적인 속성으로 말미암아 타인들의 비판적 견해 제시를 허용될 수 있지만, 후자의 경우는 상대적으로 그렇지 않은 편이다. 여기서 말하는 상대적이라는 말은 경우에 따라선 타인의 코멘트가 허용되는 경우가 있는 반면 그렇지 않은 경우도 있다는 것을 의미한다. 취미와 일상생활 관심사가 불법적인 내용을 담고 있거나 사회적으로 파장을 불러일으킬 수 있는 소지가 객관적으로 인정된다면 웹 페이지 방문자들의 비판 내지는 비난이 따르는 것을 감수해야 하지만, 오로지 개인적인 사항에 국한되는 소소한 범주의 일들이라면 굳이 감수해야 할 필요는 없다. 오히려 관여하지 말 것을 촉구하는 권리를 행사할 여지가 생긴다고 봄이 타당하다.

이처럼 사람들은 자신의 생활영역에 대한 타인의 관여에 대해 민감하게 반응하는 경향을 짙게 보이고 있다. 그 까닭은 개인주의의 만연 때문이라고 할 수 있는데, 이러한 사조에 대해 부정적으로 바라보는 이들이 많은 편이다. 개인주의는 현대사회를 살아가는 사람들에게 소외감을 가져다주고, 원자화(原子化)시키며, 더 나아가 이기주의의 원천으로 여겨지는 경우가 종종 발생한다. 물론 이와 같은 비판이 그릇된 것이라고 볼 수는 없다. 실제로 사람들은 자신의 내밀한 생활영역을 형성하고 지키겠다는 의지를 강하게 가짐에 따라 타인의 생활에 대해선 일절 관심을 보이지 않고 있는 것이 사실이다. 그러다보니 과거에 전통과 미덕이라고 여겨졌던 협동과 더불어 사는 삶이라는 가치가 퇴색하고 있다. 공동체의 해체되거나, 공적인 사항에 대해 참여하려는 의지가 부족해지는 개인주의의 부작용이 도처에서 나타나고 있다. 소외감과 외로움 및 사회참여의식의 감소는 자연스럽게 사람들의 생활양식에 커다란 변화를 가져다주고 있는데, 자살률의 증가와 복지의 감소가 대표적인 케이스이다. 자살이라는 부정적인 선택을 하는 이들은 주어진 상황을 극복할 수 있는 용기를 상실함에 따라 이루어지곤 한다. 에밀 뒤르켕이 과거에 시행했던 사회조사에서 나온 것처럼 이기적, 이타적, 아노미적, 숙명적 자살이 발생하는 원인도 충분히 고려할 만하다. 만약 자살의 길목에 서있는 이에게 관심을 가져주고 용기를 북돋워 줄 수 있었다면 그와 같은 부정적인 사회현상이 발생할 가능성이 엄청난 수준으로 줄어들었을 것이라고 사료된다. 복지문제도 이와 마찬가지이다.

그러나 위와 같이 정신적인 차원의 지지 이외에 복지적인 차원의 자발적 지원 역시 제대로 이루어지지 않기는 매한가지이다. 자신이 일구어 온 재산을 생면부지의 사람들의 안위를 위하여 기부한다는 것에 대해 호의적인 문화가 형성되어 있지 않다. 물론 스스로의 삶을 유지하고 지탱하기에도 바쁜 사람들임에도 불구하고 흔쾌히 막대한 금액을 교육·복지기관에 쾌척하는 경우도 있지만, 이는 종종 일어나는 일이라고 볼 순 없다. 그 까닭은 자신이 일구어 온 재산이 사적생활을 유지하기 위한 핵심적인 산물이라고 바라보기 때문이다. 사적생활은 사람들이 평온함을 느낄 수 있도록 만들어주는 핵심이라고 할 수 있으므로 자연스레 본인의 삶에 유·무형적인 쾌락을 보다 강하게 느낄 수 있도록 투자하는 경향을 보인다.

사적생활은 개인주의에 기초한 것이긴 하지만 결코 이기주의의 산물로 연결시켜서는 안 된다. 이기주의는 지나친 사익중심주의적 사조를 지지하는 기반으로 궁극적으로는 공익이 가지고 있는 중요성을 훼손시킬 뿐만 아니라, 궁극적으로는 자신 역시 공익수호라는 공적 명분 아래에 이루어지는 보호조치로부터 열외의 대상으로 전락시킨다는 점에서 자유주의와 공화주의 및 법치주의 전반의 붕괴를 불러오기 마련이다. 그러므로 사적생활을 조성할 수 있는 권리가 어느 수준까지 인정되어야 하며, 예외적으로 제한받을 수 있는 상황에 대해서도 고려를 할 필요가 있다. 헌법 제17조에서는 "모든 국민은 사생활의 비밀과 자유를 침해받지 아니한다"고 규정한 바 있다. 이를 구체화하기 위한 법률의 일환으로 공공기관의 정보공개에 관한 법률이 있다. 본 법의 제1조에선 "이 법은 공공기관이 보유·관리하는 정보에 대한 국민의 공개청구 및 공공기관의 공개의무에 관하여 필요한 사항을 정함으로써 국민의 알권리를 보장하고 국정에 대한 국민의 참여와 국정운영의 투명성을 확보함을 목적으로 한다"라고 규정하여 국민의 알권리를 보장함과 동시에 개인의 정보가 무분별하게 공개되지 않도록 하는 데에 역점을 두고 있다.[93] 본법은 헌법 제17조와 함께 사생활의 비밀을 보장함으로

---

93) 공공기관의 정보공개에 관한 법률 제9조(비공개 대상 정보) ① 공공기관이 보유·관리하는 정보는 공개 대상이 된다. 다만, 다음 각 호의 어느 하나에 해당하는 정보는 공개하지 아니할 수 있다.

1. 다른 법률 또는 법률에서 위임한 명령(국회규칙·대법원규칙·헌법재판소규칙·중앙선거관리위원회규칙·대통령령 및 조례로 한정한다)에 따라 비밀이나 비공개 사항으로 규정된 정보
2. 국가안전보장·국방·통일·외교관계 등에 관한 사항으로서 공개될 경우 국가의 중대한 이익을 현저히 해칠 우려가 있다고 인정되는 정보
3. 공개될 경우 국민의 생명·신체 및 재산의 보호에 현저한 지장을 초래할 우려가 있다고 인정되는 정보

써 평온공연한 삶을 영위할 수 없는 상황을 초래할 수 있을 정도의 정보가 새어나가지 않도록 함을 의미한다.[94] 여기서 말하는 평온공연이라는 것은

---

4. 진행 중인 재판에 관련된 정보와 범죄의 예방, 수사, 공소의 제기 및 유지, 형의 집행, 교정(矯正), 보안처분에 관한 사항으로서 공개될 경우 그 직무수행을 현저히 곤란하게 하거나 형사피고인의 공정한 재판을 받을 권리를 침해한다고 인정할 만한 상당한 이유가 있는 정보
5. 감사 · 감독 · 검사 · 시험 · 규제 · 입찰계약 · 기술개발 · 인사관리에 관한 사항이나 의사결정 과정 또는 내부검토 과정에 있는 사항 등으로서 공개될 경우 업무의 공정한 수행이나 연구 · 개발에 현저한 지장을 초래한다고 인정할 만한 상당한 이유가 있는 정보. 다만, 의사결정 과정 또는 내부검토 과정을 이유로 비공개할 경우에는 의사결정 과정 및 내부검토 과정이 종료되면 제10조에 따른 청구인에게 이를 통지하여야 한다.
6. 해당 정보에 포함되어 있는 성명 · 주민등록번호 등 개인에 관한 사항으로서 공개될 경우 사생활의 비밀 또는 자유를 침해할 우려가 있다고 인정되는 정보. 다만, 다음 각 목에 열거한 개인에 관한 정보는 제외한다.
   가. 법령에서 정하는 바에 따라 열람할 수 있는 정보
   나. 공공기관이 공표를 목적으로 작성하거나 취득한 정보로서 사생활의 비밀 또는 자유를 부당하게 침해하지 아니하는 정보
   다. 공공기관이 작성하거나 취득한 정보로서 공개하는 것이 공익이나 개인의 권리 구제를 위하여 필요하다고 인정되는 정보
   라. 직무를 수행한 공무원의 성명 · 직위
   마. 공개하는 것이 공익을 위하여 필요한 경우로서 법령에 따라 국가 또는 지방자치단체가 업무의 일부를 위탁 또는 위촉한 개인의 성명 · 직업
7. 법인 · 단체 또는 개인(이하 "법인 등"이라 한다)의 경영상 · 영업상 비밀에 관한 사항으로서 공개될 경우 법인 등의 정당한 이익을 현저히 해칠 우려가 있다고 인정되는 정보. 다만, 다음 각 목에 열거한 정보는 제외한다.
   가. 사업활동에 의하여 발생하는 위해(危害)로부터 사람의 생명 · 신체 또는 건강을 보호하기 위하여 공개할 필요가 있는 정보
   나. 위법 · 부당한 사업활동으로부터 국민의 재산 또는 생활을 보호하기 위하여 공개할 필요가 있는 정보
8. 공개될 경우 부동산 투기, 매점매석 등으로 특정인에게 이익 또는 불이익을 줄 우려가 있다고 인정되는 정보

② 공공기관은 제1항 각 호의 어느 하나에 해당하는 정보가 기간의 경과 등으로 인하여 비공개의 필요성이 없어진 경우에는 그 정보를 공개 대상으로 하여야 한다.
③ 공공기관은 제1항 각 호의 범위에서 해당 공공기관의 업무 성격을 고려하여 비공개 대상 정보의 범위에 관한 세부 기준을 수립하고 이를 공개하여야 한다.
[전문개정 2013.8.6]

[94] 헌법재판소는 2012년 12월 27일 2010헌마153사건에서 "헌법 제17조는 모든 국민이 사생활의 비밀과 자유를 침해받지 아니할 권리를 규정하고 있는바, 사생활의 비밀은 국가가 사생활영역을 들여다보는 것에 대한 보호를 제공하는 기본권이며, 사생

문자 그대로 안위가 온전하게 유지될 수 있도록 함을 뜻할 뿐 결코 그 이상을 일컫는 용어가 아니다. 안위의 온전한 유지는 안정적인 삶을 영위하기 위한 평균선일 따름이다. 만약 이 평균선을 초월하는 수준의 보호는 개인주의의 이기주의화를 가져오는 원인이 될 수 있음에 주의할 필요가 있다. 사회통념상 인정될 수 있는 수준의 개인주의는 사생활의 비밀이 공화주의적 자유주의에 합치되는 식으로 보호될 수 있도록 해주고, 이렇게 보호받은 권리는 사생활의 자유보호론이 명목적인 논의가 되지 않게 만든다. 환언하자면, 비밀이 인정될 때에 비로소 자유가 보장된다는 것이다. 자신의 사적인 생활이 공개된다면, 사람은 그 어느 곳에서도 부자연스러운 행동을 유지할 수밖에 없을 것이다. 누구나 외부로부터 사회적으로 인정받기를 희구하고, 설령 인정을 받지 못한다고 할지라도 비판이나 힐난으로부터 보호받기를 원한다.

현대를 살아가는 사람들은 사회생활을 하면서 만나게 되는 주변의 시선에 포위되어 살아간다. 때로는 단순한 포위의 범위를 넘어 감시의 망 안에서 움직이기를 강요받게 되고, 이러한 강요로 말미암아 질식감을 느낀다. 이러한 사회현상이 발생하는 까닭은 '드러난 자아'가 평생의 삶을 경제적으로 윤택하게 만들어주는 중요한 요소로 자리매김하게 만든 풍조이다. 만약 공적인 장소에서 활동을 하더라도 자유로움을 느낄 수 있는 환경이 개설되

활의 자유는 국가가 사생활의 자유로운 형성을 방해하거나 금지하는 것에 대한 보호를 의미한다(헌재 2003. 10. 30. 2002헌마518, 판례집 15-2하, 185, 206)"고 판시하였다. 더불어 개인정보자기결정권에 대해서도 설명을 하고 있는데, "개인정보자기결정권은 자신에 관한 정보가 언제 누구에게 어느 범위까지 알려지고 또 이용되도록 할 것인지를 그 정보주체가 스스로 결정할 수 있는 권리로서, 헌법 제10조 제1문에서 도출되는 일반적 인격권 및 헌법 제17조의 사생활의 비밀과 자유에 의하여 보장된다. 이와 같이 개인정보의 공개와 이용에 관하여 정보주체 스스로가 결정할 권리인 개인정보자기결정권의 보호대상이 되는 개인정보는 개인의 신체, 신념, 사회적 지위, 신분 등과 같이 개인의 인격주체성을 특징짓는 사항으로서 그 개인의 동일성을 식별할 수 있게 하는 일체의 정보라고 할 수 있다. 또한 그러한 개인정보를 대상으로 한 조사·수집·보관·처리·이용 등의 행위는 모두 원칙적으로 개인정보자기결정권에 대한 제한에 해당한다(헌재 2005. 7. 21. 2003헌마282, 판례집 17-2, 81, 90; 헌재 2010. 9. 30. 2008헌바132, 판례집 22-2상, 597, 609~610 참조)"라고 하였다.

어 있었다면 사생활의 비밀과 자유라는 말이 가지는 의미는 그리 크지 않았을 것이다. 안타깝게도 이러한 형태의 생활환경이 조성된 곳은 찾아보기 힘들다. 특히 사회적으로 명성을 가진 사람처럼 '강력하게 드러난 자아'를 보유한 이는 그 사회적 포위망이 더욱 견고하고 두터울 수밖에 없을 것이다. 정치인들과 연예인을 포함한 사회저명인사들은 세간의 이목을 집중적으로 받고 있는 대상에 해당하기 때문에 그 어떠한 상황에서도 철저하게 관리된 형태의 자아만을 밖으로 표출하여야만 한다.[95] 작은 실수도 용납되

---

[95] 문재완 교수는 자신의 저서인『언론법 －한국의 현실과 이론』(늘봄, 2008)에서 다양한 국가의 이론과 판례를 훌륭하게 정리함과 동시에 자신의 법이론을 설명한 바 있다. 아래의 내용은 공인이론을 중심으로 한 한국 사법부의 반응과 미국의 동향에 대한 부분을 정리한 것이다. 그가 이를 효과적으로 설명하기 위하여 사용한 미국 판례와 문헌에 대한 부분은 그의 저서 90~98면을 참조하길 바란다. "(ⅰ) 공인이론에 대한 한국 사법부의 반응 : 법원은 공인이론을 수용하는데 적극적이지 않았으나 점진적으로 그와 같은 논리를 인정하기 시작했다. 대법원은 1997년 9월 30일에 선고한 97다24207 사건에서는 받아들이지 않았지만, 1998년 7월 14일에 선고한 96다17257 사건에선 상대적으로 인정하는 태도를 보인 것이다. 더불어 헌법재판소의 경우는 1999년 6월 24일에 선고한 97헌마264 사건에서 공인이론을 일부 수용하는 모습을 보였다. 그 후 2002년 1월 22일 이후부터 대법원은 상기의 이론을 수렴하는 듯한 판결을 계속 내놓고 있다고 한다. (ⅱ) 미국의 공인이론 접근방법 : 공인이론을 본격적으로 검토하기에 앞서 먼저 유념해야 할 것은 공인이론과 그 모태인 현실적 악의 기준은 유형별 접근방법(categorical approach)에서 시작되었다는 점이다. 사실 미국에서 표현의 자유를 제한하는 사안을 분석할 때 가장 많이 사용되는 방법은 이익의 비교형량(balancing) 분석이다. 이 분석방법은 표현의 자유를 보장해서 얻는 사회적 이익과 그로 인해 개인이 입게 되는 피해를 비교해서 판단하는 방식이다. 그러나 미 대법원은 예측가능성을 높은 수준에서 보장하는 유형별 접근방법을 많이 거론하는 편이다. (ⅲ) 미국의 공인이론 관련 논쟁 : 뉴욕타임스 판결 이후 미 대법원은 그 적용범위를 놓고 한 동안 논쟁을 벌였다. 논쟁은 그 표현된 내용이 공공 이익(public interest) 또는 공적 관심사(public concern)인지여부로 정하자는 내용 기준 접근방식(content-based approach)과 원고의 신분을 기준으로 나누자는 신분기준 접근방식(status-based approach)으로 나타났다. 이 논의의 비교형량 방법과 유형별 접근방법의 장단점 비교가 자리 잡고 있었다. 공공 이익 또는 공적인 관심사를 기준으로 할 경우 사안별로 이익을 비교형량하게 되는 반면 신분을 기준으로 하면 유형화가 쉽기 때문이다. (ⅳ) 미 대법원이 견지하는 관점 : 뉴욕타임스 판결 후 8개월이 지났을 때쯤 선고된 게리슨 사건에서 미 대법원은 '공무에 대한 비판'이라는 요건을 사실상 제거했다. 미 대법원은 비판 내용이 공무원의 업무 적합성(fitness for office)에 관련된 것이면 아무 내용이나 괜찮다고 본 것이다. 따라서 미 대법원은 공무원의 공적인 일에 대한 비판뿐만 아니라 사적인 문제에 대한 비판에도 현실적 악의 기준을 적용할 수 있다고 판단했다. 이 판결은 일반인에게는 사적인 문제로 간주될

지 않는 여건에서의 생활은 그들로 하여금 '사회적으로 닫힌 인간형'을 추구하도록 유도하는 결과를 초래할 것이다. 스포트라이트로부터 자유롭기 위해선 겹겹이 쌓인 장벽을 세워둠으로써 주변인의 시선이 닿지 않도록 하는 것밖에는 없다. 그러다보면 일반인들은 신비감이나 호기심을 가지고 숨겨진 정보를 획득하기 위하여 열의를 보이고, 정보를 빼앗기지 않으려는 입장에서는 장벽의 두께를 더욱 확대시키는 데에 치중하게 된다. 다시 말해서 국민과 국민 사이에서 벌어지는 전쟁인 셈이다. 더욱이 명예훼손이 결부된 사건에서도 공인들은 소위 말하는 "공적 인물이론"으로 말미암아 법으로부터 보호받을 수 있는 가능성이 낮아지고 있는 실정이다. 물론 사회전반에 부정적인 영향을 끼치지 않도록 한다는 차원에서 이루어진다면 헌법적으로 하자가 되지 않겠지만, 가십거리(gossip)에 불과한 문제가 외부적으로 불거지고 이로 말미암아 공인의 명예가 지극히 훼손되는 경우가 더 큰 문제이다. 법의 테두리에서 보호를 받는다고 할지라도, 보호조치를 이끌어내기까지의 과정에서 나타난 일련의 사적 정보의 공개로 인해 얻은 피해는 배상받을 수 없기 때문이다. 그러므로 정보의 공개와 보호의 수준을 정할 수 있는 기준이 명확하게 설정하는 것이 관건이라고 할 수 있는데, 이에 대한 가장 큰 스케일의 척도는 공화주의적 자유주의에 부합하는지의 여부라고 할 것이다. 사생활의 비밀과 자유를 최대한으로 보장하되 그것이 사회적으로 파장을 일으킬 수 있는 여지가 객관적으로 드러난다면 제한을 가함으로써 사익과 공익이 균등하게 보호받을 수 있도록 할 필요가 있다. 이를 위해선 과잉금지의 원칙을 구성하는 요소들 중에서 '피해의 최소성'과 '법익의 균형성'을 판단하는 부분을 보다 세분화 내지는 정밀화하는 연구가 수반되어야만 한다고 사료된다.

만한 사안도 공무원이 명예훼손소송을 제기했을 경우에는 그렇게 취급되어서는 안된다는 의미를 담고 있다. 이 판결 이후 공무원에 관한 보도는 어떤 내용을 담고 있든 간에 그의 업무 적합성을 검증한다는 명분 아래 보호받을 수 있게 됐다." 문재완, 『언론법 －한국의 현실과 이론』, 늘봄, 2008, 90~98면.

Ⅳ. 전파공간에서 이루어지는 사적생활영위 권리

사적생활공간을 형성함과 더불어 그러한 행위를 할 수 있도록 보호를 받아야 하는 것은 당연하다. 이러한 논의의 연장선상에서 이루어질 수 있는 사안이 있다면 그것은 비(非)물리적인 영역이라고 할 수 있는 전파공간(電波空間)이다. 전파공간은 우리가 흔히 사용하고 있는 휴대전화의 통화내용이 이동하는 무형의 장소로서 격지자(隔地者)들 간의 의사소통을 할 수 있도록 만들어주는데, 이와 같은 의사교환의 편의성은 넓은 세상을 손안에 들어올 수 있게 함으로써 국가와 사회유지의 중추적인 역할을 수행함과 더불어 송신자와 수신자 사이의 정서교환을 가능케 하고 있다. 이러한 일련의 행위의 총체를 통신(通信, communication)이라고 부른다. 통신을 통하여 사람들은 사회적으로 중요한 공적인 사항에 대해 의견을 교환하고, 상업적으로는 상행위의 원활함을 가져올 수 있도록 하는 정보를 주고받기도 한다. 파발에서 우편으로, 우편에서 전보로, 전보에서 아날로그 전화로, 아날로그 전화에서 디지털 기기에 이르기까지 통신 시스템 구축의 역사는 매우 깊다. 디지털의 시대가 도래하면서 역사진보의 속도는 그 어느 때보다 빨라지고 있어, 기기를 사용하는 사람들이 대상에 대해 인식하는 속도를 추월하고 있다.[96] 스페인의 사회학자 마누엘 카스텔(Manuel Castells)은 『네트워크 사회의 도래』라는 연구서적을 통하여 통신기술이 현대사회에 미친 영

---

96) 이처럼 디지털 세상의 속도가 사람의 인식 속도를 추월할 경우엔 여러 가지 부작용이 발생할 수 있다. 다시 말해서 지나치게 많은 정보들 속에서 자신이 찾고자 하는 정보를 찾는 것이 사실상 불가능해지고, 설령 발견하였다고 할지라도 그것이 오류가 많은 정보일 경우엔 문제가 심각해진다. 정태석 교수는 "자신이 찾으려 하는 주제어로 검색한 경우에도, 검색된 수많은 정보들 중에 어느 정보가 진정으로 자기에게 유익한 것인지를 가려내기란 쉽지 않은데, 이런 경우에 인터넷은 불필요하고 쓸데없는 정보들의 바다, 즉 '데이터 스모그(Data Smog)'가 된다"고 하면서 "데이터 스모그는 정보를 의미하는 'Data'와 대기오염을 의미하는 'Smog'의 합성어이다. 산업사회에서 대기오염물질인 스모그가 산업발달의 부작용으로 사회문제가 되었듯이, 정보사회에서는 과잉정보로 인한 '데이터 스모그'가 정보화의 부작용으로 새로운 사회문제가 되고 있다"고 하였다. 정태석, "17. 정보화와 세계변화", 『사회학』(한국산업사회학회 엮음), 한울아카데미, 2011, 469면.

향을 거시적으로 조망하고 있다. 내수경제와 국제경제의 동향 그리고 기업의 운명을 포함하여 도시형태와 주거생활의 변화에 대해 심도있게 논의한 바 있다.[97)]

최근에는 스마트폰(Smartphone)과 트위터(Twitter) 및 페이스북(Facebook)의 급속한 보급이 이와 같은 현상을 가속화시키는 주요매개물로 자리매김을 하고 있는 실정이다. 그러나 이와 같은 유비쿼터스 환경에서 부정한 방법으로 타인의 정보를 획득하여 자신의 영리목적을 달성하기 위해 악용하거나, 개인의 은밀하고 내밀한 정보를 악의적으로 공개하여 명예를 훼손시키는 등 많은 사회적 문제를 양산시킨 것 또한 사실이다. 로그(Log)기록과 정보교환내역 뿐만 아니라 신용정보와 신상정보에 이르기까지 지극히 개인적인 정보이어야 할 대상들이 타인에 의하여 불법적으로 공유되고 있는 현상은 사람들로 하여금 무형적 공간에 대한 불신감을 갖도록 만들 뿐만 아니라, 온전한 형태의 사적생활영역을 구성할 수 없도록 만든다. 특히 요즘에

97) 마누엘 카스텔(Manuel Castells)은 자신의 저서를 통해 "신경제는 현재로서는 자본주의 경제임이 분명하다. 실제로 역사상 최초로 전 지구가 자본주의화했거나 혹은 지구적 자본주의 네트워크와의 연결에 의존하고 있다. 그러나 이는 고전적인(자유방임의) 자본주의 및 케인스식 자본주의와는 기술적, 조직적, 제도적으로 구별되는 새 브랜드의 자본주의이다. (중략) 신경제는 지식기반 생산시스템을 촉진하는 새 정보기술의 이용능력에서 기인한 생산성 성장의 급상승에 입각하고 있으며 앞으로도 그럴 것이다. 하지만 생산성의 새로운 근원이 경제에 역동성을 주려면 네트워킹 형태의 조직 및 관리수법을 경제 전반으로 확산시킬 필요가 있다. (중략) 또한 생산기반의 극적인 팽창은 새로운 출처의 자본과 노동력은 물론 그에 걸맞은 시장확대를 필요로 하고 있다. 시장을 극적으로 확대시키고 새로운 출처의 자본과 기술노동력을 타진하고 있는 지구화는 신경제의 필수적인 특성이다. 이런 두 과정—즉 네트워크 기반의 생산성 성장과 네트워크 기반의 지구화—의 하나 하나가 특정 산업, 즉 정보기술산업의 선두에서 그것을 이끌고 있다. (중략) 신경제는 주로 미국에서 비롯된 것이지만 유럽, 일본, 아시아 · 태평양 및 전 세계의 특정 개도국으로 급속히 확대되고 있으며, 지구화의 상표를 단 것으로 인식되는 과정에서 재구조화, 번영 및 위기를 유발했다. (중략) 경제와 사회는 네트워킹이 결정적인 속성으로 되어 있는 새로운 발전양식인 정보화주의로 이행하는 구체적인 방법을 찾기 때문에, 사실 이런 과정은 다양한 표현으로 중요한 구조적 변화를 나타낸다"라고 언급하여 통신기술의 발전과 거시적 경제구조에 대해 설명한 바 있다. Manuel Castells, 『네트워크 사회의 도래』(김묵한 · 박행웅 · 오은주 옮김), 한울아카데미, 2008, 210~211면.

는 “신상털기”라는 새로운 형태의 정보침해행위로 말미암아 명예는 물론 인격까지 침해당하는 사례가 종종 발생하고 있어 커다란 문제가 되고 있다. 물론 공적인 속성을 가진 정보는 사적인 정보에 비하여 그 보호영역이 협소한 것은 사실이지만, 주어진 문제를 건설적으로 해결하기 위한 목적이 아니라 비난을 가하기 위한 단순히 스트레스해소 내지는 호기심충족이라는 목적에 기반을 두는 경우가 많다.

무형적 공간에서 이루어지는 사적정보의 부당한 이용, 공개, 배포는 유형적인 형태의 사적생활을 파괴하는 힘을 가지고 있다. 이와 같은 생활은 기본적으로 개인의 심리적 안온감의 형성과 더불어 인격권의 유지 및 고양에 있어 핵심적이라고 할 수 있는데, 이러한 것들이 무너지는 순간부터 인간은 더 이상 인간으로서 살아가기 위한 원동력을 상실하기에 이른다. 그러나 더욱 안타까운 사실은 피해자의 입장을 전혀 고려하지 않는 가해자의 무책임함이라고 할 수 있는데, 이는 사람에 대한 존중의식이 희미해지고 있음을 보여주는 단적인 예이다.[98] 물론 통신공간에서 오고 가는 말들이 항상 예의범절이라는 기본준칙에 충실한 표현들일 수는 없겠으나 적어도 자신의 행위가 가지고 오는 파급효과에 대해 일절 생각지 않는다는 것은 미필적 고의를 넘어 악질적인 고의에 해당한다고 보아도 무방하다. 역지사지(易地思之)라는 덕목이 사회에서 중요하다는 것은 누구나 어린시절부터 들어왔음직한 것이지만, 이러한 기본이 제대로 지켜지진 않는다. 그래서 사람들은 공격성과 호기심으로 가득한 그리고 신뢰할 수 없는 동물군(君)으로 간주하는 이들이 많아지고 있는 것이다. 자신의 정보를 철저하게 감추고 보호하

---

98) 강준만 교수는 자신의 저서인 『대중매체 법과 윤리』(인물과 사상사, 2009) 중 “제7장 프라이버시” 262면에서 개인이 아닌 집단 차원에선 그런 ‘가면’마저 내던지는 경향, 즉 한국의 ‘수치심 문화’는 패거리주의를 만나면 급속히 부패하는 경향이 있다며, 혼자라면 도저히 양심에 찔려 할 수 없는 일도 자신이 소속된 패거리의 이름으로 이루어질 경우 부끄러워하기는커녕 오히려 당당하게 여기는 관행이 널리 퍼져있는 것도 바로 그런 이유 때문일 것이라고 강도 높게 비판하였다. 그의 저서엔 표현의 자유의 오·남용과 침해 사례 및 역사적 사건들을 바탕으로 한 자신의 이론이 담겨있다. 보다 자세한 예시를 찾고자 한다면, 강준만 교수의 저서를 참조하길 바란다.

려는 자와 이를 드러내려는 자 사이의 무한경쟁은 시간이 갈수록 격화된다. 해킹기술의 발전과 백신기술의 발전을 보면 충분히 짐작할 수 있다.

위와 같은 사항 이외에 우리가 주의를 기울여 생각해야 할 사항은 사적 생활정보에 대한 침해가 힘없는 사람의 자활의지를 꺾어놓을 수 있다는 점이다. 현대 사회 속에서 삶을 영위하는 사람들치고 고난이나 고초 혹은 고민이라는 영역에서 자유로울 순 없다. 경제적인 문제나 건강상의 문제 혹은 정신적 스트레스에 기초한 문제 등 번민을 일으키는 요소들은 도처에 놓여있으며 언제든 개인이 가지는 삶에 대한 의지를 약화시키는 데에 커다란 영향을 준다.[99] 이들이 겪은 고통의 내용이 다른 이들에 공공연히 부정적인 영향을 주기에 적합하다면 일정부분 공개가 되어야겠지만, 만약 영향의 수준이 객관적으로 미미한 정도에 그친다면 조용히 덮어줄 수 있는 것도 미덕이다. 공격성과 호기심의 조절이 타인의 생명과 신체 및 재산 그리고 명예를 훼손가능성을 줄이는 근본적인 방법임에는 재론의 여지가 필요하지 않을 정도이다. 헌법 제18조에서는 바로 이와 같은 사항을 총체적으로 규율하기 위한 목적으로 활용가능하다. 물론 이 규정이 신설되었을 당

99) 조병희 교수는 자신의 저서 『질병과 의료의 사회학』(집문당, 2006) 80면에서 사회경제적 지위가 높으면 건강수준도 높은 경향이 있는데, 상위계층이 하위계층보다 사망률도 낮고 유병률도 낮은 것이 보통이라고 하였다. 특히 85~86면에서 스트레스와 건강의 관계에 주목하고 있었다. 조병희 교수는 85~86면을 통해 Link와 Phelan의 연구(2000년)를 인용하여 ‘위계적 지위 스트레스론’에 대해 설명한 바 있다. 이 이론에 의하면 낮은 지위를 갖게 되면 주거, 음식, 의료혜택 등 물질적 조건이 열악해지거나 그 자체로 스트레스적 상황에 처하게 된다고 한다. 위계적 지위 스트레스론은 두 번째 측면에 주목하고 있는데, 낮은 지위는 건강에 직간접적으로 효과를 가진다는 것이다. 낮은 지위는 그 자체로 스트레스가 되어 신경계와 면역체계의 생물학적 과정에 직접 영향을 주는 한편 그로 인한 폭식 · 과음 · 흡연 등에 간접적으로 영향을 주며, 박탈감과 주변화된 느낌에 사로잡히기 때문이라고 덧붙였다. 더불어 Marmot의 연구(1978, 1984, 1991)를 통하여 사회적 직위가 건강에 미치는 영향에 대해 언급한 바 있다. 이에 따르면 영국 공무원들은 모두 극단적인 물질적 결핍상태에 있지는 않았고, 무료 의료혜택을 받고 있었으나, 사망률과 사안에 있어서 직급에 따른 분명한 차이가 있었다고 한다. 다시 말해서 최고등급(고위행정가)과 차상위직(전문, 관리직) 간에 차이가 발견되었고, 직급에 따른 심장질환 사망률 차이의 아주 작은 부분만이 비만 · 흡연 · 여가활동 · 기초적 질환 · 혈압 · 신장 등에 의해 설명되었다고 하였다.

시에는 지금과 같은 수준으로 정보통신기술이 발전한 상태가 아니었으나, 헌법 특유의 추상성 그리고 기본권의 보호라는 존재목적에 힘입어 현재에도 그 위력을 발휘할 수 있는 역량을 보유하고 있다. 제18조는 "모든 국민은 통신의 비밀을 침해받지 아니한다"라고 규정하고 있다.

통신의 비밀이라 함은 위에서 설명한 바와 같이 공공의 위험성을 끼치지 않는 정보, 즉 내용이 사적생활의 영위목적에서 파생된 것이라고 여겨지는 정보는 권한을 가진 자의 허가를 거치지 않고선 결코 외부적으로 공개되지 않는다는 것을 의미한다. 다만, 정보의 목적과 가치가 가지고 있는 공공성의 수준에 따라 보호의 정도가 달라질 수는 있다.[100] 가령 국가안전보장과 사회질서 및 공공복리에 객관적으로 커다란 영향을 줄 수 있는 정보가 어느 한 사람의 수중에 독점적으로 부여되어 있다면, 이것은 공공재로서의 공적 정보를 사유화시키는 것에 해당할 뿐만 아니라 경우에 따라선 독점적 정보매매(情報賣買)라는 형태의 병폐를 불러일으킬 수 있다. 정보라는 것은 비록 유형적인 형태의 외관을 갖추고 있지 않으므로 재산적 가치가 현실적으로 부여되어 있다고 볼 수는 없을지라도, 그를 필요로 하는 사람에겐 통상적인 의미의 경제적 가치 그 이상의 의미를 가진다. 이처럼 정보는 그 가치의 영속성 자체가 다소 불완전한 편이라고 할지라도 자본주의가 사회에 미치는 영향 그 이상의 힘을 발휘할 수 있다. 헌법은 바로 이러한 사항을 규율할 수 있는 권력을 가지고 있지만, 이를 구체적으로 실현시키기 위해선 구체적인 성격을 지닌 하위의 법률이라는 도구를 필요로 한다. 통신의 비밀을 침해받은 자와 침해한 자 사이의 권리관계를 명확하게 규율하여

---

100) 헌법재판소는 2012년 2월 23일 2009헌마333 사건에서 "헌법 제18조는 '모든 국민은 통신의 비밀을 침해받지 아니한다'고 규정하여 통신의 비밀을 침해받지 아니할 권리 즉, 통신비밀의 자유를 국민의 기본권으로 보장하고 있다. 따라서 통신의 중요한 수단인 서신의 당사자나 내용은 본인의 의사에 반하여 공개되어서는 안된다. 그러나 이러한 기본권도 절대적인 것은 아니므로 헌법 제37조 제2항에 따라 국가안전보장·질서유지 또는 공공복리를 위하여 필요한 경우에는 법률로써 제한할 수 있고, 다만 제한하는 경우에도 그 본질적인 내용은 침해할 수 없다(헌재 1998. 8. 27. 96헌마398, 판례집 10-2, 416, 427)"라고 판시하였다.

야 하기 때문에 '어떠한 조건'하에 '어떠한 행위'를 한 사람이 '어떠한 처벌'을 받는다는 내용이 분명하게 드러나야만 한다. 이와 같은 사항을 담고 있는 법률이 바로 통신비밀보호법이라고 하겠다. 통신비밀보호법은 국가가 국민의 기본권을 보호하기 위하여 감청(監聽)을 할 수 있는 상황적 요건을 규정하고 있다.[101] 범죄수사와 국가안전보장과 같은 거대한 목적을 통해 달성하고자 하는 공익이 통신내용의 비밀유지라는 사익보다 크다고 여겨진다면, 전자가 후자에 비하여 보다 우선시되는 것이 정당화된다.[102] 그 이외에 정보통신망 이용촉진 및 정보보호 등에 관한 법률을 통하여 온라인 상에 불법정보 내지는 위법성을 띤 정보를 게시하는 행위를 규제하고 있다. 이 법은 제1조에서 "이 법은 정보통신망의 이용을 촉진하고 정보통신서비스를 이용하는 자의 개인정보를 보호함과 아울러 정보통신망을 건전하고 안전하게 이용할 수 있는 환경을 조성하여 국민생활의 향상과 공공복리의 증진에 이바지함을 목적으로 한다"라고 규정하여 그 제정목적을 설명하고 있고, 제1장부터 제10장 및 부칙에 걸쳐 이 목적을 달성하기 위한 내용들을 규정하고 있다. 자세한 내용은 관련 법률을 살펴보기 바란다.

사람들은 국가가 자신의 생활에 개입하는 것에 대해 막연한 불안감을 가지는 경우가 많다. 특히나 통신과 같은 영역은 은밀한 내용이 교환되는 장에 해당하기 때문에 제3자인 국가가 그 내용을 파악하는 것은 개인으로 하여금 단순한 불쾌감을 넘어 보여주고 싶지 않은 치부를 들킨 것 같은 느낌을 갖게 만들기 때문에 마치 자신의 인격권이 침해당한 것과 같은 인상

---

101) 총 18개의 규정으로 구성된 통신비밀보호법은 어느 상황적 요건에서 감청을 할 수 있고, 감청을 하기 위해선 어떤 조건을 충족시켜야 하는지에 대한 것들을 핵심적인 내용으로 삼고 있다. 따라서 적법절차의 원칙이 강하게 반영된 법률이라고 할 수 있겠다.

102) 통신비밀보호법 제5조의 허가요건과 제6조의 허가절차를 거쳐 범죄수사를 위한 통신제한조치를 취할 수 있고, 제7조와 제8조에 근거하여 국가안보에 위협에 대응하기 위하여 통신제한조치를 취하는 것이 가능하다. 단 제9조의 통신제한조치의 집행과 제9조의 2에 따른 통신제한조치의 집행에 관한 통지 및 제9조의 3의 압수 · 수색 · 검증의 집행에 관한 통지 등의 의무를 준수하여야만 한다.

을 받게 된다. 하물며 공적인 권한을 가지지 않은 다른 누군가가 불법적으로 이와 같은 행위를 자행한다면 심리적으로 얻게 되는 피해는 그 이상일 것이다. 특히 통신내용이 밖으로 공개되는 경우가 빈번하게 발생함에 따라 사람들은 개인정보의 보호에 대해 민감한 반응을 보이게 되었다. 이로 말미암아 현대의 사회는 공개사회가 아니라 은닉사회(隱匿社會)로 변화하고 있다. 은닉사회에서는 그 어떠한 내용도 외부적으로 발설되어서는 안 되며, 만약 누군가가 이러한 규율을 어긴다면 강력한 처벌을 받을 수밖에 없다. 그리하여 사적정보의 유포를 대상으로 한 소송건수는 날이 갈수록 늘어날 수밖에 없다. 소송건수는 통계적으로 드러난 것이지만, 암암리에 이루어지고 있는 분쟁건수를 감안한다면 한국사회의 정보갈등지수(情報葛藤指數)는 훨씬 더 높은 수치를 기록할 것이라고 사료된다.[103] 통신이라는 영역에서 유동적으로 움직이고 있는 자신의 정보를 외부적으로 드러내고 싶은 사람은 없다. 설령 있다고 할지라도 유의미할 정도로 많다고 할 수는 없을 것

103) 기든스(Anthony Giddens)는 『현대사회학』(김미숙 외 6인 옮김, 을유문화사, 2009) 428면에서 "인터넷 사용자는 '사이버 공간'에서 살고 있다. 사이버 공간은 인터넷을 구성하는 컴퓨터의 지구적 연결망으로 형성된 상호 작용 공간을 의미한다. 보드리야르가 언급한 것과 같이 사이버 공간에서 우리는 더 이상 '사람'이 아니며 서로의 스크린에 반영된 메시지이다"라고 언급한 바 있다. 그리고 "인터넷에 대한 유명한 풍자 만화가 있는데, 그 내용은 개 한 마리가 컴퓨터 앞에 앉아 있는 것이다. 만화 위에 쓰인 글은 '인터넷의 위대한 점은 그 누구도 당신이 개라는 것을 모른다는 것이다' "라고 덧붙였다. 기든스는 그 이외에도 인터넷으로 인한 긍정적 효용에 대해서도 언급한 바 있지만, 더불어 사람과 사람 사이의 소통이 제대로 이루어지지 않고 있고, 인간의 존엄성 자체를 상실할 위험성이 존재할 수 있음을 경계하여야 한다는 태도도 가지고 있는 것으로 사료된다. 실제로 온라인에서 이루어지는 명예훼손에 해당하는 정보를 유포함으로써 발생하는 사건은 계속적으로 늘어나고 있는 실정임을 감안한다면, 기든스의 발언에 대해 귀를 기울일 필요가 있다고 판단된다. 오관석 교수도 자신의 저서 『정보사회와 미디어 정치』(인간사랑, 2007) 352면에서 사이버 공간에서의 폐해에 대해 "정보사회로 들어오면서 사회구성원 간에 '정보 불균형(information inequality)'이 심해지고 있으며, 이는 바로 시민들의 민주적 참여에 위협이 되고 있다. 오히려 정치적 사안에 대한 심층적 분석보다는 시각적이고 자극적인 보도가 주종을 이루고 자신의 기준에서 정보를 취사선택하여 가치의 기준을 삼는 우려가 있다. 또한 정보의 홍수 속에서 정보를 분석하고 활용하는 능력이 부족하거나 지적 수준에 따르지 않을 경우에는 불필요한 정보의 무덤 속에 갇히고 정보로부터 소외될 수 있다"라고 지적한 바 있다.

이다. 반면, 타인의 정보를 들추어냄으로써 불온한 사적목적을 달성하려는 이들은 지속적으로 늘어나고 있다. 정보를 온전하게 보존하고 싶은 소유자의 자유와 공개하고 싶은 비소유자의 자유 사이의 충돌이 있는 셈이라고 할 수도 있는데, 통상적으로는 정보소지자에 대한 보호가 정보공개자에 대한 보호보다 두터운 편이지만, 후자가 전자에 앞설 수 있는 경우가 있다면 사회통념상 반드시 지켜주어야 하는 공익을 달성하기 위한 상황적 요건이 전제될 때에 한한다. 따라서 공화주의적 자유주의라는 대원칙이 적용되는 대표적인 케이스들 중 하나라고 할 수 있겠다.

Ⅴ. 사회로부터의 이탈과 양심의 자유

이처럼 사람들은 복잡한 사회 속에서 살아간다. 간혹 여러 사람들과 의사의 상호교환을 하는 것에 대해 혐오감을 느끼거나 그러한 삶에 대해 회의적인 반응을 보이는 이들은 속세를 떠나 자연으로 회귀하는 경우도 있다. 실제로 우리 주변에 그런 사람들을 찾아보기 힘들 순 있겠지만, 텔레비전 프로그램을 통하여 사회생활에 적응을 잘 하고 있었으나 예기치 못한 개인적 사유의 발생 내지는 인간에 대한 불신감을 떨쳐내지 못하여 자발적으로 고립된 삶을 자처하는 이들의 생활상을 엿볼 기회가 많은 것으로 보아선 그리 드문 일이라고 치부하기엔 어려울 수도 있다. 더군다나 최근에는 낙향(落鄕)하여 전원생활의 여유로움을 추구하는 이들의 수가 점차 늘어나고 있다는 사실만 감안하더라도 이와 같은 사회적 사실이 특정인들 사이에서만 국한되어 일어나는 미미한 현상이라고 판단하기엔 어려움이 따른다. 그들이 낙향을 하게 된 표면적인 이유를 살펴본다면, 대체적으로 경제적인 궁핍이나 직장에서 느끼는 심각한 수준의 정신적 스트레스 때문이겠지만 그것들이 근본적인 이유가 되진 않을 것이라고 사료된다. 사람들이 어느 곳에 삶의 터전을 형성하든 이와 같은 부정적인 자극은 언제나 수반되기 마련이고, 적어도 숨을 쉬고 살아가는 동안엔 이러한 환경으로부터 벗어나기란 지극히 어렵다. 만약 이들에게 기존의 생활을 영위함에 있어 자신이 옳다고 생각한대로 행위를 할 수 있는 환경적 여건을 부여하였다면, 과연 그들이 사회로부터 이탈하겠다는 의지를 가지게 만들었을 것인지에 대해 생각해볼 필요가 있다.[104)]

주지하다시피 법학과 사회학을 비롯하여 모든 사회과학은 '사회라는 거대한 공동체가 어떻게 생성되고 유지되며 발전 내지는 쇠퇴의 길을 걷게 되는지'를 규명하는 학문이다. 그러나 최근의 경향을 보면 역(逆)으로 사회가 파괴되고 해체되고 있는 까닭이 무엇인지, 즉 고질적인 사회적 병폐의 원인을 규명하는 데에 역점을 두고 있다. 환언하자면 사회로부터 이탈하는 것이 삶의 질을 높이는 데에 있어서 효과적 · 효율적이라고 생각하는 이들이 많아짐에 따라 유기체로서의 성질을 띤 공동체가 해체되기 시작하였고, 그러한 현상으로 인하여 학문적 영역에서 실무적 영역에 이르기까지 연구 · 정책의 패러다임이 바뀌고 있다는 것이다. 기존의 학문 · 실무의 관점

---

104) 실제로 우리나라에서는 젊은 세대들의 도시탈출이 빈번하게 이루어지고 있다. 이와 같은 이유를 보다 논리적으로 파악하기 위해선 그들에게 도시생활의 각박함을 느끼게 해준 근원을 찾아야 하는데, 필자는 바람직한 커뮤니티의 붕괴를 원인들 중의 하나로 꼽고자 한다. 특히 김신웅 교수는 자신의 저서 『개념 중심의 사회학』(한울아카데미, 2011) 456~457면을 통해 커뮤니티(community)란 주로 지역성을 토대로 하는 사회집단인 지역 공동체를 지칭하지만 공통적 특징을 가진 공속성을 지칭하거나 구성원들 간의 공생성을 의미하기도 하는데, 공속성(共屬性)이란 공통적 특징을 의미하고 공생성(共生性)은 상호 보완적 삶을 의미한다고 설명하였다. 공속적 사회집단의 각 구성원은 특정한 속성(동류의식(同類意識) 및 공동이해관계)을 공유하고, 학술단체(academic community) · 예술계(artistic community) · 종교집단 및 인종집단(racial community) 등과 같은 공통적 특징이나 공통의 이해관계를 가진 사회집단을 가리키는 말로 사용되는 반면, 공생성의 측면에서는 주로 지역을 토대로 하는 촌락공동체 · 농촌 공동체(rural community) · 인류 공동체(world community) 등과 같이 사람들의 일상생활이 영위되고 있는 지역 사회집단을 가리키는 말로 사용된다고 한다. 특히 사회학에서 커뮤니티라는 용어는 일반적으로 어떤 지역 내에서 주민들이 같이 상부상조하면서 살고 있는 지역공동체를 의미한다고 언급하였다. 김신웅 교수가 의미한대로 커뮤니티가 공속성과 공생성을 띠고 있는 집단이라고 상정할 경우, 우리는 사람들이 각박한 도시환경에 적응하지 못하여 그곳으로부터 이탈하는 이유를 설명할 수 있다. 경쟁의 심각성으로 말미암아 공속성과 공생성에 바탕을 둔 상부상조의 미덕이 사라짐에 따라 자신의 존엄과 가치에 대한 위협이 증대하였기 때문이다.

에선 공동체 내에서 분쟁과 갈등이라는 문제가 발생하는 원인이 무엇이고 이를 해결하기 위해선 구체적으로 어떠한 대안을 제시하여야 하는지에 대해 역점을 두었으나, 필자는 이와 더불어 사람들이 견지해왔던 삶의 목적 자체가 변화하였다는 점에 주목할 필요가 있다고 생각한다. 그리고 그 한 가운데에는 헌법 제19조에서 규정한 양심의 자유가 핵심적인 요소로 자리를 잡고 있다고 바라보고 있다. 제19조에서는 "모든 국민은 양심의 자유를 가진다"라고 규정하였다. 통상적으로는 이 규정이 현재의 법제도에 대해 합리적인 반감을 가지고 있는 사람들이 자신의 의지대로 생활을 할 수 있도록 도와주어야 할 필요가 있다는 식으로 해석되는 경우가 많지만, 그 이외의 경우에도 적용해보려는 노력이 이루어져야 한다.[105)]

사람들이 법제도에 대해서만 반감을 가지는 것이 아니라 그러한 거시적인 영역을 떠나 사회에서 마주치는 사람들 속에서 느끼는 심리적 곤궁으로 말미암아 사회를 떠나야겠다는 생각을 갖기 때문이다. 예컨대 외견적으로는 안정적인 직장에서 경제난이라는 고초로부터 벗어날 수 있을 만큼의 급여를 받고 생활을 하고 있는 사람이 소속 공동체에서의 삶이 자신이 원하는 류의 삶이 아니라는 이유로 조기퇴사를 하는 상황을 떠올릴 수 있겠다. 우리는 이러한 결정을 내린 사람들에 대하여 요즘과 같은 불경기에 퇴사를 한다는 것은 삶의 안락함을 스스로 버리는 행위이므로 합리적이라고 할 수 없다는 식으로 생각을 하곤 한다. 그러나 안정적인 직장을 떠나는 행위가 주는 파급효과를 당사자만큼이나 고려를 한 이는 없었을 것이다. 본인이 소속집단에서 생을 영위하는 것이 자신이 내면적으로 견지하고자 하는 삶의 목적에 위배되거나 부합하지 않는다는 갈등을 느꼈기 때문에 내린 결정이었다고 사료된다. 보기에 따라선 상기와 같은 사회현상은 헌법 제19조의

105) 일반적으로 헌법 제19조에서 규정한 양심의 자유를 설명함에 있어 준법서약제 등 위헌확인 사건(헌법재판소 2002. 4. 25. 선고 98헌마425 결정)이나 병역법 제88조 제1항 제1호 위헌제청 사건(헌법재판소 2004. 8. 26. 선고 2002헌가1 결정)을 언급하는 경우가 많지만, 여기선 보다 일반적인 생활영역에 가깝게 설명하기 위하여 기존에 거론되는 사항과는 다른 대상에 역점을 두었다.

양심의 자유가 아니라 헌법 제10조의 인간의 존엄성과 인격권에서 파생된 행복추구권의 영역에서 논의하여야 할 사항이라는 반론이 제기될 수도 있을 것이다. 타당한 반론이라고 생각하지만, 헌법 제10조와 제19조가 서로 다른 평면 위에 존재한다고 볼 수는 없다고 여겨진다. 다시 말해서 행복추구권은 자신이 스스로가 옳다고 생각하는 가치관에서 살아갈 수 없을 경우엔 달성될 수 없는 기본권이고, 옳다고 생각하는 가치관에 부응하여 살아갈 수 없다는 것은 행복을 추구할 수 있는 능력을 상실하는 것과 같다는 의미이다. 그러므로 본 사항을 논함에 있어 헌법 제10조가 아니라 헌법 제19조를 근거로 삼는다고 하여도 무방할뿐더러, 사회이탈이라는 결정을 내릴 수밖에 없었던 개인적 고뇌에 역점을 둔다면 양심의 자유와 결부시키는 편이 오히려 현실적으로 적합할 것이다.

이와 같은 양심의 자유는 절대적 기본권(絕對的 基本權)이라고 여겨지는데, 그 이유는 자신의 내면세계를 어떻게 형성할 것인지를 결정할 지는 오로지 그 개인에게 주어지는 몫으로서 결코 타인이 개입할 수 없는 영역에 해당하기 때문이다. 양심 그 자체에 대해서 명확하게 개념정의를 할 수는 없다. 어떤 방식으로 정의를 내린다고 할지라도 그것이 양심이 가지고 있는 다양한 속성을 커버하기란 여간 어려운 일이 아니므로, 여기선 굳이 '양심이란 무엇이다'라는 식으로 언급하진 않으려고 한다. 다만 사회통념상 우리가 받아들일 수 있는 수준에서만 그 속성을 논의할 예정이다. 헌법재판소는 과거에 양심을 내면의 소리라는 식으로 해석한 바 있는데,106) 이 말의 의

106) 헌법재판소는 2008년 10월 30일 2006헌마1401 사건에서 "헌법 제19조는 '모든 국민은 양심의 자유를 가진다'라고 규정하여 양심의 자유를 기본권의 하나로 보장하고 있다. 여기서의 양심은 옳고 그른 것에 대한 판단을 추구하는 가치적 · 도덕적 마음가짐으로, 개인의 소신에 따른 다양성이 보장되어야 하고 그 형성과 변경에 외부적 개입과 억압에 의한 강요가 있어서는 아니 되는 인간의 윤리적 내심영역이다. 보호되어야 할 양심에는 세계관 · 인생관 · 주의 · 신조 등은 물론, 이에 이르지 아니하여도 보다 널리 개인의 인격형성에 관계되는 내심에 있어서의 가치적 · 윤리적 판단도 포함될 수 있다(헌재 2005. 5. 26. 99헌마513, 2004헌마190, 판례집 17-1, 668, 684). 나아가 '양심상의 결정'이란 선과 악의 기준에 따른 모든 진지한 윤리적 결정으로서 구체적인 상황에서 개인이 이러한 결정을 자신을 구속하고 무조건적으로

미를 사회과학적으로 확장하여 파악해본다면 자신의 가치관을 형성하기 위한 핵심적인 사고요소(思考要素)와 유사하다고 말할 수 있겠다. 사람의 생각을 지배한다는 것은 곧 물리적인 지배가능성을 인정하는 논리로 이어지기 때문에 양심의 자유는 그 누구의 간섭으로부터 벗어난 독립적인 영역에서 존재하여야만 한다. 사회구조에 의하여 일종의 세뇌(洗腦)과정을 겪은 이들은 자발적인 의사주체로서의 삶이 아니라 타자의 결정에 종속하여 생을 영위하는 동물로 전락하게 되는데, 이때부터는 무엇이 관념적으로 옳고 그른지에 대해 판단할 수 있는 능력을 상실하기에 이른다. 간단하게 말하자면, 의사무능력(意思無能力)으로 인하여 행위능력(行爲能力)과 책임능력(責任能力)이 소멸하는 셈이다. 이와 같은 능력들을 가지지 못한 사람은 맹목적인 성격의 삶의 의미를 가질 뿐, 진정한 의미의 생의 주체라고 볼 수는 없을 것이다. 이처럼 양심을 형성하는 자유는 절대적이지만, 모든 규칙에는 예외가 존재하는 법이다. 다시 말해서 양심의 자유가 '자유주의'의 핵심이긴 하지만, 그 한계선에는 '공화주의'가 자리를 잡고 있다는 것이다. 만약 본인이 보유하고 있는 권리를 무분별하게 향유함으로써 누군가에게 피해를 줄 수밖에 없다면 그것은 결코 온전한 권리향유행위라고 할 순 없다. 내면세계를 만들어내고 그것이 자아 안에 얌전하게 안착한 상태라면 타인에게 피해를 주지 않지만, 이를 실현하기 위하여 행하는 일련의 행동들은 반드시 그렇지 않고 볼 수 없다. 사회통념상 불법에 해당하는 사항임에도 불구하고 그것이 정의에 부합한다고 판단한 나머지, 이를 기초로 하여 공동체의 질서를 심각할 정도로 문란하게 만든다면 당연히 제재의 대상이 되기 마련이다.

따라야 하는 것으로 받아들이기 때문에 양심상의 심각한 갈등 없이는 그에 반하여 행동할 수 없는 것을 말한다(2004. 8. 26. 2002헌가1, 판례집 16-2상, 141, 151)"라고 판시함과 동시에 "양심은 내심에 머무르는 한 절대적이라고 할 것이지만, 그런 양심을 외부적으로 실현하는 영역에 대해서는 헌법 제37조 제2항에 의하여 국가안전보장, 질서유지, 공공복리를 위하여 필요한 경우에 한하여 법률로 제한될 수 있다"고 하였다.

결론적으로 타인에게 불측의 피해를 주지 않는 이상 양심을 형성하고 이를 실현할 것인지를 결정하는 것은 온전히 자신의 몫에 해당한다. 그러나 현대사회에선 주변의 시선에 따라 자신의 지위와 역할이 결정된다고 하여도 과언이 아니기 때문에 본인이 가지고 있는 의지대로 사회생활을 하기 어렵다. 만약 스스로가 견지한 가치관을 강력하게 피력하고 행동으로 옮길 경우 그를 둘러싼 이들은 '일탈행위'라고 판단할 가능성이 농후한 편이다. 그리고 일탈행위라는 판단을 넘어 그러한 행위를 한 사람을 공동체로부터 격리시키려는 태도를 갖기에 이른다. 이러한 상황이 바로 '사회이탈'이라는 현상을 만들어내는 요인인데, 남들로부터 곱지 않은 시선을 받게 됨에 따라 타율적으로 공동체에서 쫓겨나거나 혹은 백안시로부터 벗어나기 위하여 그 전에 자발적으로 소속집단으로부터 나오게 되는 것이다. 이러한 경험을 한 사람들이 늘어남에 따라 사회는 점진적으로 해체일로를 걷는다. 탈공동체화(脫共同體化)는 개인의 개성 넘치는 삶을 형성하기 위한 조건으로 여겨지기도 하지만, 경우에 따라선 더불어 사는 삶이 가지는 중요성을 훼손시키고, 개인주의의 강화를 초래하여, 궁극적으로는 이기주의를 확산시키는 촉진제가 될 수 있음에 주목할 필요가 있다. 그러므로 공화주의적 자유주의에 기초한 양심의 자유를 통하여 스스로가 가지고 있는 양심이 사회의 정의관에 부합하는지를 살펴보고, 타인들은 누군가가 보유하고 있는 양심의 내용과 이를 실현하기 위한 수단이 당사자에게 어떠한 의미와 중요성을 가지는지에 대해 객관적으로 판단할 수 있어야만 한다. 이것이 바로 사회가 상생의 법칙에 기초하여 자연스럽게 발전의 길을 가도록 만들어 주는 단초가 될 것이다.

Ⅵ. 심리적 안온감의 증대와 종교활동

이상에서 언급한 사회현상과 권리들은 사람들이 누리고 있는 현재의 생활양식이 더욱 더 고차원적인 수준으로 복잡일로에 들어섬에 따라 기존에는 존재하지 않았거나 미미한 수준의 문제들의 도래로 인하여 위험에 빠질 가능성이 높아진다. 내적 · 외적인 생활양식이 복잡해진다는 것은 그만큼 삶의 편의를 위한 사회적 · 과학적 차원의 기술이 섬세한 수준으로 발전을 거듭하고 있음을 의미하기도 한다는 점에선 어느 정도 고무적이라고 말할 수 있겠지만, 발전의 이면에 상존하는 문제의 해결에 대해선 등한시하게 된다는 부정적인 점도 있음을 부인할 수 없을 것이다. 사람들은 눈부신 변화를 바라보면서 자신의 생활지위가 과거에 비하여 윤택해진다는 외관을 중요시하는 경우가 많다. 가령, 경제적으로 열악한 입장에 놓여있음에도 불구하고 신제품의 출시를 기다리고 있는 사람들, 실리를 중요시하기보다는 외적으로 나타나는 명예에 대해 애착을 가지고 있는 사람들, 타인에게 피해를 줄 수밖에 없음에도 불구하고 자신의 영욕을 만족시키기 위하여 수단과 방법을 가리지 않는 사람들이 그 대표적인 예일 것이다. 물론 이러한 케이스는 비단 현대사회에서 뿐만 아니라 전통사회에서도 비일비재하게 있었던 것들이기도 하다. 그러나 여기서 한 가지 주목할 점은 위의 사건들이 대부분 기존의 사회가 다른 유형의 사회로 전환되는 시점에서 발생하는 경우가 많다는 사실이다. 긍정적 측면의 부정적 전환이든, 부정적 측면의 긍정적 전환이든 관계없이 그와 같은 시점에선 사람들의 가치관은 커다란 변화의 물결을 맞이하게 된다. 그리고 변형된 가치관이 확산되고 상대적으로 장시간 동안 공고하게 자리를 잡을 때, 패러다임의 변화가 생겼다는 말이 항간에 떠돌기에 이른다. 지금의 추세를 설명하자면, 부정적 측면의 긍정적 전환으로 인하여 발생한 부작용들이 사회전반에 퍼지기 시작하고 있는 상태라고 할 수 있다. 예전에 비하여 국민들의 교육수준과 문화수준이 과학기술과 접목됨에 따라 보다 선진적인 생활환경에서 살게 되었을 뿐만 아니라, 이에 기초하여 공공사회의 영역에서 논의되는 사항들에 대하여 관심을 가지고 적극적인 참여를 하게 되었다. 사회문제는 어떤 한 개인이 아니라 다수가 형성한 합의를 통해 풀어갈 때에 원만히 해결될 수 있다는 점에서 볼 때 상기의 변화가 가져다 준 이점은 상당하다고 생각한다.

공적인 사항에 참여하여 의견을 개진하는 등의 모습은 긍정적일 수 있지만, 이와 같은 모습 이면에는 어두운 부분도 아울러 존재할 수 있다. 예를 들면, 사회 속에서 유동적으로 움직이고 있는 무형의 정보에 대해 지나치게 노출된 나머지 자신이 진정으로 원하는 삶을 살기 힘들어질 수도 있다는 역설적인 결과가 나타나는 것이라고 하겠다. 정보민감성(情報敏感性)은 사회의 발전을 촉진시킨 원인이기도 하지만 폐해를 초래한 요인이기도 하다. 다른 사람들이 공유하고 있는 정보에 대한 무지가 불안감과 소외감을 불러올 뿐만 아니라 현실적으로 시대의 뒤안길에 있는 자로 평가받게 만들기도 하기 때문에 '앎에 대한 집착'은 그 어느 때보다도 강해질 수밖에 없다. 이것이 바로 정보민감성이 낳은 강박관념 내지 강박증인 셈이다. 과거엔 정보를 얻기 위한 수단으로 지인을 통한 전언(傳言)을 이용하는 경우가 많았다. 그렇기 때문에 사람들과의 유대관계라는 것이 심리적 안온감을 주기 위한 방안이기도 했지만 중요한 정보를 획득하기 위한 방법이기도 했던 것이다. 굳이 예를 들자면, 유럽사회의 살롱문화를 생각해 볼 수도 있겠다. 살롱문화에 참여한 이들은 함께 차를 마시며 담소를 나누기도 하지만 그 와중에 본인이 생각하고 있는 사회문제와 그 해결방법 등에 대해 논하기도 하였다. 이러한 성격을 가지고 있는 영역들이 집결함에 따라 여론이라는 것이 형성되었던 것이다. 물론 살롱문화 그 자체가 여론과 공론장을 형성하는 원인으로 간주하는 것은 지나친 비약이라고 비판이 제기되는 것도 사실이지만, 설령 거대한 수준의 언론의 영역을 형성하진 못하였다고 할지라도 그 속에서 사람들이 심리적인 안온감을 유지하며 알고자 하였던 정보를 얻었다는 것만큼은 부인하기 힘들다고 사료된다. 그런데 현대사회에서는 이와 같은 형태의 정보문화가 자취를 감추고 말았다. 손가락 하나만으로 세상의 모든 정보를 손 안에 넣을 수 있는 환경이 조성되었기 때문이다. 손바닥 크기의 기계를 통해 천리안(千里眼)을 가지게 되었다는 점은 정보를 얻기 위한 시간과 비용 및 노력을 크게 절감해주긴 하였으나, 인간관계의 협소함을 불러오는 결과를 만들었다. 사람들은 지인들과 소통하지 않고 살 수는 있지만, 스마트폰 없이는 단 하루도 살기 힘들다고 할 정도이다. 더군다나 가족들끼리 식사를 하는 자리에서도 혹은 수면 중에도 초소형 슈퍼컴퓨터인 휴대전화를 결코 손에서 내려놓지 않는 경우가 많다. 자연스레 사람들과의 관계가 단절되는 결과를 낳을 수밖에 없는 것이다.

단절된 인간관계에서 그 사람의 가치관을 형성시키기는 지배적인 요인은 어디까지나 자신에게 유리함을 가져다주는 정보일 수밖에 없는데, 이와 같은 상황이 지속적으로 이어지게 될 경우엔 인간미를 갖춘 사람이 아니라 이해타산적인 계산(計算)에 역점을 둔 사람들이 즐비하게 될 것이라고 사료된다. 물론 지금 당장 그러한 세태가 발생하진 않겠지만, 현재의 상황을 고려하면 이와 같은 부정적인 결과를 초래할 전조(前兆)가 이미 등장하였다고 사료된다. 따라서 인간성의 회복을 위한 해결방법이 필요한데, 이 과제를 일거에 이행하는 것은 사실상 어려운 점이 많다. 그리하여 가정이나 소규모의 단체 활동부터 시작하여 사회참여에 이르기까지 공동체의식을 함양할 수 있도록 하는 것이 중요하다. 우선 좁은 의미의 참여활동에 대해서 생각해보자면, 그것은 종교의 영역일 가능성이 높다. 요즘 들어 대한민국에 종교를 가지지 않은 사람들이 없다고 하여도 과언이 아닌데, 설령 독실하지는 않을 지라도 외형상으로나마 신앙을 가지고 있는 이들도 제법 많은 편이다. 이들이 가지고 있는 주말의 계획 중 하나는 교회나 성당에 가서 종교적 믿음을 공고히 하고, 소속 공동체에서 주어진 자신의 역할을 수행하는 것이다. 선교에서 봉사활동에 이르기까지 그들의 사회참여지수는 여타의 동호회활동에 비하여 상대적으로 높은 상황이다. 과거에는 자신이 믿고자 하는 종교를 따를 수 있는 권리가 중요하다는 이른바 '종교선택의 자유'가 중요시되었다면, 최근에는 해당 종교 안에서 활동할 수 있는 자유에 대한 중요성이 날로 커져가고 있음을 알 수 있다. 우리 헌법에서는 제20조에서 이를 규정하고 있는데, 제1항에서는 "모든 국민은 종교의 자유를 가진다", 제2항에서는 "국교는 인정되지 아니하며, 종교와 정치는 분리된다"

라고 규정한 바 있다. 이 규정들은 종교선택 및 활동의 자유의 제한에 역점을 두어 해석된 바 있다.[107] 그러나 때로는 사회학적인 관점에서 종교가 사회전반에 미치는 영향이 무엇인지에 대해서 생각해보는 것도 매우 의미있는 일이라고 생각한다.

종교활동을 단지 인간성의 회복을 위한 수단으로 치부하는 것이라는 비판이 제기될 수도 있을 것이다. 종교는 신에 대한 믿음을 통해 영적으로 구원을 받기 위한 정신적 차원의 산물이지, 단순히 혼자 살아가는 인간이 겪는 현실적 문제해결 기제가 아니라는 뜻이다. 타당성이 있는 비판이라고 생각한다. 그러나 필자는 종교가 가지고 있는 영적구원이라는 측면을 간과한 것이 아니다. 독실한 신앙심을 통하여 자신이 가지는 삶의 의미를 찾아가는 것이 중요하다는 점을 매우 잘 알고 있다. 다만, 그와 같은 사회적 차원의 기여 이외에 인간성을 회복할 수 있는 기회를 부여하다고 있는 기능 자체에 내재한 가치가 상당함을 언급하고 싶었을 따름이다. 이 점을 염두에 두길 바란다. 종교활동을 통하여 사람들이 유대관계를 형성함으로써 자신만이 아니라 타인이라는 존재가 가지고 있는 실질적인 가치에 대해서 느낄 수 있는 계기를 가지게 되었다는 사실은 사회를 살아가고 있는 이들에게 커다란 영향을 주기에 적합하다. 이러한 관점은 통상적으로 사회학자들에 의하여 구체적으로 설명된다. 앤서니 기든스는 『현대 사회학』(김미숙 외 6인 옮김, 을유문화사, 2007)의 394~395면에서 그와 같은 시점을 다음과 같이 네 가지로 정리하였다.

(i) 사회학자들은 종교적인 믿음이 참인지 거짓인지에 관심이 없다. 사회학

107) 종교의 자유와 관련하여 주로 거론되는 헌법재판소의 결정례가 있다면, 구 교육법 제85조 제1항 등 위헌소원 사건(2000년 3월 20일에 선고한 99헌바14 결정)과 제42회 사법시험 제1차시험 시행일자 위헌확인 사건(헌법재판소 2001. 9. 27. 선고 2000헌마159 결정)이 있다. 전자는 종교교육과 관련이 있고, 다른 하나는 종교활동의 자유와 관련을 맺고 있다. 그러나 본고에서는 일반적인 생활영역에서 헌법 제20조의 의미를 찾기 위하여 다른 접근법을 사용하고자 한다.

적인 견해에서 종교란 신의 섭리가 아니고 인간에 의해서 사회적으로 만들어진 것이라고 간주한다. (ⅱ) 사회학자들은 종교의 사회적 조직에 특별히 관심을 가진다. 종교는 사회에서 매우 중요한 제도 가운데 하나이다. 가장 뿌리 깊은 규범과 가치의 중요한 근원이기도 하다. (ⅲ) 사회학자들은 종종 종교를 사회 결속의 주된 힘으로 본다. 종교는 신자들에게 공통의 규범과 가치를 제공하다는 점에서 중요한 사회 결속의 요인이 된다. 종교적인 신념, 의식, 결속은 모든 구성원이 서로 어떻게 행동해야 하는지를 아는 '도덕적 공동체'를 만들어 낸다. (ⅳ) 사회학자들은 개인적, 정신적, 심리학적인 요인보다는 사회적 힘이라는 관점에서 종교의 흡인력을 설명하는 경향이 있다. 많은 사람들에게 종교적인 믿음이란 일상을 초월하는 힘과 연결되는 강한 느낌을 포함하는 심오한 개인적 경향이다.

더불어 김선웅은 자신의 저서 『개념 중심의 사회학』(한울아카데미, 2006) 252~256면에 걸쳐 종교제도의 기능과 관점에 대해 다음과 같이 정리한 바 있다.

〈표 9〉 종교제도의 기능과 관점

	현재적 기능	잠재적 기능
기능	① 누구든 죽음에 대한 두려움과 근심을 가지고 살아간다. 종교는 초자연적인 힘(神, 하느님)을 설정하여 사후의 세계에서 구원을 기원함과 더불어 삶의 목적과 의미를 부여하여 영혼의 안식을 제공한다. ② 종교는 인생사(人生事)에서 생기는 근심과 번민으로부터 벗어나고 자기 확신을 가지게 하는 기능을 한다. ③ 선행을 하면 하느님으로부터 은총을 받고 악행을 저지르면 징벌을 받는다는 신앙심으로 사회의 도덕률과 윤리관을 강화하는 역할을 한다. 그리하여 종교는 사회통제 역할을 함으로써 사회질서 유지에 기여한다.	① 종교는 전통문화를 보전하고 후세에 전수하는 기능을 하고 있다. 종교는 현세 안정과 평안을 내재적 목적으로 한다. 오늘의 현상은 모두 새로 생긴 것이 아니라 선조들로부터 전수된 전통이 바탕이 된 것이다. 따라서 종교는 당연히 전통문화를 보존하고 후세에 전수하는 역할을 한다. 그런 까닭에 이념적으로 보수적 경향을 띠게 마련이다. ② 종교는 신도들 간에 공통적인 신념체계와 세계관을 토대로 집단유대감(集團紐帶感)을 형성하고 사회적 결속(結束)을 강화한다. ③ 종교의 집단유대감 및 그로 인한 사회결속이 지나치게 강할 경우 타 종교와 다른 집단 등에 대하여 강한 배타적 태도를 나타낼 수

		있으며 더 나아가서는 종교로 인한 사회적 분열과 분쟁을 야기하는 경우도 적지 않다. ④ 종교는 종교의식을 통하여 신도들이 교제와 친목을 도모할 수 있도록 하는 기능을 가지고 있다. ⑤ 종교의식은 여러 가지 축제행사와 휴일을 제공함으로써 생활을 즐겁게 하는 오락적 기능(entertainment function)을 하고 있다. ⑥ 기독교의 윤리 가운데 개인주의 사상, 근검하고 검소한 생활습관, 일을 중시하고 최선을 다한다는 천직사상(天職思想, calling) 등은 부(富의) 축적을 위한 필요조건이 될 수 있다.
	기능주의적 관점	갈등주의적 관점
관점	종교제도의 가장 큰 기능은 인간의 영혼을 평안하게 하고 삶에 대한 의미를 부여하며 도덕률의 기준을 제공하여 사회를 통제하는 것이다. 이 외에도 여러 가지의 현재적 기능과 함께 긍정적 잠재적 기능을 가지고 있다. 즉, 집단유대감을 강화하고 사회를 통합하는 기능, 사회체계를 존속시키고 유지하는 기능들이 여기에 속한다.	(마르크스와 엥겔스는) 종교제도는 상부구조의 일부로서 하부구조의 경제적 토대에 의하여 결정된다. 따라서 하부구조의 이익을 위해서 사용되며 만약 소외가 자본가들의 착취(exploitation)가 인민의 생활로부터 제거된다면 종교는 사라지게 된다고 믿었다.

이처럼 종교는 신의 의지를 믿고 따른다는 심오함을 넘어서 사람들이 사회적인 활동을 하면서 다른 이들과 유대관계를 맺으며, 그러한 관계에서 보다 안정된 삶을 향유하기 위한 것이기도 하다. 통상적으로 사람은 홀로 있을 때에는 자기중심적인 의미의 삶이 가장 가치가 있는 것이라고 상정하는 경향이 강한 편이다. 그러나 유형적 혹은 무형적인 도움을 주고받는 과정에서 느껴지는 심리적인 만족감은 이기주의화 되어버린 개인주의의 회복을 이끌어 내는 동시에 공화주의라는 말이 가지고 있는 철학적 가치에 대해 한번쯤 되새기도록 만드는 효과를 가져다준다. 사람들은 자유주의를

개인주의의 효력을 극대화시키기 위한 기제로 받아들이는 경우가 많은데, 이것은 자유의 가치를 심각하게 왜곡시킨 것에 해당한다. 그렇기 때문에 현대사회에서 유동적으로 움직이고 있는 정보를 삶의 질을 드높이기 위한 수단이 아니라 삶의 목적 그 자체가 되어버린 셈이다. 그리고 자신이 시간과 비용 및 노력을 들여 획득한 정보를 외부적으로 유출하지 않도록 철저히 은폐하려고 들며, 이에 따라 개인의 삶은 원자화 혹은 고립화라는 굴레 속에서 벗어나지 못하게 된다. 오히려 자발적으로 굴레 안의 생활을 선택한 것이라고 보아도 지나치지 않을 정도이다. 그러한 삶을 선택하는 이들이 많아진다는 것은 더불어 살아가는 미덕이 소멸되기 시작함을 의미하고, 소멸된 미덕은 사회의 해체를 가져온다. 이때부터는 공화주의는 물론 자유주의 역시 현실과 부합하지 않는 것이 될 수밖에 없다. 캡슐 속의 인생이 인간이 걸어야 할 전부가 되어 버리는 셈이다. 그러므로 조금이라도 사람들 사이의 유대관계를 형성할 수 있는 여지를 주는 종교활동의 중요성은 매우 크다고 사료된다.

第3節 자아를 보호하기 위한 기본적 권리

Ⅰ. 자유의 기본전제로서의 신체의 자유

자유주의의 진화여부를 둘러싼 가장 원초적인 문제는 사람의 신체와 관련되어 있다. 규문주의에 기초한 재판이 성행했던 시절에는 피의자에게 고문을 가함으로써 범죄의 진실을 알아내는 방법을 채택하였으나, 이와 같은 태도는 계몽주의의 확산과 더불어 역사의 뒤안길로 접어들기에 이르렀다. 그러나 지금도 사람들은 주어진 문제에 대한 정답에 대해서만 골몰한 나머지 그것을 도출해내기 위한 방법에 대해선 경한 수준의 주의를 기울이는 경향이 있다. 달리 말하여 심증(心證)이 물증(物證)보다도 내면의 세계에서 더욱 강력한 지위를 차지하고 있다고 볼 수도 있겠다. 이와 같은 태도가 세월이 흘러도 사람들의 심리 속에 공고히 자리를 잡고 있는 이유는 사회적으로 강한 권력을 가진 자가 범한 범죄를 입증하는 것이 현실적으로 구현되기 힘들 뿐만 아니라, 특정한 범죄를 자행했을 법하다고 유력하게 의심받는 자를 증거불충분으로 풀어줄 경우에 생길 수 있는 또 다른 피해의 속출을 염두에 둘 필요가 있다는 생각이 들기 때문이다. 실제로 우리는 범죄수사와 관련된 일련의 드라마 내지는 영화에서 피의자 혹은 피고인이 권력과 중상모략을 사용함으로써 풀어나고자 하는 모습을 보면서 분개하는 마음을 가진 경험을 가지고 있다. 그러다보면 복잡한 사법절차를 거치지 않고 단숨에 악역을 맡은 배우에게 철권의 힘을 가해야 한다고 생각하는 경우가 다반사이다. 물론 모든 사람들이 다 이와 같은 생각을 하는 것은 아니겠지만, 무릎을 내리치면서 스크린을 바라보는 시청자들이 많다는 것을 보면 이와 같은 세태가 실제로 존재하지 않다고 단언하기도 힘들 것이라고 사료된다. 그럼에도 불구하고 우리는 죄증이 객관적으로 드러날 때까지는 범죄를 자행했다고 주관적으로 추정을 받고 있는 자가 신체의 훼손과 같은 피해를 입지 않도록 해야만 한다는 사실을 학교교육을 통하여 학습하여 왔다.

이와 같은 교육내용은 헌법 제12조에 의하여 규정된 것을 구체적으로 표현한 것이라고 할 수 있다. 제12조 제1항은 “모든 국민은 신체의 자유를 가진다. 누구든지 법률에 의하지 아니하고는 체포 · 구속 · 압수 · 수색 또는 심문을 받지 아니하며, 법률과 적법한 절차에 의하지 아니하고는 처벌 · 보안처분 또는 강제노역을 받지 아니한다”, 제2항은 “모든 국민은 고문을 받지 아니하며, 형사상 자기에 불리한 진술을 강요당하지 아니한다”, 제3항은 “체포 · 구속 · 압수 또는 수색을 할 때에는 적법한 절차에 따라 검사의 신청에 의하여 법관이 발부한 영장을 제시하여야 한다. 다만, 현행범인이인 경우와 장기 3년 이상의 형에 해당하는 죄를 범하고 도피 또는 증거인멸의 염려가 있을 때에는 사후에 영장을 청구할 수 있다”, 제4항은 “누구든지 체포 또는 구속을 당한 때에는 즉시 변호인의 조력을 받을 권리를 가진다. 다만, 형사피고인이 스스로 변호인을 구할 수 없을 때에는 법률이 정하는 바에 의하여 국가가 변호인을 붙인다", 제5항은 "누구든지 체포 또는 구속의 이유와 변호인의 조력을 받을 권리가 있음을 고지받지 아니하고는 체포 또는 구속을 당하지 아니한다. 체포 또는 구속을 당한 자의 가족 등 법률이 정하는 자에게는 그 이유와 일시 · 장소가 지체없이 통지되어야 한다", 제6항은 "누구든지 체포 또는 구속을 당한 때에는 적부의 심사를 법원에 청구할 권리를 가진다", 제7항은 "피고인의 자백이 고문 · 폭행 · 협박 · 구속의 부당한 장기화 또는 기망 기타의 방법에 의하여 자의로 진술된 것이 아니라고 인정될 때 또는 정식재판에 있어서 피고인의 자백이 그에게 불리한 유일한 증거일 때에는 이를 유죄의 증거로 삼거나 이를 이유로 처벌할 수 없다"고 규정한 바 있다.

결과지향적인 성향을 상대적으로 강하게 보유하고 있는 사람들은 상기의 7개의 조항이 가지고 있는 가치에 대해선 인식하고 있지만, 그것으로 말미암아 중요한 범죄인을 풀어주는 상황을 초래할 수 있다고 생각하여 회의적인 반응을 보일 수 있다. 다시 말해 신체의 자유를 지나치게 보장하려는 내용이 엄정한 법질서의 틀을 약하게 만드는 결과를 초래하는 원인이 될 수 있다는 것이다. 자유주의를 수호하기 위한 태도가 역으로 자유를 지켜주기 위한 제도를 약화시키는 부작용을 만들어낸다는 말이 반드시 틀리다고는 말할 수 없겠지만, 우리는 이와 같은 조항이 설시된 법제사적인 배경을 인식하여야 한다. 87년에 민주화가 도래하기 전에 있었던 일련의 강력한 사법 · 경찰제도의 부작용이 바로 그것이다. 이에 대해선 길게 논하지 않고, 제12조가 공화주의적 자유주의와 어떠한 관계에 있는지를 중심으로 하여 글을 이어가고자 한다.

자유의 기본전제는 사람들이 원하는 바를 추구할 수 있는 여건에 놓여 있어야 한다는 사실이다. 물리적인 움직임이 봉쇄된 상태에서 하고자 하는 바를 이행하라고 하는 것은 그 사람을 조롱하는 것과 다르지 않은데, 원시적으로 불능한 상태에서는 그 어떠한 성과를 거둘 수 없으며 자유라는 개념 그 자체가 성립할 수 있는 환경이 형성될 리 만무하기 때문이다. 그러므로 적어도 신체를 자유자재로 움직일 수 있는 상황에 놓여있어야 자신이 생각한 바대로의 행위를 하는 것이 가능하다. 머리 속에서 떠오르는 사고는 실제로 이행되지 않는다면 공상에 지나지 않는다. 신체의 자유라 함은 몸을 현실적으로 움직이는, 즉 신체의 움직임과 장소의 이동과 같은 측면을 포함하여 스스로의 생각을 거리낌 없이 말할 수 있는 기회를 향유할 권리의 소지를 의미한다. 물론 생각한 바를 말할 수 있는 권리는 헌법 제21조의 표현의 자유와 직결되는 사항이긴 하지만 신체의 구속가능성 여부와 직접적으로 관련되어 불가분의 입장에 놓여있을 경우, 다시 말해서 당사자가 특정한 사건에 대해 객관적으로 설명 또는 해명함과 더불어 주관적인 견해를 적극적으로 표명함으로써 신체의 구속이란 부정적 상황으로부터 정당하게 벗어날 수 있는 가능성이 인정되는 상황에선 그와 같은 권리가 제12조에서 말한 권리 속에 내재해 있는 것으로 해석하여도 큰 무리가 없을 것이라고 사료된다. 물리적인 움직임이 봉쇄된다는 것은 인간으로서 향유하여야 할 다른 영역에서의 동시간대의 생활가능성을 부정하는 결과를 초래할 수 있기 때문에 상당히 중요한 헌법적 사항에 해당한다. 그렇기 때문에 누군가의 생활영역을 체포·구속된 장소에 국한시키는 행위는 공평하고 타당한 법질서에 부합하는 선에서 이루어지지 않을 경우엔 위헌적인 공권력 행사로 간주되어 그 효력을 상실할 수밖에 없다. 만약 그 법질서에 문제가 있다면 헌법 제12조를 근거로 한 헌법재판소의 위헌결정을 통하여 국회에 의해 시정된다. 보기에 따라선 지나치게 피의자와 피고인을 피해자에 비하여 두텁게 보호하는 것인 듯한 인상을 주는 것처럼 여겨질 수도 있다. 그러나 현행 형법과 형사소송법 및 부속법령이 존재하는 목적은 범죄를 행한 이에게 사회정의의 수호를 위하여 처벌을 내리고 다시는 그와 같은 일을 행하지 않도록 만들기 위함이므로 피의자와 피고인에게 유리한 상황이라고 보기란 어렵다. 다만, 사람들의 인지능력에는 그 한계가 존재하기 때문에 무고한 자를 처벌하는 경우가 있을 수 있고, 이러한 우를 범하지 않기 위한 자기절제를 할 필요가 있을 따름이다. 수사기관과 소추기관이 수집하고 재판기관이 심사하려는 증거가 일견 객관적이라고 할지라도, 그들이 범죄가 실행되는 전 과정을 모두 목격한 것이 아니기 때문에 오류가 나타날 가능성이 전혀 없다고 볼 수도 없다. 따라서 피의자와 피고인의 진술에 대해 귀를 기울이기 위하여 헌법 제12조에서 제반사정을 규정한 것이다.

상기와 같이 이해할 경우 질서를 수호한다는 공화주의적 원칙이 제대로 발현되기 위하여 피의자와 피고인의 신체의 자유를 보장한다는, 이른바 자유주의적 공화주의에 기초한 견해와 다르지 않다는 비판이 제시될 수도 있다. 그러나 이를 보다 거시적인 관점에서 살펴보면, 자유주의적 공화주의가 아니라 공화주의적 자유주의의 결과물임을 알 수 있다. 우선 피해자의 관점에서 살펴보자. 피해자의 자유는 범죄가 있기 전으로 회귀함으로써 달성될 수 있는 것이지만, 회복적 정의에 따른 법집행이 어려운 경우엔 진범에게 그에 합당한 처벌을 가함으로써 심리적인 응보감을 진정시키고 더 나아가 안전한 삶의 영역으로 복귀시키는 것이 중요하다. 이를 위해선 진범이 누구인지를 가리기 위한 수사·사법기관의 역량이 적절히 행사되어야만 한다. 그리고 피의자와 피고인의 입장에선 자신이 특정한 사건을 일으킨 사람이 아님에도 불구하고 처벌을 받음으로써 자유를 상실하는 반면, 진범에겐 자유를 제한하지 않음으로써 법적·사회적 정의가 무너짐에 따라 사법불신(司法不信)이 생길 가능성이 높아지는 데, 이와 같은 상황을 근절하기 위해선 헌법 제12조에 따른 규정을 준수하여야만 한다. 결과적으로 피해자와 무고한 피의자·피고인의 자유를 보장함과 더불어 진범의 검거를 통해 사법신뢰와 정의구현이라는 목적을 달성하려는 것이므로, 이는 공화주의적 자유주의와 맥을 같이 한다고 할 수 있겠다.

Ⅱ. 법집행을 위한 기본적인 고려대상으로서의 시간적 · 인적 범위

위에서 언급한 신체의 자유를 공화주의적 자유주의의 원칙에 맞추어 향유한다고 할지라도 언제든 제한받을 가능성이 상존한다면, 그러한 권리를 실질적으로 온전하게 향유한다고 보기 어렵다. 객관적으로 예측할 수 있는 범주를 넘어서는 제재가 이루어질 경우, 사람들은 평상시에도 불안감 속에서 벗어날 수 없게 될 것이고, 불안감의 지속은 삶의 만족도를 저하시키며, 저하된 삶의 만족도는 자유의 외형만을 남길 뿐 내실의 붕괴를 가져오기 마련이기 때문이다. 다시 말해서 평온한 상태는 그야말로 잠정적인 것일 뿐 결코 확정적일 수는 없다는 것이다. 이와 같은 문제의 핵심은 법적 안정성의 보장수준을 어느 정도로 설정할 것인지에 대한 것이라고 하겠다. 법적 안정성은 법을 구성하는 세 가지의 요소들 중 하나로서 법질서가 오랫동안 존속할 수 있도록 만들어주는 역할을 수행한다. 어떠한 사건에 대해 특정한 법을 적용함으로써 주어진 현안문제를 해결하는 것이 '정의'와 '합목적성'에 근거한 것이라고 할지라도 그로 말미암아 오랜 시간 동안 이어져 내려온 사람들의 '기대감' 내지는 '신뢰감'을 뒤흔들어 놓는다면, 어느 누구도 현재의 법이 가지는 실효성에 대해 믿음을 갖지는 않을 것이다. 사실 추상적인 관점에선 법적 안정성이란 용어를 이해하기 쉽지만, 그 구성요소를 논할 때는 막연한 편이다. 필자의 관점에서 이를 간단하게 설명하자면, '(ⅰ) 특정한 법이나 법관행의 존재할 것, (ⅱ) 권한을 가진 기관에 의하여 적용될 것, (ⅲ) 적용되는 법이나 법관행의 내용이 사회통념상 정당한 것으로 지속되어 있을 것, (ⅳ) 사람들이 그와 같은 것들이 적용되는 상황(적용요건)에 대해 면밀하지는 않더라도 어렴풋하게나마 숙지하고 있을 것'이라는 네 가지의 요건들이 모두 충족되었을 때에 생기는 기대감과 신뢰감이 법적 안정성으로 이어지는 것이라고 하겠다. 이러한 원리는 비단 헌법에만 국한되는 것이 아니라, 민법의 '신의성실의 원칙'과 '권리남용금지의 원칙'에서, 형법의 '죄형법정주의'에서, 행정법의 '신뢰보호의 원칙'에서도 동일하게 나타난다. 보기에는 까다로운 용어로 서술된 원리인 것처럼 보이지만, 위의 네 가지 요건들을 살펴보면 지극히 상식선에서 이해할 수 있는 범위 안에 있다고 할 것이다.[108)][109)]

헌법 제13조가 대표적인 규정이라고 할 수 있는데, 본조 제1항에서는 "모든 국민은 행위시의 법률에 의하여 범죄를 구성하지 아니하는 행위로 소추되지 아니하며, 동일한 범죄에 대하여 거듭 처벌받지 아니한다", 제2항에선 "모든 국민은 소급입법에 의하여 참정권의 제한을 받거나 재산권을 박탈당하지 아니한다", 제3항에선 "모든 국민은 자기의 행위가 아닌 친족의 행위로 인하여 불이익한 처우를 받지 아니한다"고 하였다. 제1항은 범죄를

---

108) 물론 법적 안정성이 법의 세 가지 요소들 중에서 언제나 으뜸의 지위를 차지하진 않는다. Arthur Kaufmann은 법을 구성하는 요소들 중에서 정의에 대한 측면에 강한 강조점을 두고 있다. 다소 과격한 표현인 것으로 보이는데, 그는 "정의의 형식, 내용 그리고 기능에 따른 구별은 정의의 관점들의 체계적 편성에 대한 필요성에 근거한다. 실제로 정의는 항상 동시에 형식이자, 내용이자 기능이다. 평등 그리고 공공복리의 실현도 정의의 기능이며, 평등원리는 완전히 내용 없이 생각될 수 없고, 공동선도 형식 없이는 규정될 수 없다. 또한 법적 안정성도 그 자체를 위해 존재하는 것이 아닌데, 왜냐하면 분명히 평등원리와 공공복리의 정의를 충족하는 것만이 법이기 때문이다"라고 언급하여 정의를 최우선가치로 상정한 바 있다. Arthur Kaufmann, 『법철학』(김영환 옮김), 나남, 2007, 336면.

109) 법적 안정성의 핵심은 예견가능성이라고 할 수 있는데, 이러한 측면에 역점을 두어 제정된 법이 행정절차법이라고 할 수 있다. 대법원은 행정절차법상의 사전통지 내지 의견제출의 기회부여의 문제와 관련하여 다음과 같이 판시하였다. "행정절차법 제21조 제1항, 제4항, 제22조 제1항 내지 제4항에 의하면, 행정청이 당사자에게 의무를 과하거나 권익을 제한하는 처분을 하는 경우에는 미리 처분하고자 하는 원인이 되는 사실과 처분의 내용 및 법적 근거, 이에 대하여 의견을 제출할 수 있다는 뜻과 의견을 제출하지 아니하는 경우의 처리방법 등의 사항을 당사자 등에게 통지하여야 하고, 다른 법령 등에서 필요적으로 청문을 실시하거나 공청회를 개최하도록 규정하고 있지 아니한 경우에도 당사자 등에게 의견제출의 기회를 주어야 하되, 당해 처분의 성질상 의견청취가 현저히 곤란하거나 명백히 불필요하다고 인정될 만한 상당한 이유가 있는 경우 등에는 처분의 사전통지나 의견청취를 하지 아니할 수 있도록 규정하고 있으므로, 행정청이 침해적 행정처분을 함에 있어서 당사자에게 위와 같은 사전통지를 하거나 의견제출의 기회를 주지 아니하였다면 사전통지를 하지 않거나 의견제출의 기회를 주지 아니하여도 되는 예외적인 경우에 해당하지 아니하는 한 그 처분은 위법하여 취소를 면할 수 없다고 할 것이다(대법원 2000. 11. 14. 선고 99두5870 판결 참조)"라고 하였다.

범했을 당시에 그 상황을 규율할 수 있는 형법규정이 적용되어야 함을 밝힌 것으로 행위시법주의(行爲時法主義)의 대한 내용을 담고 있다. 만약 甲이라는 사람이 특정한 범죄를 자행하였는데, 이를 규제할 수 있는 규정이 있음에도 불구하고 후에 강력한 제재를 가할 수 있도록 개정된 법률을 적용해서는 안 된다고 할 것이다. 이는 3개의 항들로 구성된 형법 제1조에선 보다 자세하게 본 내용을 담고 있다. 제1항에선 "범죄의 성립과 처벌은 행위시의 법률에 의한다", 제2항에선 "범죄 후 법률의 변경에 의하여 그 행위가 범죄를 구성하지 아니하거나 형이 구법보다 경한 때에는 신법에 의한다", 제3항에선 "재판확정 후 법률의 변경에 의하여 그 행위가 범죄를 구성하지 아니하는 때에는 형의 집행을 면제한다"고 규정하였다. 우리가 눈여겨보아야 할 부분은 제2항과 제3항이다. 이들은 행위시법주의의 예외를 언급하고 있다. 다시 말해서 갑(甲)이 A라는 법률에 의하여 처벌을 받을 상황이었으나, 그 후에 법률의 개정으로 말미암아 (ⅰ) 갑이 행한 범죄를 범죄로 취급하지 않는다면(非犯罪化) 처벌받지 않게 되고, (ⅱ) 처벌의 정도가 낮아진 경우엔, 개정된 법률을 적용하여 제재의 수준을 받을 뿐이라는 것이다. 설령 재판이 확정된 뒤에 법률이 변경되었다고 할지라도 甲은 제3항에 의하여 처벌을 면할 수 있다. 이상의 내용들은 헌법 제13조 제1항을 근원으로 하여 정당성을 얻어 현재 시행되고 있는 규정들이다.

헌법 제13조 제2항은 소급입법금지의 원칙을 천명한 규정이다. 소급입법금지의 원칙은 특정한 사건을 규율하기 위한 방법으로 추후에 제정된 법률을 역(逆)으로 적용하는 것을 금지한다는 준칙이라고 할 수 있는데, 그 목적은 법적 안정성을 두텁게 보장하기 위한 것이다. 소급입법은 크게 두 가지로 구분할 수 있는데, 하나는 진정소급입법(眞正遡及立法)이고 다른 하나는 부진정소급입법(不眞正遡及立法)이다. 전자는 이미 완료된 사건에 대하여 추후에 이를 규제하기 위한 법률을 제정하는 것인 반면, 후자는 아직 완료되지 않은 사건을 대상으로 한다. 그렇기 때문에 후자는 일정한 유예기간을 두고 규제하겠다는 의미를 담은 경과규정(經過規定)을 담을 경우엔 헌법에 위반되지 않는다. 이 유예기간은 법률의 적용대상자들이 대비하기에 충분한 시간이어야 함은 당연하다. 그러나 진정소급입법은 법적 안정성을 해하는 것으로 사람들이 자신은 법의 제재로부터 안전하다는 신뢰감과 기대감을 부당하게 훼손하는 것이기에 헌법에 위반된다. 다만, 헌법재판소는 달성하고자 하는 공익이 절실한 것이고, 공익목적을 실현하는 행위로 인하여 사람들이 입는 피해가 사회통념상 용인할 수 있을 정도의 수준인 경우엔 예외적으로 진정소급입법이 합헌적인 것이라고 판시한 바 있다.[110] 헌법 제13조에서는 소급입법에 의하여 참정권과 재산권을 제한함으로써 국민들이 응당 향유하여야 할 자유를 제한해서는 안 된다는 것을 명시적으로 밝히고 있다. 그러나 여기서 우리가 생각해야 할 사항은 소급입법의 금지대상이 단지 참정권과 재산권에만 국한되는 것인가 하는 점이다. 만약 이를 열거규정(列擧規定)으로 여긴다면, 이 두 권리를 제외한 나머지 권리들에 대해선 소급입법을 통하여 자유를 제한하는 조치를 내릴 수 있다는 결론이

---

110) 헌법재판소는 2013년 8월 29일 2011헌바391, 2012헌바49(병합) 사건에서 "제13조 제2항은 '모든 국민은 소급입법에 의하여 재산권을 박탈당하지 아니한다'고 규정하여 소급입법에 의한 재산권의 박탈을 금지하고 있다. 기존의 법에 따라 형성되어 이미 굳어진 개인의 법적 지위를 사후입법을 통하여 박탈하는 것 등을 내용으로 하는 소급입법은 개인의 신뢰보호와 법적 안정성을 내용으로 하는 법치국가 원리에 의하여 특단의 사정이 없는 한 헌법적으로 허용되지 아니하는 것이 원칙이다. 다만 일반적으로 국민이 소급입법을 예상할 수 있었거나 법적 상태가 불확실하고 혼란스러워 보호할만한 신뢰이익이 적은 경우와 소급입법에 따른 당사자의 손실이 없거나 아주 경미한 경우 그리고 신뢰보호의 요청에 우선하는 심히 중대한 공익상의 사유가 소급입법을 정당화하는 경우 등에는 예외적으로 허용된다(헌재 1999. 7. 22. 97헌바76, 판례집 11-2, 175, 175~176). (중략) 일반적으로 소급입법이 금지되는 주된 이유는 문제된 사안이 발생하기 전에 그 사안을 일반적으로 규율할 수 있는 입법을 통하여 행위시법으로 충분히 처리할 수 있었음에도 불구하고, 권력자에 의해 사후에 제정된 법을 통해 과거의 일들이 자의적으로 규율됨으로써 법적 신뢰가 깨뜨려지고 국민의 권리가 침해되는 것을 방지하기 위함이다(헌재 2011. 3. 31. 2008헌바141, 판례집 23-1상, 276, 307). 따라서 소급입법이 예외적으로 허용되기 위해서는 '그럼에도 불구하고 소급입법을 허용할 수밖에 없는 공익상의 이유'가 인정되어야 한다. 이러한 필요성도 없이 단지 소급입법을 예상할 수 있었다는 사유만으로 소급입법을 허용하는 것은 헌법 제13조 제2항의 소급입법금지원칙을 형해화시킬 수 있으므로 예외사유에 해당하는지 여부는 매우 엄격하게 판단하여야 한다"고 판시하였다.

도출된다. 그러나 헌법 제2장에 설시된 기본권들이 참정권과 재산권이라는 형태로 존재하진 않을 뿐만 아니라, 모두들 보호되어야 할 대상임을 감안한다면 열거규정이 아니라 예시규정(例示規定)이라고 해석함이 타당하다고 사료된다.

제13조 제3항은 연좌제(連坐制)를 규정한 것으로 친족의 행위로 말미암아 자신의 생활영역이 부당하게 제한되지 않도록 하는 것을 목적으로 하고 있다. 과거에는 소위 말하여 남파간첩 등의 친족들은 인간다운 생활을 영위할 수 없는 상황이었는데, 한국전쟁이라는 비운의 역사적 경험을 겪은 세대들로서는 국가안보와 직결된 문제에 대하여 민감하기 마련이므로 그들이 안정적으로 생활을 영위하여야 한다는 사고에 대해서 회의적일 수밖에 없었다. 특히 가족구성원들 사이에서 은연중에 이루어지는 가치관 등이 공유됨에 따라 잠재적으로 반(反)정부적인 성향을 보유할 여지가 있고 더 나아가 현실적으로 국방과 치안에 위해를 가할 수 있는 가능성이 인정되었기 때문에 연좌제를 통하여 그들이 사회적 삶을 영위할 수 있는 활로를 차단하였던 것이다. 남북의 관계는 휴전(休戰)의 상태일 뿐 종전(終戰)에 해당하는 상태에 놓여있는 것이 아니라는 점을 감안한다면, 국가안전보장이라는 목적은 아직까지도 달성된 것이라고 보기엔 어렵다. 그러나 그렇다고 하여 한국에 자리를 잡고 살아왔으며 더 나아가 사회전복(社會顚覆)과 같은 거대한 위기를 초래하지 않을 것이라 신뢰할 수 있는 사람들에게까지 피해를 주는 것 또한 헌법 제10조가 추구하는 가치를 훼손하는 결과를 가져온다. 물론 신뢰의 정도를 파악할 수 있는 척도에 대해선 일의적으로 설명하기 어려운데, 이는 통상인들의 사회통념과 전문가의 식견 사이의 공통분모에 해당하는 것이어야 하며, 자세한 세부사항은 후속적 연구가 뒷받침될 때에 한하여 드러날 것이라고 사료된다. 그리고 한 가지 덧붙일 점은 제3항이 반드시 남파간첩의 친족들만을 대상으로 한 것이 아니라는 사실이다. 법률에서 규정한 바에 위배된 행위를 한 사람들의 친족까지 널리 포함한 개념이라고 할 수 있는데, 이는 해당문제와 결부되어 직·간접적으로 결부되어

있지 않은 친족들이 인간으로서의 존엄과 가치를 향유하며 살아갈 수 있도록 해야 한다는 일종의 자기책임의 원칙에 기반을 두고 있다.

Ⅲ. 국가에 의한 불법행위와 개인의 권리구제 및 법치행정의 원리

헌법 제12조와 제13조의 경우 국가가 개인이 향유하는 신체의 자유에 영향을 가하는 것이기 때문에 상당한 주의가 필요하다. 비단 법을 준수하려고 최선을 다한다고 할지라도, 오류는 발생할 수 있다. 뿐만 아니라 형사법절차에 따라 피의자 내지 피고인에게 제재를 가하는 것 이외에 일상적인 행정업무를 수행하는 과정에서 국민에게 불측의 피해를 주는 경우도 예상해볼 수 있다.따라서 사회질서를 수호해야 하는 국가가 스스로를 적절한 수준에서 관리 · 통제할 수 있는 역량을 갖추어야 한다. 법령에 위반된 행위를 한 자에 대하여 제재를 가할 수 있는 역량을 가진 주체가 실상은 암묵적으로 부정부패를 자행해오고 있었다는 사실이 외부적으로 밝혀진다면, 그동안 공권력에 의해 권리를 제한받아 왔던 이들에겐 배신감을 심어줄 것이고 제한을 받을 입장에 놓인 이들에겐 높은 수준의 사회적 차원의 불만감을 불러일으킬 것이며, 궁극적으론 저항의식을 고취시키는 동인이 될 수 있기 때문이다. 따라서 관리 · 통제를 시행하는 주체는 이를 받아들일 객체보다 엄격한 규율 안에서 본인들이 보유한 권력을 외부적으로 행사하여야 할 헌법적 작위의무를 부담한다고 보아야 한다. 이러한 논리의 일환으로 제정된 것이 바로 헌법 제29조의 국가배상청구권이다. 본조는 두 개의 항으로 구성되어 있는데, 제1항에선 "공무원의 직무상 불법행위로 손해를 받은 국민은 법률이 정하는 바에 의하여 국가 또는 공공단체에 정당한 배상을 청구할 수 있다. 이 경우 공무원 자신의 책임은 면제되지 아니한다", 제2항 "군인 · 군무원 · 경찰공무원 기타 법률이 정하는 자가 전투 · 훈련등 직무집행과 관련하여 받은 손해에 대하여는 법률이 정하는 보상 외에 국가 또는 공공단체에 공무원의 직무상 불법행위로 인한 배상은 청구할 수 없다"라고 규정한 바 있다. 그리고 이상의 내용은 국가배상법과 관련한 헌법재판소의 결정문에 구체화되어 적용되고 있다.[111]

국가가 공무원의 불법행위에 대하여 책임을 지는 이유가 무엇인지에 대해 생각해볼 필요가 있다. 법에 저촉되는 행위를 한 것은 공무원임에도 불

---

111) 헌법재판소는 2011년 9월 29일 2010헌바116 사건에서 "국가배상청구권이라 함은 공무원의 직무상 불법행위로 말미암아 재산 또는 재산 이외의 손해를 받은 국민이 국가 또는 공공단체에 대하여 그 손해를 배상하여 주도록 청구할 수 있는 권리를 말한다. (중략) 위와 같은 우리 헌법상의 국가배상청구권에 관한 규정은 단순한 재산권의 보장만을 의미하는 것은 아니고 국가배상청구권을 청구권적 기본권으로 보장하고 있는 것이다(헌재 1997. 2. 20. 96헌바24, 판례집 9-1, 168, 173). (중략) 국가배상법은 국가 또는 지방자치단체의 손해배상의 책임과 배상절차에 관하여 규정하고 있는데, 그 규정내용의 대부분은 국가 또는 지방자치단체의 손해배상 책임의 근거 및 배상기준, 배상심의전치주의, 배상절차 등에 관한 것이며, 그 밖의 사항에 관하여는 이 사건 법률조항에서 '국가나 지방자치단체의 손해배상 책임에 관하여는 이 법에 규정된 사항 외에는 민법을 따른다. 다만, 민법 외의 법률에 다른 규정이 있을 때에는 그 규정에 따른다'라고 규정함으로써 민법이나 기타 특별법의 규정을 준용하는 형식을 취하고 있다. 국가배상청구권의 소멸시효에 관하여도 국가배상법에 별도의 규정이 없으므로, 이에 관하여는 민법 또는 그 외의 법률이 적용되고, 일정한 시효기간이 경과하면 그 권리는 소멸하여 더이상 행사할 수 없게 된다. (중략) 그 위헌성은 헌법 제37조 제2항에 규정된 기본권제한 입법의 한계를 지키고 있는 것인지 여부에 의하여 결정되어야 한다(헌재 2008. 11. 27. 2004헌바54, 판례집 20-3하, 186, 211 참조)"라고 판시하여 국가배상청구권의 기본성격에 대해 적절히 설명하였고, 더불어 1994년 12월 29일에 선고한 93헌바21 결정문을 통해 본 청구권의 적용지침에 대해 "국가배상법(國家賠償法) 제2조 제1항 단서 중 군인(軍人)에 관련된 부분을, 일반국민이 직무집행 중인 군인(軍人)과의 공동불법행위(共同不法行爲)로 직무집행 중인 다른 군인(軍人)에게 공상을 입혀 그 피해자에게 공동의 불법행위(不法行爲)로 인한 손해를 배상한 다음 공동불법행위자(共同不法行爲者)인 군인(軍人)의 부담부분에 관하여 국가(國家)에 대하여 구상권(求償權)의 행사를 배제하지 아니하는데도 이를 배제한 것으로 차별하는 경우에 해당하므로 헌법(憲法) 제11조, 제29조에 위반되며, 또한 국가(國家)에 대한 구상권(求償權)은 헌법(憲法) 제23조 제1항에 의하여 보장되는 재산권(財産權)이고 위와 같은 해석은 그러한 재산권(財産權)의 제한에 해당하며 재산권(財産權)의 제한은 헌법(憲法) 제37조 제2항에 의한 기본권제한(基本權制限)의 한계 내에서만 가능한데, 위와 같은 해석은 헌법(憲法) 제37조 제2항에 의하여 기본권(基本權)을 과잉제한하는 경우에 해당하며 헌법(憲法) 제23조 제1항 및 제37조 제2항에도 위반된다"라고 하여 입장을 분명히 밝힌 바 있다.

구하고, 상급기관에 해당하는 국가가 그 모든 책임을 부담하는 것은 자기책임의 원칙에 근거할 때 타당하지 않다는 반론이 제시될 수도 있기 때문이다. 이상의 비판에 대한 반론으로서, 다음과 같은 학설들이 제시되고 있다. 장영수 교수는 『기본권론』(홍문사, 2003) 652~653면에서 국가배상청구권의 역사적 뿌리에 대해서 "'왕은 불법을 행할 수 없다' 또는 '국가는 불법을 행할 수 없다'는 주장으로 표현되었으며, 결국 이러한 시기에는 국가에 대한 손해배상청구권은 전혀 인정될 수 없었다. 다만 공무원의 개인적 불법행위에 대한 손해배상책임만이 문제될 수 있을 뿐이었다. 그러나 국민의 권리의식이 발달되고, 나아가 기본권의 실효적 보장을 위한 각종 제도적 장치가 문제되었을 때, 상황은 변화되기 시작하였다. 비록 자기책임설, 대위책임설 등으로 그 책임의 성질에 대한 논란이 있을지언정 —국민의 권리를 효과적으로 구제하기 위하여— 공무원의 직무상의 불법행위로 인하여 발생한 국민의 손해를 국가가 배상하도록 하여야 한다는 사실이 점차 인식되고 관철되었던 것이다"라고 설명함과 더불어 국가배상청구권의 법적 성격(653~656면)과 국가배상책임의 성질(659~661면)에 대해 다음과 같이 논의한 바 있다.

〈표 10〉 국가배상청구권의 법적 성격과 국가배상책임의 성질

학설			학설의 내용
국가배상청구권의 법적 성격	유형 (1)	직접효력 규정설	직접효력규정설은 헌법 제29조에 의하여 공무원의 불법행위로 인한 기본권침해가 있을 경우에 국민이 국가배상을 청구할 수 있는 권리가 직접 발생된다고 보는 것이다.
		방침 규정설	방침규정설은 헌법 제29조에서 직접 그러한 권리가 도출되기는 어렵고 법률에 의한 구체화를 통하여 비로소 그러한 권리가 탄생된다고 보는 것이다.
	유형 (2)	재산권설	재산권설은 국가배상청구권이 헌법 제23조 제1항에 규정되어 있는 재산권의 한 내용으로 이해하는 것으로 대법원의 과거 판례에서 주장된 소수견해였다.

<table>
<tr><td rowspan="3"></td><td></td><td>청구권설</td><td>청구권설은 국가배상청구권이 기본권의 구제를 위한 청구권적 성격을 갖는 것으로 재산권과는 별도로 인정되고 있음을 강조한다.</td></tr>
<tr><td rowspan="2">유형
(3)</td><td>공권설</td><td>공권설은 국가배상청구권이 헌법규정에 의해 직접 효력을 갖는 권리일 뿐만 아니라, 성질상 일반적인 사권(私權)과는 달리 일정한 경우에는 양도나 압류될 수 없다는 점(국가배상법 제4조), 국가배상법이 단체주의적 공평부담의 원칙을 선언하고 있으며, 행정주체의 의무(배상의무)를 규정한 공법이라는 점을 그 논거로 들고 있다(여기서 장영수 교수는 권영성 교수의 『헌법학원론』(법문사, 2002)의 567면을 인용하였다).</td></tr>
<tr><td>사권설</td><td>사권설은 국가배상청구권은 재산상 손실보상청구권과 마찬가지로 국가가 사적인 사용자의 지위에서 책임을 지는 것이기 때문에 이를 사권이라 보는 것이 타당하며, 만일 공권이라고 볼 경우에는 국가배상청구권에 대한 많은 제약이 가능할 것이기 때문에 권리보장상 부적합하다고 한다(여기서 장영수 교수는 김철수 교수의 『헌법학개론』(박영사, 2002)의 853면을 인용하였다).</td></tr>
<tr><td colspan="2" rowspan="2">국가배상책임의
성질</td><td>대위
책임설</td><td>대위책임설은 국가의 배상책임을 국가 자신의 불법행위에 대한 책임으로 보지 않고 피해자의 보호를 위해 공무원의 책임을 대신 지는 것으로 보는 것이다. 이러한 견해에 따르게 되면 국가가 그 책임을 인수하는 것이 되므로 공무원은 국민에 대한 책임을 면하는 대신에 국가에 대하여 책임을 지게 되고, 국가는 공무원에 대하여 구상권을 행사할 수 있다.</td></tr>
<tr><td>자기
책임설</td><td>자기책임설은 공무원의 행위를 국가 자신의 행위로 보고, 국가의 배상책임을 국가 자신의 불법행위에 대한 책임으로 이해하는 것이다. 이렇게 볼 경우에는 내부적 관계에서 구상권이 인정될 것인지 여부는 별론으로 하고, 국민에 대해서는 원칙적으로 국가만이 책임을 진다고 할 수 있다.</td></tr>
</table>

위와 같이 국가배상청구권의 성질에 대한 논의는 다양한 각도에서 이루어지고 있다. 각 학설마다 나름의 타당한 이유를 가지고 있는데, 이와 같이 다채로운 견해가 제시되고 있다는 것은 그만큼 국민이 국가에 의한 부당한

침해로부터의 소극적 차원의 보호를 넘어 적극적인 차원의 보호를 하는 것이 중요하다는 인식이 널리 확산되고 있다는 사실에 기인한 것으로 보인다. 강력한 규율을 지나칠 정도로 고수하게 된다면 행정의 효율성이 급격히 낮아질 수밖에 없는 반면 규율수준이 평균 이하로 설정될 경우엔 재량행위의 오·남용이 발생할 가능성이 높기 때문에 통제의 수준을 적절하게 조정하는 것은 해당기관의 운영성적, 즉 법치행정(法治行政)에 기초한 운영수준을 보여주는 중요한 지표가 된다. 다수의 공무원들이 법령이라는 범주 하에서 일사분란하게 활동하기 위해선 기관의 수장(首長)이 그들의 공무수행의 적법성 여부를 면밀히 감시함과 더불어 불법성에 대해 강도 높은 통제를 할 수 있을 정도로 막강한 지배력을 보유하여야 하는데, 이는 현실적으로 리더에게 과중한 부담을 지우는 일이기 때문에 어느 기관이든 주어진 준칙을 이상적인 수준에 가까울 정도로 준수하기란 실로 어려울 수밖에 없다.[112] 설령 이와 같은 지배력을 보유한다고 할지라도 해당기관의 수장이

112) 이처럼 한 사람이 모든 것을 제대로 관장할 수 없는 상황에선, 적절히 구성된 팀을 동원하여 가장 객관적인 결정을 내리는 것이 중요하다. 필자는 이 시점에서 피터 드러커(Peter F. Drucker)의 견해를 소개하고자 한다. 드러커는 자신의 저서인 『매니지먼트』(남상진 옮김, 청림출판, 2012)에서 톱매니지먼트의 중요성과 운영방법에 대해서 언급한 바 있다. 필자는 그의 저서 278~281면에 주목하였다. 그는 "톱매니지먼트란 한 사람이 아닌 팀의 일이다. 톱매니지먼트의 과제가 요구하는 다양한 성격을 한 사람이 모두 갖추는 것은 불가능하다. 더구나 일의 양 역시 한 사람으로는 감당할 수 없는 수준이다. 그래서인지 건전한 기업에서는 톱매니지먼트의 과제가 대개 팀에 의해 수행된다"고 언급하면서, "조직도 상으로는 최고경영자가 한 명인 경우라도 건전한 조직이라면 톱매니지먼트 책임을 담당하는 사람이 분명 더 있을 것이다. (중략) 톱매니지먼트가 팀으로 기능하기 위해서는 다음의 엄격한 조건들이 만족되어야 한다"고 설명하면서 "(ⅰ) 톱매니지먼트 구성원들이 자신의 분야에 대한 최종 결정권을 가지고 있어야 한다. (ⅱ) 톱매니지먼트 구성원은 자신의 담당 부분 이외의 분야에 대해 의사결정을 내려서는 안 된다. (ⅲ) 톱매니지먼트 구성원은 사이좋게 지내거나 상대를 존경할 필요는 없지만 서로 공격해서는 안 된다. 회의실 밖에서 서로에 관해서 이러쿵저러쿵 하는 것은 금물이다. 비난이나 비판뿐 아니라 칭찬도 좋지 않다. (ⅳ) 톱매니지먼트 팀에도 수장이 있다. 그는 상사가 아니라 리더다. 수장은 꼭 필요한 존재다. 위기에 빠졌을 때 다른 구성원의 책임을 한 손에 거머쥘 의욕, 능력, 권한을 갖고 있어야 한다. 전체에 위기가 닥치면 일관된 명령 계통이 작동해야 한다. (ⅴ) 톱매니지먼트 구성원은 자신이 담당하는 분야에 있어서만큼은 반드시 의사결정을 해야 한다. 그러나 어떤 종류의 의사결정

이를 오·남용한다면 법치행정은 인치행정(人治行政)이라는 모습으로 전락하게 될 가능성이 매우 높다는 점을 감안한다면, 헌법질서에 부합하는 범주 안에서 공무를 수행하는 것이 쉽지 않음을 알 수 있다.

법치행정은 헌법이 추구하는 목표를 달성하기 위하여 제정된 법률에 저촉되지 않는 범위 안에서 행정이 이루어져야 한다는 것을 의미한다. 물론 경우에 따라선 법률에도 공백이라는 것이 존재하기도 한다. 다시 말해서 특정한 사회문제를 해결하기 위하여 해당기관이 개입하여야 하는데, 관여의 수준이나 방법 등에 대한 규정이 마련되어 있지 않을 수도 있다는 의미이다. 이와 같은 경우를 '입법의 불비(不備)' 내지는 '입법의 미비(未備)'라고 부른다. 그러한 상황에 직면한 국가기관은 문제를 해결하기 위하여 공권력을 행사하는 과정에서 당사자가 가지고 있는 기본권의 본질적인 내용을 의도적 혹은 비의도적으로 침해할 수도 있다. 뿐만 아니라 입법의 흠결로 인하여 이미 행사된 공권력이 법률에 저촉되는지의 여부를 판별할 수 있는 방법이 형식적으로는 존재하지 않으므로 당사자는 권리를 구제받을 길이 없다. 그렇기 때문에 단순히 법률에 저촉되는 공권력 행사는 금지된다는 의미의 법률유보(法律留保)가 법치행정의 핵심적인 개념이긴 하지만, 단지 그것만으로는 본 원리가 헌법질서에 부합하는 수준으로 운용될 수는 없는 것이다. 따라서 법치행정을 설명하기 위해선 법치주의로부터 파생된 원칙들을 고려한 입체적인 사고를 해야만 한다.

우선 행정기관이 법률에서 정하지 않은 권리의무사항을 창설하는 것은

은 보류해야 한다. 어떤 문제는 팀 전체가 판단할 필요가 있기 때문에 그런 문제에 대한 의사결정은 팀 차원에서 검토해야 한다. 이러한 결정이 필요한 주제로는 '우리들의 사업은 무엇인가, 무엇이어야 하는가'라는 질문, 기존 제품 라인의 폐쇄, 새로운 제품라인으로의 진출, 거액의 자본 지출을 동반한 결정, 주요 인사 등이 있다. (vi) 톱매니지먼트 업무는 체계적이고 철저한 의사소통이 필수적이다. 각 구성원은 자신이 담당하는 분야에서 최대한의 자립성을 가지고 의사소통해야 한다"와 같이 여섯 가지의 주의사항을 제시하였다. 물론 드러커의 견해는 경영에 역점을 둔 것이지만, 이와 같은 체제는 한 명의 고위직 공무원이 객관적으로 공무를 수행하는 데에 있어 기여하는 바가 클 것이라고 생각된다.

허용되지 않는다. 누군가의 권리를 제한하는 경우에 명시적인 규정이 있어야 함은 재론의 여지가 없지만, 반대로 혜택을 부여하기 위한 상황에도 그와 같은 규정이 존재해야 하는지에 대해선 재고해 볼 필요가 있다. 수혜를 받기 위해선 사회적으로 보상을 받을만한 정당한 이유, 다시 말해서 '공익을 수호하는 데에 있어 일정한 기여를 하였다'는 등의 명분이 전제되어야만 한다는 것이다. 자신에게 희생으로 인한 부정적인 효과가 미칠 것임을 인식하였음에도 더 높은 수준의 사회정의를 실현하기 위하여 봉사를 하는 모습은 공익을 수호 내지는 증진이라는 차원에서 기여하는 바가 있을 뿐만 아니라 많은 이들에게 귀감으로 여겨질 것이기 때문에 법률의 규정이 없다고 할지라도 그에 상응하는 혜택을 부여할 필요가 있다. 행정기관은 이와 같은 차원에선 혜택부여규정이 설시되어 있지 않더라도 재량에 기초하여 그를 사회통념상 적절한 수준에서 우대해줄 수 있다. 반면, 대승적인 성격을 띤 위의 경우와는 달리 단순히 특정한 사회문제를 해결하기 위한 수단적인 방법으로서 누군가에게 혜택을 부여하는 것은 경우에 따라 타인에게 불측의 피해를 줄 수도 있다. 그리고 피해의 정도가 묵과하기 힘든 수준에 이를 개연성이 있다고 객관적으로 인정할 만하다면 혜택을 주는 것 또한 권리제한사유의 경우와 마찬가지로 법률에 본 사항과 관계된 내용이 규정되어 있어야만 한다고 봄이 타당하다. 이는 평등의 원칙에 의하여 파생될 수 있는 논리에 해당한다.

그 외에 우리가 염두에 두어야 하는 사항은 '신뢰보호(信賴保護)의 원칙', '부당결부금지(不當結付禁止)의 원칙', '행정의 자기구속(自己拘束)원칙', '과잉금지(過剩禁止)의 원칙'이다. 우선, 신뢰보호의 원칙은 행정기관이 일정한 기간 동안 특정한 상황에 대하여 일관된 내용의 처분(A)을 내려왔음에도 불구하고 정당한 사유를 제시하지 않고 상이한 처분(B)을 내림으로써 (A)에 부합하도록 행동을 해왔던 사람의 신뢰를 져버림과 동시에 불측의 피해를 주어선 안 된다는 준칙을 의미한다. 환언하자면, 본 원칙은 법을 구성하는 세 가지의 요소들 중 '법적 안정성'의 제고에 초점을 맞춘 법치행정의 목적이 달성되도록 하는 데에 그 목적을 두고 있다고 할 것이다. 둘째, 부당결부금지의 원칙은 행정기관이 특정인에게 어떠한 처분을 내림에 있어 처분의 목적과 성질에 상응하지 않은 별도의 법적 의무를 부담하게 해서는 안 된다는 것을 의미하는 준칙이다. 본 원칙은 행정목적의 무조건적 달성, 즉 합목적성이란 덕목을 과도하게 강조함으로써 법의 구성요소들 중 하나인 정의가 훼손되지 않도록 함과 동시에 국민들이 기본권을 행사할 역량을 부당하게 제한하지 않도록 하는 데에 그 목적을 두고 있다. 셋째, 행정의 자기구속 원칙은 행정기관이 특정인에게 A라는 처분을 내렸음에도 불구하고 동일한 입장에 놓인 B라는 인물에겐 정당한 사유를 제시하지 않고 다른 처분을 내려선 안 된다는 것을 의미하는 준칙이다. 이는 '같은 것은 같게, 다른 것은 다르게' 대우해야 한다는 평등원칙의 기본전제를 고려하지 않음으로써 법치주의의 기본원리에 위반하는 것을 근절하기 위한 목적으로 제시된 것이다. 마지막으로 과잉금지의 원칙은 행정기관이 달성하고자 하는 목적과 이를 위하여 채택한 수단 사이에 합리적인 관계가 형성되어 있어야만 한다는 것을 의미하는 준칙이다. '(i) 목적의 정당성, (ii) 수단의 적합성, (iii) 피해의 최소성, (iv) 법익의 균형성'이라는 네 개의 심사기준으로 구성된 본 원칙은 행정기관이 공권력을 오·남용하여 처분을 받는 이에게 묵과할 수 없는 수준의 피해를 주지 않도록 하기 위한 목적으로 제시된 것으로 헌법 제37조 제2항과 법치주의의 원칙을 근거로 삼고 있다.

위에서 언급한 원칙들 이외에도 '과소보호금지의 원칙', '명확성의 원칙', '포괄위임입법금지의 원칙' 등과 같이 다양한 준칙들이 존재한다. 그리고 기라성 같은 학자들에 의하여 유력하게 제시되고 있는 학설들까지 거론한다면 법치행정의 바람직한 모습을 설명하기 위한 이론은 그야말로 무궁무진하다고 할 것이다. 안타깝게도 여기선 이 모든 것들에 대해 언급할 수는 없지만, 적어도 법치행정의 기본원리는 법을 구성하는 세 가지 요소들(정의, 합목적성, 법적 안정성) 사이의 균형성을 형성하는 데에 역점을 두고 있음을 알 수 있다. 물론 생각하기에 따라선 법이 단순히 정의, 합목적성, 법적 안정성이라는 요소로만 구성된다고 보는 것은 현대 법사회의 급격한 변화를 설명하는 데에 부족한 감이 있다고 여길 수도 있을 것이다. 타당한 생각이라고 사료된다. 법은 오랜 시간에 걸쳐 진화일로 위에 놓여있었으며, 단순히 법적 타당성 이외에 사회적 타당성이라는 측면을 고려해 새로운 원칙들을 고안하여 왔고 앞으로도 계속 그러하여야 한다. 그러나 법을 구성하는 새로운 요소들이 형성된다고 할지라도 정의와 합목적성 및 법적 안정성이 여전히 핵심적인 지위를 차지하고 사실은 변하지 않을 것이고 이들을 중심으로 하여 신(新) 요소들의 위상관계가 재정립될 것이라고 사료된다.

상기와 같은 논의를 통하여 우리가 얻을 수 있는 결론은 행정기관이 위에서 언급한 기본원칙들을 수용함으로써 헌법질서에 부합하는 행정을 이끌어간다면 적어도 국민들에게 부당한 피해를 입힐 가능성이 현저하게 줄어들 것이고, 설령 피해를 준다고 할지라도 이를 신속하게 시정할 수 있는 능력을 보유하고 있기 때문에 법사회의 불법사회화라는 부정적인 현실이 도래하지 않도록 할 것이라는 점이다. 물론 단순한 이론과 이상만으로 이러한 목적이 달성된다고 볼 수는 없다. 복잡다변의 궤도에 놓여있는 사회가 일탈일로에 접어들지 않도록 하기 위해선 튼튼한 가드레일(guard rail)의 역할을 할 수 있는 세부준칙들이 지속적으로 고안되어야만 한다. 그리고 이들의 목적은 사람들의 권리남용을 근절하는 데에만 역점을 둘 것이 아니라, 올바른 권리의식을 가질 수 있도록 유도하는 데에도 초점을 맞추어야만 한다. 헌법 제29조의 국가배상청구권 규정의 문언 이면에는 바로 이와 같은 정신이 담겨있는 것이다.

Ⅳ. 권리분쟁의 해결을 위한 소송제도

통상적으로 국가와 개인 사이의 권리분쟁을 해소하는 수단은 행정심판, 행정소송, 헌법소송이다.[113] 소송제도는 청구인과 피청구인이 서로에게 유리한 증거와 논리를 제시하고 이를 바라본 제3자가 심판을 내리는 시스템으로서 비교적 객관성을 띤 분쟁해결방법으로 손꼽힌다. 특히 도출된 결론에 강제력이 담겨있기 때문에 이에 대해 반론을 제시하는 것은 극히 예외적인 경우를 제외하곤 불가능하다. 특히 기본권의 침해문제로 인하여 빈도 높게 거론되는 소송의 유형은 헌법소송이라고 할 수 있는데, 『헌법재판소 실무제요』(헌법재판소, 2008)의 81~86면을 보면 결정의 효력에 대해

---

113) 행정심판, 행정소송, 헌법소송에 대한 유형을 간략히 정리하면 아래의 도표와 같다.

〈행정심판과 행정소송 및 헌법소송의 유형〉

유형	법적 근거	소송의 유형
행정심판	행정심판법 제5조	1. 취소심판 : 행정청의 위법 또는 부당한 처분을 취소하거나 변경하는 행정심판 2. 무효등확인심판 : 행정청의 처분의 효력 유무 또는 존재 여부를 확인하는 행정심판 3. 의무이행심판 : 당사자의 신청에 대한 행정청의 위법 또는 부당한 거부처분이나 부작위에 대하여 일정한 처분을 하도록 하는 행정심판
행정소송	행정소송법 제3조	1. 항고소송 : 행정청의 **처분 등이나** 부작위에 대하여 제기하는 소송 2. 당사자소송 : 행정청의 처분 등을 원인으로 하는 법률관계에 관한 소송 그 밖에 공법상의 법률관계에 관한 소송으로서 그 법률관계의 한쪽 당사자를 피고로 하는 소송 3. 민중소송 : 국가 또는 공공단체의 기관이 법률에 위반되는 행위를 한 때에 직접 자기의 법률상 이익과 관계없이 그 시정을 구하기 위하여 제기하는 소송 4. 기관소송 : 국가 또는 공공단체의 기관 상호 간에 있어서의 권한의 존부 또는 그 행사에 관한 다툼이 있을 때에 이에 대하여 제기하는 소송. 다만, 헌법재판소법 제2조의 규정에 의하여 헌법재판소의 관장사항으로 되는 소송은 제외한다.
헌법소송	헌법재판소법 제2조	1. 법원의 제청에 의한 법률의 위헌여부 심판 〈헌법재판소법 제1절 참조〉 2. 탄핵의 심판 〈헌법재판소법 제2절 참조〉 3. 정당의 해산심판 〈헌법재판소법 제3절 참조〉 4. 국가기관 상호 간, 국가기관과 지방자치단체 간 및 지방자치단체 상호 간의 권한쟁의에 관한 심판 〈헌법재판소법 제4절 참조〉 5. 헌법소원에 관한 심판 〈헌법재판소법 제5절 참조〉

자세히 기재되어 있다. 아래의 내용은 그를 정리한 것이고, 괄호 안의 출처는 실무제요에 기재된 바를 그대로 옮겨놓은 것이다.

〈표 11〉 헌법재판소의 결정효력의 유형과 그 내용

효력의 종류	의의와 유형		항목별 논의
확정력	의의		헌법재판소 결정의 효력 가운데 확정력에 관한 명문의 규정은 없으나 헌법재판소법 제39조에서 "헌법재판소는 이미 심판을 거친 동일한 사건에 대하여는 다시 심판할 수 없다"는 일사부재리에 관한 규정을 두고 있고, 일반적으로 헌법재판소의 심판절차에 대하여 민사소송에 관한 법리가 준용되는 점을 감안하면 헌법재판소의 결정에 확정력이 인정된다고 할 것이다.
	유형	불가변력	헌법재판소는 결정이 선고되면 동일한 심판에서 자신이 내린 결정을 더 이상 취소하거나 변경할 수 없다(헌재 1989. 7. 24. 89헌마141, 판례집 1, 155, 156; 헌재 1993. 2. 19. 93헌마32, 판례집 5-1, 15. 16).
		불가쟁력	헌법재판소의 결정에 대해서는 더 이상 상급심이 존재하지 아니하기 때문에 선고(또는 결정고지)함으로써 형식적 확정력이 발생한다. 즉 헌법재판소의 결정에 대하여는 불복신청이 허용될 수 없다(헌재 1990. 10. 12. 90헌마170, 판례집 2, 263; 헌재 1994. 12. 20. 92헌아1, 판례집 6-2, 538, 541)
		기판력	재판에 형식적 확정력이 발생하면 당사자는 확정된 당해 심판은 물론이고 후행 심판에서 동일한 사항에 대하여 다시 심판을 청구하지 못하고, 헌법재판소도 확정재판의 판단내용에 구속되는 것을 의미하며, 이를 실체적 확정력이라고도 한다.
기속력	의의		기판력은 원칙적으로 당사자 사이에만 미치는 데 반하여 기속력은 모든 국가기관을 구속한다는 점에서 헌법재판의 기속력은 일반법원의 재판에서는 통상적으로 볼 수 없는 헌법소송상의 특이한 효력이다.
		위헌결정	헌법재판소가 어떤 법률을 위헌으로 결정한 경우 그 위헌결정에 대하여 기속력이 부여된다(헌법재판소법 제47조 제1항). 위헌으로 결정된 법률은 별도의 절차없이 효력을 상실하기 때문에 그 법률에 근거한 어떤 행위도 할 수 없다.

<table>
<tr><td rowspan="3"></td><td rowspan="3">결정 유형에 따른 기속력</td><td>합헌결정</td><td>합헌결정에도 기속력이 인정되느냐에 대하여는 논란이 있을 수 있다. 그동안 헌법재판소는 이미 합헌으로 선언된 법령조항에 대하여 이를 달리 판단하여야 할 사정변경이 있다고 인정되지 아니한 경우 다시 합헌 결정을 하여 왔다(헌재 1989. 9. 29. 89헌가86, 판례집 1, 284, 288; 헌재 2001. 7. 19. 2001헌바6, 판례집 13-2, 60, 65)</td></tr>
<tr><td>한정위헌 한정합헌 결정</td><td>한정위헌 · 한정합헌결정의 경우 모든 국가기관은 위헌으로 판단된 법률의 해석 및 적용례에 근거한 국가행위를 중지하고 헌법재판소가 합헌적으로 해석한 범위 내에서 행동해야 하는 의무를 부담한다.</td></tr>
<tr><td>헌법 불합치 결정</td><td>법률이 헌법과 합치되지 아니한다고 선언된 경우 입법자는 불합치결정의 내용에 따라 동 법률의 규율내용을 즉시 또는 설정된 기간 안에 위헌성이 제거된 법률로 개정하여야 한다(국회의원후보자 기탁금 사건, 헌재 1989. 9. 8. 88헌가6, 판례집 1, 199, 262). 행정관청과 법원은 원칙적으로 그들에게 계류된 절차를 개선입법이 있을 때까지 중지하여야 하고(토지초과이득세 사건. 헌재 1994. 7. 29. 92헌바49등, 판례집 6-2, 63, 121), 예외적으로 종래의 법적 상태보다 더욱 헌법질서에서 멀어지는 법적 상태의 발생을 방지하기 위하여 위헌법률의 잠정적용(불합치결정의 시점과 개정법률의 발효시점 사이의 기간)이 허용된다(특허쟁송절차 사건. 헌재 1995. 9. 28. 92헌가11등, 판례집 7-2, 264, 268).</td></tr>
<tr><td>법규적 효력</td><td colspan="3">법규적 효력은 법규범에 대한 헌법재판소의 위헌결정에 대하여 소송당사자를 수범인으로 하는 기판력의 주관적 범위뿐만 아니라 국가기관을 수범인으로 하는 기속력의 주관적 범위를 넘어서 일반사인에게도 그 효력이 미치는 일반적 구속성을 말한다(대세적 효력).</td></tr>
</table>

소송을 통하여 사건을 종결시킴으로써 나타나는 효력은 위와 같이 상당하다. 그렇기 때문에 모든 갈등상황을 확실하게 마무리 짓고자 하는 이들은 위와 같은 제도를 사용하는 경우가 많다. 이는 비단 국가와 개인의 갈등을 해소하는 데에 사용되지만, 그 결정의 효력을 통해 간접적으로 개인과 개인 사이의 갈등을 종식시키기도 한다. 그러나 사람들은 통상적으로 갈등상황을 종결시키기 위한 방법으로 소송을 꺼리는 경향이 강한데, 그

이유는 시간과 비용이 많이 들 뿐만 아니라 상당한 수준의 심리적 스트레스를 동반하기 때문이다. 더군다나 소송대리인이 자신을 대신하여 논쟁의 한 가운데 뛰어드는 것임을 감안한다면, 당사자 간의 원만한 합의를 이끌어내기란 어려울 수밖에 없다. 요즘에는 ADR(Alternative Disputes Resolution)과 같이 재판을 거치지 않고 당사자들 사이의 합의를 통해 갈등을 해소 내지는 봉합시키는 방법이 각광을 받고 있다. 물론 중재인이 어느 수준의 역량을 가지고 있는가에 따라서 결과는 긍정적일 수도 혹은 부정적일 수도 있지만, 적어도 복잡한 소송제도 속에서 길을 잃을 염려가 없다는 점에서 본다면 앞으로도 유용하게 사용될 도구로서 자리를 잡을 가능성이 높다고 사료된다. 그 이외에도 회복적 정의(回復的 正義)에 기초한 분쟁해결이 근본적으로 갈등을 종식시키는 것이라는 논의가 사회전반에 확산되기 시작하였다는 사실 또한 소송제도를 피하게 만드는 원인으로 작용하기도 하였다. 승자와 패자를 인위적으로 결정하지 않는 태도는 자칫 사건을 모호한 방식으로 처리한다는 비판을 받을 수 있겠지만, 패자가 가지고 있는 잠재적인 불만요소를 상쇄시킬 수 있다는 점을 감안한다면 긍정적으로 판단할 여지가 매우 높다고 사료된다. 이와 같은 현상들을 고려해볼 때, 소송제도의 진화가 필수적으로 요청된다는 것은 시대적 과제에 해당한다고 판단할 만하다. 더욱이 '법률의 위반이라는 사실'이 결부되면서 분쟁의 부정적 효과가 당사자들 사이에만 국한되어 발생하는 것이 아니라 범국민적인 차원에서 확장될 가능성이 있는 사건을 풀어가기 위한 방법을 찾기 힘들어진다면 문제해결의 열쇠는 소송이 이루어지는 장(場)에 있다고 하여도 과언이 아니라고 사료된다. 특히 과거에는 사회가 분화보다는 통합의 성격을 강하게 띠고 있었기 때문에 사건이 발생한다고 할지라도 단순한 편이었으나, 경제활동의 수단이 다양해짐에 따라 사회는 점차적으로 분화일로를 걷게 되었고 지금은 현기증이 날 정도로 복잡한 수준에 이르면서, 법률위반의 형태도 다양해지고 있는 실정임을 감안하여야 한다. 특히 행정입법(行政立法)의 확대로 말미암아 어느 영역이든 법으로부터 자유로운 공간은 사실상 전무하다.[114]

사회의 모세혈관에 이르기까지 전 범위에 걸쳐 확산된 법령은 법치사회를 형성하는 데에 있어 혁혁한 공을 세웠고, 그에 따라 집단들 사이에서 발생한 균열을 신속하게 메움으로써 특정집단들이 일탈하지 않도록 기여한 바 있다. 법치사회는 단순히 법에 의하여 규율되는 사회를 의미하진 않는다. 법실증주의에 따라 법전에 기재되어 있는 문장의 문언적(文言的) 범위를 철저하게 고수한 상태에서 송사문제를 해결하려고 했던 것이 전통적인 관례였다면, 지금은 법문장의 현대적 실효성을 감안하여 융통성을 가미한 해석을 통해 당사자들 사이의 갈등을 원만하게 풀어나가는 데에 집중하는 경향이 나타나고 있다. 이처럼 소송의 효과를 진척시키기 위한 노력이 다각적으로 이루어지고 있는 것이 최근의 추세이다.

법학은 전통적으로 다른 학문과 조우하지 않는 독선적인 성격을 가지고 있는 학문이었지만, 현대에 들어선 다른 류의 사회과학과 연계하여 이론적

114) 행정처분은 통상적으로 행정입법을 통해 제정된 규범에 의거하여 이루어진다. 행정절차법 제2조 제2호에서 처분의 개념을 설명하고 있는데, 처분은 "행정청이 행하는 구체적 사실에 관한 법집행으로서의 공권력의 행사 또는 그 거부와 기타 이에 준하는 행정작용"을 의미한다. 이러한 처분에 대해 불응하려는 자는 행정심판과 행정소송을 통해 구제를 받을 수 있다. 행정소송법은 제12조에서 원고적격을 규정하여 법률상 이익을 향유하는 자만이 소송의 당사자로서 임할 수 있다고 하였다. 대법원은 2010년 5월 13일에 선고한 2009두19168 판결에서 "행정소송법 제12조에서 말하는 '법률상 이익'이란 당해 행정처분의 근거 법률에 의하여 보호되는 직접적이고 구체적인 이익을 말하고, 당해 행정처분과 관련하여 간접적이거나 사실적·경제적 이해관계를 가지는 데 불과한 경우는 여기에 포함되지 않으나, 행정처분의 직접 상대방이 아닌 제3자라고 하더라도 당해 행정처분으로 인하여 법률상 보호되는 이익을 침해당한 경우에는 취소소송을 제기하여 그 당부의 판단을 받을 자격이 있다"고 판시하였다. 간혹 청구인이 행정소송법 제23조에 따라 집행정지를 신청하는 경우가 있다. 이는 처분의 효력을 일시적으로 정지하기 위하여 하는 행위라고 할 수 있는데, 대법원은 2013년 1월 31일에 내린 자, 2011아73 결정에서 "행정처분의 효력정지나 집행정지를 구하는 신청사건에서 행정처분 자체의 적법 여부는 원칙적으로 판단의 대상이 아니고, 그 행정처분의 효력이나 집행을 정지할 것인가에 관한 행정소송법 제23조 제2항 소정의 요건의 존부만이 판단의 대상이 된다. 다만, 집행정지는 행정처분의 집행부정지원칙의 예외로서 인정되는 것이고, 또 본안에서 원고가 승소할 수 있는 가능성을 전제로 한 권리보호수단이라는 점에 비추어 보면, 집행정지사건 자체에 의하여도 신청인의 본안청구가 적법한 것이어야 한다는 것을 집행정지의 요건에 포함시킴이 상당하다(대법원 1995. 2. 28. 자, 94두36 결정, 대법원 2010. 11. 26. 자, 2010무137 결정 참조)"라고 하였다.

지평을 넓히고 있다. 예를 들면 법경제학(法經濟學), 법사회학(法社會學), 법심리학(法心理學) 등을 대표적으로 생각해볼 수 있겠다. 법조문을 어떻게 해석할 것인지를 중점적으로 여기던 재판관례는 법관들이 경제학적, 사회학적, 심리학적 관점을 두루 차용함으로써 현실적으로 어떠한 판결을 내리는 것이 적합한지를 모색함에 따라 복합적 성격을 띤 관례로 진화시키고 있다. 실제로 피고인의 정신상태가 어떠한지, 다시 말해서 심신상실(心身喪失) 내지는 심신미약(心身微弱)인지를 판단하기 위하여 의료전문인의 도움을 요청하는 등의 모습을 쉽게 볼 수 있다. 미국에서도 일명 브랜다이즈 브리프(Brandeis Brief)가 사법심사를 함에 있어 유용하게 사용되고 있다는 사실에 주목할 필요가 있을 것이다. 따라서 시간과 비용 및 심리적 스트레스로 인하여 소송제도를 꺼리는 문화가 조금씩 사라질 가능성이 높다. 물론 지금도 법원과 헌법재판소에서 이루어지는 재판건수는 시간이 갈수록 증가하고 있지만, 위와 같은 요소들이 더욱 더 공고하게 자리를 잡게 된다면 증가속도는 더욱 빨라질 것으로 전망된다. 헌법 제27조는 재판을 받을 권리를 규정함으로써 기본권을 침해당한 이들이 소송을 통해 구제받을 수 있는 길을 열어두고 있다. 총 5개의 항으로 구성되어 있는데, 제1항에선 "모든 국민은 헌법과 법률이 정한 법관에 의한 재판을 받을 권리를 가진다", 제2항에선 "군인 또는 군무원이 아닌 국민은 대한민국의 영역 안에서 중대한 군사상 기밀 · 초병 · 초소 · 유독음식물공급 · 포로 · 군용물에 관한 죄중 법률이 정한 경우와 비상계엄이 선포된 경우를 제외하고는 군사법원의 재판을 받지 아니한다", 제3항에선 "모든 국민은 신속한 재판을 받을 권리를 가진다. 형사피고인은 상당한 이유가 없는 한 지체없이 공개재판을 받을 권리를 가진다", 제4항에선 "형사피고인은 유죄의 판결이 확정될 때까지는 무죄로 추정된다", 제5항에선 "형사피해자는 법률이 정하는 바에 의하여 당해 사건의 재판절차에서 진술할 수 있다"고 규정하였다.[115]

---

115) 헌법재판소는 2001년 8월 30일에 선고한 99헌마496 결정에서 "우리 헌법은 명문으로 '공정한 재판'이라는 문구를 두고 있지는 않으나, 학자들 사이에는 우리 헌법 제

우리는 위의 규정을 통해 국민이 소송제도를 거쳐 어떠한 권리를 보장받을 수 있는지, 그리고 국가는 그러한 권리보장을 위하여 어떠한 조치를 취하여야 할 헌법적 작위의무를 부담하는지에 대해 알 수 있다. 실질적·절차적 평등성과 신속성 그리고 공정성이라는 세 가지의 성격을 띤 소송제도의 운용은 '보호받아야 할 자'와 '그렇지 않은 자'의 구별기준이 자의적으로 설정되지 않도록 하여 궁극적으로 법치사회에 존재하는 규범이 실효성을 가지고 존재할 수 있도록 만듦과 더불어 자연법에 기초를 둔 인권이 그 위상을 잃지 않게끔 만드는 핵심적인 요소라고 할 수 있겠다. 특히 헌법소송과 행정소송 및 민사·형사소송이 이루어지는 절차를 정한 법률들과 규칙들을 제정함으로써 권리보장을 위한 시스템을 정교하게 구축할 수 있었다. 다만, 고도의 기술적인 측면에서 이해할 수 있는 부분들이 많다는 점이 단점으로 제시된다. 실제로 일반인들이 법전을 통하여 얻을 수 있는 정보가 그리 많다고 볼 순 없다. 법문(法文)들이 한자어가 아닌 한글로 기재되어 있기는 하지만 용어 자체에 담겨있는 내용을 파악하는 데에는 어려움이 따르는데, 그 이유는 법이 보편타당한 해석을 통하여 구체적으로 명확한 모습을 나타내기 때문이다. 최근에는 각종 법 기관들이 법률용어를 쉬운 말로 풀이하여 웹 페이지에 게시하고 있기는 하지만 그것만으로는 여전히 부족한 감이 있고, 설혹 당해사건과 관련되어 있는 법률 용어를 발견하였다

27조 제1항 또는 제3항이 '공정한 재판을 받을 권리'를 보장하고 있다고 하는 점에 이견이 없으며, 헌법재판소도 '헌법 제12조 제1항·제4항, 헌법 제27조 제1항·제3항·제4항을 종합하면, 우리 헌법이 '공정한 재판'을 받을 권리를 보장하고 있음이 명백하다(헌재 1996. 12. 26. 94헌바1 판례집 8-2, 808, 816)'라고 판시하는 등, '공정한 재판'을 받을 권리가 국민의 기본권임을 분명히 하고 있다(헌재 1994. 4. 28. 93헌바26, 판례집 6-1, 348, 355~364; 1996. 1. 25. 95헌가5, 판례집 8-1, 1, 14 등 각 참조). 여기서 '공정한 재판'이란 헌법과 법률이 정한 자격이 있고, 헌법 제104조 내지 제106조에 정한 절차에 의하여 임명되고 신분이 보장되어 독립하여 심판하는 법관으로부터 헌법과 법률에 의하여 그 양심에 따라 적법절차에 의하여 이루어지는 재판을 의미하며, 공개된 법정의 법관의 면전에서 모든 증거자료가 조사·진술되고, 이에 대하여 검사와 피고인이 서로 공격·방어할 수 있는 공평한 기회가 보장되는 재판을 받을 권리도 그로부터 파생되어 나온다(위 95헌가5 판례 참조)"라고 판시하였다.

고 할지라도 그 용어의 개념을 일독하다보면 그것이 자신과 연관을 맺고 있는지에 대해 의문스럽기도 하다. 보기에 따라선 개념법학(概念法學)이 낳은 폐해라고 여길 수도 있다.[116] 일의적이고 확정적인 느낌을 자아내는 법 개념이 임의적으로 해석될 여지를 축소시킨다는 점에선 긍정적으로 판단할 수 있을지라도 급변하는 법사회의 조류에 상응하여 진화하기 어렵다는 점에서 본다면 결코 호의적으로 여길 수만은 없다. 목적법학 · 자유법학의 성격과 조우할 수 있는 범위 안에서 법의 진화를 이끌어내지 못한다면 사건의 관계자들은 적용법률에 대한 내용을 파악하지 못한 상태에 빠질 뿐만 아니라, 적절한 이해를 바탕으로 하지 않은 분쟁의 종결은 잠정적인 것에 그치고 말 것이다.

물론 불확정개념이 만연하게 될 경우엔 그 나름대로의 폐해가 나타난다. 이현령비현령(耳懸鈴鼻懸鈴)에 기초한 해석이 가능하게 되고, 그에 따라 상대적으로 강한 사회적 권력을 지닌 자에게 일방적인 혜택이 주어질 개연성이 있다. 따라서 이 부분에 대해선 무하자재량청구권(無瑕疵裁量行使請求權)과 같은 권리를 적극적으로 인정하는 법문화를 정착시킴으로써 소송과정을 거

---

116) 헤르만 칸토로비츠(Herman Kantorowicz)는 자신의 저서인 『법학을 위한 투쟁』(Der Kampf um die Rechtswissenschaft)에서 개념법학이 가지는 한계에 대해 통렬히 비판한 바 있다. 개념법학은 통상적으로 추상적인 개념을 구체적으로 해석함으로써 권리와 의무의 관계를 설정하는 경향이 강하다. 그러다보니 자연스럽게 인간의 삶의 질에 초점을 맞춘다기보다는 법학 그 자체의 완전성을 갖추는 데에 역점을 두고 있다는 비판을 받기도 한다. 그러므로 법이 존재해야 하는 목적이 무엇인지를 상기해야 한다는 주의가 확산되기 시작하였다. 이를 자유법 운동이라고 하는데, 그 대표주자가 바로 헤르만 칸토로비츠였던 것이다. 칸토로비츠와 유사한 입장을 가진 학자로 루돌프 폰 예링(Rudolf von Jhering)을 들 수 있다. 그는 『권리를 위한 투쟁』(Der Kampf um das Recht)에서 권리가 적극적으로 행사되어야 하며, 이를 부당하게 제한하는 공권력을 규탄할 수 있어야 한다고 주장하였다. 그러나 개념법학이 가지고 있는 장점에 대해서도 아울러 고려를 해야만 한다. 복잡하게 변하는 사회에서 발생하는 모든 사건에 대하여 자유법적인 차원에서 접근을 하려고 한다면, 법적 안정성이라는 덕목 자체가 존재하기 힘들 수 있기 때문이다. 안정성의 부재는 자신의 행위가 가져올 결과에 대해 예견할 수 없음을 의미한다. 이러한 상태에선 누구나 불안한 형태의 삶을 영위할 것이다. 그러므로 개념법학적인 측면과 목적법학적인 측면 모두 존중되어야 하지, 어느 하나가 다른 하나에 비해 우월하다는 식으로 평가를 내리는 것은 곤란하다고 사료된다.

치고 있는 당사자들이 부당하게 혜택을 받거나 손해를 입게 되는 병폐를 일축시킬 수 있어야만 할 것이다. 더불어 일반인들이 법률에 대한 자문을 구할 수 있는 통로를 다수 형성시킴으로써 법이라는 것이 자신의 인식 밖에 존재하여 결코 스스로의 힘으론 결코 이해할 수 없는 난공불락(難攻不落)의 성인 것처럼 받아들이는 조류를 바꾸는 것이 중요하다. 최근 들어 법조인력(法曹人力)이 과거에 비하여 기하급수적으로 늘어나고 있고, 법률시장의 개방을 감안한다면 법에 대해 전문적인 식견을 가지고 있는 사람들의 수는 앞으로도 증가할 추세에 놓여있다고 예측할 수 있다. 그러나 이들이 모두 판사 · 검사 · 변호사의 직함을 가지고 활동을 하는 것은 아니다. 국가와 영리법인 및 사회단체의 구성원으로서 자신의 역할을 수행하는 이들도 있겠지만, 경우에 따라선 포화상태의 법률시장에서 이렇다 할만한 자리를 잡지 못하여 표류하는 이들도 존재한다. 만약 이들을 법률조언자(法律助言者) 혹은 법률도우미 로서의 소임을 맡김으로써 일반인들이 법에 대해 친숙함을 느낄 수 있도록 유도한다면, 소송제도는 과거에 비하여 발전할 것이고, 이러한 발전은 자연스레 권리분쟁의 폐해를 줄이는 데에 일조하는 바가 있을 것이라 사료된다.

Ⅴ. 국가의사결정과 합의 그리고 정치

위와 같이 소송을 통하여 권리분쟁을 해결하는 것은 주어진 문제를 공식적인 의미에서 가장 확실히 매듭짓는 방법이라고 할 수 있다. 특히 이해관계에 치우치지 않은 제3자인 국가에 의하여 사건이 해결된 것이므로 상당히 객관적인 결론을 도출해낸 것이라고 여길 수도 있다. 국가의 결정엔 공신력(公信力)이 함유되어 있기 때문이다. 그러나 공신력이 바탕이 된 결정이 어느 순간에나 정의의 원칙에 부합하였다고 단언을 내리긴 힘든 감이 있다. 과거엔 권리분쟁이라는 용어가 가지고 있는 스케일이 좁은 편이었지만, 요즘과 같이 다양한 이해관계자들이 얽혀있는 상태에선 일견 소규모의 다툼인 것처럼 보인다고 할지라도, 그 이면에는 사회에 연쇄적으로 영향을 미칠 수 있는 잠재적 갈등문제가 숨어있음을 고려해야만 한다. 그러므로 주어진 문제를 해결하기 위한 노력을 거쳐 도출해 낸 결과가 '사회적으로 지지를 받을 수 있는지의 여부'를 객관적으로 판단할 수 있는 역량이 국가를 비롯한 거대 공동체 내부에 자리를 잡고 있어야만 하는 것이다. 사회적으로 지지를 받는 이론은 궁극적으로 누가 어느 정도의 득(得)을 제도적으로 적법하게 향유할 수 있도록 만드는지를 결정하는 데에 적용되어 왔는데 이 점이 이론이 가지는 진정한 의의를 퇴색시킨 원인이라고 할 수 있다. 전통사회과학자들에 의하여 주창되어 온 이론은 인간의 정신을 고양시키는 데에 목적을 두고 있었지만, 현대에 이르러선 현실생활 그 자체, 다시 말해서 경제생활 수준의 향상에 초점을 맞춤에 따라 '이론의 존재목적'이 변질된 것이다. 이와 같은 목적의 전위(傳位)는 이론이 가지고 있는 '대승적 성격'을 몰각시키고 '생각의 물화(物化)'를 촉진시킴에 따라 인류가 공통적으로 받아들일 수 있는 그 무언가를 창설하는 데에 어려움을 겪게 만드는 원인으로 작용하게 된다. 물론 실용주의(實用主義)를 주장하는 계열에서는 현실적으로 도움이 되지 않을만한 추상적인 논리체계는 정신만을 살찌울 뿐 현재의 굶주림을 해결해주진 않기 때문에 이러한 현상이 이론을 이론답게 만드는 데에 일조한다고 강변할 수도 있을 것이다. 전 세계적으로 실용주의가 강조되고 있는 시점에서 가시적인 효과를 창출하지 못하는 모든 논리들은 설 자리를 잃어갈 수밖에 없고, 그것이 이론경쟁(理論競爭)이 낳은 냉혹한 결론이다. 인류가 가지고 있는 다양한 가치관들은 이러한 경쟁으로 말미암아 생존투쟁이라는 과정을 거치면서 진화를 거듭하지만, 궁극적으론 투쟁으로부터 살아남은 소수의 가치관만이 잔존하는 것이기 때문에 자연스레 진정한 본질을 상실하기에 이른다. 그 무언가의 견제가 존재하지 않는다는 사실은 곧 독선(獨善)의 자생력을 극대화시키는 원인이 되고, 극대화된 독선은 본래의 모습을 변질시키는 기능을 하기 때문이다. 독선적인 이론의 독주가 낳을 병폐를 시정하기 위해선 대항마의 존재가 필수적으로 요청된다. 특히 국가의사결정과정에 있어서 핵심적인 역할을 수행하는 이들 중 누군가가 A라는 성격의 이론을 강변한다면, 다른 누군가는 A가 초래할 수 있는 단점을 B라는 관점에서 지적함으로써 잠재적 문제를 시정할 수 있도록 분위기를 이끌어야 한다. 이를 통하여 진화된 형태인 C라는 이론을 실용화시킨다면 적어도 단일노선의 이론이 사회전체를 지배하도록 만드는 우(愚)로부터 벗어날 수 있을 것이라고 사료된다.

위와 같은 과정은 국가적인 정책을 시행하고 사회에 적용시키기 위한 절차로서 궁극적으로 공론의 장을 활성화시키는 역할을 한다. 사람들마다 스스로가 그리는 청사진은 다를 수밖에 없다. 물론 그들이 추구하는 바가 궁극적으로는 소위 말하는 '행복한 사회 만들기'라는 이름으로 수렴될 것이겠지만, 이를 실현시키기 위한 방법은 다를 수밖에 없기 때문이다. 사회적으로 강한 영향력을 가진 특정집단에게 이익을 몰아주어 발전의 수준을 극대화시킨 이후에 그 잉여(剩餘)를 공동체에 환원함으로써 전체적인 복지를 증진시키는 방법에 우호적인 사람들이 있는 반면, 파이를 크게 키우는 데에만 역점을 둔 태도는 사회적 소수자의 희생을 강요하는 것과 다르지 않으므로 그들에게 국가발전에 협력해줄 것을 요청할 수 없을 뿐만 아니라 복지가 가지고 있는 궁극적인 목적에 위배된다고 항변하는 이들이 충분히 있을 수 있다. 따라서 (ⅰ) 이에 대해 경기회복을 위하여 당장 지원을 해주어야 하는 특정집단에게 혜택을 주는 가운데 그로 인하여 피해를 입을 수 있는 이들에겐 장래에 손해배상(혹은 보상)청구권을 명시적으로 부여하는 법적 조치를 취하는 등의 새로운 방법을 채택하거나, (ⅱ) 경제회복의 속도는 더디더라도 우선적으로 부의 재분배가 이루어질 수 있도록 하는 가운데 그로 인하여 상실한 피해가 회복될 수 있도록 세금을 합리적인 범위에서 증액시키는 방법을 선택할 수도 있을 것이다. 물론 필자가 제시한 위의 두 가지의 방법은 지극히 예시적인 것일 뿐, 실제로 채택될 수 있는 대안은 훨씬 다양할 것이다. 이것이 위의 단락에서 언급한 A와 B 그리고 C의 위상관계이다.

(ⅰ) 사회적으로 지지를 받는 이론이 정책이라는 이름으로 변화의 과정을 거치도록 만들어야 한다는 의제를 설정하는 것과 (ⅱ) 그러한 변화의 과정에서 자신과 다른 이론을 주장하는 집단과의 충돌 그리고 (ⅲ) 대안을 창설하는 조치는 '국가의사결정'을 이루는 중추에 해당하는 것이다. 우리는 국가의사결정의 세계를 '정치'라고 부르는데, 위의 과정을 통해 알 수 있듯이 '정치'는 곧 '합의'라고 명명가능하다. 합의가 이루어지기 위해선 참여자들이 자신의 의사를 개진할 수 있도록 기회를 향유하여야 하고, 다른 사람의 견해를 청취할 수 있는 여건이 주어져야만 한다. 그러나 합의에 임하는 주체의 수가 지나치게 많은 경우엔 유의미한 견해가 무엇인지를 선별하는 작업이 수월치 않을 뿐만 아니라 경우에 따라선 차선책에도 미치지 못할 정도의 열등한 결론을 도출해내는 우를 범할 가능성이 있다. 그렇기 때문에 우선 집단을 대표할 수 있는 주체들을 선정한 후, 이들로 하여금 소속 공동체 일원들이 의도하는 바를 효과적으로 전달할 수 있도록 권한을 위임하는 것이 효율적이라고 사료된다. 민법상으로는 이를 대리권(代理權)의 부여라고 명명하고, 헌법상으로는 수권행위(授權行爲)라고 부른다. 대리권과 수권은 주어진 의제에 대해 일정한 의사를 발하여 위임을 한 자에게 최적화된 이익을 가져다주는 것을 목적으로 한다. 따라서 대리인 혹은 수임인이 정당한 이유를 제시하지 않고 원칙에 위배되는 행위를 할 경우엔 그에 상응하는 책임으로부터 자유로울 수 없다. 이와 같은 사항은 정치라는 합의의 장(場)에서 선거권자와 피선거권자의 관계로 정리된다. 헌법 제24조에서는 "모든 국민은 법률이 정하는 바에 의하여 선거권을 가진다", 제25조에서는 "모든 국민은 법률이 정하는 바에 의하여 공무담임권을 가진다"라고 규정하였다.

제24조와 제25조를 유기적으로 해석해보면, 국민은 선거권자이기도 하지만 한편으로는 피선거권자이기도 한 셈이다.[117] 다시 말해서 국민에 의

117) 헌법재판소는 헌법 제24조와 제25조와 관련해 다음과 같이 판시한 바 있다. 2013년 7월 25일 2012헌바815 사건에서 "헌법은 제24조에서 '모든 국민은 법률이 정하는 바

한 국민의 지배라는 논리가 성립한다는 것이다. 지배자와 피지배자의 일치성으로 말미암아 민주주의라는 개념이 싹틀 수 있었던 것이고, 민주주의를 통하여 사람들은 사회적으로 막강한 힘을 가지고 있는 특정인에 의하여 일방적으로 주도되는 사회가 아니라 모든 이들이 함께 만들어가는 사회 속에서 살아갈 수 있는 토대를 확립하게 되었다. 그러나 이론적으로는 민주주의에 의한 자기지배의 원칙이 확고부동한 헌법원리로 자리를 잡았음에도 불구하고, 현실적으로는 그렇지 않은 것으로 바라보는 견해가 강력하게 제시되고 있다. 그 까닭으로 부정부패가 만연한 정치사회의 폐단이 거론되곤 하지만, 이를 핵심적인 원인으로 설정하기엔 어려운 점이 있다. 모든 직업정치인들이 부패하였다고 볼 수는 없지만, 그렇다고 하여 청렴한 삶을 영위하고 있다고 언급할 수도 없다. 필자가 이와 같이 말하는 이유는 어떤 사람이든 소위 말해 사회적으로 강력한 영향력을 행사할 수 있는 집단에 발을 딛는 순간부터는 자신의 신념에 기초한 생활양식을 고수하기 어려워지고, 그에 따라 객관적으로 무엇이 옳고 그른지에 대한 판단력이 흐려지게 된다. 유권자들은 후보자들이 자신들의 견해를 온전하게 국정에 반영해주기를 기대하는 경향이 있다. 그런데 그러한 견해가 정의와 형평에 완벽하게 부합할 가능성이 그리 높다고 말할 순 없다. 인간은 다른 집단에 비하여 소속집단이 보다 많은 혜택을 받길 원하며, 같은 소속집단에 있는 사

에 의하여 선거권을 가진다'고 규정하고 있는바. 대의제하에서 통치권 내지 국정의 담당자를 결정하는 선거권은 국민주권의 개념과 불가분의 관계에 있는 것으로서 가장 중요한 참정권의 하나라고 할 수 있으므로, 헌법 제24조의 법률유보는 국민의 기본권인 선거권을 법률을 통해 구체적으로 실현하라는 의미로 이해해야 할 것이고, 입법자는 선거권을 최대한 보장하는 방향으로 입법을 하여야 할 것이다"라고 하였고, 1999년 12월 23일 98헌바33 사건에선 "헌법 제25조는 '모든 국민은 법률이 정하는 바에 의하여 공무담임권을 가진다'고 규정하여 공무담임권을 보장하고 있는바, 공무담임권은 선거에 입후보하여 당선될 수 있는 피선거권과 공직에 임명될 수 있는 공직취임권을 포괄하고 있다(헌재 1996. 6. 26. 96헌마300, 판례집 8-1, 550, 557). 공무담임권도 국가안전보장 · 질서유지 또는 공공복리를 위하여 필요한 경우 법률로써 제한될 수 있으나 그 경우에도 이를 불평등하게 또는 과도하게 침해하거나 본질적인 내용을 침해하여서는 아니된다"고 판시하였다.

람들 사이에서도 자신이 타인에 비하여 우월한 지위에 위치하길 희구한다. 이러한 욕구는 개인주의의 이기주의화를 가져오며, 그에 따라 형평으로부터 벗어난 결정에 대해 우호적인 입장을 견지하게 된다. 설령 형평이라는 기준으로부터 벗어나지 않는다고 할지라도, 최소한의 이익을 얻기 위하여 '기울어진 형평'을 주장함으로써 비합리적인 합리화에 기초한 태도를 보이기에 이른다.

후보자가 이와 같은 마음가짐을 가지고 있는 유권자들을 적절하게 대표한다는 것이 실제로 가능한 것인지에 대해 의문스럽지 않을 수 없다. 원칙에 입각한 합리적 의사결정을 내리는 것은 인간의 기본심리를 고려해볼 때 원천적으로 불가능한 이른바 '원시적 불능(原始的 不能)'[118]에 가까울 수도 있을 것이다. 현대를 살아가는 많은 이들은 민주주의의 기능마비현상을 정치인들의 부정부패가 초래한 후발적(後發的) 불능의 일환으로 바라보고 싶어하겠지만, 실상은 유권자들이 가지고 있는 심리적 문제로 말미암아 필연적으로 발생할 수밖에 없는 것이라고 사료된다. 물론 정치인들 개인의 불성실함으로 인하여 문제가 발생한 탓도 있겠지만, 오히려 이는 빙산의 일각에 해당하는 문제이다. 청정한 토지에서 유전자변형 작물이 자랄 리는 없고, 청정한 물에 등이 휘어버린 물고기가 나올 리 만무한 법이다. 인간 자체가 기본적으로 욕구지향적인 동물이라는 대전제가 부정되지 않는 한, 민주주의의 기본토대가 이상적으로 세워질 것을 기대할 수는 없다. 다만, 이상적이진 않더라도 현실적으로 크게 왜곡되지 않도록 운용하는 것만이 가능할 따름이다. 왜곡되지 않도록 운용하기 위하여 필요한 것이 바로 공고한 이론체계이다. 앞에서 언급하였듯이 이론이 정책을 형성하기 위한 하나의 산물로서 전락하고 있는 실정인데, 이론의 위상을 원상태로 회복시키지

---

118) 본래 원시적 불능과 후발적 불능은 주로 민법학에서 사용되는 용어이다. 곽윤직 교수는 『민법총칙』(박영사, 2003) 209면에서 원시적 불능을 "법률행위의 성립 당시에 이미 그 위법행위의 목적이 실현불가능한 경우"라고, 후발적 불능을 "법률행위의 성립 당시에는 가능하였지만 그 이행 전에 불가능으로 된 것"이라고 설명하였다.

못한다면 그와 같은 과제를 이행하는 것은 사실상 어려워진다. 기본적으로 이론이라는 것은 특정한 개인이나 집단이 이익을 향유하도록 유인하기 위한 변론 혹은 궤변이 아니라 대승적 차원에서 모든 이들이 객관적으로 정당하다는 규칙 아래 평온한 삶을 영위하도록 만들기 위한 논리체계이다. 여기서 말한 '대승적인 성격'과 '객관적 정당성'이라는 두 가지가 이론을 구성하는 핵심적인 요소라고 할 수 있다.

Ⅵ. 자아실현 본능의 인위적 절제와 청원권의 관계

민주주의의 대승성과 객관적 정당성은 자신이 추구하는 이익이 가지는 효과를 주관적인 입장에서 떠나 고찰할 수 있을 때에 달성할 수 있는 것으로 자아실현의 본능을 인위적으로 제한할 수 있는 절제력을 요구한다. 절제력을 발휘하는 순간부터 사회에 진정으로 필요한 것이 무엇인지 그리고 이를 위해선 어떠한 자질을 갖춘 사람이 정치라는 합의의 장에서 활동을 하도록 지원해주어야 할 것인지의 여부를 결정할 수 있는 혜안을 갖추게 된다. 문제는 이와 같은 절제력을 스스로의 능력으로 고양시킬 수 있는지의 여부라고 할 것이다. 사람들은 심리적으로 받아들이기 힘든 장애를 마주할 때 타인에게 묵과할 수 없는 수준의 피해를 주지 않는 범위 내에서 주어진 갈등상황을 해결하려고 하기도 하지만, 때에 따라선 그와 같은 고려를 하지 않고 목전에 있는 상황을 타개하는 데에만 역점을 두기도 한다. 전자의 경우엔 당장의 불편함을 인내함으로써 분쟁이 확산되지 않도록 한다는 점에선 긍정적으로 생각해볼 수 있지만, 후자는 현재의 편리함이라는 단기적인 목적을 달성하기 위하여 공화(共和)라는 가치를 몰각시키는 결과를 초래한다는 점에서 혼란스러움을 가중시킨다.

편리와 불편은 만족스러움과 불만족스러움을 구분하는 간단한 척도인 동시에 개인이 자신의 생활을 쾌적하다고 받아들일 것인지의 여부를 결정하는 것이기 때문에 개인주의와 관련이 깊다고 할 수 있겠다. 주지하다시피 쾌적한 환경 속에서 삶을 영위하는 개인은 자유로움을 느낀다. 그러나 자유를 단순히 개인적인 만족감에만 역점을 둔다면, 이와 같은 평온함은 그리 오래갈 수 없다. 만족과 같은 심리적 충만감은 보기에 따라선 당사자의 주관적 사고에 따라 형성되는 것처럼 보이지만, 그 이면에는 주변인들과 마찰을 빚지 않고 안온감을 느낄 수 있을 때에 비로소 깃들어지는 것이라는 점을 고려해야만 한다. 그러므로 순수한 개인주의는 타인이 존재하지 않는 무인지대(無人地帶)에서만 존재할 수 있는 것이므로, 사람들이 어깨를 맞대며 살아가야 하는 현대사회에서는 그 적합도가 상당히 낮다고 사료된다. 따라서 공화라는 의미가 전제되지 않는다면, 자유주의와 개인주의 그리고 그 속에서 느낄 수 있는 만족감 등과 같은 개념은 사실상 존재할 수 없다고 할 것이다.

그렇다고 하여 필자가 자유주의를 공화주의로 탈바꿈시켜야 한다는 것을 주장하려는 것이 아니다. 다만, 자유주의 그 자체만으로는 사회를 떠받들 수 없음을 말하고 싶었을 따름이다. 다른 사람들과의 공존에만 초점을 맞추게 된다면 개인의 개성이라는 것은 사회악으로 여겨질 수밖에 없고 결과적으로 삶의 질과 삶의 만족이라는 개념은 지구상에서 사라질 운명에 처하게 되며, 자연스럽게 인류역사의 퇴보를 가져오겠지만, 현재의 불만족스러움을 해소하기 위하여 타인의 입장을 고려하지 않은 즉각적인 시정조치가 당장의 편리함을 가져올 수 있을지라도 궁극적으로는 심리적 충만감을 점진적으로 해체시키는 자기파괴(自己破壞)를 불러와 자초위난(自招危難)의 상태에 빠지게 만드는 원인이 됨을 깨달아야 한다는 것이다. 특히 최근과 같이 개인과 개인, 개인과 집단, 집단과 집단의 갈등지수가 높아지고 있는 현재의 상황은 거대한 사회를 파편화시키는 속도를 가속화시키고 심각한 문제가 되고 있다. 갈등조정전문가 인증제도를 신설해야 한다는 논의를 비롯하여 ADR(Alternative Disputes Resolution)을 활성화시켜야 한다는 논의[119] 등이 문

119) 김상찬은 2009년 한국중재학회의 『중재연구』 제19권 제3호의 “ADR제도의 비교법적 연구 –아시아의 주요 국가를 중심으로” 88면에서 아시아 국가들에 있어서 ADR의

제해결을 위한 대안으로 제시되고 있지만, 그것만으로는 부족한 감이 있다. 갈등상황으로 인한 폐해를 수습하는 속도가 발생속도를 상회하지 못한다면, 사회는 언제나 해체의 위기로부터 자유로울 수 없기 때문이다. 궁극적으로는 공화주의적 자유주의라는 가치관이 사회적으로 만연해질 때에 한하여 해체의 위기가 사라지게 될 것이다. 그러나 사상과 주의가 사회 깊숙이 자리 잡는 데에는 긴 시간이 걸릴 수밖에 없으므로 지금으로선 갈등문제해결을 위한 제도적 수습책에 대해서 논의하는 것이 효과적일 것이라

활성화에 대한 관심이 매우 높은데, 그것이 소송제도의 불만에서부터 나온 것인지, 혹은 강한 정부 · 법원의 선도적인 역할에 의지한 것인지 아니면 사법제도의 총체적인 개혁에서 나온 것인지 하는 것은 각국의 사정에 따라 다양할 뿐만 아니라 그 배경이 미묘하고 복잡하게 얽혀져 있으므로, 여기에서 분쟁해결을 위한 에너지코스트를 어디에 집중할 것인가 하는 것이 ADR론에서 상당히 부각되고 있는 논점의 하나라고 볼 수 있다고 하였다. 더 나아가 최석범은 한국의 ADR 제도에 대해 다음과 같이 설명하고 있다. “영국과 달리, 일본이나 한국에서 민간 ADR기관이 발전하지 못한 이유로는 민사조정 · 가사조정이라는 사법형 ADR이 존재하며 이것이 사건을 처리하고 있기 때문이다. 이 외에 행정형 ADR도 일정한 성과를 거두고 있다. 한국에서의 ADR은 주로 국가주도형 ADR인 사법형 ADR과 행정형 ADR이 전부라고 할 수 있을 만큼 국가주도형 ADR이 차지하는 비중이 절대적이다. 그리고 한국에서의 소송은 영국에서 만큼 일반시민들이 접하기가 어렵지 않다. 즉, 한국에서는 필요이상 변호사 보수를 청구하는 일이 많지 않다. 본인 소송 당사자에 대하서는 재판소가 진지하게 대응하여 줌으로써 변호사에게 의뢰하지 않아도 소송이 가능하다. 더불어 재판관은 대체로 화해권유에 적극적이다. 소송상 화해에 의해 어느 쪽 당사자도 납득할 만한 분쟁이 시도되고 있다”고 하여 민간주도형 ADR의 활용지수가 낮음을 분석하였다. 자세한 내용은 최석범, “국가주도형 ADR과 민간주도형 ADR에 관한 연구”, 『중재연구』 제20권 제3호, 한국중재학회, 2010, 87면을 참조하길 바란다. 그런데 이에 대하여 주인 교수도 위의 두 학자와 유사한 견해를 보이고 있다. 그는 “민사조정은 민사소송의 부담을 덜어줄 수 있는 아주 좋은 제도이다. 당사자 사이에 상호협의에 의하여 타협점을 찾아 분쟁을 해결하는 방식이기 때문에 법원의 소송부담을 덜어줄 뿐만 아니라 당사자에게도 후유증을 남기지 않기 때문이다. 이러한 조정은 실체법상의 화해와 별 차이가 없을 정도로 사적자치가 넓게 인정되는 특징이 있다. 민사조정은 당사자 쌍방의 양해와 납득을 얻지 못하는 한 성공할 수 없는 것이다. 그러나 현실은 그렇지 못하다. 법관이나 조정위원의 주도적인 진행으로 분쟁당사자들이 자율적으로 합의에 이르지 못하고 있다. 조정기관의 판단성이 민사조정의 임의성을 압도하고 있는 현실이다. 이에 다라 조정은 소송의 부담을 덜어주는 제도가 아니라, 소송을 3심제에서 4심제로 늘리는 옥상옥이 되는 역작용을 하고 있다”고 하였다. 자세한 내용은 주인, “민사조정의 활성화와 사적자치”, 『중재연구』 제13권 제2호, 한국중재학회, 2004, 626면을 참조하길 바란다.

고 사료된다.

우리 사회에서 가장 큰 문제로 지적되는 것이 국가와 사회의 갈등이다. 이와 같은 분쟁은 정부주도의 공공사업시행에 대한 찬반논쟁에서부터 불합리하게 피해를 입고 있는 소수의 기본권을 보호하기 위한 법률의 제정논의에 이르기까지 다양한 분야에서 나타나고 있는 실정이다. 현재 헌법 제26조에서는 청원권(請願權)을 인정하고 있는데, 제1항에선 "모든 국민은 법률이 정하는 바에 의하여 국가기관에 문서로 청원할 권리를 가진다"라고, 제2항에선 "국가는 청원에 대하여 심사할 의무를 진다"라고 규정하였다. 비록 국회에 청원을 하려는 자는 의원의 소개를 받아야 한다는 제한이 수반되긴 하지만,[120] 일종의 현대형 신문고(申聞鼓) 제도를 둔 셈이다. 최근 들어 작은 정부를 지향하는 국가가 늘어나고 있는 추세이지만, 정부의 역할이 축소된 상태에선 주관적 공권의 오남용으로 인하여 파괴된 사적영역을

120) 헌법재판소는 2006년 6월 29일 2005헌마604 사건에서 "헌법은 제26조 제1항에서 '모든 국민은 법률이 정하는 바에 의하여 청원할 권리를 가진다'라고 하여 청원권을 보장하고 있는바 청원권은 공권력과의 관계에서 일어나는 여러 가지 이해관계, 의견, 희망 등에 관하여 적법한 청원을 한 모든 국민에게 국가기관이(그 주관관서가) 청원을 수리할 뿐만 아니라 이를 심사하여 청원자에게 그 처리결과를 통지할 것을 요구할 수 있는 권리를 말한다(헌재 1994. 2. 24. 93헌마213등, 판례집, 6-1, 183, 189; 헌재 1999. 11. 25. 97헌마53, 판례집 11-2, 583, 588). (중략) 의회에 청원을 할 때에 의원의 소개를 얻도록 한 것은 무책임한 청원서의 제출을 규제하여 그 남용을 예방하고 의원이 미리 청원의 내용을 확인하여 그 후 이루어진 심사의 실효성을 확보하려는 데에 그 목적이 있다. (중략) 의회가 모든 민원을 청원으로 접수한 후 청원심사위원회 등 예비심사제도를 통해 무의미한 청원을 선별해 낸 후 심사하는 방식으로도 입법목적을 달성할 수 있겠으나 입법자는 청원권의 구체적 입법형성에 있어서 광범위한 재량권을 가지고 있기 때문에 국회가 '민원처리장화' 되는 것을 방지하기 위하여 적절한 수단을 선택할 수 있다 할 것이므로 의원의 소개를 청원서 제출의 요건으로 규정하여 의원의 소개를 얻은 민원은 일반의안과 같이 처리하고, 그 외 의원의 소개를 얻지 못하는 민원은 진정으로 처리하는 방식을 택하는 것은 입법자에게 부여된 입법재량이라고 할 것이다"라고 판시하였다. 본 사건을 이해하기 위해선 국회법 제123조를 일독하여야 한다. 제123조는 세 개의 항으로 구성되어 있다. 제1항에선 "의회에 청원을 하려고 하는 자는 의원의 소개를 얻어 청원서를 제출하여야 한다", 제2항에선 "청원서에는 청원자의 주소 · 성명(법인의 경우에는 그 명칭과 대표자의 성명)을 기재하고 기명 · 날인하여야 한다", 제3항에선 "재판에 간섭하거나 국가기관을 모독하는 내용의 청원은 이를 접수하지 아니한다"고 규정되어 있다.

원상회복시키기란 어렵다. 물론 국민들이 이기주의에 기초한 자아실현본능을 자발적으로 절제하고 이를 습관화시킴으로써 일탈행동을 하지 않는다면 정부가 되도록이면 문제에 개입하지 않는 편이 합리적이지만, 긴 안목에서 사회의 내부변화를 살펴보면 사람들의 의식은 오히려 과거에 비해 퇴보하고 있다. 다시 말해서 정의에 부합하는 사회상에 대한 시각에 커다란 변화가 생겼다는 것이다.

과거엔 개별경쟁으로 인한 이익추구의식보다는 상대적으로 공생(共生)에 기초한 연대의식이 강한 편이었다. 당시엔 특별한 능력을 갖춘 개인이 아니라 개인들의 집합인 집단의 역량이 어느 수준에 달했는가가 사회발전의 여부를 결정했기 때문이다. 집단의 붕괴는 곧 발전의 원동력을 이끌어내기 위한 기본체제가 무너지는 것을 의미했기 때문에 공동체 내의 규율은 엄격할 수밖에 없었다. 규칙을 위반함으로써 공동체의 존립에 위해를 가할 수 있는 자는 추방당하기 일쑤였다. 그러나 시간이 지날수록 계몽주의의 확산으로 인하여 개인의 존엄성에 대한 인식이 널리 확산되기에 이르렀고, 확산된 인식은 자신이 공동체의 일원이라기보다는 독립적인 인격을 가진 주체라는 것을 깨닫게 만들었으며, 그러한 깨달음이 자유주의를 만들어냈다. 공동체중심주의적 사고의 전환을 통하여 개성을 어떻게 발현시켜야 할 것인지의 문제가 자신의 인생설계에 직결되기에 이르렀다. 인생설계는 자신이 누리는 고유한 권리이며, 그러한 권리를 고수하기 위해선 개인주의라는 새로운 변형된 사조가 사회 내에 자리를 잡아야만 했다. 국가와 같은 거대한 공동체가 만든 규율의 정당성을 판단하는 기준, 즉 헌법합치성이라는 것도 이와 같은 맥락에서 형성된 것이라고 할 수 있겠다.

그러나 개인주의의 확산정도가 심각해지면, 그러한 사조는 자신의 본질성을 상실함에 따라 이기주의라는 이름의 왜곡된 조류로 변질되기 마련이다. 이기주의가 만연한 곳에서는 타인은 물론 국가도 자신의 사적생활에 대해 개입하는 것을 금기시하는 세태가 나타난다. 그러나 국가가 수행하여야 할 진정한 역할은 개인주의가 이기주의로 변하지 않도록 함으로써 진정한 의미의 자유주의가 꽃을 피우도록 하는 것이고, 그 와중에 자유주의란 꽃이 시들지 않도록 공화주의적인 태도를 일정부분 견지함으로써 개인의 권리를 충실히 수호하는 것이라고 하겠다. 이러한 원리를 성문화한 규정들 중 하나가 바로 위에서 언급한 헌법 제26조의 청원권이다. 타인 혹은 타집단의 이기주의적인 행위로 말미암아 커다란 피해를 입었거나 입을 개연성이 있는 사람들은 국가에 구조를 요청함으로써 구제를 받을 수 있다. 그리고 국가는 청구인이 제시한 서류를 받아 심사를 거쳐 어떠한 구제책을 시행하여야 할 것인지를 결정하게 된다. 다만, 문제가 있다면 국가가 제 때에 맞추어 개인의 피해를 구제해주지 못하는 경우가 있다는 것이다. 규모가 큰 집단은 특정한 사건을 해결하기 위하여 움직이는 데에 있어 효과적이긴 하지만 효율적이진 못하다. 그렇기 때문에 국민으로부터 청원 받은 내용을 항목에 따라 전담할 수 있는 부서들을 다각화하여 기동력을 키우는 것이 매우 중요하다고 사료된다. 낮은 수준의 기동력을 보유하고 있는 군대는 그 어떠한 지역도 외적의 침입으로부터 지키기 어렵기 마련이듯이, 주어진 권리침해문제를 조기에 해소시키지 못한다면 사후약방문(死後藥方文)의 우를 범하는 것과 다르지 않을 것이다. 그러므로 큰 정부의 위임을 받은 작은 정부들을 이용하여 효과적이고 효율적으로 권리분쟁이란 문제를 해결할 수 있도록 유도하는 작업이 필수적으로 요청된다.[121]

Ⅶ. 법률서비스의 제공자와 수용자의 관계

위와 같은 과제가 달성되고 나면, 권리분쟁으로 인하여 생기는 문제들을 상당부분 해소시키는 것이 가능하다. 그러나 위의 내용은 제도를 둘러싼 거시적인 환경과 관계가 깊기 때문에 이를 뒷받침해줄 수 있는 미

121) 정부의 효율적인 움직임과 관련해선, 'Ⅲ. 국가에 의한 불법행위와 개인의 권리구제 및 법치행정의 원리'라는 제목의 글의 각주에 기재된 피터 드러커(Peter F. Drucker)의 톱매니지먼트의 내용을 참조하길 바란다.

시적인 측면들이 보완되지 않는다면 정의의 원칙에 입각한 결론이 가지는 효과는 당연히 반감될 수밖에 없다. 여기서 필자가 생각하는 미시적인 측면이라는 것은 최적의 법률서비스가 많은 이들에 향유될 수 있도록 하기 위한 조건들의 충족에 대한 점이다. 보다 분명한 논지의 전개를 위하여 형사법과 관련되어 있는 헌법규정을 살펴보도록 하자. 헌법 제28조는 "형사피의자 또는 형사피고인으로서 구금되었던 자가 법률이 정하는 불기소처분을 받거나 무죄판결을 받은 때에는 법률이 정하는 바에 의하여 국가에 정당한 보상을 청구할 수 있다"고 규정함으로써 구금으로 인해 피해자가 입은 물질적 혹은 정신적 손해를 보상하여 기존의 생활로 회귀할 수 있게 하는 것을 목적으로 하고 있다. 우리는 이를 형사보상청구권이라고 부른다.[122)][123)] 과거엔 법률전문가의 수가 지금에 비하여 현저히 적은 편이었기

122) 헌법재판소는 2010년 10월 28일 2008헌마514 사건에서 "헌법 제28조는 '형사피의자 또는 형사피고인으로서 구금되었던 자가 법률이 정하는 불기소처분을 받거나 무죄판결을 받은 때에는 법률이 정하는 바에 의하여 국가에 정당한 보상을 청구할 수 있다'고 규정함으로써, 형사피의자 또는 형사피고인(이하 '형사피고인 등'이라 한다)으로서 구금되었던 자가 무죄판결 등을 받은 경우에 국가에 대하여 물질적 · 정신적 피해에 대한 정당한 보상을 청구할 수 있는 권리를 보장하고 있다. 국가의 형사사법절차는 법률이 규정하는 바에 따라 구체적 사건에서 범죄의 성립 여부에 관한 수사 및 재판절차를 진행하고, 법원의 심리, 판단 결과 범죄의 성립이 인정되는 경우 그에 대한 형의 양정을 하고 그 형을 집행하는 절차인바, 범죄의 혐의를 받은 피의자가 수사기관의 조사를 받고 법원에 기소되었다고 하더라도 심리 결과 무죄로 판명되는 경우가 발생할 수 있다. 이렇게 최종적으로 무죄 판단을 받은 피의자 또는 피고인이 수사 및 재판과정에서 상당한 기간 동안 구금되었던 경우가 있을 수 있는 바, 이는 형사사법절차에 불가피하게 내재되어 있는 위험이라 할 것이다"라고 판시하였다. 더불어 헌법재판소는 같은 사건에서 형사보상의 원리에 대하여 "형사피고인 등으로서 적법하게 구금되었다가 후에 무죄판결 등을 받음으로써 발생하는 신체의 자유제한에 대한 보상은 형사사법절차에 내재하는 불가피한 위험으로 인한 피해에 대한 보상으로서, 국가의 위법 · 부당한 행위를 전제로 하는 국가배상과는 그 취지 자체가 상이한 것이고, 따라서 그 보상 범위도 손해배상의 범위와 동일하여야 하는 것이 아니다. 국가의 형사사법행위가 고의 · 과실로 인한 것으로 인정되는 경우에는 국가배상청구 등 별개의 절차에 의하여 인과관계 있는 모든 손해를 배상받을 수 있으므로, 형사보상절차로써 인과관계 있는 모든 손해를 보상하지 않는다고 하여 반드시 부당하고 할 수는 없을 것이다"라고 하였다.

123) 헌법 제28조의 규정은 법률 제10698호로 지정된 형사보상 및 명예회복에 관한 법률에 의하여 구체화되는데, 그 내용을 정리해보면 다음의 도표와 같다.

때문에 사회적인 차원에서 높은 소득을 벌어들이고 있는 사람들이나 정치적인 권력을 소지하고 있는 사람들이 그렇지 않은 이들에 비하여 질 높은 법률서비스를 향유하는 경우가 많았다. 정치 · 경제 · 사회라는 영역에서 유통되는 유 · 무형의 재화는 한정적이고, 한정된 재화는 만인에게 공평하게 배분될 수 없었으며, 불평등한 배분은 법사회 안에서 위와 같은 서비스를 향유할 수 있는 자격을 차등적으로 부여하기 위한 기준이 되었다. 그리하여 자연스럽게 헌법 제27조에 규정한 재판받을 권리는 일반적이고 보편적인 권리가 아니라 편파적이고 상류사회인들을 중심으로 한 계층지향의 성격을 띤 특권으로 전락할 수밖에 없었다. 결국 형사소송에 임함에 있어 인

〈형사보상 및 명예회복에 관한 법률의 구조〉

구성	세부내용
제1장 총칙	제1조(목적)
제2장 형사보상	제2조(보상 요건), 제3조(상속인에 의한 보상청구), 제4조(보상하지 아니할 수 있는 경우), 제5조(보상의 내용), 제6조(손해배상과의 관계), 제7조(관할 법원), 제8조(보상청구의 기간), 제9조(보상청구의 방식). 제10조(상속인의 소명), 제11조(상속인의 보상청구의 효과), 제12조(보상청구의 취소), 제13조(대리인에 의한 보상청구), 제14조(보상청구에 대한 재판), 제15조(직권조사사항), 제16조(보상청구 각하의 결정), 제17조(보상 또는 청구기각의 결정), 제18조(결정의 효과), 제19조(보상청구의 중단과 승계), 제20조(불복신청), 제21조(보상금 지급청구), 제22조(보상금 지급의 효과), 제23조(보상청구권의 양도 및 압류의 금지), 제24조(준용규정), 제25조(보상결정의 공시), 제26조(면소 등의 경우), 제27조(피의자에 대한 보상), 제28조(피의자보상의 청구 등), 제29조(준용규정)
제3장 명예회복	제30조(무죄재판서 게재 청구), 제31조(청구방법), 제32조(청구에 대한 조치), 제33조(청구에 대한 조치의 통지 등), 제34조(면소 등의 경우), 제35조(준용규정)
부칙	제1조(시행일), 제2조(보상금의 하한에 관한 적용례), 제3조(청구기각 판결에 관한 적용례), 제4조(군사법원에서의 면소, 공소기각 또는 청구기각 판결의 적용례), 제5조(명예회복제도에 관한 적용례), 제6조(형사보상 청구기간에 관한 적용례), 제7조(보상금지급 청구기간에 관한 적용례), 제8조(피의자보상 청구기간에 관한 적용례), 제9조(피의자보상금지급 청구기간에 관한 적용례), 제10조(다른 법률의 개정), 제11조(다른 법령과의 관계)

정되어야 할 변호인의 조력을 받을 권리는 유명무실한 권리가 되고, 무기 평등의 원칙이라는 준칙이 가지는 가치 역시 미미해지게 된다.[124)]

이와 같은 현상은 법률전문가들이 의뢰인을 바라보는 시선에 영향을 주기에 이르렀는데, 경제적으로 열악한 이들의 권리를 구제해주기 위한 서비스는 일종의 자원봉사 혹은 하지 않아도 되는 일인 것처럼 바라본 반면, 화이트칼라 범죄와 같이 사회경제적으로 높은 지위를 가지고 있는 사람을 곤경으로부터 꺼내주는 것이 주된 업무인 것으로 여겼다. 물론 자연법에 기초한 인권을 옹호하는 법조인들도 많았지만, 사법질서에 대한 불신풍조가 사회전반에 만연했다는 점을 감안한다면 그렇지 않은 이들의 수가 더 많았을 것이라 짐작해볼 수 있다. 그러나 법률전문가를 다수 양성하여 전 국민이 양질의 법률서비스를 받을 수 있도록 해야 한다는 정책이 시행됨에 따라 위와 같은 폐해는 근절될 가능성이 높다고 사료된다. 항간에는 전문

---

124) 대법원은 1996년 6월 3일 자 96모18 사건에서 변호인의 조력을 받을 권리에 대한 사건에서 "헌법 제10조는 '모든 인간은 인간으로서의 존엄과 가치를 가지며 행복을 추구할 권리를 가진다'고 규정하고 있고, 같은 법 제12조 제1항 후문은 '누구든지 법률에 의하지 아니하고는 체포 · 구속 · 압수 · 수색 또는 신문을 받지 아니하며, 법률과 적법한 절차에 의하지 아니하고는 처벌 · 보안처분 또는 강제노역을 받지 아니한다'고 규정하여 형사소송에 있어서 적법절차주의를 선언하고 있으며 이를 구체화하기 위하여 같은 조 제4항은 '누구든지 체포 또는 구속을 당한 때에는 즉시 변호인의 조력을 받을 권리를 가진다'고 규정하고 있으며, 형사소송법 제30조 제1항은 피고인 또는 피의자는 변호인을 선임할 수 있다고 규정하여 변호인의 조력을 받을 권리를 불구속 피고인 또는 피의자에게까지 확대되고 있는바 이와 같은 변호인의 조력을 받을 권리를 보장하기 위하여는 변호인과의 접견교통권의 인정이 당연한 전제가 된다고 할 것이므로, 임의동행의 형식으로 수사기관에 연행된 피의자에게도 변호인 또는 변호인이 되려는 자와의 접견교통권은 당연히 인정된다고 보아야 할 것이고, 임의동행의 형식으로 연행된 피내사자의 경우에도 마찬가지라 할 것이다. 형사소송법 제34조는 변호인 또는 변호인이 되려는 자에게 구속을 당한 피고인 또는 피의자에 대하여까지 접견교통권을 보장하는 취지의 규정이므로 위 접견교통권을 위와 달리 해석할 법령상의 근거가 될 수 없다. 이와 같은 접견교통권은 피고인 또는 피의자나 피내사자의 인권보장과 방어준비를 위하여 필수불가결한 권리이므로 법령에 의한 제한이 없는 한 수사기관의 처분은 물론 법원의 결정으로도 이를 제한 할 수 없다고 할 것이다(대법원 1991. 3. 28. 자 91모24결정 참조). 따라서 같은 취지로 판단한 원심결정은 정당하고 이를 다투는 논지도 이유없다"고 판결을 내렸다.

가들이 지나칠 정도로 늘어남에 따라 해당 직업군이 경쟁력을 상실하게 되고 급기야 전문성의 퇴보를 가져올 수 있다는 비판이 제기됨에 따라 이에 대한 해결책이 우선적으로 제시되어야 한다는 견해가 힘을 얻고 있는 것이 최근의 추세이다. 전문적 식견을 가진 이들이 증가하기 때문에 업종이 가지는 고유한 가치가 퇴색된다는 견해는 서비스의 보편적 확산이라는 공익적 가치에 견주어 볼 때 그 중요성이 덜하다는 것을 부인해선 안 된다. 다만 높은 수준의 경쟁력을 유지하는 가운데 전문성을 유지시키기 위한 방법을 고안해낸다면, 서비스의 제공자와 수용자 사이의 관계가 보다 안정적이 될 것이라고 사료된다.

최근에는 기존의 사법시험 이외에 로스쿨 제도를 도입함으로써 법률전문가를 과거에 비하여 엄청난 수로 증가시키고 있다. 그런데 이 제도가 사회에 안정적으로 정착하기를 바라는 것은 시기상조이고 더 나아가 짧은 기간 동안 이루어지는 교육으로 인하여 설익은 법조인들을 양산시킴으로써 궁극적으로 법률서비스의 질이 저하될 가능성이 있다는 견해가 빈도 높게 거론되고 있는 와중에 로스쿨 제도를 도입한 것 자체가 문제라는 식으로 비판하는 논조의 글들이 널리 유포되고 있을 뿐만 아니라 얼마 전에는 미국과 일본에서도 이 시스템을 서서히 포기하기 시작하였다는 기사마저 보도된 바 있다. 로스쿨 제도는 긍정론과 부정론의 격돌이라는 소용돌이 속에 놓여있는 셈이다. 사실 양자 중 어떤 견해가 ‘합리적이다’ 혹은 ‘비합리적이다’라는 식으로 단언할 순 없다. 두 생각 모두 각자 타당한 근거를 내포하고 있다는 점을 감안한다면, 부정론에서 거론되는 단점과 긍정론에서 거론되는 장점을 어떠한 식으로 융합시킬 수 있는가에 대해 논의하는 편이 보다 적절할 것이라고 사료된다. 그리고 각 대학별로 본 제도의 도입과 관련하여 이미 천문학적인 투자를 한 상태임을 고려하여야 한다. 제도의 폐지로 말미암아 투자한 금액을 회수할 수 있는 가능성이 희박하다면 되도록 부정적으로 평가받는 요소를 점진적인 개량 혹은 대대적인 혁신을 통해 수정할 수 있도록 하는 편이 현재로선 합리적이라고 말할 수 있을 것이다.

전문성을 중심으로 한 논란은 로스쿨의 정규과정이 3년에 그칠뿐더러 변호사시험 합격률이 높다는 데에 있다. 그렇기 때문에 과거에 장시간 동안 고시촌에서 혹은 산사에서 학업에 정진하여 사법시험을 통과한 사람에 비하여 그 역량이 떨어질 것이라고 생각할 수밖에 없는 것이다. 충분히 제기될 수 있는 사항의 문제이다. 그러나 전문성의 결여라는 측면을 단순히 학업성취도를 기준으로 하여 판단하는 것 또한 합리적이라고 바라볼 순 없다. 그 까닭은 완벽하고 이상적인 형태는 아닐지라도 학생들로 하여금 책상 앞에 앉아서 공부하는 것만을 권장하는 것이 아니라 실무교육 혹은 실무수습을 통하여 법이 어떠한 메커니즘하에서 운용되고 있는지를 파악할 수 있도록 기회를 제공해주고 있기 때문이다. 물론 실무교육과 실무수습이 어느 정도로 이루어지고 있는지는 여지를 두고 고려해보아야 하겠지만, 이와 같은 사항을 염두에 두지 않고서 단순히 학업성취도를 중심으로 하여 로스쿨의 타당성을 논하는 것 또한 타당하다고 보긴 어렵다고 사료된다. 그러므로 이론교육과 현장교육을 중심으로 하여 법에 대한 감각을 예민한 수준으로 키울 수 있도록 함과 동시에 향후 변호사 시험을 합격한 사람들을 대상으로 하여 심화실무교육을 이수하게 한다면, 위와 같은 문제점은 상당 부분 해소될 여지가 있다고 생각한다.

필자는 로스쿨 제도에 대해 긍정적으로 생각하지도 혹은 부정적으로 생각하지도 않는다. 다만, 어렵게 도입한 제도라는 점을 감안하여 되도록이면 좋은 성과를 거둘 수 있도록 부정적인 측면을 개선하는 것이 필요하다고 생각하였을 따름이다. 형사피의자와 형사피고인의 권리를 보장하는 문제와 관련하여 로스쿨 제도에 대해 장황하게 언급한 이유는 법률전문가의 수가 늘어남에 따라 부당하게 구금된 이들의 권리를 구제해줄 수 있는 가능성 또한 높아질 수 있다고 판단하였기 때문이다. 물론 어디까지나 가능성이 높아진다는 것일 뿐, 이것이 권리보호의 만병통치약인 양 받아들여서도 안 될 것이다. 주지하다시피 피의자나 피고인들은 법들 중에서도 강력한 힘을 가진 형법에 저촉되는 행위를 하였다는 혐의로 말미암아 사회적으로 지탄을 받을 수밖에 없는 처지에 놓여있다. 설령 무죄추정의 원칙이 적용된다고 할지라도, 사람들은 아니 뗀 굴뚝에 연기가 나지 않는다는 생각을 하면서 그들이 처벌받아 마땅한 범죄인일 것이라고 짐작하곤 한다. 그리고 이와 같은 여론은 자연스럽게 피의자와 피고인을 범인으로 몰아가게 되고, 결과적으로는 이렇다 할 항변을 해볼 기회조차 얻지 못할 수도 있다고 사료된다. 만약 법률전문가가 다수 양산된다면, 사회전반에 걸쳐 법적 도움을 필요로 하는 사람들에게 구제의 기회를 제공할 수 있는 여지가 높아질 것이다. 최근 전문가들이 과거에 비하여 그 수가 엄청나게 증가함에 따라 전에는 관심을 가지지 않았던 분야에 대해 눈길을 돌리게 되고 그 일을 맡기 위하여 최선의 노력을 다하게 된다. 그만큼 주변을 둘러볼 여지를 가지게 된다는 것이다. 예전엔 국선변호인이 행하는 업무가 인권보장의 차원에서 매우 중요한 것임에도 불구하고, 사회적인 대우가 그리 좋은 편은 아니었다. 그러나 최근에는 다수의 법조인들이 배출되면서 국선변호인으로서의 직무는 물론 여타의 직무들이 각광을 받고 있는 실정임을 고려할 필요가 있다. 이와 같은 과정을 통하여 법률서비스는 사회의 모세혈관에 이르기까지 확장되고, 결과적으론 그러한 혜택으로부터 소외받는 이들이 점차적으로 줄어들게 된다.

권리의 내용은 사람들이 가지고 있는 주관적 인식에 따라 그 경중이 달라질 수 있겠지만 헌법에 규정되어 있는 권리들 중 어느 하나가 결여된다면, 설령 그것이 사소한 것으로 여겨질지라도 권리체계 전체에 영향을 주기 마련이다. 통상적으로 헌법에 명시된 내용들이 보기에 따라선 독립적인 성격을 띤 개체들에 해당하는 것으로 여겨질 수 있겠지만, 사실은 연쇄적으로 이어진 사슬과도 같다. 다시 말해서 생명, 신체, 재산 등에 대한 권리는 각자가 지향하는 바가 있지만, 그와 동시에 유기적으로 연결되어 있다는 것이다. 생명이 없는 신체와 재산은 있을 수 없고, 신체의 자유가 온전히 보장되지 않는 가운데선 생명과 재산이 가지는 의미는 퇴색할 수밖에 없으며, 재산을 형성할 수 있는 자유를 인정받지 못한다면 인간다운 생활을 하기 어려워진다. 만약 형사피의자나 피고인이 부당하게 범죄혐의를 받음에 따라 생명형이나 징역형 혹은 벌금형 등의 처벌을 받게 된다면, 그들이 각자의 인생에서 응당 누려야 할 권리들을 모두 상실하게 되고 궁극적으로는 삶의 의미를 상실하게 될 수도 있을 것이다. 그러므로 이들을 도울 수 있는 역량을 갖춘 전문가들의 양성을 통하여 부당하게 기본권에 내재된 본질적인 부분이 침해되지 않도록 도울 필요가 있으며, 이것이 진정한 의미의 권리의식을 고취시키는 한 축이 될 것이다.

Ⅷ. 범죄피해구조청구권을 통한 정상생활로의 복귀

부당하게 형사피의자 내지는 피고인으로 몰리게 된 이에게 피해를 보상해주는 것도 매우 중요한 일이지만, 응당 형법적 보호를 받아야 할 일반국민이 자의에 반하여 범죄에 휘말리게 됨과 동시에 불측의 피해를 입고 있는 부정적인 상황을 어떤 식으로 해결해야 할 것인지에 대해 논의를 하는 것도 매우 중요하다. 실제로 범인에 의하여 직접적으로 생명·신체·재산·명예 등과 같은 보호법익을 침해당한 이들이 육체적·재산적·심리적인 충격을 받는 것은 당연하지만, 간접적인 차원에서 피해를 입은 이들도 그들에 못지않을 정도로 충격을 받기 마련이며 더 나아가 정상적인 사회생활을 다시 영위하는 데에 있어 많은 어려움을 겪을 가능성이 있다. 특히 범죄피해자들은 자신들이 입은 피해를 외부적으로 드러내고 싶지 않은 성향을 가지고 있다는 점을 고려할 필요가 있다. 묵과할 수 없는 수준으로 생명·신체적인 피해를 입었고 그로 인하여 고통스러운 삶을 살고 있는 이들에겐 범죄율의 증감이라는 사실이 그리 중요한 일이 아닐 것이다. 단지 정부가 사회질서의 안정을 위하여 시행한 일련의 정책들이 효과적이었는지를 판단하는 수많은 기준들 중의 하나일 뿐이다. 피해자들이 원상회복 내지는 그에 버금가는 수준의 회복이라는 기회를 얻지 못할 뿐만 아니라 주변의 다른 이들에게 부정적인 영향을 줄 수 있는 소지가 다분하다면,

그것만으로도 중요한 법적·사회적 문제에 해당한다. 이렇다 할만한 귀책 사유가 없음에도 불구하고 불측의 피해를 입어 한순간에 평화로운 삶으로부터 멀어져버린 사람들에게 주어진 선택사항은 그리 많지 않다. 대략적으로 생각해본다면, (ⅰ) 강한 극복의지를 통한 기존의 삶으로서의 복귀하는 것, (ⅱ) 추락한 자신의 처지를 자위하기 위한 방법으로 타인들의 안정적인 삶에 위해를 가하는 것, (ⅲ) 자신의 입장을 비관한 나머지 스스로의 목숨을 끊는 것, (ⅳ) 타인에게 피해를 가한 후 자신도 목숨을 끊는 것을 떠올려 볼 수 있다. 이들 중에서 첫 번째 안을 제외하고는 개인적으로나 사회적으로 바람직한 방법은 아무것도 없다. 헌법 제30조에서는 "타인의 범죄행위로 인하여 생명·신체에 대한 피해를 받은 국민은 법률이 정하는 바에 의하여 국가로부터 구조를 받을 수 있다"고 규정한 바 있고,[125] 그와 관련된 법령[126] 역시 체계적으로 정비되어 있는 편이다.

물론 '누가 범죄피해를 입었는지', '입었다면 그 수준이 어느 정도인지' 등에 대해 세밀하게 파악하는 것은 쉽지 않다. 설령 법령들을 마련하여 이 부분을 해결하고자 하여도 사람들마다 느끼는 실질적 피해의 기준이 다르기 때문에 보상을 받을 자와 그렇지 않은 자를 분류하는 것도 그리 쉬운 일이라고 할 수는 없다. 기준의 모호함이라는 문제에 대응하는 방법으로서

125) 헌법재판소는 2011년 11월 29일 2009헌마354 사건에서 "헌법 제30조는 '타인의 범죄행위로 인하여 생명·신체에 대한 피해를 받은 국민은 법률이 정하는 바에 의하여 국가로부터 구조를 받을 수 있다'라고 규정하고 있다. 범죄피해자구조청구권이라 함은 타인의 범죄행위로 말미암아 생명을 잃거나 신체상의 피해를 입은 국민이나 그 유족이 가해자로부터 충분한 피해배상을 받지 못한 경우에 국가에 대하여 일정한 보상을 청구할 수 있는 권리이며, 그 법적 성격은 생존권적 기본권으로서의 성격을 가지는 청구권적 기본권이라고 할 것이다(헌재 1989. 4. 17. 88헌마3, 판례집 1, 31, 36 참조). 헌법 제30조의 '법률이 정하는 바에 의하여' 범죄피해자구조청구권을 보장하기 위해서는 입법자에 의한 범죄피해자구조청구권의 구체적 형성이 불가피하므로 입법자의 광범위한 입법재량이 인정된다고 할 것이나, 당해 입법이 단지 범죄피해를 입은 경우에 국가에 대한 구조청구권을 행사할 수 있는 형식적인 권리나 이론적인 가능성만을 허용하는 것이어서는 아니 되고, 상당한 정도로 권리구제의 실효성이 보장되도록 하여야 한다"고 판시하였다.

126) 범죄피해자구조청구권을 규정한 헌법 제30조는 제10283호로 지정된 범죄피해자 보호법에 의하여 구체화된다.

법이라는 도구만을 사용하는 것이 아니라, 각종 사회과학에서 사용하는 기준을 중첩적으로 이용한다면 차별적 보상으로 말미암아 발생할 수 있는 사안을 종식시키는 데에 상당한 효과를 볼 수 있을 것이라고 사료된다. 따라서 헌법 제30조에서 규정한 작위의무를 이행하기 위해선 각 분야의 전문가들을 포섭하는 것이 일차적인 요건이라고 할 수 있겠다.[127] 국가가 작위의

〈범죄피해자보호법의 구성〉

구성	세부내용
제1장 총칙	제1조(목적), 제2조(기본이념), 제3조(정의), 제4조(국가의 책무), 제5조(지방자치단체의 책무), 제6조(국민의 책무)
제2장 범죄피해자 보호 · 지원의 기본 정책	제7조(손실 복구 지원 등), 제8조(형사절차 참여 보장 등), 제9조(사생활의 평온과 신변의 보호 등), 제10조(교육 · 훈련), 제11조(홍보 및 조사연구)
제3장 범죄피해자 보호 · 지원의 기본계획 등	제12조(기본계획 수립), 제13조(연도별 시행계획의 수립), 제14조(관계 기관의 협조), 제15조(범죄피해자보호위원회)
제4장 구조대상 범죄피해에 대한 구조	제16조(구조금의 지급요건), 제17조(구조금의 종류 등), 제18조(유족의 범위 및 순위), 제19조(구조금을 지급하지 아니할 수 있는 경우), 제20조(다른 법령에 따른 급여 등과의 관계), 제21조(손해배상과의 관계), 제22조(구조금액), 제23조(외국인에 대한 구조), 제24조(범죄피해구조심의회 등), 제25조(구조금의 지급신청), 제26조(구조결정), 제27조(재심신청), 제28조(긴급구조금의 지급 등), 제29조(결정을 위한 조사 등), 제30조(구조금의 환수), 제31조(소멸시효), 제32조(구조금 수급권의 보호)
제5장 범죄피해자 지원법인	제33조(범죄피해자 지원법인의 등록 등), 제34조(보조금의 교부), 제35조(보조금의 목적 외 사용금지 및 반환), 제36조(감독 등), 제37조(등록법인 오인 표시의 금지), 제38조(재판 등에 대한 영향력 행사 금지), 제39조(비밀누설의 금지), 제40조(수수료 등의 금품 수수 금지)
제6장 형사조정	제41조(형사조정 회부), 제42조(형사조종위원회), 제43조(형사조정의 절차), 제44조(관련 자료의 송부 등), 제45조(형사조정절차의 종료)
제7장 벌칙	제47조(벌칙), 제48조(벌칙), 제49조(양벌규정), 제50조(과태료)
부칙	제1조(시행일), 제2조(다른 법률의 폐지), 제3조(일반적 경과조치), 제4조(구조에 관한 경과조치), 제5조(다른 법령과의 관계) / 부칙(2011. 7.25) 제1조(시행일)

127) 범죄로 인하여 보호법익을 침해받은 자가 입은 피해의 수준을 어떻게 측정할 것인

무를 이행하되 그 결과가 사회전반에 미치는 긍정적 효과가 불충분할 수도 있겠지만, 적어도 피해자의 삶에 대해 관심을 갖는 사회문화를 형성시키는 데에 있어 기여하는 바가 있음을 감안한다면 일정한 성과를 거둔 것이라 볼 수 있다. 그렇지만 일정한 성과를 거두었다는 사실이 피해자에 대한 불충분한 구제를 정당화시켜주진 않는다. 실제로 이와 같은 것들이 피해를 당한 이가 안정을 찾고 원래의 생활을 할 수 있도록 완벽한 형태의 도움을 준다고 말하긴 어려운데, 심리적인 안정은 물질적인 지원을 통해서 이루어지는 것이 아닌 지극히 당사자의 주관적 차원의 과제에 해당하기 때문이다. 물론 경제적인 보조가 불필요하다는 의미는 아니지만, 그것보다도 더욱 중요한 것은 정신적인 피해를 복구할 수 있는 수단의 고안이다. 최근에는 회복적 정의(回復的 正義)[128]에 기초한 보상·배상에 대한 논의가 활발하게 이

지와 어떻게 이를 보상해줄 것인지에 대한 과제를 해결해야만 하기 때문이다. 통상적으론 형사보상 및 명예회복에 관한 법률을 비롯하여 여러 가지 법률의 잣대에 의하여 결정될 수 있겠지만, 기본적으로는 당사자들과 중재자(법관 등)에 의하여 이루어져야 할 사항이라고 할 수 있다. 이때 중재자로서의 지위에 서있는 법관의 역할도 중요하지만, 그들에게 전문적인 지식을 바탕으로 한 객관적 정보를 전달하는 전문가의 도움이 필수적으로 요청되는데, 물적인 차원의 손해배상이 아니라 정신적 차원의 손해배상이 거론될 때에는 특히 그러하다. 그러므로 법에 대해 전문지식을 가지고 있는 법관들 이외에 의료(정신과 의사와 심리학자 등)를 비롯하여 여타의 사회문제에 대해 식견을 보유한 이들이 상시적으로 활동할 수 있도록 여건을 확장시키는 것은 매우 중요하다. 이는 손해배상의 산정을 조기에 해결하기 위한 점에서도 필요하지만, 배상액 결정이 제대로 이루어지지 않음으로써 진행되는 소송절차 속에서 피해자가 극심한 피해를 입지 않도록 하는 점에서도 필요하기 때문이다. 그리고 이와 같은 조치를 취하는 것이 범죄로 인하여 극심한 고통을 호소하는 이들을 적극적으로 보호해야만 한다는 헌법적 요청에도 부합한다고 사료된다.

128) 인터넷 국민일보 2011년 8월 11일자 신문기사에 주목할 필요가 있다. 하워드 제어는 국민일보 기자와의 인터뷰에서 "'정의'가 죄에 대한 응보로 해결되는 것이 아닙니다. 처벌의 단계를 넘어 회복까지 이르러야 합니다. 갈등을 해결하는 가장 보편적인 방식이 '죄와 벌'이라는 렌즈라면, 회복적 정의는 '용서와 화해'의 렌즈로 전환하는 겁니다"라고 언급했다고 한다. 기사에 따르면 제어는 회복적 정의의 세 가지 원칙을 설명한 것으로 알려져 있는데, "먼저 잘못된 행위에 의해 발생한 피해를 원래의 상태로 회복시키는 일이다. 두 번째는 피해를 회복하고 그에 따른 적절한 책임을 지는 것이다. 그 다음은 참여다. 가해자와 피해자 외에도 피해를 입은 당사자들 모두 회복이 필요하기 때문이다"고 한다. 더 나아가 회복적 정의를 구현하기 위해선 '3R'이 필요하다고 강조하면서, 존중(Respect), 책임(Responsibility), 관계(Relationship)

루어지고 있다. 가해자를 처벌하는 것에 역점을 두고 있던 과거에 비하여 진일보한 문화가 형성되긴 하였으나 여전히 피해자를 구제해주는 데에는 부족한 감이 있다고 사료된다. 범죄의 확산으로 인하여 잠재적 피해자들이 생기지 않도록 하는 것, 즉 범죄예방이라는 목표달성이 과거에 피해를 입어 힘든 삶을 살아가는 이들을 보살피는 것보다 상대적으로 현실적으로 더욱 큰 것으로 여겨지고 있다는 점도 중요한 원인들 중 하나이기 때문이다. 이른바 피해자 구제는 시간을 두고 지속적으로 해결해야 할 계속지사(繼續之事)가 아니라 기왕지사(既往之事)에 해당한다고 바라보는 세태가 강하게 자리를 잡고 있다는 것이다. 범죄예방이 중요하다는 점은 재론의 여지가 없지만, 범죄사회를 지양하는 태도가 형성된 근원적인 이유가 현재의 피해자에 대한 걱정과 근심 및 염려라는 점을 염두에 두어야 할 필요가 있다.

이와 관련하여 도중진과 원혜욱은 "회복적 사법이 논의된 배경 속에는 피해자의 권리보호와 지역사회의 안전에 대하여 높아지는 사회적인 관심이 자리를 잡고 있다. 첫째, 피해자의 입장에서 보면 범죄로 인해 생긴 손해를 어떤 형태로든 회복할 수 있느냐가 피해자 보호의 중심이 되고 가해자에게는 자기책임(유죄)을 인정하고, 설명책임(accountability)·응보책임을 받아들이고 입힌 손해의 회복을 위해서는 모든 급부가 의미있는 것으로 받아들여지는 사회환경 때문이다. 둘째 회복적 사법에서 가장 중요한 도달점은 회복 즉 피해의 회복과 지역사회의 관계를 재건립하는 것이다. 어느 정도

가 조화롭게 형성돼야 진정한 화해와 용서, 평화를 구현한다고 강변했다고 하였다. 관련하여 이백철 교수는 "회복적 사법은 고통부과 패러다임을 벗어나 보다 넓은 틀에서 판결대안을 찾고자 한다. 다양한 개인적 요인과 복잡한 사회관계가 고려되어 각 당사자의 상황에 적절한 형벌형태를 창출하고자 하는 것이다. 따라서 가해자, 피해자, 지역사회의 관계를 회복시키는 데 가장 적합한 판결이 산출될 수 있다 하겠다. 재판과정의 문제로, 법원은 재판과정에서 법의 위반에 관련된 상황에만 초점을 맞춘 나머지 범죄가 일어나게 된 전체 주변적 상황을 소홀하게 다루는 경향이 있다. 따라서 판결단계에서 법원은 범죄주변의 상황을 보다 폭 넓게 고려하여 다양한 상황이 수렴되지 않음에 따른 불공정한 부분을 완화할 필요가 있다 하겠다" 라고 하였다. 이백철, "회복적 사법 : 대안적 형벌체제로서의 이론적 정당성", 『한국공안행정학회보』 제13호, 한국공안행정학회, 2002, 164면.

의 형벌을 내리는 것보다는 어느 정도 회복시키는 것이 좋은 하는 방법이 침해된 질서를 복구하는데 용이하기 때문이다"라고 언급함으로써[129] 회복적 정의가 가져야 할 기본목적과 그 성격이 어떠한지에 대해 적절히 밝히고 있다. 더불어 15면에서 시작하여 18면에 이르기까지 본 정의가 어떠한 식으로 운용될 수 있는지를 설명하고 있는데, 이를 정리하면 아래의 도표와 같다.

〈표 12〉 회복적 정의를 실현하기 위한 실천모델

실천모델의 유형	실천모델의 유형별 특징
Victim-Offender Mediation and Dialogue (VOMD, 형사화해)	형사화해는 재산범이나 경미한 신체범에 있어 피해자와 가해자가 만나고 피해자는 자기의 피해경험과 그 영향을 이야기하고, 가해자는 자기가 행한 범죄의 원인과 동기를 설명하고 조정자는 피해회복적 방법을 생각하고 제안하는 것이 일반적인 화해의 모습이다. 그 유형으로는 다음과 같은 세 가지가 있다. (i) Victim Offender Meeting Program(VOM) (ii) Victim Offender Conference program(VOC) (iii) Victim Offender Reconciliation(VOR)
Family Group Conference(Conferencing) program(FGC, 가족단위협의회)	이 가족단위협의회는 뉴질랜드 원주민이 마오리족의 전통적인 분쟁해결수단에서 유래하는 것으로 피해자와 가해자만 분쟁해결의 당사자로 만나는 것이 아니고 피해자의 가족이나 친구, 더욱이 가해자의 가족과 친구 등이 참가하는 것이 특징이다. 또한 당사자 외의 다른 사람들도 이 협의회모델에 참여할 수 있는데, 범죄와 유해한 행위에 의해서 어떤 영향을 받은 자를 일컫는다.
Peacemaking Circles	모든 사건에 대하여 관심이 있는 지역사회의 구성원, 가해자, 피해자, 그들의 가족 · 지원자, 형사사법관계자가 합의절차에 참가하고 우선 가해자가 사건에 대해서 말하고, 그 다음 순차좌담식으로 다음 사람이 말하여 참가자 모두가 자유롭게 이야기하고 해결의 제안에 이르는 과정을 찾고 있다. 그 유형으로는 다음과 같은 세 가지가 있다. (i) 가해자 · 피해자를 위한 '치료서클(healing circles)' (ii) 동의된 처분내용에 대하여 합의를 얻기 위한 '처분서클' (iii) 가해자의 경과를 감시하는 'follow-up서클'

129) 도중진 · 원혜욱, 『보호관찰단계에서 회복적 사법이념의 실천방안 －형사화해제도를 중심으로－』, 한국형사정책연구원, 2006, 14~15면.

Financial Restitution to Victim(FRV)	피해자에 대한 손해회복은 훔친 금품을 반환하고 피해를 받은 제물을 배상하는 형태로 이루어지는 것을 말한다.
Persoman Services to Victims(PSV)	피해자에 대한 사적 원조는 예컨대, 집의 수선과 같이 일상작업의 형태로 직접 피해자에 대하여 행하는 것을 의미한다. 이것은 가해자가 피해자에게 회복책임을 강하게 인식시킬 수 있다.
Community Services(사회봉사)	사회봉사를 행함으로써 지역사회구성원에 긍정적인 인간관계를 새롭게 구축할 수 있는 계기가 된다. 사회봉사가 성공적으로 행해진 경우 범죄자에 대한 지역사회의 부정적인 시각의 변화가 보이고 또한 이것은 가해자의 사회복귀에 긍정적으로 적용한다고 평가되고 있다.
Written or Verbal Apology to Victims and Other Affected Persons	범죄의 가해자가 지역사회에 대해 가해자 자신의 행위에 대하여 충분한 책임을 받아들이고 그러한 행위에 대해 정확하게 설명하는 서면이나 구두로 사과하는 것이다.
Victim or Community Impact Panels	이 패널은 피해자나 다른 지역사회 구성원이 가해자에 대하여 자기가 범죄에 의해서 어느 정도의 경험을 했는지를 설명하는 기회를 제공하는 것으로 참가자가 범죄에 대해 어느 정도로 느끼고 그 결과 생활이 어느 정도로 변화하는 것을 말하게 되는 것이 일반적이다. 이 패널에서는 지역사회에서 거주하고 있는 조정자에 의한 조정이 행해지고 있다.
Community or Neighborhood Impact Statements	가해자가 약물범죄를 저지른 경우에 실시하는 모델로서 이 범죄에 의해 영향을 받은 지역사회의 주민들에 대해 가해자, 재판소, 커뮤니티손해배상위원회(Community Reparative Board)가 약물범죄가 지역사회의 생활의 질에 어떤 영향을 끼치게 하는지 설명하는 기회를 제공하는 모델이다.
Victim Empathy Groups or Classes	피해자 공감클래스는 범죄의 사람에 대한 영향에 대해서 범죄자로 생각하기 때문에 고찰된 교육프로그램으로서, 범죄가 피해자, 그 가족, 친구, 그리고 지역사회에 어느 형태로 영향을 주는가 혹은 가해자, 가족, 친구에 대해서도 어느 형태의 영향을 미치는가에 대해서 연구하는 것을 목적으로 실시하고 있다. 이러한 클래스에서는 피해자와 피해자의 지원을 행하고 있는 관계자가 직접 참가하고 개인적인 체험을 이야기하는 것이 특징이라 할 수 있다.

이처럼 회복적 정의를 주장하는 이들이 중요하게 생각하는 사항은 가해자와 피해자, 상호 간에 이루어지는 진솔한 대화라고 한다. 이러한 커뮤니

케이션을 통하여 서로를 이해할 수 있는 공감대를 형성하게 되고 그로 말미암아 심리적인 안정감을 가질 수 있을 뿐만 아니라 더 나아가 범죄예방에도 효과가 있을 수 있다고 사료된다. 그렇지만 가해자가 양심의 가책을 느끼지 않거나 자신의 행위에 대해 후회하는 기색이 조금 더 발견되지 않는 상황이라면, 상호 간의 대화로 인하여 피해자는 이차적 피해를 입을 개연성이 있다. 결자해지를 위한 노력이 설상가상이라는 결과를 초래한다는 점에서 위의 방법을 통해 도출할 수 있는 효과를 객관적으로 예측하는 노력이 선행되지 않는다면 모든 노력은 무위로 돌아갈 것이다. 그러므로 회복적 정의를 통한 문제해결을 위해선 일단 '가해자를 중심으로 한 조사'와 '피해자를 중심으로 한 조사'를 별도로 시행하는 것이 합리적이다. 전자는 가해자가 자신의 행위가 범죄에 해당하는 것인지와 그 행위가 사회적으로 강한 위험성을 내포하고 있는 것인지를 중심으로 한 '범죄인식능력(犯罪認識能力)'과 그릇된 행동에 대해 반성할 수 있는 '성찰능력(省察能力)'의 수준을 파악하는 것인 반면, 후자는 피해자가 스스로 어떤 손해를 입고 있는지와 그 손해로 말미암아 심리적으로 불안정성을 띠고 있는지를 파악하는 '피해인식능력(被害認識能力)'과 가해자와의 대화를 할 용의가 있는지를 파악하기 위한 '극복의지'의 유무를 알아내는 것이다. 물론 조사의 방법과 수준은 법조인 · 심리전문가 · 형사정책전문가 · 협상전문가에 의하여 대강의 그림이 그려질 때에 한해 정해져야 하겠지만, 적어도 가해자와 가해자의 가족 및 피해자와 피해자의 가족들이 동의할 수 있어야만 한다.

그러나 피해자가 스스로에게 죄의식을 느끼게 만드는 성범죄의 경우엔 각별한 주의가 필요하다. 가해자를 바라보는 것만으로도 심리적 혼란스러움에 빠져들어 정상심리로 복귀하지 못하는 경우가 많기 때문에 회복적 정의를 실현하겠다는 기본적 목표가 무색해지는 상황이 발생할 수 있음을 고려하여야 한다. 이와 같은 상황에선 피해자로 하여금 무조건적으로 가해자를 만나볼 것을 독려하는 것보다는 자활의지를 고취시킴으로써 원래의 생활로 돌아갈 수 있게 하는 것이 보다 합리적일 수 있다. 기존의 모습으로 살아가야 한다는 강력한 마음가짐을 의미하는 자활의지는 피해자가 독립적으로 고양시킬 수도 있겠지만, 그럴 가능성이 희박하다고 여겨질 시에는 의료전문인에 의한 도움을 받도록 유도하여야 하고 피해자가 범죄 전에 영위하였던 생활이 여전히 존속하고 있음을 깨닫게 해주어야만 한다. 물론 범죄로 인하여 입은 물리적 고통은 시간이 흐르면 사라지더라도 그로 인해 생긴 심리적 흉터는 남아있을 수 있다. 이에 극복할 수 있는 의지를 키우는 것은 피해자가 홀로 감당해야 할 일이 아니라 사회적 차원에서 공동으로 이행해야 할 과제라는 사실이 널리 확산되어야만 한다고 사료된다. 현행법령에 따르면 이들의 심리적 혼란스러움을 해소시켜주기 위한 기관들[130]이 설립되어 있는 상태로서 매우 다행스러운 일이라 할 수 있다.

개인의 자유는 외부세계로부터 그 어떠한 간섭을 받지 않을 때에 안전하게 보호되는 것이다. 그러나 간섭을 뚫고 들어오는 것이 바로 범죄이기 때문에 이로부터 잠재적 · 현실적 피해자들을 보호해주기 위해선 개인생활을 겹겹이 둘러싼 불가침이라는 장막을 일정부분 걷어낼 필요가 있다. 그리고 보호를 목적으로 불가침의 장막을 열고 들어온 이들은 피해당사자가 안정을 찾을 수 있도록 최선의 노력을 다하여야 한다. 그리고 이러한 노력들은 개인의 안위는 물론 공동체의 안위를 지킨다는 차원에서 공익수호와 직결되는 사안이라고 할 수 있다. 기본권의 본질적 내용은 아무도 들어오지 못하도록 장벽을 쌓는다고 하여 지켜지는 것이 아니다. 물론 아무나 시시때때로 장벽을 뛰어넘어선 안 되겠지만, 역설적으로 적당한 수준의 개방이 자신을 지키는 수단이 된다는 것을 인지할 필요가 있다. 사람을 공격하는 것은 사람이지만, 그러한 사람을 지켜주는 것 또한 사람이기 때문이다. 이처럼 헌법 제30조에 규정된 기본권이 회복적 정의에 기초한 범죄피해구

130) 성폭력방지 및 피해자보호 등에 관한 법률 제2장에선 피해자 보호 · 지원 시설 등의 설치 · 운영에 대하여 규정하고 있고, 가정폭력범죄의 처벌 등에 관한 특례법 제3장에선 피해자보호명령에 대한 내용을 상세히 규정하고 있으며, 가정폭력방지 및 피해자보호 등에 관한 법률에서는 긴급전화센터와 상담소 및 보호시설 등에 대하여 규정하고 있다.

조의 권리로서 자리를 굳히기 위해선 피해자에 대한 구제가 국민들의 자유를 지키기 위한 공화주의의 성격을 가진 것으로서 '기왕지사'가 아닌 '계속지사'로 받아들이는 식으로 운용되어야만 한다.

第4-1節 자아의 실현을 둘러싼 환경(Ⅰ)

Ⅰ. 교육의 자유가 갖는 의미의 재인식과 특권계층 형성가능성의 축소

중세시대에 창궐했던 흑사병(黑死病)처럼 오랜 시간 동안 한국사회를 휩쓸고 다녔던 학벌지상주의는 열악한 경제사정을 포함한 기타 개인적 사유로 말미암아 정규교육을 받지 못한 사람들에게 심리적 빈곤감을 심어주고 빈부의 격차와 마찬가지로 사회를 분열시키는 주된 원인으로 손꼽힌다. 특히 취업을 하기 위하여 작성해야 할 이력서에 빠지지 않고 들어가는 내용은 '어느 대학에 입학하여 어느 수준의 학점을 취득하였는지'에 대한 것이다. 물론 피땀 흘려가며 학업에 정진하였고, 그로 말미암아 남들의 부러움을 살 정도로 소기의 성과를 거둔 이들에겐 이력서의 '출신대학'과 '학점'에 대한 사항을 기재하는 데에 별다른 거부감을 가지지 않겠지만, 그들과 같은 생활경로를 거치지 않았다고 할지라도 매사에 최선을 다했던 이들에겐 거부감을 줄 수밖에 없다. 본인이 생각해왔던 진로와 관련된 큰 대회에서 괄목할만한 성적을 거두었다고 할지라도 대학졸업장과 성적증명서를 제출해야 한다는 상황에선 자신의 삶에 대해 회의감을 느끼게 된다. 결국 생활고에 빠져들지 않기 위해선 본인이 의사와는 관계없이 대학이라는 문턱에 발을 딛기 위하여 비용과 시간 및 노력을 투입하는 선택을 해야만 하고, 투입의 대가로 얻은 것은 원치 않는 공부를 하는 과정에서 느끼게 된 '심리적 빈곤감'과 '나이' 밖에 없다. 결과적으로 자아를 실현하기 위한 본능을 강제적으로 억누름에 따라 진정으로 하고 싶었던 일에 종사할 수 있는 기회를 상실하게 된 것이다. 물론 그러한 기회를 죽는 그 순간까지 결코 누릴 수 없는 것은 아니지만, 단지 취미나 기호의 수준에 머무르는 경우가 다반사이다. 사회경제적으로 안정된 삶을 살아가기 위하여 고학력자로 거듭나는 것이 부당하다고 할 순 없지만, 과연 그것이 본인이 진정으로 추구했던 것인지에 대해선 생각해볼 여지가 있다.

국민일보의 2013년 6월 25일자 인터넷 신문기사를 보면, 대한민국 공교육비 중 민간부담률이 OECD 국가들 중 1위이고 대학등록금의 액수는 4위라고 한다. 기사의 내용에 따르면 "한국은 국내총생산(GDP) 대비 7.6%를 공교육비로 쓰고 있었다. OECD 평균인 6.3%보다 1.3% 포인트 높은 수치다. 정부가 4.8%, 민간이 2.8% 부담하고 있다. 정부지출은 OECD 평균보다 0.6% 포인트 낮은 반면 민간은 1.9% 포인트 높은 수치다. 민간 부담률 2.8%는 OECD 평균 0.9%의 3배에 달한다. 정규 교육과정에 대한 지출만 담고 있으므로 사교육비를 포함하면 가계가 체감하는 교육비 부담은 더 높아진다"고 한다. 관련하여 2013년 7월 8일자 서울신문에서도 공교육과 사교육의 문제에 대해 기사를 보도한 바 있는데 "사교육도 교육이라는 의견도 많다. 한 네티즌은 공교육에서 학생들의 모든 교육을 담당하고 탁아적인 기능까지 온전하게 담당할 수 없다면 차라리 사교육이 잘 자리 잡아 공교육에 대한 보완재 역할을 할 수 있도록 해야 한다고 주장했다"고 한다. 이 기사들이 시사하는 바는 교육에 대한 열의가 지나치게 높아서 가계부담이 심각할 정도로 상승했다는 문제점에 대해 진지하게 고민해야 한다는 것을 널리 알린 것이기도 하지만, 한편으론 교육의 진의가 흐려지고 있음을 간접적으로 보여주기도 한다. 공부는 단지 입신양명이나 사회적으로 높은 지위에 입성하기 위한 수단에 불과한 것으로 여겨질 뿐, 그 자체가 목적이라고 생각하진 않는 것이 요즘의 세태라고 할 수 있다. 따라서 제대로 된 교육관이 자리를 잡을 수 있도록 하는 것이 매우 중요한 일임을 여러 번 강조하여도 지나치지 않을 것이다.

여기서 말하는 교육은 단순히 책상머리에서만 이루어지지 않는다. 문헌을 통한 지식습득이라는 고전적인 방법을 포함하여 창의력과 개성을 살리기 위한 적극적인 활동이라는 방식을 통해 지덕체(智德體)의 균형을 추구하는 것이 중요하다. 보기에 따라선 지나치게 고루하고 진부한 느낌이 들 수 있겠지만, 현대의 사회문제를 해결하기 위한 대안이 언제나 새롭고 참신하기만 한 것은 아니다. 밑도 끝도 없이 다른 국가에서 채택한 교육론을 한국사회에 뿌리내리게 한다거나 제대로 검증되지 않은 신(新)교육체제가 마치 병든 사회를 고쳐주는 혁신적인 방법인 것처럼 여론을 호도하는 등의 행위는 결코 미래지향적이라기보다는 미래파괴적인 결과를 초래할 수밖에 없다. 그보다는 교육의 참의미가 담겨있는 먼 과거의 상황을 참조하는 편이 상황에 따라선 합리적인 결과를 가져오는 데에 도움이 될 것이다. 최적화된 교육은 사람다움을 구성하는 요소들이 균형, 즉 지덕체라는 세 가지의 요소가 조화를 이루도록 하는 것을 목적으로 한다. 여기서 우리가 주목해야 할 사항은 지와 덕 그리고 체의 순(順)으로 그 비중의 높낮이를 평가해서는 안 된다는 것이다. 덕성과 건전함이 전제되지 않은 지성은 사익(私益)의 최대화를 이끌어내는 데에 역점을 두어 활용될 가능성이 높고, 지성과 건전성이 전제되지 않은 덕성은 사리분별력과 생각한 바를 현실적으로 이행하기 위한 행동력을 상실시킴에 따라 실속을 챙기지 못하는 우둔한 사람(그저 착하기만 한 사람)을 만들어낼 개연성이 있으며, 나태한 생활양식을 만들 개연성이 있으며, 지성과 덕성이 전제되지 않은 건전함은 뚜렷한 주관을 갖지 못한 채 방황하는 삶을 살게 만들 가능성이 농후하다. 위의 세 가지 요소가 균형을 잡지 못함에 따라 훼손된 심리적 안정성이 화이트칼라범죄 혹은 강력범죄 등을 양산시키는 원인이 된다. 물론 지덕체를 갖춘 이들이라고 하여 범죄를 자행하지 않는다고 단언할 수는 없지만, 적어도 범의(犯意)의 수준만큼은 이러한 덕목들을 갖추지 못한 이들의 그것과 격(格)을 달리할 것이다. 다시 말해서 사회통념상 받아들이기 힘든 행동을 했을지라도 그러한 행동을 하게 된 원인 자체는 인지상정(人之常情)에 기초하고 있을 가능성이 높다는 것이다. 심리적으로 연민을 느낄 수밖에 없는 범죄라고 하여 그것이 올바르다고 할 수는 없지만, 적어도 우리가 건전한 사회를 만드는 데에 있어서 간과했던 무엇인가가 존재하였음을 인식할 수 있는 기회를 얻을 수 있고, 이를 기반으로 하여 다수의 사람들이 평온공연한 삶을 영위할 수 있게 하기 위해 필요한 것들을 유형적 혹은 무형적인 차원에서 구비하도록 유도하는 데에 일정수준 기여하는 바가 있을 것이다. 그와 같은 기여는 지와 덕 그리고 체 중에서 어느 한 부분만이 아니라 세 가지의 요소들을 통합시켜주는 교육의 효과에 의하여 기대될 수 있는 것이라고 사료된다. 그러나 많은 이들이 지성만을 강조하는 세태에 대해 부정적인 견해를 제시하고 있음에도 불구하고, 자신을 비롯하여 혈연관계에 있는 사람들만큼은 지식의 습득과 그를 통한 외적인 발전에 대해서만 지대한 관심을 가지는 경향이 있다. 앞뒤가 다른 행동을 하는 자세는 그만큼 사회발전을 위해 필요한 것이 무엇인가에 대해, 즉 교육의 참된 의미를 내재적인 차원에서 받아들이지 못하고 있음을 단적으로 보여주는 증거라고 하겠다.

상기와 같은 상황에선 헌법 제31조의 교육의 자유가 공동체 속에 젖어들 것이라 기대할 수 없다. 제31조는 크게 여섯 개의 항으로 구성되어 있는데, 제1항 “모든 국민은 능력에 따라 균등하게 교육을 받을 권리를 가진다”, 제2항 “모든 국민은 그 보호하는 자녀에게 적어도 초등교육과 법률이 정하는 교육을 받게 할 의무를 진다”, 제3항 “의무교육은 무상으로 한다”, 제4항 “교육의 자주성 · 전문성 · 정치적 중립성 및 대학의 자율성은 법률이 정하는 바에 의하여 보장된다”, 제5항 “국가는 평생교육을 진흥하여야 한다”, 제6항 “학교교육 및 평생교육을 포함한 교육제도와 그 운영, 교육재정 및 교원의 지위에 관한 기본적인 사항은 법률로 정한다”고 규정하였다. 공부를 하는 학생들은 남녀노소를 불문하고 시대를 초월하여 올바른 인성을 갖추는 것을 제1의 목표로 삼아야 하고, 헌법은 그러한 목표가 현실적으로 이루어질 수 있도록 뒷받침해주는 역할을 수행하여야 한다. 그러나 현실은 헌법에 명시적으로 반하는 형태는 아니지만 실질적으로는 위반된 형태로

운영되고 있다. 공교육의 붕괴와 고액의 등록금 등으로 인하여 학교와 학생은 대치상태에 놓여있고, 학부모와 학생은 각각 출세위주의 공부와 개성발현 위주의 공부를 두고 갈등을 빚고 있다. 이와 같은 상황 속에서 헌법 제31조에서 추구하는 교육의 자유가 가지는 진가가 발휘될 가능성은 사실상 전무하다고 하여도 과언이 아니다.

사람들은 '교육의 자유'라는 말을 '하고 싶은 공부를 마음대로 할 수 있는 자유'라고 생각하는 경향이 있다. 물론 원하는 분야의 공부를 누군가의 간섭을 받지 않고 할 권리를 포함하고 있는 것은 사실이지만, 제31조의 기본권이 단지 그러한 내용만을 담고 있다고 보아선 안 된다. 본인이 열의를 다하여 정진하고자 하는 공부라고 할지라도 그로 말미암아 사회적으로 널리 통용되는 가치에 역행해선 안 된다는 한계가 존재하기 때문이다. 이와 같은 한계를 설정해야 한다는 주장이 보기에 따라선 사회주의나 공산주의 체제에서나 통용될 만한 교육론과 맥을 같이한다고 오해를 할 수도 있다. 그러나 필자는 반(反)자유주의 혹은 반(反)자본주의식의 교육을 주장한 것이 아니라, 교육을 통해 본인이 추구하는 가치가 타인이 영위하는 혹은 영위하고자 하는 생활에 부정적인 영향을 주어선 안 된다는 점을 강조하고 싶었을 따름이다. 실제로 "배운 놈이 더하다"라는 말이 널리 회자되는 까닭은 고등교육을 받은 사람들이 사회적으로 강한 권력을 행사할 수 있는 지위에서 그렇지 못한 이들의 삶이 어떠한지에 대해 성실하게 고려하지 않았기 때문이다. 피해를 받은 일부의 사람들이 단지 자신의 이익을 침해받았다는 이유만으로 부당하게 불만을 늘어놓은 경우가 전혀 없다고 할 순 없겠으나, 그들이 불평스러움을 토로하지 않도록 인지적 · 심리적으로 이해를 시키기 위한 노력이 이루어지지 않았다는 측면이 있음을 부정할 수도 없다.

교육이라는 것은 자신의 외적 · 내적 발전을 통하여 다른 사람의 삶에 긍정적인 영향을 끼칠 수 있도록 노력해야 한다는 정신의 함양이라고 보아야 한다.[131] 올바르지 못한 교육으로 인하여 발생한 사회악(社會惡)은 남들이 부러워할만한 학벌을 지니게 되었다는 사실 그 자체에서 나온 것이 아니라 그러한 학벌을 가지고 있는 사람들이 지덕체의 불완전성으로 말미암아 공익을 훼손하는 데에서 파생되는 것이고, 그로 말미암아 삶을 건설적으로 발전시키려는 타인에게 마땅히 주어져야 할 기회를 부당하게 박탈하는 데에서 나온다. 이와 같은 현실은 교육 그 자체를 하나의 재화(財貨)로 바라보는 오해로 인하여 나타난다. 사람들이 원하는 직업은 대체로 사회적으로 강력한 권한을 발동할 수 있는 직(職)이고, 이러한 직은 타인의 삶에 긍정적 혹은 부정적인 영향을 줄 수 있는 힘을 가지고 있기 때문에 주로 전문지식을 갖춘 이들에게 열려있다. 사회적 힘을 가진 전문가는 일종의 특권계층으로 평가를 받고, 시간이 지나면 부와 명예를 가지게 된다. 전문가들은 사회초년병시절부터 부단한 노력을 해왔기 때문에 상대적으로 높은 수준의 대우를 받는 사실이 부당하다고 볼 순 없다. 그러나 그와 같은 식견을 가

131) 필자는 개인적으로 조선 유학자들의 공부관에 주목하였다. 당시의 공부도 입신양명 등과 같이 세속적인 목적에서 온전히 벗어날 순 없었겠지만, 그 정도는 지금과 사뭇 다르다. 손병욱은 한국사상연구회가 2011년에 저술한 『조선유학의 개념들』 중 함양성찰 편에서 선조들의 공부관에 대해 "조선의 유학자들 특히 사림파 성리학자들은, 물론 제도의 개혁도 중요시했지만 그 제도를 운용하고 그에 의해 행동을 규제당하는 인간의 도덕의식 함양을 더 근본적인 것으로 생각했다. 수기(修己)가 치인(治人)보다 더 근본적이라는 것이다. 그런데 '수기'란 다름 아닌 자신의 마음을 다스리는 것이며, 이것이 바로 함양성찰(涵養省察) 공부이다. (중략) 먼저 정좌(靜坐) 공부는 생각이 발동하기 전의 미발(未發) 상태에서 몸과 마음을 차분히 안정시켜 우리의 의식을 고도로 각성시켜 준다. (중략) 다음으로 마음이 발동한 이발(已發)의 단계에서 도덕적으로 올바르게 행위하기 위해서는 자신을 반성하여 살피는 성찰이 필요하다. (중략) 이때 제대로 의리를 궁구하기 위해서는 끊임없이 내 마음을 살펴 잡념의 침투를 경계해야 할 것이다. 이것이 궁리(窮理) 공부이다. 그뿐 아니라 이 단계에서 인간은 배고프면 먹고 싶고 추우면 옷을 입고 싶은 따위의 '감각적 반응'으로부터 위기에 처한 어린이를 구하거나 불의를 보고 분노하는 등의 '도덕적 반응'에 이르기까지, 외계 대상과의 접촉을 통해 다양한 반응을 보인다. 이 반응은 감정과 의식(情意)으로 표출되게 마련이다. 또 이 반응은 옳은 것일 수도, 잘못된 것일 수도 있다. 이렇게 발동한 자신의 감정과 의식을 반성하는 것이 또 하나의 공부로, 조선 유학자들은 이를 성의(誠意) 공부라고 불렀다. 이때 발동된 감정과 의식의 도덕성 여부를 판별하는 기준은 앞의 궁리(格物 · 致知)를 통해 밝혀낸 의리이다. 그리고 발동한 감정과 의식이 이 기준에 합치하는 것이라면, 이를 실제로 실천하는 것(力行, 躬行) 또한 공부이다"라고 설명한 바 있다. 손병욱, "涵養省察 -마음을 다스리는 공부", 『조선유학의 개념들』(한국사상사연구회), 예문서원, 2011, 325~326면.

지고 있는 사람들이 많아지면 대우의 수준이 낮아지게 되는 것은 자명하다. 따라서 소위 말하는 요직(要職)에 있는 이들은 자신들이 점유하고 있는 영역에 진입할 수 있는 문을 좁히려는 시도를 하게 되는 것이다. 그 문에 들어설 수 있는 자격요건은 선배전문가가 추구하는 바에 대해 긍정적인 입장을 표명할 수 있는 사람이어야만 하고, 이러한 요건을 충족할 수 있는 이들을 선별하는 기준은 학연과 지연일 수밖에 없는 셈이다. 이러한 관행이 지속됨에 따라 특권계층 혹은 특권을 지닌 파벌이 형성되기에 이른다. 이러한 계층과 파벌들이 만들어 낸 영역에 입성하기 위해선 지덕체 중에서 지성만을 부단히 확장시키기 위한 노력을 하게 되고, 입성을 한 이후부터는 그 공동체에서 인정한 규칙만을 삶의 유일한 기준으로 삼는다.

다행스럽게도 이러한 병리적 현상이 최근 들어선 조금씩 잦아드는 추세에 놓여있다. 불과 몇 년 전만 하더라도 고등교육을 받았는지의 여부가 경제적으로 풍족한 삶을 보장해주는 보증수표였고, 이 수표는 결코 부도라는 위험에 빠지지 않을 것이라는 사람들의 믿음에 기초하였다. 명문대학교 출신자들이 그렇지 않은 사람들에 비하여 지능은 물론 업무수행능력이 월등히 뛰어날 것이라는 선입관이 사회 내에 존재하고 있음을 감안한다면 학벌지상주의라는 비합리적 교육패러다임이 일소된 것이라고 볼 수는 없겠지만, 적어도 학력인플레이션이 가져다주는 사회적인 병폐를 시정해야한다는 인식이 확산됨에 따라 ‘능력주의(能力主義)’ 내지는 ‘합리적 평등주의(合理的平等主義)’가 서서히 고개를 들기 시작하였고, 특정한 직에 종사하기 위한 기준으로 바람직한 인성을 갖추고 있는지에 대해 이목이 집중되는 세태가 형성되고 있다. 물론 지덕체의 균형이 잘 잡혀 있는지를 판단할 수 있을만한 객관적 기준이 완벽하게 마련되었다고는 할 수 없지만, 이에 대해 관심을 가진다는 세태가 강해지고 있다는 사실만으로도 사회 내에 존재하는 불합리성이 조금씩 사라지는 전조라고 받아들여도 좋을 것이라고 사료된다.

Ⅱ. 학술과 예술분야에 대한 지원과 사회발전가능성

위와 같이 사회가 혼란스러워진 상태에선 공동체의 발전에 기여할 수 있는 그 어떠한 것도 만들어지기 힘들다. 발전성 내지는 선진성을 꾸준히 이어가기 위하여 필수적으로 요청되는 것은 작금의 사회적 분위기에 대해 객관적인 일침(一針)을 놓아줄 수 있는 학자와 예술가의 역할이라고 생각한다. 헌법은 이들의 역할을 보장하기 위한 규정을 두고 있는데, 제22조 제1항에선 "모든 국민은 학문과 예술의 자유를 가진다", 제2항에선 "저작자 · 발명가 · 과학기술자와 예술가의 권리를 법률로써 보호한다"라고 하였다.[132] 학문과 예술의 자유는 해당주체의 연구열과 예술혼을 외부적으로 표출할 수 있도록 도움을 주어 궁극적으로는 자신들이 행복추구권을 향유할 수 있도록 함과 동시에, 그것이 사회기여를 위한 한축으로서 존재하도록 유인하는 데에 그 목적을 두고 있다. 그러나 본 규정이 사회적으로 어떠한 기여를 할 수 있는가에 대해 의문부호를 제시하는 이들도 적지 않

---

132) 헌법재판소는 1998년 7월 16일 96헌바33 사건에서 헌법 제22조 제1항의 의의를, 1994년 11월 25일 92헌마87 사건에서 헌법 제22조 제2항의 의의를 설명한 바 있다. 헌법재판소는 전자에서 "헌법 제22조 제1항에서 규정한 학문의 자유 등의 보호는 개인의 인권으로서의 학문의 자유뿐만 아니라 특히 대학에서 학문연구의 자유 · 연구활동의 자유 · 교수의 자유 등도 보장하는 취지이다. 이와 같은 대학에서의 학문의 자유에 대한 보장을 담보하기 위하여는 대학의 자율성이 보장되어야 한다. 헌법 제31조 제4항도 '교육의 자주성 · 전문성 · 정치적 중립성 및 대학의 자율성은 법률이 정하는 바에 의하여 보장된다'고 규정하여 교육의 자주성 · 대학의 자율성을 보장하고 있는데, 이는 대학에 대한 공권력 등 외부세력으로 하여금 연구와 교육을 자유롭게 하여 진리탐구와 지도적 인격의 도야(陶冶)라는 대학의 기능을 충분히 발휘할 수 있도록 하기 위한 것이며, 교육의 자주성이나 대학의 자율성은 헌법 제22조 제1항이 보장하고 있는 학문의 자유와 확실한 보장수단으로 꼭 필요한 것으로서 이는 대학에게 부여된 헌법상의 기본권이다"라고 판시하였고, 후자에 대해선 "헌법 제22조 제2항은 '저작자 · 발명자 · 과학기술자와 예술가의 권리는 법률로써 보호한다'고 규정함으로써 과학기술자의 특별보호를 명시하고 있으나 이는 과학 · 기술의 자유롭고 창조적인 연구개발을 촉진하여 이론과 실제 양면에 있어서 그 연구와 소산(所産)을 보호함으로써 문화창달을 제고하려는 데 그 목적이 있는 것이며 이에 의한 하위법률로써 저작권법, 발명보호법, 특허법, 과학기술진흥법, 국가기술자격법 등이 있는 것이다"라고 판시하였다.

은 편이다. 사회를 선도적으로 이끌어가는 주체가 비단 학자와 예술가에 국한되지 않을뿐더러, 다양한 직종에 종사하고 있는 모든 사람들의 유기적인 협조체계가 전제되지 않는다면 바람직하다고 여겨질 만한 그 어떤 결과도 양산될 수 없다고 바라보는 시각이 지배적이기 때문이다. 필자도 그와 같은 반론에 대해 동의한다. 계몽주의가 사회전반을 뒤덮은 시대에선 학자와 예술가가 사회발전의 첨병으로서의 지위를 부여받을 수 있었겠지만, 현대사회에 이르러서도 그와 같은 역할론을 주장하는 것은 시대착오적이다. 전문가보다 뛰어난 아마추어들이 사회 곳곳에 포진하고 있고, 고급기술을 갖춘 무명(無名)의 인사들이 지속적으로 양산되고 있는 시점에선 사회발전을 선도하는 주자라는 개념은 더 이상 시대에 부합하지 않는다. 그럼에도 불구하고 제22조에서 언급하고 있는 학자와 예술가의 지위가 중요한 이유는 이들이 그와 같은 직업을 천직으로 생각하고 있고, 발군의 실력을 갖추고 있는 일반인들에 비하여 더욱 오랜 시간 동안 그 직에 종사하였기 때문이다. 따라서 전문적인 아마추어들도 상당한 지적수준을 겸비하고 있으나, 이를 직업으로 삼고 있는 이들이 가지고 있는 능력은 그들이 가지고 있는 그것을 상회한다. 그만큼 시간과 노력 및 비용을 상대적으로 더욱 많이 투자를 한 결과이다. 그런데 현대사회에서 학자와 예술가가에 대한 평가가 날이 갈수록 저하되는 상황이 나타나고 있다. 그들의 역할이 기대에 부응하지 못했기 때문에 제시된 비판이라고 여겨진다.

학자가 하는 이야기만으로 어둠에 가려진 세상에 한줄기의 빛이 쏟아져 내릴 리는 만무하다. 다만, 그들이 사회를 향해 던지는 말에 대하여 귀를 기울이고 이를 통해 사회에 깔려있는 먹구름에 대해 염려스러운 마음을 가질 수 있다면 어떠한 식으로든 난세로부터 벗어날 수 있는 원동력을 형성해나가는 것만큼은 가능할 것이다. 안타깝게도 현재 한국사회에는 그와 같은 분위기가 제대로 조성되어 있다고 단언하기엔 어려움이 따르는데, “배운 놈이 더 했으면 더 하지, 덜 하진 않다”라는 말이 회자되고 있음이 이러한 현상을 단적으로 보여주고 있는 셈이다. 이러한 조류가 시간이 갈수록 더욱 격화되면서 학자들이 설 자리가 조금씩 사라지고 있는 실정이고, 대형서점의 베스트셀러 혹은 스테디셀러 코너에 가면 외국의 학자들이 저술한 연구문헌은 마치 날개라도 달린 듯 독자들의 손에 들어가는 경향이 있다. 그만큼 국내에서 이루어지는 학자들의 역량과 역할에 대해 불신풍조가 확산되고 있음을 알 수 있게 된다. 무엇이 위와 같은 결과를 낳았는가에 대해서 원인을 따지고 든다면, 한도 끝도 없을 터이지만 비교적 가능성이 높은 이유를 들자면 (ⅰ) 전업 학자로서의 생활을 하기 힘든 상황이 초래됨에 따라 연구에만 매진할 수 없다는 점, (ⅱ) 사회변화의 속도가 연구의 속도를 상회하여 이루어지고 있다는 점, (ⅲ) 신진연구인력 배출의 난점과 연구지원자들 수의 격감 등을 제시할 수 있다. 그렇다고 하여 외국의 학자들이 한국의 학자들에 비하여 비교도 할 수 없을 정도로 편안한 연구 환경에 있다고 단언할 수는 없겠으나, 국내의 환경이 전보다는 개선될 필요가 있다는 것만큼은 해결되어야 할 과제들 중 하나라고 생각한다.

상기의 상황은 비단 학자에게만 적용되는 것이라고 볼 수는 없다. 예술분야도 마찬가지라고 생각한다. 사회적으로 좋은 평판을 가지고 있던 예술세계의 한 분야가 지금은 과거에 비하여 위기에 직면하였다고 볼 수 있는데, 위에서 언급한 경우에 빗대어서 언급하자면 직업으로서의 작가생활이 유사하다고 생각한다. 작년 말에 신문을 통해 읽은 적이 있었는데, 전업 작가로서 생활을 하는 사람들은 몇몇에 불과할 뿐이고 나머지는 여타의 직업을 통하여 생계를 유지하면서 펜을 들고 있다는 것이다. 물론 생계를 유지하는 가운데 문학에 대한 열망을 가지고 있는 이들도 있으나 절필(絕筆)에 가까운 선택을 하는 이들도 많은 편이라고 한다. 60~70년대만 하더라도 "예술을 하면 배고픔에서 벗어나지 못한다"라는 말이 팽배했다고 한다. 지금은 그때에 비하여 여러모로 많은 문제들이 개선되었지만, 그것만으로는 문제해결을 완벽하게 했다고 보기엔 어려움이 따른다. 문학계 이외에 나머지 예술분야에서도 위와 같은 폐단은 동일하게 나타나고 있다.

그만큼 현대사회를 살아가는 사람들은 실질적 내지는 현실적으로 도움이 되는 것에 대해 많은 관심을 가질 뿐 내면적이고 심리적인 차원의 자양분의 섭취에 대해선 과거에 비하여 중요성을 덜 두고 있는 편이다. 직접적인 이익을 줄 수 있을만한 데이터들을 수집하여 실생활에 곧바로 적용할 수 있는지의 여부가 실용성 판단의 핵심적인 척도로 삼고 있음을 감안한다면, 이러한 문제들은 당연히 발생할 수밖에 없는 것이다. 사회경제적인 난관으로부터 벗어나는 것이 현대인에게 주어진 급한 과제라는 점을 염두에 둔다면 위와 같이 인스턴트 데이터들에 대해 관심을 기울이는 것에 대해 비판을 할 순 없다. 사람들이 느끼는 가장 큰 두려움은 먹고 살 수 있는 역량의 부족으로 말미암아 인간다운 생활을 할 수 없게 될 가능성이 높아진다는 것이다. 경제가 호황이었을 때에는 이른바 웰빙(Well-Being)이라고 하여 정신적 · 문화적으로 충만한 형태의 생활양식을 지향하였지만, 그와 같은 열기는 얼마가지 않아 식어버리고 말았다. 일전에 지상파 뉴스에서 사람들의 소비실태에 대해 보도한 바 있는데, 이에 따르면 공산품에 대한 수요가 자연품(채소, 야채 등)의 수요보다 높아지고 있다는 것이다. 경제학적으로 언급하자면, 열등재(劣等財)에 대한 관심이 증대되고 있는 것이라고 하겠다. 이와 같은 상황에서 사람들은 자신의 생활수준에 직접적으로 영향을 주는 데이터에 역점을 두게 된다. 야외에서 자영업하거나 제1차 산업에 종사하는 이들은 내일의 날씨가 어떠할지, 물건을 대량으로 주문하고 파는 사람들은 물가정세가 어떠할지, 금융계통에 있는 사람들은 내일의 주가가 어떠할지, 취업준비생들은 어떠한 회사가 채용공고를 낼지에 대해 관심을 가지게 된다. 그렇지 않으면 안정된 경제력을 바탕으로 한 가정의 온전함이라는 개인적 목적을 달성하지 못하기 때문이다. 오히려 정신적이고 심리적인 안정을 준다거나 사회를 객관적으로 바라볼 수 있도록 만들어주는 교양서적에 대해선 덜 한 관심을 가지기 마련이다. 최근에 인문학에 대해 관심을 가지는 이들이 늘어나고는 있지만, 그것이 한쪽으로 편중된 사회분위기의 물꼬를 혁신적으로 돌려놓을 만한 수치라고 하기엔 어렵다.

이러한 상황에서 국민들이 학문과 예술에 대해 관심을 가지지 않았으므로 해당계열의 쇠락속도가 가속화되고 있다는 식으로 단언해서는 안 된다고 생각한다. 더불어 학자와 예술가들이 사회인들의 삶이 그 지경에 이르기까지 아무런 기여를 하지 못했으므로 학계와 예술계의 쇠락은 자업자득의 소산이라는 식으로 말을 해서도 안 된다. 단적으로 말하자면, 그 누구의 잘못이라고 할 순 없다는 것이다. 단지, 먹고 사는 문제가 심대할 정도로 커졌다는 사실이 현재의 문제가 가지는 심각성을 더욱 강화시킨 셈이다. 그러나 이와 같은 병폐가 이렇다 할 시정의 절차를 거치지 않고 지속적으로 이어진다면, 한국의 정신문화는 온전한 모습으로 자리를 잡지 못한다. 인스턴트형 데이터에 대한 강한 집중도는 장기적인 안목에서 사회의 움직임에 대한 체감도를 둔감하게 함으로써 목전의 결과에만 몰두하게 만드는 근시안적 현상을 향상시킬 것이고, 현실문제를 해결하기 위하여 직접적인 영향을 주지 못하는 학술과 예술은 그 명맥을 이어가지 못함에 따라 스스로 사장의 길에 접어들도록 위험을 자초하게 될 것이다. 다시 말해서 현실적합성과 미래지향성은 어느 하나가 우위에 서는 것이 아니라 보완적인 입장에 놓여있을 때에 한하여 시너지 효과를 발휘하게 만드는 원동력을 생산해낸다는 의미이다. 필자가 주장하는 이러한 내용들에 대해선 누구나 이미 공감을 하고 있고, 반드시 시정되어야만 함을 인식하고 있다. 그러나 문제를 풀어가기 위한 실마리를 찾지 못하고 있을 뿐이다. 설령 실마리를 찾았다고 할지라도 풀어가기 위한 방법을 채택하는 과정에서 이견의 차이를 좁히기 힘들고, 이견의 차이를 좁히는 데에 성공했다고 하여 이러한 과정을 통해 얻어지는 결과가 만족스러우리라는 보장을 할 수도 없다. 절차의 과정에서 결과도출에 이르기까지 무엇 하나 분명하고 명쾌한 것이 없는 셈이다. 보기에 따라선 양자 중 어느 한가지만이라도 제대로 시정한 후에, 남아있는 다른 병폐를 해결하도록 하는 편이 합리적이라 말하는 것이 불가능하진 않다. 그러나 첫 번째 문제가 시정될 때까지 다른 하나의 문제에 내재된 심각성이 시간이 갈수록 더욱 깊어질 가능성이 있고, 결과적으로는 양자 중 선택받지 못한 하나를 희생시키는 결과가 나타나게 된다. 더군다나 그 희생의 대상이 누가될 것인지에 대한 논의에서 이견의 차이를 좁히기란 여간 어려운 것이 아니다. 그렇다면 견해의 차이를 어떻게 좁혀야 할 것인가?

주지하다시피 예술은 심미적인 측면이 강하기 때문에 사람의 감성에 미치는 영향이 상당히 크다. 그런데 무엇이 사람들을 감정적으로 풍요롭게 만드는지에 대해 알지 못한다면 그러한 심미적인 특성은 무미건조함으로 전락하게 될 가능성이 높다고 사료된다. 감정적인 풍요로움을 느끼는 순간은 일상생활에서 육체적 · 정신적인 피로감에 사로잡힌 이들이 그로부터 일시적으로나마 벗어나는 때일 것이다. 예술은 바로 그와 같은 순간을 만들어내는 역할을 해야만 한다. 물론 예술의 목적이 '사회인들의 피로를 회복시키기 위함이다'라는 식으로 말을 할 순 없지만, 그것(예술)이 가지고 있는 참된 의미를 발현시킴과 더불어 사람들로 하여금 많은 관심을 갖도록 만들기 위해선 이러한 역할을 수행하는 것이 중요하다고 판단된다. 예술이 가지는 아름다움에 매료된 이들은 복잡한 일상사에서 벗어남과 동시에 본인이 살고 있는 세상을 객관적으로 바라볼 수 있는 기회를 얻게 된다. 일상에서 탈피한 이들은 다시 본인들이 소속했던 사회를 향해 자신만의 의사를 표명하고 이를 통하여 사회변화를 이끌어내기 시작한다.

Ⅲ. 외부세계를 향한 의사표현과 그를 통한 사회변화

일상에 함몰된 이들은 자아존중감을 상실한 상태에서 살아가는 경우가 많다. 다시 말해서 권리는 존재하지 않고 의무만이 존재하는 사회 속에서 생을 영위한다는 느낌에서 벗어나기 힘들어지고 있다는 것이다. 자신이 누릴 수 있는 권리가 무엇인지 그리고 그 내용과 행사의 한계선을 명확하게 인식하는 것은 다른 사람들과 더불어 살아가는 삶 속에서 최소한의 평온함을 유지하기 위한 비결(秘結)이라고 할 수 있다. 비결이라는 말은 공공연히 알려지지 않은 기술을 지칭할 때 쓰는 표현이라고 할 수 있는데,

사실 필자가 언급한 사항은 비밀스러운 기술이라고 할 만한 내용이 아니다. 굳이 의도성을 가지고 학습하지 않더라도 살아가면서 자연스럽게 숙지하게 되는 것이다. 그럼에도 불구하고 사람들은 이를 지나치게 당연한 것이라고 생각한 나머지 그것이 가지고 있는 진정한 가치에 대해 주의를 기울이지 않은 까닭에 흘러가는 세월 속에서 별도의 노력을 기울이지 않더라도 체득할 수 있는 이러한 덕목을 간과하고 살아가는 경우가 많아 안타까울 따름이다. 조금 더 특이한 혹은 자신만의 개성이 뚜렷하게 반영된 그 무언가가 인생의 진리라도 되는 듯하게 움직이곤 한다. 물론 천편일률적인 사회분위기에선 개인의 혹은 공동체의 발전을 이루기 힘든 것이 사실이지만, 차별성에 지나치게 역점을 둔다면 무게중심 그 자체에 균열이 가도록 만들기 쉽다. 중심축이 무너진 상태에선 그 어떠한 변화를 이끌어 내려고 노력을 기울인다고 할지라도 이점보다는 단점이 상대적으로 더 많이 노출될 뿐만 아니라 결과적으로는 기존의 상황보다 열악한 상황을 만들어 낼 가능성이 농후하다고 사료된다. 그렇기 때문에 본인이 자신의 삶을 윤택하게 만들기 위하여 혹은 사회분위기를 긍정적으로 전환시키기 위하여 내세우고자 하는 안건을 공론화하여 심의의 과정을 거칠 수 있도록 할 수 있는 기제가 필수적으로 요청될 수밖에 없는 것이다.[133]

그러나 공론화라는 과정을 거친다고 하여 언제나 합리적인 결정이 내려

---

133) 개인의 의사를 공론화시키기 위한 제도적 장치로서 청원법, 국회법, 행정절차법 등이 존재한다. 그러나 이들은 시급하게 수호하여야 할 공익 관련 사건이 발생하지 않는 한 일반인들의 의사가 널리 확산되기란 어려울 수밖에 없는 것이 현실이다. 그렇기 때문에 블로그와 같은 온라인 설비를 이용하여 자신의 견해를 유포시키는 방법을 주로 사용하는데, 문제는 사이버공간 내의 사용규칙이 제대로 설정되어 있지 않기 때문에 불법적인 속성을 띤 발언들이 그대로 노출된다는 사실이다. 물론 이러한 상황을 규제하기 위하여 "정보통신망 이용촉진 및 정보보호 등에 관한 법률"이 제정되어 시행 중이긴 하지만, 하루에도 셀 수 없을 정도로 많은 게시물들을 관계부서 공무원들이 모두 확인할 수 없을 뿐만 아니라 특정 게시물이 불법성을 띠고 있는지의 여부가 불분명하여 어떠한 조치를 취하기 힘든 경우가 발생가능하다. 그러므로 정보통신서비스 제공자에게 일차적으로 유해게시물을 감시 · 감독할 수 있도록 권한을 부여하고, 정보제공자 · 정보작성자 · 정보이용자 사이의 문제가 확산되지 않도록 자율규제기구를 설립하여 갈등을 해결할 필요가 있다.

진다고 단언하기란 어렵다. 사람들이 특정한 사안에 대해 타당성 논의를 하기 위하여 모이는 장소에선 권력의 형평성이라는 문제가 발생하기 때문이다. 참여자들이 당부당(當不當)을 결정하기 위하여 공정하게 1표를 행사한다고 할지라도 여론을 주도할 수 있는 힘을 가진 자는 반드시 있기 마련이다. 권력의 형평성이라는 기본적 요건이 충족되지 않은 상태에서 누군가에 의해 일방적으로 주도되는 여론은 자신과 다른 의견을 가진 이를 설득하는 것에 그치는 것이 아니라, 강압과 억압을 통하여 강제로 자신의 견해에 동조할 것을 요구하는 결과를 초래할 수 있다. 이와 같은 상황에선 공평무사한 결론이 아니라 편파적인 성격의 결론이 도출되는 것은 명약관화하다. 물론 여론을 주도할 수 있는 정도의 힘이 전무한 경우를 상정해볼 수 있다. 이때에는 참여자들이 적어도 분명한 사리분별력을 겸비하여 안건의 타당성을 검증할 수 있어야만 하는데, 이성적 사고력을 발휘하지 못한 채 뛰어난 한 사람의 견해에 부화뇌동(附和雷同)하는 식으로 쫓아가는 사례도 적잖이 발견되기도 한다. 뿐만 아니라 합의를 이끌어내기 위하여 드는 시간과 비용 및 노력에 비하여 도출된 결론이 현실에 적합하지 않거나 실효성을 겸비하였다고 보기 어려울 수도 있을 것이다. 그래서 공론장이 가지고 있는 공적심의기능에 대해 회의적인 시각으로 바라보는 이들이 많은 편이다.

상기와 같은 불신이 확산됨에 따라 독립적으로 자신의 의견을 피력하는 경향이 강해지고 있다. 과거에는 신문사에 투고하거나 방송사에 제보를 하거나 출판을 통하여 본인의 사상을 외부로 피력하는 경우가 많았지만, 이제는 온라인 설비를 이용해 전 세계에 유포하는 방법이 널리 활용되고 있다. 웹 사이트에 업로드 하는 순간부터 게시물의 조회 수는 엄청난 속도로 상승하기 시작하고, 그에 대한 짧은 댓글들이 달릴 뿐만 아니라, 해당 게시물을 접한 사람들에 의하여 널리 배포되기에 이른다. 보기에 따라선 개인이 신문사나 방송사가 가지고 있는 파급력을 상회하는 수준의 유포력을 가지고 있다고 보아도 무방할 정도이다. 일종의 혁명이라고 명명하더라도 전혀 부족함이 없는 의사표현방법의 변화는 자신의 목소리를 낼 수 없을 정도로 열악한 환경에 놓인 이들에게 사회를 향해 소리를 발(發)할 수 있도록 공용 마이크를 내어 준 것이기 때문에 진정한 의미의 자유주의를 이끌어내는 중요한 견인차로서의 역할을 하였다고 사료된다. 그러나 자유라는 막강한 무기가 주어졌음에도 불구하고, 이를 선용하지 못한다면 스스로를 파괴하는 부작용이 나타날 수 있다는 점에 대해서도 유의하여야 할 것이다.

사람들이 하는 말이 가지고 있는 위력에 대한 옛 문구를 생각해보자. '말 한마디로 천 냥 빚을 갚는다', '펜은 칼보다 강하다' 등의 문구를 생각해보면, 세 치의 혀가 보유한 파괴력이 얼마나 대단한지를 알 수 있다. 실제로 사회적으로 저명한 인사들이 웹 사이트의 댓글로 인하여 스스로 목숨을 끊는 경우가 적잖이 발생하고 있을 뿐만 아니라, 위키리크스(Wikileaks)와 같은 폭로성 글을 통하여 사회전반의 여론과 관심사를 뒤흔들어 놓기도 한다. 일반적으로 특정한 사건에 대해 자신만의 사고를 외부세계로 피력하고자 하는 이들이 표현의 자유를 원하는 수준만큼 누리지 못할 때에 자유민주적 기본질서가 제대로 지켜지지 않고 있다며 강력하게 항변을 하는 경우가 종종 발견된다. 물론 헌법질서가 준수되지 않거나 준수되기 위한 제도적 여건이 미비할 수도 있겠지만, 그렇지 않은 경우도 많은 편이다. 다시 말해서 타인에게 묵과할 수 없는 피해를 줄 수 있는 개연성이 있음에도 불구하고, 표현행위로 인한 부작용에 대하여 둔감하게 반응하는 사람들이 더러 존재한다는 것이다. 격 없이 지내는 사람들 사이에선 표현의 내용이 갖는 파급효과에 대해 상대적으로 덜 민감하더라도 충분히 용인될 여지가 있지만, 사회적인 이슈나 문제와 연관이 있거나 발언내용과 관련을 맺고 있는 사람의 사실적 · 법적 지위에 영향을 줄 객관적인 가능성이 있다고 판단될 경우엔 본인이 발(發)하는 언동에 대해 최소한의 주의를 기울일 필요가 있다. 달리 표현하자면, '사회적 책임성의 내면화'라는 작업이 특정한 언동(言動)의 발현 이전에 이루어져야만 한다는 것이다.[134)135)]

주지하다시피 내가 듣기 싫은 말은 상대방도 듣기 싫은 법이다. 그러나

치열한 경쟁 속에서 살아남아야 한다는 생존의식은 자연스레 사람들로 하여금 날카로운 말을 하도록 유도하며, 날카로운 말을 통해 상대방이 나아가는 진로를 차단하게 만든다. 중상모략(中傷謀略), 권모술수(權謀術數), 유언비어(流言蜚語) 등이 난무하는 사회 속에선 신뢰라는 개념이 싹틀 수 없을 뿐만 아니라, 설령 누군가가 진실어린 말을 한다고 할지라도 청자(聽者)는 진의에 대해 의혹을 떨쳐내기 어렵다. 특히 남의 말을 있는 그대로 믿는 사람을 얼간이로 평가를 하는 세태를 보면, 그만큼 사람들 사이의 신뢰지수가 얼마나 저하되어 있는지를 알 수 있다. 이러한 까닭에 헌법 제21조에서

134) 이는 비단 특정한 의사를 표현하는 개인에게만 국한되지 않는다. '언론중재 및 피해구제 등에 관한 법률' 제4조에서 언론사들이 준수해야 할 사항으로서 사회적인 책임을 들고 있다. 본조는 세 개의 항으로 구성되어 있는데, 제1항에선 "언론의 보도는 공정하고 객관적이어야 하고, 국민의 알권리와 표현의 자유를 보호 · 신장하여야 한다"고, 제2항에선 "언론은 인간의 존엄과 가치를 존중하여야 하고, 타인의 명예를 훼손하거나 타인의 권리나 공중도덕 또는 사회윤리를 침해하여서는 아니된다"고, 제3항에선 "언론은 공적인 관심사에 대하여 공익을 대변하며, 취재 · 보도 · 논평 또는 그 밖의 방법으로 민주적 여론형성에 이바지함으로써 그 공적 임무를 수행한다"고 규정하고 있다. 이상의 규정은 언론사들을 대상으로 하여 적용되지만, 요즘과 같이 개인이 온라인에서 언론사에 버금가는 힘을 발휘할 수 있는 실정을 고려할 때 본 규정에 담겨있는 기본원리가 부분적으로나마 일반인에게도 적용되어야 할 필요성이 있다고 사료된다.

135) 윤성옥 박사는 자신의 연구문헌에서 1990년부터 2008년까지 발생한 연예인 악성 댓글 사례 40건을 분석한 결과 그 특징(2~3면)으로서 "(ⅰ) 여성 연예인들이 주요 타깃이 될 가능성이 높다. (ⅱ) 악성 댓글의 내용은 단순히 외무에 대한 비난에서 낙태설, 사망설 등 소문, 추측까지 매우 다양하게 나타나는데 허위에 기반한 경우가 사실에 대한 의견 제시보다 많다. (ⅲ) 연예인이 악성 댓글로 권리를 침해받음에도 불구하고 연예인들의 대응방식은 법적 대응(고소, 수사)보다는 법적이지 않은 대응방식(해명, 차단조치, 무대응)을 취하는데 특히 아무런 조치나 대응을 하지 않은 경우가 많다. (ⅳ) 현행 정보통신망법에 따르면 5,000만 원까지 벌금이 가능한데 연예인 악성 댓글 사건에서 벌금은 70만 원~200만 원으로 비교적 낮은 액수로 나타난다"고 언급하였다. 그리하여 인터넷 규제 논의 방향(보호받는 표현과 보호받지 못하는 표현의 구별), 법적 규제 개선방안(제1안 : 형법적 규제, 제2안 : 형법과 정보통신망법 현행 규제 체계를 유지하되 일관성과 형평성을 유지하는 방안, 제3안 : 민법적 규제), 연예인들의 대응방식 개선, 법적 · 사회적 · 기술적 규제의 균형적 모델 수립을 논하여 문제를 해결하여야 한다(3~4면)고 강변하였다. 자세한 내용은 윤성옥, 『연예인 악성 댓글 사례와 개선방안』, 한국방송영상산업진흥원, 2008을 참조하길 바란다.

는 표현의 자유가 어떠한 식으로 운용되어야 하는지를 규정하고 있다. 제21조는 크게 4개의 항으로 구성되어 있는데, 제1항에선 "모든 국민은 언론·출판의 자유와 집회·결사의 자유를 가진다", 제2항에선 "언론·출판에 대한 허가나 검열과 집회·결사에 대한 허가는 인정되지 아니한다", 제3항에선 "통신·방송의 시설기준과 신문의 기능을 보장하기 위하여 필요한 사항은 법률로 정한다", 제4항에선 "언론·출판은 타인의 명예나 권리 또는 공중도덕이나 사회윤리를 침해하여서는 아니된다. 언론·출판이 타인의 명예나 권리를 침해한 때에는 피해자는 이에 대한 피해의 배상을 청구할 수 있다"라고 하였다.

제1항에서 제3항에 해당하는 내용은 표현의 자유를 적극적으로 보장하기 위한 규정으로서 자신이 가지고 있는 가치관과 생각을 외적으로 표출할 수 있도록 해줄 뿐만 아니라, 국민의 의사가 곧 국가의 의사로 이어질 수 있도록 해주는 가교의 역할을 해준다는 차원에서 볼 때 매우 중요하다. 필자는 관련 내용을 『공화주의적 자유주의와 법치주의(Ⅰ)』에서 언급한 바 있으므로, 여기선 자세하게 설명하지 않는다. 다만 제4항에 해당하는 내용의 경우 표현의 자유가 사회 전체가 세 치의 혀에 의하여 붕괴되는 우가 발생하지 않도록 막아주는 보루의 역할을 하고 있다는 점에서 제1항~제3항의 내용과는 차원을 다소 달리하는 경향이 있다. 기본권은 헌법에 의하여 반드시 보호되어야 할 근본적인 권리에 해당하기 때문에 쉽게 남용될 가능성이 높은 편이다. 특히 입을 통해 나오는 말은 그 사람의 심리상태가 어떠한가에 따라, 즉 개인과 사회에 어떠한 영향을 미칠 것인지에 대해 사려 깊게 생각할 수 있는 능력이 어느 정도로 고양되어 있는가에 따라 긍정적 내지는 부정적인 결과를 초래한다. 그러나 안타깝게도 긍정적인 언동보다는 부정적인 언동이 사회에 미치는 영향이 크며, 발생빈도 수 역시 높을 뿐만 아니라, 전자에 비하여 효과적으로 여론몰이를 하기도 한다. 그리고 합리적인 근거가 없는 비난성 여론은 공동체의 붕괴를 낳고, 사회를 분열시키며, 급기야 국가와 사회의 대립관계를 형성시키는 원인이 됨을 감안하

여야 할 것이다. 그렇기 때문에 헌법 제21조 제4항과 이를 중심으로 형성된 법률들을 통하여 사회적 책임성을 가진 표현의 자유시장을 만드는 것은 무엇보다도 중요하다.

이러한 과제를 수행하는 데에 있어서 가장 빈도 높게 원용되는 법학의 분야가 바로 형법이다. 대한민국 형법은 제33장 명예에 관한 죄에서 이를 다루고 있는데, 명예훼손(제307조 제1항, 제2항) · 사자의 명예훼손(제308조) · 출판물 등에 의한 명예훼손(제309조 제1항, 제2항) · 위법성의 조각(제310조) · 모욕(제311조) · 고소와 피해자의 의사(제312조)로 구성되어 있다. 통상적으로 범하는 실수나 과실의 예를 들자면, '널리 알려져 있는 것으로 특정인에겐 치욕스러운 일로 여겨지는 사항을 외부적으로 공공연히 알리는 행위'를 자행함으로써 명예훼손죄의 구성요건을 충족시키는 것이라고 할 수 있다. 보기에 따라선 누구나 알만한 일을 공표한 행위가 범죄의 일환으로 취급을 받는다는 것이 공정하지 못한 것처럼 보이기 때문에 논란의 여지가 있을 수 있지만, 그럼에도 불구하고 이에 대해 형법이 강력하게 규제를 하는 이유는 자신이 호의적으로 생각지 않는 누군가를 심리적으로 곤궁에 빠뜨리거나 정신적인 피해를 가하기 위한 의도를 문제시하고 있기 때문이다. 달리 표현하자면 결과론적인 의미의 불법성뿐만 아니라 행위론적인 의미의 불법성에도 주안점을 두고 있는 것이라고 할 수 있겠다. 그러므로 공공연하게 알려진 것이 아닌 은밀성을 갖추고 있는 사실로서 타인의 명예와 직결된 사항을 공표할 경우엔 이에 대한 제재의 수준은 더욱 강할 수밖에 없는 것이다. 특히 공표사항이 허위의 사실에 바탕을 둔 것이라면 더욱 그러하다. 이에 대하여 형법이 지나칠 정도로 피해자보호주의 혹은 가해자처벌주의 위주로 경도된 것이 아닌가 하는 비판을 제시할 수도 있다. 그렇지만 형법이 보호하고 있는 명예는 내적인 명예가 아니라 외적인 명예로서 침해될 경우 그 피해자가 정상적인 사회생활을 영위하는 것이 불가능하거나 설령 가능하다고 할지라도 힘겨운 생활에서 벗어나기 어려울 만한 수준의 평판을 의미한다. 그러므로 명예를 훼손한 가해자를 처벌하는 데에 집중을 한 것이라고 보는 시각은 타당하지 않다. 뿐만 아니라 제310조에 규정된 위법성 조각사유의 존재를 아울러 염두에 둘 필요가 있다. 제310조에선 "제307조 제1항의 행위가 진실한 사실로서 오로지 공공의 이익에 관한 때에는 처벌하지 아니한다"고 규정하고 있는데, 이는 타인의 명예를 훼손하였다고 할지라도 정당한 사유가 있을 때에는 형법의 제재로부터 벗어날 수 있는 여지를 남겨둠으로써 언론정의와 정의로운 표현의 자유가 자리를 잃지 않도록 하고 있다.[136] 뿐만 아니라 제312조 제1항에선 "제308조와 제311조의 죄는 고소가 있어야 공소를 제기할 수 있다"라고, 제2항에선 "제307조와 제309조의 죄는 피해자의 명시한 의사에 반하여 공소를 제기할 수 없다"고 함으로써 융통성을 갖춘 형벌부과가 이루어질 수 있도록 조치를 마련한 바 있다.

형법을 비롯하여 어떤 법률이든 어떻게 적용되는가에 따라 자유주의적으로 혹은 공화주의적인 속성을 띠게 된다. 특히 형법은 기본적으로 사회질서를 유지를 함으로써 공익을 수호해야 한다는 강력한 의지의 소산이기 때문에 사건에 적용함에 있어 상당한 주의가 요구된다. 경우에 따라선 표현의 자유를 지나치게 억압함으로써 사람들이 서로가 가지고 있는 생각을

---

136) 대법원은 2002년 9월 24일에 선고한 2002도3570 판결에서 "공연한 사실을 적시하여 사람의 명예를 훼손한 행위가 처벌되지 않기 위하여는 적시된 사실이 객관적으로 볼 대 공공의 이익에 관한 것으로서 행위자도 공공의 이익을 위하여 그 사실을 적시한 것이어야 될 뿐만 아니라, 그 적시된 사실이 진실한 것이거나 적어도 행위자가 그 사실을 진실한 것으로 믿었고, 또 그렇게 믿을 만한 상당한 이유가 있어야 하는 것인바, 여기에서 '진실한 사실'이란 그 내용 전체의 취지를 살펴볼 때 중요한 부분이 객관적 사실과 합치되는 사실이라는 의미로서 세부에 있어 진실과 약간 차이가 나거나 다소 과장된 표현이 있더라도 무방한 것이며, 나아가 '공공의 이익'에는 널리 국가 · 사회 기타 일반 다수인의 이익에 관한 것뿐만 아니라 특정한 사회집단이나 그 구성원 전체의 관심과 이익에 관한 것도 포함되는 것으로서, 적시된 사실이 공공의 이익에 관한 것인지 여부는 당해 적시 사실의 내용과 성질, 당해 사실의 공표가 이루어진 상대방의 범위, 그 표현의 방법 등 그 표현 자체에 관한 제반 사정을 감안함과 동시에 그 표현에 의하여 훼손되거나 훼손될 수 있는 명예의 침해 정도 등을 비교 · 고려하여 결정하여야 하고, 행위자의 주요한 동기 내지 목적이 공공의 이익을 위한 것이라면 부수적으로 다른 사익적 목적이나 동기가 내포되어 있더라도 형법 제310조의 적용을 배제할 수 없다"고 하였다.

교환할 수 없도록 하고, 더 나아가 사회전체의 발전을 저해할 수도 있다. '좋은 약은 입에 쓰다'는 말은 바로 이러한 상황에 적용된다. 건설적인 비판이 자유롭게 교환될 수 있을 때에 한하여 좋은 점은 발전시키고 나쁜 점은 개선시키는 자세를 갖게 된다. 그리고 이것이 사회전체의 발전을 이끄는 원동력이 됨은 두말할 것도 없이 자명하다. 다만, 건설적인 속성이 아니라 비방적인 성격만을 보유한 의사로서 언론시장의 자정작용을 통해 희석될 여지가 어렵다는 객관적인 판단이 들 때에 한해 강력하게 대처할 필요가 있다. 물론 대처의 시기가 적절치 못하여 문제를 시정하는 것이 현실적으로 어려워지지 않도록 하는 세심한 주의가 아울러 요청됨은 당연하다. 그러한 시기를 어떻게 포착해야 하는지에 대해선 일의적으로 언급할 순 없겠지만, 분명한 점은 그와 같은 포착능력의 함양을 위한 선결조건이 표현의 자유를 향유하는 이들 사이에서 형성되는 규칙의 형성과 관계가 깊다는 사실이다. 현재 어느 나라에서든 이와 같은 규칙이 마련되어 있지는 않다. 사회의 분위기가 개인의 가치관에 영향을 주고, 그에 따라 의사표현의 장에서 응당 자리를 잡아야 할 준칙의 안정성이 담보되지 않고 있기 때문이다. 사람들이 특정한 사건을 보고 관대해지거나 인색해지는 등 기존의 태도를 변경시키는 이유는 임의적이다. 극단적으로 말하자면, '기분이 좋으면 아량이 넓어지고, 그렇지 않으면 주변의 모든 것에 엄격하다'는 식으로 표현해볼 수 있겠다. 바로 이러한 기분파(氣分派)식의 사고관이 여론·언론시장의 공격적 성향을 자극하는 결과를 가져오고, 그로 인하여 건설적인 비판도 한낱 비방에 불과한 것으로 전락하며, 자신에게 유리한 정보와 발언에 대해서만 귀를 기울인다. 그러므로 사회구조가 안정적이고, 안정적인 사회구조가 구태의연함을 띠지 않도록 자극을 줄 수 있는 현명한 개인들의 존재가 여론시장과 언론시장의 발전을 꾀하고, 궁극적으론 공동체의 건전성을 가져오는 핵심적인 열쇠가 될 것이라고 사료된다.

第4-2節 자아의 실현을 둘러싼 환경(II)

I. 기본적 생활유지와 자아실현을 위한 사회활동

그와 같은 열쇠를 쥐기 위해서 요구되는 또 하나의 전제조건이 있다면, 그것은 경제적 안정성일 것이다. 물론 돈이 인생의 전부라고 하는 것은 온당한 생각이라고 할 순 없겠지만, 지나칠 정도로 결핍된 상태에선 궁핍한 생활에서 벗어날 수 없고, 그러한 생활상에선 비관과 비난으로 점철된 공격성만이 개인을 지배할 가능성이 현저히 높음을 부인할 순 없다. 필자는 위에서 "현재 어느 나라에서든 이와 같은 규칙이 마련되어 있지는 않다. 사회의 분위기가 개인의 가치관에 영향을 주고, 그에 따라 의사표현의 장에서 응당 자리를 잡아야 할 준칙의 안정성이 담보되지 않고 있기 때문이다"라고 언급한 바 있다. 있어야 할 규칙이 대한민국뿐만 아니라 다른 국가들에서도 제대로 발견되지 못하고 있다는 말은 전 세계가 경제적 결핍 상태에 놓임에 따라 그곳에서 정주하는 이들 역시 곤궁한 환경에서 삶을 영위하고 있다는 것과 같다. 물론 대중매체에서 연일 보도되는 경제소식을 보면 날이 갈수록 경제성장 · 무역흑자로 인하여 경제발전이 가속화되고 있다고 여길 수 있겠으나, 그러한 혜택을 받는 사람은 지극히 선별적이다. 유럽에 확산된 엄청난 고실업율과 미국 주(州)정부의 부도사태 등에 주목할 필요가 있다. 그리고 대한민국의 경우 고학력자들의 대탈출[137] 등 사회의

---

137) 문화일보는 2013년 7월 23일 온라인 기사를 통해 "의사 · 간호사 등 의료인력의 해외유출 현상이 갈수록 심화돼 일선 병원들이 인력난을 호소하는 것은 물론, 의료서비스산업 발전을 통해 의료관광대국으로 나아간다는 장기 국가비전마저 위협받고 있다. (중략) 23일 의료계에 따르면 의사, 간호사 등이 가뜩이나 부족한 국내 의료현장에서 의사의 경우 60~80여 명, 간호사 60~70여 명 등 연간 120~150여 명의 우수 의료인력들이 해외로 유출되고 있는 것으로 추산돼 '의료공동화'의 우려가 커지고 있다. (중략) 대한의사협회 관계자는 '대형 병원으로 환자들이 몰리고 일반 병 · 의원들은 살아남기 어려운 국내 의료 환경 때문에 많은 의사들이 외국행을 선택하고 있다'며 '특히 외국으로 나가는 의사들의 경우 우수한 인재들이 많아 문제가 더 심각하다'고 말했다"고 보도한 바 있다.

혼돈이 가속화되고 있는 실정이다. 이러한 상태를 한 마디로 정리하자면 결국은 '돈 문제'이다. 우리나라의 경우 많은 이들이 양질의 교육을 받았음에도 불구하고 자신의 능력을 발휘할 수 있는 장소를 찾지 못하고 있을 뿐만 아니라, 설령 찾았다고 할지라도 계약직 내지는 비정규직에 머무를 수밖에 없다. 결과적으로 바람 앞의 등불과 같은 직업생명을 보유하고 있을 따름이다. 풍전등화(風前燈火)라는 상황이 만들어 낸 기현상이 있다면 공무원시험 응시생들이 폭발적으로 증가하거나 자격증의 취득과 같은 스펙확장에 열의를 보이는 것이라 하겠다. 외적으로 부풀리지 않으면 사회적으로 인정받을 수 없다는 생각을 가지면서 자신이 진정으로 하고자 하는 일이 무엇인지에 대해 생각할 여력을 상실하게 되었다. 전공을 살리거나 적성에 맞는 일을 찾는 것보다는 금전적인 문제를 해결하는 것이 최우선과제가 되었기 때문이다. 실제로 대학졸업생들은 본격적으로 사회생활을 시작하기 전에 학자금대출상환에 골몰한다. 엄청난 이자로 인하여 전공과 적성에 맞는 일이 무엇인지를 탐색할 여유가 없는 셈이다. 이러한 상태에서 사람들은 자신이 행복한 삶을 영위하고 있다고 혹은 그러할 것이라고 생각할 순 없다. OECD 국가들 사이에서 한국의 행복지수는 상당히 낮은 편이다. 한국은 G20에 속한 국가로서 그 위상을 세계에 알린 바 있고, 최근의 한류열풍은 많은 국가들의 시선을 모으는 데에 엄청난 기여를 하였다. 그러다보니 자연스럽게 한국사회에 대해 긍정적으로 바라보는 시선을 가지는 이들이 생겨나고 있다. 그렇지만, 국부의 증진과 국격(國格)의 상승이 필연적으로 국민들의 삶을 윤택하게 만드는 것이라고 볼 순 없다. 그럼에도 불구하고 사람들은 돈을 좇는 삶에 대해 회의적으로 바라보는 경향이 있다. 경우에 따라선 천민자본주의(賤民資本主義)의 병폐라고 언급하면서 물질문명보단 정신문명의 발전이 이루어져야 한다고 강변하곤 하기도 한다.

물론 황금만능주의(黃金萬能主義)가 옳다고 볼 수는 없지만, 그렇다고 하여 물질문명이 정신문명보다 상위 혹은 하위에 있다고 단언하는 것이 가능한지에 대해선 생각해볼 여지가 있다고 사료된다. 예전의 보릿고개가 산업화

과정을 통해 없어진 줄 알았으나, 여전히 존재하고 있는 현상이다. 국가로부터 수급을 받지 않으면 기초생활을 영위하기 힘든 이들도 있고, 하우스푸어(House poor)라는 신세를 면치 못하여 직업전선에서 고전을 면할 수 없는 이들도 있으며, 심지어 자살을 선택하는 이들도 있을 정도이다. 물질이 정신보다 하등한 것이라는 평가를 내리는 태도가 합리적인 것이라고 단언했던 사람들의 가치관을 무색하게 만드는 상황은 지속적으로 발생하고 있다. 보기에 따라선 프롤레타리아의 대규모적 양산으로 말미암아 사회는 붕괴되고, 금전적 여유가 있는 유산자 계급들만 남는 것처럼 느껴질 수도 있다. 물론 필자는 마르크스주의자가 아니다. 다만, 작금의 상태를 보면 마르크스가 과거에 언급했던 것과 유사한 현실문제가 나타나고 있는 것만큼은 사실이라고 사료된다. 스스로의 스펙을 가지고 자신을 고가(高價)에 판매하진 못하더라도 들인 비용보다는 높아야 한다는 풍조가 널리 확산되면서 직업이라는 말이 가지고 있는 가치가 돈벌이를 통한 생명연장과 직결되고 있다. 다시 말해서 사람이 곧 상품이 된다는 것이다. 사람의 상품화는 자연스레 사람의 등급화를 초래하기 마련이다. 거액의 연봉자와 소액의 연봉자는 사회적으로 현격히 다른 가치를 가진 상품이고, 다른 가치를 보유한 상품이기 때문에 사회적 대우가 다를 수밖에 없다는 기이한 논리가 성립되기 쉽다. 기본생활을 유지하기 위한 물질추구의 행위가 필요한 것은 사실이지만, 이러한 현상을 촉발시키는 환경은 반드시 시정되어야만 한다.

이러한 시점에서 우리는 헌법 제15조가 가지고 있는 가치에 대해서 생각해볼 필요가 있다. 직업에 대한 분명한 이해가 선제되어야 위와 같은 물질문화와 정신문화의 간극을 좁힐 수 있기 때문이다. 헌법 제15조는 "모든 국민은 직업선택의 자유를 가진다"고 규정한 바 있다. 여기서 말하는 직업이란, 통상적으로는 영리추구를 위한 경제활동을 의미하는데, 비교적 지속적으로 이루어져야 하고 공공의 위험을 초래하지 않아야만 한다는 조건이 붙는다. 생각하기에 따라선 공공의 위험이라는 요소가 직업이라는 개념을 구성하는 핵심조건이 될 것인지에 대해 회의적으로 볼 수도 있겠지만, 적어도 타인의 권리를 직·간접적으로 해칠 수 있는 가능성이 있다면 이는 불법행위 내지는 범죄행위가 되기 마련이다.[138] 특히 직업이라는 것은 자신과 타인 사이에 이루어지는 유·무형적 성격의 거래를 통하여 형성되는 것이기 때문에 상호유대관계가 필요하고, 그러한 유대관계로 말미암아 지속적인 부의 창출을 가능케 하여야만 한다. 그러나 권리의 침해가능성이 잠재적으로 혹은 현실적으로 존재한다면[139] 이러한 관계는 계속성이 아니라

138) 헌법재판소는 1993년 5월 13일 선고 92헌마80사건에서 "직업이란 생활의 기본적 수요를 충족시키기 위한 계속적인 소득활동을 의미하며 그러한 내용의 활동인 한 그 종류나 성질을 불문하는데 헌법재판소는 직업선택의 자유를 비교적 폭넓게 인정하고 있으며 그에 관련하여 여러 개의 판례를 남기고 있는 것이다"라고 함으로써 직업의 요건으로 공공위험성에 대해선 언급하지 않았다.

139) 거래의 안정성이 훼손되는 계기는 주로 계약을 맺는 당사자들 사이에서 발생하는 '의사표시의 하자'이다. 민법에선 이러한 하자를 크게 네 가지로 나누어 설명하고 있다. 민법 제107조에서 규정한 "진의아닌 의사표시", 제108조에서 규정한 "통정한 허위의 의사표시", 제109조에서 규정한 "착오로 인한 의사표시", 제110조에서 규정한 "사기, 강박에 의한 의사표시"를 들 수 있다.

〈의사표시의 하자에 대한 민법의 규정과 대법원 판결례〉

유형	규정의 내용	대법원 판결례
민법 제107조	① 의사표시는 표의자가 진의아님을 알고 한 것이라도 그 효력이 있다. 그러나 상대방이 표의자의 진의아님을 알았거나 이를 알 수 있었을 경우에는 무효로 한다. ② 전항의 의사표시의 무효는 선의의 제3자에게 대항하지 못한다.	[대법원 1996. 12. 20. 선고, 95누16059] 비진의 의사표시에 있어서의 진의란 특정한 내용의 의사표시를 하고자 하는 표의자의 생각을 말하는 것이지 표의자가 진정으로 마음속에서 바라는 사항을 뜻하는 것은 아니므로, 표의자가 의사표시의 내용을 진정으로 마음속에서 바라지는 아니하였다고 하더라도 당시의 상황에서는 그것을 최선이라고 판단하여 그 의사표시를 하였을 경우에는 이를 내심의 효과의사가 결여된 비진의 의사표시라고 할 수 없다.
민법 제108조	① 상대방과 통정한 허위의 의사표시는 무효로 한다. ② 전항의 의사표시의 무효는 선의의 제3자에게 대항하지 못한다.	[대법원 2003. 3. 28. 선고, 2002다72125] 통정한 허위의 의사표시는 허위표시의 당사자와 포괄승계인 이외의 자로서 그 허위표시에 의하여 외형상 형성된 법률관계를 토대로 실질적으로 새로운 법률상 이해관계를 맺은 선의의 제3자를 제외한 누구에 대하여서나 무효이고, 또한 누구든지 그 무효를 주장할 수 있는 것이다. 무효인 법률행위는 그 법률행위가 성립한 당초부터 당연히 효력이 발생하

		지 않는 것이므로, 무효인 법률행위에 따른 법률효과를 침해하는 것처럼 보이는 위법행위는 채무불이행이 있다고 하여도 법률효과의 침해에 따른 손해는 없는 것이므로 그 손해배상을 청구할 수는 없다.
민법 제109조	① 의사표시는 법률행위의 내용의 중요부분에 착오가 있는 때에는 취소할 수 있다. 그러나 그 착오가 표의자의 중대한 과실로 인한 때에는 취소하지 못한다. ② 전항의 의사표시의 취소는 선의의 제3자에게 대항하지 못한다.	[대법원 2012. 12. 13. 선고, 2012다65317 판결] 민법 제109조에서 규정한 바와 같이 의사표시에 착오가 있다고 하려면 법률행위를 할 당시에는 실제로 없는 사실을 있는 사실로 잘못 깨닫거나 아니면 실제로 있는 사실을 없는 것으로 잘못 생각하듯이 표의자의 인식과 그 대조사실이 어긋나는 경우라야 하므로, 표의자가 행위를 할 당시 장래에 있을 어떤 사항의 발생이 미필적임을 알아 그 발생을 예기한 데 지나지 않는 경우는 표의자의 심리상태에 인식과 대조의 불일치가 있다고 할 수 없어 이를 착오로 다룰 수는 없다(대법원 1972. 3. 28. 선고 71다2193 판결, 대법원 2010. 5. 27. 선고 2009다94841 판결, 대법원 2011. 6. 9. 선고 2010다99798 판결 등 참조). [대법원 2012. 9. 27. 선고 2011다106976, 106982 판결] 동기의 착오가 법률행위의 내용의 중요부분의 착오에 해당함을 이유로 표의자가 법률행위를 취소하려면 그 동기를 당해 의사표시의 내용으로 삼을 것을 상대방에게 표시하고 의사표시의 해석상 법률행위의 내용으로 되어 있다고 인정되면 충분하고, 당사자들 사이에 별도로 그 동기를 의사표시의 내용으로 삼기로 하는 합의까지 이루어질 필요는 없지만, 그 법률행위의 내용의 착오는 보통 일반인이 표의자의 처지에 섰더라면 그와 같은 의사표시를 하지 아니하였으리라고 여겨질 정도로 그 착오가 중요한 부분에 관한 것이어야 한다. 다만 그 착오가 표의자의 중대한 과실로 인한 때에는 취소하지 못한다고 할 것인데, 여기서 '중대한 과실'이라 함은 표의자의 직업, 행위의 종류. 목적 등에 비추어 보통 요구되는 주의를 현저히 결여하는 것을 의미한다(대법원 1998. 2. 10. 선고 97다44737 판결 등 참조).
민법 제110조	① 사기나 강박에 의한 의사표시는 취소할 수 있다. ② 상대방이 있는 의사표시에 관하여 제3자가 사기나 궁박을 행한 경우에는 상대방이 그 사실을 알았거나 알 수	[대법원 2007. 4. 12. 선고 2004다62641] 기망에 의한 손해배상책임이 성립하기 위해서는 거래당사자 중 일방에 의한 고의적인 기망행위가 있고 이로 말미암아 상대방이 착오에 빠져 그러한 기망행위가 없었더라면 사회통념상 하지 않았을 것이라고

일시성을 갖게 되고, 이러한 일시성으로 말미암아 거래의 안정성이 훼손되며, 거래안정성의 훼손은 자연스레 피해자를 양산하는 결과를 초래할 개연성이 있다고 사료된다. 피해의 발생은 필연적으로 분쟁을 낳고, 이러한 분쟁은 송사(訟事)거리를 만들어 낸다. 비(非)소송의 방법으로 문제를 해결하려고 할지라도 그것이 언제나 공평하고 타당한 절차에 의거하여 이루어진다고 보장할 수도 없는 노릇이다. 실제로 사회에서 발생하는 범죄들 중에서 일정부분은 바로 이와 같은 결과로 인해 발생하는 것이기도 하다. 따라서 공공의 위험을 창출하지 않아야 한다는 조건은 직업이라는 개념을 설정함에 있어서 필수불가결한 것이라고 할 수 있겠다. 그리고 이를 바탕으로 하여 무분별하게 부를 쟁취하려고 드는 행위가 법적으로 혹은 도덕적으로 바람직한 것인지의 여부를 판단할 수 있는 기준을 성립시킬 수 있고, 이러한 기준에 따라 사람들은 상도의(商道義)를 형성하기에 이른다. 상도의가 적절하게 자리 잡을 경우 시장은 자유주의의 혜택을 극대화시키고, 공화주의에 기초한 규칙을 활성화시킴으로써 전체 시장구성원들의 전반적인 복지수준을 높이는 데에 일조하게 된다.

그런데 문제는 위와 같은 형태의 시장이 구성되기 위해선 사람들이 원

	있었을 경우에 한하여 그 의사표시를 취소할 수 있다. ③ 제2항의 의사표시의 취소는 선의의 제3자에게 대항하지 못한다.	인정되는 법률행위를 하여야 한다. [대법원 2003. 5. 13. 선고 2002다73708] 강박에 의한 의사표시라고 하려면 상대방이 불법으로 어떤 해악을 고지함으로 말미암아 공포를 느끼고 의사표시를 한 것이어야 하고(대법원 1979. 1. 16. 선고 78다1968 판결, 1996. 4. 26. 선고 94다34432 판결, 2000. 3. 23. 선고 99다64049 판결 참조). 강박에 의한 법률행위가 하자 있는 의사표시로서 취소되는 것에 그치지 않고 나아가 무효로 되기 위하여는, 강박의 정도가 단순한 불법적 해악의 고지로 상대방으로 하여금 공포를 느끼도록 하는 정도가 아니고, 의사표시자로 하여금 의사결정을 스스로 할 수 있는 여지를 완전히 박탈한 상태에서 의사표시가 이루어져 단지 법률행위의 외형만이 만들어진 것에 불과한 정도이어야 한다(대법원 1998. 2. 27. 선고 97다39152 판결, 2002. 12. 10. 선고 2002다56031 판결 참조).

하는 직업을 선택할 수 있도록 하는 토양이 형성되어 있어야 하는데, 우리가 단순히 직업을 선택하는 문제를 넘어서 생각해야 할 점은 '선택의 자유가 활성화되기 위한 기본조건'이 무엇인지에 대해 고려하는 것이라고 하겠다. 통상적으로 구직자들은 직업을 선택하기 전에 과연 그들이 그러한 직종에서 어느 수준의 이익을 획득할 수 있는지, 소위 말하는 '비전' 내지는 '전망'이 좋은 직업인지의 여부를 우선적으로 고려한다. 환언하자면, 직업수행의 자유가 충분히 보장될 수 있는 영역인지를 확인하는 경향을 갖는다는 것이다. 직업을 선택하더라도 업무수행을 현실적으로 할 수 없거나 혹은 한다고 할지라도 제대로 된 이익을 획득하지 못한다면, 직업선택의 자유는 그야말로 유명무실한 것일 따름이다. 따라서 직업수행의 자유와 선택의 자유는 둘 중 어느 하나가 압도적으로 보호가치가 높다고 말을 할 순 없는 것이다. 그러나 간혹 후자가 전자에 비하여 더욱 두텁게 보호되는 경향이 있는데, 이는 선택의 자유가 더욱 중요하다기보다는 수행의 자유를 향유하는 과정에서 발견되는 폐해를 시정할 필요성이 객관적으로 강하게 인정되기 때문이다. 특정한 직종에 종사하는 사람들은 이익을 극대화하기 위하여 타인의 권리를 침해하는 경우가 있다. 다시 말해서 과당경쟁(過當競爭)이 초래한 결과로 말미암아 전체 시장의 질서가 문란해질 수 있다는 것이다. 이를 시정하기 위한 조치는 직업을 선택하는 행위에 영향을 주는 것이 아니라 직업에서 요구하는 이윤추구행위의 수단에 영향을 준다. 그렇기 때문에 직업수행의 자유가 직업선택의 자유에 비하여 국가에 의한 제한가능성이 상대적으로 인정되는 것이다.[140)][141)] 물론 직업선택의 자유가 언제

140) 헌법재판소는 2013년 7월 25일 2011헌바395 사건에서 "헌법 제15조가 규정하는 직업선택의 자유는 자신이 원하는 직업을 자유롭게 선택하는 좁은 의미의 '직업선택의 자유'와 그가 선택한 직업을 자기가 원하는 방식으로 자유롭게 수행할 수 있는 '직업수행의 자유'를 포함하는 '직업의 자유'를 뜻하므로, 직업수행의 자유 제한에 있어서도 헌법 제37조 제2항의 과잉금지원칙을 준수하여야 한다(헌재 1998. 3. 26. 97헌마194, 판례집 10-1, 302, 314 등 참조)"라고 판시하였다.

141) 많은 법학교수들이 헌법재판소의 결정문을 분석하여 다음과 같이 직업의 자유를 제한하는 원리를 세 가지로 분류하여 정리한 바 있다. 여기선 대표적으로 허영 교

나 폭넓게 허용되진 않는데, 객관적으로 제한하여야만 하는 사유가 있을 때에는 기본권의 본질적 내용을 침해하지 않는 범위 안에선 예외적으로 공권력을 통한 제한이 가능하다. 예를 들어 특정한 직업을 가지기 위해서 필요한 자격요건을 갖추어야 한다는 법규를 신설하는 것을 생각해볼 수 있다. 이상과 같이 직업선택의 자유와 수행의 자유를 보장함으로써 경제적

수의 견해를 소개하고자 한다. 아래의 도표는 그의 저서 『한국헌법학』(박영사, 2005)의 463~467면의 내용을 정리한 것이다.

〈직업이 자유 제한원리〉

단계	제한의 유형	제한의 근거와 그 방법
1 단계	'직업행사의 자유'의 제한	직업의 자유에 대한 제한이 불가피한 상황이 생기면 입법권자는 우선 개성신장에 대한 침해의 진지성이 제일 작은 '직업행사의 자유'를 제한하는 방법으로 목적달성을 모색해 보아야 한다.
2 단계	주관적 사유에 의한 '직업선택의 자유'의 제한	'직업의 자유'에 대한 제2단계제한은 일정한 주관적 사유를 이유로 해서 '직업선택의 자유'를 제한하는 것이다. 즉 '직업선택의 자유'를 그 작업이 요구하는 일정한 자격과 결부시켜 제한하는 경우이다. 다시 말해서 직업의 성질상 그 직업수행이 일정한 전문성·기술성 등을 요하는 경우 그 직업의 정상적인 수행을 보장하기 위해서 직업선택을 일정한 교육과정이수 또는 시험합격 등과 같이 기본권 주체 스스로가 충족시킬 수 있는 일정한 주관적 사유 내지 전제조건과 결부시켜서 제한하는 경우이다.
3 단계	객관적 사유에 의한 '직업선택의 자유'의 제한	직업의 자유에 대한 제3단계제한은 기본권주체와는 무관한 어떤 객관적 사유(전제조건) 때문에 '직업선택의 자유'를 제한하는 것이다. (중략) 일정한 직업을 희망하는 기본권주체의 개인적인 능력 내지 자격과는 하등관계가 없고 기본권주체가 그 조건충족에 아무런 영향도 미칠 수 없는 어떤 객관적 사유(전제조건) 때문에 직업선택의 자유가 제한되는 것은 '직업의 자유'에 대한 침해의 진지성이 제일 큰 까닭에 매우 엄격한 요건을 갖춘 예외적인 경우에만 허용되어야 한다. 즉, 명백하고 현존하는 위험의 원리에 따라 '직업의 자유'보다 월등하게 더 중요한 공공의 이익에 대한 '명맥하고 현존하는 위험'을 방어하기 위해서만 기본권주체와는 무관한 객관적 사유(전제조건)를 내세워 '직업선택의 자유'를 제한할 수 있다고 할 것이다.

이익을 획득할 수 있는 기회를 균등하게 향유할 수 있도록 하는 한편, 부의 지나친 편중으로 말미암아 삶의 질이 저하되지 않도록 공화주의적 자유주의에 기초한 제한을 허용하는 것이 국민들의 기본적 생활유지와 자아실현에 기여하는 첩경이 될 것이라고 사료된다.

Ⅱ. 직업윤리와 동압자의식 고양

사람들이 일을 하는 목적이 단순히 어느 한 가지에 국한된다고 할 수는 없음에도 불구하고, 경제적으로 열악한 사정으로 말미암아 자본의 획득이라는 방향으로 굳혀지는 경향이 있다. 이는 금융경제와 실물경제 사이에서 생겨난 간극 때문이라고 볼 수도 있겠지만, 그보다 원론적인 입장에서 살펴본다면 자본이 삶을 지배하는 핵심요소로서 자리를 잡음에 따라 돈이 없으면 인생이 나락으로 떨어질 수밖에 없다는 물질적 · 심리적 위기감 때문이라고 하겠다. 위기의식에 사로잡힌 이들이 바라보는 세상은 그렇지 않은 사람들의 그것과는 차원을 달리한다. 지출보다는 수입에 대해 신경을 쓰고, 관대한 태도보다는 악착스러운 태도를 가진다. 다시 말해서 자신이 점한 고유영역에서 무엇인가가 빠져나가는 것들에 대해선 부정적으로 생각하게 되고, 사회 전반에 널리 영향을 미치는 공익의 중요성보다는 자신의 삶의 안정성을 도모하기 위한 사익에 대해 집착하게 된다는 것이다. 이러한 상황에서 직업에 대한 소명의식을 기대할 순 없다. 자신이 특정한 직종을 선택한 이유는 스스로가 그에 대해 애착을 가지고 있기 때문이 아니라 돈을 벌기 위한 수단으로 생각하기에 직업생활을 영위하는 과정 중에서 얻게 되는 심리적 안온감을 찾는다는 것은 애초부터 불가능할뿐더러, 행여 자신의 처와 자녀들의 미래를 책임져야 하는 혈연적 책무를 가지고 있는 사람이라면 더욱 그러할 것이다. 그와 같은 삶을 영위하는 이들은 자신이 살아가는 이유에 대해 한번쯤 깊은 번뇌에 빠져들곤 한다. 본인만을 위한 삶은 존재하지 않을 뿐만 아니라, 본인의 가치는 책임져야 할 가족들이 안온감을 유지할 수 있는지의 여부에 종속된다. 결과적으로 스스로는 자아를 갖추지 못한 노예라는 심정에 사로잡힘에 따라 자기비하감에서 빠져나오지 못하고, 비하감 속에서 진행되어 왔던 그리고 앞으로도 진행될 생활양식은 분노감과 불만감을 외적으로 폭발시키는 기폭제로서의 역할을 하게 된다. 이때부터 가정이 파괴되거나 사회질서의 훼손이 시작된다. 물론 정치 · 법 · 사회제도의 파괴가 가정의 불화를 가져오기도 하지만, 이와 반대로 상향식으로 번져나가는 불길에 의하여 공동체가 붕괴위험에 직면하기도 한다. 최근 가정폭력과 불화로 말미암아 발생하고 있는 문제들이 기하급수적으로 늘어나고 있는 추세를 감안할 필요가 있다. 이러한 문제가 발생한 까닭이 비단 경제적 열악함에 국한되는 것은 아니겠지만, 그 비중이 결코 적다고는 할 수 없을 것이다.

그러나 이것이 개인적인 심리문제에만 영향을 주는 것이 아니라 공동체에도 심대한 수준의 악영향을 준다는 사실 또한 우리가 생각해보아야 할 큰 문제이다. 안에서 새는 바가지가 밖에서도 새기 마련이라는 것도 문제지만, 자금의 확보를 최우선과제로 생각하는 사람들은 급여수준을 높이기 위한 방법에 대해 골몰하게 되고 그에 따라 사회적으로 좋지 않은 영향을 줄 수 있는 것이라고 할지라도 경제적 형편을 개선시킬 수 있는 것이라면 재고의 여지없이 이를 이행할 가능성이 높기 때문이다. 예를 들자면, 요식업에 종사하는 일부 사람들이 건강에 악영향을 줄 수 있는 재료들임을 알면서도 수입의 확대를 위하여 과감하게 사용하거나, 유아용 장난감을 만드는 업체에 종사하는 기술자들 중의 일부가 다량의 환경호르몬이 외부로 유출될 것임을 알면서도 이를 무시하고 제품을 만들거나, 보일러 등과 같은 난방기구의 구조에 대해 전혀 알지 못하는 일부의 사람들이 폭리를 취하기 위하여 하자가 있을 수 있는 부품을 사용하는 등의 사례들을 생각해볼 수 있겠다. 물론 모든 근로자들이 그와 같이 나쁜 선택을 하진 않는다. 오히려 양심에 기초하여 국민들이 안전하고 쾌적한 생활을 할 수 있도록 하기 위하여 최선의 노력을 다하는 이들이 대부분이다. 오히려 몰지각한 일부 사람들의 행위로 인하여 선량한 마음으로 근로를 하는 사람들이 피해를 보는 경우가 많은 셈이다.

사회적인 책임을 이행하지 않는 사람들이 많아질수록 신뢰에 기초한 사회가 형성될 가능성은 점점 사라지기 마련이다. 실제로 소비자들이 시장에서 특정한 목적에 사용할 제품들을 구매하는 과정에서 혼란스러움만을 느낀 채 귀가를 하는 경우가 많다. 과거에는 같은 제품이라고 할지라도 가격을 비교하고 보다 저렴한 것을 구매하곤 했지만, 이제는 제조사가 신뢰할 수 있는 회사인지의 여부까지 고려의 대상에 삽입하여야만 하기 때문에 불충분한 정보를 가지고 있는 소비자의 입장에선 구매의사를 철회할 수밖에 없는 것이다. 외견상으로는 정보의 불평등으로 인하여 소비활동이 둔화된 것으로 보이지만, 사실 그 이면에는 공급자와 수요자 사이의 신뢰관계에 균열이 존재하고 있음을 염두에 둘 필요가 있다. 대중매체에서 소비자 고발 프로그램이 높은 시청률을 기록하고 있는 것 또한 바로 이에 기인한 것이라고 할 만하다. 이 시점에서 우리는 무엇이 양자 사이의 믿음을 훼손하였는지에 대해서 생각해보아야 한다.

근로자 개인이 가져야만 했던 직업소명의식이 사라지게 된 배경과 공급자와 수요자 사이의 신뢰관계훼손은 결코 별개의 문제가 아니다. 이 문제들은 '안정적으로 근로를 할 수 있는 기회가 얼마나 주어져있는지'의 여부를 중심으로 하여 연결되어 있기 때문이다. 물론 다섯 개의 항으로 구성된 헌법 제32조에 의하여 위와 같은 사항들은 시정가능하다고 볼 수 있다. 헌법 제32조의 제1항에선 "모든 국민은 근로의 권리를 가진다. 국가는 사회적·경제적 방법으로 근로자의 고용의 증진과 적정임금의 보장에 노력하여야 하며, 법률이 정하는 바에 의하여 최저임금제를 시행하여야 한다", 제2항에선 "모든 국민은 근로의 의무를 진다. 국가는 근로의 의무의 내용과 조건을 민주주의원칙에 따라 법률로 정한다", 제3항에선 "근로조건의 기준은 인간의 존엄성을 보장하도록 법률로 정한다", 제4항에선 "여자의 근로는 특별한 보호를 받으며, 고용·임금 및 근로조건에 있어서 부당한 차별을 받지 아니한다", 제5항에선 "연소자의 근로는 특별한 보호를 받는다", 제6항 "국가유공자 · 상이군경 및 전몰군경의 유가족은 법률이 정하는 바에 의하여 우선적으로 근로의 기회를 부여받는다"라고 규정하였다.[142][143]

외견상으로는 이상의 내용이 준수되고 있기는 하지만, 실제로 사회에선 암묵적 · 탈법적인 자치규약 내지 정관에 따라 근로자를 대우하는 경우가 많음을 인식하여야 한다. 예를 들면 특정회사가 비정규직 근로자를 정규직

---

142) 헌법재판소는 2011년 7월 28일에 선고한 2009헌마408 사건에서 헌법 제32조 제1항과 제3항에 대해 다음과 같이 설시한 바 있다. "헌법 제32조 제1항은 '모든 국민은 근로의 권리를 가진다. 국가는 사회적 · 경제적 방법으로 근로자의 고용증진과 적정임금의 보장에 노력하여야 하며, 법률이 정하는 바에 의하여 최저임금제를 시행하여야 한다'라고 규정하여 근로의 권리를 보장하고 있다. 근로의 권리보장은 생활의 기본적인 수요를 충족시킬 수 있는 생활수단을 확보해 주며, 나아가 인격의 자유로운 발현과 인간의 존엄성을 보장해 주는 의의를 지닌다. (중략) 제32조 제3항은 '근로조건의 기준은 인간의 존엄성을 보장하도록 법률로 정한다'라고 규정하고 있다. 근로조건이라 함은 임금과 그 지불방법, 취업시간과 휴식시간, 안전시설과 위생시설, 재해보상 등 근로계약에 의하여 근로자가 근로를 제공하고 임금을 수령하는 것에 관한 조건들로서, 근로조건에 관한 기준을 법률로써 정한다는 것은 근로조건에 관하여 법률이 최저한의 제한을 설정한다는 의미이다. 이처럼 헌법이 근로조건의 기준을 법률로 정하도록 한 것은 인간의 존엄에 상응하는 근로조건에 관한 기준의 확보가 사용자에 비하여 경제적 · 사회적으로 열등한 지위에 있는 개별 근로자의 인간존엄성 실현에 중요한 사항일 뿐만 아니라, 근로자와 그 사용자들 사이에 이해관계가 첨예하게 대립할 수 있는 상황이어서 사회적 평화를 위해서도 민주적으로 정당성이 있는 입법자가 이를 법률로 정할 필요가 있으며, 인간의 존엄성에 관한 판단기준도 사회적 · 경제적 상황에 따라 변화하는 상대적 성격을 띠는 만큼 그에 상응하는 근로조건에 관한 기준도 시대상황에 부합하게 구체화하도록 법률에 유보한 것이다"라고 설시하였다.

143) 과거와 달리 최근 들어선 근로자 내지는 예비근로자들의 복지를 위한 법률들이 신설되어 시행 중에 있다. 대표적으로 법률 제11690호로 지정되어 2013년 3월 23일부터 시행된 근로자직업능력 개발법과 법률 제11570호로 지정되어 2013년 6월 19일부터 시행된 장애인교용촉진 및 직업재활법이 있다. 전자는 제1조에서 "이 법은 근로자의 생애에 걸친 직업능력개발을 촉진 · 지원하고 산업현장에서 필요로 하는 기술 · 기능 인력을 양성하며 산학협력 등에 관한 사업을 수행함으로써 근로자의 고용촉진 · 고용안정 및 사회 · 경제적 지위 향상과 기업의 생산성 향상을 도모하고 사회 · 경제의 발전에 이바지함을 목적으로 한다" 규정하여 근로자의 능력을 개발시키기 위한 세부규정을 두고 있고, 후자는 제1조에서 "이 법은 장애인이 그 능력에 맞는 직업생활을 통하여 인간다운 생활을 할 수 있도록 장애인의 고용촉진 및 직업재활을 꾀하는 것을 목적으로 한다"라고 규정하여 장애를 가진 이들이 자신의 역할을 수행할 수 있도록 세부적인 사항들을 규정하고 있다.

근로자로 전환하라는 국가의 요청을 수용하는 것처럼 보이지만, 현실적으론 비용－편익분석을 통하여 근로자들의 일부만을 정규직으로 채용하고 나머지 사람들은 퇴사시키는 경우가 많다. 그리고 출산을 앞둔 여성근로자에게 간접적으로 퇴사할 것을 종용하는 회사들도 또한 더러 존재한다. 언제 어떻게 해고될지 모르는 상태에서 근로자들이 자신이 종사하고 있는 직에 대해 애착을 가질 가능성은 없고 실업률이 그 어느 때보다도 높은 이 시점에선 자신을 대체할 수 있는 인력이 많은 편이므로 회사의 입장에서는 자사의 시책에 반대하는 듯한 태도를 보이는 이들을 쉽게 해고할 수 있는 힘을 가지고 있다. 물론 법률에서는 자의적으로 근로자를 해고시키지 못하도록 하고 있지만, 그럴 듯한 사유만을 제시한다면 얼마든지 피해갈 수 있다. 그리고 해고를 당한 근로자의 입장에선 넉넉하지 못한 경제형편으로 말미암아 거액의 비용이 들어가는 소송절차에 참여하기 어려운 상황이므로 회사는 이른바 슈퍼 갑(甲)으로서의 지위를 지속적으로 점한다. 물론 모든 근로조건이 회사에게만 유리하게 형성되는 것은 아니다. 때로는 근로자들이 슈퍼 갑(甲)으로서의 지위를 점하기도 한다. 특별한 기술을 가지고 있는 근로자집단들이 정당한 근거를 제시하지 않고서 회사의 시책을 반대하여 사주의 경영권을 침해하는 사례가 존재하기도 한다. 그리고 근로자가 이와 같이 유리한 고지를 점하지 않았다고 할지라도, 회사의 입장에선 오랜 시간 동안 지속된 불황으로 인하여 근로자들에게 임금을 제 때에 지급하지 못하거나, 하릴없이 구조조정을 감행해야만 하는 상황이 빈번하게 발생한다. 또한 혼신의 힘을 다해 세운 회사가 하루아침에 붕괴되는 모습을 지켜보아야 하는 사주와 열정적으로 일을 해왔던 근로자가 동시에 비참한 상황에 빠지는 경우 또한 많은 편이다.

따라서 사용자와 근로자 사이의 의사소통을 원활하게 만들기 위한 방법이 고안되어야만 하는데, 이를 사회정의의 관점에서 지지해주는 것이 헌법 제33조이다. 제33조는 크게 네 개의 항으로 구성되어 있다. 제1항에선 "근로자는 근로조건의 향상을 위하여 자주적인 단결권·단체교섭권 및 단체

행동권을 가진다", 제2항에선 "공무원인 근로자는 법률이 정하는 자에 한하여 단결권·단체교섭권 및 단체행동권을 가진다", 제3항에선 "법률이 정하는 주요방위산업체에 종사하는 근로자의 단체행동권은 법률이 정하는 바에 의하여 이를 제한하거나 인정하지 아니할 수 있다"고 규정하였다.[144) 제33조가 가지고 있는 헌법적 효력으로 말미암아 적법한 절차를 거쳐 성문화된 법령들은 근로자와 사용자 사이에 형성된 편향적 권력구조를 형평에 맞게 조정하는 역할을 수행하고 있다. 그러나 입법절차에서 어느 한 입법자의 개인적 가치관이 짙게 반영되기도 하고, 설사 다수 의원들의 생각들이 공히 적용되어 시행된 법령이라고 할지라도 이렇다할 만한 성과를 거두지 못할 수도 있다. 상황에 따라선 근로자나 사용자 중 어느 일방에게 막대한 힘을 실어주는 부정적인 결과를 초래함으로써 편향적 권력구조를 극(極)편파적 구조로 전락시킬 가능성 또한 존재한다. 이와 같은 폐단을 해소시키기 위한 강력한 수단으로서 제시되는 것이 바로 헌법재판(憲法裁判)이지만, 그에 앞서 일차적으로 유효하게 이용될 수 있는 것은 노무사(勞務仕)와 같은 분쟁조정자의 중재기능이다. 물론 노무사가 비편파적인 입장에서 활동을 해야만 한다는 직업윤리의식을 지키지 못한다면 소용없는 일이겠으나, 공평무사한 입장에 놓여있을 것이라는 전제하에서 본다면 이들의 역할로 인하여 양자는 비교적 동등한 위치에서 본인들이 가진 진의를 교환할 수 있게 된다. 근로자들은 사용자들이 교섭을 하려는 의지가 박약하거나, 설령 그렇지 않다고 할지라도 교섭의 현장에 나오지 않을 것이라고 생각하

144) 헌법재판소는 2013년 7월 25일에 선고한 2012헌바116 사건에서 "헌법 제33조 제1항은 근로자의 단결권·단체교섭권·단체행동권 등 근로3권을 보장하고 있는데, 이때 단결권에는 개별 근로자가 노동조합 등 근로자단체를 조직하거나 그에 가입하여 활동할 수 있는 개별적 단결권뿐만 아니라 근로자단체가 존립하고 활동할 수 있는 집단적 단결권도 포함된다. (중략) 헌법 제33조 제1항이 근로자에게 근로3권을 기본권으로 보장하는 뜻은 근로자가 사용자와 대등한 지위에서 단체교섭을 통하여 자율적으로 임금 등 근로조건에 관한 단체협약을 체결할 수 있도록 하기 위한 것인바(헌재 1998. 2. 27. 94헌바13등, 판례집 10-1, 32, 42 참조), 이러한 노사 간의 실질적인 자치라는 목적의 달성을 위해서는 무엇보다도 노동조합의 자주성이라는 전제가 필요하다"고 설시하였다.

기 때문에 소위 말하는 투쟁을 불사할 수밖에 없다고 생각하는 반면, 사용자들은 근로자들이 자신들의 이익향상만을 도모한 나머지 회사의 재정적 상황 등을 성실하게 고려하지 않을 것이라고 지레 짐작하기도 한다. 짐작한 바가 맞든 틀리든 대화를 시작하지 않는 이상 문제가 원활하게 해소될 것이라고 기대하는 것은 연목구어(緣木求魚)의 우를 범하는 것과 다르지 않다. 형식적인 대화의 장을 형성하는 것과 양자가 가지고 있는 실질적인 진의교환이 이루어지도록 하는 것은 차원이 다르기 때문에 헌법과 법률에 의하여 대화를 할 수 있는 권리를 보유하고 있는 것과 상대방을 대화의 장소에 자발적으로 오도록 만드는 것은 별개의 문제이다. 법적 권리가 주어진 문제를 해결하는 데에 있어 하나의 도구로 사용될지언정 궁극적인 결과를 도출시키기 위한 도구가 될 순 없다고 사료된다. 따라서 노무사와 같은 분쟁조정자들이 법적인 논리를 떠나 협상테이블에 자리를 임하도록 만들기 위한 실무력(實務力)을 갖추어야만 한다. 다만 뛰어난 실무력을 갖춘 노무사의 노력에도 불구하고, 침해된 근로권 내지 경영권을 원상회복시킬 수 있는 상황이 만들어질 수 없다고 객관적인 판단이 들 때에 한하여 소송을 통해 갈등을 해결하는 것이 권고된다.

상기와 같이 복잡한 상황이 해결되기 전까진 아무리 성실한 근로자들이라고 할지라도 직무에 전념할 가능성은 그리 높지 않은 편이다. 이는 회사를 경영하는 사용자도 마찬가지이다. 헌법 제119조 제1항에선 "대한민국의 경제질서는 개인과 기업의 경제상의 자유와 창의를 존중함을 기본으로 한다"고, 제2항에선 "국가는 균형있는 국민경제의 성장 및 안정과 적정한 소득의 분배를 유지하고, 시장의 지배와 경제력의 남용을 방지하며, 경제주체간의 조화를 통한 경제의 민주화를 위하여 경제에 관한 규제와 조정을 할 수 있다"고 규정함으로써 기업과 기업 사이의 관계는 물론 사용자와 근로자 사이의 관계가 불평등하게 형성되는 것을 방지할 수 있는 권한을 가지고 있을 뿐만 아니라 위에서 언급한 제32조와 제33조와 같은 사회적 기본권을 보장해주어야 한다는 규정을 통해서도 사회정의를 실현할 수 있는 역량을 갖추고 있다. 국가가 사회적 시장경제질서를 형성하기 위해 최선의 노력을 다해야 한다는 것과 사회적 기본권에 해당하는 근로의 권리를 보장해주어야 한다는 헌법적 책무를 부담하고 있음에도 불구하고, (i) 정부가 사회에 개입하는 행위가 경제민주화라는 대원칙을 수호하기보다는 사적자치의 원칙을 훼손시킬 가능성에 대해 고려하지 않을 수 없고, (ii) 사회적 기본권이 국가가 정한 법률에 따라 보장되는 추상적 권리에 해당하는 것인지 혹은 구체적 권리로서의 속성을 가지고 있으므로 국민의 요청이 있으면 언제든지 국가가 구제를 해주어야 하는지에 대한 문제도 있지만, 전체적인 국민경제수준 자체가 하향 평준화되어 가고 있는 현 시점에선 이를 시정하기 위한 정부의 역량은 충분치 못하다는 점을 염두에 둔다면 이를 현실적으로 이행하는 데에 있어 종종 어려움이 따르기도 한다.

물론 정부의 힘을 과소평가하려고 함이 아니다. 국가의 경제민주화를 위한 조치와 근로의 권리와 같은 사회적 기본권은 국가로부터 일방적인 도움을 받을 때에 한하여 적극적으로 보장되는 것이 아니라 근로자와 사용자 역시 주어진 문제를 해결하기 위한 자체적인 노력이 수반되어야만 하기 때문이다. 국가가 아무리 긍정적인 해결책을 제시한다고 할지라도, 사회가 이를 받아들일 수 있는 역량이 부족하다면 그 어떠한 효과를 창출할 수 없다. 마찬가지로 국가가 문제의 본질을 제대로 파악하지 못한 채 임시방편으로 제시한 대안 역시 긍정적인 결과를 도출하는 데에 있어선 역부족이다. 경제민주화의 수호를 위한 국가의 조치가 현실적합성을 가지지 못함으로써 발생하는 폐해로 인한 사용자들의 경영권 침해와 사용자와의 갈등으로 인한 근로자의 소명의식저하가 낳은 복잡한 문제를 해결하기 위한 실마리는 정부와 사용자 및 근로자의 관계가 건설적으로 형성될 때에 한하여 나타나는 것이다. 더불어 이러한 삼각관계 외부에 위치한 소비자들이 해결의 실마리를 신뢰함과 동시에 적극적인 경제활동을 할 수 있을 때에 분쟁해소의 단서는 '공고화된 모습의 대안'으로서 자리를 잡게 되며, 향후에 있을 갈등관계를 해소시키기 위한 장치로서 민관(民官)합동감시기구가 마련되어 활성화될 때에 공고화된 모습의 대안은 '대내적으로 지지를 받는 정책'으로서의 위치를 점하게 된다.

Ⅲ. 권력의 징표가 아닌 생활권의 안정적 보호를 위한 재산권

대내적으로 지지를 받는 정책은 국민들이 중요하다고 생각하는 공통분모를 수렴함으로써 가능해지는데, 이와 같은 과제를 달성할 경우에 도출되는 효과는 위와 같은 근로의 문제를 포함하여 안정적인 생활권역을 형성하는 데에도 커다란 기여를 한다. 그러나 공통분모를 찾는다는 문제는 여간 어려운 일이 아니다. 실제로 사람들은 추구하는 가치관의 다양성에 기초하여 서로 간의 이견을 좁히는 데에 실패한 상태에서 살아가고 있다. 특히 자아를 실현하기 위한 직접적인 수단이라고 하여도 과언이 아닐만한 금전적인 문제에 있어선 더욱 그러한 편이다. 실제로 우리 사회를 비롯한 전 세계의 공동체에서 벌어지는 다양한 사건들의 중심에는 자본의 이동과 소유에 대한 문제가 자리를 잡고 있다. 그리고 이러한 사안들을 다루는 데에 있어서 전문가들이 발하는 견해도 지극히 각양각색이다. 결과적으로 자본시장은 누가 주도권을 잡게 되는지에 따라 이리저리 표류할 수밖에 없는 운명에 놓이게 되고, 그 속에서 사람들은 주어진 정책에 자신의 생활리듬을 맞추거나 앞으로 내려질 정책이 무엇인지에 대해 촉각을 곤두세우며 살아간다. 불확정성으로 점철된 세상 속에서 구성원들은 자신의 견해와 부합하지 않는 견해를 제시하는 이들과 부대끼며 삶을 영위해가고 있다. 다소 강한 어조로 말한다면, 적(敵)과의 동거인 셈이다. 다시 말해서 부의 축적을 적극적으로 용인하는 가운데 자유민주적 기본질서를 훼손할 정도의 독점(獨占)이 이루어지지 않도록 적절한 견제를 가하면서 '사회적 시장경제질서'라는 '수정자본주의'를 헌법의 기본질서로서 안착시켰다는 것이다. 수정자본주의를 통하여 유산자로 대표되는 기업가와 무산자로 대표되는 근로자 사이의 착취관계는 역사의 뒤안길로 사라지게 되었는데, 문제는 역사 속으로 사라졌을 것이라 생각했던 경제적 불평등의 폐해가 다시 한번 고개를 들기 시작하였다는 사실이다. 1997년도의 IMF 금융위기사태에서부터 시작하여 세계경제 전체가 불황기에 접어들고 있는 지금에 이르기까지 기업가와 근로자 사이의 대립은 극한의 상태로 번져가고 있으며, 이제는 그러한 범주에서 벗어나 일반 시민들 사이의 갈등의 불씨가 점차적으로 커져가고 있다. 투기를 할 수 있을 정도로 막강한 재력을 가지고 있는 이들과 그렇지 못한 이들 사이에서 증대되는 상대적 박탈감은 자연스럽게 계급갈등(階級葛藤)이라는 고전사회학의 개념을 재차 과거의 산물을 다시 한번 꺼낼 수밖에 없도록 만든다.

개인생활에서부터 사회생활에 이르기까지 사람이 숨을 쉬고 생을 이어가고 있는 동안 금전의 힘으로부터 벗어날 수 있는 방법은 존재하지 않는다. 정신적인 만족감이 가지고 있는 중요성을 강조할 수도 있겠지만, 법정스님의 무소유에 담겨있는 무형적 가치를 내면화시키는 것은 여간 어려운 일이 아니라 할 수 없다. 물론 그와 같은 정신을 함양할 수 있다면, 경제적 불평등으로 말미암아 발생하는 모든 문제는 근본적으로 해결가능하다. 물질문명이 가지고 있는 진의를 추상적으로나마 인식하고 있음에도 불구하고 왜곡된 길로 걸어가고 있는 본인을 정상궤도로 회귀하게 만드는 것은 결코 쉽지 않은데, 그 까닭은 이를 가능케 하는 원동력이 '주관적 인지력'을 압도할 만한 '객관적 사고력'이기 때문이다. 객관적이라는 말은 사회생활의 핵심적 주체가 오로지 자신에게만 국한되는 것이 아니라, 타인의 존재를 인정함과 더불어 그가 중요시하는 가치가 무엇인지를 이해하는 성향을 의미한다. 그리고 이것을 하나의 가치관이라는 이름으로 정립시키기 위해선 성숙한 사고력을 필요로 한다. 객관성을 유지하기 위한 심리상태가 머리 속에서 하나의 관념으로 자리를 잡지 못한다면 그저 공상(空想)에 불과한 것이기 때문이다. 안타깝게도 우리는 완벽한 형태의 객관적 사고력에 기초하여 물질문명을 바라보기 힘들다. 자신과 관계없는 타인의 막대한 재산축적에 대해 무관심하게 바라보는 이들도 있지만, 상대적 박탈감을 느끼며 상실감에 휩싸이는 이들도 많은 편이다. 그렇기 때문에 본인의 재력(財力)이 만족할만한 수준에 미치지 못하였다고 생각하는 이들이 경제력 향상을 위하여 무리한 투기를 하게 되는 것이다. 그리고 이러한 투기의 과열화로 인하여 '누가 더 많은 부동산을 확보하여 황금알을 낳는 거위들을 쟁취하는가?'를 중심으로 한 갈등이 지속적으로 사회적인 병폐를 낳았고, 이를 해결하기 위한 법제도의 기본으로서 헌법 제23조에 대한 논의가 그 어느 때보다 열기를 띠고 있다. 제23조 제1항에선 "모든 국민의 재산권은 보장된다. 그 내용과 한계는 법률로 정한다", 제2항에선 "재산권의 행사는 공공복리에 적합하도록 하여야 한다", 제3항에선 "공공필요에 의한 재산권의 수용·사용 또는 제한 및 그에 대한 보상은 법률로써 하되, 정당한 보상을 지급하여야 한다"고 규정하고 있다. 재산권의 오남용에 대한 제한은 바로 이러한 규정을 근거로 이루어진다.[145]

상기의 규정을 둘러싼 해석의 문제는 오랫동안 이루어진 바 있는데, 한때는 경계이론(境界理論)과 분리이론(分離理論) 중 어느 것이 보다 합리적인 재산권의 보호를 가능케 할 것인지에 대해 논의가 분분했었고, 특히 독일의 사법부에서 내려진 "자갈채취사건"이 있은 후에 이론적 논쟁은 가열양상을

145) 헌법재판소는 2004년 10월 28일에 선고한 99헌바91 사건에서 "기본권의 전체체계에서 재산권은, 기본권의 주체가 각자의 생활을 자기 책임하에서 자주적으로 형성하도록 이에 필요한 경제적 조건을 보장해 주는 기능을 한다. 이로써 재산권의 보장은 자유실현의 물질적 바탕을 의미하고, 자유와 재산권은 상호보완관계이자 불가분의 관계에 있다. 재산권의 이러한 자유보장적 기능은 재산권을 어느 정도로 제한할 수 있는가 하는 사회적 의무성의 정도를 결정하는 중요한 기준이 된다. 재산권에 대한 제한의 허용정도는 재산권행사의 대상이 되는 객체가 기본권의 주체인 국민 개개인에 대하여 가지는 의미와 다른 한편으로는 그것이 사회전반에 대하여 가지는 의미가 어떠한가에 달려 있다. 즉 재산권의 행사의 대상이 되는 객체가 지닌 사회적 연관성과 사회적 기능이 크면 클수록 입법자에 의한 보다 광범위한 제한이 정당화된다. 특정 재산권의 이용과 처분이 그 소유자 개인의 생활 영역에 머무르지 아니하고 일반 국민 다수의 일상생활에 큰 영향을 미치는 경우에는 입법자가 공동체의 이익을 위하여 개인의 재산권을 제한하는 규율권한을 더욱 폭넓게 가진다(1998. 12. 24. 89헌마214등, 판례집 10-2, 927, 945)"라고 하였다.

보였다. 이와 같이 학설의 대립이 발생한 까닭은 제1항과 제2항 및 제3항의 기능을 어떤 식으로 조정할 것인지, 즉 용례를 명확하게 해야 한다는 필요성이 제기되었기 때문이다. 정부가 부의 재분배와 같은 공익 목적을 달성하기 위하여 공권력을 행사하는 가운데 특정인이 향유하는 재산권을 부득이하게 제한하여야 하는 경우, 위의 세 가지 항들 중 어떤 것을 적용해야 하는지에 대해 모호할 수밖에 없다. 물론 일반적으로는 제3항이 적용되는 케이스라고 생각할 가능성이 높다. 문리적으로 보더라도 제3항이 국가의 공권력에 대해 정당성을 판단하는 기준으로 여겨질 수밖에 없기 때문이다. 그러나 제1항과 제2항을 어떻게 해석하는가에 따라 제3항이 가지는 헌법적 기능은 달라진다. 제1항 후단에서는 "그 내용과 한계는 법률로 정한다"고 규정하고 있는데, 상황에 따라선 국가가 시행한 조치가 단지 공공필요에 따라 재산권의 수용 · 사용 · 제한을 한 것이 아니라 누군가가 향유하고 있는 재산적 권리의 내용을 규정하고 더 나아가 향유권자가 본인이 보유한 권리를 오 · 남용하지 않도록 하기 위한 조치라고 판단할 여지가 있다. 그리고 이를 기초로 하여 제2항에서 언급한 바와 같이 공공복리를 저해하지 않는 재산권의 행사가 이루어지도록 유도한 것일 수도 있다. 경계이론은 제2항과 제3항을 하나로 묶어서 이해하는 견해이기 때문에 국가가 재산권을 지나치게 침해하였다고 여겨질 경우엔 제3항이 적용되는 반면 사회통념상 인정되는 수인한도를 초과하지 않은 이상 제2항을 적용하여야 한다는 것이다. 그러나 지나치게 침해한 경우와 그렇지 않은 경우를 구별하는 것이 쉽지 않으므로 자칫 자의적인 공권력 행사를 유도하는 결과를 초래할 가능성이 있다. 반면 분리이론은 양자를 나누어 바라보는 견해에 해당한다. 특정인의 재산권을 특별한 법률을 거치지 않고 직접적으로 제한을 가한다면 제3항의 문제이지만, 그렇지 않은 경우는 일반국민 전체를 대상으로 하여 부의 질서를 형성 내지는 재편하는 것이기 때문에 제2항이 적용되어야 한다는 것이다. 헌법재판소는 후자의 입장에 서있다.[146]

상기의 견해들 중 어떠한 것을 채택한다고 할지라도 문제는 여전히 남을 수밖에 없다. 주지하다시피 경제문제는 사람들이 민감하게 받아들이는 대상이므로 아무리 합리적인 해결방안을 제시하였다고 할지라도 불만스러움을 느끼는 경우가 다반사이다. 더군다나 금전이 한 개인의 인생 전체에 엄청난 영향을 가한다는 점을 고려한다면, 국가가 어떠한 자세를 취하는가에 따라 생의 판도는 극과 극의 모습을 취할 개연성이 있다. 그렇기 때문에 매 선거철이 되면 후보자가 경제에 대해 어떠한 공약을 제시하는지가 초미의 관심사가 되는 것이다. 사회에 만연한 경제적 불평등과 그로 말미암아 발생하는 상대적 박탈감을 제거하기 위하여 부의 재분배를 실시하려

146) 분리이론에서는 헌법 제23조 제1항과 제2항은 재산권의 내용과 한계를 형성하는 규정이고, 제3항은 국가의 구체적인 침해로 인하여 심각한 재산권의 훼손을 입은 사람을 구제해주기 위한 규정으로 나누어 바라보고 있다. 다시 말해서 제3항은 어떤 당사자가 국가가 행사한 구체적인 공권력으로 말미암아 특정한 침해를 받았고, 그로 인하여 기존의 재산을 사실상 박탈당한 것과 다르지 않을 때에 적용된다. 헌법재판소는 1998년 12월 24일에 선고한 89헌마214, 90헌바16, 97헌바78(병합) 결정문에서 "이 사건 법률조항은 입법자가 토지재산권에 관한 권리와 의무를 일반·추상적으로 확정하는 규정으로서 법질서 안에서 보호받을 수 있는 권리로서의 재산권의 내용과 한계를 형성하는 규정인 동시에 공익적 요청에 따른 재산권의 사회적 제약을 구체화하는 규정이기도 하다(헌법 제23조 제1항 및 제2항). 헌법상의 재산권은 토지소유자가 이용가능한 모든 용도로 토지를 자유로이 최대한 사용할 권리나 가장 경제적 또는 효율적으로 사용할 수 있는 권리를 보장하는 것을 의미하지는 않는다. 입법자는 중요한 공익상의 이유와 앞에서 본 토지가 가진 특성에 따라 토지를 일정용도로 사용하는 권리를 제한할 수 있기 때문이다. 따라서 토지의 개발이나 건축은 합헌적 법률로 정한 재산권의 내용과 한계에서만 가능한 것일 뿐 아니라 토지재산권의 강한 사회성 내지는 공공성으로 말미암아 이에 대하여는 다른 재산권에 비하여 보다 강한 제한과 의무가 부과될 수 있다. 그러나 그렇다고 하더라도 토지재산권에 대한 제한입법 역시 다른 기본권을 제한하는 입법과 마찬가지로 과잉금지의 원칙(비례의 원칙)을 준수해야 하고, 재산권의 본질적 내용인 사용·수익권과 처분권을 부인해서는 아니된다"라고 설시하면서 기본적인 지침을 설시한 바 있다. 그리고 헌법재판소는 이 결정문에서 제23조 제3항과 관련한 내용을 아울러 설시하였는데, "결국, 이 사건 법률조항에 의한 재산권의 제한은 개발제한구역으로 지정된 토지를 원칙적으로 지정 당시의 지목과 토지현황에 의한 이용방법에 따라 사용할 수 있는 한, 재산권에 내재하는 사회적 제약을 비례의 원칙에 합치하게 합헌적으로 구체화한 것이라고 할 것이나, 종래의 지목과 토지현황에 의한 이용방법에 따른 토지의 사용도 할 수 없거나 실질적으로 사용·수익을 전혀 할 수 없는 예외적인 경우에도 아무런 보상없이 이를 감수하도록 하고 있는 한, 비례의 원칙에 위반되어 당해 토지소유자의 재산권을 과도하게 침해하는 것으로서 헌법에 위반된다고 할 것이다"라고 하였다.

고 하면, 중산층 이상의 유권자들은 엄청나게 반발을 하기에 이르고 그에 따라 중산층의 수준에 미치지 못하는 경제력을 가진 유권자들과 충돌을 빚어왔다. 전자는 사회가 부당하게 재산권을 침해함으로써 시장경제질서의 근간을 뒤흔든다고 주장하는 반면, 후자는 경제적으로 부유한 자들이 금전욕에 대한 절제를 하지 못함에 따라 부의 극단적인 불평등을 조장함으로써 근본적으로는 사회적 시장경제질서에 역행하는 태도를 보이고 있다는 식으로 응수하고 나선다. 양자 중 무엇이 옳다는 식으로 단언을 할 수는 없지만, 적어도 극단적인 흐름 자체가 사회전체의 균형을 파괴한다는 것만큼은 부인하기 어려운 사실이다. 누가 어느 수준에서 얼마만큼 양보를 해야 하는지에 대한 타협이 필요한데, 타협의 장에 들어서면서부터 공론장(公論場)은 전장(戰場)으로 그 성격이 변질되고 만다. 보기에 따라선 부의 분배에 대한 가치관의 논쟁이라기보다는 이문을 쟁취하기 위한 싸움이라고 보아도 과언이 아닐 정도이다. 다만 누가 어느 정도로 정돈된 이론으로 포장을 잘 하는가에 따라 사회적으로 지지를 받는지가 달라질 따름이다.

따라서 이 시점에서 가장 중요한 것은 사회적인 지지를 보낼 수 있는 주체들이 주관성에 입각한 태도가 아니라 객관적인 정의에 역점을 두는 태도를 가지는 것이라고 할 수 있다. 이와 같은 대안은 과거에서부터 줄곧 내려온 정의론의 요체에 그 기반을 두고 있다. 그렇기 때문에 보기에 따라선 문제해결을 위한 대안치고는 진부하다는 느낌을 줄 수밖에 없다. 그럼에도 불구하고 그러한 측면의 접근이 필요하다고 생각하는 까닭은 정부와 국민이 어떠한 정책을 지지하든 그로 인하여 피해를 입을 수밖에 없는 이들은 반드시 생길 수밖에 없기 때문이다. 실제로 대한민국을 비롯하여 어느 사회에서든 재산권을 다룬 정책은 늘 두 가지, 즉 여당이 주장하는 안과 야당이 주장하는 안이 교차하는 구조를 띠고 있었음에 유의할 필요가 있다. 여당의 안이든 야당의 안이든 그 어느 것 하나도 문제를 근본적으로 해결하는 데에는 어려움이 수반되곤 하였다. 언제나 양자택일의 굴레에서 벗어나지 못하는 까닭은 해당정책의 실효성을 검토하는 기준이 자신에게 현실적 유리함의 근원이 되는지의 여부에만 국한되어 있기 때문이다. 그 누구도 금전적인 문제에선 객관적일 순 없었던 것이다. 특히나 장기적인 불황으로 인하여 생존의 문제가 직결되어 있는 사람들로서는 이문이라는 부분을 떠나 대승적인 결과를 도출하기 위한 정부정책에 동조하는 행위가 일종의 도박과도 같은 것이라 여길 가능성이 높다. 설령 투철한 희생정신에 입각하여 그에 찬성하는 의사를 표명한다고 할지라도 정책이 실효적인 결과를 창출하는 데에는 상대적으로 긴 시간이 걸린다. 뿐만 아니라 정책을 통해 상당한 이익을 얻은 이들의 입장에선 소위 말하는 황금알을 낳는 거위를 통해 지속적인 혜택을 획득할 수 있는 기회를 손에서 내려놓으려고 하지 않는다. 대의를 위하여 양보를 한 사람은 자본주의 시장질서에서 살아가기 힘든 어리숙한 사람으로 평가를 받게 되는 셈이다. 이후부터는 공익을 위한 희생이 가지는 가치에 대한 기본사고에 대한 왜곡이 시작될 수밖에 없다. 소위 말하듯 사람을 두고 돈의 노예라고 부르는 것도 바로 상기와 같은 사안들이 수없이 되풀이 되었던 결과일 것이다. 이와 같은 현실 속에서 특정한 정책이나 사회적 차원의 극약처방적 성격의 공권력을 통하여 문제를 해결하는 것이 전혀 불가능하다고 볼 수는 없겠지만, 궁극적으로는 사람들 사이의 신뢰가 회복되지 않는다면 어떠한 결정이라고 할지라도 사회에 긍정적인 효과를 가져올리는 만무할 것이다. 따라서 우리가 믿을 수 있는 것은 신뢰성의 회복을 위한 정의론의 확고한 자리매김이다.

第5節 권리관의 안정적 정착을 위한 제한기제

지금까지 헌법의 총강부터 국민의 권리와 의무에 이르는 내용들이 자아를 실현하는 것과 어떠한 관계에 있는지에 대하여 살펴보았다. 이는 공동체 속에서 삶을 영위하는 사람들 사이에서 준수되고 보호되어야 할 가치들에 대한 내용이었는데, 여기서 우리가 한 가지 고려해야 할 사항이 있다.

바로 헌법에 규정된 기본권과 그렇지 않은 기본권들 중 전자가 후자에 비하여 월등히 보호가치가 높은 것이라고 생각하는 태도에 대한 것이다. 성문화된 기본권들은 사회가 역사(歷史) 속에서 중요하다고 생각한 권리들을 글로 표현한 것으로서 사람들이 보호되어야 한다고 공히 여기는 인권들이라고 할 수 있겠다. 그러나 역사는 정체되어 있는 것이 아니라 새로운 사회 속에서 발생하는 사건들을 끊임없이 증보(增補)함으로써 시간의 흐름에 따라 그 모습을 달리하기 때문에 기본권의 목록도 자연스럽게 달라질 수밖에 없다. 특히 대한민국 헌정사(憲政史)를 보면 보호법익이 쇠퇴한 권리들은 목록에서 삭제되는 반면 앞으로 강도 높게 보호되어야 할 권리들은 신설되기도 하였음을 알 수 있다. 그러나 중요하다고 혹은 중요하게 될 것이라고 여겨지는 모든 사항들을 헌법규정으로 만들고자 한다면 수없는 개정과정을 거쳐야 할 뿐만 아니라 소위 말하는 '기본권 인플레이션'이 발생하기 마련이다. 인플레이션(inflation)은 경제학적 용어로서 시장에서 유동적으로 움직이고 있는 화폐가 지나칠 정도로 양이 많아짐에 따라 물가가 상승하는 효과를 지칭한다. 기본권도 마찬가지이다. 만약 헌법적으로 보호되어야 할 권리들이 지나치게 많아진다면 그를 통해 달성하고자 하는 자아실현이라는 결과물은 획득하기 어려운 산물이 될 수도 있다. 권리장전의 인권백화점화(人權百貨店化)를 통하여 기본권 인플레이션이라는 현상을 방지하기 위해 형성된 것이 바로 헌법 제37조 제1항인데, 그 내용은 "국민의 자유와 권리는 헌법에 열거되지 아니한 이유로 경시되지 않는다"는 것이다.[147] 물론

[147] 헌법재판소는 2011년 8월 30일에 선고한 2008헌마477 사건에서 "'논리적이고 정제된 법률의 적용을 받을 권리'라는 기본권을 따로 규정하고 있지 않다. 다만 헌법 제37조 제1항은 '국민의 자유와 권리는 헌법에 열거되지 아니한 이유로 경시되지 아니한다.'라고 규정하고 있으므로 이러한 권리가 헌법에 열거되지 아니한 기본권에 해당하는지 여부에 관하여 살펴본다. 헌법에 열거되지 아니한 기본권을 새롭게 인정하려면, 그 필요성이 특별히 인정되고, 그 권리내용(보호영역)이 비교적 명확하여 구체적 기본권으로서의 실체 즉, 권리내용을 규범 상대방에게 요구할 힘이 있고 그 실현이 방해되는 경우 재판에 의하여 그 실현을 보장받을 수 있는 구체적 권리로서의 실질에 부합하여야 할 것이다(헌재 2009. 5. 28. 2007헌마369, 판례집 21-1하, 769, 775). 그런데 논리적이지 않고 정제되지 않은 법률조항이라고 하더라도 일반

헌법 제10조에 규정된 행복추구권을 통하여 여러 가지 권리들을 만들어낼 수도 있지만, 모권(母權)을 오남용하여 수많은 자권(子權)들을 양산하다보면 정작 보호받아야 할 다른 권리들에 대한 보호시스템에 악영향을 주는 결과를 초래한다. 또한 보호가치가 높다고 할 수 없는 사사로운 권리들마저 기본권이라는 이름 아래 두터운 장막을 두르게 된다면 국민들에 의하여 공히 인정되어야 할 사회정의라는 목표가 개인이 중요시하는 핵심가치보호를 통한 국민의 안정적 생활유도라는 사회정의의 목표가 흔들릴 위험성이 따른다. 그렇기 때문에 헌법 제37조 제1항이 가지는 가치는 사회적으로 중요할 수밖에 없는 것이다.

사회는 바로 이와 같은 규정을 통하여 헌법에 규정되진 않았지만 중요하다고 생각하는 기본권들을 객관적·선별적으로 인정함으로써 부당한 대우를 받는 이들의 권리를 구제해주고 있다. 구제의 목적은 누구나 자아를 실현할 수 있는 토대를 형성시키는 것이라고 하겠다. 사람이라면 누구나 보유하고 있는 자아실현본능은 자유를 통해 형성되고 권리를 통해 밖으로 구현되기 마련인데, 이는 모든 국민은 인간다운 생활을 할 권리를 가진다는 헌법 제34조 제1항이나 행복추구권을 규정한 헌법 제10조에 의하여 공공연히 인정될 수 있는 것이기도 하지만, 이는 인지상정에 기초한 것으로 법규정이 있기 전부터 타당한 것이었다고 여겨져 왔다. 그리고 이러한 타

적인 법률해석방법에 따른 해석을 통하여 어느 정도의 비논리성이나 비정제성은 해소될 수도 있는 것이고, 이러한 해석을 통해서도 해소할 수 없는 비논리성이나 비정제성이 있는 법률조항이라면 명확성의 원칙 등 기존의 헌법상 원칙에 의하여 위헌선언이 가능할 것이므로 이러한 법률조항의 적용을 배제하기 위하여 굳이 청구인들이 주장하는 기본권을 인정할 필요가 있다고 할 수 없다. 그리고 다른 법률조항들과 어느 정도로 충돌될 때에 논리성이나 정제성을 부인할 수 있는지의 기준이 명확하지 아니할 뿐만 아니라, 단지 다른 법률조항과의 법률체계상 불합치가 있다고 하여 바로 위헌이라고 할 수는 없는 것이어서 이러한 이유만으로 일반 국민이 당해법률조항의 적용을 배재해달라고 요구할 힘을 갖는다고 인정하기도 어려우므로 이러한 권리가 구체적 권리로서 실효적으로 보호받으리라는 가능성도 긍정하기 쉽지 않다. 따라서 헌법 제37조 제1항에 의하여 기본권으로 인정되기 위한 요건을 갖추지 못한 '논리적이고 정제된 법률의 적용을 받을 권리'는 헌법상 보장되는 기본권이라고 할 수 없다"고 설시하였다.

당한 명제가 그 가치를 유지할 수 있도록 하기 위하여 헌법 제34조 제2항은 "국가는 사회보장 · 사회복지의 증진에 노력하여야 할 의무를 진다"고, 제4항에선 "국가는 노인과 청소년의 복지향상을 위한 정책을 실시할 의무를 진다"고, 제5항에선 "신체장애자 및 질병 · 노령 기타의 사유로 생활능력이 없는 국민은 법률이 정하는 바에 의하여 국가의 보호를 받는다"고 규정하였으며,[148] 더 나아가 헌법 제36조 제1항과 같이 "혼인과 가족생활은 개인의 존엄과 양성의 평등을 기초로 성립되고 유지되어야 하며, 국가는 이를 보장한다"라고 명시함[149]과 동시에 제3항의 "모든 국민은 보건에 관하

148) 헌법재판소는 2012년 5월 31일에 선고한 2011헌마241 사건에서 "우리 헌법은 제34조 제1항에서 모든 국민은 '인간다운 생활을 할 권리'를 가진다고 규정하면서 제5항에서 '신체장애자 및 질병 · 노령 기타의 사유로 생활능력이 없는 국민은 법률이 정하는 바에 의하여 국가의 보호를 받는다'고 하여 생활능력이 없는 국민의 복지향상을 위하여 노력해야 할 국가의 의무를 규정하고 있다. 그러나 이러한 국가의 의무는 신체장애자 등 생활능력이 없는 국민도 인간다운 생활을 누릴 수 있도록 정의로운 사회질서를 형성해야 할 일반적인 의무를 뜻하는 것이지, 신체장애자 등을 위하여 특정한 의무를 이행해야 한다는 구체적 내용의 의무가 헌법으로부터 나오는 것은 아니다. 따라서 이러한 헌법 규정으로부터 직접 신체장애 등을 가진 국민에게 어떠한 기본권이 발생한다고 보기는 어렵다(헌재 2002. 12. 18. 2002헌마52, 판례집 14-2, 904, 911)"고 설시하였다. 더불어 2011년 12월 29일에 선고한 2011헌바41 사건에선 "(헌법 제34조) 제2항은 '국가는 사회보장 · 사회복지의 증진에 노력할 의무를 진다'고 하고 있다. 이에 따라 국가는 국민의 인간다운 생활을 보장하기 위하여 국가 재정의 일정 부분을 분배하는 적극적인 활동을 하게 되는데, 국가는 재화를 분배함에 있어 처분할 수 있는 재화가 한정되어 있는 사정에 의하여 그 활동을 제약받을 수밖에 없다. 따라서 분배할 재화의 양과 분배방식 및 기준의 설정은 원칙적으로 입법자가 국가의 재정능력, 국민 전체의 소득 및 생활수준, 기타 여러 가지 사회적 · 경제적 여건 등을 종합하여 합리적인 수준에서 결정하게 될 것인바, 그 필요한 정책적인 판단 및 결정은 일차적으로 입법자의 재량에 맡겨져 있다 할 것이다(헌재 2009. 5. 28. 2008헌바107, 판례집 21-1하, 712, 717 참조)"라고 설시하였다.

149) 헌법재판소는 2011년 2월 24일에 선고한 2009헌바89 사건에서 "헌법 제36조 제1항에 의하여 보장되는 가족생활에서의 인간으로서의 존엄에 관한 기본권의 내용으로서 미성년인 가족구성원이 성년인 가족으로부터 부양과 양육, 보호 등을 받는 것은 법제도 형성 이전의 인간의 자연적인 생활 모습과 관련되는 것이다. 따라서 이러한 기본권은 사회적 기본권인 헌법 제34조 제1항의 인간다운 생활권과는 달리 자유권적 성격을 가지므로, 이를 제한하는 입법은 헌법 제37조 제2항의 과잉금지원칙을 준수하여야 할 것이다. 헌법 제36조 제1항은 혼인과 가족생활을 스스로 결정하고 형성할 수 있는 자유를 기본권으로서 보장한다(헌재 2002. 8. 29. 2001헌바82, 판례집 14-2, 170, 180참조)"라고 설시하였다.

여 국가의 보호를 받는다"라는 규정을 통하여 국민의 건강한 삶을 형성하도록 유도함으로써 자아실현을 위한 환경적 여건을 강화하고 있다. 다만, 구현하는 과정에서 타인들이 소지하고 있는 본능과 충돌하게 되고, 이러한 충돌로 말미암아 갈등과 분쟁이 발생하기에 이른다.

이와 같은 상황을 해소하기 위한 기준을 크게 두 가지로 설명할 수 있는데, 하나는 '이익형량'이라는 잣대이고 하는 '규범조화적인 판단'이라는 잣대이다. 전자는 충돌한 둘 이상의 기본권들 중에서 어떠한 것이 상대적으로 보호해주어야 할 가치가 있는지를 판단하는 과정을 거침으로써 어느 한 가지만을 우선적으로 실현시켜주는 기법인 반면, 후자는 모든 기본권들이 가지고 있는 의의와 가치를 종합적으로 살펴본 이후에 이들이 공존하기 위한 대안이 무엇인지를 고려하는 기법이다. 따라서 이익형량이라는 기법은 'All or Nothing'인 형식을 띤 영합게임인 반면, 규범조화적 판단기법은 'Win-Win'이라는 비(非)영합게임인 셈이다. 본인이 추구하는 이익을 향상시키는 데에 역점을 두는 가치관에 함몰된 사람이라면 전자를 택할 것이고 그렇지 않은 사람들은 후자를 택할 것이라고 생각하기 쉽지만, 반드시 그렇게 생각할 순 없다. 스스로가 가지고 있는 권리를 수호하는 행위는 단순히 물질적인 유리함만을 탐하는 것이 아니라 본인이 보유한 양심과 정체성을 지키기 위한 목적을 띠고 있는 것일 수도 있기 때문이다. 갈등당사자들 사이의 원만한 관계를 형성시킨다는 목적하에 규범조화적인 판단기준을 제시한다면, 경우에 따라선 한 사람이 가지고 있는 핵심적인 삶의 가치를 붕괴시키는 결과를 초래할 것이다. 그러므로 전자는 바람직하지 않은 것이고 후자는 권장할만한 것이라는 식으로 사고하는 태도는 사회를 병들게 만드는 원인이 될 수 있음을 염두에 두어야 한다.

그러나 '이익형량이라는 기법'과 '규범조화적 판단'이라는 기법을 유동적으로 사용할 수 있다고 하더라도, 현실적으로 분쟁을 해결함에 있어선 또 다른 문제에 직면하기도 한다. 이와 같은 이중기준이 주어진 사회문제를 해결하는 데에 있어 융통성을 발휘할 수 있도록 만드는 산물이기도 하지만 경우에 따라선 자의적인 판단을 하도록 유도하는 부정적인 기능을 수행하기도 하기 때문이다. 그러한 연유로 헌법규정에 "국가는 … 노력하여야 한다"라는 문구가 마련된 것이다.

〈표 13〉 국가의 노력의무를 담은 헌법규정들

해당규정		규정의 내용
헌법 제34조	제3항	국가는 여자의 복지와 권익의 향상을 위하여 노력하여야 한다.
	제6항	국가는 재해를 예방하고 그 위험으로부터 국민을 보호하기 위하여 노력하여야 한다.
헌법 제35조	제1항	모든 국민은 건강하고 쾌적한 환경에서 생활할 권리를 가지며, 국가와 국민은 환경보전을 위하여 노력하여야 한다.[150]
	제3항	국가는 주택개발정책 등을 통하여 모든 국민이 쾌적한 주거생활을 할 수 있도록 노력하여야 한다.
헌법 제36조	제2항	국가는 모성의 보호를 위하여 노력하여야 한다.

우리 헌법의 기본권 규정에선 단 몇 곳에서만 노력이라는 용어를 사용하고 있지만, 헌법 제37조 제1항을 통해서 도출되는 기본권들 역시 경우에 따라선 국가의 노력 여하에 따라 달성여부가 판가름 날 가능성이 있다. 여기서 말하는 노력한다는 의미는 특정한 목적을 달성하기 위한 공권력을 행사해도 되고 그러지 않아도 된다고 해석할 수도 있지만, 기본권과 결부되

150) 헌법재판소는 2007년 12월 27일에 선고한 2006헌바25 사건에서 "헌법 제35조 제1항은 '모든 국민은 건강하고 쾌적한 환경에서 생활할 권리를 가지며, 국가와 국민은 쾌적한 환경에서 생활할 권리를 가지며, 국가와 국민은 환경보전을 위하여 노력하여야 한다'고 규정하여, 국민의 환경권을 보장함과 아울러 국가와 국민에게 환경보전을 위하여 노력할 의무를 부과하고 있다. 이 헌법조항은 환경정책에 관한 국가적 규제와 조정을 뒷받침하는 헌법적 근거가 되며, 국가는 환경정책 실현을 위한 재원마련과 환경침해적 행위를 억제하고 환경보전에 적합한 행위를 유도하기 위한 수단으로 환경부담금을 부과·징수하는 방법을 선택할 수 있는 것이다(헌재 1998. 12. 24. 98헌가1, 판례집 10-2, 819, 836)"라고 설시하였다.

어 있는 주체들에게 최대한의 만족감을 줄 수 있어야 한다는 식으로 해석될 수도 있다. 전자는 국가의 폭넓은 재량을 인정한 것이지만, 후자는 당사자들의 권리를 보호하기 위한 제한적인 재량이다. 고도의 정치적 숙고를 요하는 상황에선 자유로운 재량이 요구되는 한편 그렇지 않은 상황에선 제한된 재량이 요구된다. 그러므로 '노력'이라는 단어를 '결과에 상관없이 최선을 다하는 태도'라는 식으로 단순하게 받아들여서는 안 될 것이다. 물론 국가가 사회로부터 밀려오는 모든 유형의 민원에 대하여 응답할 수는 없을 뿐더러, 설령 가능하다고 할지라도 해당조치가 민원을 제기한 이들에게 만족감을 주지 못할 수도 있다. 그렇지만 국가가 행한 최선의 행위가 해당국민들의 바람을 완벽하게 충족시키진 못하다면, '국가가 사용할 수 있는 모든 자원을 총동원하여 헌법적 작위의무를 성실히 이행하고자 하였다'는 증거라도 여실히 공개될 수 있어야만 할 것이다.

국가의 노력이 객관적으로 증명되기 위해선 특정한 목적을 달성하기 위하여 일련의 정책적 고려를 하였다는 것을 외적으로 보여줄 수 있는 자료를 제시하여야 한다. 예를 들면 일정한 권리를 보호하기 위한 방법으로 단계적 정책을 입안하였는데, 현재 어느 단계의 정책을 시행하였고 그로 인하여 어떠한 효과가 창출되었는지를 공개하는 것이다. 그리고 이를 통하여 이루어진 일련의 노력들을 통하여 기본권을 보호하려고 하였으나, 역으로 침해하는 혹은 불충분하게 보호하는 결과가 나타나게 되었을 때에는 헌법재판소의 위헌심사를 통해 그 정당성 여부가 판별된다. 일반적으로는 공권력이 자의적으로 행사되었는지를 중심으로 판단함으로써 위헌성을 띠고 있는지를 심사하지만, 기본권의 침해정도가 심대하거나 헌법에서 특별히 보호할 것을 명한 기본권을 침해한 것인 경우엔 엄격심사기준을 사용한다. 엄격심사기준은 통상적으로 비례성 심사 내지는 과잉금지의 원칙을 뜻한다. 이는 앞에서도 언급한 바 있듯이 목적의 정당성, 수단의 적합성, 피해의 최소성, 법익의 균형성이라는 네 가지의 기준에 부합하는지의 여부를 중심으로 사회에 적용된 공권력이 정당한 것인지를 판단하는 기술이다.

이처럼 사회구조가 복잡해짐에 따라 사람들 사이의 분쟁을 해결하기 위한 방법 또한 다차원적으로 구성될 수밖에 없다. 구조의 정교화는 국민들의 삶 자체가 완전독립형(完全獨立型)으로 존재할 수 없음을 시사하기도 하지만, 그만큼 더불어 살아가는 형태의 양식이 중요해지고 있음을 보여주기도 한다. 물론 외부와는 차단된 형태의 생활의 형태가 일정부분 보장된다고 하더라도, 이는 어디까지나 한 사람이 영위하는 인생의 한 부분에 불과할 따름이므로 실질적으론 개인적 영역과 공동체적 영역이 중첩된 범위에서만 생존과 활동이 가능한 것이다. 그리고 그곳에서 다른 사람과 평온한 관계를 유지하거나 갈등적인 관계를 형성하는지의 여부는 본인이 보유한 성향에 의하여 결정된다. 전자에 기초한 공동체를 만들고 유지하기 위한 방법은 본고의 앞에서 언급한 바와 같이 상생의 법칙에 터를 잡은 정의관을 사회 내에 뿌리내리도록 하는 것이라고 할 수 있는데, 이는 민(民)과 관(官)의 상호보완적인 역할수행을 통하여 달성되는 것으로서 원칙적 자유주의와 예외적 공화주의의 형태로 구성된 공화주의적 자유주의라는 틀 안에서 그 실질적인 기능을 발휘하는 것이라고 하겠다.

第7章 결론

가디언(Guardian)으로서의 법과 기디언(Gideon)으로서의 법

법에는 두 가지의 얼굴이 존재한다. 하나는 인간의 권리를 수호하는 보호자인 가디언(Guardian)으로서의 면모이고 다른 하나는 권리를 침해하는 외부환경에 맞서 싸우는 투사인 기디언(Gideon)으로의 면모이다. 야누스(Janus)의 얼굴을 가지고 있는 법은 본래 하나의 모습을 띠고 있었을 것이다. 상권(上卷)에서 언급했던 상생의 법칙을 중심으로 하여 온화하게 웃는 모습이 바로 그것이다. 약육강식과 적자생존이 세계에서 통용되는 유일한 법칙이었을 수도 있겠지만, 그럼에도 불구하고 신이 만들어낸 다양한 피조물들이 존재할 수 있었던 원인은 서로가 공존하기 위한 법칙(상생의 법칙)이 위의 두 법칙들보다 상대적 우위에 있었기 때문이라고 사료된다. 건조한 날씨 끝에 우기가 찾아오고, 다습한 날씨 끝에 건기가 찾아오며, 기후의 변화에 조우하여 생물들은 생존의 패턴을 변경해가며 살아왔다. 경우에 따라선 자기보호를 위한 측면, 파괴를 위한 측면, 창조를 위한 측면이 강조된 때도 있겠지만 이는 생태계 전체가 살아남기 위한, 다시 말해서 상생을 위한 하나의 수단이었다고 보아야 한다. 물론 필자에게 자연과학적인 차원의 근거가 있는지를 묻는다면, 그에 관하여 제시할 수 있는 대답은 없다. 그러나 고정불변의 정답만이 널리 인정받는 것이라면 인간정신의 진보는 불가능하다는 점을 말해두고 싶다. 세상에 존재하는 것들 중 대부분은 수량화할 수 있는 혹은 수치로 가치를 매길 수 있는 것들이 아니기 때문이다. 따라서 사람들이 가장 공감할 수 있는 무형적인 무언가를 외부세계를 바라보는 렌즈로 사용할 때 '이 세상이 어떻게 굴러가는지'에 대하여 선명하게 인식하는 것이다. 세상이 어떻게 굴러가는지를 알기 위해선 형식적으로 TV뉴스나 신문을 보면 되지만, 실질적인 원동력이 무엇인지를 파악하기 위해선 보이지 않는 것들에 대한 고찰의 과정을 거쳐야만 한다. 이와 같은 관점이 바로 철학의 시원(始原)인 셈이다.

생활영역이 좁았던 선사시대에서는 불을 피우는 원리와 경작을 통해 곡식을 수확하는 원리를 이해하는 것이 무엇보다도 중요했지만, 생활의 기본여건을 형성하는 방법을 이해한 이후부터는 보이지 않는 힘이 세상을 지배한다는 사실에 대해 경외감을 느끼기 시작하고 이를 토대로 하여 신과 인간의 관계에 대해 진지하게 생각을 하게 된다. 지역에 따라선 애니미즘·토테미즘, 천주교·기독교, 불교, 유대교, 이슬람교 등 다양한 형태로 나타났다. 인간은 '신이 만든 세계에서 어떠한 지위에 서있는지' 그리고 '인간은 다른 인간들과 어떠한 관계를 맺으며 사는지'에 대해 고민을 하면서 자신의 사고를 진보시켰다. 그러나 안타깝게도 사람들마다 사고의 깊이가 다르기 때문에 소위 말해 각성(覺性)이라는 과정을 거친 이들은 혹세무민(惑世誣民)하여 인간 위에 군림하는 또 다른 인간으로 거듭나게 되었다. 자아를 발견하고 실현하는 사람은 지도자가 되고, 그렇지 않은 사람은 피지배자로서의 삶의 여정에 발을 디딘 셈이다. 한 가지 다행스러운 점은 순종심이 강한 이들이 있는 반면 반항심이 강한 이들도 더러 있었다는 사실이다. 민란과 내란이 공동체의 구성원들에게 안정된 삶을 가져다줄 순 없었음에도 불구하고, 주모자들이 많은 이들로부터 지지를 받았던 까닭은 상생의 법칙에 어긋난 원칙의 지배에 대해 강한 불만감이 팽배해있었기 때문이다. 서양에서는 마그나카르트타, 권리청원, 권리장전, 프랑스대혁명, 독립혁명 등이 발발했고, 동양에서는 만적의 난, 동학농민운동, 독립운동, 태평천국운동 등이 있었다. 보기에 따라선 이들은 동서양을 막론하고 유사·동일한 맥을 가지고 있다고 생각해볼 수 있겠다. 결과적으로 모든 물질적·정신적 진보의 시작은 자연에서 비롯한 상생의 법칙에 위배되는 법칙에 대한 불만감의 표출이라고 하여도 과언이 아니다. 이에 따라 만들어진 일련의 인권규범들은 세상에 존재하는 최상위의 법으로서 인간다운 삶을 영위하기 위한 기능을 수행하게 되었다.

안타깝게도 인간의 욕망은 규범이라는 울타리를 뛰어넘을 정도로 강력한 것이기에 갈등과 분쟁은 끊임없이 발생하고 있다. 그러다보니 자연스레 평화와 갈등은 언제나 동전의 양면처럼 불가분의 관계에 있는 것이라고 생각하는 경향 또한 만연하게 되었다. 경우에 따라선 갈등이 존재하더라도 그럭저럭 버틸만하다면 그것 자체가 평화라는 식으로 받아들이기도 한다. 이와 같은 사고는 '권력과 자본력을 가진 이들은 일종의 치외법권(治外法權) 지역에 살아가는 인물들로서 이들만이 온전한 평화를 누리는 것이고, 이들을 제외한 나머지 사람들은 물질적 생존영역에 해를 입지만 않으면 그것으로 족한 것'이라고 여기게끔 유도한다. 불평등함을 합리화시키는 것만이 능사라고 받아들이는 조류가 계속된다면, 상생의 법칙은 다시 한번 깨어지고 말 것이다. 상생이라는 말은 '중심축이 무너지지만 않을 정도의 불평등함 정도는 충분히 허용된다'는 의미가 아니다. 물론 사사건건 평등성을 강조하는 것도 바람직하다고 말할 순 없겠지만, 실질적 정의체계에 누수가 생겼음에도 불구하고 이를 용인하는 것은 상생의 법칙을 부수는 시발점이 될 가능성이 농후하다. 인권의 역사라는 경로를 보면 이를 충분히 짐작할 수 있다.

사람들은 사회변화의 법칙에 대해서 이해하면서부터 어떻게 하면 자신의 욕구충족을 극대화시키는지에 대해 골몰하게 되었다. 그리고 그 골몰의 과정을 통해 얻은 해답은 '남들이 규범에 준수할 때, 자신이 그것을 어긴다면 가장 큰 이익을 획득할 수 있다'라는 것이었다. 그러나 규범위반으로 인한 제재로부터 회피하기 위한 방법을 찾지 못한다면 득(得)보다는 실(失)이 많을 수밖에 없었다. 그래서 최종적으로 찾은 방안은 누구도 자신을 건드릴 수 없는 지위에 등극하는 것이었다. 최고의 지도자라는 지위에 서게 되면 모든 사람들 위에 군림하게 되고, 그러한 권력에 힘입어 아무런 문제없이 부귀영화를 누릴 수 있게 된다. 자기소추(自己訴追)와 자기처벌(自己處罰)을 하지 않는 이상 그 어떠한 장애물도 존재하지 않는다. 이때부터 소위 말하는 지식인들은 두 패로 나뉘기 시작하였다. 한 쪽은 상생의 법칙을 중심으로 한 권력균형을 주장하고, 다른 한쪽은 상생의 법칙을 도외시 한 권력획득의 중요성을 강변하였다. 세속적인 욕망을 가진 자는 이성의 한계를 뛰어넘는 행동을 자행하기에 수단과 방법을 가리지 않고 자신에 반대하는 이들에게 칼을 겨누었다. 생(生)을 연명하는 것이 상생의 법칙을 유지하는 것보다 중요하다고 생각했던 이들은 세속적 지도자에게 순종하는 태도를 보이게 되었고, 지도자들은 이러한 체제를 보다 공고히 유지하기 위하여 공개처형제도를 합법화하는 등의 태도를 취하기에 이르렀다. 그러나 이들도 상생의 법칙이 수호되기 위한 세상의 규칙으로부터 자유로울 순 없었다. 결국 민란과 내란으로 말미암아 이들은 곧 부정적인 결말에 마주하게 되었다.

부정적인 결말들을 자주 접했던 인류는 민주주의(民主主義)를 채택하는 것이 상생의 법칙을 보존하기 위한 최고의 방법임을 깨닫게 되었다. 주어진 임기 동안 국민의 복리를 위한 봉사자로서 일을 하도록 의무를 부과하는 대신 그 보수로 일정부분의 혜택을 주는 것이다. 그리고 임기가 만료되면, 지도자로서의 역할에 충실했는지를 기준으로 하여 상벌(賞罰)논의가 이루어진다. 상(賞)이라 함은 훌륭한 지도자였다는 영예와 다음에 다시 한번 그 지위에 올라설 수 있도록 협조하겠다는 유권자들의 의지를 받는 것이고, 벌(罰)이라 함은 실정에 대한 비난으로부터 벗어나지 못한다는 것과 법적인 책임을 지는 것이다. 국민의 종으로서 혹은 국가의 주인을 대표하는 자로서의 지위를 겸한 지도자로 하여금 부정부패의 수렁에 빠지지 않도록 하는 민주주의는 이윽고 법치주의라는 또 다른 아군을 만남으로써 그 빛을 발하게 되었다. 민주주의와 법치주의는 서로 힘을 합하여 입헌주의(立憲主義)를 창설했고, 입헌주의는 국가의 정치구조와 국민의 생활을 관장하는 이념으로 자리를 잡기에 이르렀다. 그리고 많은 학자들은 입헌주의가 향후에 있을 탐욕스러운 권력자에 의하여 운명이 좌우되지 않도록 여러 가지 장치들을 고안해냈다.

모든 국민들은 적어도 법적으로는 입헌주의에 힘입어 자유롭게 자아를 형성하고 실현하며 보호할 수 있는 권리를 현실적으로 소유하게 되었다. 괄목할만한 성장을 거쳐 왔음에도 불구하고, 현실에선 법이 제대로 적용되지 않음에 따라 보호받아야 할 권리들이 보호공백 상태에 노출되어 있다는 문제만큼은 이상하리만치 해결되지 않고 있다. 이는 법이 아직까지 보호자인 가디언(Guardian)으로서의 지위만을 가지고 있기 때문이라고 사료된다. 가디언은 외부세계에서 들어오는 공격을 방어하는 성격을 지닌 존재로 현재 상태를 유지·존속시키는 것을 목적으로 한다. 물론 법이 가디언으로서의 직을 적절하게 수행해왔음에 대해선 이의를 제기하지 않는다. 한 공동체 안에서 발생하는 일들이 적법한 것인지 혹은 그렇지 않은 것인지에 대한 판단기준을 확산시켰고, 이에 기초하여 자신이 보유한 권리를 지키기 위하여 스스로 관리하게 유도하였기 때문이다. 많은 이들이 주목하는 가운데 공공연히 누군가의 권리를 침해하는 구시대적 태도는 사라진지 오래다. 그렇지만 만약 가디언으로서의 역할만 할 뿐 기디언(Gideon)으로서의 역할을 하지 못하였다면, 입헌주의의 수명이 길진 못했을 것이다. 주지하다시피 기디언은 투사로서의 성격을 강하게 가지고 있다. 자아를 실현하는 데에 있어 불합리한 요소가 존재한다면, 그것을 척결하기 위하여 용맹하게 나서 싸우기 시작한다. 상생의 법칙에 위배되는 행위들이 사람들의 강력한 반대에 부딪힌 것은 가디언과 기디언으로서의 법이 아니라 삶을 영위하는 이들의 본능적인 저항감이었겠지만, 저항을 한 이후로 생겨난 법을 통해 악질적인 문제들을 해결해왔던 것은 바로 기디언으로서의 법이다. 그러나 민주주의와 법치주의에 걸맞는 그리고 입헌주의에 위배되지 않는 권리체계가 형성된 이후부터 기디언이 아니라 가디언으로서의 성격이 더욱 강하게 부각되기에 이르렀다.

정의와 합목적성이 강하게 요청되는 시기엔 기디언이, 법적 안정성이 강하게 요청되는 시기엔 가디언이 강해지기 마련이다. 그러나 지금은 양자 중 어느 것이 더 활성화되어야 하는 것인지 단언하기란 쉽지 않다. 권리체계를 설정한 법들이 크게 악용되고 있진 않기 때문이다. 다만, 법을 형식적인 의미의 정의와 합목적성에서 이탈하지 않는 범위 안에서 악용하는 이들이 존재한다는 것이 문제일 따름이다. 이러한 관점에서 본다면, 기디언으로서의 법이 가디언으로서의 그것보다 상대적으로 강세를 띠어야 할 필요가 있다고 사료된다. 주지하다시피 한 시대를 아우르는 패러다임의 변화정도가 심해질수록 사회에서 통용되는 질서도 달라지기 마련이다. 이른바 사회변동의 시기엔 혼란스러움이 하늘을 뒤덮은 먹구름처럼 존재하기도 하고, 먹구름을 날려버리기 위한 돌풍과 같은 모습으로 존재하기도 한다. 고진감래(苦盡甘來)이든 흥진비래(興盡悲來)이든 어떠한 식으로든 혼돈은 일정수준 부작용을 수반하기 마련이다. 그러나 상생의 법칙에 기초한 정의론, 즉 가디언과 기디언으로서의 법기능을 이해하고 있다면 충분히 막을 수 있는 혼돈일 것이다. 그렇다면 그러한 두 가지 법기능들을 어떻게 이해하고 있어야만 하는가에 대해 묻지 않을 수 없다. 통상적으로 가디언의 기능은 주관적 공권과 관계가 깊다. 지키는 역할을 수호해야할 무언가가 존재할 때에 그 의미가 있기 때문이다. 반면 가디언은 외부환경으로부터 침입해 들어오는 무언가를 제거하는 역할을 하므로 법에서 허용되는 행위를 해야 한다는 객관적 가치질서와 관련을 맺고 있다. 주관적 공권을 중요시하는 자유주의와 객관적 가치질서를 수호해야만 한다는 공화주의가 파트너십을 맺게 된 것도 바로 위와 같은 맥락에서 도출된 결론이다. 상생의 법칙하에서 존재하는 가디언과 기디언으로서의 법의 기능을 이해하는 것은 곧 공화주의적 자유주의를 이해하는 것과 같다고 할 수 있다. 우리 사회에서 존재하는 모든 형태의 갈등과 분쟁해결은 '인간이 살아가는 법칙을 자연에서 궁구하고', '이를 통해 얻은 규칙을 사회에 적용하며', '사회에 적용된 규칙을 유지·발전시키기 위해 야누스의 얼굴을 가진 법의 기능을 이해함'과 더불어 '이들을 공화주의적 자유주의라는 사조를 통해 내면화시킬 때'에 가능한 것이라고 강변하고자 한다.

▌참고문헌▐

강영걸, 『사회심리의 이해』, 대구대학교 출판부, 2009

강준만, 『대중매체 법과 윤리』, 인물과 사상사, 2009

곽노성, 『글로벌 경쟁시대의 국제협상론』, 경문사, 2007

곽윤직, 『민법총칙』, 박영사, 2003

김대순, 『국제법론』, 삼영사, 2005

김도균, 『권리의 문법 －도덕적 권리 · 인권 · 법적 권리』, 박영사, 2008

김동희, 『行政法Ⅰ』, 박영사, 2007

김상찬, "ADR제도의 비교법적 연구 －아시아의 주요 국가를 중심으로", 『중재연구』 제19권 제3호, 한국중재학회

김신웅, 『개념 중심의 사회학』, 한울아카데미, 2011

김용헌, "格物致知 : 사물의 이치를 따져 보는 공부", 『조선유학의 개념들』(한국사상연구회 편), 예문서원, 2011

김형찬, "理氣 : 존재와 규범의 기본 개념", 『조선유학의 개념들』(한국사상연구회 편), 예문서원, 2011

도중진 · 원혜욱, 『보호관찰단계에서 회복적 사법이념의 실천방안 －형사화해제도를 중심으로－』, 한국형사정책연구원, 2006

문용갑, 『갈등조정의 심리학』, 학지사, 2012

문재완, 『언론법 －한국의 현실과 이론』, 늘봄, 2008
박균성, 『행정법강의』, 박영사, 2005
박상기, 『형법강의』, 법문사, 2010
성낙인, 『헌법학』, 법문사, 2007
손병욱, "涵養省察 : 마음을 다스리는 공부", 『조선유학의 개념들』(한국사상연구회 편), 예문서원, 2011
송지영, 『정신병리학 입문』, 집문당, 2012
신형균, 『현대 행정학의 이해』, 선학사, 2008
안세영, 『협상사례중심 －글로벌 협상전략』, 박영사, 2008
양 건, 『헌법강의Ⅰ』, 법문사, 2007
오관석, 『정보사회와 미디어 정치』, 인간사랑, 2007
오세진 외 11인, 『인간행동과 심리학』, 학지사, 2001
윤성옥, 『연예인 악성 댓글 사례와 개선방안』, 한국방송영상산업진흥원, 2008
이명석, "제5절 신거버넌스와 공공성", 『새로운 시대의 공공성 연구』(윤수재 · 이민호 · 채종헌 편저), 법문사, 2008
이백철, "회복적 사법 : 대안적 형벌체제로서의 이론적 정당성", 『한국공안행정학회보』 제13호, 한국공안행정학회, 2002
이상돈, 『기초법학』, 법문사, 2008
이승용 · 최용록, 『국제협상의 이해 －글로벌 시대의 Win-Win 전략』, 법경사, 1998
이창선, "가계자산 포트폴리오 －고령층일수록 부동산 변동 리스크에 노출", 『LG Business Insight』, 2012
이창호, "세대 간 갈등의 원인과 해결방안", 『한국청소년학회 · 한국노년학회 공동학술대회』, 2002
장영수, 『기본권론』, 홍문사, 2003
장영수, 『헌법총론』, 홍문사, 2004
전형준, "공공갈등과 분쟁에 관한 세대 간 인식차이", 『분쟁해결연구』 제6권 제2호, 단국대학교 분쟁해결연구소, 2008
정정길 · 최종원 · 이시원 · 정준금, 『정책학원론』, 대명출판사, 2008
정종섭, 『한국헌법론』, 박영사, 2007
정종섭, 『憲法學原論』, 박영사, 2007
정주진, 『갈등해결과 한국사회』, 아르케, 2010
정태석, "17. 정보화와 세계변화", 『사회학』(한국산업사회학회 엮음), 한울아카데미, 2011

조병희, 『질병과 의료의 사회학』, 집문당, 2006
조효제, 『인권의 문법』, 후마니타스, 2007
주 인, "민사조정의 활성화와 사적자치", 『중재연구』 제13권 제2호, 한국중재학회, 2004
최병선, 『정부규제론 －규제와 규제조화의 정치경제－』, 법문사, 2008
최석범, "국가주도형 ADR과 민간주도형 ADR에 관한 연구", 『중재연구』 제20권 제3호, 한국중재학회, 2010
최송화, 『公益論』, 서울대학교출판부, 2004
표창원, 『숨겨진 심리학』, 토네이도, 2012
한국보건사회연구원, 『사회갈등 해소를 위한 민간 인프라 구축 현황 및 방안』, 한국보건사회연구원, 2006
한규석, 『사회심리학의 이해』, 학지사, 2009
허 영, 『한국헌법론』, 박영사, 2005
헌법재판소, 『헌법재판소 실무제요』, 헌법재판소, 2008
홍성방, 『헌법학』, 현암사, 2007
홍준형, 『법정책의 이론과 실제』, 법문사, 2008
황태연, "이마누엘 칸트 －'계몽의 계몽'과 비판적 근대 정치 기획", 『서양 근대 정치사상사 －마키아벨리에서 니체까지』(강정인 · 김용민 · 황태연 엮음), 책세상, 2008

竹内洋, "14. 보수주의적 사고(Das Konservative Denken(1927) －카를 만하임(Karl Mannheim)", 『세계명저 사회학 30選』(최선임 옮김), 지식여행, 2010
Alexander Hamilton · James Madison · John Jay, 『페더랄리스트 페이퍼』(김동영 옮김), 한울아카데미, 2005
Alexis de Tocqueville, 『미국의 민주주의(Ⅱ)』(임효선 · 박지동 옮김), 한길사, 2008
Alvin Toffler and Heidi Toffler, 『부의 미래』(김중웅 옮김), 청림출판, 2007
Andrew Heywood, 『정치학 －현대정치의 이론과 실천』(조현수 옮김), 성균관대학교출판부, 2007
Anthony Giddens, 『현대사회학』(김미숙 외 6인 옮김), 을유문화사, 2009
Arthur Kaufmann, 『법철학』(김영환 옮김), 나남, 2007
Arthur Schopenhauer, 『도덕의 기초에 관하여』(김미영 옮김), 책세상, 2011
Bernard Manin, 『선거는 민주적인가』(곽준혁 옮김), 후마니타스, 2006
Berth Danermark · Mats Ekstrom · Liselotte Jakobsen · Jan Ch. Karlsson, 『새로운 사회과

학방법론』(이기홍 옮김), 한울아카데미, 2009
Gerge Ritzer, 『사회학이론』(김왕배 외 14인 옮김), 한올출판사, 2010
Hermann Kantorowicz, 『법학을 위한 투쟁』(윤철홍 옮김), 책세상, 2006
Jeremy Bentham, 『파놉티콘』(신건수 옮김), 책세상, 2011
Jonathan H. Turner · Leonard Beeghley · Charles H. Powers, 『사회학이론의 형성』(김문조 외 8인 옮김), 일신사, 2004
Manuel Castells, 『네트워크 사회의 도래』(김묵한 · 박행웅 · 오은주 옮김), 한울아카데미, 2008
Manuel Castells, 『정체성 권력』(정병순 옮김), 한울아카데미, 2008
Marquis de Condorcet, 『인간 정신의 진보에 관한 역사적 개요』(장세룡 옮김), 책세상, 2007
Michael A. Roberto, 『합의의 기술』(김원호 옮김), 럭스미디어, 2007
Michael Sandel, 『What money can't buy : The Moral Limits of Markets』, FSG, 2012
Michael Stone, 『범죄의 해부학 –The Anatomy Of Evil』(허형은 옮김), 다산초당, 2012
Montesquieu, 『법의 정신』(하재홍 옮김), 동서문화사, 2009
N. Gregory Mankiw, 『맨큐의 경제학』(김경환 · 김종석 옮김), 교보문고, 2005
Peter F. Drucker, 『매니지먼트』(남상진 옮김), 청림출판, 2012
Richard E. Nisbett, 『생각의 지도』(최인철 옮김), 김영사, 2010
Ronald L. Akers · Christine S. Sellers, 『범죄학 이론』(민수홍 외 5인 옮김), 나남출판, 2008
Rudolf von Jhering, 『권리를 위한 투쟁』(윤철홍 옮김), 책세상, 2011
Sandra Fredman, 『인권의 대전환 –인권 공화국을 위한 법과 국가의 역할』(조효제 옮김), 교양인, 2009
Thomas Hobbes, 『리바이어던』(최공웅 · 최진원 옮김), 동서문화사, 2009
Thomas More · John Stuart Mill · John Locke, 『유토피아/자유론/통치론』(김현욱 옮김), 동서문화사, 2008
Will Kymlicka, 『현대 정치철학의 이해』, 동명사, 2008